BÓDY GÁBOR

1 9 4 6 ◆ 1 9 8 5

É L E T M Ű B E M U T A T Ó

GÁBOR BÓDY

1 9 4 6 ◆ 1 9 8 5

A P R E S E N T A T I O N O F H I S W O R K

MŰCSARNOK
MŰVELŐDÉSI MINISZTÉRIUM, FILMFŐIGAZGATÓSÁG

PALACE OF EXHIBITIONS
CENTRAL BOARD OF THE HUNGARIAN CINEMATOGRAPHY, MINISTRY OF CULTURE

B U D A P E S T ◆ 1 9 8 7

Ez a kiadvány **BÓDY GÁBOR** életműbemutatója alkalmából jelent meg,
mely 1987. január 19 – február 8. között került megrendezésre Budapesten az Ernst Múzeumban, a Tinódi moziban és a Műcsarnokban.

This publication appeared on the occasion of the **GÁBOR BÓDY** life-work exhibition,
organized in Budapest at the Ernst Museum, the Tinódi Cinema and the Palace of Exhibitions,
January 19 – February 8, 1987.

Rendező szervek / Organizing institutions
MŰCSARNOK ● MŰVELŐDÉSI MINISZTÉRIUM FILMFŐIGAZGATÓSÁGA

Projekt és koordinációs / Project and coordination
BEKE LÁSZLÓ ● PETERNÁK MIKLÓS

Ügyintézők / Personnel
Jászfalvy Walter ● Simon Zsuzsa

A kiállítási videóinstalláció tervezői / Video installation at the Ernst Museum
BACHMAN GÁBOR ● VIDOVSZKY LÁSZLÓ

A rendezvényt és a kiadványt anyagilag támogatták / Sponsors of the exhibition and the publication
**Balázs Béla Stúdió
Fiatal Művészek Klubja
FŐMO Fővárosi Filmforgalmazási és Moziüzemi Vállalat
6215. sz. Vizuális Költséghely
Hazafias Népfront
Hungarofilm Vállalat
Hunnia Filmstúdió
KISZ KB Kulturális Osztály
Közművelődési Információs Intézet
MAFILM Szcenikai Osztály
Magyar Televízió
MOKÉP Mozgóképforgalmazási Vállalat**

**MTA-Soros Alapítvány Bizottság
Videoton, Székesfehérvár**

A rendezők köszönetet mondanak a következő magánszemélyeknek és intézményeknek segítségükért
The organizers would like to thank the following individual contributors and institutions for their assistance
**Dr. Bayer József
Baji László
Dr. Bódy Vera
Cserhalmi György
Dárday István
Durst György
Fehér György
Fogarasi István
Galló Gusztáv
Galló Tamás
Gárdonyi László
Haraszti Zsolt
Horváth György
Horváth Lajos
Jancsó Gabriella
Juhász István
Kézdy-Kovács Zsolt
Kóczányi Judit
Kovács András Bálint
Köllő Miklós
Lugossy László
Magyar Divatintézet
Magyar Színház- és Filmművészeti Főiskola
Makk Károly
Dr. Nemeskürty István
Pethes Irma
Dr. Port Ferenc
Dr. Pozsgai Imre
Rajk László
Dr. Réti Sigrid
Sántha Áron
Sarudi Gábor
Rainer Schulz
Stenczer Noémi
Szabó B. István
Száva Gyula
Szíj Anna
Szilágyi György
Szirmai Árpád
Tálosné Pálvölgyi Márta
Vayer Tamás
Zalán Vince
Zelnik József**

A kiadvány szerkesztői / Editors of the publication
BEKE LÁSZLÓ ● PETERNÁK MIKLÓS

Fordítások / Translations
Angol nyelvre / From Hungarian into English
Csongor Andrea (A. CS.), **László Erika** (E. L.), **Pelle Edith** (E. P.), **Szántó András** (Sz.), **Szekeres Andrea** (A. Sz.),
Takács Flóra (F. T.), **Varga Katalin** (K. V.), **Zala Györgyi** (Gy. Z.)

Magyar nyelvre / From other languages into Hungarian
Bánki Dezső (B. D.), **Beke László** (B. L.), **Schulcz Katalin** (S. K.)

Anyanyelvi lektor / Text revision
Alan Rush

Fényképek / Photos
Beke László
Bódy Gábor
Bódy Vera
Jörg Ebert
Erdély György
Gáspár Miklós
Halas István
Haraszti Zsolt
Jávor István
Nina von Kreissler
Lengyel Gábor
Lugosi (Lugo) László
MAFILM Fotóosztály
MAFILM/MTI
Maurer Dóra
Moldován Domokos
Muray Zsuzsanna
Nagy Péter
Oravecz Magdolna
Pácser Attila
Rainer Schulz
Szóvári Gyula
Székely Péter
Vető János
valamint ismeretlen szerzők

Katalógusterv / Catalogue design
NAGY PÉTER

Felelős kiadók / Responsible editors
Néray Katalin ● Jancsó Gabriella

TARTALOM/CONTENTS

BÓDY GÁBORRÓL / ON GÁBOR BÓDY

BÓDY GÁBOR FILMJEI / THE FILMS OF GÁBOR BÓDY

BÓDY GÁBOR TÉVÉJÁTÉKAI ÉS VIDEÓI / TV PLAYS AND VIDEOS BY GÁBOR BÓDY

BÓDY GÁBOR ÍRÁSAIBÓL / WRITINGS OF GÁBOR BÓDY

FÜGGELÉK / APPENDIX

S Z E R K E S Z T Ő I   M E G J E G Y Z É S E K

E kiadvány elképzelése még BÓDY GÁBOR életében született meg, kapcsolódva ahhoz a szándékához, hogy a Műcsarnokban bemutathassa videoinstallációját (**Eurynome**), valamint filmjeinek és videóinak retrospektív válogatását egy szerény dokumentációs kiállítás keretében. Halála után úgy éreztük, bármi áron is meg kell valósítanunk tervét. Munkánk során számtalan nehézségbe ütköztünk, elsősorban az intézményes támogatás megszerzése terén. Ez a negatívum arra is utal, hogy — úgy látszik — Bódy Gábor egyre növekvő nemzetközi rangja és tragikus halálának ténye együttvéve is csak lassan tudja feledtetni némelyekben a rendező bonyolult egyéniségével kapcsolatos ellenérzéseiket, és még nehezebben mozdítja ki némely hivatalunkat hagyományos rutinszerű működésének tehetetlenségéből. Talán ellentmondást fedez majd fel valaki a rendezvény támogatóinak viszonylag hosszú listája és az elmondottak között, de a sponsorok nagy száma éppen a hozzájárulás szerényebb mértékét jelzi, nem pedig a rendezés joga iránti versengést; inkább a személyes iniciatívákat, semmint az intézményest. Mindenesetre: valóban őszinte hálánk a segítségnyújtásért a tiszteletreméltó kivételt illeti.

Munkánk során igyekeztünk Bódy Gábor eredeti szándékát messzemenően tiszteletben tartani. Mindenekelőtt azzal, hogy a filmográfiai és a videográfiai rész összeállításánál Bódy 1983-as nyugat-berlini retrospektív bemutatójának s az azt kísérő DAAD-kiadványnak struktúráját vettük alapul. Utóbbiból átvettük saját film- és videoismertetéseit is. A berlini rendezvény azt mutatta meg, hogy maga Bódy mit tartott elsősorban fontosnak 1983-ig elkészült munkáiból — mi ezt kiegészítettük (s közben néhány nyilvánvalóan téves adatot is korrigáltunk). A mi munkánk célja természetszerűleg nem a szelektálás, hanem az összegyűjtés volt. A filmek, videók és töredékek újranézése, számtalan Bódy-írás, feljegyzés elolvasása során rá kellett döbbennünk arra, hogy összességében nézve — és itt nem túlzás a kifejezés — Bódy Gábor életműve teljességgel koherens egységet képez, melyben az egyes apró részletek is minduntalan revelatív és innovatív fényforrásokként villannak fel. Viszont a teljességre törekvés ellenére sem tekintjük kiadványunkat lezártnak; éppen ellenkezőleg, utat szeretnénk nyitni a Bódy-oeuvre-rel való **méltó** foglalkozásnak. Szeretnénk, ha minél többen és minél koncentráltabb elmélyültséggel mutatnának rá e kiadvány hiányosságaira, s tennék így teljesebbé az adatgyűjtő/feldolgozó munkát, valamint érzékelhetővé mind szélesebb körben Bódy Gábor munkáinak értékét és érvényességét, a jelen korszakon is túlmutató aktualitását.

E D I T O R I A L   C O M M E N T S

The idea of this publication came about when GÁBOR BÓDY was still alive and it joined his intention to mount his video installation (Euronynome) in the Palace of Exhibition — with a humble documentary exhibition which formed a retrospective selection of his films and videos. After his death we felt that his plan should bz all to be relaized means. During our work we met innumerous difficulties especially in the area of achieving institutional support. All in all this negative phenomenon also apparently indicates that Gábor Bódy's increasing international status and his tragic death, could hardly efface the memory of antipathy which he created in certain people because of the complicated personality of the director. It was even harder to affect the disinterest and to persuade of some of our authorities to move due to their traditional, routine inertia. One might believe that some confusion exists between the long list of supporters and what is said, but the great number of sponsors indicates simply a modest degree of contributions and not a rivalry for the right of management; it indicates personal initiatives as opposed to institutional ones. Anyway: we are earnestly grateful for the helpfulness of those who honourably accepted.

During our work we tried as far as possible to follow Gábor Bódy's original plan. First of all this meant that when we compiled his material concerning films and videos we followed the structure of Bódy's retrospective show held in 1983 in West Berlin and the structure of the subsequent DAAD publication. We have also used his film and video reviews from the latter. The programme at Berlin showed us what he considered the most important of his works finished until 1983 — we have complemented this (and at the same time we have corrected some clearly false data). Naturally, the aim of our work was not selecting but collecting. After having seen his films, videos and video fragments once again, and after having read his numerous writings and notes we realized that despite their complexity — and this expression is not an exaggeration: — Gábor Bódy's oeuvre basically constitutes a coherent unit where all the individual details keep on flashing like relative and innovative sources of light. Though we strived for completeness we do not consider our publication, in any way, complete; just the contrary, we would like to open up a field where we can deal with Bódy's oeuvre **with due respect**. The more people, who can give it their full concentration and who point out defects of our publication is all to the good. It makes our material collecting/processing work more complete and makes the value and validity of Gábor Bódy's work, and the actuality of his work point beyond the present, comprehensible in an increasingly widening range.

Mind a bemutató, mind a katalógus gerincét természetesen a kész, befejezett, nyilvánosságra került művek alkotják — ugyanígy a közölt tanulmányok, kritikák esetében is Bódy saját, befejezett írásaira koncentráltunk, s csak másodsorban a róla szóló visszaemlékezésekre, értékelésekre, műelemzésekre. Ismételjük: munkánk nyomán éppen a feldolgozó és értékelő munka folyamatának **megindulását** várjuk.

Kiadványunk kétnyelvű mivoltával együtt jár, hogy mind a magyar, mind a külföldi olvasó találhat benne számára fölöslegesnek tűnő tényeket, információkat. (Az írásokat eredeti nyelven, illetve magyar vagy angol fordításban közöljük.) Meggyőződésünk azonban, hogy ezáltal is plasztikusabbá válik az a közeg, amelyben Bódy Gábor élt és dolgozott. És remélhetőleg érzékelhetővé válik az a tény, amelynek ő maga mindvégig tudatában volt: elméleti—gyakorlati—szervezői munkássága igaz, érvényes, **nemzeti és egyetemes jelentőségének ténye.**

BUDAPEST, 1986. OKTÓBER 19. **BEKE LÁSZLÓ — PETERNÁK MIKLÓS**

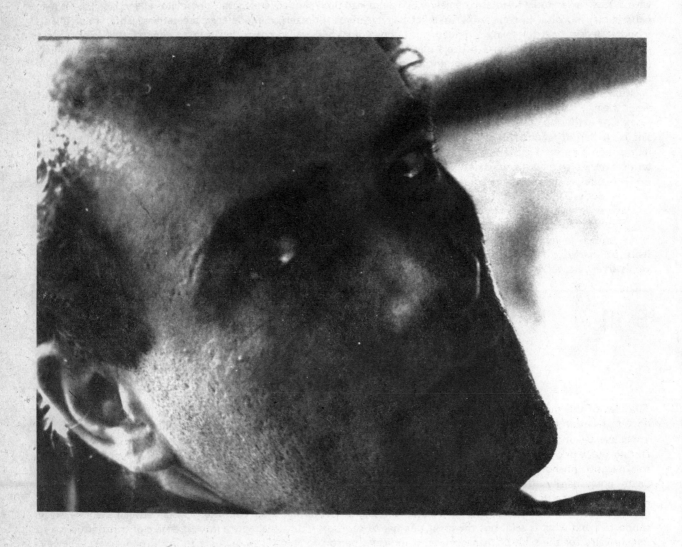

Naturally, the skeleton of the show, (and of the catalogue), is made up of complete, finished, publicly shown works -- in the case of studies, reviews published here we also relied mainly on Bódy's own, completed writings while recollection of him, reviews about him, and the analyses of his works are only secondary. We repeat: we expect from the **outset** an examination and revaluation work following our undertaking.

As a consequence of our bilingual publication that Hungarian and foreigner readers alike may find facts and items of information that seem to be superfluous. (All the material in this volume is in two languages: its original version and a translation into either English or Hungarian.) However, we are convinced that we can make the environment where Gábor Bódy lived and worked more plastic by them. And hopefully, the fact he was conscious of all along will become apprehensible: his theoretical—practical—organizing activity is genuine and valid, **its national and universal importance is a fact.**

BUDAPEST, OCTOBER 19, 1986 **LÁSZLÓ BEKE — MIKLÓS PETERNÁK**

BÓDY GÁBORRÓL
ON GÁBOR BÓDY

Jánossy Ferenccel. 1965

Édesapjával a Ráday utcában. 1957

1969

Érettségi tabló-kép, 1964

With his father, Ráday Street, Budapest, 1957

At the time of the final examination, 1964

1965

With Ferenc Jánossy. 1965

ÖNÉLETRAJZ

1946. augusztus 30-án születtem Budapesten, a IX. kerületben, középosztály helyzetű családban. Római katolikus vallásra kereszteltek. Eredetünk vegyes, helyileg szétágazik a Kárpát-medencében, a Felvidéktől Erdélyig. Felmenőim ebben a században kerültek Budapestre; múltjuk bővelkedik kalandos fordulatokban. Ezt a nagy örvénylést a II. Világháború simította el, én síkra érkeztem. Szüleim a hetvenes években történt nyugdíjaztatásukig különböző, szerény tisztviselői állásokat töltöttek be.

Édesapám, Bódy Ede (1908) közgazdász-statisztikus vonalon dolgozott, *édesanyám, sz. Hajós Judit* (1918) művészeti intézményeknél. Házasságukból engem megelőzően egy lánygyermekük született, Anikó (1942). Neki köszönhetem, hogy még az iskola előtt megtanultam írni és olvasni. Édesapámnak jóval később, harmadik házasságából lett még egy lánya, Andrea (1965), akit ma özvegyen, egyedül nevel.

1956-ban szüleim házassága felbomlott, s mi gyerekek anyánkkal maradtunk. Ugyanekkor nemzetközi segélyakció keretében három hónapot az NDK „Pionierrepublik Wilhelm Pieck" táborában tölthettem, ami nagy hatással volt képzeletvilágom alakulására. A családi otthonból először kiszakadva, mély benyomások értek a gyermekkori szexualitás, agresszivitás és a német kultúra köréből. Gyermekkorom ettől eltekintve 13 éven át a Bakács tér környékén zajlott, s egészében úgy emlékszem vissza rá, mint életem kissé visszafogott, de alapjában véve derűs és érzelemgazdag szakaszára.

1959-től anyámmal és nővéremmel nagyobb lakásba költöztünk a Városliget mellé. Külön szobát kaptam, sokat sétáltam a Ligetben, olvastam és tanulmányaimban is jobban haladtam előre. Ekkor újra kezdtem írással foglalkozni (8–10 éves koromra esnek első irodalmi próbálkozásaim). A Ferencváros kispolgári konzervativizmusához képest ez a környék nagyvonalúbb és liberálisabb légkörével valósággal felszabadítóan hatott rám. Új iskolám jóvoltából annyira megszerettem az úttörőmozgalmat, hogy gimnazistaként is tagja maradtam mint ifivezető. A KISZ-hez ugyanakkor nem sikerült közelebb kerülnöm, amiben az is közrejátszott, hogy a XIV. kerületben az ifivezetők és a KISZ-isták bizonyos fokig szemben álltak egymással. Jóllehet az ifik természetesen tagjai voltak a KISZ-nek, azon belül egy mozgalmibb és militárisabb árnyalatot képviseltek, amiért 1962 körül fel is oszlatták, illetve átrendezték soraikat. Ekkor én is kirekedtem a mozgalomból, ami feloldotta azt a feszültséget, hogy egy ideje már párhuzamosan kültagja voltam Budapest elsők közt szerveződő huligán társaságának, az „Ilka utcai galeri"-nek.

CURRICULUM VITAE

I was born on 30th August 1946, in Ferencváros, district of Budapest, into a middle-class family. I was christened a Roman Catholic. The origins of our family are mixed; its different branches ranged from the Upper Northern part of the old Hungary to Transylvania. My ancestors moved to Budapest during this century; their past abounds in the ups and downs of fortune. This great adventurousness was smoothed away after World War II, when I came into the world. My parents occupied different more modest posts as clerks until the seventies when they received their pansions.

My father, Ede Bódy (1908), worked as an economist and statistician; my mother, née Judit Hajós (1918), worked at arts institutions. Their first child was Anikó (1942), it is to her I owe the fact that I learned to write and read capably before I started going to school. Much later, my father had a daughter of his third marriage, Andrea (1965), whom he fosters alone, as a widower.

In 1956 my parents were divorced and we children stayed with our mother. At that time I happened to spend three months in the "Pionierrepublic Wilhelm Pieck" camp in the GDR, which was organized as international charity. This experience had a great influence on the development of my imagination. It was the first time I was away from home, and my experiences of childhood sexuality, agressivity and German culture each made deep impressions on me. Except from these three months, for 13 years I spent my childhood in the vicinity of Bakács square; the whole period has memories of a slightly restrained but on the whole joyful atmosphere, full of emotions.

In 1959, with my sister and mother, I moved into a larger flat near Városliget (City Park of Budapest). There I had a separate room of my own. I often walked in the Városliget, read much and my studies took a better course than before. At that time I started writing again (my first attempts in literature were at about the age of 9–10). As opposed to the petit-bourgeois conservativism of the Ferencváros, this part of the city was more easy-going and liberal; an atmosphere which had a sort of liberating force on me. The new school made me love the pioneer movement so much that I remained a member of the pioneer group as a "junior leader" even when I went to grammar school. At the same time however I was not able to come to terms with the Young Communists' League, which was partly due to the fact that junior leaders and members of the Communists' League in this district of Budapest were in some ways opposed to each other. Although the junior leaders were, of course, members of the Young Communists' League, they represented a more militant sect, which led to the dissolution, or rather, the re-organization of their ranks. I, too,

Középiskolámat 1960–64 között az I. István Gimnáziumban végeztem, I–III-ig latin–kémia, III–IV-ben német–gépkocsiszerelő tagozaton. A törést az okozta, hogy harmadikban olvasási szenvedély kerített hatalmába, és valahányszor egy jó könyvhöz jutottam, vagy megjelent az Új Írás, nem tudtam letenni, amíg ki nem olvastam. Mikor iskolai mulasztásaim ennek következtében átlépték a 30 napot, átmenetileg kicsaptak, s csak az mentett meg, hogy épp akkor fejeztem be Országos Tanulmányi Verseny-dolgozatomat a kocsigyártás történetéről. Történelemtanárom, Draskovics Károly garanciája alapján visszavettek, de másik osztályba, minthogy előző osztályfőnököm megragadta az alkalmat, hogy megszabaduljon tőlem. Érdeklődésem így a történelem felé fordult. Két ízben vettem részt az OTV-n, mindkétszer a 11. helyen végeztem, amelynek értékét az adja meg, hogy az egyetemi felvételt biztosító első tíz hely után, a protekció-mentes mezőny élén áll.

Az I. István abban az időben igen ambiciózus, különösen reálszerkezetében színvonalas gimnáziumnak számított. Saját zenekara volt, amely ingyenes zeneoktatást szervezett, én bőgőzni tanultam, sikertelenül. Az iskola igazgatója a gyephoki liga-vezető „Építők" csapatát patronálta, én viszont a konkurrens „Kinizsi Sörgyár" csapatában játszottam, ami olykor feszültségekhez vezetett. A sporttal rövidesen felhagytam, helyette alakuló zenekarokban igyekeztem elhelyezkedni mint autodidakta zongorista. Ez a kísérletem is kudarcot vallott. Negyedikes koromban írtam pár novellát, egyiküket az iskolánkba látogató Várkonyi Mihály író megdicsérte.

Felvételi kérelmemet az ELTE Bölcsészettudományi Karára nyújtottam be. A történelem mellé a filozófiát választottam, amiről azt gondoltam, hogy minden tudás foglalatát nyújtja majd. Választásomban az is serkentett, hogy régebben az Úttörőházban szakköri előadásokat tartottam az alkímiáról és az okkultizmusról a szovjet Nagy Filozófiai Enciklopédia alapján. A felvételi vizsgákon nyújtott maximális pont-teljesítménnyel tanulmányaimat megszakítás nélkül folytathattam az ELTE BTK-n, 1964 szeptemberétől.

Folytattam az írást, tagja lettem az Alkotókörnek, ahova Bella István költő és Módos Péter író vezetett be. Egyetemi tanulmányaimat kezdettől fogva egy írói jövőre való készülődés hátterének tekintettem. A novellázást azonban rövidesen forgatókönyvírásra cseréltem fel, Sipos István barátom hatására, akit akkoriban vettek fel a főiskolára. Több főiskolás vizsgafilm elkészítésében vettem részt forgatókönyvíróként és asszisztensként. Úgyszólván „külsősként" elvégeztem ezzel az évfolyammal a főiskolát, még mielőtt tényleges hallgatója lettem volna. Egyetemi tanulmányaimat felületesen folytattam, kétszer egy szemesztert el is halasztottam. Első ízben unalom, csalódottság és szerelmi szenvedély volt az ok. Ekkor egy rövid időt kíváncsiságból és túlzott empátiából egy vidéki elmegyógyintézetben töltöttem Jánossy Ferenc festőművész társaságában. Tapasztalatokat szereztem a holtak és előholtak világából. Másodízben az Agitátorok c. film munkálatai vontak el az egyetemtől. Ebben forgatókönyvíróként, munkatársként és szereplőként vettem részt, és annak a 68-as ideológiai hullámzásnak a kifejezésére törekedtem, amelynek résztvevője nem, de szemtanúja voltam az egyetemen.

Történelmi tanulmányaimból a XIX. század ragadta meg érdeklődésemet, főleg Szabad György professzornak

---

was kept out of the movement, and this solved this existing conflict in that for some time I had been parallelly a peripheral member of the initial street-gang in Budapest, the "Ilka-Street band".

I attended "Stephen I" Grammar School between 1960 and 64. For two years I specialized in Latin and Chemistry, and in the last two years, in German and motor-mechanics. This sudden change occurred because I, as a third year student, was enchanted by reading: whenever I found a good book or a new issue of the literary periodical "Új Írás" (New Writing), I couldn't stop reading until I had read them straight through. As a result of this, I missed more than 30 days from school, which meant that I was temporarily suspended. The only excuse for me was that I had just finished my essay on the history of car-manufacturing for the National Inter-School Competition. A guarantee of my history teacher, Károly Draskovics, resulted in my being re-admitted. I was however put in another class, since my form-master took the opportunity of getting rid of me. In this way my interest was turned towards history. I took part in the Inter-School Competition twice, and was placed 11th on both occasions. The first 10 places meant automatic admission to university, but the 11th place was also valuable because it meant I was the first among those who were not backed in this way.

At that time, the "Stephen I" Grammar School used to be a very ambitious school, especially in its scientific education. It had an orchestra of its own — with free musical education. I learned to play the double-bass, without any success. The director of the school supported the league-leading hockey team, while I was playing in the team of the rivalling "Kinizsi Beer Factory". This led to occasional conflicts. Very soon I gave up sports and tried to join newly founded music groups instead, as a self-taught pianist. My attempt at this failed, too. When I was a fourth-form pupil I wrote a couple of short stories, one of which was praised by the writer Mihály Várkonyi on his visit at our school.

I took the entrance examinations at the Loránd Eötvös University of Arts and Sciences in history and philosophy. I thought that philosophy would provide me the digest of all knowledge. In my choice I was stimulated by my former experience as a 'lecturer' on alchemy and occultism at the Pioneers' House, of course on the basis of the Soviet-Russian Great Encyclopedia of Philosophy. I achieved the maximum points at the entrance exams, so I could begin my university studies right away, this was in the autumn of 1964. I continued writing, became a member of the "Creative Circle", where I was introduced by István Bella, the poet, and Péter Módos, the writer. Right from the start, I regarded my university studies as a background to my future career as a writer. Very soon however, I gave up writing short-stories and began writing screenplays, under the influence of my friend István Sipos, who was admitted to the Academy of Theatre and Film Art at that time. I took part in producing several 'exam-films' of Academy students as a scenarist and an assistent. As a matter of fact, I had attended the Academy together with this grade as an "outside student" well before I would study there as a regular student. I was very negligent in studying at the University; I even put off a semester twice. The cause of the first was boredom, disappointment and passionate love.

és egy naplónak köszönhetően, amely szinte véletlenül akadt a kezembe, s Fiala János 48-as tüzértiszt visszaemlékezéseit tartalmazta az emigrációból. Filozófiából pedig egy-egy alak: Herakleitosz, Bacon, Descartes, Hegel, Kierkegaard, Marx, Nietzsche, Wittgenstein, Heidegger. A marxizmus lelkéhez az „Előszó a politikai gazdaságtan bírálatához" c. kis íráson keresztül jutottam el, s a marxista gondolkodásmód alaposan befolyásolta eszmevilágomat. Az oktatásban elhintett didaktikus ellentétek dacára minden filozófusnak igazat tudtam adni a maga helyén és nyelvezetén belül.

Egy darabig lelkesedtem a szociológia iránt, és filmkészítő barátaim figyelmét is ebbe az irányba tereltem. A szociologizálás ellaposodásával kérdésfeltevéseim intuitíve a szemantika felé sodortak, amely tárgyban akkor még nem folyt oktatás a filozófia szakon. Érdekességként megemlíteném, hogy egyedül Szigeti József ismerte Pierce és Morris nevét. Szerencsére bemutattak Zsilka János professzornak (akkor adjunktus), akinél két szemesztert fakultatíve hallgattam általános nyelvészeti tárgyakból. Egész egyetemi időmből igazában csak ezt az egy évet szenteltem intenzív stúdiumoknak. Úgy tetszik, gondolkodásomra is az ekkor tanultak hatottak legmaradandóbban.

1971-ben, a bölcsészdiploma megszerzésének évében felvettek a Színház- és Filmművészeti Főiskolára, Máriássy Félix osztályába. Ugyanebben az évben készítettem első kísérleti dokumentumfilmemet a Balázs Béla Stúdióban, amely ugyancsak tagjai közé választott, megtörve azt a szokást, hogy a felvételt a főiskola elvégzéséhez kösse. Ez az aktus fordulópontot jelentett mind a Stúdió, mind az én életemben.

A rendkívül nívótlan és hisztérikus főiskolai klima elviselhetetlen lett volna, ha nem tevékenykedhetek mellette a Balázs Béla Stúdióban, ha nem enyhíti Máriássy Félix lankadó embersége, Petrovics Emil zenetörténeti és elméleti előadásai, és ha Pintér Tamás mozgástanár révén nem elégíthetem ki gyermekkori vágyamat, hogy megtanuljak lovagolni. Ennek a sportnak (értsd: kultusznak, amely valóságos ajándék az élettől), ha módom van rá, azóta is hódolok. A Színház és Filmművészeti Főiskoláról, az ott töltött négy év alapján, rossz benyomásom alakult ki, úgy is, mint oktatási, úgy is mint ideológiai intézményről, s ez a benyomásom azóta se javult, inkább romlott.

Ezekben az években rendeztem először színházat: az Odry Színpadon Kisfaludy Károly **Betegek** c. egyfelvonásosát, amit Ádám Ottó támogatott, de végülis nem mert bemutatni; a „Csili"-ben független produkcióként Genet **Cselédek**jét, Monori Lilivel és Ruttkai Évával.

Balázs Béla Stúdió-beli tevékenységemnek ezt a szakaszát a **Filmnyelvi sorozat** létrehozása határozta meg, amely az ellenállások leküzdésével három évre nyúlt el. Célunk a kortárs művészeti avantgarde szemléletének olyan jellegű filmre-fordítása volt, amelyből egy új audiovizuális nyelvezet körvonalai és struktúrái derengenek fel. Elméleti tevékenységet is folytattam ezen a téren. Előadásokat tartottam a Balázs Béla Stúdióban, az Egyetemi Színpadon és a TIT Kossuth Klubjában, részt vettem az 1973-as Tihanyi Nemzetközi Szemiotikai Szimpozionon, ahol egy tükröződéselméleti modellt mutattam be.

In those days I spent a short time at a provincial mental hospital, in the company of Ferenc Jánossy, the painter. I went there out of curiosity and extreme empathy, but had an insight into the realm of the dead and the dead-alive. The second time I put off a semester because of my work on the film **Agitators,** where I was a scenarist, collaborator and an actor. There I tried to express the ideological movement of 1968, which I did not participate in but which I did witness at the University.

My study of history led me to study interesting events in the 19th century. I owe much to professor György Szabad and to a diary I found almost by chance, and which contains the recollections of János Fiala, artillery officer in the war of independence of 1848, written in exile. In the field of philosophy I was captured by Heracleitus, Bacon, Descartes, Hegel, Kierkegaard, Marx, Nietzsche, Wittgenstein, and Heidegger. I found my way to the essence of Marxism through the short writing "Preface to the Criticism of Political Economics", and the Marxist way of thinking had a great influence on my ideas. In spite of the didactic oppositions spread at the University, I could agree with each philosopher in the context of his own place and language.

For a short time I was enthusiastic about sociology, and I turned the attention of my film-maker friends to this field. When this movement of sociological interest was on the wane I was intuitively driven towards semantics, which was not then a subject at the faculty of philosophy. As a matter of curiosity, I should only mention that it was only József Szigeti who knew about Pierce and Morris at that time. I had the luck to be introduced to professor János Zsilka (then university lecturer), whose lectures on general linguistics I attended for 2 terms. This year was the only period during my University studies when I concentrated my energies on intensive study. It seems that what I learned in those months had the greatest influence on my outlook.

In 1972, when I took my degree in philosophy, I was admitted to the Academy of Theatre and Film Art, in Félix Máriássy's class. In the same year I made my first experimental documentary at Béla Balázs Film Studio (BBS). On this occasion I was elected a member of the Studio, in spite of the fact that as I was still a student and not a graduate, it was not customary. This event was a turning-point both in my life and in that of the Studio.

The atmosphere at the Academy was hysterical and the activities were of a low standard. It would have been unbearable if I had not been active at BBS, or if I had not gained from the untiring and generous benevolence of Félix Máriássy, and from Emil Petrovics's lectures on the history and theory of music; and if I had not been able to realize my childhood desire to learn horsemanship by the help of Tamás Pintér, teacher of eurhythmy. I have been given to this field of sports (I mean cult, which is a real gift of life) up till the present. The four years I spent at the Academy left bad memories, and my impression of it as a bad institution of education and ideology has become even worse since then.

In those years I began to direct plays: the one-acter, **The Sick,** by Károly Kisfaludy, which was supported by Ottó Ádám, but which he did not dare produce in the end. The next was Genet's **The Maids** in the "Csili" (a well-known

1975-ben végeztem el a főiskolát, de diplomafilmemet, az **Amerikai anzixot** is a BBS-ban készítettem. A főiskola kezdetben nem akarta elfogadni, s csak a Pécsi Filmszemlén történt sikeres bemutatását követően akceptálta. Miután a film elnyerte a Mannheimi Nemzetközi Filmfesztivál fődíját (1976), a nemzetközi érdeklődés úgyszólván körbevitte a világon. Így módomban állt szúrópróbaszerű benyomásokat gyűjteni a globális állapotokról. Ezek segítettek abban, hogy hozzávetőlegesen bemérjem a magam és filmkultúránk helyzetét. A mannheimi fesztiválon ismerkedtem meg Udo Kier nyugatnémet színésszel, akivel több filmre szóló munkabarátságot kötöttünk.

1975-től a MAFILM alkalmazásában állok, eleinte „művészeti ügyintéző", majd 1980 óta filmrendező állományban. Pályám különösebb nehézségek nélkül emelkedett. Ha nem volnának „szakmám" általános helyzetét illetően alapvető aggályaim, nem érezném magam rosszul annak a vállalatnak a keretei között, amelytől minden segítséget megkaptam.

1976-ban egy évet a BBS Vezetőségében töltöttem el, erre az időre esik K/3 néven a kísérleti filmezés újraszervezése. 77-ben betöltve a „korhatárt", búcsút vettem a Stúdiótól. Ebben az évben született Zita lányom, akit két éves koráig támogatásommal anyja nevelt. A Kulturális Minisztérium jóvoltából tanácsi kiutalású OTP öröklakáshoz jutottam, ami szinte áthidalhatatlan anyagi gondok elé állított, de mentesített az állandó lakbérletkeresés terhe alól.

Ekkor már a **Psyché** c. film előkészítésén dolgoztam, ez a munka két éven át tartott. Közben megbízásokat kerestem a Magyar Televíziónál és a Híradó és Dokumentumfilm Stúdiónál is, a filmkészítés összes lehetőségét mintegy végigjárva. 1979 januárjában kezdtem el a **Psyché** forgatását, s a filmet, összes utómunkálataival együtt éppen két év múlva fejeztem be, három verzióban. A **Psyché**-produkció összességében tehát négy évet foglalt el életemből, mint egy háború, vagy mint egy iskola. Elkészítése volumenénél fogva az egész magyar filmgyártást keresztbemetszette, így átfogó képet kaptam annak konkrét és rejtett potenciáljairól épp úgy, mint működési zavarairól, képtelenségeiről. Tapasztalataimat a „szakma" megrettent és önzően céhvédelmi reakciójánál fogva sajnos mindmáig nem állt módomban mások hasznára fordítani.

1979 nyarától, nem látva biztosítottnak lányom megfelelő neveltetését, különböző kísérleteket tettem arra, hogy a magam fennhatósága alá vegyem. Életünk, úgy tetszik, 1980 nyara óta fordult egyenesbe, amikor feleségemet, Baksa-Soós Veronikát (aki előző házassága alapján a Lengyel nevet is viselte), megismertem. Ezzel véget ért érzelmi nélkülözésem, és az ezzel járó kapkodó próbálkozások korszaka. Többszöri hazalátogatása után elhatároztuk, hogy egybekelünk. 1980. december 20-án tartottuk az esküvőt; két nappal a filmem premierje előtt.

Feleségem 1971 óta az NSZK-ban él. Apja neve Baksa-Soós László, anyja Elisabeth Kardamatisz-Reichenbach. Magyar–német vegyes házasságból származik, s a hetvenes évek elején a család úgy döntött, hogy visszatelepülését kéri, de megtartották magyar állampolgárságukat is. Veronika (sz. 1952) a Düsseldorfi Egyetemen végezte tanulmá-

---

Cultural Centre in Budapest), which starred Lili Monori and Éva Ruttkai.

Among my activities at Béla Balázs Studio was to create the **Film Language Series.** As a result of severe opposition, it took 3 years to organize this series. Its aim was to translate the avantgarde outlook of contemporary fine art into that of the cinema, in a way which would outline the structures of a new audiovisual vocabulary. Meanwhile I gave lectures at the BBS, at the University Theatre and at the KossuthClubof T.I.T.(Society for Popularization of Scientific Knowledge). In 1973 I participated in the International Symposium of Semiotics held in Tihany, where I introduced a model for the theory of reflection.

In 1975 I graduated from the Academy. My "diploma film", **American Postcard,** however was not made there but again at the BBS. The Academy only accepted it after its successful premier at the Film Survey of Pécs. The Grand Prix awarded to this film at the International Film Festival in Mannheim (1976) created great interest, and the film was shown all over the world. This international interest helped me acquire a random impression of the global situation, and to get an overall view on the situation of our film culture and on my own position as well. At the Mannheim Festival I met Udo Kier, the German actor, and this acquaintance resulted in a 'labour-frindship' for several films.

Since 1975 I have been employed by MAFILM (Hungarian Film Factory; in the beginning as an "arts executive", and from 1980 on, as a film director. I had no special difficulties in my career. If I did not have doubts about the general situation of my "profession", I would enjoy working at this company, which gave all possible help to me.

In the year 1976 I was a leading member of the BBS; this was the time when experimental film-making was reorganized under the name of K/3. In 1977 I reached the "age limit", so I had to take leave of the Studio. My daughter, Zita, was born in the same year, and she was brought up by her mother, with my assistance, until she was 2. By favour of the Ministry of Culture I managed to get a freehold flat built with a National Bank loan. This forced me to face almost insurmountable financial difficulties, but at least freed me from the burden of a constant search for lodgings.

By that time I had been preparing my film **Psyche.** Meanwhile I tried to get commissions from the Hungarian TV and the Newsreel and Documentary Film Studio; thus trying my hands in all fields of film-making. I began shooting **Psyche** in January 1979. Together with 2 years' preparations, this film took 4 years to accomplish in three versions. It lasted as long as a war or a study course. While making this monumental film, I could obtain a profound view on Hungarian film industry, both on its concrete or hidden potentials and on the faults or absurdities of its functioning. Since my experience made people of this profession get alarmed and react in a self interested way of self-defense, I was unable to help others make use of my experience.

From the Summer of 1979 onwards,, I made several attempts to take over raising my daughter, as I did not think

nyait történészként, dipolomamunkáját Erdély felvilágosodásáról írta. Doktori disszertációja, „Die Einwirkung der deutschenund österreichischen Sozialdemokratieauf die Arbeiterbewegung in Ungarn bis 1890" megjelent a Verlag Ulrich Camen kiadónál (Berlin 1980). Jelenleg kétéves szerződés keretében kutatást vezet a XVIII–XIX. századi Erdély társadalom- és alkotmánytörténetében (Die Bedeutung der mittelalterlichen Privilegien für die Sozial- und Verfassungsgeschichte von Siebenbürgen, in der Neuzeit). Emellett szívesen — olykor szívesebben is — foglalkozik zenével, festészettel és a kínai kultúrával. Zita lányomat adoptálta, s ő ez év nyara óta a düsseldorfi családdal van, ahol rajta kívül még két gyerek él feleségem előző házasságából, Lengyel Dani (1972) és Rita (1973). Ez év augusztus 14-én házasságunknak közös gyümölcse született: Caspar-Maria Zoltán Leopárd. Az ösztöndíj, amelyért jelenleg folyamodom, többek közt azt is lehetővé teszi, hogy családunk fél évet együtt töltsön. Feleségem az egyetemi szerződésének teljesítését követően kíván dönteni arról, hogy visszatér-e velem Magyarországra. Ennek egyelőre anyagi feltételei (lakás, munkahely, iskola, óvoda és bölcsőde) nincsenek biztosítva.

A 81-es évet ismét a filmkészítés kísérleti útjainak egyengetésére fordítottam. A MAFILM keretein belül lehetőséget kaptam egy kísérleti szekció felállítására, jelenleg ez köt le. Előadásokat tartottam a budapesti ELTE és a debreceni KLTE Bölcsészettudományi Karán „A film mint nyelv megközelítése" címmel. A Győri Kisfaludy Színház meghívott a **Hamlet** rendezésére, az előadás a MTV koprodukciójában készült, és TV-játék is lesz belőle. A címszerepet Cserhalmi György alakítja, akivel tízéves, mély munkabarátság köt össze. Filmet készítek elő a Társulás Stúdió számára, és az experimentális mozgóképi kutatások nemzetközi összehangolására törekszem, tekintettel jövő évi ösztöndíjamra is.

Elhatároztam, hogy életemet a továbbiakban is a szabadságnak, a szerelemnek, a művészeteknek és a tudományoknak szentelem.

1981; Filmkultúra 1986/2. 3.–11. l.

1971 körül

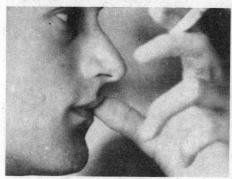

About 1971

she was in good hands. Our life seems to be on the rails since I met my wife, Veronika Baksa Soós (she also used the name Lengyel during her earlier marriage). This put an end to my emotional privation and to my hazy attempts resulting from it. We were married on 20th December 1980, two days before the premier of my film.

My wife has lived in Germany since 1971. Her father is László Baksa-Soós her mother is Elisabeth Kardamatisz-Reichenbach. She is the daughter of a Hungarian-German mixed marriage. In the early seventies her family decided to settle in Germany but they retained their Hungarian citizenship. Veronika was born in 1952, graduated from the Düsseldorf University. She wrote her thesis on the age of enlightenment in Transylvania. Her doctoral dissertation, "Die Einwirkung der deutschen und österreichischen Sozialdemokratie auf die Arbeiterbewegung in Ungarn bis 1890" was published by Verlag Ulrich Camen publishing house (Berlin 1980). At present, according to a 2 years' contract, she conducts a research in the history of 18th and 19th century Transylvanian society and constitution (Die Bedeutung der mittelalterlichen Privilegien für die Sozial- und Verfassungsgeschichte von Siebenbürgen, in der Neuzeit). She also likes music, painting and Chinese culture, and sometimes she prefers dealing with these to her original work. She adopted my daughter Zita and she has been staying at the Düsseldorf family's place since then, together with two children of my wife's first marriage, Dani (1972) and Rita (1973) Lengyel. This August our son, Caspar-Maria Zoltán Leopárd, was born. The scholarship I am applying for hereby would also make it possible for me to spend half a year together with my family. My wife intends to decide on returning to Hungary after she has performed the terms of her contract. So far we have been unable to ensure the financial basis (flat, job, school, nursery) for the familiy's move to Hungary.

I spent the year 1981 trying to pave the way for experimental film-making. MAFILM provided an opportunity for me to found a section for experimental films. I am engaged in organizing it at the moment. I have given lectures entitled "Film as an Approach to Language" at the Faculty of Arts at the Loránd Eötvös University of Budapest, and Lajos Kossuth University of Debrecen.

The Kisfaludy Theatre of Győr invited me to put **Hamlet** on stage. The performance is being made in coproduction with the Hungarian TV, making the tele-version of the play as well, with György Cserhalmi in the title-role, with whom I have worked closely for 10 years. I am preparing a film for Studio Társulás ('Association') and I am trying to co-ordinate the different international researches in experimental motion picture, with regard to my next year's scholarship as well.

I have decided to continue to address my life to freedom, love, the arts and sciences.

1981; Filmkultúra 1986/2. pp. 3–11

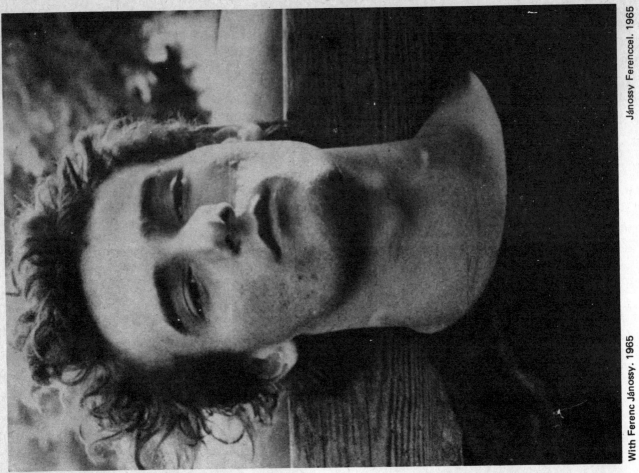

With Ferenc Jánossy. 1965

Jánossy Ferenccel. 1965

1965

A HÁROM LÁNYOK forgatásán. 1969

A HÁROM LÁNYOK forgatásán. 1969

Shooting THREE GIRLS. 1969

Shooting THREE GIRLS. 1969

PETERNÁK MIKLÓS
BÓDY GÁBOR. FILM ÉS ELMÉLET

Van az az alkotói magatartás, másként: létezik egy olyan állapot, melyet legpontosabban mint határhelyzetet adhatunk meg. Képviselője egész lényével benne áll, így tevékenységével, cselekvéseivel meghatároz, de szemével folytonosan túltekint, gondolatai a határtalan, korlát nélküli mozgás szférájában rejtőznek.

Erről a helyről minden mű egy-egy alkalmi kivezető út, vagy provizórikusan megvont limes, amit az ,,én" és a ,,világ" között létesít, megteremtésével mindkettő aktuális definícióját adva a készítés idejére és a (mű)alkotás tartamára.

Ha útként tekintjük, nem az alkotó járja be: ő elkészíti, nem indulhat el rajta. Határként pedig olyan transzparens (átlátható) felület, sík, mellyel s melyen kitapinthatóvá, érzékelhetővé válnak másként megfoghatatlan, érzékeink számára hozzáférhetetlen minőségek, a különböző, természetes állapotukban egymást kioltó energiahalmazok léte és rendje, az átmenetek és kapcsolatok működése. A mű ezen állapotok, fogalmak és történések közegévé válik, megteremtve így a közvetítés lehetőségét, hiszen a közvetlen tapasztalás tapogatódzó vaksisága és a tudás, megértés belső világossága közé helyezi magát.

Honnan néz, hová és mit lát az a szem vagy tekintet, mely képes átlátni, megszervezni, meghatározni és megmutatni ,,külső" és ,,belső" ezen átfordulását, áthatásainak interferenciaképét vagy távolságuk dimenzióit? Az érzékelés szintjén a két szem normájával dolgozó emberi agyba a gondolkodás- és kultúrtörténetből ismeretes szimbolizációs törekvések ,,harmadik szemként" helyezték az ,,oculus imaginationist", a képzelet, imagináció szemét. E belső szem sajátossága, hogy a létből kitekint, mely másként kreatív aktus, a totalitástól megérintett vagy azt kereső sors működése. ,,Kozmikus", transzcendens, külső párja a mindent átlátó, sugárzó háromszögben ábrázolt Isteni Szem képzete, mely nem egyes sorsvonalak sűrűsödési szakaszain lép a külvilággal kapcsolatba, hanem az idők egészét, a létezés szubsztancia-fokát képviseli, a totalitás érintését hordozza. Két, egymásba fonódó tekintet: így jelenik meg a ,,belső" és a ,,külső" ,,szem" mindenfajta alkotói, vagy a köznapi létből kizökkent állapot analógiájaként, s a köztük levő virtuális mozgásban, energiacserében találjuk az átmenetet, az ,,egyikből" a ,,másikba" (,,reflexióból cselekvésbe", ,,létből kifejezésbe") való átlépés szimbolikus alapképzetét.

Ezen nem maszületett képzetek, mítikus szimbolizáció vagy transzcendentális tapasztalás ,,szinopszisát" a múlt század kézzelfogható technikai találmánnyá egyszerűsítette, a puszta működésbe helyezve mindazt, ami a ráció

MIKLÓS PETERNÁK
GÁBOR BÓDY. FILM AND THEORY

There is a creative attitude, or started another way there is a certain condition, which could be termed precisely as marginal. It's bearer is within it with his whole being, and as such, with every movement he continually gazes further ahead, his thoughts are concealed in the boundless, unlimited sphere of movement.

From this stance, every work of art is an occasional way out, a provisorically set limes between the "Ego" and the "World", defining in it's creation the actual meaning of both its the period and duration.

If we regard it as a road, it is one not trodden upon by the artist: he creates it, but cannot set out on it. As a boundary, it is a transparent surface, a horizontal plane, on which, (and with the aid of which,) the otherwise perceptively unreachable, ungraspable qualities become palpable, tangible. Similarly, the existence and order of those different energy masses which, in their natural state mutually extinguish eachother in the functioning of transitions and relationships, will be rendered open to apprehension. A work will become the substance of these states, concepts and actions, creating a possibility for mediation because it position is itself between the groping dim-sightedness of direct perception and the inner luminousness of knowledge and understanding.

Where does this eye look from, for is able to show, define, organize and see through this shift from "outer" to "inner", the result of their mutual penetration or the dimensions of their distance, and what does it see? The pursuit of symbolization in the history of thought and culture placed a "third eye" to our brain, which, on the level of perception, operates with the norm of two-eye vision. This "third eye" is the "oculus imaginationis", the eye of fantasy and imagination. The characteristic of this inner eye is that it peers out from existence; a creative act, the function of destiny searching for or touched by totality. It's external, "cosmic", transcendent pair is the notion of an all-penetrating Eye of God, often depicted as a triangle, which does not establish contact with the outside world but along the denser stretches of combined individual destinies, represents instead the degree of substance in existence, a touch of its totality. Two intertwining looks: this is how the "inner" and "outer" "eye" appears as an analogy to all kinds of dislocated, everyday or creative conditions; and in the virtual movement, the flow of energy between them, we glimpse the transmission, the basic and the symbolic idea in the shift from the "one" to the "other" (from "reflection" to "activity", from "existence" to "expression").

This "synopsis" of unborn notions, this mythical symbolization or transcendent perception, was simplified by the

számára belőle megközelíthető. Az eszközzé vált, külsővé („idegenné") tett szem, vagy „Filmszem" mindenki által látható, tapasztalható módon képes mutatni a „világban való lét" produktív konszenzusát, hiszen a segítségével (rajta át) néző emberi szem és a külvilág fénye között helyezkedik el. Az új harmadik szem előtt a világ kitárulkozik, a maga teljességének csábító ígéretével ejt káprázatba, melyből az eszköz jól szervezett működtetése révén, a puszta rögzítésen túl szelekció, tagolás, „izoláció és új csoportosítás" műveletei vagy kapaszkodói segítségével lehet csupán kikeveredni. Másszóval olyan élet és munkafolyamat ez, melyben a megszerzett képek, történések elrendezésével próbálunk tapasztalatainknak „jelentést tulajdonítani" s visszaszerezni a „szinopszis" eredeti, „együttlátás" értelmű jelentését az újra létezővé tett „common sense" formálása révén.

Bódy Gábor írja: „. . . a jelentést nem egy entitásban, még csak nem is egy struktúrában kell keresnünk, hanem abban a folyamatban, melyben a filmkészítő tárgyának és eszközeinek jelentést *tulajdonít,* s amit nem más, csakis az élete szegmentálhat."

Tény mindenesetre, hogy a filmkamera mint „harmadik szem" igen távol áll az „oculus imaginationistól", a képzelet szemétől, de a „képet alkotunk valamiről" kifejezést sem tölti be működésével. Az eszköz inkább a feltételes mód, a képesség (tud-, -hat, -het) rokona, lehetőség, potencialitás, alkalom: a létrejött képekre másodszor is rátekinthetünk, nyugodt szemrevételezésre ad módot. Nem azonos látvány a külvilág közvetlen látásával, viszont annak egyértelmű nyoma, melyből megalkothatjuk a látás kollektív tapasztalati képét, a szem által érzékelt s a tudatban előálló kép kivetülő, közösségi változatát. A „szem felfedezésének" ez a gondolata Bódynál leghatározottabban a **Filmiskola** munkálataiban jelentkezik, míg a külső, „kozmikus szem" képzete — hasonló című filmtervén túl — filmjei egyik módszertani alapjává és témájává vált.

Ez a „második tekintet", melyben nem nehéz felismerni a fenti metafizikai szinten összekapcsolt „tekintetek" konkrét, filmkészítési gyakorlattá tett analogonját. Az elkészített filmanyag az „első", a világra vetett pillantás, kitekintés nyoma, melyre „másodikként" az alkotó, kontrolláló és beavatkozó szem néz vissza a megmunkálás alkalmából. (Alkalom: a latin „opera" — dolog, tevékenység, szolgálat — kifejezés ezt is jelenti.) Két, időben elcsúszott tekintetet kapcsol egybe a kép, közöttük alakulva jelentővé.

Bódy Gábor képfelfogásától távol áll bármiféle dualizmus: már viszonylag korai, személyes hangú írásában beszél a kép állapotként való felfedezéséről, melynek intenzív, sorsalakító élményét elméleti és vizuális kutatómunkával formálja. Egyetemi előadásain Heidegger Van Gogh-elemzéséből kiindulva mutatja be „kép" és „dolog" viszonyát (Van Gogh elemzett „Parasztcipők" festményét a maga számára fotósorozatban is „feldolgozza", analizálja); 1983-as, elméleti nézeteit s azok fejlődését mintegy összefoglaló tanulmányát pedig így fejezi be: „. . . . miután úgy éreztem, hogy hozzávetőleges választ találtam a „jelentés" kérdésére, nemcsak a valóságra, hanem az abból „nyomokat" merítő filmfelvételekre is kezdtem úgy tekinteni, mint titokzatos, felderíthetetlen jeltartományokra, amelyekbe a gondolkodás az artikuláció segítségével hatolhat be."

---

last century to a concrete technical invention, transforming its sheer function what could be grasped from it by rationality. It was this externalized ("alienized") eye which became an instrument, the "Film-eye", and it shows in a way that can be understood and sensed by all. It is the productive consensus of an "existence in the world", since it is positioned between the eye that looks with it's help (through it) and the light of the external world. In front of the new, third eye, the world opens up and astonishes us with its seductive promise of its own totality, out of which comes the single and only way which leads through the well-organized operation of the instrument, to a place beyond mere recording, in the thightness of selection, segmentation, "isolation and regrouping". In other words, this is a lifestyle and work-process whereby we venture to "attribute a meaning" in our experiences by arranging the observations and obtained pictures into an order and regain the original "common vision" of the "synopsis" which forms a revitalized "common sense".

As Gábor Bódy writes: ". . . the meaning must not be searched for in an entity, not even in a structure; instead, it lies in the process where the film-maker *attributes* meaning to his object and instruments, and by this which process it can be segmented to nothing else but his own life."

In any case, it is a fact that the film camera as a"third eye", is a far cry from the "oculus imaginationis", (the eye of imagination) it cannot however fulfill the meaning of this expression: "we gather a picture of something". The instrument is more like the conditional mood, it is akin to ability, possibility, potentiality or opportunity: we can look at the developed picture for a second time, it offers a means to tranquil re-observation. As an image, it cannot equal direct vision of the external world, but it has a definite trace of it, from which we can construe a collective empirical vision, (the common version of that picture which was picked up by the eye and has materialized in the conscience). This idea of the "discovery of the eye" appears most explicitly in the operations of **Film School** while the notion of the outer, "cosmic eye", — apart from a film-plan which bears the same title — developed into one of the methodological foundationstones and major themes of his films.

This is the "second face" in which it is not hard to discover the analogy of "visions" which are connected with the metaphysical level above, and which are put into concrete film-making practice. Developed film material is a "first", a mere glimpse directed at the world, a trace which pears out. Retrospectively we look back upon it from the "second", the creative, controlling and intervening eye in the phase or occasion of processing. (Occasion: the latin "opera" — work, activity, service — this too means.) The picture connects two visions which lave shifted apart in time, assuming a meaning in between them.

Gábor Bódy's concept of a picture stands far from any kind of dualism: already in his relatively early, personal writings he speaks of the discovery of the picture as a condition, the intensive life-forming experience which he later expounded in theoretical and visual research. In his university lectures, he demonstrates the relationship between "picture" and "thing" using the basis of Heidegger's analysis of Van Gogh (he himself analyzes, ("processes"), the

Ha a képfelfogás, képértelmezés felől vizsgáljuk filmjeit, nem nehéz meglátni a téma szinte állandó, a háttérben meghúzódva is sok esetben domináns jelenlétét. A közvetett jelenlét oka, hogy filmelméleti munkái sem egy kép-elméleten (nem is a képen) alapulnak: a tagolások nem a kép, hanem a fölvétel (képsorok) szervezésének műveleti formáit írják le — a dominanciáépedig a kép átfogóbb, általános, szinte a megismerő tevékenységgel rokon elgondolása. „. . . mennyire belészövődik a megismerő képalkotás az idő és egzisztencia háttér-vásznába. (. . .) Minden kép létre-jötte pillanatában a valóság részévé, ezáltal új képek vásznává válik, s így merül el az időben." Filmkészítő lévén Bódy könnyen fel tudta adni az „egy kép" gondolati fikcióját. Minden esetben képek soráról van szó, azok változó és változ-tatható mennyiségi és minőségi karakterei, helyzeti energiájuk és helyi értékeik jelennek meg. (ld. például **Sor, ismét-lés, jelentés** c. írását, vagy az **Akutancia-kritérium bizonytalanságai** c. fotó/szöveg munkáját.)

A **Négy bagatell** e viszonyok antológiája szinte, az **Amerikai anzix** az előbbi film egyes elemeinek „textus-szerű" alkalmazása, a **Psyché**ben háttér effektként, de dramatikus szálként is végigvonul egy képtörténet, (talán nem kell külön részletezni a lélek — psyché — és kép megfelelését egyes kultúrákban, illetve hogy a Narcissus-mitoszban mi a kép szerepe); a **Mozgástanulmányok** egyenesen a képek „történésébe" merül, a **Kutya éji dala** különböző kép-minő-ségek ütköztetése is (anyagszerűségüket és szellemi, „világkép" értelmüket egyaránt tekintve), a **Vagy-vagy a China-townban** pedig már közvetlenül, alig leplezetten a kép aktív vagy passzív (cselekvő vagy szemlélő) megélését vagy meg-alkotását fejleszti történetté. (Gondoljuk át, melyik „vagy" melyik „vagyhoz" kapcsolódhat.)

Szívesen hívnám a **Négy bagatellt** (régebbi címén: **Négy maszk**) a kép- és jelentés-keresés filmjének, melynek felszíni célja az elillanó képek /gesztusok/ történések változásában megfogni, tetten érni a jelentést, titkos feladata pedig, hogy felvázolja a végtelen lehetőségek halmazát, s a hangsúlyt a választásra, a döntésre tegye. Az első rész a filmkocka keret-vonalainak „képbe tolásával" egyszerre alkalmas a kép (és jelenet) különböző módon való felosztására, belső „átkeretezésére", illetve hogy annak egyes elemeire rámutasson a szemlélő percepciós készségétől függően. A második rész organikus kerete: egy fekete kéz — árnyékszerű, mozgó maszk körrel váltakozva — ugyancsak a képen belüli elhatárolhatóságra utal (nyilvánvaló jelentésein túl, mint a képen rögzült „megfoghatatlansága", vagy az a gesztus, mellyel szinte szándékosan, zavarólag belenyúl a képbe); a harmadik részről maga Bódy írja le, hogyan válik a film egyik rétege a másik „keretévé" — metaforikus értelemben; míg az utolsó rész eseménye, mely mára szinte „archeti-pikus" karakterűvé vált: a saját képernyőjével szembe fordított videókamera, a egegyszerűbb „zárt lánc" a „végtelen kép" jelenséghez és fogalmához visz. A kapcsolódó tanulmányban („Végtelen kép és tükröződés") metafizikai érintőt húz az első látásra önmagába záruló jelenség köréhez, megjelölve a kilépés helyét s egyúttal a felfoghatóság (percepció) határát.

Hasonló módon válik a kép gondolattá Bódy értelmezésében: „. . . a képek a fogalmak *k ö z é* gondolkodnak . . . Elmetszik a fogalom burkát, feltárják a használat és jelentés erőterét . . ." írja szakdolgozatában (1971), s e leírás ké-sőbb is folytonosan visszatérő eleme, hogy a film/a kép fogalmi jellegű, elvont gondolatok közlésére képes — egész

---

picture in question, which was Van Gogh's "Peasant Shoes", in a series of photos); and concludes his 1983 treatise on the development and summary of his views with the following words: ". . . after having felt that I have found an approximate answer to the question of "meaning", I began to treat not only reality, but film scenes picking up "traces" from it, as mysterious, unsolvable domains of signs into which thought could penetrate by the means of articulation."

If we examine his films in the light of comprehension and interpretation, it will be simple to spot the constant presence of this theme, which, even when withdrawn to the background, is often dominant. The reason for this indirect presence is that his works on film-theory also rest on mere than one theory of picture (and not just on the picture itself): the segmentation accentuates not only the picture, but the operative forms of the organization of shots (sequences), — domination here, is a broader, general concept of picture that is almost akin to cognitive be-haviour. ". . . how heavily the cognitive creation of a picture is interwoven with the background canvas of time and existence. Every picture, the moment it comes into being, becomes a part of reality, and therefore, a screen for new pictures, thus it becomes immersed in time." Being a film-maker, it wasn't hard for Bódy to give up the intellectual fiction of "a picture". There are only sequences and their ever changing quantitative and qualitative characteristics, potential energy and value. (See for instance his essay titled **Series, Repetition, Meaning** or the text + photo work with the title: **The Uncertainty of Acuteness Criteria.**)

Four Bagatelles is almost an anthology of these relationships, **American Postcard** has the "text-like" use of some elements of the former film. In **Psyche**, a history of picture runs as a background effect, but also as a dramatic line (we probably don't need to detail the correspondence of soul-psyche and picture in different cultures, nor the role of the image in the myth of Narcissus); **Studies in Motion** immerses itself in the "action" of pictures, **The Dog's Night Song** is a confrontation of different picture-qualities (in their material, but also spiritual, "world-concept"-like sense); and **Either Or in Chinatown** develops directly and almost outright, the active or passive (participative or con-templative) experience or creation of a picture, into a story. (Let's contemplate which "Either" is attached to which "Or"?)

I would rather like to call the **Four Bagatelles** (previous title: **Four Masks**) the film of a search for picture and meaning. The superficial aim of this is the grasp and catch in the act within the change of evaporating pictures, gestures and movements, the meaning, — and which has a secret mission: to outline the mass of endless possibilities, and to shift the emphasis on to choice and decision. The first part, with the "pushing into the picture" of the border-ing — lines of the frame, is simultaneously able to divide the picture (and scene) in different ways, indeed to "re-frame" it, and also to point out, some of its elements, which depend on the perceptional abilities of the viewer. The organic framework of the second part: a black hand — which is a shadowlike mask which moves alternating with a circle - also suggests its circumscribability within the picture (beyond it's obvious meanings, as the fixed "unfathoma-

munkásságának egyik központi eleme, bázisa. (Elvont vagy absztrakt: a latin „abstraho" — elvon, kiragadja magát —, melynek „csábít" jelentése is van.)

A **Csábítás antológiája** tervezett és megvalósított darabjai közül a **Vagy-vagy a Chinatownban** c. munkáról mindenképp szólni kell ebben az összefüggésben — átugorva most a többi említett munka részletesebb taglalását a „kép" viszonylatában. A csábítóban és a képkészítőben közös annak a távolságnak a megteremtése és megtartása, mely tárgyához kapcsolja s attól egyúttal elválasztja, különbözik viszont, hogy az utóbbit a kép foglyul ejtheti. Csábító/csábított szerepe felcserélődött, sőt felmerül a kérdés: vagy a valóság, cselekvés, tettek világa, amely érzéketlen önmaga mint környezet vagy kép iránt, vagy képi illúziója, egy esztétikai magatartás, ahol a cselekvés szemléléssel helyettesül. Ezen új mimetikus állapot az embereket egymás, illetve a kép (sémák) puszta ábrázolásává változtatja. Döntő mozzanat a távolság: ha benne vagyunk a „képben" (a létben, a műben), nem tudunk rátekinteni, ha pusztán nézzük, egy távolságot megteremtve, esetleg szépként felismerve és rögzítve: megragad és fogva tart. „Vagy tetszik ez a kép, vagy ebben a hotelben laksz." Az új „vagy-vagy": a kép egyszerű tárgyi vagy fogalmi létén túlléptünk. A látvány megalkotásának körülményeivel s a szükséges távolsággal, készítője kívülállásával együtt szembe állítható a cselekvő, közvetlen léttel, s így mint ellentét, arra visszahat. Az **Amerikai anzix** távcsöve/szálkeresztje,, egész anyagkezelése már ezt a gondolatot előlegezi. (Zárójeles közbevetésként: másik analógia is teremthető a két mű között. A Magyarországon készült film Amerikába — legalábbis a polgárháború amerikai magyarjai közé —, az Amerikában készült videó „Kínába" — legalábbis Vancouver kínai negyedébe viszi a történetet.)

Az **Anzix** (die Anicht: megtekintés, szemlélet, kép, nézet; die Ansichtskarte: képes levelezőlap) maga egy „kép" megtekintése: a történelmi atmoszférába helyezett téma leforgatása után a filmanyag mintegy „régivé", „leletté" válik. Ugyanaz történik vele, mint az irodalmi anyaggal: megkapja ezt a másodlagos, utólagos, külső réteget. Saját „megnézése" és időbeli roncsolódásának ábrázolása is ráexponálódik — megjelenik a „hordozó" története. A „jelenben" forgatott anyag azáltal is „régivé" válik, hogy a jelenből való rátekintés ténye beleépül. Maga a történet szintén mutat hasonló elemeket: a fatalista katonatiszt mint kívülálló lép a történésbe, s azt dramatikus eseménnyé változtatja, mely kilépésével, sorsa megmagyarázhatatlan kettétörésével maga is megszűnik. És: „A távcső szálkeresztje rásimul az elmúlás és örökkévalóság keresztjére" (részlet a forgatókönyvből).

A kereszt kapcsán a **Kutya éji dala** zárórészének keresztjei juthatnak eszünkbe, itt most nem is Pilinszky János a képsor alatt idézett mondatai miatt, hanem azért, hogy rátérhessünk — e tárgykört zárva, utolsóként — a filmben érvényre jutó képszemléletre. Erről Bódy a következőket mondja: „. . . a kamera mindig megkeresi, ami jelent valamit, és a többit egy ilyen zsongásban, redundanciában tartja . . . a kamera nem azt nézi, ami a jelenetben hagyományos, hanem választ egy pontot, amit nézni érdemes . . ." Talán nem is kell külön hangsúlyozni az analógiákat, illetve a változás mértékét az **Amerikai anzix** „kereső" távcsöve, mozgó szálkeresztje és a **Kutya éji dala** pásztázó („jeltudatos") kamerája között. Mindkét filmben szerepelnek a távolság leküzdésére alkalmas optikai eszközök: az **Amerikai**

---

bility" in the picture, or the gesture with which it almost purposely, pesteringly reaches into the picture); Bódy himself describes how, in its third part, one layer of the film develops into the "frame" of another — in a metaphorical sense; while the happening in the final part, which today has assumed an "archetypical" character: the videocamera is turned to face it's own screen (the most simple "closed circuit"), it leads to the phenomenon and concept of the "infinite image". In a study linked to this ("Infinite Image and Reflection"), Bódy draws a metaphysical tangent to this phenomenon, which at first sight seems to turn inside itself, thus marking the point of exit, and simultaneously, the limits of perception.

The picture turns into thought in a similar way in Bódy's interpretation: ". . . the pictures think *i n b e t w e e n* concepts . . . They cut open the shell of the concept, and open up the field of force of use and meaning . . ." he writes in his thesis (1971), and thereafter, a continually recurring theme of this portrayal is that the film (the picture) is of a conceptual nature, capable of expounding abstracts. This is one of the focal points and bases of his lifes work. (Abstract: comes from the Latin "abstraho" — to draw away, pull oneself out — but also meaning "to seduce".)

Among the planned and finished sections of **The Anthology of Seduction**, we must mention here **Either Or in Chinatown** — skipping a detailed discussion of the previously mentioned works in relation to "picture". The common factor in the seducer and the picture-maker is the creation and upholding of the distance which attaches them, but at the same time it divides them from their object. The latter is different in that he can be captivated by the picture. The role of seducer and seduced has been reversed. In fact, the question arises: is it either reality, action, or the world of deeds, that is as insensitive to itself as the surroundings or picture? Or it's illusion, an aesthetical behaviour, where action is replaced by contemplation. This new mimetic condition changes people into a mere representation of eachother or the picture (scheme). Distance is the decisive motif: when we are inside the "picture" (that is inside existence or inside the work) we cannot see it. But if we purely look at it, creating a distance, it maybe recognized and defined as being beautiful. It will capture us and hold us. As Bódy said, paraphrasing Kierkegaard: "Either you like this picture or you live in this hotel". In the new "either or": we have stepped beyond the simple objective or conceptual life of the picture. With the circumstances of creating the scenery and the necessary distance, it's creator, together with his separatedness, can be confronted with direct, active existence, and so, as an opposite, he can reexert his effect on it. In **American Postcard**, we have the cross-line lens in the telescope, the whole treatment of the material already anticipates this thought. (As an alternative comment, another analogy could be drawn between the two works. The first film, (made in Hungary), takes us to America — or at least among the Hungarians in the Civil War, —, the second, a video made in America, sets the story in "China" — or at least in Vancouver's Chinatown.)

Postcard (in the film's original title: Anzix. Die Ansicht: inspection, attitude, picture, view; die Ansichtskarte: picture postcard) is itself an inspection of a "picture": after the theme placed into a historical atmosphere has been shot, the film-material, as it were, becomes "old", a mere "imprint". The same thing happens to it as with literature:

anzix földmérőjének teodolit optikája egyik alkalommal a nagy hinta elkészítésére, a film végén pedig ugyanazon hinta egyre vészesebb kilengésére állítódik. A **Kutya 'éji dala** csillagász/zenész szereplőjének távcsöve már az égboltra néz (mint Zedlitz báróé a **Psychében**), dramaturgiai — jövendő helyszínt sugalló — kötöttségtől mentesen. Az **Amerikai anzix**ban a távolságok megmérésével foglalkozva a szereplők maguk stabilizálják a képet mint létező viszonyt a külvilághoz — és mintegy kijelölik a világban a saját helyüket; pályájukat a történetben, amelytől épp a történet miatt kötelesek eltérni. A **Kutya éji dala** történése már szigorúan meghatározott sorsmodellek viszonyaiból ered: ezért a szereplők meglehetős szabadsággal mozoghatnak a kamera által lehatárolt térben. Ki is nézhetnek belőle, ahová a kamera csak analógiák segítségével követheti őket. A jelenről, valóságról alkotott kép itt tulajdonképpen már „előbb" meg van adva, a forgatással csak ki kell tölteni, konkréttá animálni. A módszer azonos azzal, melyet Bódy már a **Pszichokozmoszok** feliratában megad (e munka első részének alcíme egyébként: „Kutya éji dala"): „Egy történetet nem kell végigírni. Elég a szereplőket és a történet szabályait megalkotni. Ezután már csak az a feladatunk, hogy megfigyeljük az eseményeket. Ha jónak látjuk, változtathatunk a szereplők tulajdonságain vagy a történet szabályain." Nincs szükség tehát a „második tekintet" fölvételére: a kamera maga azzá a külső, „harmadik szemmé" vált, mely cselekvő gesztussal áll környezetében, művé szervezi, vagyis közvetlenül esztétikus tárgyként mutatja föl. "Egy létező . . . a műben jut odáig, hogy létének világosába álljon", írja Heidegger említett írásában, s itt épp e definícióval összecsengő módon „A létező léte látszatának állandóságába jut." Hol van ebben a folyamatban a film készítője; hogy függ össze a Kierkegaard nyomán feltárt „vagy-vagy" az előzőekkel? Tevékenységében, működésében van jelen, s mint a kamera, éppúgy ő maga is „láthatatlan". Kierkegaard hősével mondhatja: „. . . nem fogom Önt zavarni, csak odaállok az utcai lámpa alá, s akkor máris lehetetlen, hogy lásson engem. Hiszen mindig csak annyira vagyunk szégyenlősek, amennyire mi látunk . . ."

A mű vonja meg azt a határt, melyben a létező elrejtőzése és létének felmutatása egyidejűleg történik. Újra a kezdeteknél vagyunk. A mozdulat a nyelv kezdete, mint Bódy szép (Vicónak tulajdonított) gondolata állítja. A test ritmizált mozgása, a tánc pedig a „lét és kifejezés határán áll". A szellemmel rokonságot tartó kép után következzen a test, mozgás, a materiális, az animális szféra és annak animálása, vagyis a létezés sűrűjébe exponált anima kalandja, az anyag formává alakulásának fázisai a filmekben.

A **Négy bagatell** háromféle tánctípust választ mint felvételi alapanyagot a jelentések skálájának kimunkálásához: az archív képsorok az első részben mint kutatandó-kollektív maradvány a metronóm ütemére (mely csak alkalmanként válik zenévé, hol mosolyt fakaszt, hol a nemzeti kultúra és ezzel a közösségi állapot asszociációs mezejére tereli a befogadót. A második rész táncosnőjénél a készültség (felkészülés, gyakorlatok) és a megmunkált test képei a táncot egy mitikus szinten mutatják, ahol a női princípium fejezheti csak ki (legalábbis az európai kultúrkör számára), míg a harmadik rész részeg, öntudatlan férfi-tánca a felszíni vidámság mögött a „magán kívül" levés, tudat és test különválásának aktuális lenyomatává válik. „Kitáncolom a lelkemet" — ismerős sor magyar nyelven, s bizonyos, hogy párhu-

---

it aquires a secondary, subsequent, outer layer. It's own "viewing" and corrosion over time are also exposed,— the history of the "medium" appears. Apart from this, material shot in the "present" turns "old" through its incorporation of the fact that it is being viewed backwards from the present. The story itself also reveals similar elements: the fatalist officer walks into the happenings as an outsider and changes them into a dramatic event which ceases to exist after his exit, which the unexplicable rupture of his fate. And: "The telescope's cross-line glid onto the cross of mortality and everlastingness." (Excerpt from the screenplay.)

In connection with this cross, others, especially the crosses in the final sequences of **The Dog's Night Song** come to mind. This time it is not because of the sentences by János Pilinszky which can be heard recited over the sequence, but — and to, end this theme of our discussion — in order to get round the overtly artistic approach to picture which is manifest in this film. Bódy says the following about this: ". . . the camera always finds what means something and leaves all the rest in a kind of murmur, or a redundance . . . the camera doesn't look at what is traditional in the scene. Instead, it chooses a point which is worth looking at . . .". There is probably no need to emphasize the analogies and the degree of change between the "searching" telescope of **American Postcard**, the moving lines of its lens, and the panning "sign-conscious" camera of **The Dog's Night Song**. Optical devices for the conquering of distances can be found in both films: the theodolite optics of the geometer in **American Postcard** is fixed at one point in preparation of its big swing, and at the end of the film to more peculiar sweeps. The telescope of the astronomer/musician in **The Dog's Night Song** already points to the sky (as does that of Count Zedlitz in **Psyche**), free of any dramatical constraints that would imply a future scene. In **American Postcard**, by occupying themselves with the measurement of distances, the characters stabilize the picture as an existing relationship to the outer world — as if they were plotting their own position in the world, or their course in history — from which they have to divert exactly because of the story. The events in **The Dog's Night Song** stem already from the strictly defined relationships in destiny-models. Because of this, the characters move with a considerable freedom within the space set by the camera. They are even able to pear out from it, to where the camera can follow them only by the use of analogies. Strictly speaking, the picture of reality is here already given "before". The filming merely has to fill it out, to animate it to a concrete form. The method is the same as that which Bódy gives in the caption of **Psychcosmoses** (the sub-title of the first part is: "The Dog's Night Song"): "A story doesn't have to be written to the end. It is sufficient to determine the characters and the rules of the story. After this, our sole duty is to examine the events. If we think so, we can change the qualities of the characters, or the rules of the story." There is therefore no need to pick up the "second face": the camera which has turned itself into the outer, "third eye" which stands in it's surroundings as an active gesture, and organizes itself into a work of art. That is, it depicts itself directly as an aesthetical object. "An existent . . . which reaches the point within the work, where it can stand in the light of it's own existence", Heidegger writes in the aforementioned study, and here, punctuating with this definition: "The existent reaches the constancy of the appearance of its own

zamai megvannak más kultúrák népi és műköltészetében. A tánc ősi, kommunikatív funkciója, ahol ez nem párosan, férfi és nő között zajlik, de ember és transzcendens hatalmak kapcsolatát idézi meg. A lélek elszáll, vagy a test önkívületi állapotban (eszméletét vesztve) vár az újra-eszmélésre, és minden épp ezért a várakozási szakaszért történik. A **Psyché** utolsó részében egy avantgardista mozgáscsoport élőképekké szerkesztett, testkultusz diktálta ütemére így vetkőzik le a XIX. századot és megkésett záróakkordját, az első világháborút, és egy öntudatlan, szinte hipnotikus állapot tánclépéseivel sétálnak át a XX. század háború utáni korszakának pszichedelikus kertjébe. Ott azután ez az önkívület mint végletesen redukált, emblematikus, századunk egyszerűsítési törekvéseit jellemző gesztus jelenik meg a mozdulatlan, magát fényben oldó, testében békétlen lélek önpusztító robbanásaként. (Hajas Tibor akcióbetétje mint a lecsupaszított testek ellenpontja.)

A **Psyché** sorsíveit és háttér-lélekvándorlását Bódy ezen a bálteremből kertbe vezető úton szórja szét (melyet megelőlegez már a bécsi, kastélybeli, udvari tánc: a mozgást ott a megsokszorozódás fázisai jelölik), s e jelenet szimbolizációjában ezért a marionettszínház (kleisti és schlemmeri értelemben vett) lényege felé közelít. A maszk lefoszlik, de úgy, hogy közben mindenki bábbá válik egészen. Talán érzékelhető, és épp itt kell utalnom rá, mennyire lényeges, külön jelentése van a gyakori, feltűnő sminkeknek (személyeken és környezeten) Bódy filmjeiben, tévéjátékaiban. (Már a **Fogalmazvány a féltékenységről** c. főiskolás munkájában hangsúlyosan jelen van, az állatfej-maszkkal felruházott szereplők nyüzsgésében; azután: **Krétakör, Katonák,** Smink-fesztivál a K*szekció rendezésében . . .) A színészi kelléken túl a maszk, a „persona", a személyiség és a túlvilági lét képviselője (az ókor színjátszó-álarcának neve az etruszk halálistennel — Persu — hozható kapcsolatba) — úgy álca, mint ahogy a test is külső burka szellem és lélek energiáinak, működésének. E gondolatból felfogható, hogy a filmezés/videózás/képkészítés sem más, mint egy ilyen maszk, felület, smink, burkolat, mellyel kitapinthatóvá válnak az érzékelt környezet határai, a felfogható dimenziói;ábra, tetoválás a világ „bőrén", mely mögé rejtőzik, hogy megtapasztalhatóvá váljon. (Jellemző a szemüveg és az álarc közötti rokonság is — előbbi „optikaként" egyúttal a „kamera-optika" rokona.) Egy „kozmikus szem" számára pedig teljes joggal tűnhet e tevékenység úgy, mint „vizuális tánc a tudat határszélein" (B. G. — a **Kozmikus Szem** forgatókönyvében) — s visszatérünk újra a kiinduláshoz.

A film „mozdulata" (a kép megmozdulása) így egy „nyelv" kezdete, születése, amit most próbálunk valahogy használata révén felfogni, illetve az artikulációval birtokba venni, beszélni. Ez az energia és vágy fejeződik ki az **Eurynome táncában,** ahol a tánc a világ keletkezését (artikuláció révén való megszületését) mutatja, nyilvánvaló mitikus hangvétellel. Műfaji párja (a műfajteremtésben: az előző „mytho-", ez „lyric-clip") és tematikus ellenpontja a **Walzer** haláltánca, ahol visszatér a szabad ég alatt, a füvön táncoló párok (a **Négy bagatell** nyitó részével analóg) megjelenítése.

Milyen alap-egységeket talált Bódy Gábor a filmi jelentés szervezésének elméletéhez? **Jelentéstulajdonítás** . . . c. (idézett) munkájában ír arról, hogy Erdély Miklós „Antiszempont" című műve részeként látott először életében „végtelenített" filmszalagot vetítve (mégpedig mőbiuszként), ahol „. . . az ismétlés által egy felvétel önmagával lép mon-

---

existence." Where is the film-maker is situated with in this process; how does the "either/or" which has been unravelled in the wake of Kierkegaard, fit in with the preceeding argument? He is present in his function and activity, and as the camera, he too is "invisit Together with Kierkegaard' s here he can say: ". . . I won't disturb you, I'll just stand there under the street-lamp, and then already it will be impossible for you to see me. Since we're always only just as ashamed, as much as we can see . . .".

The work sets a boundary in which the hiding of the existent and the demonstration of its existence take place simultaneously. Once again, we are at the beginning. Movement is the beginning of language, as Bódy maintains in his beautiful thought (which is attributed to Vico). And dance, the rythmical movement of the body, "stands on the borderline of existence and expression". A picture that stands in relationship to the mind must be followed by the body, by motion, the material, the animated sphere and its own animation, or in other words by the adventure of the anima exposed into the density of existence, the phases of the process where matter assumes form in films.

Four Bagatelles chooses three types of dance as shooting material for developing a scale of meanings: the archival sequences in the first part, though as yet an explored, are collective remnants accompanied by the beat of the metronome (which just occasionally turns into music). Sometimes it raises a little smile, but sometimes it draws the viewer into the associated field of national culture, and through it, into the field of communal existence. The pictures of the worked out body and skill (preparations, practice) of the dancing woman in the second part depict dance at a mythical level that could be expressed only by the female principle (at least in European culture), while the drunken, unconscious male-dance of the third part becomes an actual imprint of being "outside" of oneself behind the glaze of a superficial cheerfullness, — in the separation of body and conscience. "I'am dancing out my soul" — a well known saying in Hungarian which beyond doubt has parallels in the poetry and folk-literature of other cultures. The primordial, communicative function of dance wherever it is carried on is not a paired up activity of man and woman, but a magical contact between man and the transcendent forces. The soul evaporates, and the body waits in a stupour (deprived of it's conscience) for a re-awakening, and everything happens explicitly for this period of waiting. In the last part of **Psyche**, this is how they discard, to the body-cult dictated rythm of an avantgarde dance-group, which forms itself into living pictures, the 19th century with it's delayed closing chord, the First World War, and walk, with the dance-steps of an unconscious, almost hypnotic state, into the psychedelic garden of post-war twentieth century. And there, this state of unconsciousness appears as an extremely reduced, emblematic gesture that characterizes the pursuit of simplification prevalent in our own century. It is the self-destructive explosion of a motionless soul, diluting itself in light, restless in it's body. (Tibor Hajas' action-insert, as the counterpront to naked bodies.)

Spans destiny in **Psyche** and its backgroupd-transmigration are scattered by Bódy along this read leading from the ballroom to the garden (which is already preceeded by the court-dance in the palace in Vienna: movement is marked there with the phases of multiplication), and therefore in the symbolic intent of this scene, he approaches the spirit of

tázsba . . A végtelenített filmszalagok megtekintésekor, a jelentések megsemmisülésének e pontján a puszta affirmáció válik átélhetővé, egy „alap"-ja nyelvi és filmnézési szokásainknak, a motiválatlanságában egyébként megpillanthatatlan, meztelen Verbum (Ige)". Ez az „ismétlés" és ez a „Verbum" nagyon lényeges. Nem az egyszerű felvétel vagy egy snitt a kiindulópont, hanem ahogy képes önmagával montázsba lépni, így kiüríteni, megsemmisíteni a jelentést. Ha van jelentés-kioltás — a jelentések megsemmisülése (mint Erdély Miklós megmutatta) —, van jelentés-tulajdonítás is, azok megalkotása. Ennek az ismétlés-láncnak az (akár végtelen ideig is tartó) működése bizonyosságot nyújt, mely akár állapotként, akár szerkesztésként alap lehet. Már az egyiptomi hieroglifákról olvasva is felfigyelt az ismétlés mint kifejezésmód lényegére: az általános, a fogalom felé képes mozogni. Nagyon jó lenne itt most a **Mozgástanulmányok** elemzésére rátérni, annál is inkább, mert a tánc vonatkozásában szintén lenne mondandóm róla, de sajnos későbbre kell halasztani. Épp itt, a tagolások taglalásánál nem szabad kompozíciós következetlenséget elkövetni.

Bódy állandóan továbbfejlesztett, árnyalt, de lényegét tekintve már az Elégia-tanulmány és egyetemi diplomamunkája idejére kialakult filmelmélete — igen leegyszerűsítve — a következőképp foglalható össze. A filmkészítő a nyers valóság-elemeknek, képeknek munkája során azáltal tulajdonít jelentéseket, ahogy sorba rakja, szériává, művé szervezi — végül is a „befogadó", a néző sem tesz mást a világ s filmi reprezentációja szemlélésekor. E munkában már létező és saját kutatásai révén kifejleszthető eszközökkel élhet, melyek közül a teljes filmstruktúra felépítésére háromféle eljárás kínálkozik: az artikulálatlan filmanyagból

— lineáris (vagy topo-kronológikus — ld. a Kulesov-féle „alkotó földrajzot" —, hely/idő kötöttségű) szerkesztéssel,
— punktuális vagy retorikus módon (mely lényegében az Ejzenstejn által feltárt montázs, végső soron a kettősségek, a hasonlítás és a dialektika terepe), valamint
— szeriálisan tud összefüggő egészet teremteni. (Utóbbi módszerre példaként Dziga Vertov: Ember a felvevőgéppel c. filmjét, Buñuel utolsó munkáit és experimentális filmeket szokott említeni — saját munkái egy részében is ez az eljárás dominál.)

Természetesen e módszerek vagy szintek (az aktuális-artikulálatlant is értve) egymással kombinálhatók.

Bővebb kifejtés helyett — melyet ő maga tesz meg több helyen — fontosnak tartom megállapítani: ez az egyszerűségével és pontosságával lenyűgöző rend a filmelméletek értelmetlen káoszához képest valóban tanítható és tanítandó. Bódy Gábor szerencsésnek mondható ebben az összefüggésben, mert — ha csak rövid ideig is — ezt ő maga tehette. Elmélete kialakításával — saját részéről is — véglegesen pontot tett egy fejlődési vagy „növekedési" szakasz után — ami nem jelenti, hogy elméleti munkája ezzel lezárult —, s utat nyitott a filmkészítés elméletet és gyakorlatot összefogó, alkotó/kutató tevékenységének.

Mint minden valódi „nyelvújító" és felfedező, számos kifejezést alkotott, és jelenséget nevezett meg. Legnagyobb pályát az „új narrativitás" futott be még életében. (Két-három évvel korábban használta a meghatározást és eljárást saját munkájában, mint bárki a világon.) Talán a **Filmiskola** didaktikai és alkotói programjában, valamint a filmek ké-

---

marionettes (according to Kleist and Schlemmer). The mask topples, but in such a way that in-between everyone turns completely into a puppet. It might be felt, and I have to mention it right here, what an important and special meaning the frequently used make-up carries (on people and surroundings) in Bódy's films and television plays. (It is already markedly apparent in one of his Academy works titled **Draft on Jealousy,** in the bustle of the characters in animal-head masks; and later: **Chalk Circle,** and **Soldiers,** or in the Make-up Festival organized by Section K*). Apart from being a theatrical prop, the mask is a representative of the "persona", the personality, and life in the otherworld (the name of the theatrical-mask in antiquity can be seen into connection with Persu the Etruscan God of the Dead) — it is a camouflage inasmuch as the body is an outer shell for the energies and operation of mind and soul. From this thought it can be gathered that film/video and the making of pictures are themselves none other than such masks, a surface, make-up, coating, with which the frontiers and comprehendable dimensions of the perceived environment becomes tangible. It becomes a diagram, a tattoo on the "skin" of the world behind which it can hide so that it could be experienced. (The relation between masks and spectacles is also typical — the former as "optics" is also a relative of "camera-optics".) For a "cosmic eye", it is perfectly justified for this activity to seem like "a visual dance on the frontier-edges of the conscience" (B. G. — in the screenplay of **Cosmic Eye**), — and once more we return to the start.

The "movement" of the film (the moving of the picture) and as such, the beginning, the birth of a "language" is what we now try to grasp through it's use, or rather, we try to take possession of it, to speak it with the aid of articulation. This energy and longing is expressed in **Dancing Eurynome**, where the dance displays the genesis of the world (it's conclusion through articulation) through an overtly mythical tone. Its pair in this genre (in the creation of it the **Dancing Eurynome** is a "mytho-clip") and it thermatical counterpart is the dance of death from "Walzer" (Waltz, a "lyric-clip") where (and analogously to the opening section of **Four Bagatelles**) the representation returns in the dancing pairs on the grass under the open sky.

What kind of fundamental units did Gábor Bódy find for the theory of organization of meaning in film? In his study titled "The Attribution of Meaning . . .", he writes about how he saw for the first time in his life, as a part of a work by Miklós Erdély titled **Anti-Aspect,** a piece of film which was made as an "infinite" loop (it was Moebiuswhere ". . . through repetition a sequence becomes a montage with itself . . ." In the viewing of the endless strips of film, at this point of annihilation of meanings mere affirmation can be lived through a base of our filmic or film viewing habits, the bare Verbum, that is otherwise undiscernible, in its unmotivatedness. This "repetition" and this "Verbum" is very important. The starting-point isn't the simple shot or "clip", but the way it is able to become a montage with itself, and so to drain and destroy the meaning. If extinction of meaning exists — the annihilation of meanings (as is shown by Miklós Erdély) —, then so does the attribution of meanings — their creation. This operation of a repeating chain (which can go on eternally, forms a certainty that, as either as construction or as condition, it will serve as a base for future work. Reading about Egyptian hieroglyphs, he had already become aware of the essence of

szítésekor követhető legjobban ez a névadási folyamat. A **Filmiskola** „tengelyén" egyébként egyenesen a — már posztumusz megjelent — **AXIS** videó/könyv ideájához jutunk: a tévé-sugárzással párhuzamosan tervezte ugyanis egy film-könyv kiadását. A **Filmiskola** befejezése, illetve a könyv megjelentetése bizonyos, hogy radikalizálhatta volna a filmben, illetve a filmről való gondolkodást. Így, terv formában is sugallja azt az érvényességi szintet — mai aktualitással —, mely Moholy-Nagy László, illetve Balázs Béla fél évszázaddal korábbi tevékenységével és elgondolásaival analóg (nem véletlen így ezért sem tervezett „előkerülésük" egy „BAUHAUS"-játékfilm főalakjainak mintájaként). Következményeiben ezzel egyenértékűvé tette a K3 csoport megszervezése a Balázs Béla Stúdión belül (és természetesen hasonló szellemű alkotókkal együtt), amivel megmutatta, hogy a *rendszeres* avantgarde filmkészítésre és kutatómunkára professzionális körülmények között is van lehetőség Magyarországon — ha ez máig sem megoldott. Saját pályája és fejlődése mutatja legjobban, mekkora szükség van erre, a cselekvéshez szükséges energiát és biztonságot ez a tapasztalat és tudás erősítette sokáig. A **Filmnyelvi sorozat**, mely többek között zenészeknek, íróknak, illetve a „hivatásos" szakmán kívül állóknak adott módot filmkészítésre, már felvetette egy „magazin gondolatát, de a K3 csoporton, majd a MAFILM K* szekciójának létrehozásán keresztül vezetett az út, hogy végül is egy nyugat-berlini ösztöndíj és a videó-médium lehetőségei segítségével **INFERMENTAL**ként megvalósuljon.

Bódy Gábor nagyon pontosan tudta, hogy a filmkészítésnél igen nagy szükség van olyan, magas felkészültségű szakmai társakra, akik technikai, művészi. elméleti vagy épp baráti szinten aktív, értő, alkotó közegét képezik ennek az egyedül biztos kudarcra ítélt életformának. Filmelméletének kategóriái az élet szakaszaival egybefonódva művek textúrájává válnak. A művek szerepe pedig döntő az elmélet kialakításában: nem kétféle, inkább azonos, de két irányba ágazó tevékenység ez, mely elágazásra is csak azért van szükség, hogy az így keletkező erőtér révén felfokozzák egymást. Mint a képernyőjére állított kamera: végtelen kép és tükrözése, vagy a második tekintet aktív kontrollja alá vetett anyag, vagy a sorsok tükröztetése egymásban.

A nyelvújítás természetesen magukban a filmekben is zajlik. A **Psyché**ből itt egy rendkívül szem előtt levő s talán ezért szinte észre sem vett rétegre utalok: arra a merészségre, ahogy szavakat, pontosabban szókapcsolatokat „egy az egyben" képmetaforákká fordít: „rabszolgamunka" — vagy „bérrabszolgaság" — (a budai szappanfőző műhely építménye és „munkásai"); „gyepszőnyeg" (a narráció helyszínéül használt házban; de a **Hamlet**ben is előfordul; kétségtelen, hogy ezen „környezeteknél" igen nagy a látványtervező szerepe is); vagy: „szerelmi csaták" (szeretkezésre exponált forradalom: „Szabadság, szerelem: E kettő . . ." és valóban kettő, a kép is). A **Psyché** nemcsak 120 éven és kulturális archetípusok időbeli változásán, eszméken és divatokon, de a foto- és kinematográfikus képalkotás történetén is végigtekint, mintegy saját médiumának kifejlődését adva meg. Psyché futó viszonyai és kapcsolatai a szerelem és gyönyör fázisai és egy nem megrontott szexualitás vágya mellett a lélek megkísértésének időben bontott, lehetséges válfajait s a „kor lelkének" zabolátlan nagyság és kicsinység között liftező történelmi terheltségét is magába fogadják.

---

repetition as a mode of expression: it is capable of moving towards the general, the concept. It would be very sensible now to move on to the analysis of **Motion Studies**, all the more so, because in connection with dance I have a couple of things to say about it, but unfortunately, we must leave this until later. At this point, in the middle of discussing segmentation, I must not produce any kind of my own inconsistency with my argument.

The essence of Gábor Bódy's film theory — which was perfected and constantly noned in the later years, was still more or less complete by the time of his thesis and the paper on Elegy — can be simply summed up, in the following: The film-maker attributes meaning to raw blocks of reality. The pictures in his work, which he puts into a line, and organizes them into a series, become a work of art; — after all, the "receptive", viewing eye itself doesn't do anything other than this when examining the world and it's representation on film. But in this work, the artist can utilize a range of existing or personally developed instruments. Among these are three methods which are offered for the setting up of the complete film-structure: he can create

— with a linear (or topo-chronological — see Kuleshov's "creative geography" —, time/place bound) composition,

— punctually or rhetorically (which is practically the montage as shown by Eisenstein, ultimately, the field of the dialectics of duality and comparison), or

— serially, a coherent whole out of the unarticulated film material. (As an example for this last method, Bódy usually cited Dziga Vertov's film: The Man with a Movie Camera, tha later works of Buñuel and experimental films, — but the same principle is dominant in some of his own works.

Naturally, these methods or levels (including the actual and unarticulated) can be combined with eachother.

Instead of an explicit discussion — which he himself gives in many places — I think it is important to talk about this fascinating order, with it's simplicity and punctuality opposed to the meaningless chaos of common film-theories. It is indeed ripe for teaching and must be taught. Gábor Bódy was lucky in this respect because — if only for a short while — he was in the position to do so. As for as he was concerned, the completion of his theory put an end to a period of development or "growth", (which doesn't mean that his theoretical work was finished,) but that the ground was being cleared for a new phase: creative/experimental activity encompassing film-making theory and film-making practice.

As a very real "language-reformer" and explorer, he created a number of new expressions, and coined a term for many phenomena. Of these, "new-narrativity" was the one that attained the greatest renown in his lifetime.(In his own work used the definition and its practical method several years earlier than anyone else in the world.) This process of name-giving can be followed probably most closely in the didactic and creative program from the making of **Film School**. Advancing on the "axis" of **Film School**, we come directly to the idea in his posthumously published video/book, **AXIS**. Simultaneously with its TV-transmission, he planned to publish a film-book. The completion of **Film School** and the publishing of the book definitly would have been a radical step in the understanding of film.

Van a **Psyché**ben egy jelenet, ahol Zedlitzné Lónyay Erzsébeta kastély parkjában tevékenykedő tudós professzorra rákérdez: nem volt maga valamikor pap Magyarországon? Majd a professzor méltatlankodó válaszára, miszerint ez képtelenség, szinte észbe kapva másról kezd beszélni. A film itt nyiltan kilép önmagából, s ezzel a határtalanul kaján és játékos gesztussal ugyanakkor még pontosabban értelmezi, teszi követhetőbbé saját narrációjának rétegeit. Az említett papot (az első részben) és a professzort (a harmadik részben) ugyanis a filmrendező ugyanazzal a személlyel játszatja — még első ránézésre is hasonló a megjelenítésük. Ezt a hasonlóság-érzést, mely a nézőben még felismerés nélkül is felötlik (bár magyarázat híján), a szerepre vonatkoztatva, Psyché megerősíti és ezzel felhívja a figyelmet saját azonosságára a változó szerepű (másként azonos) személyhez képest. Így hangsúlyozza azt a dramaturgiai fogást, hogy legalább két emberöltő eltelt közben — lehetetlen, hogy az a pap és ez az orvos azonos legyen (zárójelben: azt is „adja" persze ez a gesztus, hogy a filmben még csak 2—3 óra telt el, tehát tényleg azonos lehet), hiszen pusztán ők, a három főhős maradnak végig „azonosak", körülöttük korok és szerepek változó forgataga. Ám a pap és a tudós azonos sorsot képvisel, mely a változó időben változó hivatást ölt, de formailag és szerepében azonos.

A **Psyché** történelemszemléletét az **Amerikai anzix** anyagban is megvalósított — bár épp az anyag „régiségének" képzetével anakronisztikus: a történet korától még harminc év van a film föltalálásáig, viszont ezért erős a „fotószerű" kompozíció — korhű asszociációkat keltő történetiségéhez képest a sorsvándorlás és változó dekoráció viszonyában, a folytonos újrajátszás révén előrehaladó „filmhű" történetként érthetjük meg. (Ha Kassák azt mondta Ruttman Berlin, egy nagyváros szimfoniája c. filmjére, hogy „nem elbeszél, hanem megtörténik" — Bódy ezt a filmet a szeriális szerkesztésre szívesen hozta példának — akkor a **Psyché** „új narratív" karakterére mondható: olyan, hogy még saját megtörténtét is elbeszéli.)

A történelem nem csupán mint téma és keret, de mint konkrét kifejező eszköz, forma és megmunkálandó anyag is foglalkoztatta Bódyt — több filmje kifejezetten ezen dimenziók használatára épül. Az említetteken túl a **Privát történelem** címével is árulkodó, a **Hogyan verekedett meg Jappe és Do Escobar után a világ** archív anyagain kívül egy mimetikus, „történelemutánzó" mozzanat miatt külön figyelmet érdemel, a **Kozmikus Szem** a történelmi időn kívül helyezett állapotával reflektál, a **Filmiskola** filmtörténet is a történetszervezés tankönyvén kívül, a **Mozgástanulmányok (Homage to Muvbridge 1880—1980)** évforduló-film, a **Hamlet** mint az európai kultúrkör egyik „*toposza*", forrás a mához, a **Kutya éji dala** mint „élő történelem", jelenkor-dokumentáció.

Közvetett módon a történelem-téma attributumai a *katonák.* Nem csupán hasonló című Lenz-adaptációra gondolok, hanem arra, hogy a katonák szinte állandó, kihagyhatatlan „kellékei" Bódy filmjeinek: **Amerikai anzix** — eleve „háborús helyzet"; **Hamlet — Fegyveres filozófus** (ez a választott alcím); a katona és vízirendőr „kettőse" a **Kutya éji dalá**ban, sőt az **Ifivezetők** katonai analógiára teremtett szervezete is ide kapcsolódik. A kulcsfilm e témában érzésem szerint a **Hogyan verekedett meg Jappe és Do Escobar után a világ**, melyben Bódy archív és általa leforgatott filmanyagot néha — az avatatlan szem számára — a felismerhetetlenségig kever. Később az „új narrativitás" előzménye-

Even as a project form, it suggests a degree of validity — with an up to the moment actuality — which is analogous to the intentions and activity of László Moholy-Nagy and Béla Balázs a half a century ago. (He even planned their "appearance" as models for the leading characters in a "BAUHAUS"-film is no coincidence.) His forming the K3 group in the Béla Balázs Studio by its results, (naturally with other film-makers and artists) becomes of equal importance. It proved that it was possible to undertake *regular* avantgarde film production and research in Hungary. Under professional circumstances however it becomes an unsolved problem to this day. His own career and development shows the overtly how crucial this was. This experience and knowledge reinforced the energies and feeling for security imperative for a long time in his activities.

Offering the means to create films for, among others, musicians, authors and other people outside the "professional" sphere, the **Film-Language Series** raised the idea of a "magazine". But the road to it's realization however led towards the establishment of the K3 group and the setting up of the K* section in MAFILM, finally to materialize — with the aid of a scholarship to West-Berlin and the possibilities of the video — as **INFERMENTAL.**

Gábor Bódy knew too well how necessary it was in film-making to find well-qualified professional partners, who — on a technical, artistic, theoretical level as well as friends — formed an active, understanding, and creative environment around his life. On it's own, would be doomed to certain failure. The categories in his film-theory, intertwined with the phases of life, and become the texture of the works. And the role of the works is always crucial in the forming of the theory: this isn't a two-faced, but rather, a single activity that diverges into two directions. The sole need for this diversion is only to establish a force field in which the two aspects can mutually reinforce each other. As the camera is fixed to its screen: an endless image and its reflection. Or as material forced under the active control of the second face. Or as the reflection of destinies in each other.

Language-reform of course also takes place in the films themselves. I would refer here to a level of **Psyche** that is so prominent that it practically defies attention: to the boldness with which it translates words, or to be more precise, word-groups "one by one" into picture metaphors: "slave-work" — or "wage-slavery" — (the structure and "workers" of the soap-works in Buda); "lawn-carpet") in the house serving as the location for the narrative. He also does this in **Hamlet.** Without doubt, the function of art-design is also relevant in these "surroundings" (and too, in "love-battles") a revolution exposed over love-making: "Freedom, love: These two . . ." (a quotation from the Hungarian poet, Sándor Petőfi and two indeed, the picture also) **Psyche** doesn't just breeze through 120 years of change in cultural archetypes, ideas and fashions; it also glimpses over the history of photo-and cinema picture fabrication, as if to depict the development of it's own medium. Psyche's brief liaisons and relationships symbolize beside the phases of love and bliss of the wish for undebauched sexuality, the possible varieties of the temptation of the soul dissociated in time, and the historical taintedness of the "soul of the times" swaying between unrestrained voluminousness and narrow-minded triviality.

ként jelöli meg e filmet, ami hangsúlyos narrációjával az utolsó időszak szöveg-centrikus videói forrásává is válik. A Thomas Mann-novellából keletkezett film (melyben „szinte semmi sem történik") megmutatja, hogy nem igazán nagy a távolság egy kamaszkori (rövid lökdösődéseknél alig több) „verekedés" és egy világháború között — ha az előző is kollektív eseményként áll elő. Egymással mimetikus kapcsolatba szerkeszt archív filmelemeket és saját anyagot, kihasználva azok meglétét és a forgatás „későbbi" történését — majd a narráció fáradt-mellérendelő viszonyában és ismétléseiben frissíti föl a történelmi tudatalattit. Az indulatáttétel nehezen kontrollálható hatásában a szemlélő is aktív részt kérhet az eseményekből: felfokozott izgalmát csak a folytatás, a verekedés folyamatossá tétele fokozhatná az elégig, még valószínűbb azonban, hogy a mindenkor megmaradó kielégületlenség-állapot (melynek felkeltésében a kezdet a bűnös), a történés-hiány felgyülemlik, s az idők során kollektív „verekedésig", háborúig is fokozódó feszültséget termel. Mennyire más jelentése van a **Mozgástanulmányok** Muybridge-fotókból történéssé fejlesztett birkózás-jelenetének. Az előző verekedésből hiányzó „miértet" itt nem kell keresni. A testek — kultikus eredetű — megmérkő-zése, nem fegyveres harc (mint Hamlet párbaja például), nem a téves cselekvés vagy kielégületlen ösztönök gátlásoktól átitatott és kontroll nélkül, menthetetlenül előtörő feszültsége.

A katonaság mint „férfiak közössége" már csak külsőségekben (egyenruha, szabályok) őrzi a testnek a világ rend-jéhez szabott, mikro-kozmikus templomként léleknek, életnek teret adó lényegét és folytonos fizikai küzdelmét a léttel. Határozottan kiderül ez a **Katonák** történetéből, ahol ennek kiürült, hétköznapokká szétnyomott emléke gátlás-talanul vetül egy polgárlány sorsán és bukásán át a parancsnok megoldásként vázolt jövő-tervébe: hasonló tragédiák elkerülése végett nevelni kellene „katonalányokból egy csemetekertet". Erre a darabra is igaz, amit Bódy egy korábbi, főiskolás rendezése alapjául szolgáló műre (Genet: Cselédek) mondott jellemzésül: „A lelkek tükörtánca a kisebbren-dűségben és alávetettségben . . ." Különbség pusztán annyi, hogy maradt még rajtuk némi heroikus máz, s ezért egy tragédia imitációjára is van esélyük. Hogy ez mégsem teljes, azt a méltóság és erények *mértékének* elvesztése, hiánya okozza.

A mérés, a helyes arányok, mérce és viszonyítási pont keresése, a mérték mibenléte, az összemérhetőség kvalitatív felfogása szintén „vezérfonalként" szolgálhat Bódy munkáihoz. „Egy hiányzó jel, egy hiányzó pólus után kutatok" — mondja Zedlitz báró Tóth Lászlónak a **Psyché**ben. (Válaszul utóbbi kérdésére: „Hermetikus filozófia? Mikro- és makrokozmosz egysége?" A **Kutya éji dalá**ban a kisfiú kamerája, a Hold és a film elején a lejtőn lefelé guruló labda mint mozgó „sarokpontok" által meghatározott háromszög koordinátái adják a societas aktuális logoszának kibonta-kozásához a teret. (De: az álpap „kifizetése" is — a film vége felé — a megméretés profanizált változatával való játék.) Az **Anzix** mércéje (Szabadság, Haza, Sors) a filmben felvett távolságok, több szinten való eltávolítás által válik a jelen érvényes konfliktusává — a kilépés létező modelljeit adva, s közben megmutatva ezen utak lehetséges végpontjait. A jelentés kérdésének megoldásával („Hogyan válik a megtett út kifejezéssé" — B. G.) egybehangzó történet ilyen irányú értelmezésére módot ad az is, ahogy a filmbe konkrét mérések épülnek be: térkép készítése, távolságok és a

---

There is a scene in **Psyche** where Mrs. Zedlitz, (Erzsébet Lónyay), asks of the Scientific Professor, in the park of the mansion: "weren't you a priest in Hungary at one time?" And then, after the unsure answer of the scientist, as if suddenly realizing something, she begins to speak about something completely different. The film openly steps out of itself here, but with this immensely malicious and playful gesture it also helps to interpret more precisely, helps us to follow better the layers of it's own narrative. The priest (in the first part) and the professor (in the third) were intended by the director to be played by the same actor, — even at first glance, their appearence is similar. In reference to the role, this notion of resemblance, which (although it lacks any explanation) strikes the viewer without even recognition, and it is reinforced by Psyche who points out her own identity in comparison to the person in the role change. And so, it accentuates the dramatic trick, that at least two generations have passed inbetween, — it is impossible for the priest and the scientist to be indentical (between brackets: the gesture also "shows" of course that within the film only 2—3 hours have passed, so in reality, they can be indentical), for it is only they, the three heroes, who remain "identical" to the end in the midst of this everchanging turmoil of ages and characters. But the priest and the scientist represent the same destiny, which assumes changing professions in the changing times, it is identical in form and role.

The historical approach of **Psyche**, in comparison to the association-awakening historicism effectuated in the material of **American Postcard**. (Although it is anachronistic to the notion of the "agedness" of the material: thirty years pass from the time of the story to the discovery of film, but this is exactly why the "photo-like" composition is so strong.) It can only be grasped in the relationship of the wonderings of destiny and its changing decoration, as a "film-like" story which progresses through continuous replay. (if Kassák used to say about Ruttmann's "Berlin: Symphony of a Great City" that it "doesn't recount, it happens". /Bódy liked to cite this film as an example of serial composition./ then we could say about the "new-narrative" character of **Psyche** that it even recounts it's own happening.)

History interested Bódy not only as a frame and a subject, but as a concrete instrument of expression, as a form and material that has to shaped. Many of his films are built expressly on the use of these dimensions. Apart from the above mentioned works, **Private History** gives itself away in it's title; **How Did the World Fight After Jappe and De Escobar**, beside its archive film materials, deserves extra attention for a mimetic "history-imitating" element; the **Cosmic Eye** reflects from a position excluded from historical time; **Film School** is also a history of film, apart from being a compendium of the organization of history; **Motion Studies** (Homage to Muybridge 1880—1980) is an anniversary-film; **Hamlet**, as one of the "*topics*" of the European Kulturkreis, is a source for our times; **The Dog's Night Song**, as "living history", is a documentation of the present.

In an indirect way, the attributes of the historical theme are the *soldiers*. I am referring not only to the Lenz-adaptation with the same title, but also to the fact that soldiers are almost constantly recurring "props" in

hinta kötelének megmérése stb. A Psychének is van egy ilyen szakasza: terv és valóság léptékének összevetése, emberi „magasság" és koponyaátmérő; a Vagy-vagynál a mércék a szállodai szobában. A Mozgástanulmányokat pedig kifejezetten e témának szentelte Bódy — a témát persze itt is a lehető legtágabban értve. A film — saját meghatározásával — „az idő vonalán a mozdulat és mozdulatlanság közötti átmenetet tette tárgyául, a kompozíció síkján pedig az animális emberi megnyilvánulások grafikai analízisét."

Emlékezzünk vissza: mozdulat = a nyelv születése (vö. Muybridge szerepe a film születésében). Animális: kevés etimológiai vétséggel az anima (lélek) és az animáció felé éppúgy haladhatunk, mint az állatiashoz. Az idő mérése az átmenet kutatásával vagy filmtörténeti dimenzióban a film előzményének és mai technikai-szellemi szintjének egymáshoz rendelésével történik. A különböző módszerekkel animált („lelkesített", „életre keltett") fázisképek szériája után megjelenítsük, élőkép-szerű eljátszásuk következik („játékfilmes" betét): a választott — testalkatukban különböző s, mivel bármelyikük lehet „viszonyítási pont", így egymás „mércéjéül" is szolgáló — szereplők a film világra (jelen esetben rájuk) alkalmazott mérőeszközének rendszerébe kerülnek, mely technika képük megszerzése után számukat és méreteiket szabadon képes variálni a nagyítás/kicsinyítés, gyorsítás/lassítás, a keret (alkalmazott képméret) dimenzióinak változó viszonyai révén. (Elférnek például a két filmkocka közötti osztás, a vágás helyén is.) Erwin Panofsky írja „Az emberi arányok stílustörténeté"-ben: „A matematikai viszonyok kifejezhetők az egész osztásával csakúgy, mint az egység sokszorozásával: a törekvést meghatározásukra vezetheti akár a szépség vágya, akár a „norma" iránti érdeklődés, akár egy „konvenció" megállapításának az igénye; s ami a legfontosabb: kutathatók az arányok az ábrázolás tárgyára vonatkoztatva csakúgy, mint a tárgy ábrázolására vonatkoztatva." A szereplők együttlátása ugyanazon feladat végzésekor a minimális tevékenység végrehajtása közben is előálló egyéni különbözőséget mutatja (idézve ezzel többek között Psyché kétségeit a mindenben azonos, vörös színű bányászlakások felépülése láttán). Az analízisből a kiválasztott képkocka, a megállítás, kimerevítés lépteti elő ismét „kozmikus" lénnyé az emberi alakot: ugyanazon művelet fordítottja tehát, mellyel a film kezdődött. Az álló fázisképek megmozdítása helyett a mozgó kép megállítása. Eszünkbe juthat itt Moholy-Nagy László könyvéből egy fejezetcím: „A szelet-embertől az egész emberig". A kimerevítésbe állt ember „egész"-ségét a film grafikával nyomatékosítja: a test kozmikus arányai körrel, négyzettel és háromszöggel kombinált grafikus (erő-)térben, a reneszánsz ideál-rajzzal vagy Dürer skálájával összevethető módon jelennek meg. Ez a kép közvetlen átlépésre ad alkalmat a De occulta philosophia Agrippa von Nettesheim könyvéből és a komputer lehetőségeiből származó szférájába. Az itt — grafikában — megjelenő emberalakok mikrokozmosza a matematizált kompozíció hozzárendelésével a kvantitás/kvalitás határhelyzetének formáját ölti. S mint a Krétakör mágikus geometriája, mely ábrából az események szervező elemévé válik, rejti ez a mű a végső transcendo (áthág? átlép? megszeg?) értelmét.

A külön-külön értelmetlenül és az egymás elleni küzdelemben haszontalanul szétforgácsolódó hatalmas energiák egyesítési kísérletének (lat.: experimentum) munkája, a sok próba (experimentum) fájdalmas tapasztalattá (experi-

---

Bódy's films: American Postcard — a "war situation"; Hamlet — The Armed Philosopher (this was the chosen subtitle); the "duet" of the soldier and the river policeman in The Dog's Night Song; — even Youth Organization Leaders, is created as a military analogy, and ties in to this theme. In my view, the key film in this subject is How Did the World Fight After Jappe and Do Escobar, in which Bódy mixes archive and new film material in a manner undetectable the lay eye. Later he describes this film as the precedent for "new-narrativity", in that it became one of the sources of the text-centred videos of his last period with their accentuated narrative. The film, adapted from a short story by Thomas Mann (in which "practically nothing happens"), demonstrates that there really isn't such a great distance between a petty adolescent brawl (hardly more than a bit of pushing and shoving) and a world war — provided that the former is also a collective occurence. He composes his own and archive materials into a mimetic relationship, exploiting their existence and the fact that the shooting will take place at a "later" point in time — and then, with lazy co-ordination and repetititon of the narrative, he revives the historical subconscious. Within the barely-controllable effects of emotional transfer, the viewer too can take an active part in the happenings: his stimulated excitement can be boosted only by continuation, the fight continuing to that point where he has had enough; but it is much more likely that in the sustaining state of infulfillment (originally enhanced by its start), the absence of action cumulates, and in the course of time produces a tension which could intensify into collective "fighting". What a different meaning the wrestling scene adapted from the Muybridge-photos in Motion Studies! The "why" missing from the previous fight does not need to be searched for here. The — cultic — measuring up of bodies is not armed combat (as in Hamlet's duel for instance), it is not the inhibition-imbued, irrevocably advancing, uncontrollable tension of erroneous action or unfulfilled instinct.

The essence of a body shaped to the order of the world, defining a space for life and soul like a micro-cosmic temple, fighting an unending physical duel with existence, is guarded today by the army, this "community of men", only in formalities (uniforms, rules). This comes to light clearly in the story of Soldiers, where the empty memory of this, crushed into a daily routine, is projected uninhibitedly through the fate and downfall of a well-bred girl into the solution and future-plan of the commandant: to avoid similar tragedies in the future a "nursery-garden should be reared for girl-soldiers". The same words are valid in this piece those which Bódy once used to describe an earlier work (Genet's The Maids) which served as a basis for an early college-piece of his: "The mirror-dance of the souls in their inferiority and subjection . . ." The only difference is that some amount of the heroic coating has been left on them, and therefore they still stand a chance of imitating a big tragedy. The reason for why this is nonetheless incomplete, is the loss and absence of a s t a n d a r d of dignity and virtue.

Measurement, the right dimensions, the search for a standard and a point of relativity, the nature of quantity, the qualitative conception of commensurability can also serve as a "guiding thread" to Bódy's works. "I am searching for a missing sign, a missing pole"-Count Zedlitz says to László Tóth in Psyche. (Answering the latter question:

mentum) vált, melyből nem lehet tanulságot levonni — legföljebb tanítást. Talán nemcsak az apokaliptika, de az aktuálpolitika számára is. Bódy Gábor nem juthatott át a „menekvés kertjébe" — nekünk így kell gondolnunk.

1969—70 körül   About 1969—70

"Hermetic philosophy? The unity of micro-and macrocosm?") In **The Dog's Night Song,** the co-ordinates of a triangle defined by the "poles" of the camera of the young boy, the Moon and the ball rolling down a hill at the beginning of the film, create the space for an unravelling of the actual logos of the societas. (But: the "payment" of the fake priest near the end of the film is also a game with the profanized version of evaluation.) The gauge of **Postcard** (Freedom, Motherland, Destiny) becomes a valid conflict in the present through mesured distances and the multileveled displacement in film.This offers the existing modes of exit, and inbetween, it marks the possible extremities of these directions. Coincidingly with the solution to the question of meaning ("How does the road left behind us turn into expression" — G.B.), the interpretation of the story from this angle is also made possible by the fact that concrete measurements are built into the film: the preparation of a map, the measurement of distances and the ropes of the swing etc. **Psyche** also has similarities in the comparison of the scales of plan and reality, human "height" and diameter of a skull; in **Either/Or:** the gauges in the hotel room. **Motion Studies** were specifically dedicated to this theme by Bódy — who treated it of course as broadly as possible. The film — using his own description — "took for it's theme on the track of time, the transition between movement and motionlessness, and on the level of composition, the graphical analysis of human manifestations."

Let us remember this: movement = the birth of language, (comparafive with Muybridge's role in the birth of film). Animated: with only a slight etymological offence, we could just as well proceed towards the "anima" (the soul) and animation, as though towards animality. The measurement of time is accomplished through the investigation of transition, or — in the dimension of film-history — with the linking of the film precedents and its present-day technological-intellectual level. The series of variously animated ("inspirated", "brought to life") phase-pictures is followed by their reproduction, still-life like performance (a "feature film" insert). The chosen players — are different in stature, but because any one of them could serve as a "point of relativity", every one becomes a "standard" for others. They enter the system of measurement in the world of film, and this technology, having taken possession of their pictures, is capable of freely variating their number and dimensions with the changing relationships of enlargement (size reduction, speeding up) slowing down and the dimensions of the frame (picture size). They even find room in the division between frames (in the frame-line) for instance. As Erwin Panofsky writes in "The History of Human Proportions as a Reflection of the History of Styles":

"The mathematical relations could be expressed by the division of a whole as well as by the multiplication of a unit; the effort to determine them could be guided by a desire for beauty as well as by an interest in the "norm," or, finally, by a need for establishing a convention; and, above all, the proportions could be investigated with reference to the object of the representation as well as with reference to the representation of the object."

Seeing the players doing the same thing altogether shows the personal differences present even in the execution of a minimal activity, a revival of this in, among other things, Psyche's incredulity at observing the construction of

Erdély Miklóssal Balatonbogláron. 1972   With Miklós Erdély at Balatonboglár. 1972

Bódy Gábor: Fotótanulmány
Van Gogh „Parasztcipők" c. festménye alapján

Haraszti Zsolttal. 1973

Gábor Bódy: Photo-sketch to Peasant Shoes by Van Gogh

With Zsolt Haraszti. 1973

the totally identical, miner's red coloured homes. The chosen picture, as interruption or as still promotes the human figure into the foreground for analysis a "comic" being once again: hence, it is the opposite of the manipulation at the beginning of the film. Instead of bringing the still phase-pictures into life, it is the finish of the moving picutre. The title of a chapter in László Moholy-Nagy's book comes to mind: "From Segment-Man to Complete-Man". The "whole"-ness of the man placed in the still is graphically emphasized in the film: the cosmic proportions of the body appear in a way which is comparable to the Renaissance ideal-man or of Dürer's representation. It is a graphic field (of force) accentuated by a circle, a square and a triangle. This picture offers a possibility to a direct shift in the sphere of **"De Occulta Philosophia"**, which stems from Agrippa von Nettesheim's book and in the possibilities of the computer. The microcosm of the figures which appear graphically in this film assumes the form, through its co-ordination with a mathematic composition, of the marginal position of quantity and quality. And also in the magical geometry of the **Chalk Circle**, where it is developed from a diagram into the organizing element of action, for this work conceals the meaning of the final transcendo (transgression? treading over? violation?).

The attempt (in latin: experimentum) to unite those immense energies that fruitlessly disperse within themselves and their never-ending struggle with each other, the numerous ventures (experimentum), all turned into a distressing experience (experimentum) from which no lesson can be drawn — at the utmost, only a teaching. And maybe not just for the apocalypse, but also for actual politics. Gábor Bódy could never cross over into the "garden of the fugitives" — we have to think about it.

Budapest, May—July 1986

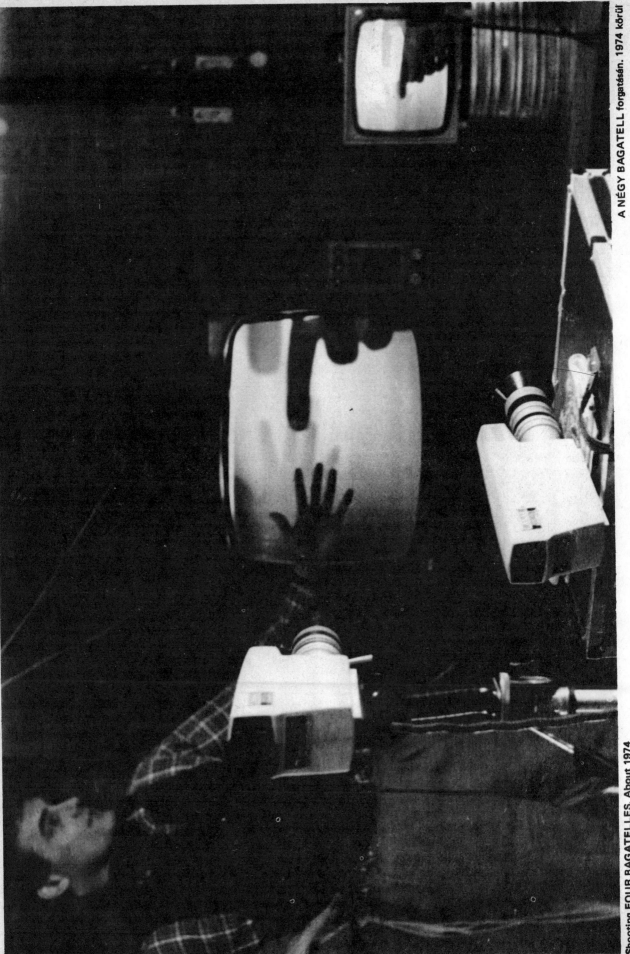

A NÉGY BAGATELL forgatásán. 1974 körül

Shooting FOUR BAGATELLES. About 1974

BÓDY GÁBOR VIDEÓINAK ELEMZÉSE HELYETT

INVOKÁCIÓ

Legszívesebben csak arról írnék az egész cikken át, hogy mennyi probléma merül fel Bódy videómunkásságának elemzése során. Azzal, hogy az életmű az egyik pillanatról a másikra befejezetté vált, nem oldódott meg semmi. Túl sok a zavaró mozzanat, amire nincs válasz, beleértve a legnyugtalanítóbbat is, hogy miért kellett az életműnek hirtelenül befejezetté válnia. Túl sok apró részletet tudok, de nem tudom eldönteni, melyik közülük az igazán fontos — Bódy nyilván segített volna szelektárlni. Most már csak rekonstruálni lehet, pedig továbbgondolni is kellene. (Ő is állandóan továbbfejlesztette a már leírt, vagy kinematográfiailag már megformált gondolatait.) A jelen stádiumban mindössze arról lehet szó, hogy körvonalaiban rögzítsük, meddig jutott el ,,a videóban való gondokodásban", továbbá, hogy óvatos interpretációs javaslatot adjunk ahhoz a néhány videómunkához, amely valóban befejezettnek tekinthető s amely számunkra is hozzáférhető. A ,,hozzáférhetőség" itt nem pusztán fizikai elérhetőséget jelent, mint hogy például az 1982-es **Geschwistert** (Testvérek) vagy az 1983-as **Die Geiselt** (A túsz) e tanulmány írásáig még nem láttam. Maguk a művek is annyira zavaróan újak, hogy többszöri megnézés után sem hagyják róluk alkotott véleményünket leülepedni. Bódy munkái többnyire tele vannak nyugtalanító, bosszantó elemekkel, egyenetlenségekkel, elvágott szálakkal, banalitásokkal — de tetszés szerint sorolhatnánk a megfelelő pozitívumokat is. Felkavaró eklekticizmusa mégis ahhoz a kérdéskörhöz tartozik, hogy miért lehetett az elmúlt évtized *e g y e t l e n* újtípusú magyar kinematográfusa (legalábbis a filmszakma felől nézve). Olyan kérdés, amiről valóban kell beszélni. De csak később, méltó formában.

TÉNYÁLLÁS

Bódy és a videó kapcsolatának első kézzelfogható dátumai: 1973—75. Ekkor készült a **Négy bagatell** című film, melynek egyik epizódja a monitorra visszacsatolt kamera ,,végtelen tükör" effektusát mutatja be, szóbeli kommentár segítségével felcsillantva egy világméretű ,,végtelenített kép és tükröződés"-rendszer lehetőségét. Néhány év múlva elkészült Lenz **Katonák**-jának és Hszing-Tao **Krétakör**-ének tévéadaptációja (1977 és 1978). Mindkettő tartalmaz

---

INSTEAD OF ANALYZING GÁBOR BÓDY'S VIDEOS

INVOCATION

I would much rather write in a whole article about the difficulties that emerge in the analysis of Bódy's video activities. Nothing is solved by the fact that his oeuvre became finished instantly. There are too many disturbing elements that cannot be answered including the most upsetting one of ally, why the work had to be finished so abruptly. I know of too many small details and I cannot decide which one of them is really important — Bódy would have obviously helped to select. Now we can only reconstruct, though we should think onward, too. (He constantly changed his thoughts which were put down in writing or moulded cinematographically.) At the present time all we can do is to determine roughly how far he got in „thinking in video" and to present some cautious interpretive suggestions about a couple of the works that can be really considered completed and are available to us. Not mere physical accessibility is meant here by „availability" as, for example, I have never seen (untill the time of writing this article) **Geschwister** (Brother and Sister) made in 1982 or **Die Geisel** (The Hostage) made in 1983. His works themselves are so embarassingly new, that even after we have seen them several times, they will not let our opinions form. Bódy's works are generally full of perplexing, irritating elements, incongruities, cut off threads, banalities — but we could just as well list the corresponding positive elements. Yet, his stirring eclecticism belongs to that circle of questions that explores the reasons why he could become the o n l y Hungarian „cinematographer"* (in the aspect of film profession at least). This question must be dealt with. But in an adequate form, only later.

*term derived from the Greek, in its etymological sence: recording the movement of the new type in the last decade.

STATE OF AFFAIRS

The first realistic dates marking the relationship of Bódy with the video medium are the years from 1973 to'75. A film entitled **Four Bagatelles** was made then, and one episode of the series presents the „infinite mirror" effect of the camera fed back to the monitor, flashing the possibility of a worldwide system of „infinite picture and reflection" with the help of oral comments. A few years later the television adaptations of the **Soldiers** by Lenz and the **Chalk Circle** by Xing-Tao were produced (1977 and 1978). Though both contain so many electronic effects that they should be considered as experimental TV features rather

ugyan elektronikus effekteket, de inkább kísérleti tévéjátékoknak, semmint videómunkáknak tekintendők. Mégis, újabban Bódy egy **Tévészínház** című kazettává szerette volna összevonni őket, kiegészítve az 1982-ben a győri színházban rendezett **Hamlet** tévéváltozatával. 1982-ben a nyugat-berlini DAAD-ösztöndíj segítségével készül el a **A testvérek**, a **Der Dämon in Berlin** (A démon Berlinben), később **A túsz** (1983), a **De occulta philosophia** (1984), az **Either/or in Chinatown** (Vagy-vagy a Kínavárosban, Vancouver 1985), a **Dancing Eurynome** (Eurynomé tánca, 1985) és a **Walzer** (1985). Magyar változata egyiknek sincs, szűkebb szakmai vetítéseken kívül nálunk eddig még egyik sem volt látható. Ezenközben Bódy 1982-ben Nyugat-Berlinben útjára indította az **INFERMENTAL** című nemzetközi videóantológiát, melynek harmadik kiadása a Balázs Béla Stúdió produkciójában készült el, s mely ma már öt kiadást és több különkiadást ért meg. Hasonló típusú magyar vidóantológiát állított össze az **EMAN** (European Media Art Network, 1985) számára, illetve **Axis** címmel (kazetta + könyv kiadás a kölni DuMont Verlagnál, 1986). Kísérletezett a videó filmbeli felhasználásával (**Kutya éji dala**, 1983) és a S8-as film videóátiratával (**Der Dämon in Berlin**). Tanított a nyugat-berlini film- és tévéfőiskolán és az ELTÉ-n, számos előadást tartott bel- és külföldön, számos videóelméleti tanulmányt és tervet hagyott hátra, részben kéziratos formában. Szervező munkássága, mely mindeddig a legjelentősebb, *eredményes* kísérlet volt a magyar videóművészet nemzetközi kapcsolatainak kiépítésére, sohasem talált végleges intézményes gazdára. Próbálkozott a Balázs Béla Stúdiónál, a Magyar Nemzeti Galériánál, a Népművelési Intézetnél, a Mafilmnél (K$^+$-Szekció) és legtartósabban a Társulás Stúdiónál. Itteni kerettervét, az **Új videóműfajokat** közölte a Filmvilág 1986/2. száma. Ugyanakkor tervezett még egy összeállítást saját műveinek tánc-témájú részleteiből is, ebben a **Négy bagatell**, a **Nárcisz és Psyché**, az **Euronymé tánca** és a **Walzer** bizonyos jelenetei kaptak volna helyet, egy **Magyar tánc** című darabbal együtt.

Az állandóan változó feladatok, munkafeltételek, remények és kudarcok következtében az utolsó évek videótermése egyetlen hatalmas „work in progress"-szé vált, állandóan mobilizálható, cserélhető és kihagyható részekkel, bármelyik pillanatban realizálásra kész tervekkel. Ha ezen kívül még a három — tematikailag ide kapcsolható — játékfilm-forgatókönyvet is számításba vesszük, egyáltalán nem kell csodálkoznunk azon az idegfeszültségen, mely Bódy Gábor utolsó napjait meghatározta. A bekövetkezett tragédiát ez sem magyarázza meg teljesen, de több mint elég ahhoz, hogy az egyes lezárt videómunkákat csak ebben a sötét fényben tudjuk nézni.

Der Dämon in Berlin. Egy igényes elemzés lehetőleg *n e* hasonlítsa össze a kész filmet vagy videót az alapjául szolgáló irodalmi művel. Itt azonban a hivatkozás Lermontov „napkeleti elbeszélés"-ére, **A démonra** több okból is elkerülhetetlen. Bódy el akarta készíteni „A csábítás antológiáját", melyben a Don Juantól Kierkegaard **A csábító naplójáig** több irodalmi klasszikus szerepelt volna. (Az utóbbi elkészült.) Bódy szerint „alapjában véve csak egyetlen csábítási történet létezik: ez a csábító és az elcsábított kicserélődése". (Verwechslung — amit „összetévesztés"-nek is lehet fordítani, ebben az esetben különösen indokoltan.) Lermontov kaukázusi hercegnőjének szomorú és szenvedélyes történetét mindvégig halljuk a német környezetben forgatott képsorok alatt, s a szöveg és a látvány között

---

than video works. Nevertheless, recently Bódy wanted to combine them in a cassette entitled **Teletheatre** (which would also including the television version of **Hamlet** staged at the theatre of Győr in 1982). In 1983 **Der Dämon in Berlin,** later **The Hostage** (1983), **De occulta philosophia** (1984), **Either/or in Chinatown** (Vancouver, 1985), **Dancing Eurynome** (1985) and the **Walzer** (1985) were produced with the help of a West Berlin DAAD scholarship. None of them exits in a Hungarian version, none of them have been shown in Hungary yet, except for projections for professionals. In the meantime Bódy launched an international video-anthology called **INFERMENTAL** in West Berlin 1982. The third edition of this was released in production at the Béla Balázs Studio, and it has already appeared in five editions and as well as several special editions. He compiled a similar type of Hungarian video-anthology for the **EMAN** (European Media Art Network, 1985) and produced **Axis** (a cassette + book published at DuMont Verlag, Cologne, 1986). He experimented with using video in films (**The Dog's Night Song,** 1983) and with the video transfer of S8 films **(Der Dämon in Berlin).** He taught at the college of cinema and television in West Berlin and at ELTE. He delivered a number of lectures home and abroad, left several studies and plans on the theory of the video medium, some partly in manuscript form. His organizing activity, which had been most remarkable so far, was a *succesful* attempt to develop the international relations of Hungarian video art, though it never found a permanent institutional manager. He tried at the Béla Balázs Studio, at the Hungarian National Gallery, at the Institute of Adult Education, at the Mafilm (K$^+$-section) and the most persistently at the Társulás Studio. His project, **New Video Genres,** was published by Filmvilág, 1986/2. He also planned to select details of dancing themes from his works. This selection would have consisted of certain scenes from the **Four Bagatelles, Narcissus and Psyche, Dancing Eurynome** and the **Walzer** together with a wok entitled **Hungarian Dance.**

As a consequence of constantly changing tasks, working conditions, hopes and failures the video product of recent years became one huge work in progress with readily mobile, exchangeable and omissible parts, whose plans were ready for realization at any moment. Moreover, if we add here three screenplays for feature films — thematically similar to the above — then we should not be astonished at the nervous tension that determined the last days of Gábor Bódy. Not even this however can provide a satisfactory explanation for the tragedy, but it is more than enough to make us unalbe to watch the individual completed works without this dark light.

Der Dämon in Berlin. An exacting analysis should *n o t,* if possible, compare the produced film or video to the literary work it is based on. However, in the case of Lermontov's „oriental narrative", **Der Dämon,** this reference is inevitable for several reasons. Bódy wanted to compose **„The Anthology of Seduction"** which would have consisted of several literary classics from Don Juan to Kierkegard's **The Diary of the Seducer.** (The latter had been done.) According to Bódy: „basically there is only one story of seduction: this is the conversion of the seduced to seducer". (Verwechslung — that can also be translated as „mistaking the indentity" is especially reasonable in this case.) The sad and passionate tale of Lermontov's Caucasian princess can be heard throughout the sequences shot in German surroundings, and sometimes an embarassing tension is crea-

néhol zavarbaejtő feszültség, néhol furcsa összecsengés keletkezik. Az eredeti történet szerint a gyönyörű Tamara menyegzőjére vőlegényének már csak a holtteste érkezik, mert útközben rablók ölték meg. A lány kolostorba vonul, de itt sem tud szabadulni a csábító démontól. A hontalanul vándorló, örök egyedüllétre kárhoztatott gonosz szellem akár a megmentését is várhatná egy tiszta szerelemtől, azonban elvakult vágyában csókjával a lány halálát okozza. Tamarát mégis megmenti őrzőangyala. A videóváltozatban a csábító Mercedes-kocsival érkezik a városba, — a hideg kék neonfénnyel forgó Mercedes-jelvény motívuma többször is felvillan magányos éjszakai vándorlásai során — keresztülvág a parkon, egy oszlopcsarnok végében megpillantja a lányt és különös ugrással utánaered. Flipperautomaták előtt találkoznak először, de nem akárhogyan. Egy vörös fényű kísértetkastélyt pillantunk meg, zöld villámokkal körülvéve — olyan, mint a motel melletti ház Hitchcock Psychójában; ez a Lermontov-költeményben szereplő, sziklára épült vár. Most a kamera lejjebb ereszkedik, a fémgolyó pályájára. Csak ekkor tudjuk meg, hogy a játékteremben vagyunk. A golyók játéka, a szemek játéka — a fiú, vagyis a csábító démon és a lány tekintete egy jelentős pillanatra összefonódik — és a kamera játéka azonosul — ilyen bravúrokban sűrűsödik Bódy „vonalvezetése". Majd Tamara újdonsült férje karján lép ki a templomajtón, csokrát leejti, a férfi előrerohan s a következő pillanatban egy autó (a Mercedes) hűtőjén fekszik holtan. Az asszony zokogva ráborul. Ettől kezdve a képek, képsorok szabadon ugrálnak előre és hátra az időben — Bódy az elektronika segítségével kezdi analizálni a történteket. A képernyőre vetülő Camel-cigaretta, mint valami frivol reklám, tulajdonképpen a kaukázusi vőlegény tevekaravánjára utal. Az eszméletlen Tamara már az ágyon hánykolódik, de visszatérnek a baleset állóképei, digitalizált négyzethálós keretben, mely rugalmasan engedelmeskedik egy mutatóujj nyomásának (utalás a Négy bagatell, az Amerikai anzix hajszálkeresztjére, a Mozgástanulmányok koordinátarendszereire stb.). A cselekmény megindul a végkifejlet felé, miközben a múlt képei egyre megszakítják. Fehér lepelbe burkolt alak lép Tamara ágyához egy nyaláb zöld növénnyel, imádkozik, majd megvesszőzi a nő mezítelen testét. Védencét azonban a gonosz szellemtől megmenteni nem tudja, mert az kisvártatva megjelenik az ágy túlsó oldalán — a nő arca színében mindjobban elváltozik, elektronikus fények fehérítik ki csaknem teljesen — a csábító és vele egy színes árnyék a falon egyre csak közeledik és közeledik . . .

Egyszerre viszolyogtató és felemelő, ahogy a női arc közelije az utolsó előtti képsorban „elektronikus önkívületéből" visszaváltozik naturképbe. Bódy szándéka szerint az *másik* nővé változott, jelezvén, hogy a csábítás mechanizmusát az állandó szerepcserék az örökkévalóságig továbbmozgatják. Én azonban ezt a metamorfózist többszöri megnézésre sem tudtam érzékelni. Talán azért, mert a színészi arcok különbségeire meglehetősen érzéketlen vagyok, olykor még a legismertebb magyar színésznőket is összetévesztettem. De még inkább azért, mert a Démonban maga az összetévesztés is szerepet játszik — már az állókép-analízisek során kétségeink támadhatnak, hogy a „násznép" melyik tagja hordozza a csábító hatalmát.

De occulta philosophia. Az előzővel szemben viszonylag igen egyszerű szerkezetű videó Agrippa von Nettesheim 16. századi filozófus és alkimista könyvének ábráit dolgozza fel. Néhány bűvös négyzetbe, körbe, vagy éppen penta-

---

ted between text and sight, sometimes they chime strangely. According to the original story only the dead body of the beautiful Tamara's bridegroom arrives for the wedding because he was killed by bandits on his way. The girl retires into a convent, but she cannot get rid of the tempting Demon. The evil spirit wandering homelessly, condemned to eternal solitude might as well hope for his saviour by pure love. However, he kisses the girl in his blind lust and so causes her death. Nevertheless Tamara is saved by her tutelary angel. In the video-version the seducer arrives in town in a Mercedes — the motif of the Mercedes emblem revolving with cold, blue neon light flashes several times during his lonely wanderings at night — he cuts across the park, catches sight of the girl at the end of a collonade and makes after her with an unusual leap. Their first meeting takes place in an extraordinary fashion in front of some pinball machines. We catch sight of a haunted castle with red lights surrounded by green lightnings — it is like the house near the motel in Hitchcock's Psycho; this is the castle on rocks in Lermontov's poem. Now the camera lowers to the course of the metal ball. We only realize it then that we are in a playroom. The movement of the balls, the movement of the eyes — the boy's eyes, that is, the tempting Demon's and the girl's eyes meet for a significant moment — and the movement of the camera become one — Bódy's way of „tracing the lines" condenses like a virtuoso. When Tamara leaves the church at the side of her young husband, she drops her bouquet, the man makes a dash forward and in the next moment he is lying dead on the bonnet of the Mercedes. The woman falls upon him weeping. From here on pictures and sequences jump back and forth in time — Bódy starts to analyze the events with the help of electronics. The packet of Camel cigarettes projected on the screen like some frivolous commercial, actually refers to the caravan of camels of the Caucasian bridegroom. The unconscious Tamara now tosses in bed but the still frames of the accident return in a digital cross-ruled frame which yields flexibly to the pressure of an index finger (a reference to the cross hairs of the Four Bagatelles and the American Postcard, to the coordinate systems of the Motion Studies, etc.). The plot is approaching its dénouement, while it is continually interrupted by the pictures of the past. A figure wrapped in a white veil steps to Tamara's bed holding a bunch of green plants, prays, then flogs the nude body of the woman. However, he cannot save his protégé from the evil spirit as it soon appers at the other side of the bed — the face of the woman is more and more distorted, it is seducer and with him a coloured shadow on the wall is approaching nearer and nearer . . .

It is shuddering and moving at the same time, the way the close-up shot of the female face returns to natural colours from its „electronic ecstasy" prior to the last sequence. According to Bódy's intention she transformed into *another* woman indicating that the mechanism of seduction is carried along to eternity by a constant change of roles. However, I could not feel this metamorphosis even after having seen the film several times. Perhaps it is because I am rather insensitive to the differences of the faces of performers, sometimes I even mistake the most famous Hungarian actresses. But more likely it is because mistaking plays a part in Der Dämon — even during the analyses of still frames we have doubts about which member of the „wedding-party" possesses the power of the seducer.

De occulta philosophia. Opposed to the former one this video has a relatively simple structure. It adapts the diagrams of the book by Agrippa von Nettesheim, a philosopher and alchemist living in the 16th century. Human figures drawn in magic

grammába rajzolt emberalak váltakozik konok egymásutánban több mint tíz percen át megmozgatott vagy álló lézer-environmentekkel. A fekete alapon zöldessárga és fehér lézervonalaknak megfelel az ábrák kékes fényű neon-geometriája. A snittek monoton ismétlődésének sulykoló hatását ijesztővé fokozza a pörölycsapásszerű elektronikus „harangozás", melyből valamilyen lassú dallamkezdemény bontakozik ki. Utólag nézve, egyértelműen baljós jelentésre tesz szert Bódy zöldes fényből előbukkanó sötét kontúrja, amint újra meg újra kimegy a képből.

A puritán kegyetlenségű videó előtt talán más képzeteink voltak az okkultizmus és a mágia világáról, de azt is meg kell gondolnunk, hogy Bódy Agrippa-feldolgozása egy sokkal tágabb eszmerendszerbe illeszkedik. A korai filmek szálkeresztjei, koordinátarendszerei, a **Nárcisz és Psyché** antropometriai spekulációi ugyanúgy az ember geometrizálásának, mechanizálásának (komputerizálásának, technologizálásának stb.) bűvös-bájos csábításáról szólnak, mint ahogy egykor a Bauhaus művészeit is megkísértette ez a lehetőség (Bódyt pedig legutóbb a Bauhaus filmtéma kihívása). Agrippa von Nettesheim a forgatókönyvben maradt **Tüzes angyal**nak is az egyik főszereplője. Ez a csábítás végső soron nem más, mint ami a „kinematográfiát", a filmet és a videót mint az ember technikai eszközökkel történő *re-animálását* élteti. (Azaz: animálja!)

Dancing Eurynomé. Bódy Robert Graves nyomán fogalmazza meg a feldolgozandó szüzsét: „a pelazgok egy nőalak (Eurynomé) táncából képzelték a mindenség megszületését. Előbb a víz és levegő váltak el egymástól. Eurynomé tovább táncolt a vizeken. Tánca felkavarta az Északi Szélt. (. . .) Eurynomé sarkonfordult, elkapta a szelet és egy kígyót sodort belőle. Tovább táncolt, tánca felgerjesztette a kígyót. Nászukból Eurynomé galambbá válva, megszülte a Világtojást. A tojást a kígyó költötte ki. Ebből születtek a csillagok, a bolygók, a föld, a növényekkel és az élőlényekkel . . . "

Az **Eurynomé** Bódy legtisztábban elektronikus képalkotáson alapuló videója. Kaotikus fénykavargással kezdődik, majd a képernyő hóesésszerű felső és vízfelületet jelző alsó térfélre oszlik. Ködgomolygás tölti be az eget. Gyors vágással többször betűnik, majd folyamatosan a képernyőn marad a (blue box-technikával megjelenített) táncosnő. Szolarizálódik. A táncoló Eurynomé és a kígyó mozgó kontúrjait fényvillódzás tölti ki. A galambból kigördülő tojás forog az űrben, a rajta megjelenő fekete jelekből kibontakozik a kígyó. A záró képsorokban apró szigetmakettek úsznak a vizen, fölöttük keleties stílusú írásjelek (?) futnak végig egy körív mentén. A **Der Plan** diszkóritmust elektronikus zörejekkel keverő zenéje most tagolatlan beszédfoszlányokat imitál, melyek lassan zenei lüktetéssé szerveződnek.

Bódy az **Eurynomét** eredetileg hatképernyős installációként képzelte el, a Planetáriumban, 1 órás műsorrá kibővítve, melynek összefoglalása lett volna a most ismertetett 3 perces darab. (Egyébként a teljes képanyag is elkészült.) Hogy a monumentális műsor milyen lett volna, arra nézvést csak találgatni lehet. A jelenlegi kazettát nehezen tudtam ellenérzések nélkül nézni. Riasztott a mitosz és a technológia ütköztetése, egy egész teremtéstörténet néhány percre zsugorítása, a táncosnő túl gördülékeny, stilizált mozgása, a képek sematikussága. Többszöri megnézésre azon-

---

squares, circles or pentacles alternate in stubborn succession, for over than ten minutes with moving or stationary laser environments. The greenish yellow and white laser lines on black background correspond to the bluish neon-geometry of the diagrams. The tampering effect of the monotonously repeated sequences is increased to frightening by the electronic „toll" resembling sledgehammer blows. Looking back, Bódy's dark contour, appearing suddenly from the greenish light as he goes out of the picture again and again, definitely acquires a sinister meaning.

Perhaps we had other notions about the world of occultism and magic before this puritanically brutal video but we must also contamplate on Bódy's Agrippa adaptation which fits into a much wider system of thoughts. The cross-hairs, coodinate systems of his early films, the **Narcissus and Psyche** are anthropometric speculations, for they speak about magic-charms, the temptation towards geometry, towards mechanics (computers, technology, etc.) in the same way as the artists of Bauhaus were tempted by this possibility in their own time. (And Bódy was recently tempted by the challenge of the Bauhaus theme on film.) Agrippa von Nettesheim is one of the main characters of the **Fiery Angel** as well. This remained in script form. Eventually, this temptation is nothing else but what invigorates (that is, animates!) „cinematography", films and video as well as the technical means of *re-animating* man.

Dancing Eurynome. Bódy sets the subject to be elaborated following the adaptation of Graves: „the Pelasgians imagined that the universe was created by the dance of a woman (Eurynome). First the sea was divided from the sky. Eurynome danced upon the waves. Her dance set the North Wind in motion.[. . .] Wheeling about, Eurynome caught hold of the North Wind and span a serpent out of it. She continued to dance, her dance made the serpent lustful. After their nuptial Eurynome assumed the form of a dove and laid the Universal Egg. The egg was hatched by the serpent. The stars, the planets, the earth with plants and living creatures were born . . ."

Eurynome is the video Bódy based most purely on the electronic formation of pictures. It starts with a chaotic vortex of lights, then the screen is divided into an upper part resembling snowing and into a lower part marking the surface of the water. The sky is filled with eddying fog. The dancer appears in quick cuts several times, then remains on the screen permanently (presented by blue box technique). She is solarized. The moving contours of dancing Eurynome and the serpent are filled with flashing lights. The egg-rolling out of the dove rotates in space. The serpent emerges from the black marks appearing on the egg. Maquettes of islands float on the water in the closing sequences, above them symbols in the eastern style run along an arc. The music of **Der Plan** mixing disco rhythm with electric clatters now imitates inarticulate fragments of speech which slowly organize into a musical pulsation.

Bódy imagined **Eurynome** as an installation using six screens at the Planetarium, and expanded into a one hour programme, the conclusion of which would have been this three minute long piece introduced above. (For that matter, the complete programme would have been like is a matter of guesswork. It was difficult to watch the present tape without trepidation. I was disconcerted by the idea of clashing myth and technology, by reducing a whole creation history into a few minutes, by the much too fluent, stylized motion of the dancer, by the schematism of the pictures. However, after I had seen it several times the

ban egyre tisztábbnak tünt a koncepció. Azt is elképzelhetőnek tartom, hogy Bódy itt igen merészen és tudatosan azt a műfajt célozta meg, amely túllépve a jelenlegi izlést, talán már a közeljövőben uralkodóvá válik. Az ösztönzést ehhez a lépéshez nyilvánvalóan a zenei klipek műfajából merítette. Ahogy már a filozófikus Agrippa-videót „philo-clip"-nek nevezte, ezt „mytho-clip"-nek. A következő Novalis-adaptációt pedig „lyric-clip"-nek.

Walzer. Novalis versének két strófája 3/4-es ütemben kattogva strukturálja az alig hároamperces szalag vidám, táncos forgatagát, egy Beethoven-keringő dallama is fokozza a hangulatot. De olyan vidámság ez, amelybe a halál is bekapcsolódik és olyan haláltánc, melynek főszereplőjét ki lehet röhögni. Papírspirál forog a képernyőn, felírva rá a vers néhány sora, aztán feltűnnek mögötte a vízparti zöld füvön táncoló párok. Köztük egy villanásnyira: egy komikusan ringatódzó csontváz. Az ég helyét az **Eurynomé**ből már ismert köd foglalja el, majd besötétedik. A szoknyák forgását most alulról látjuk, majd ugyanígy megint csontvázat, már forog körülötte az egész csillagos égbolt. Ismét a lányok, forgás közben, felülnézetből: nyakukat kissé groteszk módon meresztve, tekintetükkel a kamera tekintetét keresik és énekelnek. De bezárja őket néhány fényképkeret, megmerevednek, a táncnak vége.

Nem valószínű, hogy a halál komikumát a rendező ügyetlensége okozta volna. A zsinóron rángatott csontvázat ugyanúgy felülről irányítják, mint a lánykák forgását a kamera csábító tekintete. A mechanizált mozgás legmagasabb szervezettségi foka a tánc — a tánc a csábító par excellence vadászterülete. De ki az igazi csábító és ki az elcsábított?

Either/or in Chinatown. Bódy 1985-ben készült el **A csábítás antológiájá**nak előző évben forgatott II. részével, egy rövidebb és egy hosszabb változattal. Saját bevallása szerint elcsábította a kínai kultúra, helyesebben a vancouveri kínai negyed kultúrája. De ha ez a magyarázat olcsó szójátéknak tűnnék, hozzátehetjük, hogy nem is annyira az egzotikus utcakép, hanem annak a tévéképernyőn megjelenő képe. Ugyanis Bódy szerint „az utca képe a valóságban nem létezik", mert mindenki számára különböző részvalóságként jelenik csak meg, s ezeket csupán a leképezés tudja integrálni. A kép a legcsábítóbb, nem a valóság. Következik ez abból az alapdilemmából, hogy vagy gyönyörködünk valamiben, vagy megéljük; esztétikum és élet sohasem eshet egybe. A csábító a vágyat keresi, nem a kielégülést, s a vágy mechanizmusa nem a tettben nyilvánul meg, hanem a látványban, a képben, a művészetben. Ezért kézenfekvő, hogy Bódy Kierkegaardhoz forduljon, az ő idézeteit mondassa el egy narrátorral, de kiegészítve a saját szövegeivel és dialógusaival, melyekkel kissé nevetségessé is teszi a dán filozófust. Kierkegaard hőse itt egy kínai lányt próbál behálózni, őt követi észrevétlenül vásárlás közben, az utcán és a vízparton, hagyja, hogy egy hatalmas szőke és mafla fiú a lányba szeressen, beférkőzik a lány anyjának kegyeibe egy National Geographic-számot mutogatva, sőt el is jegyzi a lányt. Közben minduntalan visszatér szállodaszobájába, ahol a tévékészüléken a Vancouveri Filozófiai Társaság vitája folyik Kierkegaardról, a haj és a körmök filozófiájáról... A lány az övé lehetne, ő azonban egyedül fekszik az ágyon (halottan?), meztelen testén egyetlen zsebkendővel, miközben a tévében folyik tovább az előadás.

Hajlok arra, hogy elhamarkodottan kijelentsem: Bódy ebben a furcsán eklektikus, „újnarratív", intellektuális, érzéki, bizarr és szép videóban megkísérelte mindazt összegezni, amit a világról, a szerelemről, a halálról, a vallásról,

---

conception seemed to be more and more clear. I even consider it possible that Bódy aimed most daringly at that genre and consciously, by transcending the present taste, it will perhaps become dominant in the near future. Obviously, he was encouraged to make this step by the genre of music clips. In the same way as he called the philosphical Agrippa-video „philo-clip" he called this „mytho-clip". The next one, a Novalis adaptation was called „lyric-clip".

Walzer. Two stanzas from the poem by Novalis in 3/4 time construct with rattles the cheerful dancing whirl of the nearly three minute long tape. The melody of a waltz by Beethoven also enhances the atmosphere. But death passes into this cheerfulness, and the protagonist of this danse macabre can be confused. A paperspiral rotates on the screen, a few lines of the poem is written on it, then couples dancing on the green grass by the waterside appear behind it. A skeleton rolls comically among them for a fractional time. The place of the sky is occupied by a mist familiar from **Eurynome,** then it grows dark. We see the spinning of skirts from below now, then we see the skeleton in the same way, the whole starlit sky revolves around it. Then the girls again, whirling, from a top view: twisting their necks in a slightly grotesque way, they search with their eyes to meet the eye of the camera, and sing. But they are enclosed for a few frames, stiffen and the dance ends.

It is unlikely that the comicality of death was caused by the unskilfulness of the director. The skeleton pulled on strings is controlled from above in the same way as the whirling of the girls is controlled by the tempting eye of the camera. The highest level of organization of the mechanized movement is dance - dance is the par excellence hunting-field of the tempter. But who is the real tempter and who is tempted?

Either/or in Chinatown. In 1985 Bódy finished the second part or **The Anthology of Seduction** shot during the previous year, it had a shorter and a longer version. By this own admission, he was tempted by the Chinese culture, more precisely by Chinatown in Vancouver. But if this explanation seems to be a mean pun on words then it can be added that it was not the exotic sights of the street that tempted him, but rather its picture on TV screen. For Bódy thinks that „the picture of the street does not exist in reality" because for everybody it only appears as various fragments of reality, and these can be integrated only by derivation. It is the picture that is the most tempting and not reality. It ensues from the basic dilemma that we either take delight in something or experience it; aesthetic quality and life can never coincide. The tempter seeks after desire and not after satisfaction, and the mechanism of desire is not manifested in the act but in the sight, in the picture, and in the art. That is why it is evident that Bódy turns to Kierkegaard. A narrator recites quotations but they are supplemented by Bódy's own texts and dialogues, this he slightly ridicules the Danish philosopher in this way. Here Kierkegaard's hero tries to charm a Chinese girl, he follows her unnoticed in the street and to the waterside when she goes shopping. He lets a huge, blond, sheepish boy fall in love with her, insinuates himself into her mother's good graces by showing a copy of the National Geographic, what's worse he engages her. Meanwhile he perpetually returns to his hotel room where the Philosophic Society of Vancouver debates on TV about Kierkegaard, about the philosophy of hair and nails... The girl could be his, however, he lies in bed alone (dead?) with a single handkerchief on his nude body. Meanwhile the lecture on TV goes on.

I am inclined to declare rashly that Bódy tried to summarize everything he knew about the world, love. death, religion, philo-

a filozófiáról, az esztétikumról és a kinematográfiáról tudott. Csupán ami a képi megjelenítést illeti, olyan fantaszti-kusan kitalált beállítások követik itt egymást, mint a kínai mama és a csábító kettőse, háttérben a varrógépnél ülő lánnyal és a szőke fiúval, aki búcsúzóul a falon látható plakát kínai úttörőinek gesztusát utánozva lendíti búcsúzásra a karját. Olyan vágások, mint a tudós társaság leánytagjának leeső tálcájáról a vízparti kínai lány lábára, majd a szál-loda felé igyekvő fiú lépteire váltó kép, kb. két másodperc alatt. Olyan pontosan elhelyezett elektronikus effektusok, mint a Krisztus-fejes bross, vagy a padlón fekvő, fabábúval játszó meztelen lány kártyatrükkre emlékeztető képsok-szorozása. De talán a legsokatmondóbbak mégis azok a szimbólumok, melyek a csábítás alaptételét példázzák: A franciakulcs: ugye szép? Szeretnél-e dolgozni vele? Az óriási sörnyitó: ugye jópofa? Szeretnéd, ha a tied lenne? A hotel felvétele: szép kép. És lakni benne? A vízre ereszkedő hidroplán: gyönyörködünk a látványában, de egészen más, ha a pilóta helyén ülünk. A levágott halfejek a mérőszalag mentén elhelyezett üvegedényekben: vagy szép a hal-fej, vagy az óceán mélyét választod lakhelyül.

ELVÉGZETLEN FELADATOK, NYITVA MARADT KÉRDÉSEK

Nemcsak az **Either/or**-t, hanem Bódy többi videóját (és filmjét is) rengetegszer kellene még megnézni és igen részlete-sen elemezni. (Különösen a videóra vonatkozik, hogy intimitása és időhasználata többszöri visszanézést kíván, vala-mint a könyvtől és a filmtől egyaránt eltérő szemléletmódot.) Ki kellene mutatni azt a számtalan kapcsolatot és át-ívelést, amely videói, filmjei és írásai, másrészt korábbi és későbbi munkái között sűrű folyadékot képez. Elemezni kell, miért emelt át egy magyar művész egy orosz romantikus költő által megírt kaukázusi történetet nyugat-berlini környezetbe, miért vándorolt ki a magyar szabadságharcból Amerikába, Amerikából a német romantikába, onnan a 20-as éveken át a középkorba, vagy a sci-fi világába, a természettudományon és poézisen keresztül az 1985-ös Buda-pestre. Azért van erre szükség, hogy legalább azt megtudjuk, miért nem tudott onnan továbbjutni. Ha már nem tud-tunk neki jobban segíteni, legalább rekonstruáljunk és elemezzünk. Ez is egyfajta „vagy-vagy". (Vagy azt helyettesíti.)

UTÓLAGOS MEGJEGYZÉSEK

Bódy Gábor az 1986-os nyugat-berlini filmfesztivál alkalmából elnyerte a FIPRESCI díját életművéért. Ugyancsak 1986-ban megkapta Marl város videóművészeti díját (Marler Videokunstpreis) a **Theory of Cosmetics**ért (vagyis az **Either/or in Chinatown** rövidített változatáért).

Budapest, 1986. március

---

sophy, aesthetic quality and cinematography in this oddly eclectic, „neo-narrative", intellectual, sensuous, bizarre and beau-tiful video. As to visualization alone, such fantastically elaborate scenes follow one another as the duet of the Chinese mother and the tempter with the girl sitting at the sewing-machine and the blond boy in the background (who by way of parting flings his arm in farewell, thus imitating the gesture of the Chinese pioneers in the poster that can be seen on the wall). There are such cuts as shifting of the picture from the tray dropping from the hands of the female member of the scientific society to the feet of the Chinese girl down by the waterside then to the steps of the boy as he head — for the hotel — all are done in about two seconds. There are such precisely placed electronic effects, as the multiplication of pictures reminiscent of card tricks, such as in the case of the broach with the head of Christ, or the nude girl lying on the floor playing with a wooden doll.

However, perhaps those symbols are the most meaningful, in that they exemplify the fundamental thesis of temptation: The spanner: it is beautiful, isn't it? Would you like to work with it? The gigantic bottle-opener: it is jolly, isn't it? Would you like to have it? A snapshot of the hotel: it is a nice picture. How about living there? Hydroplane descending onto the water: we enjoy the spectacle but is completely different if we sit in the place of the pilot. Cut off heads of fish in glass containers placed along a measuring tape: the head of a fish is either beautiful or you chose the depth of the ocean for your dwelling.

UNACCOMPLISHED OBJECTIVES, UNANSWERED QUESTIONS

Not only **Either/or** but the rest of Bódy's videos (and films) as well should be seen many times and analysed in details. (This goes especially for his videos which should be seen over and over due to their intimacy and use of time, and they require a mental viewpoint which is different from that needed for the books or films as well.) The numerous relations and arches should be pointed out which constitute a dense liquid between his videos, films and writings and between his earlier and later works. It must be understood exactly the reasons for a Hungarian artist to transfer a Caucasian narrative written by a Russian romantic poet to West Berlin surroundings, why he migrated from the Hungarian war of independence to America, from America to the German romanticism, and from there through the 20's to the Middle Ages or to the world of sci-fi, via the sciences and poesy to the Budapest of 1985. It is necessary because we should at least find out why he could not go on from there. If we cannot help him anymore the least we can do is to reconstruct and analyze. This is also a kind of „either/or". (Or at least a substitute for it.)

Budapest, March 1986

ADDITIONAL NOTES.

Gábor Bódy was awarded the prize of FIPRESCI for his oeuvre at the West Berlin film festival in 1985. Also in 1986 he received the video art prize from the town of Marl (Marler Videokunstpreis) for his **Theory of Cosmetics** (that is, for the shortened versi-on of **Either/or in Chinatown).**

Mivel meglehetősen nagy a bizonytalanság Bódy utolsó megkezdett munkáját illetően, indokoltnak tartom, hogy írásban is rögzítsem, mit tudok jelenleg (1986 júliusában) az Uj videóműfajok „készültségi fokáról". A Filmvilág 1986/2. számában felsorolt nyolc téma közül tudomásom szerint az Építők és a Music clips, valamint egy részlet, az Extázis 1980-tól jutott el a legkiérleltebb állapotig. Az Építőkhöz elkészült mintegy 140 perc videófelvétel: Fischer József, Major Máté, Makovecz Imre, Preisich Gábor, Rácz György, Vadász György munkásságáról. Csak magnóbeszélgetés készült Perczel Károllyal. Anyaggyűjtés-jellegű videófelvételek maradtak fönn — többek közt — a magyar bauhausosok pécsi épületeiről is. (Ne felejtsük el, hogy Bódy párhuzamosan a Bauhaus-játékfilm előmunkálataival is foglalkozott!) Csupán terv maradt Janáky István építészetének ismertetése és az ózdi lakásszövetkezet példájának felidézése. Az Építők egyik „elágazása", mely Bódynál a „konstruált tájak" elnevezéssel szerepelt, egy nagyrészt tőle független filmtervvel érintkezik. Bódy látványtervező munkatársa, Bachman Gábor 1985-ben kezdett el forgatni egy filmet a Balázs Béla Stúdióhoz benyújtott elképzelés alapján a mai posztmodern-new wave—posztkonstruktivista—produktivista építészet és zene kapcsolatáról. Az első felvételek az Art Deco (Soós György) és a német Einstürzende Neubauten közös koncertjén készültek, az Orvostudományi Egyetem aulájában, ahol az építészeti munkákat Bachman és Rajk László tervezte (operatőr: ifj. Jancsó Miklós). Bachmanék ezután a nyugat-berlini „Atonal" zenei fesztiválon is forgattak. Félbemaradt viszont az a felvétel, amelybe Bódy is bekapcsolódott volna. Ennek helyszínét, egy elhagyott gázgyári helyiséget a Plusz Stúdió (Bachman és Rajk) alakította át konstruktivista-aktivista stílusban, ahol Vallai Péter előadta Esterházy Péter „A semmi konstrukciója" című szövegét.

A Music clip tisztán zenei videó lett volna — körkép a hazai new wave, punk, fél-underground rockegyüttesekről. Hangfelvétel készült 10—12 csoport játékáról. Bódy kérésére mindegyikük írásban is rögzítette zenei elképzeléseit. Komplett kép- és hangfelvételekre azonban csak a Vágtázó Halottkémekkel és az Apostolokkal került sor. Bódy állandó érdeklődését a rockzene iránt, illetve az Extázis 1980-tól koncepcióját dokumentálják az EMAN felkérésére összeállított 1 órás kazetta részletei is, melyeken a Vágtázó Halottkémek, a Bizottság és Víg Mihály produkciói láthatók – avantgarde zenei és képzőművészeti, vagy éppen cigányfolklór betétek mellett.

Bódy zenei érdeklődésével kapcsolatban érdemesnek tartom végül megemlíteni, hogy tervezte a Nárcisz és Psyché Vidovszky László által komponált zenéjének önálló kazetta vagy lemez formájában való kiadását is. Ennek címe „Egy mitosz zenéje" vagy „A 19. századi zene mitosza" lett volna.

1986. július

As there is great uncertainty concerning Bódy's last, unfinished work, I think it is reasonable to put down in writing what I know at the time of writing (July, 1986) about the „degree of preparedness" of the New Video Genres. As far as I know, out of the eight topics listed in Filmvilág, 1986/2 the Builders and the Music Clips, as well as one detail, Ecstasy Since 1980 entered the most advanced stage. About 140 minutes of video recording was finished for the Builders, about the activities of József Fischer, Máté Major, Imre Makovecz, Gábor Preisich, György Rácz, György Vadász. Only a tape recording was made with Károly Perczel. Video recordings were left — among other things — about the buildings planned by Hungarian Bauhaus architects in Pécs as a kind of collection of material. (We should keep in mind that Bódy was parallelly engaged in the preliminary works of a Bauhaus-feature!) The introduction of István Janáky's architecture and recalling the example of the housing co-operative of Ózd remained plans only. One „offshoot" of the Builders, which Bódy classified as „constructed landscape", overlaps with a film project which is largely independent of him. Bódy's colleague in visual effects, Gábor Bachman started to shoot a film in 1985 on the basis of a conception submitted to the Béla Balázs Studio about the relationship between post-modern-new wave-post-constructivist-productivist architecture and music. The first recordings were made at the concert of Art Deco (György Soós) and the German Einstürzende Neubauten held together in the assembly hall of the University of Medicine where the architectural works were designed by Bachman and László Rajk (camera: Miklós Jancsó jr.). Later Bachman and his colleagues shot at the „Atonal" music festival in West Berlin. Bódy would have been engaged in one of the recordings. However, it was broken off. The scene of this recording, the premises of a deserted gas works, was rebuilt in constructivist-activist style by the Plus Studio (Bachman) where Péter Vallai recited the text by Péter Esterházy entitled „The Construction of Nothing".

The Music-Clip would have been a purely musical video — a survey of the Hungarian new wave, punk and semi-underground rock bands. The music of 10-12 groups was recorded. Each of them put down their musical conceptions in writing at Bódy's request. Complete audio-video recording was only made with the Vágtázó halottkémek and the Apostolok. Bódy's constant interest in rock music and the conception of the Ecstasy from 1980 are also documented by the details of a one hour long cassette compiled on the Vágtázó halottkémek, Bizottság and Mihály Víg — side by side with inserts of avantgarde music and fine art or even gipsy folklore.

It is worthy of mention in connection with Bódy's interest in music that he planned the publication of the music of Narcissus and Psyche composed by László Vidovszky in the form of a seperate cassette of record. Its title would have been „The Music of a Myth" or „The Myth of the 19 th Century Music.".

July, 1986

A pécsi Közművelődési Filmhéten. 1977

Public Education Film-Week, Pécs, 1977

WOLFGANG PREIKSCHAT

Olyan korban, amikor „a költők és gondolkodók országában" a félelem grasszál, amikor az írott szó az elektronikus kommunikáció áldozatává válhat, nem utolsósorban Bódy Gábornak sikerült megmutatnia, hogy a film/videó vizuális médiuma a tudás médiuma lehet, hogy ha a könyv talán a szellem anyagi inkarnációja, akkor az elektronikus kép, az elektronikus hang még a végén jobban illenék a szellemi efemer megjelenéséhez.

Ha egy szó, egy kép, vagy bármilyen jel jelentése más szavakhoz, képekhez, jelekhez való viszonyából derül ki, azaz, hogy voltaképpen csak az összefüggéseknek van jelentésük, akkor ebből az következik, hogy egy más médiumok által megváltoztatott összefüggés nem semmilyen, nanem más jelentést hív életre. A probléma az, hogy a könyvhöz, az írott szóhoz, az irodalomhoz fűződő viszonyunk annyira a vérünkké vált, hogy az irodalomnak mint a megismerés termelési módjának jellegéről „elfeledkeztünk", miközben a kapcsolókkal és gombokkal felszerelt, kamerákból, felvevő- és lejátszókészülékekből, keverőpultokból álló berendezés valami teljesen eszköz-szerűnek tűnik számunkra, jóllehet azért kaptuk a kezünkbe, hogy megkönnyítse a kommunikációt, anélkül azonban, hogy azzal szellemünket és a technikát mint e szellem emanációját kapcsolatba hoznánk. Másfelől egyedül az e berendezésektől való félelem jelzi azok igazi jelentését, ti. az eszköz-szerű ellentétét: a technika a tudat egyik aspektusa és mint ilyet, mint szimbólumok és összefüggések termelőjét, nem lehet be- és kikapcsolni, miként ezt a szabályozók és kapcsolók szuggerálni szeretnék.

A videográfiai technika, mint már előtte a kinematográfiai is, tudattartalmakat — beleértve a tudatelőttes és tudattalan elemeit — jelenít meg. Az, hogy külön „technikákról" van szó, melyeket racionálisan terveznek meg és iparilag állítanak elő, azzal függ össze, hogy az industriális és posztindusztriális világkép szimbólumai ilymódon jönnek létre és kerülnek forgalomba. A művész nem tud elvonatkoztatni a szimbólumok gazdaságától, következésképpen a technikára, mint alapvető, kézzelfogható és egyetemes metaforájára kell hagyatkozni. A videográfia olyan folyamatban vesz részt, melyet Walter Benjamin egyszer „a névtelennek a névre való lefordításaként" fogalmazott meg, olyan megismerési folyamatként, mely fordítással jön létre — és mely más médium vinne végbe oly sok formai, technikai, műfaji, szimbolikus, mediális transzformációt, mint a
videó.

A videókép tökéletesen beleillik egy kinyilatkoztatás képzetébe, mint ahogy azt a bábeli könyvtár allegórijában (utána lehet nézni Borgesnél vagy Umberto Ecónál) az irodalmi megismerésre vonatkozóan láthatjuk. Felismertük, hogy Bábel könyvtára

---

WOLFGANG PREIKSCHAT

In einer Zeit, in der im 'Land der Dichter und Denker' die Furcht grassiert, das geschriebene Wort könne an der elektronischen Kommunikation zugrunde gehen, hat nicht zuletzt Gábor Bódy zu zeigen vermocht, dass das visuelle Medium Film/Video ein Medium der Erkenntnis sein kann, dass das Buch vielleicht die materielle Inkarnation des Geistes ist, das elektronische Bild, der elektronische Ton, der elektronische Buchstabe der ephemeren Gestalt des Geistigen am Ende noch angemessener sein könnte.

Wenn sich die Bedeutung eines Wortes, eines Bildes, jedweden Zeichens, aus seiner Beziehung zu anderen Wörtern, Bildern, Zeichen, ergibt, ja dass eigentlich nur die Beziehungen bedeuten, dann folgt daraus, dass eine veränderte Beziehung durch andere Medien nicht keine sondern eine andere Bedeutung hervorbringt. Das Problem ist, dass unser Verhältnis zum Buch, zur Schrift, zur Literatur uns so in Fleisch und Blut übergegangen ist, dass wir den Charakter der Literatur als Produktionsweise von Erkenntnis 'vergessen' haben, während uns der Apparat mit Schaltern und Knöpfen, aus Kameras, Aufnahme- und Abspielgeräten, Mischpulten als etwas durch und durch Instrumentelles vorkommt, das uns zwar an die Hand gegeben worden ist, um die Kommunikation zu erleichtern, ohne dass wir aber damit unserer Geist und die Technik als Emanation dieses Geistes in Verbindung bringen. Andererseits signalisiert einzig die Furcht vor diesen Geräten ihre wahre Bedeutung, nämlich das Gegenteil des Instrumentellen: die Technik ist ein Aspekt des Bewusstseins und kann als solche, als Produzent von Symbolen und Beziehungen nicht ein- und ausgeschaltet werden, wie die Regler und Schalter dies suggerieren mögen.

Die videographische Technik repräsentiert, wie schon vor ihr die cinematographische, Bewusstseinsinhalte eingeschlossen die Elemente des Vor- und Unbewussten. Dass es sich um ausdrückliche 'Techniken' handelt, die rationell konzipiert und industriell produziert werden, hat damit zu tun, dass die Symbole des industriellen und nach-industriellen Weltbindes auf diesem Wege entstehen und im Umlauf gebracht werden. Der Künstler kann von der Ökonomie der Symbole nicht abstrahieren, folglich muss er sich auf die Technik als grundlegender, manifester und universeller Metapher der Gegenwart einlassen. Die Videographie ist an einem Prozess beteiligt, den Walter Benjamin einmal als „Übersetzung des Namenlosen in den Namen" bezeichnete, als Erkenntnisprozess, der durch Übersetzung entsteht — und welches andere Medium vollzöge soviele formale, technische, genremässige, symbolische, mediale Transformationen wie Video.

túlságosan nagy, könyveinek száma véges talán, mégis áttekinthetetlen, nemcsak az egyes ember, de az egész emberiség számára. Másfajta gazdaságra volna szükség, olyanra, mely nemcsak új ösvényeket nyit meg az építményben, áttörésekre képes és az olvasás sebességét növeli. Magát a megismerés ökonmiáját: a megismerés médiumát kellene megváltoztatni, forradalmasítani. Ólomlábakon vonszolódnánk sorról sora a kinyilatkoztatás beláthatatlan vége felé, addig a pontig, ahol aztán a labirintus fölé emelkedünk, melyet a könyvtár testesít meg és melyben éveken át, egész életünkön keresztül, az emberiség életén át kanyarogtunk. És nyilvánvaló a sejtés, hogy a videogram, az elektronikus kép egy újabb kísérlet arra, hogy e labirintus térképét rekonstruálhassuk, ahogy annak idején tengeri és szárazföldi térképeket terveztek egyes külső tájékozódási pontok alapján. Miként azonban nem lehetséges minden szöveget egyszerre látni vagy az ábécét a magunk számára jelenvalóvá tenni, hogy e betük valamennyi lehetséges kombinációját megjeleníthessük, akként nem elegendő az sem, hogy az episztemológiai invariánsok egyszerű konstellációját idézzük magunk elé, képet alkotandó arról a labirintusról, amelyben élünk. A térképnek — a 20. század előrehaladott kozmológiájának megfelelően — ténylegesen figyelembe kell vennie minden tájékozódási pont mozgó objektummá változását. Univerzumunk térképe csak változókból áll, akár egy olyan magmatikus földrész földrajzi-topográfiai térképe, mely óránként változtatja alakját, melynek szedimentumai naponta átrétegződnek, miközben ezen átrétegződések sebessége percről percre változik.

Ha a dialektika korszakát a metasztázisé vagy a rizómáé, a befelé és kifelé való céltalan burjánzásé követi, akkor ezt a „paradigmaváltást" nemcsak terminológiánknak az új viszonyokhoz való alkalmazkodásával kell követnünk, hanem médiumot is kell váltanunk. Minden más megoldás olyan volna, mintha azt kísérelnénk meg, hogy a huszadik század világkereskedelmét aranypénzekkel bonyolítsuk, melyeket gályákon és lovaskocsikon szállítanak. Manapság csekkeket használ az ember, a kommunikációban puszta számjegyek vesznek részt, gyorsabban, mint bármely valóságos pénzérme, melynek értéke a legkevésbé sem esik egybe a rányomott felirattal. Más szavakkal: egyfajta elanyagtalanodás tanui vagyunk — a pénz, a termelés, mi több, saját testünk elanyagtalanodásának. A pszichológiai rendszer, a motorikus gépezet egy információ előtti kor fényűző maradványa. Nagy befektetésekkel használjuk ezt a gépezetet, de voltaképpen nincs rá szükségünk többé.

Bódy Gábornak mind filmes, mind videográfiai, mind irodalmi munkásságát azzal a céllal látom összefonódni, mely az utóbbi évek és évtizedek videográfiai kísérleteit határozza meg: a kor viszonylagosság-tudatának — az emlékezés, a haladás, a halál relativitásának — és az állásfoglalás imaginárius voltának szimbolikus, ideológiai, erkölcsi, érzelmi, kulturális kiélezése a döntő ebben. Másképpen szólva: Gábor munkái ahhoz a felismeréshez segítenek hozzá, hogy bennük és általuk a tudás, a történelem, a vágyak viszonylagossága fejeződik ki a mindenkori médiumra vonatkozóan; hogy minden médiumnak kötelessége, hogy a régi képekkel és írott szövegekkel törődjék, azokat rekonstruálandó, restaurálandó, hogy rajtuk próbálhassuk ki, mely kapcsolatok lehetségesek — és melyik történetnek melyik befejezése lehetséges még és melyik nem. Az irodalom, a film, a festészet teljesen soha nem válnak feleslegessé. Üledékként kerülnek bele az elektronikus kommunikációba. Szerintem ennek értelmezése, művészi machinációkkal való esztétikai kiemelése Gábor egyik fő teljesítménye, olyan munkáival, mint a *Privát történelem,* az *Amerikai anzix* és az *Either/or in Chinatown.* A létrehozott kép, a pillanatnyi kép mindig mint

---

Das Videobild passt durchaus in die Vorstellung einer Offenbarung, wie sie auch in der Allegorie von der Bibliothek von Babel (nachzulesen bei Borges oder bei Umberto Eco) in Bezug auf die literarische Erkenntnis geschildert wird. Wir haben erkannt, dass die Bibliothek von Babel viel zu umfangreich ist, die Anzahl ihrer Büche vielleicht endlich aber doch unüberschaubar nicht nur für den Einzelnen sondern für die ganze Menschheit. Eine andere Ökonomie musste her, die nicht nur neue Gänge in das Gebäude einzieht, Durchbrüche schafft und die Lesegeschwindigkeit erhöht. Die Ökonomie der Erkenntnis selbst, das Medium der Erkenntnis musste verändert, revolutioniert werden. Mit bleiernen Füssen schleppten wir uns Zeile für Zeile einem unabsehbaren Ende der Offenbarung entgegen, an jenen Punkt, wo wir uns über das Labyrinth erheben, welche die Bibliothek darstellt und durch das wir uns jahrelang, unser Leben lang, das Leben der Menschheit lang hindurchgewunden haben. Und die Vermutung liegt nahe, dass das Videogramm, das elektronische Bild, ein neuerlicher Versuch ist, die Karte dieses Labyrinths zu rekonstruieren, wie man seinerzeit See- und Landkarten anhand einzelner externer Orientierungspunkte entworfen hat. Wie es aber nicht reichen kann, alle Texte auf einmal zu sehen oder sich das Alphabet zu vergegenwärtigen um alle möglichen Kombinationen dieser Buchstaben präsent zu haben, so reicht es nicht aus, sich eine einfache Konstellation epistemologischer Invarianten vorzustellen, um ein Bild von dem Labyrinth zu haben, in dem wir uns befinden. Tatsächlich muss die Karte entsprechend der fortgeschrittenen Kosmologie des 20. Jhdts. die Verwandlung aller Orientierungs- und Fixpunkte in bewegliche Objekte berücksichtigen. Die Karte unseres Universums besteht nur aus Variablen, wie die Karte eines geographisch-topographische Karte eines magmatischen Kontinents, der stündlich seine Gestalt verändert, dessen Sedimente sich täglich umschichten, während sich die geschwindigkeit dieser Umschichtungen von Minute zu Minute ändert.

Folgt dem Zeitalter der Dialektik das Zeitalter der Metastase, oder des Rhizoms, der richtungslosen Wucherung nach Innen und Aussen, dann müssen wir diesem 'Paradigmenwechsel' nicht nur mit einer Anpassung unserer Terminologie an die neuen Verhältnisse folgen, wir müssen das Medium wechseln. Alles andere wäre so, als würde man versuchen, den Welthandel des zwanzigsten Jahrhunderts mit Goldmünzen des Mittelalters abzuwickeln, die mit Galeeren und Pferdewagen transportiert werden. Heute benutzt man Schecks, blosse Ziffern, die kommuniziert werden, schneller als jedes reale Geld, dessen Wertschätzung seinem Aufdruck völlig inadäquat ist. Mit anderen Worten: wir sind die Zeugen einer Dematerialisation — des Geldes, der Produktion, ja selbst unserer Körper. Das physiologische System, der motorische Apparat sind luxuriöse Überbleibsel einer vor-informellen Zeit. Wir kultivieren diesen Apparat mit grossem Aufwand, aber wir benötigen ihn eigentlich nicht mehr.

Ich setze das filmische wie auch das videographische wie auch das literarische Werk Gábor Bódys in Beziehung zu jenem Zweck, der die videographischen Experimente der letzten Jahre und Jahrzehnte prägt: symbolisch das Bewusstsein für die Relativität der Zeit — des Standpunktes — ideologisch, moralisch, gefühlsmässig, kulturell — zu schärfen. Anders gesagt: die Arbeiten Gábors lassen erkennen, dass in ihnen und durch sie die Relativität des Wissens, der Geschichte, der Wünsche in Bezug auf das jeweilige Medium zum Ausdruck kommt; dass jedes Medium sich der alten Bilder und Schriften anzunehman hat, um sie zu rekonstruieren, zu restaurieren, um an ihnen auszuprobieren, welche Beziehungen möglich sind — und welche

Frankfurt/Main, 1986. április 1.

egy palimpszesztus legfelső rétege válik láthatóvá, akár egy átlátszó fólia, olyan jelzésekkel, melyek segítségével a korábbi — valóságos vagy irodalmi — képek válnak észlelhetővé. Eközben az a feltűnő, hogy ezek a képek mind tökéletlenek és hogy bennük az idő nem egyéb, mint a jelzések elmozdítása, a súlypontok áthelyezése, a gravitációs centrumok transzpozíciója.

A pécsi Közművelődési Filmhéten. 1977

Public Education Film-Week, Pécs, 1977

Frankfurt/Main, 1. April 1986.

nicht. Die Literatur, der Film, die Malerei, sie werden ganz und gar nicht überflüssig. Sie gehen als Sediment in die elektronische Kommunikation ein. Das deutlich zu machen, ästhetisch hervorzuheben durch die Machination des Künstlers, scheint mir eine der Leistungen Gábors, zumal wenn man sich Arbeiten wie **Privatgeschichte, Amerikanische Ansichtskarte** und **Either/Or in Chinatown** vergewissert. Stets wird das produzierte Bild, das gegenwärtige Bild als oberste Schicht eines Palimpsest sichtbar, wie eine durchsichtige Folie mit Markierungen, anhand deren sich die früheren Bilder — reale oder literarische — sichtbar machen lassen. Dabei fällt auf, dass all diese Bilder immer unvollständig sind und dass Zeit in ihnen nichts anderes ist als die Verschiebung der Markierungen, die Verlagerung der Schwerpunkte, die Transposition der Gravitationszentren.

A PSYCHÉ forgatása idején. 1979–80 körül

At the time of shooting PSYCHE. About 1979–80

S N E É   P É T E R

A TÖREDÉK, A TORZÓ ÉS A TORZ

(BÓDY GÁBOR TANÁR ÚRNAK)

I. A TÖREDÉK

Bornirt teljességgel kokettáló és hatókörünkből kiszakadt, befolyásolhatatlannak tűnő világunk kedvez a válságkorszakok immár hagyományos formájának: a töredéknek. Zátonyos létén szilánkjaira hasad a lélek, s elbizonytalanddik szándék és ítélet. Igaz lehet bármi, de semmi sem az.

Önmagunkban talán kevéssé torzítanak a töredékek, mivel pars pro toto-ként tükörcserepekben villantják föl az egész egyik arcát a számtalan közül. Összességükben mégis hamisak, mert véletlenszerűen ható kaleidoszkópjuk a teljesből ígér ízelítőt. Helyette viszont csupán egy karakterisztikus portréval szolgál, a szemlélőével — anélkül, hogy erre külön figyelmeztetne. Mintegy kivonva magát az ítélkezésből, szükségképpen eltorzítja azt.

Az irányát, célját, helyét nem talált lét szomorú következményeként csökött, amiben a szubjektumnak önmagához, tárgyához, világához fűződő kétes kapcsolatára ismerünk. Ennyiben szimptomatikus: a korból és időből kitéphetetlenség bizonyítéka.

A lehető egyéni teljességnek és a megnyomorító kornak előző évtizedekben uralkodó antinómiáját újabban kezdi fölváltani az egyén korlátozottságát az aktuális mögött fölsejlő világ végtelen gazdagságával szembeállító korábbi. Korról ismét az egyénre háramlik a felelősség, kinek-kinek külön kell számot adnia az elpuskázott lehetőségekről.

A tárgyi és történeti — tehát kulturális környezetet is magában foglaló — kollektivitása helyett újra az individuális divatozik. Túlterhelve a hatókörénél nagyobb felelősségvállalásra bírt egyén lelkiismeretét. Roppant nyomását egyedül a Jungtól ismert atavizmus ellensúlyozhatja a lélekben: a folytonos átélésre törekvés. Nem csak önmaga sorsának megtapasztalásaként, de a lét teljességének átérzése gyanánt is. Ekként menekedhet meg az aktuálisan kisszerű körülményeihez idomulástól, illetve — a másik nézőpontból — akként válik lehetővé, hogy kezdeti torz voltából a világ kifejlett rendjéig nőjön.

A magyar nyelv szoros kapcsolatot sejtet a torz és a torzó közt. A megcsonkítottból, illetve befejezetlenül maradtból valami hiányzik ahhoz, hogy teljes legyen: a szép. Míg a torz a harmonikusat nélkülözi, a torzó a teljességben feltárulót. Előbbi a hiány végletes formája, a szépség nulla foka, utóbbi a körülményektől megtaposott szép csak azért is virágzása. Dac a mostohás idővel, vagy az alkalmatlan korral.

P É T E R   S N E É

THE FRAGMENT, THE TORSO AND THE DEFORMED

(To my teacher, Gábor Bódy)

I. THE FRAGMENT

— Flirting with narrow-minded integrity, and having slipped out of our reach, this seemingly uncontrollable world of ours is favourable to the traditional artforms in times of crisis only: that is just a fragment. The soul shatters into splinters on the reefs of it's own existence, determination and judgement become uncertain. Anything can be true, but nothing really is.

Singly maybe this fragments do not distort so much, because they light up „pars pro toto" in facets of the whole. When aggregated, their reflection is deceptive, forming a kaleidoscope which gives the impression of a contingency which offers a taste of the whole, however they serve only to give a characteristic portrait, — a portrait of the observer — and give no notice of this. By practically withdrawing itself from a judgement, the fragment inevitably distorts itself.

As a sad result of an aim-less, place-less and rootless existence, if becomes maimed and crippled. In this, we recognize the dubious relationship of the subject towards it's object, it's surroundings and its own self. As such, it is symptomatic: that it is impossible to deplace things in age and time.

The ruling theories of the last couple of decades, — that of a personal integrity and of time as it cripples us, is beginning to be replaced by a pre-existing one: the counterposing of restrictions on the person het also in the boundless opulence of the world which hides behind reality. Once again, responsibility shifts from age to person. Everyone has to account for his own unexploited possibilities.

Instead of the joining of the objective and of the historical — which also recompasses the cultural environment —, the individual is once again in vogue, overburden with the conscience of a person forced into taking responsibilities beyond his sphere of influence. This immense pressure can only be counterbalanced in the soul by the well known Jungian atavism: that is the drive towards continuous perception. It is not only an experience of one's personal destiny, but also in the intuition of the totality of existence. In this way, one can escape by conforming to one's circumstances, which are always actual and mediocre. Or, to put it another way, it makes possible for one to develop from an initial deformed state to the mature understanding of the world.

A torzó és a torz közti értékkülönbség szembetűnő az elhallgatás korszakaiban, amikor a megrendült világkép mögül előkandikál a kimondhatatlan. A torzó az űr kaotikus zajából-csendjéből metszi ki hiányzó darabjait, s arányával érzékelteti: mekkorák. A torz viszont a káosz véletlenje, felragadott morzsa az egyetemes kuszaságból. Formáló az egyik maga is, mivel megformált, míg a másik csupán formában lévő.

II. A TORZÓ

Bódy Gábor mindhárom nagy lélegzetű filmvállalkozása magán viseli a hiány jeleit. Első inkább csak a költségvetését, mivel csekély ráfordítással és az elfogadás folyamatos átejtésével készült. A gigászi második a lezártságét, mert az ún. teljes verzió sem egyéb a két félre hasadt mű forgalmazói kényszerházasságánál. A harmadik meg a keserű értékviszonylagosságon túlemelő, s azt nem csak önmagával minősítő állásfoglalásét.

A sokarcú hiány egy, a filmekhez testet öltött magatartáselvre vezethető vissza, egy jellegzetes alkotói (modális) viszony megnyilatkozására, amiben az élet egységének preszokratikus óhaja munkál. Mitikus formában építené újjá a teljességet, csakhogy az ellentétes a tapasztalati valósággal. Márpedig az ismert fogalmakkal való örökös konfrontáció helyett éppen ahhoz fordulna.

Amiként a költészet is visszavezethető a szólásra, úgy a filmezés sem egyéb érintkezési formánál, kapcsolatkeresésnél. A filmszemiotikában jártas alkotó Christian Metz nyomán tagadja a filmnyelv létét. Számára nincs tehát filmművészet, csupán filmek, egyedi közlemények.

Ezen az alapon radikálisan elveti a beszédrituálét, a megkövesült eszmerendszerekhez igazodó szólamokat, melyek pusztán egy funkció betöltésére alkalmasak. Helyette a liturgiához folyamodik, élő közvetítést, közlekedést keres. A történetmondás hagyományos dramaturgiai készletét félrelökve a mindennapok érintkezési módjaiból válogat. Ábrázolási metódusai esztétikailag zavarbaejtően esetlegesek, „nem kidolgozottak". Nyers frissességükben rejlik erejük, magukban hordozzák ugyanis az aha!-élmény kiváltásának esélyét.

A ráismerés és a katartikus újraélés hivatott bekapcsolni a műveket mások életébe. A napi gyakorlaton túl is, a fellelhetetlen, bár vágyott teljességben. A Van és Legyen egymást átszövő és groteszkül kiteljesedő ellentéte táplálja a teremtő eszmevilágának kiformálódásakor az alkotásba eleve beleépült feszültséget. A gondolkodás ugyanis mindig problematikus és provokatív jellegű, mert szükségképpen szembeáll azzal, ami van. A körvonalazódó szemlélet pedig elveti a komótosan változó sémákat, melyek annyit érnek el legföljebb, amennyit a gépies ismétlés produkálhat: önmagunk megünneplését az újrafeltalásban.

Bódy Gábor nem adja olcsón a megnyugtató feloldozást és hitbeni megerősítést. Előtte végigkalauzolna a sors teljességén éppúgy, mint a jelképek erdején. Születésen és halálon, hétköznapin és morbiditásig fajult egzotikumon. Mindenen, ami volt,

---

The Hungarian language implies a close relationship between the deformed and the torso („torz" and „torzó"). Something is missing from the mutilated word and it remains unfinished for it to be seen as a complete: beauty. While the deformed is devoid of harmony, the torso lacks all that is revealed by it completeness. The former is the ultimate form of absence, there are zero degrees of beauty. The latter is the stubborn blooming of beauty humiliated by circumstance. A defiance against of hostile times, and inadequate ages.

The difference in value between the Deformed and the Torso is visible in times of suppression, when the unspeakable peers out from behind the shattered concept of the world. The torso exerts it's missing pieces even in the chaotic rumble and silence of the universe, and suggests through it's proportions, how true they really are. The deformed, on the other hand, is the chance event of confusion, a picked up morsel of universal disorder. The one forms by itself, because it has been formed, while the other is simply a form.

II. THE TORSO

All three of Gábor Bódy's major film ventures are laden with the symbols of deficiency and absence. The first is notable for its deficiency in budget, having been produced on a shoe-string and by it continuously awkward the acceptance. The gigantic second shows marks of incompleteness. Even the so called full-version is no more than a shotgun marriage of the two parts of the work, which had originally been shown separately. Finally, the third is marred by the lack of a standpoint that could be seen well-beyond the values of bitter relativity and would be capable of meassuring the latter by other means than by itself and itself only.

This multyfaced deficiency can be traced to a principle of behaviour often seen in films; a manifestation of a typical creative (modal) attitude, in which a presocratic desire in favour of the integrity in existence remains active. This needs to reproduce totality in it's mythical form, but that would be contrary to understood reality. However, it is exactly this perceived reality which it would like to be — instead of a never-ending confrontation with familiar concepts.

In the same way as poetry can be traced back to proverbs, a film itself is no more than a form of contact, which a seeks connections. In the wake of Christian Metz, the artist who is well versed in the semiotics of film who would deny the existence of an independent language of film. For Metz, cinematic art does'n exist. Only films, which are individual statements.

On these grounds, he radically rejects the ritual of speech, empty slogans that attach themselves to fossilized systems of ideas and which are capable of fulfilling only a single function. Instead, searching for live transmission, he turns to liturgy. Throwing aside the traditional dramatic apparatus of storytelling, he puts to work a selection of everyday forms of communication. His methods of portrayal, in an aesthetical sence, are confusingly incidental, „not elaborated". Their strength lies in their raw freshness, the hidden possibility of the „Ahh!"-experience within them.

Recognition and the cathartic reexperience are those functions which are not destined to integrate works of art into the lives

van és lehet. A filmes rutin kevesebbel is megelégszik; ebben a mélységben, ezzel a személyességgel és a szólás ennyire radikális, új formájával azonban csak a végtelen pecsételhetné le a műveket és alkotási folyamatukat.

Csakhogy a határok megszabottak. A hév, a nekirugaszkodás és az erudició viszont akkora, hogy a teljességvágy nem maradhat meg az idő és a terjedelem korlátain belül. Túlfut rajtuk, rosszallóan emlegetett hiányait is magáévá teszi, s a képzeletben folytatódik, amíg belénk nem ivódik teljesen.

Ami nincs a létező mellett, az is működik és hat megfoghatatlanul. Mintha láthatatlan karok és lábak dolgoznának, olykor eredményesebben a szemmel követhetőnél. Szekuláris csodája ez a hiánynak. Magyarázható, mégsem könnyen utánozható varázslat.

Egy interjúban Bódy Gábor jogosnak nevezte a magyar experimentális film torzónak minősítését (Filmvilág 1980/6.). Saját alkotásaira szintén áll ez a fentiek értelmében.

III. ÉS A TORZ

Kezdeményezéseire Bódy Gábor hamar megkapta a választ. Éles elutasítás követte a furcsálkodást. **Psyché**jét egyik tudós kritikusa — fájdalom, éppen a kiváló Szigethy Gábor — egyenesen a szenny apoteózisaként emlegette. A **Kutya éji dalá**t meg jóindulatúan besorolták a happeningek „gyanús, művészet alatti" világába.

Minden újság viszonyfogalom persze, csupán az ósággal szemben érvényes. Divatos konzervatív lelkesültségünkben azért nehogy provokáló parlagiasságunk érdeméül tudjuk be létét. Az kényszerítette ki ugyan a megújulást, de tagadólag, a hiány formájában.

A szokásos anyagi, technikai és szervezési gondok még hagyományos alkotói metódoson belül is rengeteg bosszúságot okoznak. Töredékességre, visszafogottságra, a legjobb ötletek, a legfényesebb lelemények kigyomlálására szorítanak. E közvetlen akadályok egyike sem legyűrhetetlen. Tőkét előteremteni pénzszűkében is lehet, némi ügyeskedéssel elérhető a keresett korszerű technika, és a nehézkes apparátus szintén megmozgatható. Kellő elszánással a szaporodó átkokon úrrá lehet lenni. Egyéni világlátást azonban radikálisan és teljesen nem érvényesíthet senki. Közbecsattog az olló.

A direkt politikum esendő voltában is részese a teljességnek. Ha leoperálják róla, megbomlik az összhang, fölborul az egyensúly, elidegenül a maradék. Ennek akárcsak puszta eshetősége sem kívánatos, mert az igények leszállítására késztet, vagy pedig — ahogyan Bódy Gábornál — a szélsőségek felé terel. A periféria, a margó, a deviancia felé, ahol még művészileg kiaknázatlan tájak hívogatnak, egy szűkkeblű világfelfogással szemben többet, esetleg csak mást igérőn.

A nehezen érthető, olykor homályos-talányos kifejezésbe szintén belejátszik a torz társadalmi működés. Ha megbékélni nem akart ezzel a gyakorlattal, Bódy Gábornak előre kellett menekülnie a művészet panoptikumából. Gyorsabb léptekkel, mint amekkorát az eleven kapcsolat megőrzése engedett volna. Az ilyesféle „kivettetések" serkentő voltát hiába tagadni.

---

of others. Beyond everyday practice, in an untraceable, but nevertheless hoped for completeness. During the development of a creatice world of thought, the intertwining and grotesquely maturing antagonism of „To be" and „Let there be" reduces the tension which is already there in works of art. This is because thinking is always problematic and provocative, because thinking inevitably opposes everything that exist. And the point of view outlined here will ignore the comfort of changing schemes, which would achieve nothing more than any mechanical reproduction can: it is the celebration of ourselves in rediscovery.

Gábor Bódy doesn't just offer any old comforting absolution or strengthening to owe faith and trust. Before he does that, he takes us on a journey through the totality of destiny in the same way as he would conduct us through a dense symbolic forest. Birth and death, everyday things and exotica are reduced to a realm of melancholy. It is everything that was, everything that is and everything that ever could be. Routine filmmaking would be content with less than that; but in this depth, with such a privacy and in such a radical by new form of speech, only eternity could seal the works of art and their process of creation.

The bounds are limited. Nevertheless the drive, the impulse and the erudition are so huge, that the desire for completeness cannot be restrained within the bounds of time and dimension. It defeats them, accepts its own errors, and lingers in the imagination, until it has been completely absorbed by us.

What isn't there beside the living. It is even in those works which exerts their effect intangibly. It is if invisible feet and hands were moving, sometimes more overtly than those watched by the naked eye. It is an unholy wonder. It is a wizardry that can be explained, but not easily imitated.

In an interview, Gábor Bódy once stated that it is perfectly justified to classify Hungarian experimental film as a torso (Filmvilág, 1980/6). This description is valid — as have shown — for his own works too.

III. AND THE DEFORMED

Gábor Bódy soon received an answer to his innovations. Astonishment was followed by sharp rejection. **Psyche** was deemed by one of its erudite critics, — sadly, none other than the excellent Gábor Szigethy — as the apotheosis of filth. **The Dog's Night Song** was kind-heartedly associated with a „shady, sub-artistic" world of phenomena.

Of course, novelty is never more than a relative concept that is valid only in comparison to artistic staleness. We mustn't let our fashionable conservative enthusiasm however, regard it's own existence as justification to our provocative crudity. True, it was the latter that pressed for renewal, but only a negative sence, — by requiring a form of absence.

Even using traditional creative methods, the wellknown technical and logistic problems cause a great deal of irritation. They force the artist to be fragmentarity, to suppress, and to the weeding-out of their best ideas, which are often the most valuable forms of invention. None of these direct obstacles is unbeatable. It may be possible to create finance even where there is a scarcity of money. With a little shrewdness, the paucity of modern technology can be found, and the clumsy old apparatus can

Csakhogy káruk jelentékenyebb hasznuknál. Eltékozolják a teremtőerőt, bénítják az alkotókedvet, s bizton felőrlik az igyekvőt.

Közreműködésük révén a míves munka eredménye torzóban marad, s legföljebb utalhat balvégzetére. Szerencsére megteheti, mivel különbözik tőle: csonkán is teljesebb, szabadabb.

Budapest, 1986. szeptember 18.

Erdély Miklóssal a PSYCHÉ forgatásán. 1979

Shooting PSYCHE. With Miklós Erdély. 1979

be put to again. With sufficiant determination, one can overcome the Fates. But no one can completely radically enforce an individual view of the world. The scissors will be driven in.

A policy, even in its weakest form, is a component of the whole. When it is cut off, the harmony disintegrates, the equilibrium vanishes, and the rest becomes antagonized. Not even a chance of this is desirable, because it induces a lowering of standards, or — as in the case of Gábor Bódy — it leads towars extremes. It took him towards the periphery, the margin, and into deviance, where realms unexploited by art kept beckoning, offering more, if only it was something else than a traditional belief in the world.

The deformed functioning of society also plays a part in its difficult, in its sometimes obscure and mysterious expression and in its phrasing. Wanting to avoid a reconciliation with this, Gábor Bódy was forced to charge with the vanguard ahead of artistic acceptability taking greater strides than those who wouuld preserve art would have liked. There is no use in denying that being an outcast is offen stimulus. But the damage caused by it far outweighs it's advantages, for it squanders creative energy, it cripples the desire to create, and it consumes the aware.

Thanks to them, the result of all this painstaking work now remains as a torso. At best, it can only hint af it's sown misfortune. Luckily, it can accomplish this because it is different. it remains even in this deformity as more complete and more free.

Budapest, September 18, 1986

F O R G Á C H   A N D R Á S

„Hülye vagy rögeszmés őseim,
ünnepélyes termekben, rettenetes
szenvedélyek rabságában"
(Charles Baudelaire)

Gábor egyik kedvenc német szava volt az „ *a l b e r n* ". S valóban gyakran ténfergett, aludt, szemtelenkedett a zsenialitás bárgyúságával az arcán, mi több, a munkáira is jellemző az a teljesen egyéni és utánozhatatlan nemtörődömség, az a szigorú és következetes nemtörődömség, amivel megkezdettnek vagy befejezettnek nyilvánította őket, a forma zord slendriánsága, elmosódott és látszólag (sőt valóban) szeszéllyel összefirkált kozmikus nonchalance (és az egyetlen ő, pillanattöredéknyi kultúránkban, aki, nézetem szerint, ezt a szót, „kozmikus", joggal és némi richard wagneri felvágással használhatja).

A KATONÁK forgatásán (?). 1978 (?)

Shooting SOLDIERS (?). 1978 (?)

A N D R Á S   F O R G Á C H

„Mes ancêtres, idiots ou maniaques,
dans des appartements solennels,
tous victimes de terrible passions."
(Charles Baudelaire)

One of Gábor's favourite German words was „ *a l b e r n* ". And really, he often idled, slept, and was impatient with the imbecility of the genius in his face. What is more his works can be characterized by this entirely individual and unique neglect, this strict and consistent negligence with which he declared his works to the form, a faded cosmic nonchalance scribbled with apparent (or even real) caprice (and he is the only one in our momentary culture who — in my mind — can use this word „cosmic" rightly and with some Wagnerian boasting).

MÁRTON LÁSZLÓ
EGY ISMERETSÉG ALKALMAI

B.G.-t öt ízben
láthattam, ha jól számolom.
Ültem a vízben,
amikor megszólalt a telefon,
ő volt. Odamentem, ahol lakott,
s ez megtörtént még háromszor. Az ablakot mindannyiszor megbámultam a lépcsőfordulóban:
egyszer világos, háromszor sötét
ömlött be rajta; ez valóban
v o l t kettőnk közt. (Műveit, sok-sok ötletét,
s mindazt, ami róla köztudomás,
említse más;
ez az emlékezés miért
bolyongjon helyzetek és mondatok között,
s miért hintsen semminek ütközött
képsorokra hírből tudott halotti vért?)
Egyszer pedig a Horizont
moziban láttam, ám itt
nem váltottunk sok szót, aligha számít
ez a találkozás, viszont
egyszer ősszel telefonon beszéltünk
sokáig;
akkor még mind a ketten éltünk,
bár ő már nem sokáig.
Punktum. Ez a pont nem valami sok.
Ez minden. Ez minden, amit róla mondhatok.

LÁSZLÓ MÁRTON
GELEGENHEITEN EINER BEKANNTSCHAFT

Der Erzähler behauptet, er habe
G.B., wenn er nicht irrt, fünfmal gesehn.
Er sass im Wasser erhaben,
doch musste er zum Telephon gehn.
es war G.B.; der E. (wie gejagt durch Gespenster)
hat ihn aufgesucht und betrachtete immer das Fenster
im Treppenhaus. Es war dreimal dunkel
und einmal wie Karfunkel.
Dieses negative Licht
war *w i r k l i c h* zwischen ihnen. (Der E. will nicht über G.B.'s Werke
und Ideen sprechen. Jemand anders bemerke,
was über G.B. allgemein bekannt;
diese Flut
von Worten
will weder fragen noch antworten
noch fiktives Bild beschmieren mit kundgegebenem Blut.)
Der E. hat G.B. noch einmal im Kinematographe
Horizont getroffen,
von dieser Gelegenheit war aber nicht viel zu hoffen
(war es Belohnung oder Strafe?);
aber dann haben sie doch
im Herbst telephonisch unterhalten. Ziemlich lange.
In diesem Zeitpunkt lebten sie beide noch,
aber G.B. nicht mehr lange.
Schluss. Das ist zu sagen im Rahmen des Falles.
Das ist nicht zu viel. Das ist alles.

KOZMA GYÖRGY
MEGINT A GÁBOR

„A 40 ÉVES KOR ELŐTT ELKÖVETETT BŰNÖKET ISTEN NEM MÉRI OLYAN SZIGORÚAN".
(RABBI AKIBA)

Mit is akarok mondani? Hogy. . . hogy. . . barátaim, kérlek benneteket, ne őrüljetek meg — ne haljatok meg idő előtt! Itt van például a Gábor. . . miért nem tudott egy kicsit megelégedettebb lenni? Jobban bízni magában. . . igazából jobban szeretni magát?

Nem tudom. Ijeszt, hogy azt olvastam — még tíz éve — az „Élet az élet után" című könyvben, hogy az öngyilkosok nem szakadnak el a Földtől, visszajáró szellemekként esetleg a Gábor éppen. . .

De megmondom neki, meg én. . . Hogy féltem tőle. Most is félek. Mindig félek megszólalni. Bosszant, hogy annak idején, amikor egyszer kicsit panaszkodott, hogy nem mer írni — vagy nem elég hatékony az írásban, nem emlékszem — akkor nem beszéltem vele azokról az önfegyelmi technikákról, amelyek nélkül alig lehet rendszeresen írni. Tiszteltem és kedveltem — szerettem a gondolati tágasságát, írnám róla, ha azt gondolnám, hogy látja, amit írok. Jól tudtunk beszélgetni: hogy örülne, ha megtudná, milyen nagyszerű filmen és könyvön dolgozom mostanában. . . Reneszánsz varázsló ősök érdekelnék. . . Valahogy nagyon bíztunk egymásban. . . Álmomban nem jutott volna eszembe. . .

Félek megszólalni — de mégis mindig megszólalok — csak a lényegről hallgatok. Jelen esetben a lényeg az, hogy mitől veszti el az életbe, vagy önmagába vetett hitét oly sok fiatal negyven felé. Vagy bármikor. A mesék, a mítoszok, a vallásos hit — a lélek természetes védőernyője a túlzott tudományoskodó racionalizmus korában: és pont ezt a védőernyőt vették el — a butaság atomnál erősebb fegyverével — attól a generációtól, amely az ötvenes években volt gyerek, s aztán mégegyszer elvették ők, saját maguktól az Egyén fejlődéséhez mégiscsak elengedhetetlen racionális felelősségérzet-forrást a hatvanas évek kollektivista mámorában. E generáció szülei: háborús túlélő-áldozatok. Épphogy túlélők — de arra már nincs energiájuk, hogy valamit létrehozzanak utána, legfeljebb — rossz esetben — belesodródva a hatalmi téboly destrukciójába, még azt a kis maradék termékenységet is a földdel teszik egyenlővé, ami itt-ott fel-felüti a fejét. . . A nagyszülők a század elején a nietzschei „halott istent" és az új technikai felfedezések világmegváltó kultúrsokkját hagyják utódaikra, s mi most fejvesztve keressük a hagyományt, de kívül aszfalthoz szokva nem bírjuk el belső utunk göröngyeivel, mocsarával.

GYÖRGY KOZMA
GÁBOR AGAIN

„God does not punish to strictly sins committed before the age of 40"
(Rabbi Akiba)

What am I going to say? To you you. . . my friends? I plead with you not to go mad — do not die before your time! For example let us take Gábor. . . why could not he be a little more contented? Be more sure of himself?. . . actually like himself more?

I do not know. I was scared to read — lo years ago — in the book entitled „Life after life" that suicides do not leave the Earth, Gábor perhaps, is just as an unlaid ghost. . .

But I tell him this, I do. . . That I was afraid of him. And I am still afraid. I am always afraid of beginning to speak. It anooys me that when he complained me a little about not daring to write — or perhaps it was not being efficient enough to write; I do not remember now — I did not talk to him about the techniques of self-discipline. It is impossible to write regularly without them. I respected and liked him — liked his conceptual spaciousness — I would write about him if I thought he could read it. We had excellent talks: how happy he would be if he was able to know what an excellent film and book I am working on these days. . . The renaissance magician ancestors would be interesting for him. . . We somehow trusted one another. . . I should not have dreamt that. . .

I am afraid of starting to speak — but I must still begin — just the feeding is unmentioned. In this case the essence is why so many people when approaching 40 years of age lose their faith in life or themselves. Tales, myths, religious belief — these are the natural shield of the soul in this age of the exaggerated sophisticated rationalism: and this shield was just taken away — by means of a weapon stronger than the atom of stupidity — from the generation who were children in the fifties, and then once more they took away from themselves the basic source of a sence of responsibility which was still indispensable for formation of the individual in the collective euphoria of the sixties. The parents of that generation were survivors and victims of the war. Just survivors — for they did not have the energy to create anything afterwards, having being enmeshed in a destruction of power and frenzy they destroyed those fertile remnants which still remained. . . The grandparents bequeathed to their descendants the „Dead God" of Nietzsche and the universal redemption of the cultural shock provided by new technical discoveries.

Nem akarom túlbonyolítani — de annyit még hozzáteszek, hogy nem mindenkinél a vallásosság—racionalitás fent leírt ellentétének szakadéka a veszély forrása, inkább az a lényeg, hogy a generációk egymásrakövetkezésében a szakítás és a folyamatosság egyensúlyra leljen (ahogy mondani szokták), ám ez a mai világban, a tényleges gyorsulás miatt, nehezebb, mint régen. Ezért kell valami mélyebb szinten — s ezen a szinten már néma vagyok — megtalálni tudnunk életünk „értelmét", ami sem csak racionálisan, sem csak vallásosan nem megközelíthető, és az sem vigasztal, ha azt mondom, hogy ez egy állandó művészi feladat — nem-művészekben is: azt az Én-re szabott konceptet percről percre újra. . . Na nem folytatom.

Erről nem mertem annak idején beszélni — és most is az az érzésem, hogy ezt. . . hogy ezt talán csak a halottak értik.

Mi pedig itt maradtunk, az emlékeinkkel. A **Kutya** előforgatásai, az Udóval a Mátrában. . . Régebben az **Anzix** egyetemi vetítésén ismerkedtünk meg, rögtön megbeszéltük, hogy írok egy kritikát a „Filmkultúrába" — s hogy ő majd leközölteti. Alig hittem — mégis így lett. Pár év múlva Győrben rámbízta a **Hamlet** Fortinbras szerepét. Most utólag látom mindkét gesztus merészségét és nagyszívűségét. . . ma nem mernék így belevállalkozni az ismeretlenbe. . . Közben közös részvétel valami strukturalista szimpoziumon: egyfajta „szó-happening" előtanulmány. . . Aztán Berlin — egy Hámos-kiállításról megyünk valami piros-terítős vendéglőbe és . . . igen, akkor már felmerült bennem, hogy valami nagyon mély keserűséget sikerült a Gábornak a folyamatos szellemi ragyogás mögé gyűrnie, s próbáltam magam figyelmeztetni — mint ebben az írásban is —, hogy arrafelé ne kövessem.

Attól, hogy a „mestereim" sorban elutaznak (Szentjóby, Halász), vagy meghalnak (Biki, Erdély), attól még én „tanítvány" maradtam: tehát nem nagyon illik megszólalnom. . . Ki volt Bódy Gábor? Egy barátom sógora? Egy barátnőm gyermekének apja? Egy másik barátnőm gyermekeinek apja? Egy barátom szerelmes volt belé? Egy másiknak vetélytársa? Idősebb kolléga? Nemrég Berlinben láttam a tévében a **Kutyát.** Miért nem állt ez össze? Miért nem volt türelmed, Gábor, várni még? 40 év — épp a gyerekkor vége ma!

1973 (?)

Now we are panic-stricken, searching for a tradition, but having got used to a paved way, we cannot bear the weight and malaise in our inner soul.

I do not want to overcomplicate it — but I must add that there exist a gap of controversy between the religious rationality — rationality which is described but it is not in every case a of danger; the essence is rather that of a break in continuity which should have an equilibrium over the sequences of generations. This is more difficult today than it was because of an acceleration of reality. That is why we should be able to find the „significance" of our life on a deeper level, I am silent about this, for it that cannot be approached as rationally or as religiousness. I am not calmed if I say that it is a general artistic task — which also exists for non-artists — to renew this concept and reduce the Ego again and again. . . But I shall not go on.

I did not dare to speak about this then. And even now I have the feeling that this. . . only that this can be understood by the dead.

And we are left here with our memories. The preliminary shooting of the **Dog,** in the Mátra mountains with Udo. . . We first met at a university showing of **Ansix,** and immediately agreed that I would write an article for Filmkultura and he would have it published. I hardly believed it — but it happened. A couple of years later he entrusted the role of Fortinbras in **Hamlet** to me in Győr. I can see now the boldness and great-heartedness of both gestures:. . . Today I would not dare to undertake the unknown like this. . . In the meanwhile I joined him taking part in a structuralist symposium: a kind of preliminary examination of a study of words. . . Then to Berlin — where we went to a restaurant with red-cloths after a Hámos exhibition and. . . yes, was it then that I thought Gábor was attempting to hide a very deep bitterness behind his front of a continuous intellectual luminousness, and was trying to warn me — like I am in this paper — not to follow him there.

In spite that my „masters" one by one go away (Szentjóby, Halász) or die (Biki, Erdély) I still remain a „disciple": I should not start to speak loudly. . . Who was Gábor Bódy? Was he the brother-in-law of a friend of mine? Was he the father of the child of one of my a girl-friends? Was he the father of the children of another of my girl-friends? Was a friend of mine in love with him? Was he the rival of another? Was he just an older colleague of mine? Recently I saw the **Dog** on Berlin TV. Why did all these faces not emerge? Why did you not have the patience, Gábor, to wait? 40 years — today it is just the end of childhood!

CSAPLÁR VILMOS
AZ ÉLŐ ANYAG MORFONDÍROZÁSA GYÁSZIDŐBEN

Viszek valamit. Utcákon. Utcasarkon vágok át, én vagyok az utca, az utcasarok, mégis eltévedek. Nem viszek semmit.

Amikor azt mondom, hogy olyan, mint egy álom, odarakom, helyrerakom.

Pedig nem az a lényeg, hogy hol játszódik, ami játszódik, ha egyszer játszódik. Folyik.

Szoktam álmodni, hogy van egy barátom. Volt.

A *van* és a *volt* határán tevékenykedik ilyenkor csöndesen, csöndesebben, mint amikor *van*. Amikor *volt* még. Az ember mindent tud, mégis ravaszul-naivan azt kérdezi: „hova tűnik?" S lám, nem is tűnt sehova.

Viszket az élet, az ember vakarja-vakargatja. Egyszer igazán megvakarja. Akkor aztán nem viszket tovább.

Jövő időben, mint amit még nem tudok: végeredményben tényleg nem tudom.

Hát elérkezett az idő, barátom?

Volt egy idő, amikor állandóan átmentünk egy út egyik oldaláról a másikra. Nem, nincs itt ellentmondás. Nem azt jelenti, hogy nem mentünk át, átmentünk, de nem is azt jelenti, hogy az *átmenés* csak volt, mint valami, ami csak volt. Még mindig megyünk át, és ez egyáltalán nem ugyanaz, mint *először*, nem is olyasforma, mivel mindig más, újra meg újra megyünk, és mindig másformán, és semmi erőlködés, hogy *úgy* legyen, valahogy egyáltalán legyen, úgy, valami szerint igazodva. *Szabadon* megyünk át, semmi se feszélyez bennünket, csak megyünk, minden egyes esetben úgy, ahogy éppen kedvünk tartja, bár az nem kétséges, hogy a színhelynek leginkább megfelelő útkereszteződés van, sőt *található*.

Aki keres, talál. Úgy látszik, én nem egy bizonyos utcát keresek. Tény, hogy egy időben gyakran ismétlődve keltem át vele, de más semmi, *semmi különös*. Semmit se akartunk. Semmiről sem beszéltünk jóformán.

Nem tagadom most már, hogy olykor odáig alacsonyodtam, hogy meg akartam írni, sőt, *ki* akartam írni. Magamból. Ezt. Csakhogy egyszerűen nem jutott eszembe, hogy mit is. Könyörtelenül ellenálltam, iszonyú érdektelenséget mutatva minden további fejlemény iránt. Például már az sem érdekelt, hogy átérünk-e az út túlsó oldalára, és ott mi van? A nyílt úttesten, járás közben, valahol túl a felén egyszerűen elvesztettem magunkat szem elől, otthagytam magunkat. Esetleg azért, hogy újra elinduljunk emez oldalon. Vagy, hogy mást is csináljak, mivel mindenféle mást is szoktam közben.

Így telik az idő.

Voorthuizen, 1986. július 24.

VILMOS CSAPLÁR
THE LIVING MATTER BROODING IN MOURNING TIME

I am carrying something. In the streets. I cut across a corner, i am the street the corner, yet I an still lost. I am not carrying anything.

When I say it is like a dream I put it that way I put it in its place.

Though the essence is not where it takes place, but that it takes place, if it begins. It is going on.

I usually dream that I have a friend. Had.

On these occasions it is active on the verge of *have* and *had,* quietly, more quietly than when I *have*. When I still *had*.

Man knows everything nevertheless, he puts up the question with a cunning naivety, „Where does it go to?" And there now! It has not gone anywhere.

Life itches, but man scratches it, he continues to scratch it. Once he scratches it really hard. Then it no longer itches.

In the future tense it is like something that I do not yet know: after all I really do not know it.

Has the hour come, my friend?

There was a time when we constantly crossed the street from one side to the other. No, there is not any contradiction. It does not mean that we had not gone across, for we did go across, but neither does it mean that *going across* existed like something which simply existed. We are still going across and it is not in the slightest the same as *the first time,* nor is it any thing like, for it is always different. We go again and again, always differently, and there are no efforts for it should be *that way.* That it should be perhaps, in a fashion, guided by something. We go cross *freely,* nothing makes us uneasy, we just go. Just as we, for example, in every other case, (though it is not undoubted that the crossing exists at the most appropriate location). What's more it *can be found.*

Seek and you will find. It seems as though I was not looking for a certain street. It is a fact, that at one time I often, repeatedly, went across with him, but nothing else, *nothing peculiar*. We did not want anything. Virtually we did not even talk.

¡A HAMLET rendezése. 1981—82;

¡Directing HAMLET. 1981—82;

Voorthuizen, July 24, 1986

I refuse to admit any longer that I had sometimes had to debased myself so much that I must write it down. What's more, I wanted to write it *o u t* . Empty myself. It. However, it has simply slipped my mind as to what it was. I withstood it unmercifully, showing a horrible indifference towards any further development. For example, it did not even matter whe-
ther we should get to the other side of the street, and what was there. I simply lost sight of ourselves. We left ourselves on the open road, somewhere in the middle, while walking across. Perhaps, it is in order that we should set off again from this side. I just wanted to do something else too, because I usually do all kind of things at other times.

That's how time goes by.

— Végül és örökre: Miért! (teszik fel nekem, és én magamnak) Miért? — Csak. Végül is megy az ember az utcán. Marko-lássza a zsebpiszkot. Bűz van. Rúgják, lökik, taszítják. És nincs meg, hogy ki. Csupa egyforma arc. Azonos ráncok és egyforma ödémák. Nikotin és alkohol marta szemek. A temetésen a feleségem vette észre először. Ott tudatosult. Azon-nal. Megkülönböztethetetlenül hasonlóak lettünk. Miféle közös betegség? A statisztikák azt mutatják, iszunk. Meg, hogy vezetünk. Végre valamiben. Ugrunk, beveszünk, gázt nyitunk, felvágjuk és még van ötletesebb elme is. Vezetünk. Lököttek és lökdösők. Társadalmi rendben élünk.

— Tanáraim meghaltak. Hál Isten csak kettő volt. Az első, most tíz éve. (Vonat.) És most (egyfolytában) Gábor is. Most. Meddig tart a MOST? Hogy lehet elvárni egy élőtől, hogy életében, bármekkorára szabatott is, emlékezzen? Olyan ez az egész, mint egy új kultusz. Vannak Ők, mi meg akik itt maradunk, saját lelkünkben oltárokat emelünk. Keserűvé válik a lelkiismeretünk. Szégyenkezünk. A megismételhetetlen életünk másodlagossá törpül a legbátrabbak gyávaságától. Mi-ért? — kacsintást keresünk — most éppen Gábor arcán. Pedig már Zoli sem kacsintott. Gyanítom, nem is volt szándé-kukban soha. Túl komoly dolgok ezek. Komoly dolgok ezek — túl — mindenen.

— Csak? igen.

— Úri kedvében? igen.

— Szégyenében? igen.

— Kezdett hasonlítani? igen.

— De lehet, agya mágneses teréből önálló pályára állt a legmakacsabb gondolat — legyőzni létet, anyagot, formát. Itt hagyta a buta fogalmakat:

— Mit jelent középeurópainak lenni?

— Mit tud legjobban a magyar?

— Fél zsidó, fél keresztény?

— Mitől lettünk balkezesek?

— Barátság, család, szerelem?

— Mikor dolgozunk mások szemében?

GYÖRGY CSERHALMI

„Finally and for ever, Why!" (they ask me and I ask myself) „Why?" „Because." After all, one is walking in the street. He is fidgeting with the dirt in his pocket. There is a stench. He is kicked, pushed, pummeled. And he does not know who did it. All the faces are the same. The same wrinkles and uniform boils. Eyes bitten by nicotine and alcohol. It was first noti-ced by my wife at the funeral. It became obvious there. All at once. We have become indistinguishably similar. What kind of common disease is it? Statistics show that we drink. That our nation is here leading. Finally we have done it in some-thing etse. We take our lives, we jump, we turn on gas taps, we cut ourselves but there are even more ingenious minds. We are leading. There are those who are being pushed and those who push. We live in a social order.

My masters are dead. Thanks God, I had only two. The first one ten years age. (By a train.) And now (continuously) Gábor too. Now. How long is NOW? How can be one expect a life, no matter when it is terminated, to remember being still alive. The whole thing is like a new cult. They are there, and we stay here raising altars in our own souls. Our con-science becomes bitter. We feel ashamed. Our individuality is dwarfed into a secondary type by the cowardice of the bravest ones. „Why" we want to see a wink — on Gábor's face. (Though Zoli has not winked either.) I suspect they never intended to. These are too serious things. These are very serious things — beyond everything.

„Because?" yes.

„In his genteel humour?" yes.

„In his shame?" yes.

„Was he growing similar?" yes.

„But it is possible that the most stubborn idea was set in an independent orbit from the magnetic field of his mind — to overthrow existence, matter, form.

He parted with these foolish concepts:

„What does it mean to be Central European?"

„What is it the Hungarians are the best at?"

„Half Jewish? Half Christian?"

„Why did we become clumsy?"

— Alkohol és alkotás — a díszekért hullnak a karácsonyfák. — Onnét nézve nevetséges ügyek ezek — bűnözhet velük az ember (már), büntetlenül.

1. Na, mit tud legjobban a magyar? — Ó, hát öngyilkos lenni.
2. Na, és mi ez? fél zsidó fél keresztényt — semmi. Gonosz pajtások gonosz játéka az óvodától a temetőig — kicsi gyermekcsíny (vagy van kalapja, vagy csak volt). Olyan (nem gondolta komolyan) felnőtt ítélet — ez még rosszabb, mint az igazi (suttogva).
3. Miért lettünk balkezesek? Mert jobb kezünket egymásért tűzbe tettük. Magunkért sose, mert fáj.

4.

Barátság,	család,	szerelem
↓	↓	↓
Nyílt férfidolgok, kritika védelem.	Revolver a homlokunkon	gyanús titkok

5. Mikor dolgozunk stb. . . Ha jövünk — megyünk — fontoskodunk. Munkaitalokat iszunk, lásd: kávé, üdítők. Az utolsó (és első) léhűtőhöz is van kedves szavunk. Ha népszerűsítjük az amúgy is népszerű semmittevést.
6. Na és az alkohol és az alkotás?
Csak úgy, mint Nagy Sándor. Igaz, az rég volt. Mint Beethoven, Vörösmarty, Mozart, E. A. Poe, mint ez a nemzedék, aki ma is *m é g f i a t a l*-nak mondatik, holott már több a halottja, mint az ötveneseknek. Mert minket jobb híján az akkumulál, ami egyszersmind tönkre is tesz. Szép a kipihentek napra beosztott igyekezete. Nekik van kitalálva ez a világ. Mi nem tudunk igyekezni, beosztani (legfeljebb ki), nem tudunk napra készek lenni — mert mi soha nem leszünk készen. . . Ez a mi látványos titkunk, ami a munkánkat a „napra készek" munkája fölé emeli. Minket lehet folytatni.
7. Karácsonyfa? Ehhez nem kell magyarázat. Szerintem nem. Gábor szerint igen. Kb. így:
Karácsonyfa = a művész
díszek = kitüntetései.
És kész. Vagy, csak ennyi. Fogalmak.
Most 86 van. Még 14 év 2000-ig. Lassan vagy gyorsan (nézőpont kérdése) vízszintesbe kerülnek a legfüggőlegesebb gerincek. Mi meg itt állunk. Télen fázunk, nyáron izzadunk, tavasszal (tavaszodik), ősszel borongunk.
Ahogy illik.

„Friendship, family, love?"
„When do we work in others' views,"
„Alcohol and creating — both are Christmas trees felled for decorations." These are ridiculous matters looking from here — one can (now) mistreat them with impunity.

1. Now, what are we the best at? — Oh, well, at committing suicide.
2. Now, what is this: half Jewish, half Christian — nothing. The vicious game of vicious companions from kindergarten to the cemetery — just a children's prank (either he has a hat or he had one). A kind of judgment (which didn't think it seriously) formed by adults — this is even worse than the real (whispered).
3. Why did we become clumsy? Because we had put our hands in fire for the sake of each other. Not for our own sake, because it hurts.

4.

Friendship,	family,	love
Plain matters for men, criticism, protection.	↓ revolver at our foreheads	↓ doubtful secrets

5. When do we work . . .etc. If we come or go or look important. We have work. We have drinks such as coffee, soft drinks. We offer a kind word to the last (and first) idler. We make idleness popular though it is popular anyway.
6. Now then, alcohol and creation?
Just like Alexander the Great. Well, yes. That was a long time ago. Like Beethoven, Vörösmarty, Mozart, E.A. Poe, like this generation which is said to be *s t i l l y o u n g*- today though it seems deader than those in their fifties. Lacking anything better we are driven by what ruins us at the same time. The daily efforts scheduled for those who are relaxed are nice. This world was made for them. We are unable to exert such efforts, on schedule. We are unable to be up-to-date — because we will never be ready. . . This is our spectacular secret which raises our work above the work of those who are „up-to-date". We can be continued.
7. Christmas tree? No explanation is necessary. As I think. Gábor does not think in this way. His explanation is roughly:
Christmas tree = the artist
decorations = his medals.
And this is it. Or that's all. Concepts. It is '86 now. Only fourteen years and it will be 2000. Slowly or rapidly, (it is a matter of point of view) the most vertical spines are becoming horizontal. And we just stand here. We feel cold in winter, we sweat in summer, in spring (spring is coming), we are gloomy in autumn.
As it is proper.

Tímár Péterrel. 1970-es évek vége

With Péter Tímár. End of the 70-es

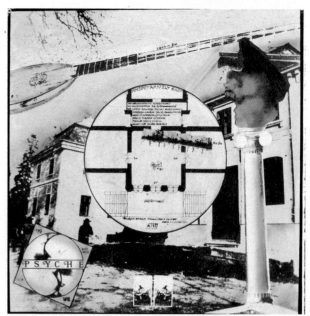

NÁRCISZ ÉS PSYCHÉ

NARCISSUS AND PSYCHE

BÓDY GÁBOR FILMJEI
THE FILMS OF GÁBOR BÓDY

AGITÁTOROK

Balázs Béla Stúdió, 1969
Fekete-fehér, 35 mm, 2200 m, 82 perc
FORGATÓKÖNYV:
BÓDY GÁBOR (Sinkó Ervin "OPTIMISTÁK" c. regénye nyomán)
RENDEZŐ:
MAGYAR DEZSŐ
OPERATŐR:
KOLTAI LAJOS
Első nyilvános bemutató: 1986 Budapest, Filmmúzeum

Első tulajdonképpeni filmes munkámnak az **Agitátorok**ban való részvételemet tartom (1986). Ezt ugyan Magyar Dezső rendezte, de a forgatókönyvi munkában és a film elkészítésében is alkotóként vettem részt. A film az 1919-es Magyar Tanácsköztársaság 50. évfordulója kapcsán, pályázati felhívásra született, azonban módot adott a mi akkori generációnk problémáinak megjelenítésére is. egy addig ritkán láttatott szempontból foglalkozott a forradalommal, amikor egy intellektuális csoport szemszögéből, konfiktusaikon át ábrázolta a történeket (egyébként nagyrészt eredeti dokumentumok alapján). Ebből az intellektuális csoportból később különösen Lukács György vált ismertté. Lukács nem sokkal halála előtt látta a filmet, és tudomásom szerint nagyon elégedett volt vele.

[Önéletrajz-részlet, 1979. Kézirat]

(B. G.)

AGITATORS

Béla Balázs Studio, 1969
Black-and-white, 35 mm, 2200 m, 82 minutes
SCREENPLAY:
GÁBOR BÓDY (after the novel THE OPTIMISTS by Ervin Sinkó)
DIRECTOR:
DEZSŐ MAGYAR
CAMERA:
LAJOS KOLTAI
First public screening in Hungary: 1986 Budapest, Filmmuzeum

"I regard my participation in **Agitators** as my first proper cinematic work. This was directed by Dezső Magyar, but I also took part in writing the scenario and in the direction. The film was made for a competition which was connected with the 50th anniversary of the 1919 Hungarian Soviet Republic. But it represented the promlems of our own generation, as well it treated the revolution from a distant viewpoint. Namely that it described the events from the point of view and conflicts in an intellectual group (edited primarily from original documents). It was György Lukács who later became very famous from this intellectual group. He saw the film shortly before his death and — as far as I know — he was satisfied with it."

[Autobiographical fragment, 1979. Manusreipt]

(G. B.)

FILMRENDEZŐ TÁVCSŐVEL
(IN MEMORIAM BÓDY GÁBOR)

Eperjes Károly játszotta Bódy Gábort. Pontosabban Bódy Gábor szerepét. Az elmult évben, a Magyar Televizióban bemutatott **Optimisták** ugyanis nem az első feldolgozása Sinkó Ervin kitünő könyvének. 1968-69-ben, a Tanácsköztársaság ötvenedik évfordulóján Magyar Dezső forgatott filmet a regény nyomán, **Agitátorok** cimmel. A Balázs Béla Stúdió első, másfél órás játékfilmjét akkor nem mutatták be. Miért? Talán mert "túlzottan" guevarista volt a befejezés? Vagy talán "túlságosan" is lelkesnek találtatott? Talán mert "túl sok" benne a töprengés a cselekvés etikájáról? Ki tudja? Pedig — a mából visszatekintve még világosabban látható — ez a film alapmű. Nélküle jószerivel megmagyarázhatatlan az elmúlt másfél évtized magyar filmművészete; vagy másképpen szólva: szellemiségének külső és belső drámájával jó pár, ma érthetetlennek tetsző jelenségre szolgál magyarázatul. Szerencsések tehát azok, akik a nyolcvanas évekbeli néhány nyilvános vetitésén (például a Kinizsi moziban) láthatták. Szerencsések, mert láthatták Bódy Gábort Báti József szerepében. Bódy mint agitátor? Bódy? Aki a felszabadulás után született, és tizéves koráig minden valószínűség szerint egy hangot sem hallott Kun Béláról? Igen, ma már talán elképzelni sem tudjuk, ahogyan hatalmas léptekkel, nagy hangon, bőrkabátos lelkesedéssel toborozta a vörös katonákat, ahogyan autóba száll társával (Földes László, alias Hobo játssza), mert vidékre szólitja a fegyveres harc. Vagy ahogyan dramatizált Dosztojevszkijjel (!) oktatja-neveli az elfogott fehéreket, nagy fának támasztva hátát, mintegy maga is töprengve a hallottakon. A kor később lekapta róla a bőrkabátot, s könnyen gyűrődő, többnyire fekete, puha zakót és pantallót húzott rá, ám új ruhái alatt — így gondolom — mindvégig agitátor maradt, a jövő, az európai tekintet és megújulási vágy agitátora.

Az **Agitátorok** persze nem csak hitvallás volt, de tagadás is. Az akkoriban fellépő új nemzedék nem volt ugyan szellemileg egységes, 1968 reménye-reménytelensége sokféle következtetésre adott lehetőséget, abban azonban jórészt egyetértettek, hogy filmet másképpen kell csinálni, mint azelőtt. [...]

[Kritika, 1986/1. 20.l. Részlet]

ZALÁN VINCE

THE DIRECTOR WITH TELESCOPE
(IN MEMORIAM GÁBOR BÓDY)

Gábor Bódy, or to put it correctly, the role of Gábor Bódy, was played by Károly Eperjes.

The **"Optimists"** shown in Hungarian television last year is not the first adaptation of Ervin Sinkó's fascinating book. 1986-69, during the 50th anniversary of the Hungarian Soviet Republic, Dezső Magyar was shooting a film based on the novel, with the title of **"Agitators"**. The first 90' feature film of Béla Balázs Studio was not available to the public at that time. Why? Was it because the ending was "too" Guevarist? Or was because it was found to be "too" enthusisatic? Or was there "too much" meditation on the ethics of acting in it? Who knows? Nevertheless, it is quite clear today that this film is a seminal work. Without it, Hungarian film art in the past decade cannot be explained, or to put it in another way: the inner and outer drama of its mentality serves as an explanation for several phenomena which are seemingly incomprehensible today. Lucky are the ones who had opportunity to see the film at one of the few public shows in the 80s (for example it was shown in the Kinizsi cinema). They are lucky because they could see Gábor Bódy in the role of József Báti. Bódy as agitator? He who was born after. The Liberation, and supposedly did not hear a word about Béla Kun until the age of ten? Maybe we cannot imagine today how he recruited soldiers, a man with huge steps, a stentorian voice and with leather-jacket enthusiasm. Neither can we imagine how he got into a car with his companion (László Földes, alias Hobó) because they were called to the country by the armed combat. Nor as how he taught the captured whites using dramaised Dostojevsky(!), as he leant against a tree, as if he himself was meditating upon the message.

The leather jacket disappeared during the change of times and was replaced by an easily crumpled, soft black jacket and trousers, but I think even in his new outfit he remained an agitator; an agitator for the future, European outlook and for a desire for renewal.

The **"Agitators"** is naturely not only a confession of faith but it is also a negation. Though the new generation the apearing was not homogeneous intellectually - the hope and hopelessness of 1968 afforded possibilities for several consequences. Most of them agreed unanimously that films have to be made in a different way than before. [...]

[Kritika, 1986/1. p. 20 Extract]

VINCE ZALÁN

A HARMADIK

Experimentális dokumentumfilm
Balázs Béla Stúdió, 1971
Fekete-fehér, 35 mm, 1377 m, 50 perc
OPERATŐR:
KOLTAI LAJOS

Fiatal, kialakulóban lévő emberek (diákok) a Faust-ot próbálják az egyetem tetején. A feladat valós kapcsolata az egyes szereplők életéhez, egymáshoz - és ennek szabad artikulációs lehetősége a kamera előtt vezérli a filmet. A rögtönzés hol a szereplők egyéni szellemi elképzeléseinek, hol egy közös fausti cél megértésének dialektikájában bontakozik ki. Bódy Gábor első filmje, mely a Balázs Béla Studió keretében három napnyi forgatással kellett, hogy elkészüljön. A rövid forgatási idő és az esetleg feltételezhető tepasztalatlanság ellenére egyáltalán nem rendelkezik az "első filmek" túlfűtött, moderneskedő buzgóságával, hanem lényegi alaposságra törve, egy pontosan elgondolt filmi-szellemi lehetőséget váltott tiszta, egyszerű képpekkel valóra. A fausti téma kiválasztása az egyes szereplők privát reflektálását adja kiindulópontul, mivel a szövegek egyénileg improvizáltak a tudás és a szépség polémiájára. A szép "kellemes", "kicsit szép, kicsit üres"; az okos viszont radikális megismerési vágyában szinte kegyetlen. A be nem sorolhatók, a harmadikok, a freakek, mint amilyen az ifjú Faust egyik szerelmese, a testileg fogyatékos "Gomba", kitör minden mondatában, mozdulatában az óvilág szokásos esztétikai és etikai szabályai elől,nem egy öncélú tetszelgés kedvéért, hanem egy tényleges új horizont megvédéséért.

(V. G.)

THE THIRD

Experimental documentary film
Béla Balázs Studió 1971
Black-and-white, 35 mm, 1377 m, 50 minutes
CAMERA:
LAJOS KOLTAI

Young, mature men (students) are rehearsing "Faust" on the roof of the university. The roles they have to play concrete and real connections to each of their lives and to their mutual relationships. The film is governed — in a very complex way — by the possibility of a free articulation of these relationships in front of the camera. The story develops according to the dialectics of each player's individual intellectual conception and their understanding of a shared Faustian aim.

Bódy's first movie, made in the Béla Balázs Studio had to be completed within three days, shooting included, in 1971. Despite the extremely short shooting schedule and a merely hypothetical lack of experience, this film does not display any of the exaggerated, mod-ish self-importance we expect in a "first movie". With its thoroughness-for-the-sake-of-the-point, this film realized a well-defined intellectual and filmogenic possibility with clear and simple images. The choice of the Faust-motive renders the private reflections of each player as the starting point: the monologues are all improvised individually on the given theme of the ancient polemy of knowledge versus beauty. The beautiful is "pleasant", the "slightly beautiful" "slightly hollow", but the radical desire of the clever to know is almost too cruel. The unclassifiables, the thirds, the freaks: one of young Faust's lovers, the physically handicapped Gomba (the name means Mushroom) breaks out from the usual aesthetical and ethical rules of an old world with her every sentence and gesture; and not for the sake of self-centered affectedness but in the defence of truly new horizons.

(G. V.)

A film a *feltétlen megnyilvánulás* eszméjéből indult. A gyakorlatban kiderült, hogy a legtöbben hajthatat-lanok erre, legalábbis a kamera és az én jelenlétemben. Egyedül Gomba volt képes rá, hogy önmagát nyiltan és őszintén adja. De erre csak a harmadik nap jöttem rá. Mindenesetre a maradék nyersanyagot mind rá forgattam, így aztán ő került a film középpontjába. Főleg a hallról beszélt, hogyan képzeli el mások vesztét, arról, hogy képes lenne ölni. Minthogy nyomorék volt, a fél karjára gyerekkora óta béna, arról is beszél a filmben, mit jelent számára mások szépsége, egészsége. Telve volt dühvel és vágyakozással. Végülis egész magatartását jellemzőnek találtam arra, amit akkoriban a harmadik világról gondol-tam, ezért lett a film cime: **"A harmadik".**

A többiek részéről csak néhány mikroszituációt sikerült rögzitenem, magatartás-indexeket, ahogy a mozgás nyilatkozik: a feldolgozásnak kellett ezeket a töredékeket rekonstruálnia. Egyes szekvenciákat tehát, amelyeknek a jelentéstartománya egy lineáris folyamatban elolvadna, fel se tünne, többször megismételtem, utólagos kopirozással, egyes kockákat pedig ki-merevítettem, mint azt a sportesemények közvetítésekor látni. Itt persze többről van szó, mint a figyelem koncentrációjáról egy-egy pillanatra.

Itt van egy helyzet például, amikor Gomba rászól Péterre, hogy segítse fel rá a lecsúszott kabátot. Egy teljesen jelenléktelen esemény közben, amelynek központjában természetesen nem is a kabát-ügy áll, hanem az, hogy Ágit rajzolják, akit szépsé-géért mindenki kitüntet figyelmével. A kellő kocka megállításával azonban a kabát-feladás kerül a fegyelem fókuszába. A szekvencia első ismétlésekor már azt nézzük, a résztvevők hogyan viszonyulnak Gombához. Például mikor rutinos agres-szivitással szólítja fel Pétert a segítségre (mint akinek ez kijár), Péter a segítséget megadja, de tartózkodással jelzi, hogy ezt nem tartja magára kötelezőnek. A második, vagy harmadik ismétléskor már azon gondolkodunk, lehetnének-e ezek a reakci-ók mások?

Az ismétléssel egy szekvencia saját kontextusává válik, mintegy montázsba lép saját alkotóelemeivel, a konkrét jelentés általánosul. (Dokumentumfilmeknél gyakran ez a szeriális tagolás egyetlen lehetősége.) Ekkor ébredtem rá arra a módszer-re, amit "második tekintet"-nek nevezek és későbbi filmjeimben aztán konzekvensen alkalmazok.

(B. G.)

IRODALOM/BIBLIOGRAPHY:

György Berkovics: Nel labirinto dei fatti. in: Cinema Magiaro. L'uomo e la storia. Pesaro Nº. 11. 1982. p. 169.

The film started from the theory of *"absolute manifestation"*. It turned out that most players were simply unyielding for this, at least not in my and the camera's presence. Only Gomba was able to sincerely and openly reveal herself. But I realised it only in the third day. Anyway, I shot all remaining film with her, thus she became the central figure. She was mainly talking about death, how she imagines the destruction of others, how she would be able to kill. As she was invalid — one of her arms being lame since her childhood — she was also talking about what others' health and beauty meant for her. She was imbued with anger and yearning. After all, I found her behavoiur very characteristic of what I thought about the third world, that's why the title became **"The Third"**.

About the others, I could only fix some micro-situations, behaviour-indices, as movement reveals itself: these fragments had to be reconstructed through processing. With subsequent copying, I have repeated several sequences whose meaning would have melt up in a linear process or would have disappeared. Other shots were stopped like in sports-news. Naturally, the whole thing means more here than momentary concentration of attention.

For example here is a situation when Gomba asks Peter to help her put on her coat. This happens in a completely uninteres-ting situation — namely that Ági who always attracts attention due to her beauty — is being portrayed. By stopping the right shot, however, the putting on of the coat gets into the center of attention. At the first repetition of the sequence we already watch the attitude of the participants to Gomba. She demands with routine aggressivity that Peter help her (as if her due); Pe-ter helps her but his reservedness indicates that he does not regard this as compulsory for himself. After the second and third repetition, we start to think whether these reactions could be different.

Through repetition, a sequence becomes its own context, a kind of getting into montage with its own constituents, and conc-rete meaning becomes generalised. (With documentary films, it is often the only possibility for serial division). I discovered this method which I call "second face" and which I consistenly apply in my later films.

(G. B.)

FOGALMAZVÁNY A FÉLTÉKENYSÉGRŐL

Vizsgafilm
Színház- és Filmművészeti Főiskola, 1972
Fekete-fehér, 16 mm, 20 perc
OPERATŐR:
SÓS MÁRIA
SZEREPLŐK:
CSERHALMI GYÖRGY, MONORI LILI, OSZTER SÁNDOR, ADAMIS BÉLA

Játék, melynek helyszíne az egyetem udvara, ahol jelmezes diákok bálra készülődnek, valamint az épület egyik belső (kutató) terme, amely a professzor és az aspiránsok hivatali és személyes konfliktusainak színhelye.

A jelzés- vagy vázlatszerű kidolgozás ellenére több figyelemre és említésreméltó elem található a filmben. A munkahely egy "parazitológiai intézet", ahol a professzor (Adamis Béla) megfeddi az egyik aspiránst (Cserhalmi György): "Nem azért vettem ide... hogy az állatok lelki magaviseletéről gyűjtsön megfigyeléseket. Küldje be a dolgozatát valamelyik kiadóhoz, adjon neki egy jó címet. Mondjuk: Őszinték-e az állatok?" Kolléga- és barátnője (Monori Lili) előrejelzése: "Nem fogja meghosszabítani a kinevezésedet". A férfi pakolni kezd (többek közt egy 1867-es, Tübingenben kiadott "Mimik und Physiognomie" c. könyvet, melybe bele is lapoz).

A karneválra készülő diákok mindegyikén különböző, nagy állatfej maszk van, így jelennek meg az udvaron, kivéve egy fiatal férfit, aki kisbárányt tart a nyakában (szinte allegorikus, "Jó pásztor" szerű figura).

Közben a belső helyszínen a nő rövid vita után otthagyja a férfit, ám egy aspiráns kollégája érkezik (Oszter Sándor) és közli: "Népgazdasági... azaz nemzetgazdasági szempontból nem tarthatod fontosnak a műved. Nem eléggé parazitológus, továbbá nem eléggé parazita." A férfi elküldi, majd injekcióstűbe gyógyszert szív föl, feltűri az ingujját — végül kispricceli a folyadékot a tű hegyén, és lemegy az udvarra. Találkozik a bárányos fiatalemberrel — néhány szót váltanak az állat betegségéről — közben meglátja a nőt az előbbi kollégával beszélni, majd bemenni egy ajtón, a bál-plakátnál. A professzor egy ablakból, távcsővel figyel.

A beteg bárányt egy istállóba teszik (villával szénát raknak alá), nem messze tőlük pedig már diákok érkeznek a bálra, még

BÓDY GÁBOR FILMJEI
THE FILMS OF GÁBOR BÓDY

DRAFT ON JEALOUSY

Short feature film
Academy of Theatre and Film Art, 1972 (thesis film)
Black-and-white, 16 mm, 20 minutes
CAMERA:
MÁRIA SÓS
CAST:
GYÖRGY CSERHALMI, LILI MONORI, SÁNDOR OSZTER, BÉLA ADAMIS

The scene of the action is the courtyard of the university, where students are making preparations for the ball, and in one of the inner (research) rooms of the university, which becomes the scene of the official and personal conflicts between the professor and the aspirants.

In spite of the sketchy outlines, there are several remarkable elements to be found in the film. The office is an „institute of parasitology", where the professor (Béla Adamis) is scolding one of the aspirants (György Cserhalmi): — „I did not employ you to observe the mental behaviour of animals. Send your paper to a publisher, with a good title, like for example: Are animals honest?" Prediction of the aspirant's colleague and girlfriend (Lili Monori): — „He would not prolong your nomination." The man starts packing up his belongings (including a book published in 1867 in Tübingen entitled „Mimik und Physiognomie". He even starts to read it.)

Each student prepares for the ball, and appears in the courtyard wearing big animal masks, except for a young man who is holding a young lamb around his neck (it is almost allegorical: a good shepherd-like figure).

In the meanwhile, the woman in the inner scene — after a short quarrel — leaves the man alone, but there arrives another jealous colleague (Sándor Oszter) who says: — „From the point of view of national economy, your work cannot be regarded important. It is not parasitological or parasite enough". The man sends her away, the he is sucking some drug into a hypodermic syringe, rolls up his sleeve — then spyrts the liquid out of the needle and goes down to the yard. He meets the young man with the lamb, they talk for a while about animal diseases, and he catches sight of the woman, who was talking to the colleauge

mindig állatfejekkel — az előzőek nappali, ezek már esti felvételek. Az érkezésről, illetve a férfi egy (zárt ajtón való) sikertelen bejutási kisérletéről következik néhány kép, majd ismét báránnyal a nyakában a fiatalember közeledik, egyedül. Egészen közel jön a kamerához, míg arca életlenné válik.

(PM)

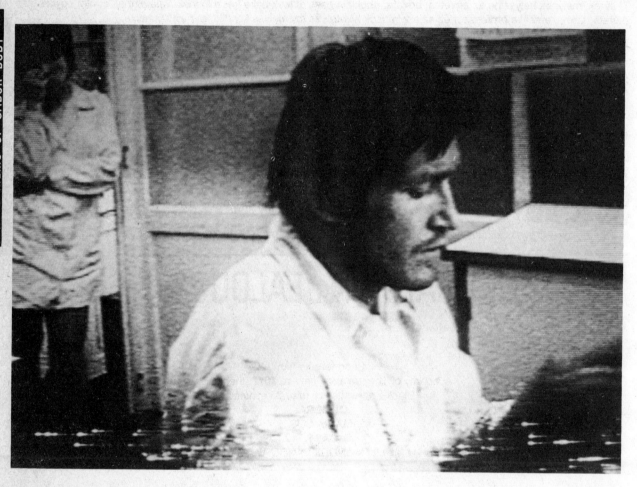

seen some minutes ago. She goes into the building beside the ball-poster. The professor is watching through binoculars from a window.

The sick lamb is taken into a shed (hay is put with a fork under it) and the students start to arrive at the ball, still wearing the animal masks. These are night shots. Now come some pictures about their arrival, and about the fruitless effort of the man to get in (through a locked door). Then the young man with the lamb is approaching, alone. He comes quite near the camera, until his face becomes blurred.

(MP)

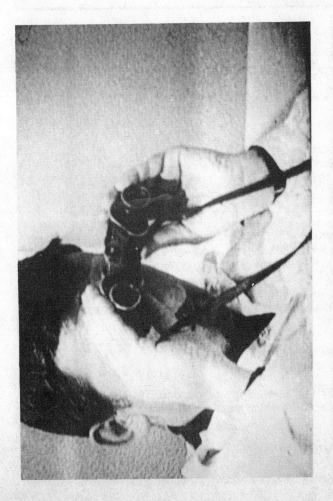

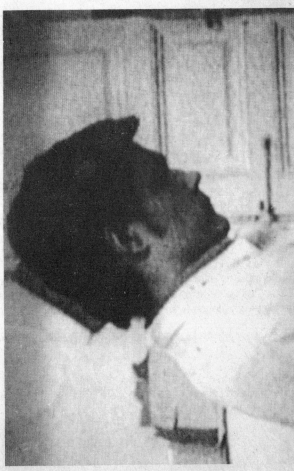

VADÁSZAT KIS RÓKÁRA
(SZÍNTAKTIKAI CSOPORTOK)

Filmpélda
Saját produkció, 1972
Fekete-fehér, 16 mm, 6 perc

Egy etüd, amelyet általánosságban a „strukturális film" kategóriájába sorolnának, célja szerint azonban egy előadás illusztrációjára készült. Az előadás a jelentés-tulajdonítás elméletét ismertette 72-ben a budapesti Egyetemi Színpadon. (Ezt az elméletet bővebben egyetemi diplomamunkámban fejtettem ki „A filmi jelentés attribuciója" címmel.) Az illusztrált tétel lényege röviden:

A jelentés-tulajdonítás a filmben is izoláció és új csoportosítás kettősségében történik.

Minden egyes filmfelvétel az értelmezés számára gyakorlatilag végtelen sok fogódzót nyújt (nevezzük őket indexeknek), amelyek egy konkrét és meghatározatlan jelentésben artikulálatlanul megférnek.

$$J^0 \, (a \, b \, c \, d \ldots) = \text{aktuális jelentésszint}$$

A narratív-leíró kontextusban a forma artikulációja a felvételek tér-időbeli egymásravonatkoztatását célozza, az ennek megfelelő indexek kiemelésével (ismétlésével). Ez a jelentés topo-kronologikus foka (J^1), amely eltérhet az aktuális jelentéstől.

$$tk \, (a \, b \, c \, d \ldots)$$

Akár a felvételek egyszerű fűzérét, akár topo-kronologikus elrendezésüket vesszük, adódik az a lehetőség, hogy a szom-

---

HUNTING FOR LITTLE FOXES
(SYNTACTIC GROUPS)

Film-example
Production: Gábor Bódy, 1972
Black-and-white, 16 mm, 6 minutes

This is a film study which could generally be classified as a „structural film", but it was amied at being an illustration for a lecture. The lecture was to introduce the theory of meaning-attribution at the University Theatre in Budapest, 1971. (This theory was set forth in detail in my university thesis under the title of „The attribution of meaning in film"). The essence of the illustrated theory is in short:

Meaning-attribution in film goes on in the duality of isolation and new grouping.

Each shot opens up endless number of references for interpretation (let's call them indices), for which there is an inarticulate place in a concrete and indefinite meaning.

$$M^0 \, (a \, b \, c \, d \ldots) = \text{actual meaning-level}$$

In the narrative-descriptive context, the articulation of form aims at the reference of shots to each other in space and time, by emphasizing (repeating) the adequate indices. This is the topochronological grade of meaning (M^1) which can differ from actual meaning.

$$tch \, (a \, b \, c \, d \ldots)$$

Whether we take the simple sequence of shots, or their topochronological grouping, the opportunity arises that identities

szédos tartományokban a forma azonosságokat artikuláljon. Ilyenkor a jelentés imagináriusan, az azonosságon belüli különbségek feszültségeként áll elő. A jelentésnek ezt a fokát (melyen Eizenstein montázselmélete alapul) nevezhetjük retorikus-punktuálisnak (J^2):

$$tk\,(a\,b\,c\,d\,e\,f\ldots) + tk\,(m\,n\,l\,a\,p\,c\ldots) = abc\,(d\,e\,f\,t\,k\ldots) + apc\,(m\,n\,l\,t\,k\ldots) = J^2\ (imaginárius) = b/p$$

Eizensteinnél elméletileg felmerül a „montázs-mondatok" lehetősége, amit ideálisan úgy lehet elképzelni, mintha az imaginárius J^2 jelentések további relációkba lennének állíthatók, akár „képi szillogizmusok" erejéig. Előző példánkat folytatva:

$$tk\,(a\,b\,c\,d\,e\,f\ldots) + tk\,(m\,n\,l\,a\,p\,c\ldots) + tk\,(g\,h\,i\,b\,a\,p\ldots) =$$
$$= abc\,(d\,e\,f\,t\,k\ldots) + apc\,(m\,n\,l\,t\,k\ldots) + bap\,(g\,h\,i\,t\,k\ldots) = bp/bap = a$$

Ez a művelet azonban megbukik azon, hogy imaginárius és aktuális jelentés között nem lehet azonosságot artikulálni. Könnyen belátható azonban, hogy indexek egész szériája között artikulálható huzamos azonosság, és ebben az esetben a jelentést nem punktuális-retorikus fokon (J^2) hanem szeriális komplexitásban tulajdonítjuk a felvételeknek (J^3):

1	2	3	4	5	6	7	8	9	10	11	12	13	14
.	a	.	.	a	.	.	.	.	.	.	.	.	.
b	.	b	.	b	.	.	b	.	b	b	.	b	b
c	.	.	.	.	.	c	.	.	.	.	.	.	.
d	d	d	d	.	d	d	d	.	d	d	d	.	d
e	e	.	e	.	e	e	e	.	e	e	.	e	e
.	.	.	.	f	.	.	.	.	.	.	.	.	.
.	g	.	.	.	.	.	.	.	.	.	.	.	.
/													
t													
k													
/	etc.												

Az indexeknek az a tartománya, amelyik az azonosságok artikulációjából kiesik ($f\,g\,t\,k\ldots$), vagy közömbös, vagy különbsége a szériák feszültségében járul hozzá (vonatkozik) a jelentéshez. Ez akkor is előfordulhat, ha egyetlen indexével sem érintkezik a szériákkal (9. oszlop). A **Vadászat kis rókára** az utóbbi tétel igazolására volt egyszerű kísérleti példa.

---

can be articulated by the form in neighbouring domains. In such a case, meaning arises in the imagination, as a tension of differences within the identity. This grade of meaning (on which Eisenstein's montage theory is based) could be called rhetorical-punctual (M^2).

$$tch\,(a\,b\,c\,d\,e\,f\ldots) + tch\,(m\,n\,l\,a\,p\,c\ldots) = abc\,(d\,e\,f\,t\,k\ldots) + apc\,(m\,n\,l\,t\,k\ldots) = M^2\ (imaginary) = b/p$$

With Eisenstein, the possibility of montage-sentences arises in theory, which can be ideally imagined if the imaginary M^2 meanings could be placed into further relations, even to the extent of „pictoral syllogisms". Continuing our previous example:

$$tch\,(a\,b\,c\,d\,e\,f\ldots) + tch\,(m\,n\,l\,a\,p\,c\ldots) + tch\,(g\,h\,i\,b\,a\,p\ldots) = abc\,(d\,e\,f\,t\,k\ldots) +$$
$$+ apc\,(m\,n\,l\,t\,k\ldots) + bap\,(g\,h\,i\,t\,k\ldots) = bp/bap = a$$

This operation, however, is broken down by the fact that no identity can be articulated between the imaginary and the actual meaning. It can be easily understood that between whole series of indices, there can be articulated a lasting identity, and in this case meaning is attributed to the shots not on the punctual-rhetorical grade (M^2) but in serial complexity (M^3).

1	2	3	4	5	6	7	8	9	10	11	12	13	14
.	a	.	.	a	.	.	.	.	.	.	.	.	.
b	.	b	.	b	.	.	b	.	b	b	.	b	b
c	.	.	.	.	.	c	.	.	.	.	.	.	.
d	d	d	.	d	d	d	.	d	d	d	.	d	
e	e	.	.	e	e	e	.	e	e	.	e	e	
.	.	.	.	f	.	.	.	.	.	.	.	.	.
.	g	.	.	.	.	.	.	.	.	.	.	.	.
/													
t													
k													
/	etc.												

The domain of indices which falls from the articulation of identities ($f\,g\,t\,k\ldots$) is either neutral or in its difference it refers to the meaning in the tension of series. This can occur also if it is adjoining the series with none of its indices (column 9). The **Hunting for little fox** was a simple experimental example for proving the latter thesis.

Minthogy a film 1973-ban részt vett a *8ᵉ Biennale de Paris* vetítésein és ott elveszett, szükséges rövid leírása:

a képsor talált anyagokból lett összeillesztve, a TV-magazin snitt-kosarából (elhullott anyagából) válogatott ki három, hasonlóan artikulált felvételszériát:

a) tüntetések (köztük fiatalkorúak)

b) markológépek (egy ipari bemutató filmből)

c) kinetikus-geometrikus tévészignálok

A szériák váltogatását követően a képsor végére egy olyan felvétel illeszkedett, amely mind formájában, mind tartalmában eltért a megelőző szériáktól:

x) Őszi tarlón egy kölyökróka igyekszik egérutat nyerni a vadász elől — a vadász hátára akasztott puskával üldözi — amikor beéri, nagy erővel belerúg, hogy a kis róka felperdül a levegőbe (kivágás egy vadászati tudósításból).

Bár formailag ezt semmi nem indokolta, a nézők nagy része igyekezett a beállításnak valamilyen szimbólikus, elvont jelentést tulajdonítani, vonatkozásban az **a) b)** szériákkal:

pl.: a protestálókkal a rendőrök úgy bánnak el, mint a kutyákkal, a védtelen emberi követelésekkel szemben a technika brutális elnyomóként lép fel stb.

A példafilm értéke konceptuális, bármikor, más elemekkel is megismételhető, mint ahogy az sem szükséges, hogy a szériák közötti azonosságot és különbséget vágással (montázzsal) artikuláljuk, elvégezhető egy beállításon belül is.

Ahogy Kulesov „alkotó földrajz"-kísérlete a J^1 jelentést reprezentálja, a Moszjukin-kísérlet, illetve Eizenstein montázselmélete a jelentés J^2 fokát, úgy ez a kísérlet a J^3 szeriális-komplex jelentés reprezentációja.

J^1, J^2 és J^3 jelentés-fokok történetileg és logikailag is *levezethetők* egymásból. A jelentésfokozatok egyúttal az artikuláció alapformái is.

(B. G.)

As the film was lost in 1973 during the *8ᵉ Biennale de Paris,* it is necessary to give a short description of its:

sequences were put together from „found" material; three similarly articulated shot-series were picked out from wasted reels of a TV-magazine:

a) demonstrations (showing juveniles)

b) excavators (from an industrial documentary film)

c) kinetic-geometric TV-signals

Following the alternation of the series, a shot was put to the end of the sequence, which differed both in form and contents from the previous series:

x) young fox in an autumn stubble tries to hide from the hunter — who is after him with a gun —, and when the hunter catches up with the little fox, he kicks him with such force that the fox flies into the air (cutting from a hunting report).

Although it was not formally justified, most spectators tried to attribute some symbolic meaning to this presentation, in reference with **a/b** series:

for example: policemen treat protesters like dogs, technology acts as brutal agressor against defenceless human demands, etc.

The value of this film-example is conceptual; it can be repeated any time with other elements, for it is not necessary that the identity of or the difference between the series, be articulated with cutting (montage), for it can be carried out within one setting.

The M^1 meaning is represented by the „constructive geography"-experiment of Kuleshov, the M^2 grade of meaning by the Mosjukin-experiment or by the montage-theory of Eisenstein, thus in this experiment it is the representation of the serial-complex meaning.

M^1, M^2, and M^3 meaning-grades can be deduced historically and logically from e a c h other. Meaning-grades are at the same time the basic forms of articulation.

(G. B.)

A JELENTÉSTULAJDONÍTÁS LINEÁRGRAFIKUS DIAGRAMJA
LINEARGRAPHIC DIAGRAM OF MEANING-ATTRIBUTION

az **affirmáció** (idő) iránya

– →

direction of **affirmation** (time)

1. jelentés
(topokronologikus)
1st meaning
(topochronological)

2. jelentés
(retorikus)
2nd meaning
(rhetorical)

3. jelentés
(szeriális)
3rd meaning
(serial)

IFIVEZETŐK

(Dokumentumfilm)*
Balázs Béla Stúdió, 1972
Fekete-fehér, 16 mm, 42 perc
OPERATŐR:
KOLTAI LAJOS

Az úttörőmozgalom 1956 utáni szervezésében részt vett társaság (úttörők, majd „ifivezetők") tizenöt évvel későbbi találkozójáról készített dokumentumfilm. Az emlékek és a jelen konfliktusa bontakozik ki a riportok, rögzített és konstruált helyzetek (mint a táborozás formai szokásai: sorakozó, jelentéstétel, akadályverseny; közös vacsora, tánc, ahol mozgalmi dalok, nép- és táncdalok keverednek) tagolásából.

A múlt tervei és élményei ütköznek itt egy aktuális állapottal és a valóságos sorssal; az együttlét közös tartalma egy múlt-állapot, az egykori közösség átélése, mely óhatatlanul a régi formák némileg erőszakolt, szomorú idézésévé válik. A kifejezés „idézőjelbe tett" és „szellemidéző" értelemben egyaránt találó s ezt egyrészt a film bizonyos vágási pontjain alkalmazott „üres" kockák, illetve a „talált", emblémaszerű animációs jelek, betétek, másrészt a film vége felé haladva egy mind többször és hangsúlyosabban visszatérő jelenet bizonyítják: a 30—35 év körüli emberekből álló nyakkendős „úttörőőrs" a füstbomba dobálást gyakorolja. Kiégett dobozok, gomolygó füst, szemerkélő eső.

A film hangvétele egyáltalán nem ironikus, vagy „bíráló", inkább résztvevő szimpátiával rögzíti az eseményeket.

* A zárójelben közölt műfaji meghatározások nem Bódytól származnak.   (PM)

YOUTH ORGANIZATION LEADERS

(Documentary film)*
Béla Balázs Studio, 1972
Black-and-white, 16 mm, 42 minutes
CAMERA:
LAJOS KOLTAI

This is a documentary on a meeting of a company of pioneers, (later „youth organization leaders") fifteen years after they participated in the organisation of the pioneer movement after 1956. From interviews, fixed and constructed situations (like formal habits of camping: line-up, reporting, steeplechase, communal meal, dance, rallying-, folk and dance-songs combined) there evolves a conflict of memories of then and the present time.

The plans and experiences of the past are contrasted with an actual phase and fate; the common contents of being together is a past-situation, reliving the one-time collectivity, which inevitably leads to the somewhat forced, sad conjuring of olden forms. The expression „idézni" has a double meaning in Hungarian, it both means „quoting" and „conjuring" — and they are both valid for the film. This double meaning is stressed in the film by, on the one hand „empty" shots at certain cutting points, or „found", symbollike animation signs and inserts, and on the other hand, by a recurring scene which progresses toward the end of the film. The „pioneer patrol" — 30—35 year-old men with the red neckties — are practising throwing smoke-bombs. All around are burnt-out boxes, rolling smoke, drizzling rain.

The film is by no means ironical or „critical", but rather imbued with deep sympathy, and it deals with the definite confirmings in a situation.

* The definitions of genres bracketed aren't derived from Bódy.   (PM)

TRADICIONÁLIS KÁBÍTÓSZERÜNK

(Dokumentumfilm)
Színház- és Filmművészeti Főiskola, 1973 (vizsgafilm)
Fekete-fehér, 16 mm, 21 perc
OPERATŐR:
HARASZTI ZSOLT

Dokumentumfilm alkoholistákkal, illetve a narkotikumok használatának okait bemutató, az alkoholizmus okait bemutató, az alkoholizmus hatását értelmező szakemberrel készített riportok formájában. Egy témába vágó Brueghel-képpel kezdődik és három alcím tagolja: „Orlando Probandus"; „Bízom az Istenben, a jó emberekben" (két részeg nő jelenete a kocsmában, az idézet az egyikük által énekelt dalból származik); „A táska, vagy egy barátság elvesztése" (két idősebb férfi elbeszélésein át kapcsolatukról is információt ad, „történetesedik").

A témaválasztás oka — mint a filmtervben Bódy maga írja —, hogy „tünődésre késztet bennünket az emberi nem egyetemesnek tekinthető hajlama a narkomániára". A feldolgozás ezt a szociológikum irányában konkretizálja, illetve a címek s az egyes véletlenszerű, vagy spontán kialakult, de meghagyott jelenetek asszociatív lehetőségeivel értelmezi, majd a záró részben kitágítja a két különböző állapot (a táncoló részeg képe és az alkoholos „viselkedést" eközben leíró-értelmező szakember hangja) egymásra vonatkoztatásával.

(PM)

OUR TRADITIONAL DROPE

(Documentary film)
Academy of Theatre and Film Arts, 1973 (Thesis film)
Black-and-white, 16 mm, 30 minutes
CAMERA:
ZSOLT HARASZTI

Documentary film with alcohol addicts, made in the form of interviews with experts researching and interpreting the causes of using narcotics and the effects of alcoholism. The film starts with a suitable Peter Brueghel painting and is divided by three subtitles: „Orlando Probandus"; „I trust in God and good people" (scene of two drunken women in a pub, the passage is quoted from a song sung by one of them); „The handbag, or loss of a friendship" (there evolves a story through the narration of two older men about their relationship).

The reason for choosing this topic — as Bódy writes in the film plan — is that „the universal inclination of mankind towards drugs makes us meditate upon this". The theme is firmly biased toward sociology in the adaptation, or interpreted with associative possibilities of the spontaneously evolved but spare shots. In the final part the theme is extended by the relating of two different conditions to each other (dancing drunkard and the voice of expert describing and interpreting the alcoholic „behaviour").

(MP)

A „TRADICIONÁLIS KÁBÍTÓSZERÜNK"
(A   F I L M   )

„Fájó, ha többet érzünk, mint amennyit ki tudunk fejezni . . ."
Karl Jaspers

Ha bolondok, csavargók és ördögök akadnak utamba, néha kellemetlenül érzem magam. Nem tudom pontosan, mi feszít ugyanakkor, hogy megismerjem a „szörnyet". Fölötlik a kérdés . . . és én milyen vagyok, így vasaltan? A szabályos és szabálytalan, a rend és a rendetlenség mégis milyen sivár párokként grasszálnak. De milyen a tudatos rendetlenség?

Mindig magam előtt látom a címben jelölt film két szereplőjét. Azt a két arcot, a drótháló keretében. A vihorászó részeg és a diagnosztizáló-kórrajzot közlő orvos (pszichológus?) együtt alkotnak egy lényt.

A film nem értékeli őket, főként a részeg nem bűnbak, bár minden elhangzik, aminek kell.

Sokkal több e két ember közös jelentése, mint külön-külön. Talányos és kényelmetlen keveredésük. Látjuk és felfogjuk: az alkoholista nyomorúságos léte nem kívánatos, mégis dionüzoszi röhögése kibillenti a nézőt. A beszéd és helyzet nem hatol át démonikus állapotán. Bármilyen ostoba képpel kacag amaz ott a háttérben, mi valahogy sejtjük — titka áthatolhatatlan.

Mint minden csavargó: túl van rajtunk.

Valahogy úgy tűnik, Bódy e filmben épp a kettős létet teríti ki. Énünk a „jó és a rossz határán" billeg (— Mérei Ferenc kifejezésével élve —).

Nem állít a film. Nem is értékel. Feszengek. Látom: az ott egy csavargó, emitt az orvos . . . az ott hülye, rongyember, emez segítőkész . . . de valahogy nem találkoznak. Nincs kétség, az a koszos csavargó tud valamit, amit mi nem. Ez a sejtetés, utalás Bódy üzenete. Nem csak a Kimondott és Látható a fontos. Nem csak a szabályos, de a szabálytalan is kínál valamit, riasztó volta ellenére: üzen.

E sejtés teszi nyitottá a jelenetet. Számomra Bódy is ilyen sok anyagból gyúrt lény. Grandiózus és elesett, daimontól megszállott és logikus ész, szenvedő és szenvedést okozó, felfedező és romboló erőkkel teli.

Ezért hangzik így a kérdés a néző mellének szegezve: És a te daimonod milyen? Talán Bódy többet fejez ki, mint amit tud, mert hagyta, hogy a daimon szóljon és ő hallgatott.

FORGÁCS PÉTER

OUR "TRADITIONAL DROPE"
(T H E   F I L M   )

„It hurts if we know more that what we can express . . ."
Karl Jaspers

When coming across madmen, tramps and fiends I sometimes fell unconfortable. At the same time I do not know exactly what it is that drives me towards the „monster". I cannot help wondering . . . and what would I be like, turned out like this? The regular and irregular, the order and disorder, neverthelles, rampage about in such dreary pairs.

What is conscious disorder like?

I always see the two main characters of the film, who are suggested in the title, in front of me. The two faces in the frame of the wire network. The sniggering drunk and the doctor (psychologist?) announcing the diagnoses. It is a clinical picture that forms a single one creature.

The film does not evaluate them, the drunk is not a scapegoat, though everything is said that should be said.

The collective meaning of the two men is much more than their individual meanings. Their meeting is puzzling and inconvenient. We see and understand it: the wretched existence of the alcoholic is undesirable, yet his Dionysian guffaw annoys the spectators. The speech and the situation do not penetrate into his demonic state. The other one, who is in the background, can laugh out loud with any form or stupid expression, but somehow we guess — his secret is impenetrable.

Like all the tramps: he is through with us.

It seems somehow that Bódy spreads out this very twofold existence in this film. Our ego balances „on the verge of good and bad" (borrowing Ferenc Mérei's expression).

The film does not argue anything. Nor does it evaluate. I am ill at ease. I see: the tramp is there, the doctor is over here . . . that one there is stupid, and a scoundrel, this one is helpful . . but somehow they do not meet. There is no doubt, the dirty tramp knows something that we do not. This intimation and hint is Bódy's message. It is not only what is said and seen which is important. Not only the regular but also the irregular can offer something, (despite of its alarming quality): it sends us a message.

This presentation opens this scene. I think Bódy is a strange creature who is moulded out of various materials. He is grandi-

ORLANDO PROBANDUS

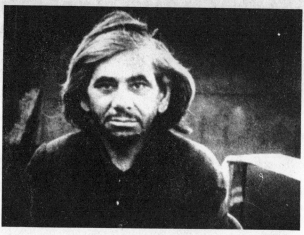

Fotó: Bódy Gábor

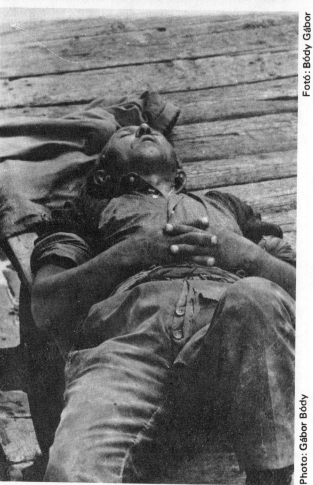

Photo: Gábor Bódy

ose but wrecked, his mind is logical but obsessed by a demon. He suffers and causes suffering. He is full of explorative and destructive powers.

That's why the spectators are bluntly asked this question, „And what is your demon like?" Perhaps Bódy expressed more than what he knew, because he let the demon speak, yet he remained silent.

PÉTER FORGÁCS

HOGYAN VEREKEDETT MEG JAPPE ÉS DO ESCOBAR UTÁN A VILÁG

(Kisjátékfilm)
Színház- és Filmművészeti Főiskola, 1974 (vizsgafilm)
Fekete-fehér, 16 mm, 40 perc
FORGATÓKÖNYV:
THOMAS MANN novellája nyomán BÓDY GÁBOR
OPERATŐR:
HARASZTI ZSOLT
ZENÉJE:
MAHLER: Das klagende Lied alapján

A **Hogyan verekedett meg** . . . vizsgafilm a budapesti filmfőiskola harmadik évéből. Abból az erőfeszítésből jött létre, hogy megszabaduljak a kötelező gyakorlattal járó rutintól. Ennél a gyakorlatnál egy ismert irodalmi novella megfilmesítése volt a feladat. Thomas Mann egyik történetét választottam. Ebben a történetben nem történik semmi, pontosabban szólva a mindenki által várt nagy verekedés egyetlen orrbavágással véget ér. Ezt valósághűen inszceniroztam. A novella szövegét egy idősebb tanárral felolvastattam. Ehhez parallel régebbi heti híradókból és játékfilmekből vett részeket állítottam oda, valamint képsorok laza szövedékét, amelyeket közbe-közbe magam forgattam. Nem kis élvezetet szerzett nekem az archaikus stílusban való forgatás, valamint azt látni, hogy a nézők nem tudták megkülönböztetni az eredeti képeket az általam forgatottaktól. A filmben azt a laza, szeriális jelentés összekapcsolást tartom fontosnak, mely a szöveg és a képek együttesében jut kifejezésre és amelyhez tíz évvel később videómunkáimban visszatértem.

(B. G.)

BÓDY GÁBOR FILMJEI
THE FILMS OF GÁBOR BÓDY

AFTER JAPPE AND DO ESCOBAR FOUGHT, HOW DID THE WORLD COME TO FIGHT

(Short feature film)
Academy of Theatre and Film Arts, 1974 (thesis film)
Black-and-white, 16 mm, 40 minutes
SCREENPLAY:
(based on short story of THOMAS MANN): GÁBOR BÓDY
CAMERA:
ZSOLT HARASZTI

Jappe and Do Escobar . . . is a thesis film from the 3rd grade of the Academy. It was born out of an effort that I free myself of the routine which is separable from compulsory exercise. With this exercise we got the task to adapt well-known literary piece for film. I chose one by Thomas Mann. In this, nothing really happens, for the great fight expected by everybody merely ends with a heavy punch on somebody's nose. This was inscenated with the greatest reality. I had an aging teacher who read the text of the story aloud. To this I parallelly connected excerpts from old newsreels and feature films (and also loosely connected sequences which I had shot occaisnally). It was a great pleasure for me to make a film in such an archaic style and also to see that spectators could not tell the difference between stock material and those shot by me. What I find important in the film is the loose, serial connection of meaning which is expressed in the coexistence of the text and film-sequences, and to which I re - turned in my video works ten years later.

(G. B.)

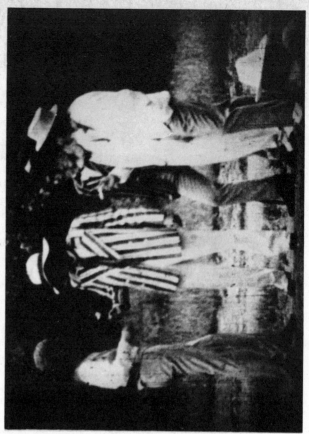

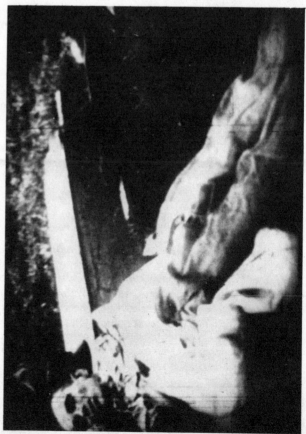

NÉGY BAGATELL

Kísérleti film
Balázs Béla Stúdió, 1972—75 (A „Filmnyelvi sorozat" részeként)
Fekete-fehér, 35 mm (1:1,33), 740 m, 28 perc
HÁTTÉR-FELVÉTELEK:
DR. MARTIN GYÖRGY, HARASZTI ZSOLT, BÓDY GÁBOR
TRÜKK:
BAYER OTTMÁR, TÍMÁR PÉTER
TÁNC:
CHATEL KRISZTINA

Előzménye írásos terv: ELMOZDULÁSOK (táncfilm). **Készítik:** BÓDY GÁBOR, CHATEL KRISZTINA, KESERŰ ILONA, MACSKÁSSY KATI, TÓTH JÁNOS, VIDOVSZKY LÁSZLÓ. in: A Balázs Béla Stúdió kisfilm- és ötletpályázatára beérkezett művek, „Filmnyelvi sorozat" (BBS sokszorosítás). 1973. 25—28. l.

Tanulmányfilmek az 1973-ban szervezett „**Filmnyelvi sorozat**" körében. A sorozat elkészítésében a képzőművészeti, zenei és filmes avantgarde tagjai vettek részt. A törekvések diffúziója egy nyelvcentrikus szemlélettel vált összefoghatóvá. Mit érthetünk itt „nyelv"-en?

1) A filmen rögzített kép jelentése nem azonosítható a felvétel alapjául szolgáló közvetlen „valósággal".
2) Tudatossá kell tenni az artikuláció módjait.
3) Tudatossá kell tenni a médium terjedelmét.
2—3) Ezt teszi minden művészeti megnyilvánulás, amely akár destruktív, akár konstruktív módon a filmkészítés konvencióit a végletekig kihasználja, ill. beláthatóvá teszi.

A **Négy bagatell** 72—75 között egymástól többé-kevésbé függetlenül készült etüdöket foglal össze. Közös bennük a vonatkozás azokra a jelentés-módosulásokra, amelyek a kép keretezettségéből állnak elő — (ezért viseli az „**Elmozdulások**" alcímet).

Az **1—3.** etüd motívuma valamilyen tánc, mint *b á z i s* -szerű emberi megnyilvánulás. A tánc határeset, mikor az ember a saját test/mozgás artikulációjával olyan állapotba hozza magát, amely a lét és kifejezés határán áll, és mindkét oldalra reflektál. Vico szerint a nyelv kezdete a mozdulat.

FOUR BAGATELLES

Experimental film
Béla Balázs Studio „Film Language Series", 1972—75
Black-and-white, 35 mm (1:1,33), 740 m, 28 minutes
BACKGROUND PHOTOGRAPHY:
GYÖRGY MARTIN, ZSOLT HARASZTI, GÁBOR BÓDY
SPECIAL EFFECTS:
OTTMÁR BAYER, PÉTER TÍMÁR
DANCE:
KRISZTINA CHATEL

Based on a written project titled REMOVINGS (a dance film). **Realization:** GÁBOR BÓDY, KRISZTINA CHATEL, ILONA KESERŰ, KATI MACSKÁSSY, JÁNOS TÓTH, LÁSZLÓ VIDOVSZKY. BBS 1973.

These are film-studies made within the frame-work of a „**Film Language Series**" organised in 1973. The members of the avant-garde from the world of fine arts, music and film took part in producing the series. The diffusion of efforts became comprehensive with a language-centric approach. What can we mean here by „language"?

1) The meaning of the recorded picture cannot be identified with the direct „reality" forming the basis of the recording.
2) The ways of articulation has to be made conscious.
3) The extent of the medium has to be made conscious.
2—3) It is done by every artistic manifestation which — either in a destructive or constructive manner — makes full use of the conventions of film-making or makes it conceivable.

Four Bagatelles sums up studies which were made more or less independently of one another between '72—75. The common feature in them is the reference to those meaning-modifications which result from the framed quality of the picture — (which is why it's subtitled „**Removings**").

The motifs of the **first three** etudes are a kind of dance as a *b a s i s* -like human manifestation. Dance is a border case for

Az **1.** etüd egy folklórfelvételt használ alapként, amelyen idős, erdélyi parasztok mutatják be táncaikat. Az etüd a képkeretet alkotó négy egyenest a kép közepére mozgatja, amely így a bezártságból új és új tagolások felé nyitja meg a mozgás értelmezését.

A **2.** etüd alapképe egy mai táncművész (Krisztina de Chatel) gyakorlatából ragad ki szegmentumokat, és megszünteti a kvadratikus, ill. geometrikus képkeretet, hogy helyébe a mozgó diafragmát, ill. egy kéz árnyképében egy másik dimenzió keretét állítsa. Ezzel az alapfelvétellel pszichikai tere és jelentése módosul.

A **3.** etüd két felvételből áll: az elsőn egy ittas férfi táncát látjuk, a másodikon egy szociológus előadását a kábítószerfogyasztásról, s erről a kép tágulásával kiderül, hogy az előző ittas fiatalember is hallgatja. A képkerettel formailag itt csak annyi történik, hogy a kopírozás egy léptékkel tágabb az eredeti felvételnél, és így megjelenik a képkáder, valamint az egyes filmkockákat megelőző és követő kockákból is egy sáv. Tágabb értelemben azonban lereagáljuk, hogy a hangoskép egyik jelentés-rétege hogyan válik *k e r e t é v é* a másiknak: az egyébként komoly előadás egész más hatást kelt amikor a képtérben megjelenik az is, akire a szavak reflektálnak: az alkoholista.

A **4.** etüd elektronikus-(tv)-kamerák és monitorok láncolatával egy olyan modellt mutat be, ahol az első kép kerete a másiknak, ez pedig ismét az elsőt keretezi, és így egy végtelen tükröződést alkotnak. Ezt a modellt elméletileg továbbfejlesztettem később a „**Végtelen kép és tükröződés**" c. tanulmányban.

A **Négy bagatell** etüdsorozatát rendszertelenül üres képkeretek és számok szakítják meg, illetve kötik össze, jelezve, hogy a film készítője nem tekinti zártnak, befejezettnek a lehetőségeket.

(B. G.)

IRODALOM/BIBLIOGRAPHY:

Gyulai László: Négy Bagatell.Kritika 1978/**3. 30.** l.

when, with his or her body/movement, articulation one brings oneself into a state which is at the border of existence and expression and which reflects both sides. According to Vico gesture is the beginning of language.

The **first** study uses a folklore recording as its base, where elderly Transylvanian peasants introduce their dances. The study directs four straight lines which form the picture frame toward the middle and so — following the enclosed state — opens up new possibilities for the interpretation of movement with new dissections.

The picture forming the basis of the **second** etude shows segments from the exercises of Krisztina de Chatel, a modern dancer and puts an end to the quadratic or geometric frame, then to replace it with a moving diaphragm i. e. the frame of another dimension in a hand's silhouette. This modifies the psychical scope and meaning of the basic picture.

The **third** study consists of only two shots: we can see the dance of a drunken man in the first one and a sociologist's lecture on drug addiction in the second one and with the extension of the frame we realise that the lecture is being listened to by the drunk. The only thing that happens formally to the picture frame is that, compared to the original, the printing is in the next scale and so appears the picture cadre and a strip from the preceding and following frames. In a wider sense we can see how one stratum of the sound film becomes the frame of the other: the basically serious performance gives a completely different effect when the object of the references — the alcoholic — as well appears on the picture.

With the possibilites of electronic (TV)-cameras and monitors the **fourth** etude shows a model where the first picture is the frame of the second one which again frames the first one creating an endless reflection. Later I developed this model further in theory in a study titled „**Infinite Image and Reflection**".

The etude-series of the **Four Bagatelles** are irregularly disrupted by or connected whith empty frames and numbers indicating that the film-maker does not regard the possibilities as closed, completed.

(G. B.)

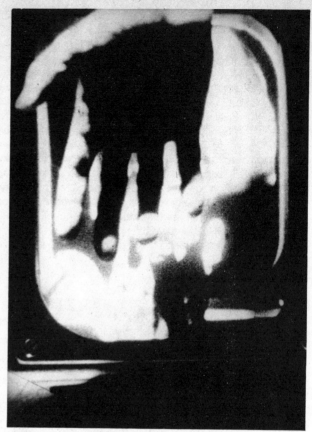

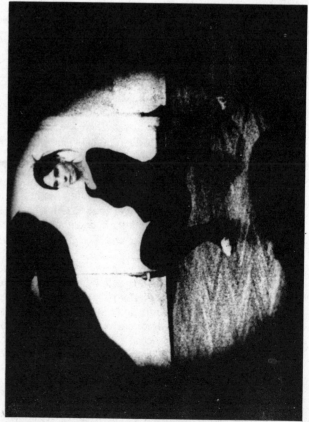

AMERIKAI ANZIX

Kísérleti játékfilm
Balázs Béla Stúdió, 1975
Fekete-fehér, 35 mm (1:1,33), 2837 m, 104 perc

FORGATÓKÖNYV:
BÓDY GÁBOR, múlt századi emlékiratok: **Fiala János, Árvay László, Kuné Gyula** naplói;
gr. **Teleki László** levele; **Marx Károly** cikke („Spree und Mincio", Das Volk, 1859. jún. 25. 8. sz.)
és **Ambroise Bierce** „George Thurston" c. novellája nyomán.
OPERATŐR:
LUGOSSY ISTVÁN, BÓDY GÁBOR, TÍMÁR PÉTER
VÁGÓ:
BÓDY GÁBOR
HANG:
SIPOS ISTVÁN
ZENE:
Liszt Ferenc művei és amerikai dalok a SEBŐ-EGYÜTTES feldolgozásában.
TRÜKK:
BÓDY GÁBOR, TÍMÁR PÉTER
GYÁRTÁSVEZETŐ:
FOGARASI ISTVÁN
SZEREPLŐK:
Fiala: CSUTOROS SÁNDOR
Vereczky Ádám: CSERHALMI GYÖRGY
Boldogh: FEKETE ANDRÁS
TOVÁBBÁ:
FELFÖLDI LÁSZLÓ, KEITH CRANE, ED HEWITT és mások

AMERICAN POSTCARD

(Previous title: **AMERICAN TORSO**)

Experimental feature film
Béla Balázs Studio, 1975
Black-and-white, 35 mm (1:1,33), 2837 m, 104 minutes

SCREENPLAY:
GÁBOR BÓDY, based on 19th century memoirs (diaries of **János Fiala, László Árvay, Gyula Kuné),** letter of count
László Teleki,
article of **Karl Marx** „Spree und Mincio", Das Volk Nr.8, June 25th, 1859)
and „George Thurston", a short story by **Ambroise Bierce.**
CAMERA:
ISTVÁN LUGOSSY, GÁBOR BÓDY, PÉTER TÍMÁR
EDITOR:
GÁBOR BÓDY
SOUND:
ISTVÁN SIPOS
MUSIC: Franz Liszt; American songs interpreted by the SEBŐ ENSEMBLE
SPECIAL EFFECTS:
GÁBOR BÓDY, PÉTER TÍMÁR
PRODUCTION MANAGER:
ISTVÁN FOGARASI
CAST:
Fiala: SÁNDOR CSUTOROS
Ádám Vereczky: GYÖRGY CSERHALMI
Boldogh: ANDRÁS FEKETE
With LÁSZLÓ FELFÖLDI, KEITH CRANE, ED HEWITT and others

BEMUTATÓK:

1976.
Budapest (május, Ősbemutató)
XXV. Nemzetközi filmszemle, Mannheim
1977.
VI. Festival International da Figuera da Foz
Játékfilmszemle, Pécs
Locarno
1978.
32th Edinburgh Festival
1979.
Amsterdam, Works and Words
Berkeley
1980.
Genova, Seattle, San Francisco, Chicago, Philadelphia, New York
1981.
Frankfurt
1982.
Hamburg
Berlin (West), Arsenal
1983.
New York, AFA. „The Other Side"
Jugend Klub Friedrichsfelde/Ost, Berlin (nov. 16, B. G. filmjei, sorozat)
1986.
Haus der Ungarischen Kultur, Berlin (B. G. restrospektiv)

DÍJAK:

Grosser Preis der Stadt Mannheim, 1976 (a legjobb első filmért járó Nagydíj)
Filmkritikusok díja, Budapest, 1977 (a legjobb első filmért)

FESTIVAL AND RETROSPECTIVE SCREENINGS:

1976
Budapest (World premier in May)
XXV. Internationale Filmwochen, Mannheim
1977
VI. Festival International da Figuera da Foz
Feature Film Festival, Pécs
Locarno
1978
32th Edinburgh Festival
1979
„Works and Words", Amsterdam
Berkeley
1980
Genoa, Seattle, San Francisco, Chicago, Philadelphia, New York
1981
Frankfurt
1982
Hamburg
Berlin (West), Arsenal
1983
„The Other Side", American Federation of Arts, New York
Jugendklub Friedrichsfelde, Berlin (16th October; Gábor Bódy's Retrospective)
1986
Haus der Ungarischen Kultur, Berlin (Gábor Bódy retrospective)

PRIZES:

Grosser Preis der Stadt Mannheim, 1976 (first feature film)
Hungarian film critics' prize (first feature film)

BÓDY GÁBOR FILMJEI
THE FILMS OF GÁBOR BÓDY

Az **Amerikai anzix** a „második tekintet" filmje. Mint játékfilmben, a kétszeres forgatás, az utólagos átvilágítás módszere stiláris értékeket is szolgál, sőt behatol a tartalomba, amennyiben a főtörténet részben egy látásmód története. A módszer általános érvényét játékfilmekben különösen az artikulációs lehetőség nagyarányú tágításában látom. „Filmezni olyan, mint égő papírra írni" — mondta Pasolini. Az analízis utólagos eljárásaival talán kiszabadítható a játékfilm is az ipari happening köréből és közelebb kerül a tagolt gondolkodás formáihoz.

1849-ben a bukott magyar szabadságharcot túlélők bújdosásba vagy emigrációba kényszerültek. A magyar történelem utolsó háromszáz évében szinte menetrendszerű ciklusokban lépett fel ehhez hasonló kényszerhelyzet, mely többnyire a nemzet legjavára, progressziójára hatott. E tragikus rajzások egyikének, az 1849.-nek sorsát követi az **„Amerikai anzix"**.

A 49-es emigráció zömét forradalmárok, politikusok, katonák alkották. Életük és ügyük logikus folytatását a XIX. század harcterein keresték. Nem kevesen közülük végigharcolták a korszak háborúit. 1855: a krimi háborúban (amelytől sokan a magyar függetlenség ügyének újravívását remélték), 1860-tól az olasz függetlenségi küzdelmekben, majd az amerikai polgárháborúban vettek részt — természetesen mindig a progresszió oldalán. Ezzel aztán a szabadság zsoldosainak történelmi perspektívái bezárultak. Nemcsak lehetőségeik, de illúzióik is lassacskán kimerültek a „győztes életet" illetően. A magyar függetlenség ügyére az 1867-es ún. „kiegyezés" (az ország vezető rétegei és a Habsburg korona között) végleg pontot tett: kompromisszumos emlékmű emelkedett, diadalívre emlékeztető mauzóleum.

Az **„Amerikai anzix"** az amerikai polgárháború utolsó, győztes napjaiban mutatja be három hősét: az északiak soraiban harcoló magyar emigráns tisztek közül. Milyen lehetőségek nyílnak előttük e változó történelmi „eseményhorizonton"?

Egyikük racionális típus. Némi rezignációval bár, de amellett dönt, hogy mérnöki tudását a „Pacific" vasút építésének szolgálatába állítja — megfelelő bérért. Sorsa a XIX. század kelet-európai problémáiból kiszakadva a XX. század Amerikájába ível.

Másikuk fatalista. Útja tragikus-groteszk végbe torkollik.

A harmadik érzelmes, kötődő alkat, ki végül akár elképzeléseinek elvetése árán, de hazatér gyökereihez — talán csak meghalni.

A történelmi problematikát horizontálisan átfogja egy kortalan pszichológiai konfliktus: a racionalista és a fatalista közötti antagonisztikus vonzalom, férfibarátság. Kettőjük viszonya különös lehetőséget és feladatot teremt a képi ábrázolásban: a térképész-mérnök tiszt alkatilag is megfigyelő, felmérő típus, ki az élet tényein kívül helyezi magát, lételeme: a reflexió. Fiatalabb társa a cselekvés szerelmese, s ez már-már cél nélküli fatalizmusban, „action gratuite"-ek sorozatában nyilvánul meg. Egyetlen közös vállalkozásuk során, egy térképészeti gyakorlaton végül mindketten a sors „térképének" **tereptárgyaivá** válnak.

A film képi világa ennek megfelelően k o n f l i k t u s s á teszi magát a képi rögzítést. Az egész film: kép és nem-kép, a látvány és a puszta égető fény konfliktusa! A kép eseménytartalma és a kép felfogása: az, hogy ezt valaki l á t j a (a szereplő, a rendező, a néző), kölcsönösen kódolva vannak egymásban. Egy sajátos módszer jön itt az ábrázolás segítségére, amit a film készítője „ f é n y v á g á s " -nak nevez.

(A fényvágásról.) A film voltaképpen kétszer lett leforgatva. Egyszer a szokott módon, majd az összeállított anyagról az ún. „trükkasztalon" készült az „igazi" film. Különböző maszkokkal, a fény és idő manipulációjával így lehetőség nyílik arra, hogy a gondolkodás, az események tagolása, a felvételek b e l s e j é b e hatoljon. Ez a módszer az **Amerikai anzix** esetében arra

---

The **Americen Postcard** is a „second face" film. The methods of shooting twice and posterior transillumination have stylistic value, they penetrate into the content, in so far as the story is partly the story of a particular way of seening. I think the general validity of method in feature films lies in the wide spread awakening to possibilities of articulation. „Shooting is like writing on burning paper" — said Pasolini. With subsequent processes of analysis, maybe the feature film can be released from the jail of industrial happening and can get nearer to the formations of articulated thinking.

In 1849, survivors of the defeated Huhgarian War of Independence against imperial Austria either went into hidding or immigrated. Similar emergency situations occured almost on schedule in the last 300 years of Hungarian history; these effected mainly the progressive layers of society. The story of one of these tragic migrations — one in 1849 — is followed up in the **American Postcard.**

In 1849, survivors of the defeated Hungarian War of Independence against imperial Austria either went into hiding or immigrated. Similar emergency situations occurred almost on schedule in the last 300 years of Hungarian history; these effected mainly the progressive layers of society. The story of one of these tragic migrations — the one in 1849 — is followed up in the **American Postcard.**

Most of the emigrés were revolutionaries, politicians or soldiers who sought to carry on their fight for their cause abroad. Many of them fought in the wars of the period: in 1855 the Crimean War (hoping to obtain Hungarian independence), from 1860 on, in the Italian Risorgimento struggle and in the American Civil War — always, of course on the side of liberalism. There the historic perspectives of the freedom fighters ended: the opportunities, as well as delusions of a "victorious life" were exhausted. The cause of Hungarian independence was finally buried in the 1867 "Ausgleich" or "Compromise" (between the ruling circles of the nation and Hapsburgs).

American Postcard introduces its three heroes during the last victorious days of the American Civil War — Hungarian emigré officers fighting for the Union. What possibilities opened up for them on this changing historical horizon?

One of them is a rational type. With resignation he decides to work for the Pacific Railroad as an engineer — for a suitable salary. His future departs from the 19th century East European problems and stretches into 20th century America.

The second emigré is a fatalist. His end is tragic as well as grotesque.

The third one is a sentimental soul who casts his ideals aside and returns to his roots — maybe just to die.

An ageless psychological conflict horizontally spans the historical problem: antagonistic attraction and friendship between the rationalist and the fatalist. Their relationship provides a particular possibility and assignment in the visual depiction: the surveyor-engineer officer is an observant, aloof person who rises above the battle of life: reflection is his element of existence. His younger companion is all for action — an urge manifested in an almost aimless fatalism, in a series of "action gratuite". During their only joint undertaking, during a map-surveying, they both become **"terrain objects"** on the map of fate.

Accordingly, the pictural fixation itself is made to be a c o n f l i c t by the image-world of the film. The whole movie: the conflict of picture and nonpicture, of scene and bare burning light! The contents of events and the conception of the picture —

is kiválóan alkalmas volt, hogy egy archaikus film hatását érje'el. A vetítés olyan, mintha a múlt században forgatott, véletlenül előkerült tekercsek összeállítását látnánk.

Az **Amerikai anzix** a Balázs Béla Stúdióban készült, a szokásos játékfilmek költségeinek mintegy harmadából. Eredetileg „kísérleti filmként" készült, de végül bemutatásra került egy budapesti „stúdiómozi"-ban, ahol sikeresen játszották.

[1976]

(B. G.)

the fact that someone *s e e s* this (the actor, the director, the audience) are reciprocally encoded in each other. A special method helps depicting, which is called *" l i g h t - c u t t i n g "* by the director.

(On light-cutting) The film was actually shot twice. First in the usual way, then the "real" film was made on the trick table from original material. The various makeups and the manipulation of light and time provided a possibility to penetrate *i n t o* the characters' minds and events. In the case of **American Postcard**, this method was also suitable for suggesting the effect of an archaic film: watching it, one has the impression seeing a film shot in the past century that was recovered by chance.

American Postcard was made in Béla Balázs Studio and cost about one third of the usual for a feature film. Originally it was intended to be an "experimental film", but finally it was presented in a Budapest "movie studio" where it was shown for a long time.

[1976]

(G. B.)

LEVÉL BOGÁCS ELVTÁRSNAK

[...]

VI.

Az anyagkezelésnek ez a módja: talán a legtalálóbb **FÉNYVÁGÁS**-nak nevezni, mint eszköz, az emberi érzékelést és felfogást sokkal árnyaltabban hordozza, tehát a valóság megjelenítését is árnyaltabban végzi el, mint a tradicionális kifejezésmódok.

Ennek alátámasztására (a lehető legrövidebben) az alábbiakat szükséges megfontolni:

1. Az emberi szem által közvetített kép a valóságról nem *homogén*. A természetes kép mind a fényviszonyok tekintetében, mind a kép élessége tekintetében a látványt az *értelmezés* szempontjából döntő helyre koncentrálja.

A film hagyományos anyagkezelésében viszont a látvány az élesség és a fényviszonyok tekintetében homogén.

2. Az emberi látás *nem folyamatos*. A látvány letapogatása szaggatottan, pszichológiai szakkifejezéssel: "szökellő szemmozgással" történik. Ezt "szaggatja" — tagolja — tovább a szemhéj mozgása. A tagolás réseiben "látvány-holt-terek" alakulnak ki.

A film hagyományos anyagkezelésében viszont a látvány folyamatos.

3. EGY SZITUÁCIÓBAN A LÁTÁS AKTIVITÁSA NEM EGYENLETES. Szemünket az értelmezéshez és viselkedéshez szükséges módon használjuk. Egy-egy mozzanatra koncentrálunk, s a többletlátványt csökkentett érzékelési szinten, mintegy "redundanciában" tartva, a tudatküszöbön érzékeljük. Amikor a valóságban látunk egy "történetet", mintha egy életlen képre vetítve látnánk egy másikat. A kettő állandóan átjátszik egymásba.

A film hagyományos anyagkezelése viszont, szinte mindig csak az "egyik képet" mutatja, ezáltal csökkenti realitásérzetünket: redundancia nélküli képet produkál — sterilizál.

VII.

Művészettörténeti hasonlattal: A film hagyományos anyagkezelése abban a stádiumban van, mint a képzőművészeti fejlődés kezdeti korszakai (Egyiptom, Bizánc és az itáliai trecento), amikor a festők nem úgy festettek, ahogy *láttak*, hanem ahogy a valóságról *gondolkodtak*.

A film azonban — többek között — *vizuális* művészet is és fejlődésének iránya ebben a viszonylatban nyilvánvalóan a természetes, pszichikus látás *kifejezése* felé vezet. Ez utat nyit a valóság mind *árnyaltabb, reálisabb* ábrázolásához is.

LETTER TO COMRADE BOGÁCS

[...]

VI.

This method of treating material could be best called **LIGHT-CUTTING.** It is a means carrying versatile shades of human perception, thus it can give a greater shading of realistic representation than any of the other, more traditional methods of expression.

As proof of this, the following things have to be considered:

1. The picture of reality mediated by the human eye is not *homogenous*. The sight is concentrated by the natural picture, both in terms of light conditions and sharpness to a spot *significant* from the point of view of interpretation. In the traditional material-handling of film, however, the scene is homogeneous in terms of sharpness and light conditions.

2. Human vision is *not continuous*. Scanning of sight goes on raggedly, using a psychological term called "bouncing eye movement". This is further "ripped" — proportioned — by eyelid movements. In the fissures of proportioning there evolve "blind spots". In traditional material-handling of film, however, sight is continuous.

3. ACTIVITY OF SEEING IN A SITUATION WHICH IS NOT EVEN. We use our eyes in a way which is necessary for interpretation and behaviour. We concentrate on some elements, and the superfluous sight is kept on a decreased perceptional level, in "redundancy", at the threshold of consciousness. When we see a story in reality, it is as if we saw a picture projected on a blurred one. The two are continuously interfering with each other.

By traditional handling of film, however, one of the pictures is almost exclusively shown, and this decreases our sense of reality. It produces sight without redundancy; it sterilizes reality.

VII.

To use a comparison with art history: traditional material-handling of film is in a phase which resembles the early periods of the development of art history (Egypt, Bysantium and Italian trecento) when artists were not painting the way they *saw* things but the way they were *thinking* about them.

The film, however, is a *visual* art, and its development in this meaning is leading toward the *expression* of natural, psychical way of seeing. This can lead to *more shaded* and *realistic* ways of depicting reality.

A filmnek ezeket a lehetőségeit kívülállók számára elfedi technikai, reproduktív természete, amely azt sugallja, mintha automatikusan, "magától" képes lenne a valóság ábrázolására. Ennek az "ábrázolásnak" azonban, főként a film *k i f e j e -z ő ,* művészi funkcióiban különböző mélységei vannak.

A film eszközbeli, művészi fejlődésének nem egyedüli, de épp a film technikai mivoltában, tehát a forma lényegében gyöke rező útja az, amelyhez a *F É N Y V Á G Á S* alkalmazása elvezethet. Részben nyilvánvalóak, részben további kísérle teket és kifejtést igényelnek itt azok a lehetőségek, amit ez az anyagkezelési mód a természetes látás fentiekben vázolt specifikumaira vonatkoztatva betölthet.

Megkockáztatva a szerénytelenség látszatát: filmem, amelyet Ön — de más is — technikailag hibás kópiának minősített, a fényvágás szisztematikus alkalmazásával mindenképp *f e j e z e t e t* nyit a vizuális ábrázolás fejlődésében — még ha ebből a fejezetből csak egy tökéletlen félmondatot írt is csak le. [...]

[1976. január 5. Részlet]   Bódy Gábor

AMERIKAI ANZIX

[...] Ami meglep ebben a filmben, az a szemlélet és típusformálás keménysége, vallomásjellegének objektivitása, valamint az a sajátsága, hogy mentes minden szokásos, már kialakult sémától. Bódy Gábor rendező saját hangján szólalt meg, ettől lett sikere azonnal azokon a vetítéseken, ahol filmértők, filmbarátok látták alkotását. Bódy eredetisége, filmcsináló képességének széles skálája, szociológiai érzékenysége, és sztori-teremtő fantáziája jelentős tehetségről, formátummal rendelkező művészről árulkodik.

[Filmvilág 1976/6. 7. I. Részlet]   ALMÁSI MIKLÓS

These potentialities in film are concealed from outsiders by its technical, reproductive nature, which suggests that if film was able to reproduce reality "by itself". This "depicting", however, has different depths, mainly in the *e x p r e s s i v e ,* artistic functions of the film.

The way — where applied *L I G H T - C U T T I N G* can lead — is rooted in the technicality of the film; this being not the only way for the artistic development of film, but it is based on the essence of the form. The possibilities — in the material described above handling concerning specificities of natural seeing — are partly self-evident, but partly they need further experiments and explanation.

At the risk of being immodest, I can only say that my film — which can be regarded as a deficient copy by you or others —, by using the method of light-cutting opens up a new *c h a p t e r* in the history of visual represenation, even if this chapter was explained only by an unfinished sentence. [...]

[Budapest, January 5, 1976. Extract]   Gábor Bódy

AMERICAN POSTCARD

[...] "What surprises me in this film is the rigorous attitude and modelling, the objectivity of confession and also that it is void of all usual, established patterns. Director Gábor Bódy was speaking in his own voice, That's why the film became an immediate success with film experts and fans at the previews. Bódy's originality, his versatile film-making ability, his sociological sensitivity and story-making fantasy all display an artist of considerable talent."

[Filmvilág 1976/6. p. 7. Extract]   MIKLÓS ALMÁSI

AMERIKAI ANZIX

Ha valaki valamely újszerűen szervezett mű hibáit akarja felsorolni, nehéz elkerülnie, hogy hasonlóvá ne váljon a "Nürbergi mesterdalnokok" Beckmesseréhez. Kiteszi magát annak, hogy krétájának kopogása — amellyel fülkéjében a hibákat pala-táblájára jegyzi — beleolvad, belekomponálódik a szokatlan versenydal kíséretébe, azt tovább díszíti, és amikor a dal kihang-zik, a kréta elárvultan kopog tovább, más szóval, komikussá válik a gépiesen működő, levitézlett ízléskánon. A maradi dalno-kok méltatlankodó és olykor felháborodott moraja is támogatja ugyan a "beckmesserkedést", még mindig nem tudni, hogy a mindenkori Hans Sachs miként vélekedik.

Hans Sachs olyan elismert dalnok, aki mégsem ágyazódott végérvényesen be a kor kötelező stílusába, talán azért, mert azt valaha éppen ő alakította ki, és első jelentkezését ugyanilyen ellenkezés kísérte. Egyedül ő az, aki kijelentheti a dalról: "Semmi szabályt nem követ és mégis tökéletes". A háborgás elcsitul, Beckmesser megszégyenülten elkullog.

Ebben az újszerű művekre vonatkozó, alapvető és talán mindörökre érvényes wagneri modellben a Hans Sachs-i státusz nélkül is szívesebben vállalnám az ő szerepkörét, annál is inkább , mert letagadhatatlannak tartom, hogy az **"Amerikai an-zix"** újító funkciója lényegesen erősebb alkalmazkodó funkciójánál.

Honnan származik mégis kirívó ártatlansága, szinte simulékony szelídsége? Minden bizonnyal abból az érzelmi sokrétű-ségből, amely a legellentétesebb mentalitásokat megértéssel követi. Ez az "eklektikus" hangoltság a filmnek mind tartalmi, mind vizuális, mind hangi— sőt politikai — rétegében is kimutatható. Az eklektika általában megalkuvást takar, itt azonban ténylegesen ez kimutathatatlan. A talány úgy oldható fel, hogy feltesszük: BÓdy nem akart, vagy akart, de nem vitte rá a lélek, hogy egy kommersz, kasszasikerre pályázó filmet készítsen. Kamaradarabot készített, szűkkörű használatra. A felborzolt felület alatt végig érezhető egy megtagadott kalandfilm jelenléte. A film fölött, tőle mintegy leválva lebeg művészi lényege, amely a film nézése közben szinte soha — sokkal inkább egy fájdalmas szorongásos emlék formájában nyilatkozik meg. Em-lékező film, ami maga is a filmre való emlékre épít, hatását ott fejti ki. Innen a századeleji, pontosabban parnasszista művé-szektől kölcsönvett egyfajta nosztalgikus, elégikus hang, amely aztán az egész filmet következetesen végigkíséri. Megzava-róan hat a más jellegű, sokkal brutálisabb igénybevételektől eldurvult nézők számára ez a néhol Rilke "Malte Lauris Brigge feljegyzései"-t idéző tónus. Ugyanakkor tematikailag néhol egészen közel jár a szokásos filmszituációkhoz: a westrnhez csakugy, mint időnként a "Tenkes kapitánya" jellegű kalandfilmekhez. A cowboy- és huszárromantika szemből szembe küzd meg itt egymással, és győztes nélkül kényszerül felemelkedni egy más, költőibb szférába. Az egyik jelenetben tanúi lehetünk, amint belép a westrnfilmek jólismert figurája és már a történeten kívül fenyegeti meg a nézőt: "még egy mozdulat és kaland-

AMERICAN POSTCARD

If one wants to list the mistakes in a genuinely organized piece of art it is difficult to avoid becoming close to Beckmesser in "The Mastersingers of Nuremberg". One is exposed to that tapping of chalk, by which he keeps listing the mistakes on his slate to the accompaniement of the unusual song. It adorns it further, for when the song is over, the chalk keeps on tapping abandoned and by the mechanical, discredited style it becomes comic. Although the indignant and sometimes infuriated cla-mour of hidebound singers support the "Beckmesserian" attitude one cannot tell yet just how the prevailing Hans Sachs thinks.

Hans Sachs is an acknowledged singer who all the same did not fit into the compulsory style of the age, perhaps because it was right to have it formed once, and its appearance had met a refusal. He is the only person who can write about the song in the following way: "It does not follow any rule and it is still perfect." The commotion calms down and Beckmesser slinks away.

In this basic and perhaps eternally valid model which refers to new pieces of art, I would play Hans Sachs's part even without his status, even more so because I consider it undeniable that the innovative function of the **Amerikan Postcard** is significant-ly stronger than its adaptive function.

Still where does its conspicuous harmlessness, and almost pliant gentleness come from? In all probability from that emo-tional multiplicity follows the most controversial idiocies in understanding. This "eclectic" tone can be found either in contex-tual, visual, acoustic or even in the political layer of the film. Eclectics generally conceals opportunism, but this cannot actually be revealed here.The riddle can be solved if we presume: Bódy did not want, or he wanted to but he did not have the heart to make a commercial film which aimed at being a hit. He made a chamber piece, for his own exclusive use. Under the ruffled sur-face of the present there is, throughout the feel of a rejected adventure film. Above all the film, has so to say broken away from it. It floats in its artistic essence which nearly ever manifests when seeing the film — rather it appears as a painful memory ac-companied for ever after by anxiety. It is a nostalgic film, building itself upon memories of film, and exerting its influence there. It has the sort of nostalgic, elegic tone which is borrowed from the turn of the century (directly from Parnassist artists). Conse-quently it is felt throughout the whole film. This tone sometimes recalls Rilke's "Malte Lauris Brigge's notes" and is disturbing for the spectator having been coarsed by another type of, a more brutal appropriation. At the same time from a thematic point

filmmé válok!" Azonban ez nem történik meg, a különböző erővonalak egymást kioltják, és tovább hömpölyög az organikus eklektika, amely éppen a választások elkerüléséből szövődik, és amely azt érezteti, hogy bármely döntés megalkuváshoz vezetne.

Ritkán látni olyan filmet, amelynek szinte minden jelenetsora és minden mondata magáról a látható filmről szólna; szinte minden motívumnak akad olyan olvasata, amely magára az alkotó indulatra is vonatkoztatható. A széttartó inspirációk mégsem okoznak kapkodást, hanem olyan szívszorító lengésbe hozzák az alkotó saját intencióját, amit a befejező hinta-képsor pregnánsan fejez ki. A tragikus befejezés tekinthető szigorú önfigyelmeztetésnek is.

Bódy Gábor is, mint állástalan hősei, határozott léptekkel tétovázik, olyan korban, amikor a közvetlen feladat homályos, a diszkvalifikált erények önmérgezőkké válnak. Jelenünkből jól ismerjük a lelassult forradalom áldozatait, önpusztító forradalmárait, akiket fékezhetetlen önsebességük tehetetlenségi nyomatéka vetett a mélységbe. Bódyban még él ennek a nemzedéknek a sorsa, csak nehéz szívvel felsorolható nagy alakjai Sarkadi Imrétől Kondor Béláig. Ezért nem hagyja egy pillanatra sem épen a képsorokat, nem bízza a dramaturgiára a kibontakozó közérzetet, hanem állandóan jelenlevő szorongó kétellyel roncsolja a felületet.

Vereczky Ádám karbafont kézzel a közelmult elkötelezettségeiből lép elénk, ugyanakkor Fiala, az új lehetőségek felismerője és teremtője lényegében a művészeti avantgarde belső képviselője, mely irányba a film szintén nem kis vonzalmat árul el. A szélsőségekbe emigrált lélek Boldogh személyében dadog valami elveszett nyugalomról és otthonról. Abban a gondolati-lelki térben, ahol ezek az emblémajellegű sorsok (mondatok, zászlók, táskák, lovak, műszerek és nők) megjelennek, állandóan résen kell lennie az alkotónak, hogy a triviális történés el ne sikassza a lényegre irányuló figyelmet.

A belső jelentésű és jelentőségű mozgások, a teodolit szűkített nyílása, fonálkeresztje és csöndje, zaklatott és kutató mozgása mindjárt a film elején a belső vizsgálódás térségeibe utasítja a nézőt. A nyugtalan lelkiismeret filmszemét azonban egy feltaláló irányítja; jelentheti-e ez azt, hogy az újító, a jövőre vonatkozó hivatástudat kontrollál itt mindent? A műszer precizitást kíván, és a műgond a filmből se hiányzik. Itt azonban minden aggályos belenyúlás a rongálás kedvéért van. A torzításos technika a Stravinsky-iskolát idézi, de feltűnő módon annak iróniája nélkül. Mint sok rossz magyar filmben, itt is minden vészesen komoly; ez a film a humort csak mint ordenáréságot ismeri, s az erotika is csak mint obszcenitás jelenhet meg. Ezt hibának lehetne tekinteni, ha nem kellene akceptálni a kedélybetegségnek azt a szinte hamleti mélyfokát, amely minden látomást a lidércnyomásig elgyötör. (Bartóknál a Concerto zenei paródiái is eképpen különböznek a Stravinsky-féle derűs nihilizmustól.) Ez a múlt századi témájú film sem lehetne ennyire keserűen gondterhelt, ha nem tartalmazna súlyos aktualitásokat az alkotó személyes vívódásain tul is; nem csak rajta fog múlni, hogy az **"Amerikai anzix"**-szal élete legjobb filmjét készítette el, vagy — jobbik esetben — ifjúkori zsengéjét.

[1976. Kézirat]

ERDÉLY MIKLÓS

of view it is sometimes quite near to the normal film plots and it is as close to the western as to the adventure films like "The Captain of Tenkes". The cowboy- and hussar-romanticism struggle here face to face and it is forced to raise into another more poetic sphere without a winner. In one of the scenes we can witness the entering of the well known character from westerns who threatens the spectator already from outside of the story: "One more move and I'll become an adventure film". However this does not happen and the different lines of force interfere, and an organic eclecticism is being mode just to avoid the choives and in conveying the message that any decision would lead to a compromise rolls on.

In a film almost every scene, and every sentence, which the film is about can rarely be seen; almost every motive has a reading which may also refer to its creative passion as well. All the same the divergent inspirations do not cause confusion but bring the author's own intentions into such a heart breaking urgency that is often expressed in the finishing swing sequence. The tragic ending can be considered as a strict self warning.

Bódy Gábor, too, like his unemployed heroes, hesitates in an age where the direct task is obscure, and disqualified virtues become self-poisons. The victims of the decelerated revolution, and the self-destroying revolutionaries are wellknown in the present time and those who have been thrown into the depths by the inertia of their uncontrolable speed. In Bódy, the fate of this generation is still alive, the great characters from Imre Sarkadi and on to Béla Kondor can be listed with a heavy heart. That is why he does not leave sequences intact for a moment, and does not leave the evolving feeling to the drama, but with anxious doubt is always present as he keeps on corroding the surface.

Ádám Vereczky who steps in front of us, with crossed arms symbol of the recent past is, at the same time, Fiala the seer and creator of new possibilities who is actually the inner representative of the artistic avant-garde. To this direction, the film uncovers not a little sympathy. In the character of Boldogh, the soul, having emigrated into extremes, is stattered as something in lost quietude and home. In the thought- and soul-space where these symbolic fates áppear (as sentences, flags, bags, horses, instruments and women) the author must always keep his powder dry, so that the trivial story wont't misappropriate any attention directed to the source. The movements have an inner meaning and significance, the theodolyte's contracted aperture, cross-lines and silence, its hectic and searching movement at the beginning of the film directs the spectator towards the belief of insight. However the film-eye is directed by an inventor; could this mean that the innovative, future oriented profession consciousness here controls everything? The instrument requires precision, and artistic care is not missing in the film. Here however each anxious intervention is only for the sake of damage. This technique of distortion recalls Stravinsky's teaching but in an overt way without any of its irony. As in many bad Hungarian films here, too, everything is dangerously serious; this film knows humour only as vulgarity, and erotica appears also only as an obscenity. This vould be considered as a fault, if the almost Hamlet-like depth of melancholy was not appreciated as distorting every vision into a nightmare. (Bartók's parodies from the Concerto are also used in the same way as the different cheerful nihilism of Stravinsky.) This film with its theme taken from the last century, would not be as bitterly laden if it did not contain the serious actualities, as well as the personal struggles of the director; it remains to be seen it he has made his best film of his life in the **American Postcard** or — as I

BÓDY GÁBOR FILMJEI
THE FILMS OF GÁBOR BÓDY

hope — merely a juvenile effort.

[1976. Manuscript]

MIKLÓS ERDÉLY

IRODALOM/BIBLIOGRAPHY

— A hét képriportja. A BBS filmforgatásán (Jávor István fotói). Film Színház Muzsika 1976. márc. 20. 2-3. l.
— Hegedűs Zoltán: Történelem keresztfonállal. Bódy Gábor: Amerikai anzix. Filmkultúra 1976/3. 28-33. l.
— Schiffer: A Toldiban: Amerikai anzix. Film az amerikai polgárháború magyar harcosairól. Esti Hírlap 1976. máj. 13.
— G. P.: Amerikai anzix. Magyar Hírlap 1976. máj. 20.
— Máriássy Judit: Új idők mozija. Élet és Irodalom. 1976. máj. 29.
— Báron György: Fiatalok filmje („Amerikai anzix"). Film Színház Muzsika 1976. jún. 5. 12-13. l.
— Almási Miklós: Amerikai anzix. Filmvilág 1976/6. 5-7. l.
— Nádasy László: Kell-e kísérletezni? (Beszélgetés Bódy Gáborral) Filmvilág 1976/9. 18-22. l.
— (n.n.?) Aus der Frustration befreit. Der Bund (Bern) 23. Okt. 1976.
— Sas György: Harmadszorra is nagydíj. A 25. mannheimi filmhét. Film Színház Muzsika 1976. okt. 23. 15-16. l.
— T. I.: Amerikai anzix. Beszélgetés a film rendezőjével. Tükör 1976. nov. 14.
— Ulrich Gregor: Neue Wege des Ausdrucks. epd Kirche und Film (Frankfurt). Nr. 11, Nov. 1976.
— Im: Amerikai anzix. Észak-Magyarország 1976. dec. 12.
— Leszek Armatys; Kino (Varsó) Nr. 12, Dec. 1976.
— Szekfű András: Két filmről, bevezetéssel és befejezéssel. Segesvár, Amerikai anzix. Mozgó Világ 1977/1. 98-102. l.
— Csurka István: Dünnyögés magyar sorsok fölött. . . Élet és Irodalom 1977. febr. 26.
— Olvasók az Amerikai Anzixról. Redl Károly: „Ha szívünk mozdul, eszünk kerekei összezavarodnak." — Papp Zsolt: Honfibú és csereérték. — Kozma György: Film idézőjelben. Filmkultúra 1977/2. 49-52. l.
— Besa.: Amerikai Anzix. Variety (New York) March 2, 1977.
— Gönczi László: „El kell indulni minden úton. . ." Bódy Gábor: Amerikai anzix. Filmkultúra 1977/4. 78-80. l.
— Oravecz Imre: A magyar szabadságharc vége Észak-Amerikában (Vers). Élet és Irodalom 1977. aug. 6. 1. l.
— Claudio Trionfera: Il film ungherese: ricerca e memoria. 1. Per una nuova finzione. Il Tempo 2.9. 1977.
— Leonardo Autera: A Locarno film di Gabor Body sulla guerra di secessione. L'Amerika vista da un ungherese. Corriera della Sera 1977.
— Vass Levente: Másként szólni. Élet és Irodalom 1977. okt. 22.
— Jose de Matos-Cruz: Recordacões da America. Diario Popular 28. 10. 1977.
— Filmmakers Newsletter April 1978.
— Women's week in Scotland. Daily Telegraph 1978.
— Martin Dowle: Poor reflection on Western films 1978.
— Martin Dowle: Hungarian study
— Zalán Vince: Amerikai anzix. Filmvilág 1980/6. 58. l.
— n.n.: Amerikai anzix. in: The Other Side: European Avant-Garde Cinema 1960-1980. A film exhibition organized by The American Federation of Arts. New York 1983. pp. 26-27.
— Gergely András: A túlélés útjai. Filmvilág 1985/2.
— Németh G. Béla: A történelem visszavétele. Filmvilág 1985/2. 2-5. l.
— Szilágyi Ákos: Az után hősei. u.o. 10-11. l.
— Szabad György: Levél az értékőrzésről. u.o. 9-10. l.
— Peter Rubin: Notes on the Hungarian Avant-Garde Film. in: BBS Budapest. Twenty Years of Hungarian Experimental Film. A film exhibition organized by the American Federation of Arts. (Katalógus) New York 1985. 14-15. l.
— n.n.: Gabor Body „Amerikanische Ansichtskarten". Zürcher Student 30. Mai 1986.
— Joachim Stargard, in: Retrospektive mit Filmen von Gábor Bódy. Haus der Ungarischen Kultur. Berlin, Januar 1986. (Prospektus)

ALDRIN

Balázs Béla Stúdió, 1976
Fekete-fehér, 35 mm, 158 m, 14 perc
RENDEZŐ: VIDOVSZKY LÁSZLÓ
OPERATŐR: BÓDY GÁBOR
ÉNEK: CSENGERY ADRIENNE

A film alapjául egy riport szolgált, amely a **Stern** magazinban jelent meg; egy partyn valaki találkozik az űrhajóssal, aki másodiknak lépett a Holdra. A film az esemény rövid, művészi megjelenítése.

VIDOVSZKY LÁSZLÓ

Csengery Adrienne

Adrienne Csengery

ALDRIN

Béla Balázs Studio, 1976
Black-and-white, 35 mm, 158 m, 14 minutes
DIRECTOR: LÁSZLÓ VIDOVSZKY
CAMERA: GÁBOR BÓDY
SINGER: ADRIENNE CSENGERY

The film is based on a report that appeared in the West German magazine, **Stern.** At a party, someone meets the astronaut who was second to walk on the moon. The film is, as a matter of fact, a brief, artistic depiction of that event.

LÁSZLÓ VIDOVSZKY

Az ALDRIN kottája

Score for ALDRIN

FILMISKOLA

Oktatófilm
Magyar Televízió, 1976
Fekete-fehér, 16 mm (kétszalagos), összesen 87 perc, I/1. rész: 360 m; I/2. rész: 310 m; II. rész: 300 m
OPERATŐR: DUBROVITZ PÉTER, HARASZTI ZSOLT, HOLLÓS OLIVÉR
MUNKATÁRSAK: DROZDIK ORSOLYA, POHÁRNOK MIHÁLY, RUTTKAI ANDREA, VIDOVSZKY LÁSZLÓ

A **Filmiskola** kétszer tíz adásra tervezett sorozatából az első két forgatókönyv három adásra bontott anyaga valósult meg, mely tematikailag a bevezető, alap-témák feldolgozását jelenti. Címe: **Találkozás a médiummal,** az első két adás alcíme: **A film és a fotográfia eszközeiről,** a harmadiké: **A mozgókép lehetőségei.** A vizuálisan és narrációjában is rendkívül átgondolt munka az új csoportosítás, ismert elemek és fogalmak összefogott, újszerű kontextusát teremti meg. Így a didaktikus célkitűzések megvalósításán túl önálló műként is tekinthető, hasonlóan és méltón a választott előkép, *Moholy-Nagy László „Festészet, fényképészet, film"* c. könyvéhez, melyet ajánlott irodalomként is feltüntet.

Az utolsó elkészült rész zárószakaszában összegzésként elhangzó mondatok: „Van tehát a filmnek is olyan adottsága, mint a szónak, vagy a zenének, amely a maga utján teljesen fiktív dolgok közlését teszi lehetővé. Ez az adottsága igen kevéssé megmunkált. A pénz, technika és fantázia szövetsége szükséges ahhoz, hogy ma már adott lehetőségeink a kifejezés járt útjaivá váljanak."

A ciklus következő darabjai e lehetőségek potenciális rendszerét, a kifejezés módszereit és történeti (meglévő, használt) irányait dolgozták volna föl. A **Filmiskola III-IV.** forgatókönyve elkészült **(Ember a felvevőgéppel** a közös cím, a **III.** alcíme: **A filmkészítés funkciója,** a **IV.-é: A vizuális bázis).** A további részek felépítését Bódy a forgatókönyv lektori véleményeire írott részletes válaszában írja le:

5. A látvány tagolása/1 (Az elsődleges tagolás — kompozíció és ritmus)
6. A látvány tagolása/2 (Az értelmező tagolás — a jelentés)
7. A látvány tagolása/3 (A másodlagos tagolás — a kontextus)
8. Audiovizuális tagolás (Hang és kép)
9. Audiovizuális kommunikáció (Rögzítés — kommunikáció — nyelv — jelentés — stílus)
10. Ember a felvevőgéppel/4 (Funkciók — csatornák — műfajok — hatás)

FILM SCHOOL

Eductional film
Hungarian Television, 1976
Black-an-white, 16 mm (double strip print), I/1: 360 m, I/2: 310 m, II: 300 m, total: 87 minutes
CAMERA: PÉTER DUBOVITZ, ZSOLT HARASZTI, OLIVÉR HOLLÓS
ASSITED BY: ORSOLYA DROZDIK, MIHÁLY POHÁRNOK, ANDREA RUTTKAI, LÁSZLÓ VIDOVSZKY

From the **Film School's** series which planned for two times ten programmes. Only the material of the first two scripts was completed over three programs which thematically are the adaptation of the introductory and basic themes. The series title is: **Encounter with the medium.** The subtitle of the first two programmes is: **About the Devices of Film and Photography** and of the third one: **The Possibilities of motion Picture.** They are both visually and narratively profound work creating a concise, individual context of new classification and previously known elements and concepts. So beyond achieving the didactic goals it can also be regarded as an independent work, deservedly similarly to the chosen model, which is the book titled *"Painting, Photography, Film"* written by *László Moholy-Nagy* which is listed as recommended literature.

The following sentences which act summaries are quoted from the closing passage of the last completed part: "Hence similarly to the word or music, the film also has a characteristic which makes it possible to express in its own way completely fictive things. And this feature is only slightly elaborated. The association of money, technology and fantasy is needed to make our previously understood possibilities on the beaten path of expression."

The remaining pieces of the cycle would have worked out the potential system of these possibilities and the methods and hystorical (already existing and used) trends of expression. The **third** and the **fourth** scripts about the **Film School** are ready, their collective title is: **The Man With the Camera,** the subtitle of the **third** one: **Functions of Film-making** and of the **fourth** one: **Visual Basis.** Bódy describes the construction of the further parts in his detailed answer to the reader's note on the screenplay.

5. Dissection of spectacle/1 (Primary dissection — composition and rhythm)
6. Dissection of spectacle/2 (Analysing dissection — meaning)
7. Dissection of spectacle/3 (Secondary dissection — context)
8. Audio-visual dissection (Sound and picture)

9. Audio-visual communication (Recording — communication — language — meaning — style)

10. The man with the movie camera/4 (Functions — channels genres — effect)

FILMISKOLA/B

11—20. Műfajok, utak, iskolák, filmelemzések. Konkrét filmtörténeti anyagra támaszkodó esszéisztikus adások, a film „nyelvtanának" ismeretében.

Mint **„Általános célkitűzések és módszertani megjegyzések a »Filmiskola« programjához"** c. bevezetőjében említi, terve volt könyvként is megjelentetni — az adásokkal egyidejűleg, módosított formában — a film „nyelvtanát", az összefüggések feldolgozott rendszerének lényegét.

Az elkészült részekben a következő filmekből vannak idézetek:
Dziga Vertov: Ember a felvevőgéppel
Eizenstein: Rettegett Iván, Október
Tóth János: Study
Dévényi László: Szemek (a II-III. részben)

(P.M.)

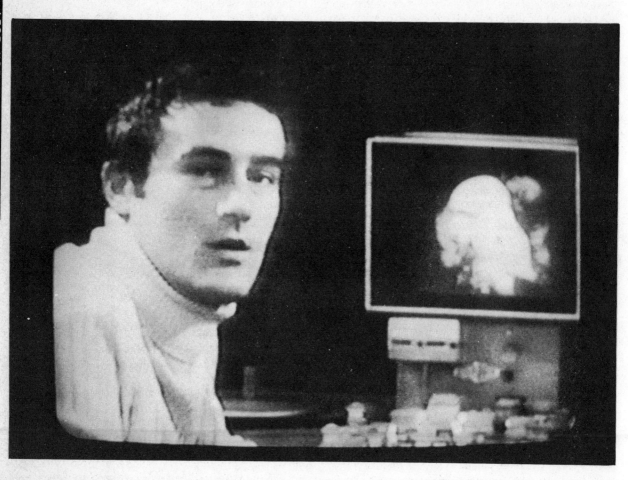

FILM SCHOOL/B

11—20. Genres, roads, schools, film-analyses. Concrete, essay-like programmes rely in the knowledge of the history of film in the "grammar" of film.

As mentioned in his introduction to the **"General Goals and Methodological Remarks on the Program of »Film School«"** he intended to publish a book — simultaneously with the programs, in a revised form — on the "grammar" of films, i.e. the essence of the interrelations' analysed system.

In the completed parts there are quotations from the following films:
Dziga Vertov: The Man With the Movie Camera
Eisenstein: Ivan the Terrible, October
János Tóth: Study
László Dévényi: Eyes (second and third parts only)

(M.P.)

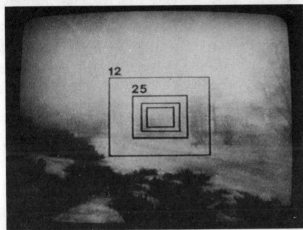 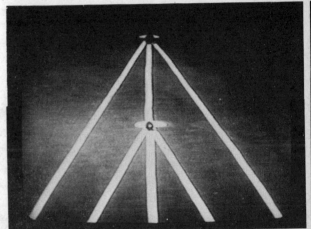

 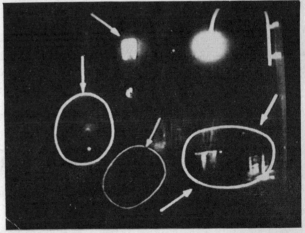

VÁLASZ TÓTH JÁNOS LEKTORI VÉLEMÉNYÉRE

[...] *Bizonyos*, hogy a második ciklusban sor kerül egy olyan önálló essay-re, amely a kezdetek heroizmusát, a puszta képrögzítés aszketikus pátoszát, a *reprodukció* filozófiáját járja körül, és emlékművet állít Schulze, Niépce, Daguerre, Talbot, Kramolin, Petzval, Nadar, Brady és a többiek fotográfiájának, Greene, Collins korai kinematográfiájának, a camera obscurának és a rajzolószerkezeteknek, a tájmatematikának, "Silhouette"-nek, a spekulának, a varázstintának, a „fényírásnak", a bűvös lámpának, az episzkópnak, a laterna magicának, a nekromantikus vetítésnek, a szellemkávéházaknak, a ködfátyolképnek, a varázskorongnak: a thaumatropnak, a "pedemaskop"-nak, az életkeréknek: a "phenakistoskop"-nak, "stroboszkóp"-nak, az "anorthoskop"-nak, a csodadobnak: a "Dädaleum"-nak, vagy "Zootrop"-nak, a "Kineograph"-nak, a "Taschenkinoskop"-nak, az "Abblätter-Kinoskop"-nak, "Kleinkinoskop"-nak, "Postkartenkino"-nak, vagy "Taschenkinematograph"-nak, a "stereomutoskop"-nak, a "phono-Mutoskop"-nak, a "Kinematoskop"-nak, *Eadweard James Muybridge*-nek, "Zoogyroskop"-jának és "Zoopraxiskop"-jának, a fotópuskának, a "Chronophotograph"-nak, *Uchatius* forgókorongos készülékének, továbbá a "Polyrama"-nak, a "Choreutoskop"-nak, *Emile Reynaud* „optikai színházának": a "Praxinoscop"-nak és a "Projections-Praxinoscop"-nak, a "biophantoscop"-nak, *Edison* "Kinetograph"-jának és "Kinetoskop"-jának, a "Nickel Odeon"-nak, a "Phantoscop"-nak, a "Vitaskop"-nak és végül Lumière-ék "cinématographe"-jának.

Budapest, 1975. szeptember 15.

BÓDY GÁBOR

ANSWER TO THE READER'S OPINION OF JÁNOS TÓTH

[...] *It is certain* that in the second cycle an independent essay is released which shows the heroic beginnings, the ascetic pathos of mere recording, the philosophy of *reproduction* and it also pays tribute to the photography of Schulze, Niépce, Daguerre, Talbot, Kramolin, Petzval, Nadar, Brady and the others and as well as to the early kinematography of Green and Collins,
to the camera obscura, to the drawing apparatus, to scenery-mathematics, to the "Silhouette", to speculum, to magic ink, to "illuminated manuscripts", to the magic lantern, to the episcope, to the laterna magica, to necromantic projections, to the spirttualistic cafés, to misty veil pictures, to the magic disc; to the thaumatrope, to the "pedemascope", to the wheel of life: the "phenacistoscope", to the "stroboscope", to the "anorthoscope", to the magic drum; the "Dädaleum" or "Zöetrope", to the "Kineograph", to the "Taschenkinoscope" to the "Abblätter-Kinoskop", to the "Kleinkinoskop", to the "Postkartenkino", to the "Taschenkinematograph", to the "stereomutoscope", to the "photo-Mutoscope", to the "Kinematoskope", to *Eadweard James Muybridge*, to his "Zoogyroscope" an "Zoopraxiscope", to the telelens, to the "Chronophotograph", to *Uchatius's* turntable device and to the "Polyrama" to the "Choreutoscope", to the "optical theatre" of *Emile Reynaud;* the "Praxinoscope", and the "Projections-Praxinoscope", to the "biophantoscope", to *Edison's* Kinetograph and "Kinetoscope", to the "Nickel Odeon", to the "Phantoscope", to the „Vitascope" and finally to the Lumières' "Cinematographe".

Budapest, September 15, 1975

GÁBOR BÓDY

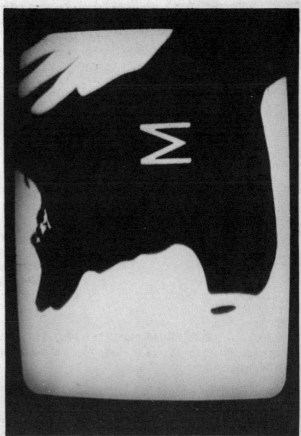

PSZIHOKOZMOSZOK

Computer-kísérlet
Balázs Béla Stúdió, 1976
Fekete-fehér, 35 mm (1:1,33), 370 m, 12 perc
OPERATŐR:
HOLLÓS OLIVÉR
COMPUTER:
SZALAY SÁNDOR

ELŐZMÉNYE:
PSZICHOKOZMOSZOK (Proxemikai sémák), in: A K3 munkacsoport filmtervei. (BBS Sokszorosítás.) 1976. 27. l.

Modell-kísérlet a computer használatára „történet" konstruálásában. Egy történet tervezésekor nem szükséges a történet tárgyát képező esemény teljes belátása. Elegendő az esemény szereplőinek tulajdonságait és a lebonyolítás szabályait meghatározni. Az eseményt a computer számítja ki. Amennyiben elégedetlenek vagyunk a történettel, változtathatunk a szereplők tulajdonságain, vagy a bonyolítás szabályain.

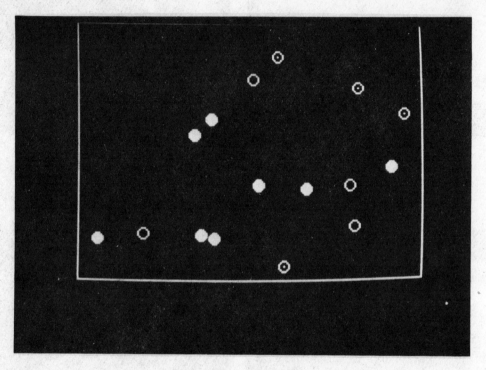

PSYCHOCOSMOSES

Computer experiment
Béla Balázs Studio, 1976
Black-and-white, 35 mm (1:1,33), 370 m, 12 minutes
CAMERA: OLIVÉR HOLLÓS
COMPUTER: SÁNDOR SZALAY

PRELIMINARY WRITTEN PROJECT: PSYCHOCOSMOSES (schemes of proxemics).
in: Film projects of the K3 Group. (BBS roneo) 1976. p. 27.

This is an experimental model for the use of a computer with the construction of a story. In planning a story it's not necessary to see through all the happenings that forms the subject of the story. It's sufficient to define the characters' nature and the rules of the plot. The happening is calculated by a computer. If we are unsatisfied with the story we can modify the characters' nature or the rules of the plot.

Egy fekete dobozba olyan golyókat dobálunk, amelyek mozgását egymáshoz képest különböző karakterrel határozzuk meg:

A) DEFENZÍV **B)** OFFENZÍV **C)** NEUTRÁLIS

A film azt rögzíti, milyen történetek alakulnak ki, ha a három közül az egyik karakter többségben van.

1) OFFENZÍV TÖBBSÉG **(Kutya éji dala)**
2) DEFENZÍV TÖBBSÉG **(A menekvés kertje)**
3) KÖZÖMBÖS TÖBBSÉG **(Délidő)**

ÉLET JÁTÉK
J. A. Conway által megalkotott szabályok alapján.

A játék szabályai a szomszédság számarányai alapján döntenek egy forma alkotópontjának átalakulásáról; új formák születéséről, vagy a forma haláláról.

A programot *Szalay Sándor* elméleti atomfizikus számította ki. Amikor megkérdeztem tőle, miért van az, hogy mindhárom esetben egyes golyócskák egymást püfölve összetapadnak, majd egy idő után elválnak, azt válaszolta, hogy ezt ő se várta volna, és fogalma sincs, hogy miért.

(B. G.)

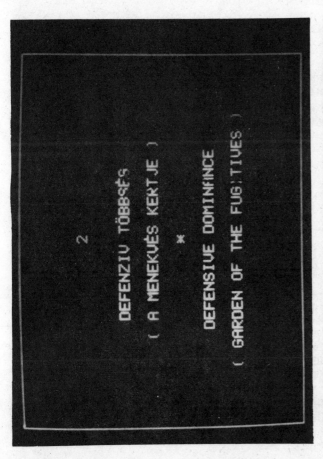
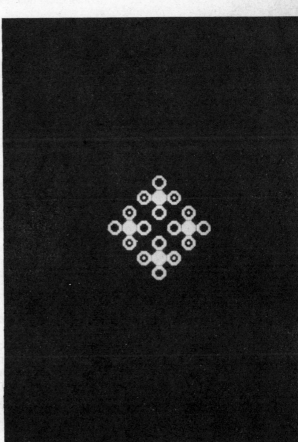

We throw balls into a black box and define their movement with different characters in their relation to one another.

A) DEFENSIVE **B)** OFFENSIVE **C)** NEUTRAL

The film shows what stories would work out if one of these three characters was in majority.

1) OFFENSIVE MAJORITY **(The Dog's Night Song)**
2) DEFENSIVE MAJORITY **(The Garden of Flight)**
3) NEUTRAL MAJORITY **(High Noon)**

LIFE GAME
Based on the rules laid down by *J. A. Conway*.

The rules of the game decide on the transformation of a form's components, the rise of new forms or the ceasing of old ones, according to numerical proportions.

The program was calculated by *Sándor Szalay,* an atomic physicist. When I asked him why it was that certain balls sticked together after bumping and then became separated again in all of the three cases, he answered that he had not expected that either and had no idea as to why.

(G. B.)

PRIVÁT TÖRTÉNELEM

Dokumentumanalízis
Híradó és Dokumentumfilm Stúdió, 1978
Fekete-fehér, 35 mm, 25 perc
TÁRSALKOTÓ:
TÍMÁR PÉTER

BEMUTATÓK:
1979
Rövidfilmfesztivál, Miskolc
1980
Melbourne
1985
American Federation of Arts, New York

DÍJ:
A magyar film- és tévékritikusok díja, Miskolc, 1979

A film a két világháború között Magyarországon készült home-movie-k köréből dolgoz fel néhányat. Az anyagokat újsághirdetés útján gyűjtöttük be. A feldolgozás a **második tekintet** elvét a képanalízis technikailag kifinomult módszereivel viszi végbe *(Crass-kamera: Tímár Péter és Németh György).* Egyes középen perforált Pathé 9,5 mm-es és igen megrongált 8 mm-es anyagokat csak kézi munkával, kockáról kockára továbbítva lehetett megmenteni. Ilyen módon egy utolsó pillanatban elvégzett restaurációs munkának is felfogható a film. A restauráció a hangtartományban néhol ironikus rekonstrukció: a szereplők szájmozgását egy süketnémákat oktató tanár segítségével leolvastuk, és a képre szinkronizáltuk. Ahol az olvasat nem volt pontos, természetesen saját fantáziánkat hívtuk segítségül. A film egyéb hangkollázsát eredeti dokumentumokból állítottuk össze.

(B. G.)

PRIVATE HISTORY

Document analysis
Newsreel and Documentary Film Studio, 1978
Black-and-white, 35 mm, 25 minutes
CO—DIRECTOR:
PÉTER TÍMÁR

FESTIVAL AND RETROSPECTIVE SCREENINGS:
1979
Short Film Festival, Miskolc
1980
Melbourne
1985
American Federation of Arts, New York

PRIZE:
Prize of Hungarian film and TV critics, Miskolc, 1979

In this film, home movies made between the two world wars in Hungary are adapted into a composition. Material was collected through of advertisments. In the adaptation the principle of **second face** is carried out with the technically refined methods of picture analysis. *(Crass camera: Péter Tímár, György Németh).* Several 9,5 mm Pathe reels with a single central sprocket, and 8 mm films could only be saved by manual work, step-printing each shot. Thus the movie can be considered a restoration work and one made at the very last moment. Restoration of the sound range was sometimes done as an ironical reconstruction: mouth movements were read off with the help of a teacher for the deaf and dumb and the film was then dubbed. Naturally our own fantasy was also of some help when interpretation proved otherwise impossible. The remaining sound collage of the film was edited from original documents.

(G. B.)

BÓDY GÁBOR FILMJEI / THE FILMS OF GÁBOR BÓDY

PRIVÁT TÖRTÉNELEM

[...] E filmekben, akár egy mozgó családi fotóalbumban, akaratlanul is ott rögződik a külvilág, az avatott szem számára izgalmas tanulságokkal.

— Erre egyedül a film képes — mondja Bódy Gábor. — A filmszalag a maguk idejében mellékesnek tűnő részleteket is megőriz, amelyek a késői nézőnek fontos, szavakkal talán meg sem ragadható információkat adnak a kor jelenségeiről, légköréről. A ruhaviselet, a gesztusok, a környezet, a film témája, hangosfilm esetében a beszédmodor, a hanghordozás — megannyi árulkodó adalék a filmen szereplők társadalmi hovatartozásáról, életformájáról, kulturális szokásairól, modoráról. A film tudniillik olyan széles felületén ragadja meg és konzerválja a valóságot, hogy egy amatőr film esetében — ahol nagy szerephez jut a véletlen — számos ellenőrizhetetlen valóságelem is a celluloidra kerül, amely az idő által kap jelentést.

— Miben különböznek az itt látott amatőr filmek a korabeli hivatalos dokumentumfilmektől?

— Elsősorban a tudatosság tekintetében. A híradók filmanyagát, feldolgozási módját mindig áthatja a kor hivatalos ideológiája. Az amatőr film sokkal szerényebb célokat tűz maga elé — a kívülálló számára talán fárasztó egyhangúsággal —, ám ez a film is tükrözi a történelmi valóság egy-egy szeletét. Csak a nézőpont különbözik. A magánélet felől közelítve ugyanaz a közös élményanyag — a történelem — egészen másképp hat. Ezen a privát szemüvegen át nézünk egy korszakra: a harmincas évektől a második világháborúig. [...]

[Ország-Világ 1978. Június 7. 23. I. Részlet]   H. VALACHI ANNA

Tímár Péterrel

With Péter Tímár

PRIVATE HISTORY

[...] Like in a moving family photo-album, the surrounding world is involuntarily fixed in these films, displaying an exciting experience for the expert eye. Says Gábor Bódy:

— Only the film is able to do this. A reel from ancient times preserves details of minor importance, which, however, can provide today's audience with important information which is indescribable in words concerning the aura and phenomena of the age. Clothing, gestures, surroundings, subject matter of the film, their way of talking and intonation in case of sound picture — all these are displaying data about the social status, way of living, cultural habits and manners of the characters in the film. Namely, the film grasps and preserves reality in such a grand scale, that in the case of an amateur film — where the accidental plays an important role — several uncontrollable abstracts of reality are preserved on celluloid, and these gain importance and meaning through time.

— What is the difference between these amateur films and the official documentary films of the period?

— The first difference is in consciousness. The material and processing of newsreels are always inspired with the official ideology of the age. Amateur films have aims of smaller calibre — they can even be tiring and monotonous for outsiders — but particular details of historical reality are equally mirrored in the amateur movie. The difference lies only in the viewpoint. The common experience — history — creates quite different effects when approached from a private live. We are observing an epoch — from the 30s upto the Second World War — through private eyeglasses. [...]

[Ország-Világ, June 7, 1978. pp. 23-24. Extract]   ANNA H. VALACHI

IRODALOM/BIBLIOGRAPHY:

— Nemlaha György: A Privát történelem — privát történelme. Pesti Műsor 1979. 4. 73. l.
— H. Valachi Anna: Privát történelem. Ország-Világ 1978. jún. 7. 23-24. l.

EZ A DIVAT
('78 TAVASZ — NYÁR)

[Reklámfilm]
MAFILM Propaganda Stúdió, 1978
Színes Eastmancolor, 35 mm (Lincoscope takarásos), 368 m, 13 perc
OPERATŐR:
IFJ. JANCSÓ MIKLÓS
ZENE:
PANTHA REI

A *Magyar Divatintézet* megbízását kihasználva, Bódy a reklámfilm műfajának megújítására vállalkozik. „Keretjátékba" ágyazza feladatát, az új ruhakreációk bemutatását; extrém környezeteket és helyzeteket teremt, melyek mellett a konvencionális divatfotó-helyszínek is irónikus hatást keltenek. A rendező számos, korábbi és későbbi filmjéből ismert effektust alkalmaz, illetve itt próbál ki. A film egész struktúrája a videóclip műfaját előlegezi. A divatbemutató keretét egy sci-fi jelenet nyújtja: hatalmas, ezüst színű ballon hullik le egy raktárhelyiségbe, felrobban, majd hasonló, tömlőszerű, ezüstös lények jelennek meg, egyikük kigyullad, egy másik bekopogtat a Divatintézet ajtaján; végül egy ezüst fóliával bevont alak letépi maszkját: fiatal női arc bukkan elő. A film végén is ugyanezeket a jeleneteket látjuk, fordított sorrendben, visszafelé.

A tulajdonképpeni divatbemutató jelenetei:
— raktárnak berendezett filmgyári stúdió, ahol a különböző utcai ruhákat viselő nők munkagépeket indítanak be, azok között mozognak, zsákokból gabonát szórnak. (Effekt: osztott képmező.)
— irodahelyiség, írógépelés, kávéfőzés, cigarettára gyújtás rengeteg öngyújtóval; gyerekek jönnek be; ismét magszórás. (Effektek: a kávéfőzőben tükröződő alakok, osztott képmező.)
— raktár: eldobott cigaretta, a keletkező tűz oltása (víz- és tűzhatlan köpenyek bemutatása); a fóliaember keresgél a ruhák között.

LATEST FASHION
('78 SPRING — SUMMER)

[Commercial]
Mafilm Propaganda Stúdió, 1978
Eastmancolor, 35 mm (Lincoscope) 368 m, 13 min.
CAMERA:
MIKLÓS JANCSÓ JR.
MUSIC:
PANTHA REI

Fully exploiting his assignment for the Magyar Divatintézet *(Hungarian Fashion Institute),* Bódy sets out to renew the genre of the commercial. He sets his task, the parade of new dress models, in a "frame-play"; he creates extreme environments and situations alongside of which are shown conventional scenes of fashion photography which produce an ironic effect. The director applies a number of effects which are drawn from his earlier films and some which he will use again in his subsequent films. In effect, these he tests here. The whole structure of the film foreshadows the genre of video clips. The set of the fashion show is a sci-fi scene: a huge, silvery balloon drops into a store-room, it explodes, then similar, bag-like, silvery creatures emerge. One of them catches fire, another one knocks on the door of the Fashion Institute; finally a figure wrapped in silvery aluminium foil tears its mask off: the face of a young woman appears. These scenes return played backwards at the end of the film in reverse order.

The scenes of the actual fashion show:
— a film studio arranged like a warehouse where women are shown wearing various outdoor clothes. They start up machines, they move about them, and disperse seeds from sacks. (Effects: a divided field.)
— an office, where there is typing, making coffee, and the lighting of cigarettes with a myriad of lighters. Children enter; seeds are again thrown. (Effects: figures reflected in the percolator, divide field.)

— sport- és munkaruhák bemutatása egy elemes faház összeállítása ürügyén: fiatalok, öregek, gyerekek. Utóbbiak állandóan labdákat gurítanak az épülő ház terébe. (Effektek: hármas képmező, lassításokkal, időeltolódásokkal.)

— elegáns party: italozás, kutyás hölgyek a teraszon, tévé bekapcsolása, zongorázás. (Effektek: női szemben egy másik nő tükröződik, füst és színes tünemények a lámpabúrában és az akváriumban, gőzre vetített kép, tévé-„kép-a-képben"; az akvárium gömbje átalakul égő gömbbé: visszatérés a kezdő képsorokhoz.)

A stáblista alatt mindennapi utcakép.

(B L)

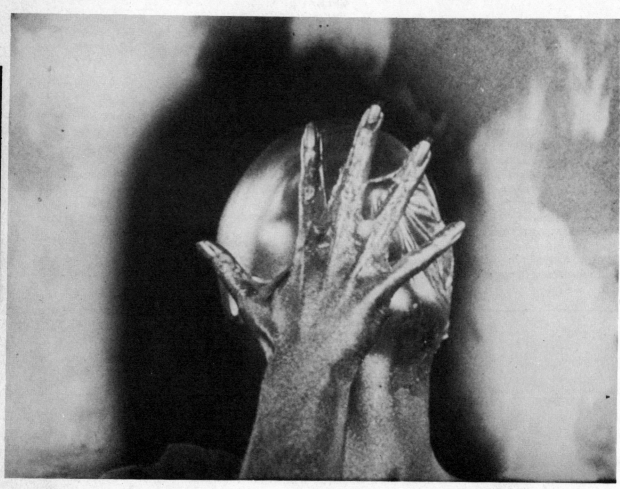

— warehouse: a cigarette is thrown away. The subsequent fire is extinguished (show of water- and fireproof coats); the figure in aluminium foil rummages about the clothes — show of sportswear and working clothes through the assemblying of a wooden prefabricated house. We see old and young people and children. The children keep on rolling balls into the area of the house under construction. (Effects: triple field with slow motions and time shifts.)

— An elegant party: we see drinking, ladies with dogs on the terrace, switching on the tv, and playing the piano. (Effects: a woman is reflected in the eyes of another woman, smoke and colourful apparitions on the lampshade and in the aquarium, a picture projected on steam; tv-"picture-within-the-picture"; the bowl of the aquarium transforms into a fire ball: return to the initial sequences.)

Everyday picture of a street with the credits over.

(L B)

NÁRCISZ & PSYCHÉ

BÓDY GÁBOR *színes kétrészes filmje,*

WEÖRES SÁNDOR *írása alapján*

CSAPLÁR VILMOS *és* BÓDY GÁBOR
forgatókönyvéből

Főszereplők:

PATRICIA ADRIANI   UDO KIER   CSERHALMI GYÖRGY

Fényképezte: HILDEBRAND ISTVÁN   *Látványtervező:* BACHMAN GÁBOR
Zene: VIDOVSZKY LÁSZLÓ   *Elektronikus effektus:* SZALAY SÁNDOR

HUNNIA FILMSTÚDIÓ 1980.

NÁRCISZ ÉS PSYCHÉ

Mozi-játékfilm
Hunnia Stúdió, 1980
Színes (Eastmancolor), 35 mm (1:1,66), **több verzió: két részes:** 5850 m, 210 perc (I. 2839 és II. 3011 m)
külföld számára **rövidített változat:** 136 perc (dolby-stereo hang)
három részes televízió-változat: 270 perc (alcímei: I. Nárcisz és Psyché, II. Psyché, III. Psyché és Nárcisz)
FORGATÓKÖNYV:
WEÖRES SÁNDOR „Psyché" c. műve nyomán CSAPLÁR VILMOS és BÓDY GÁBOR
(DOBAI PÉTER közreműködésével)
OPERATŐR:
HILDEBRAND ISTVÁN
LÁTVÁNYTERVEZŐ:
BACHMAN GÁBOR
ZENE:
VIDOVSZKY LÁSZLÓ
(IDÉZETEK Pseudo-Arcadelt, Beethoven, Berlioz, Brahms, Chopin, Debussy, Haydn, Kálózdi, Kossowitz, Lakatos, Lanner, Mahler, Pártos, Podmanicky, Rózsavölgyi, Ruzitska, Schreiber, Schubert, R. Strauss, Uhrner, Dr. Weiner műveiből)
ELEKTRONIKUS EFFEKTUSOK:
SZALAY SÁNDOR
TRÜKK:
GUJDÁR JÓZSEF, NÉMETH GYÖRGY, PALLÓS LÁSZLÓ, TÍMÁR PÉTER, VARGA IMRE
VÁGÓ:
KORNIS ANNA
JELMEZ:
KOPPÁNY GIZELLA, MIALKOVSZKY ERZSÉBET

NARCISSUS AND PSYCHE

Feature film for movies
Hunnia Studio, 1980
Eastmancolor, 35 mm (scope 1:1,66)
two-part version: 5850 m, 210 minutes (1st part: 2839 m, **2nd part:** 3011 m)
shortened version for foreign distribution: 136 minutes (with Dolby-stereo sound)
TV version in three parts: 270 minutes (Episodes titled: I. Narcissus and Psyche, II. Psyche, III. Psyche and Narcissus)
SCREENPLAY:
VILMOS CSAPLÁR, GÁBOR BÓDY, on the base of SÁNDOR WEÖRES' „Psyché"
SCREENPLAY ASSISTANT:
PÉTER DOBOS
CAMERA:
ISTVÁN HILDEBRAND
SET DESIGNER:
GÁBOR BACHMAN
MUSIC:
LÁSZLÓ VIDOVSZKY (using extracts from the works of Pseudo-Arcadelt, Beethoven, Berlioz, Brahms, Chopin, Debussy, Haydn, Kálózdi, Kossowitz, Lakatos, Lanner, Mahler, Pártos, Podmaniczky, Rózsavölgyi, Ruzitska, Schreiber, Schubert, R. Strauss, Uhrner, Dr. Weiner)
ELEKTRONIC EFFECTS:
SÁNDOR SZALAY
SPECIAL EFFECTS:
JÓZSEF GUJDÁR, GYÖRGY NÉMETH, LÁSZLÓ PALLÓS, PÉTER TÍMÁR, IMRE VARGA
EDITOR:
ANNA KORNIS
COSTUMES:
GIZELLA KOPPÁNY, ERZSÉBET MIALKOVSZKY

KOREOGRÁFIA:
KRISTINA DE CHATEL, MÓGER ILDIKÓ, GALAMBOS LAJOS,
(közreműködött a "STICHTING DANSGROEP KRISTINA DE CHATEL")
GYÁRTÁSVEZETŐ: FOGARASI ISTVÁN
SZEREPLŐK:
Lónyay Erzsébet (Psyché) PATRICIA ADRIANI (hangszinkron: Kútvölgyi Erzsébet)
Tóth László (Nárcisz) UDO KIER (hangszinkron: Cserhalmi György)
Maximilian von Zedlitz báró CSERHALMI GYÖRGY (hangszinkron: Garas Dezső)
TOVÁBBÁ:
NICOLE KAREN, FERDINÁNDY GÁSPÁR, HORVÁTH ÁGNES, GERA ZOLTÁN, INGRID CAVEN, TÓTH ÉVA,
HORNYÁNSZKY GYULA, PILINSZKY JÁNOS, JÁNOSSY FERENC, CSUTOROS SÁNDOR, DERZSI JÁNOS,
FEKETE ANDRÁS, BABETH MONDINI, ERDÉLY MIKLÓS, HAJAS TIBOR, ÚJLAKI DÉNES, BONTA ZOLTÁN,
BUCZ HUNOR, HOPPÁL MIHÁLY, KARIG GÁBOR, RAYMUND WEBER és mások

BEMUTATÓK:
1980
December 22. Budapest (Ősbemutató)
1981
XIII. Magyar Játékfilm Szemle, Budapest
Locarno, Nemzetközi filmhét
Figuera da Foz
Cannes, Quinzaine des Réalisateurs
Sevilla
San Francisco
Mannheim
1982
Berlin (West), Forum des Jungen Films
1983
nov. 10. Jugendklub Friedrichsfelde, Berlin (B. G. filmjei, sorozat)
1985
Möwe, Berlin

CHOREOGRAPHY:
KRISTINA DE CHATEL, ILDIKÓ MÓGER, LAJOS GALAMBOS
DANCES:
"STICHTING DANSGROEP KRISTINA DE CHATAL
PRODUCTION MANAGER:
ISTVÁN FOGARASI
CAST:
Erzsébet Lónyay (Psyche) PATRICIA ADRIANI (with the voice of Erzsébet Kútvölgyi)
László Tóth (Narcissus) UDO KIER (with the voice of György Cserhalmi)
Baron Maximilian von Zedlitz GYÖRGY CSERHALMI (with the voice of Dezső Garas)

WITH:
NICOLE KAREN, GÁSPÁR FERDINÁNDY, ÁGNES HORVÁTH, ZOLTÁN GERA, INGRID CAVEN, ÉVA TÓTH,
GYULA HORNYÁNSZKY, JÁNOS PILINSZKY, FERENC JÁNOSSY, SÁNDOR CSUTOROS, JÁNOS DERZSI,
ANDRÁS FEKETE, BABETH MONDINI, MIKLÓS ERDÉLY, TIBOR HAJAS, DÉNES ÚJLAKY, ZOLTÁN BONTA,
HUNOR BUCZ, MIHÁLY HOPPÁL, GÁBOR KARIG, RAYMUND WEBER and others

FESTIVAL AND RETROSPECTIVE SCREENINGS:
1980
Budapest (World premier on the 22nd December)
1981
XIII. National Feature Film Festival, Budapest
Locarno
Figuera da Foz
Cannes, Quinzaine des Réalisateurs
Sevilla
San Francisco
Mannheim
1982
Berlin (West), Forum des Jungen Films
1983
Jugendklub Friedrichsfelde, Berlin (1oth November; Gábor Bódy's Films Series)

1986
Haus der Ungarischen Kultur, Berlin (B. G. retrospektív)

DÍJAK:
1981
Kiemelt rendezői díj (Budapest, Társadalmi zsüri)
Ernest Artaria-díj (Bronz Leopárd) Locarno
CIDALC-díj, Figuera da Foz

1985
Möwe, Berlin
1986
Haus der Ungarischen Kultur, Berlin (Gábor Bódy retrospective)

PRIZES:
Special Prize of Direction, Budapest, 1981
Ernest Artaria Prize (Bronze Leopard), Locarno, 1981
CIDALC Prize, Figuera da Foz, 1981

NÁRCISZ ÉS PSYCHÉ
(BESZÉLGETÉS WEÖRES SÁNDORRAL EGY KÉSZÜLŐ FILM ALKALMÁBÓL)

[. . .]

BÓDY GÁBOR: Nem ez az első utazásod az időben, ha az ember versesköteteidet, vagy még a műfordításaidat is mellé veszi. De feltehetőleg ez az, ahová a legtöbb olvasód követett. Ezért hadd kérdezzem meg ezzel az egy könyvvel kapcsolatban, hogy az idő mit jelent neked?

WEÖRES SÁNDOR: Az idő jelenti az őskornak a maradványait, jelenti a különböző történelmi stíluskorszakokat, jelenti a jelenkort, és jelenti a jövőt. Persze végeredményben csak jelen van. A múlt és a jövő — azok aktatáskáink. A múlt mindig csak volt, a jövő pedig csak lesz, a múlt az a táska, amiben a reményeink és félelmeink vannak. Ilyen módon jövő soha nincs, ahogy múlt sincs soha.

B. G.: A múlt, ha az irodalom és a művészet által találkozunk vele, úgy tűnik, mégis jelenné tud válni, olykor élesebben jelenvalóvá, mint az aznapi jelen.

W. S.: Igen, felidézhető a múlt. Persze akkor válik az a múlt igazán élővé, hogyha jobban hasonlít a jelenünkhöz, mint ahhoz a hajdani jelenhez, amikor azok az események játszódtak. Psychének is tulajdonképpen ez a nyitja. Sokkal inkább jelenkori figura, mint rokokó, vagy biedermeier kori.

B. G.: Psyché története egy hármas időprizmán lett kivetítve. Egyszer a történés ideje: az 1810/20-as évek. Aztán egy viszszaemlékezés dátuma: 1871. És azután az összefoglaló és a megjelenés dátuma: 1971. Itt rögtön egy részletkérdés: a 100 év különbség véletlen-e, vagy emögött is van valami.

W. S.: Hogy pont száz év a különbség, az majdnem véletlen.

B. G.: Mindenesetre ez a hármas időprizma — amellett, hogy elfogadhatóbb keretet ad a fikciónak, mint a hagyományos narratív realizmus — ad még egy egészen különös mozgást az időben. Úgy érezzük, mi is több kor tudatán át nézünk egy tájra, és úgy érezzük, ezek a korok is összenéznek egymással. [. . .]

B. G.: Psyché mindenképpen kívül áll az időn, korának kevésbé determinált figurája. Talán azért is tudunk közel kerülni hozzá.

W. S.: A tetteivel, és főleg tetteinek szakadatlan vereségével nagyonis a kortól van determinálva. Akármibe kezd, mindenütt kudarcot vall, és a kudarcsorozata csak ott szűnik meg, amikor férjhez megy Zedlitzhez, és Zedlitz jelenti az élettel való elsődleges kapcsolatot. Mindaddig Psychének minden tette, minden szándéka kudarcba fulladt.

B. G.: Feltehetőleg ugyanilyen módon kudarcba fulladna más korokban is, mert Psyché egész magatartása nonkonformis-

---

NARCISSUS AND PSYCHE
(A TALK WITH SÁNDOR WEÖRES ON THE OCCASION OF A FILM IN PROGRESS)

[. . .]

GÁBOR BÓDY: This is not your first journey in time, if we consider your books of verses and literary translations. But possibly it is where you have been followed by most of your readers. So in connection with this book let me ask you what time means to you.

Sándor Weöres: Time means the remains of prehistoric ages, of periods of history, of the present and the future. After all it is only the present which exists. The past and the future are our attaché cases. The past is a thing which existed, the future will exist and the past is the case where we keep our hopes and fears. This way there is no past and no future.

B.: The past — if you encounter it through literature and art — seems to be able to become the present, sometimes even more sharply than the present of our time.

W.: Yes, the past can be revived. Of course the past will become really living only if it resembles our present more than the present when the events actually took place. As a matter of fact this is clue to Psyche as well. She is more of a modern character than a rococo or a biedermeilerian one.

B.: Psyche's story has been projected through a threefold time prism. First comes the time of the events, of the years between 1810 and 1820s. Then the year remembered is 1871. Finally the date of the summary and of publication is 1971. Here I have got a question of detail: it is a mere chance that the difference is exactly a hundred years, or is there something behind it?

W.: The fact that the difference is exactly a hundred years is chance.

B.: At any rate this threefold time prism not only provides a more palatable frame to the fiction than the traditional narrative realism does, but it shows an entirely different movement in time as well. We feel as if we were watching a landscape through the minds of several ages and we also feel that these ages can cast glances at each other.

B.: By all means Psyche stands out in time. She is hardly determined by the age she lives in. Perhaps that is why we can get so close to her.

W.: She is very much determined by her actions. What is more it is by the continuous failure of her actions. Whatever she tries to do she fails in it, and this sequence of defeats only comes to an end when she gets married Zedlitz, and Zedlitz becomes the primary connection with life for her. Before their encounter all of Psyche's actions, and intentions fail.

B.: Supposedly she would fail the same way in all other ages as well, because her behaviour is entirely nonconformist. According to her social upbringing she belongs neither to the most aristocratic nor to the most outcast strata. This can always be observed in her behaviour.

ta. Származása szerint nem tartozik sem ide, sem oda. Illetve egyszerre tartozik a társadalom legelőkelőbb és legszámkive-
tettebb, társadalmon kívüli rétegéhez, ami magatartásán állandóan kiütközik.

W. S.: Igen, egyszerre cigánynő, vagyis proletárnő és ugyanakkor grófnő is. Óberne magában is megvan az a kettősség, ami a forradalmas szándékait eleve kudarcra ítéli.

B. G.: Egy ilyen nonkonformista magatartással ő végigbotladozhatna az egész történelmen, akár napjainkig is, és akkor sem találná helyét.

W. S.: Igen, a mai történelem ilyen magatartásának sok létjogot nem ad.

B. G.: Ugyanakkor mégsem érezzük sohasem vesztesnek Psychét. Hozzá képest mindenki mást inkább. Az élet nyertese mindenképpen, a kudarcok ellenére is, ő. Nem gondolod?

W. S.: Igen. Valami módon, úgy látszik, kárpótolni tudja önmagát a kudarcokért. A kudarcból a sikernek legalább egy töredékét ki tudja mindig alakítani. Bár itt azt is tekintetbe kell venni, hogy ez akkor van így, amikor ő maga mondja el az eseményeket. És még a legőszintébb önéletrajzíró is mindig színlel, mindig alakít. Mihelyt későbbi kortása, Acházt Márton mondja el a dolgot, akkor a kudarcok egyszerre élesebbek és szaporábbak. És nem lett volna érdektelen megírni, hogy hogyan látja Psyché életét egy bécsi rendőrspicli és egy vallási rajongója, aki valósággal szentet lát benne, egy barátnője, egy szeretője, egy gavallérja, vagy hódolója, aki nem ér el nála sikert. Nagyon különböző aspektusokban vetődhetne fel az egész Psyché-sors, hogyha ennyiféle tükörben mutatná meg az ember.

Nagyon örülök, hogy remélhetőleg film alakjában meg fog jelenni Psyché. Ez egy további aspektust fog adni Psyché alakjához. Nagyon sokat várok és remélek ettől a filmtől, annál is inkább, mert a film az egészet át kell, hogy értékelje a maga nyelvére, és egyáltalán nem maradhat az, mint a kinyomtatott, könyvbeli alak. A film nem lehet abszolút hűséges, millió okból mindig kénytelen kissé hűtlen lenni. Éppen ez a szükségszerű hűtlensége a filmnek, ami további aspektust tud adni, kell, hogy adjon Psyché alakjához és a körülötte levő férfi és nő alakokhoz, és a korszakhoz, sőt korszakokhoz, amiken keresztülhúzódik Psyché élete.

[Filmvilág 1978/8. 7-11. I. Részlet]   BÓDY GÁBOR

W.: Yes, she is a gipsy woman, a proletarian and a countess at the same time. She has the duality that her revolutionary intentions to fail.

B.: She could totter through the whole of history. She could even live in our time, but she would never find her place with such a nonconformist attitude.

W.: Yes, modern history hardly accepts such behaviour.

B.: However, we can never think of Psyche as a loser. We could think of anyone who such, except her. In spite of the failures she is the winner in life, isn't she?

W.: Yes, she is. In a way she seems to be able to compensate herself for these failures. She can make success — or at least a fraction of success — out of a defeat. We must not forget the fact however, that it only happens when it is she who tells the events. Even the most sincere autobiographers will affect and transform facts. The moment her later contemporary, Márton Achátz starts telling the story, it turns out that Psyche's failures were more serious and she had many more of them than she said she had. It would have been an interesting idea to concerne ourselves with how other people see Psyche's life: a Viennese police-spy, a passionate admirer of hers who regards her as a saint, a friend, a lover, stage-door johnmy or a young boyfriend of hers who could not achieve success with her. Many different aspects of Psyche's lot could be observed if it were shown in such varying mirrors.

I am very glad to hear that it is hoped that Psyche will be adapted for the screen. It will provide a new aspect of Psyche's character. I expect a lot from the film, so much the more as the film must reinterpret the story into its own language, and the character cannot remain the same as the one written one in the book. A film cannot be absolutely accurate and there are millions of reasons why it must be a little inaccurate. It is just the inevitable inaccuracy of the film that it can, or must provide a new aspect of Psyche's character, for of all the men and women around her and of the age, what is more, for the ages in which Psyche lived.

[Filmvilág 1978/8. pp. 7-11. Extract]   GÁBOR BÓDY

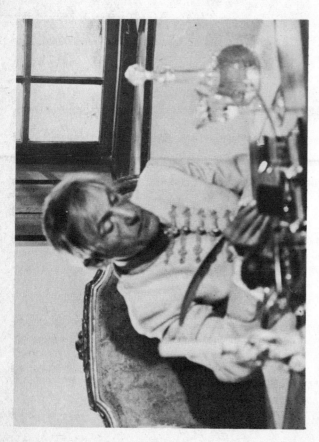

KEDVES MR. DAUMAN

Talán érdekli, mi történik velem? Nemrég befejeződtek a **Nárcisz és Psyché** munkálatai, ezen a héten várom, hogy megérkezzék a laborból az első „O-kópia". A végső változat 2 db egyenként 1 óra 50 perces filmből áll. Ezek külön-külön is vetíthetők, de természetesen igazi hatásukat csak együtt fejthetik ki.

Az I. részben exponálódnak a szereplők, és Psyché kalandozásait látjuk a XIX. század derekáig, vidéki kastélyoktól Bécsen át a magyar fővárosig. Míg ő különböző férfiakat bűvöl el, köztük majdani férjét, Zedlitz bárót, költő-párja, a szifiliszes Nárcisz tudományos karrierre készülődik, medicinát tanul a klasszicista Pest-Budán. Így módjában áll, hogy Psyché rendellenes vérzésein segítsen: a lányt méhpolippal megoperálják, amit a film heroikus naturalizmussal ábrázol. Gyógyulását bizonyítja, hogy rövidesen teherbe esik és azt sem tudja, hogy kitől. Hogy a család jóhírén ne essék folt, titokban szüli meg magzatát. A diszkréció túl tökéletes, az újszülöttet elszakítják tőle, zsákba dugják, s egy lovasszán eltűnik vele a hegyek között. Ezzel ér véget az első rész (illetve egy allegorikus képsorral, amely az 1848-as elbukott függetlenségi háborúkra utal).

A II. rész elején Psychét összetört magányában látjuk viszont. Megpróbálja feldobni magát, elmegy egy bálba, de már a hódítás sem szórakoztatja. Így talál rá gyermekkori szerelme és költőtársa, Nárcisz, hogy egyszer s mindenkorra meggyőzze: képtelen mást, mit önmagát szeretni. Psyché tehát igent mond a házassági ajánlataival őt ismeretségüktől fogva ostromló Maximilian von Zedlitznek. Bár a báró teljes szabadságot ígér, Psyché inkább születő két gyermeküknek él és támogatja férjét karitatív tevékenységében, mellyel birtokukon, a cseh-sziléziai Kramówban élő bányászok sorsát igyekeznek enyhíteni. A házasság hírére Nárcisz magába zuhan, víziókat lát az új ipari társadalom eróziójáról és megvilágosodás-szerűen a feladatát: tudósként és költőként egyfajta poetikus eugenikai programot. Ezért Bécsbe költözik, s igényli a báróné — Psyché — erkölcsi és anyagi támogatását. Zedlitz báró féltékenyen szemléli Psyché kötődését gyermekkori szerelméhez és barátjához, akivel pedig nem feküdt le soha. Féltékenysége nem csökken akkor sem, amikor az elhatalmasodó elmebaj és szifilisz végez a költővel, sőt, fixálódik. A metafizikus beállítottságú amatőr csillagász és orvos a távolságban keres menedéket, hasztalanul. Érzi, hogy Psychét a halott Nárcisztól még kevésbé tudja elszakítani, mint az élőtől, s egy apokaliptikus hajnalon, az I. Világháború után végez hitvesével: áthajt rajta négyes fogatán. „Baleset volt, vagy a féltékeny férfi tette, nem derült ki sohasem. Három év múlva utána halt ő is" — zárja le a narrátor a történetet.

Ennyi a sztori-line, és milyen a film? Jobb szeretném, ha személyesen győződhetne meg róla, de addig is jellemzem:

A történetre koncentrikus körökben épül több jelentés-réteg. Olyan, mint a rakott-palacsinta, ha van ilyen étel Franciaországban. Ez azt jelenti, hogy félre lehet kotorni, ami nem ízlik, még mindig marad mit fogyasztani. (Ez benne a „kommerciális".)

DEAR MR. DAUMAN

You may be interested in what is happening to me. The shooting of **"Narcissus and Psyche"** has recently been completed. I am expecting the ungraded fine grain copy to arrive from the laboratory this week. The final version consists of two films each of 1 hour 50 minutes. Of course both can be projected separately, but they only be fully powerful when shown.

In Part I the characters are revealed and we can see Psyche rambling through stately houses, in Vienna or in the Hungarian capital during the middle of the 19th century. While she is flirting with different men (her future husband the Baron von Zedlitz among them), her poet-companion, the syphilitic Narcissus is preparing for a scientific career, studying medicine in the classicist Pest-Buda. Thus he manages to help Psyche's irregular periods: she is operated upon for a uterine polyp — this is represented in the film by a brave naturalism. Her recovery is shown for she soon becomes pregnant, but without knowing who the father is. Not to leave a stain on the family's reputation she secretly gives birth to the child. The discretion is too perfect: the new-born baby is torn from her, put into a sack and a horsed sleigh disappeares with it to the mountains. This is the end of the first part — it is followed by a series of allegorical pictures referring to the failure of the Wars of Independence.

In Part II we meet Psyche again in her broken solitude. She is trying to enjoy herself, goes to a ball, but not even her conquests amuse her anymore. Her childhood-love and poetic companion, Narcissus finds her in this situation so as to convince her: but she is not capalbe of loving anyone else except herself. Thus Psyche says "yes" to Maximilian von Zedlitz who has showered her with proposals since the time of their first acquaintance. Though the Baron promises her personal liberty Psyche devotes herself to their two children and supports her husband in his charitable activity when they attempt to relieve the distress of the miners an their estate, at Czech-Silezian Kramow. Upon hearing of her marriage Narcissus collapses mentally, has visions about the erosion of the new industrial society and in a flash he sees the task which he has to fulfil: a form of poetic eugenics for he is a scientist as well as a poet. Which is why he moves to Vienna and begs for Baroness Psyche's moral and financial support. The Baron von Zedlitz becomes jealous because of Psyche's attachment to her childhood-love and friend, even though she has never gone to bed with him. His jealousy does not cease when insanity and syphilis having taken him he kills the poet only then is it exorcised. The metaphysically minded astronomer and doctor seeks salvation from a distance but in vain. He feels that he can pull Psyche easier from the dead Narcissus rather than from the living, and during on apocalyptic dawn after World War I, he kills his wife, by driving over her with his foursome. "Whether it was an accident or the deed of a jealous man has never come to light. After three years he followed her into death, as well" — this narration finishes the story.

Rétegek:

— kultúrtörténet, úgy is, mint „Sittengeschichte", amely átfogja a kelet-európai polgári társadalmak karakterisztikumait, születésüktől (XVIII. sz. vége) voltaképpeni bukásukig (XX. sz. az I. Világháború végéig)

— egy archetípus, a „NÁRCISZ"-tragédia vándorlása ezen a korszakon át, és megtestesülése különböző parafrázisokban: a biedermeier Nárcisz, a romantikus-nacionalista Nárcisz, a tudós, empiriokriticista Nárcisz, a szecessziós Nárcisz, az avantgarde-prefasiszta Nárcisz

— a test értelmezése a korai XIX. századi orvostudománytól a szociálbiológiáig és a thanatológiáig

— a szexualitásnak egy nem pornográf, nem-groteszk, nem is escape-ista, hanem a teljes emberi magatartáson, a fenti testértelmezésen belüli *p o z i t í v* bemutatása, ami szerintem a filmben — egy egész más módon — eddig csak Oshimának sikerült. (De ő ennek szentelte az egész filmet.)

Médium-használat és nyelv:

A médium és nyelv használatában is csomó újdonság van bevezetve: speciális színes félszűrőket dolgoztunk ki, következetesen használunk olyan idő-gyorsító effektusokat a tájképekben, amelyeket eddig csak experimentális filmek próbáltak. Az anatómiai részleteket makrofelvételek gazdagítják, az agy és a vér szereplőkként jelennek meg a filmben, és egy kozmikus űr-felvételben a spermiumok úsznak a csillagok gravitációs terében. Talán mindez nagyzolásként hat az Ön számára, de ne felejtse el, hogy több mint 2 évig dolgoztam a filmen. Attól sem kell visszariadni, hogy ezek a megoldások forszírozottak lennének, bár mint minden új dolgot, biztosan ezt is elutasítják néhányan. De nem *e g y e d i* trükkökről van szó, hanem egy konzekvens **új narrativitásról,** ami eddigi experimentális filmjeiben már kipróbált és bevált megoldásokat *a l k a l m a z*. Végezetül a technikáról; az operatőrömet kell dícsérni (Hildebrand a francia TV-ben jól ismert név): a KODAK képviselője az első rész megtekintése után többezer méter ingyen anyagot adott filmhez csak azért, hogy adott esetben ezt megemlítsük.

Félelmem, ha van a filmmel kapcsolatban, éppen abból adódik, hogy a szemléletileg és technikailag ÚJ elemek rövidesen a filmkészítés közkincsévé (helyeivé) válhatnak. Minthogy az új szemlélet úgy jön fel, mint eső után a giliszták, attól tartok, hogy sajátos geo-politikai helyzetemből adódóan úgy tűnhetek fel, mint önmagam epigonja, ha nem kerül időben a világ elé a filmem. Sajnos erre az idei utolsó alkalmat, a Velencei Fesztivált, úgy tűnik, már lekéstem. Ám igazán még nem aggódom, „habent sua fata libelli".

Talán már az eddigiekből kitűnik, hogy a filmem nem számíthat olyan jellegű kommerciális sikerre, mint a King Kong. De egészen biztos vagyok benne, hogy megfelelő információs háttérrel egész jól elfuthatna a legtöbb európai főváros egy-egy mozijában. Legjobb volna, ha erről személyesen győződne meg, még mielőtt a patologikus nagyotmondás képe alakulna ki rólam.

Kedves Dauman Úr, a meghívás ténye Budapestre még mindig áll, ha másért nem, városnézés és eszmecsere céljából. Lehet, hogy Önt új terveim jobban fogják érdekelni, mint már elkészült filmem. Számomra mindenképp becses lenne, ha az a szerencse, hogy Önt ismerősömnek mondhatom, nem szakadna meg. Október közepétől egy amerikai körútra hívtak meg

---

The story-line is long, but what is the film like? I would prefer you judged it for yourself, but I can still characterize it for you until you have the opportunity of doing so:

Several layers of meaning are built into the story in concentric circles. It is like a sort of layered pan-cake, (If there happens to be a dish like that in France!) It also means that you can push aside everything what you don't like, and there still remains something to eat. (That is the "commercial" part of it.)

These layers are as follows:

— cultural-history (as "Sittengeschichte"), which involved characteristics of East European bourgeois societies, from their conception (at the end of the 18th century) up to their fall (in the 20th century, at the end of World War I)

— transformation of an archetype, the "Narcissus" tragedy through this age and its embodiment in several aspects: the Biedermeierean Narcissus, the romantic-nationalist Narcissus, the scientist empirio-criticist Narcissus, the secessionist Narcissus, the avant-garde pre-fascist Narcissus

— the reinterpretation of the body in 19th century from medicine to social-biology and thanatology

— a presentation of sexuality which is neither pornographic, not grotesque, nor escapist either, but *p o s i t i v e* within the entire action of human behaviour, and within the interpretation of the body. This was only a success for Oshima, but of course in an entirely different way (nevertheless he devoted a whole film to this).

Usage of medium and language:

Lots of new thinks are introduced as far as usage of the medium and the language is concerned: we constructed special semi-filters, we use seemingly time-accelerating effects in landscapes and these have been tried only in experimental films yet. The anatomical details are enriched by macro-shots, brain and blood appear as characters in the film, and in a cosmic shot sperms float as though in the gravitational sphere of stars. All this may seem to be arrogant to you, but do not forget that I have worked for more than two years on this film. You do not have to be afraid that either of these devices are forced, though as new things they will all be rejected by some for sure. But in this case it is not *individual* trickery but a developing form of **new narration employing** the tested and approved devices used in my experimental films. Finally about technique: my cameraman should be prajsed (Hildebrand is well known on French tv, too); as weel I would also praise the representative of KODAK for after, having seen Part I, he gave free material to the film on several occasions. Just mention it if occasion arises.

My film, if there is to be one, about this film arises out of those NEW elements which emerge from the point of view of understanding and techniques which may become the public property (or clichés) of modern filmmaking. A new attitude comes up as worms after rain, so I am afraid that as a consequence of my special geo-political situation I may seem to be a self-plagiarist if my film does not get appear before the world in time. Unfortunately I seem to have been to late for the last opportunity this year, by which I mean the Venice Festival. But I do not really worry — "habent sua fata libelli".

Perhaps the pre-stated point should be that my film cannot expect the commercial success of a King Kong. But I am quite sure that, by using the correct means of advertising it could do quite well in one or two art movie-houses in most European capitals. You had better judge for yourself before considering me a pathological liar.

régi (1975-ös) experimentális filmjeimmel, különböző egyetemekre, de november végétől ismét itthon vagyok. Ettől az idő-
szaktól eltekintve bármikor rendelkezésére állok, és levélben is készséggel válaszolok kérdéseire.

BÓDY GÁBOR

Dear Mr Dauman, the reality of an invitation to Budapest is still valid, if for nothing else, then for the sake of sightseeing and swopping ideas. Perhaps my new plans will interest you more than my completed film. In any case I would appreciate it if the luck which I have in having you as a friend does not break. From the middle of October I have been invited to America for a round-trip to various universities showing my old pre-1975 experimental films, but from the end of November onwards I shall be at home again. Except for this period, I am free at any time and I will also answer any of your questions with pleasure by letter as well.

GÁBOR BÓDY

A FILMNYELVI KÍSÉRLETEKTŐL AZ ÚJ-NARRATIVITÁSIG

(BESZÉLGETÉS BÓDY GÁBORRAL A NÁRCISZ ÉS PSYCHÉ KÉSZÍTÉSE KÖZBEN)

ZS. I.: [. . .] hogyan illeszkedik sajátos művészi koncepciójába egy ilyen rendhagyó — s máris klasszikus értékűnek tetsző — költői mű megfilmesítése? De föltehetnék előbb egy földhözragadtabb, sőt gorombább kérdést is: vajon ha nem egy olyan patinás költő neve áll a forgatókönyv alapjául szolgáló mű címoldalán, mint Weöres Sándoré, mekkora esélye lett volna arra, hogy egy ilyen nagyszabású, sokszereplős, kosztümös, magas költségvetésű, a mi anyagi viszonyaink között monumentálisnak számító film elkészítésére — fiatal, második filmes, kevés szakmai gyakorlatú rendező létére — lehetőséget kapjon?

B. G.: Kezdjük az utóbbival, mert az az egyszerűbb. Nem vitás, hogy ilyen, viszonylag magas költségvetésű, kosztümös, sok helyszínen játszódó filmre nem könnyű pénzt kapni olyan irodalmi háttér nélkül, amiről ne volna a közönségnek és a elfogadóknak is elsődleges pozitív élményük. Az a tény, hogy Weöres Sándor könyvéről létezett egy kulturális köztudat, elismerés, vitathatatlanul segített a forgatókönyv — mint terv — elkezdésében. Ugyanakkor mindenki, aki olvasta Weöres könyvét, tudja, hogy megfilmesíthetetlen. Mellesleg Weöres könyve, azt hiszem, abban is hasonlít az Ulysseshez, hogy sokkal többen tudnak róla, mint ahányan valóban olvasták. . . A köztudatban inkább egy-két motívum él elevenen: egy félig cigány, félig arisztokrata származású, a társadalmon hol fölül, hol kívül élő gyönyörű nő szerelmeinek története, aki sokkal nagyobb szabadságot valósít meg életével, mint amit az ő — és a mi — kortásaink megélnek, vagy aminek a vágyát egyáltalán tudatosítani mernék önmagukban.

— A film, miközben épít arra az érdeklődésre, amit a költő műve és szelleme a közönségben fölkelt, óhatatlanul el is tér a megjelent könyvtől. Legelőször is: annak a pszeudo-dokumentumszerűségnek, ami a könyv egyik varázsa, a film, természeténél fogva, nem tud eleget tenni. Az írás akár egy névvel, dátummal, máris kort tud idézni. Ennek a követelménynek a film a legfotografikusabb hűségű realizmussal sem felelhet meg. Ha ezt olvasom: Wesselényi, a név önmagában kort idéz; míg ha a vásznon megjelenik X. vagy Y. színész — vagy amatőr —, az sose válhat számomra az igazi Wesselényivé. A könyv direkt „megfilmesítése" tehát eleve kudarcra ítélt vállalkozás volna. Miért választottam mégis Weöres könyvét a film alapjául? A Psychében egy nő és egy férfi kapcsolatának mítoszát látom, ami jóval tágabb érvényű, mint a konkrét történet, vagyis Psyché és Ungvárnémeti Tóth László be nem teljesedő kapcsolatának története. Egyébként a film címe — Nárcisz és Psyché — is jelzi a könyvtől való eltérést. Ez a mítosz az alap, amely alkalmas arra, hogy a mi mai életünk tapasztalatairól, bevallott és nyílt színen elhallgatott élményeinkről is szóljunk általa. S a mitológikus alaptörténet lehetővé teszi, hogy történeti

---

FROM FILMLANGUAGE EXPERIMENTS TO NEW-NARRATIVITY

(CONVERSATION WITH GÁBOR BÓDY WHILE SHOOTING NARCISSUS AND PSYCHE)

I. ZS.: [. . .] how does the screen adaptation of an unusually poetic work like this — which apparently already seems of a classic value — fit into your individual artistic concept? Initially we might as well pose a more earth-bound, an even ruder question: if it was not such a well-known name of a poet like Sándor Weöres's on the front page of the work which serves as a basis for the script, what chance would a young director, with two films and little professional practice would have to take the opportunity to make such a large-scale film wich uses many actors and costumes which today cost a great deal, a mounting to very large scale of production, at such time of financial stringency?

G. B.: Let's start with the latter, because it is simpler. Without doubt, it is not easy to get money for such a comparatively high budget film, with costumes and with scenes at many locations, which posses no literary background from which places both the public and those who accepted the film have previous, positive experiences. It is a fact that the shared cultural knowledge and recognition of Sándor Weöres' work has gained, indisputably helped me in starting the outline script. At the same time all those who read Weöres' book know it that it cannot be adopted to film. By the way, I think, another similarity between Weöres' book and Ulysses is, that the number of people who know about it is much more than those who actually have read it. . . In the public mind there are one of two motives that are very vivid: the story of a beautiful women, half a gypsy, half an aristocrat, who at times lives above society, while at others lives outside society, who is realizing a much greater liberty with her life, than any of her or our contemporaries still longs for the liberty which they would never dara realize.

— The film, while it relies upon the interest the poet's work and spirit to arouse the audience, also inevitably deviates from the book as it appeared in print. First of all, the film by its very nature, fails to do justice to the pseudo-documentary quality that is one of the fascinating aspects of the book. In the text, a very name or a date may recall a period. A film, though it may embody realism with photographic fidelity, cannot meet this requirement. If I read the name Wesselényi, the name itself recalls a period, while when actors X or Y appear on the screen, they can never become the true Wesselényi for me. Thus, any direct attempt to make the book into a film would be an undertaking doomed to failure. Why then did I chose Weöres' book as the basis of my film? In Psyche, I see the myth of relationships between a woman and a man, and this is of much wider validity than the concrete story. That is to say, the un-consumated relations between Psyche and László Ungvárnémeti Tóth. The very title of the film by the way, Narcissus and Psyche indicates its divergence from the book. This myth is the foundation which provides a

összefüggésben, mintegy vertikálisan is láthatóvá tegyünk bizonyos kulturális normarendszereket; sokféle szemszögből megvilágítva férfi és nő kapcsolatát, s ezen belül a testinek és szelleminek a feszültségét. Mindezt egy olyan történet keretébe foglaltuk, ami karakterisztikumait tekintve átfogja a XIX. századot, illetve a kelet-európai polgári társadalmak virágkorát a XIX. század elejétől gyakorlatilag az első világháború végéig. A testi és szellemi principiumok dualitása, ami mai gondolkodásunkban és életvitelünkben is megnyilvánul, a platóni filozófiától a kereszténységen át a XX. századig érvényesen hat és formálja a legkülönfélébb felszínek alatt a maga útjait. A Weöresi mítosz ezt számunkra összefoglalhatóvá tette, de ami engem illet, természetesen a mai problémáinkat igyekeztem megélhetővé és újragondolhatóvá rendezni. Shakespeare-t már Reinhardt frakkban adhatta elő, a keresztrefeszítést Wajda ballonkabátos színészekkel. Nyilvánvaló, hogy visszafelé is transzponálhatók a helyzetek. A mai utcákon, villamosokon megélt ügyeink áttekinthetőbbekké válhatnak királydrámák formájában, hiszen a királyság, mint intézmény, olyannyira megszűnt létezni számukra, hogy minden lakótelepi garzonban egy király vagy királynő él. Psyché egy felszabadulásra törekvő és legalább törekvésében szabad nő, aki a férfiracionalitással szemben az ösztöneit érvényesíti, ha alul marad is. Költőpárja, Tóth László, a narcisztikus, szellemi onániában élő, s emiatt önmagával folyton szembekerülő hős nemcsak a XIX. század, hanem különösen az elmúlt évtized; és talán minden kor jellegzetes típusa. Zedlitz báró, a karitatív, konstruktív hajlamú, s anyagi hatalommal is rendelkező férfi, aki tekintetét a kozmoszba vetíti, de erői pusztítóvá válnak, amikor a birtokvágy leggyőzi benne a szeretetet. A Weöres-műből — amely látszólagos „töredékes" jellege ellenére az utóbbi évtized tán legteljesebb epikai alkotása — Csaplár Vilmossal a forgatókönyv elkészítésénél ezt a mítoszt éreztük meg. Ebből származott Csaplár ötlete, hogy vezessük végig a figurák sorsát az egész történelmi korszakon, az első világháború végéig, a kelet-európai polgári társadalmak agóniájáig.

ZS. I.: A sokszólamú, valóban freskószerű filmben sokféle stíluselem váltakozik és keveredik; a technikailag még nyers változatot nézve olykor úgy éreztem, egy Várkonyi-Jókai-film képsorai, máskor egy Visconti-jelenetsor, néhol Bertoluccira, máskor Buñuelre, néha Jancsóra emlékeztető betétek követik egymást. Nem tart a stiláris eklektikától?

B. G.: Mulattat a névsor, de előbb a lényegre válaszolok. Ha a régi stíluskategóriákban gondolkozunk, lehet hogy jelen van a filmben naturalizmus is, eklektika is, de hozzáteszem, hogy mindez megjelölve egy idézőjellel, a film jelentésrendszerén belül is. A stílusválasztást a hiperfikcionalizmus és hipernarrativitás uralja, ami azt jelenti, hogy jelzésszerűen, egy-egy blokk gyanánt használjuk a különböző stílusú egységeket. A blokkokon belül az érzéki benyomások elmélyítése helyenként naturalizmusnak hathat. Bachman Gáborral, a film látványtervezőjével, ezt egymás közt *bioradikalizmus*nak neveztük. És Csaplár keze is benne van a dologban; az ő írásaiban éppen az nyűgözött le, ahogy a hagyományos „történetit" együttlátja a biológiával. Bioszféra + nyelv; — Eizenstein valami ilyesmit nevezett Meyerhold nyomán attrakciónak. Az eklektika az enciklopédikus jellegből fakad. Stilárisan egyenértékűnek tekintjük az egyes kulturális szimbólumokat. Ilyen értelemben például a giccset a mítosszal, amennyiben mindkettő szimbólumhordozó és általános karakterizáló jelleggel bír. A film egészét olyannak terveztem, mint a századfordulón, különösen a német kultúrterületeken, így nálunk is népszerű színes enciklopedikus összeállítások voltak, ilyen címekkel, hogy „Az ember és a világmindenség". Bantu néger rítusoktól a zeppelinig és orvosi értekezésektől

basis for discussing experiences of our life today, and our personal experiences, though admitted but never spoken of publicly. The mythological basis in the story makes it possible to see the individual historical cultural norms in a vertical fashion, portraying the relations between man and woman from various aspects, including the tension between physical and intellectual relations. All this is placed into the framework of a story which, considering its characteristics, embraces the 19th century or rather the golden age of the Eastern European bourgeois society, from the early 19th century almost to the end of World War I. The duality of the physical and intellectual principles, which are also manifest in our way of thinking and our way of life today — are prevalent, and exert influence in the formulation of its own ways under the most different guises, from Plato's philosophy, through Christianity, and up till the 20th century. Weöres' myth made it possible for us to narrow the matter down to the essentials. As regards myself, naturally I tried to make such a film where our present-day problems can be experienced and can be rethought. Reinhardt staged Shakespeare with actors in tail coats, whilst Wajda presented the crucifixion with actors wearing balloned raincoats. It is obvious that the situations can be transported backwards. The life and actions we experience in the street, or on the tram, today might fall more easily comprehended into a pattern when put into the form of historical plays about royalty. Kingship as an institution has ceased to exist for us in Hungary, so much so that a king or a queen may be said to live in each housing estate flatlet. Psyche is a woman seeking to achieve emancipation and enjoying freedom at least in her aspirations, and who, in the face of male rationality, brings into play her instincts even though she succumbs. Her poet-partner, László Tóth, is a narcissistic man living in spiritual onanism who as a consequence continually finds himself at odds with himself. He is an archetypal character not only of the 19th century, but of the past decade — and perhaps of every period. Baron Zedlitz is a man with charitable and constructive leanings but who also possesses material wealth and power and who fixes his eyes on the cosmos. However, the forces at his disposal become destructive at the moment when the acquisitive urge in him overcomes charity and love. When writing the script with Vilmos Csaplár, it was this myth that we understood in Weöres' work which, despite its ostensible "fragmentary" character, is perhaps the fullest epic work of the past decade. Csaplár hit upon the idea of leading the fate of the figures through the entire historical period, right up till the end of the First World War and the agony of the East European bourgeois societies.

I. ZS.: This many-hued, fresco-like film represents a medley of styles; watching the rough-cut, sometimes I feel that I am watching sequences from a Várkonyi—Jókai film, whilst at other times sequences recalling Bertolucci, or Buñuel or sometimes even Jancsó. Are you not afraid of stilistic eclecticism?

G. B.: That list of names amuses me, but first I will answer in its spirit. If we think in old stylistic terms, it is just possible that naturalism is present in my film, just as well as eclecticism; but I want to add that all these are present within quotes, within the film's own system of symbols. Our selection of styles is dominated by hyper-fictionalism and hyper-narrativity. This means that the various parts marked by different styles are used as blocks, which have mere hints of styles. Within each block, the deepening of sensual impressions may impress us at various some points, as naturalism. Gábor Bachman, art director of the film, and I have named this *bio-radicalism*. And Chaplár has had a hand in this as well; what fascinated me in his writiag is wri-

az új balettről szóló tudósításokig mindenféle információ megtalálható bennük egy sajátos „eklektikus" stílusegységben.Az emberek aztán évekig olvasgatták őket. Ezen keresztül vissza is utal a film, jelöli a kort, a stílusokat, ezért megvan a maga önreflexiója, belső iróniája.

— Ami mármost a fölsorolt illusztris rendezők stílusát illeti, egyikkel sem érzek belső kapcsolatot (kivéve Buñuelt, de őt meg se próbálnám utánozni). A filmnek mindegyikhez annyi a köze, amennyiben epikus, narratív filmeket csináltak. Alapvető a mesefonál, ami éppúgy lehetne egy villamoskalauzlány, mint egy királykisasszony históriája, hiszen ma már mindkettő elvont figura számunkra. A történetre mintegy koncentrikus körökben épülnek föl az elvontabb jelentéseket hordozó és kulturhistóriailag, történetileg is dimenzionált rétegek. Ami némelyek számára „naturalizmusként" hat, az egyáltalán a — a testi viselkedés ábrázolása. De a film vállalkozása épp az, hogy különbözzék mind a prűd, mind a pornografikus előadásmódtól, ettől a kétféle ízléstelenségtől. A testi szerelem jelenségeit mindkettő elkülöníti a természetes élet egészétől; az egyik „szemérmes" függönyhúzással, a másik azáltal, hogy dobpergés kíséretében fölvezetve, mint rendkívüli mutatványt állítja elénk. Ebben a filmben a testiség — és az azzal járó konfliktusok — az élet egészébe szőve, minden más emberi megnyilvánulással egyenértékű ábrázolásban jelennek meg. A film nemcsak azt mutatja be, amikor Psyché szeretkezik, hanem az azt követő műtétet is. Formai szempontból az ilyen képsorok megoldása pedig éppen nem naturalista, hanem inkább klasszicista. Az „eklektika" is, ahhoz, hogy egymás mellé rendelhessen eltérő jellegű, egymást ütő elemeket, egyfajta klasszicizmushoz folyamodott. A képsorok ornamentális szervezettsége egy időtlen fogalmi rendszerre irányul. Ez a már említett hipernarratív forma; mert efféle rendezettséget, sűrítettséget és szervezettséget egy mai realista történet egyszerűen nem viselne el.

ZS. I.: A Nárcisz és Psyché című filmben — hol vállaltan, direkt módon, hol ironikus betét formájában — fölvetődik a wagneri Gesamtkunst problematikája is. . .

B. G.: Persze, hiszen éppen ezért érdekel a film, mint a közlés médiuma, mert benne egymásra lehet vonatkoztatni a különféle elkülönült kulturális kódrendszereket — mint a beszéd, a mozgás, a zene stb. —; amelyek így nemcsak hatásként totalizálhatók, hanem az egyik a másikat értelmezheti, taglalhatja. A filmben éppen ez a nagyszerű lehetőség, hogy a különböző médiumok kölcsönös egymásravonatkoztatásával különféle gondolati rendszerek bonyolultan kiegyensúlyozott egysége jöhet létre. A Nárcisz és Psyché története, amint mondtam, koncentrikus körökben szerveződik: amit egy belső kör állít, az megkérdőjeleződik és esetleg újra igenlődik egy harmadikban és negyedikben. Például Tóth László alakjában a művészetről, egy önmagát projekcióban föláldozó narcisztikus lélekről is szól, így hol irónikusan, hol kulturtörténeti, hol filozófiai nézőpontból magáról a művészetről, annak különböző arculatáról van szó. Mit jelenthet a művészet egy férfi számára? Hogyan jelenik meg egy szerelmes nő szemszögéből; — mindez sokszor önironikusan előadva.

ZS. I.: Magyarán, sőt durva egyszerűsítéssel „önéletrajzi" vagy „önvallomásos" filmnek is tekinthetjük a Psychét?

B. G.: Egy ilyen jellegű film megvalósítása éveket vesz igénybe az ember életéből s hogy valaki ilyesmire vállalkozzon, ahhoz nyilván szükséges, hogy valami legyen a mélyén, ami az embert saját, személyes életében is foglalkoztatja. A férfi-nő, a testi-szellemi kettősség, az ideális-reális problematikája, mai mindennapi életünknek is paradigmái. Igyekeztem többféle

---

ting is just the fact that he sees the traditional "historical" together with the biological. Biosphere + language; it is something like this what Eisenstein called "attraction in the wake of Meyerhold". Eclecticism arises from the encyclopaedic nature of the film. From the point of view of style, we regard the various cultural symbols as being equal in value. In this sence, kitsch and myth, for instance, are equal in value insofar as both carry symbols and bear a universally characteristical feature. I have conceived the entire film to be similar to those vivid, colourful encyclopaedic-type books which about the turn of the century were popular throughout German culture, and this in Hungary also, using titles like "Man and the Universe". Such compilations would contain descriptions of many themes ranging from African bantu rites to the Zeppelin, along with medical papers and reports on the latest ballet — information on the most diverse subjects comprised in a peculiar, "eclectic" kind of stylistic unity. Readers would thumb copies of these bokks for years on end. Through this, the film refers back, indicating periods and styles; thus it possesses its own self-reflexion, in an intrinsic irony.

And, as regards the style of the above enlisted illustrious directors, I do not feel inner attachment to any of them with the possible exception of Buñuel, but I would never try to copy him. The film has nothing to do with them for they made epic, narrative films. The thread of this story is fundamental, as it could have been the story of a femal tram-driver in just the same way as it could have been that of a royal princess, since both of them are for me abstract figures. The layers which carry the more abstract meaning are placed in dimensions of cultural traditions and history, are built into the story in so to say, concentric circles. What, effects some people, like "naturalism", is the portrayal of sensual behaviour. The film however, is meant to dissociate itself from both prudish and pornographic presentations, which are the two different poles of bad taste. Both of these separate the phenomena of carnal love from the whole of natural life: one by "demurely" drawing the curtain over it; the other, by presenting it to us as an extraordinary spectacle to be watched, with its performers mounting the stage to the beating of drums. In this film, sensuality — and all the conflicts which it involves — appear as interwoven with the complete fabric of life, and it is presented as on a par with all other human phenomena. In the film, Psýche is seen making love — but also undergoing and enduring an operation. As regards this the form of presentation of such shots is neo-classical rather than naturalistic. "Eclecticism" it there too, in order to be able to coordinate elements which differ in character and clash with one another, resulting from a kind of classicism. The ornamentally orgaized sequences are aimed at a timeless conceptual system. And, this appears already in the above mentioned hyper-narrative form; because in today's stories realism would simply be unable to bear this kind of regularity, concentration and organization.

I. ZS.: In your film Narcissus and Psyche, the problems of the Wagnerian Gesamtkunst are raised at various points, sometimes in a studied, direct manneer, at other times in the form of ironical insets.

G. B.: Why, of course! After all, that's what makes the motion picture an exciting medium of communication — because in it the diverse systems of cultural symbols can be correlated, and they combine to produce a total effect and may also be mutually interpretative. That is precisely the magnificent possibility of the motion picture, i.e. that the mutual correlation of various media may produce a complex balanced unity of diverse philosophical systems. The story of Narcissus and Psyche is narra-

megvilágításban újraélhetővé és újragondolhatóvá tenni, az érzéki szinttől az intellektuálisig, az attrakciós földszinttől a platonikus, elvontan gondolati magasságokig ezt a mindennapi feszültséget. Ilyen értelemben, ha filmtörténeti referenciákat keresünk, hozzám Eizenstein és — más vonatkozásban — Pasolini törekvései állnak legközelebb (ezért is mondtam az előbb, hogy mulattat a stiláris névsorolvasás). Az ő filmjeikre jellemző leginkább, hogy elvontan, és egyúttal érzéki szinten próbálják megjeleníteni alapvető problémáikat. Eizenstein sok — filmben többnyire soha meg nem valósult — gondolata izgat; ő is fölvetette, hogy valamiféle Gesamtkunst-jellegű, operaszerű játékfilm lehetne az intenzív és egyszersmind totális kifejezés alkalma, aminek attrakciósnak és ugyanakkor gondolatinak kell lennie; — ez pedig többnyire a mítosz formáját ölti. A művészet és a mítoszok alapvető problémái egyébként mindig „banalitások", amit gátlásos filmkészítők többszörösen megcsavart sztorikkal szoktak leplezni vagy megkerülni. Talán épp azért, mert a „banalitások" felett gondolkodni kell, hogy újra alapvető létkérdéseinkre ismerjünk bennük. Az igazán nagy művészet — és, más módon, a giccs is, ami engem rendkívül izgat — mindig az élet banális alapkérdéseit érinti: a férfi-nő, élet-halál, test és szelem konfliktusait; s mi is ezeknek az érzeteknek a hálójában vergődünk. A neurózis, mint a huszadik század egyik népbetegsége, okait tekintve valahol ugyanebben gyökerezik. A pszichológia és a társadalomtudomány, s a művészetben az akadémia és az avantgard voltaképpen ugyanazt kutatja, bevallva, vagy bevallatlanul. A művészetnek is lehet az értelme, hogy segít szembenézni a „legbanálisabb" — megoldatlan — ügyeinkkel. Ez az egyetlen esélye van — de az megvan. Ezt az esélyt próbáljuk megjátszani — a magunk módján — a Nárcisz és Psychében.

[Filmvilág 1980/6. 2-7. l. Részlet]   ZSUGÁN ISTVÁN

ted in concentric circles: the statement made by an inner circle is questioned in the next, and it may gain a positive restatement in a third or a fourth. For example the figure of László Tóth, portrays a narcistic soul, who is sacrificing himself in his own image. In this way, (sometimes ironically, sometimes from cultural historical or philosophical viewpoint), art itself is presented, with all its differing aspects. What can art mean for a man? How does it appeear from the viewpoint of a woman in love; all these are often presented with self-irony.

I. ZS.: Is it possible to regard Psyche, — very simply as an autobiographical or "confessions" film?

G. B.: Realizing a film of this genre takes years of a person's life; and if you undertake this sort of thing, then, obviously, there must be something hidden deep in it that claims its full attention in your own life. The man-woman problem, the corporeal-versus-intellectual duality, the ideal-versus-realistical antitheses - these are also paradigms in our everyday life. i have attempted to spotlight this everyday tension from different angles and make it reliveable and rethinkable. From the sensual level up to the intellectual one, from the ground floor of attractions up to the heights of platonic abstract thinking. In this sence, if we are seeking references in film history, it is the endeavours of Eisenstein, and in other matters Pasolini, that stand closest to me (just as this is the reason why I said before that I am amused by your list of names). It is in their films where the most characteristic of the basic problems undergo representation in an abstract form and, at the same time, on a sensual plane. Many of Eisenstein's ideas seem exciting me — especially those that in the greater part have never been realized in any film: he too raised the idea that the intensive (and at the same time total expression) would be provided by a sort of Gesamtkunst-type, opera-like film, which must be an attraction but, at the same time, it must be conceptual as well. And this, in the major part, assumes the form of a myth. The fundamental problems of art and myth, by the way, are always the "banalities". Inhibited film directors usually disguise these or evade these with stories twisted many a times over perhaps just for this reason because one must reflect the "banalities" in order the recognize the fundamentally vital questions in them. Truly great art — and, in a different way, kitsch, too (and this something which intrigues me greatly) — always concerns somewhere the banal, basic questions of existence; the conflicts of man-woman, life-death, body and love and, we are caught in the net of these feelings. The causes of neurosis as an endemic disease of the twentieth century also are rooted in this. Psychology and sociology — and, in the field of art, both academism, and the avant-garde — are probing this same point, whether it is admitted or not. Art, too, may have the purpose to help us face our "most banal" — unresolved — affairs. It is its only chance, (but it does have this chance), it is this change that we are gambling on, in our way, in Narcissus and Psyche.

[Filmvilág 1980/6. pp. 4-7. Extract]   ISTVÁN ZSUGÁN

BÓDY GÁBOR KAPCSOLATAI

[. . .] A film egyik legfontosabb kelléke a jelképpé váló ión oszlop ugyancsak szuperdesign. Korjelző — a klasszicizmuson túl a klasszikus antikvitásra, műveltségre, sőt a művészetre (Tóth László művészetére) utal — de sohasem eredeti építészeti funkciójában. A költőfejedelem-narrátor Pilinszky olvasópultként használja, üregéből fáklya lángol, világító fehér oszlop a rédei parkban, megtört üvegtestéből füstfelhő árasztja el Tóth László soha be nem mutatott darabjának izgatóan ordenáré próbáját (ebben a félvilági orfeumban nemsokára punk-fiúk géppuskázzák a szerb komitácsikat), hogy végül időtlen mementóként tűrje az évszakok váltakozását az önszerető költő sírhalma fölött.

Elsősorban tárgyakban nyilvánul meg Bódy Gábor technika és tudomány iránti furcsa, ezoterikus-érzelmes vonzalma, mely már az **Amerikai anzix** hadmérnök hősében is testet öltött. **A Nárcisz és Psychében,** ha arra gondolunk, hogy mindkét férfihős a maga módján a tudomány fejlődésétől várja az emberiség és a saját boldogulását, még az egészen öncélúnak látszó szerkezetek sem tűnnek véletlennek (a különös „szélkerék" a pozsonyi diéta felett, vagy a mosoda egyiptizáló „rabszolgákkal" mozgatott őrült fakonstrukciója). Tóth László tudományos pályája mintha már az egri liceum mennyezetfreskóinak nézegetése közben eldőlt volna, ahol többek között *orvosi* és *optikai* műszerek is láthatók. Mikor Psyché Pesten meglátogatja, mocskos szálláshelyén csontfűrészre bukkan, anatómiai ábrákat nézegetnek, fénytörő prizmában gyönyörködnek — közös útjuk a kórház embrió-preparátumai, majd az iszonyatos operálószék felé vezet. Bécsben az érzékszervekről monologizál tébolyultan, s „Az individum szerepéről a sors tökéletesítésében" értekezik — munkáját az a jénai professzor támogatja, aki von Zedlitz birtokán fantasztikus műszerrel méri a munkások koponyáját. Az antropológiai vizsgálatok ugyanarra az egyetemes rendezőelvre irányulnak, amit a báró távcsöve a csillagos égen kutat. A báró gyógyítja munkásai, s falansztert épít; az antropológiailag átlagolt egyedek „ideális" társadalmának víziója úgy jelenik meg a filmben, mint a mozgásfényképezés múlt századi úttörőinek felvételein a mérce előtt futó aktok. Véletlen-e, ha az ugyancsak mércével ellátott fekete disznóólat, sorra nyíló ajtóival ezek után úgy tekintjük, mint egy megelevenedő fotószekvenciát?!

A kamera előtt mechanikusan mozgó aktok csoportozata még egyszer visszatér a film végén úgy is, mint a századelő testkultúra kultuszának sajátos mozgásgyakorlata, mint grafikonnal elemzett, kimerevített mozgásfotó, úgy is, mint Chatel Krisztina avantgard csoportjának tánckompozíciója — de még inkább úgy, mint Tóth László tragédiájának, a Nárcisz és Echónak előadására tett kísérlet, „korszerű felfogásban" (az a modernista rendezőt alakító Erdély Miklós jellegzetesen mai „kiáltványának" megfelelően).

A Nárcisz-tragédia szerzője maga is Narcissus, aki beleszeret saját tükörképébe. Ez magyarázza a film minden tükörképét — a víz felszínén, Psyché szembogarán, Tóth László szobájának tükörfalán, a báltermek, kúriák, vagy az orfeum tükrein. S

GÁBOR BÓDY'S CONNECTIONS

[. . .] One of the most important props in the film, the ionian coloumn changed into a symbol, is also superdesign. A period sign — refering beyond classicism to classical antiquity, culture, even art (László Tóth's art) — but never in it's original architectural function. The poet-sovereign-narrator Pilinszky uses it as a reading rostrum, torch burning in it's cavity, a luminous white pillar in the park of Réde, where a white cloud of smoke spreads fro it's splintered glass body to envelope the provocatively vulgar rehearsal of László Tóth's never to be performed spectacle (in a short while punk-boys will machine-gun the serbian comitadjis in this demi-mondaine orpheum), only to bear as a timeless memento the changing of the seasons over the grave of the narcisstic poet.

It is primarily in objects that Gábor Bódy's strange sensual-esoteric attachment towards science manifests itself. This inclination had already materialized earlier in the military engineer hero of **American Postcard.** In **Narcissus and Psyche,** if we take into consideration that in their own way both male heroes expect the prosperity of humanity and themselves from scientific developement, then even the contraptions which seem totally self-existent, which seen incidental (such as the curious "airwing" over the Pozsony Diet, or the crazy Egyptian-like wooden construction operated by "slaves" in the washing house). It's almost as if László Tóth's scientific career had already been decided while scrutinizing the ceiling frescoes of the Lyceum in Eger (where among other things *medical* and *optical* instruments are to be seen). When Psyche goes to visit him in the squalid room where he lives, she finds there a bone-drill; they study anatomical diagrams and feast their eyes on a refracting prism, their common journey first leads them among the embryo-preparations at the hospital, later to the dreadful operating stool. In Vienna, he talks insanely to himself about the sense organs. He also discourses on "The Role of the Individual in the Perfection of Destiny", and his work is supported by the same profesor from Jena who uses fantastic instruments to measure labourer's on the estate of von Zedlitz skulls. The anthropological examinations are directed at the same universal rule of order that is being investigated by the telescope of the count on the starlit sky. The count heals his own workers and builds a phalanstery; the vision of the "ideal" society of anthropologically averaged specimens appears in the film as the nudes running in front of the scale-measure as in the pictures of the first pioneers of motion photography taken in the last century. Is it then just a coincidence that we view the black pigsty, which is also complete with scale-measure also, with it's doors opening up one after the other, as a photo-sequence that has come to life?!

The group of nudes moving mechanically in front of the camera returns once more at the end of the film as a peculiar excercise of the cult of body culture at the beginning of the century, as a graph-analysed still of a motion photograph, but also as a dance composition of Krisztina Chatel's avantgarde group, — but even more so as an attempt to perform László Tóth's tra-

ahogy a szabadkőműves jelvénye visszatükrözi a fénysugarat, ez magyarázza — áttételesen — a film minden fényeffektusát: gyertyáit, fáklyáit, borszeszlángjait, naplementéit, reflektorfényeit, összes optikai eszközeit, és pirotechikai tüneményét. Kiváló alkalom arra, hogy Bódy felvillantsa a film előtörténetének álomásait és társművészeti kísérőit, az egri freskó laterna magicájától a klasszicista árnyképrajzolásig, a prizmától a mybridge-i kronofotográfián át a Psyché ausztriai flörtjeit dokumentáló polaroid látványvilágig. Alkalom, hogy a rendező magáról a filmről beszéljen.

Utoljára három névvel kell teljesebbé tennünk a Nárcisz és Psyché társművészeti vonatkozásait. Bármennyire is változott a filmben, Psyché alakja mégis csak WEÖRES SÁNDOR költészetének kreatúrája. VIDOVSZKY LÁSZLÓ úgy párja a rendezőnek, mint Echo Narcissusnak; az utóbbi évek legjobb magyar filmzenéjét hozta létre a Bódy eklektikáját érzékenyen követő „stílusgyakorlataival" és elektronizált idézeteivel. HAJAS TIBOR önálló betétjéről pedig — egy önpusztító performance, robbanással kombinált harakiri, fehér villám a sötétben — immár tudomásul kell vennünk, hogy a filmbeli végkifejletnél tovább mutatott: a saját sorsa felé.

[Nárcisz és Psché. Prospektus. Budapest, 1980. Részlet]   BEKE LÁSZLÓ

gedy, "Narcissus and Echo", in an "up-to-date interpretation" (as befits the typically present-day "manifesto" of Miklós Erdély who plays the role of the modernist director). The author of the Narcissus-tragedy is himself Narcissus who falls in love with his own reflection. This explains all the images reflected by mirrors in the film, — on the water surface, in the black of Psyche's eye, in the mirror wall of László Tóth's room, in the mirrors of the ballrooms, country mansions or The Orpheum. And the same way as the freemason's badge reflects beams of light, this explains — transmissively — all the film's light effects: the candles, the torches, the ethyl alcohol flames, the sunsets, the flood-lights, all the optical paraphanalia and pyrotechnical phenomenae. A perfect occasion for Bódy to introduce the stages of the film's fore-history and it's accompaniment in the attendant arts, from the laterna magica on the fresco in Eger, to classical silhouette-drawing, from the prism, through Muybridge's chronophotography to the world of Polaroid-vision that documents Psyche's flirtations in Austria. An occasion for the director to talk about film itself.

Finally, we have to complete Psyche's connections to the attendant arts by mentioning three names. Whatever change it underwent in the film, Psyche's figure is nevertheless the creation of SÁNDOR WEÖRES' poetry. LÁSZLÓ VIDOVSZKY is just as much a partner to the director as Echo is to Narcissus; the best Hungarian film music in recent years hat been written by him, in that it responds sensitively to Bódy's eclecticism with it's "style-exercises" and electronic quotations. And from TIBOR HAJAS' independent insert, — a self-destructive performance, hara-kiri combined with an explosion, a white flash of lightning in the darkness — we now have to accept that it had pointed further than the disentanglement in the film: towards his own fate.

[Narcissus and Psyche. Prospektus. Budapest, 1980. Extract]   LÁSZLÓ BEKE

NÁRCISZ ÉS PSYCHÉ BETELJESÜLETLEN SZERELME

DUETT ÉS MONDA, DAL, DRÁMA ÉS EPOSZ BÓDY GÁBOR FILMJÉBEN

[. . .] Ezt az akotást Weöres Sándor műve ihlette és „analóg találmányának" fényében a költői nyelvet a filmművészetivel helyettesíti; egy vizuális orgia, egy folyamatos meglepetés mindenféle újdonságokkal tűzdelve, némelyiknél az elektronikát is felhasználja, mint Antonioni is az *Oberwaldi titok*ban, mintegy ezzel is alaposan hozzákapcsolja a képzetekhez azok mélységét, a különböző érzeteket, a váltakozó színhatásokat, perspektívákat, amelyek érzékien válnak nyelvileg bonyolulttá, mondattani szabályokat felrúgva; reális és színlelt, igaz helyzetek és kitalált vagy újragyártott szerepek gyönyörűen és érthetően misztifikált bölcs keverésével. Alátámasztja mindezt egy hanghatással, amely — egy más felfedezés, egy más invenció, egy más találmány — gyakran abszolút irreális visszhangot kelt, ritmust, skandálást, az antinaturalisták zenei diszharmóniáját; mindezt fontos narratív funkcióval ruházza fel: egyhelyütt előre bemutatja a csak később történendő tényeket, máshelyütt a narratív hangok lenyűgözően ellentmondásos felülkerekedésével elmondják vagy befejezik a történetet, a múltat; amott, hogy még jobban összezavarodjon a jelen, időtlenül, vadul és végzetesen kommentálja. A hangoknak mindig megadja a zenei csengést és állandóan átformálja a zenét tiszta hanggá — még akkor is, amikor azzal korszakokat száguld át, amikor iskolákat és stílúsokat változtat; e különböző zenék, amelyek áttörnek a jó akusztikájú oszlopcsarnokokba — mind az öreg Mitteleurópa leghíresebb repertóriumából valók.

Az biztos, hogy a filmbemutató, amit itt Locarnóban láttunk, — két óra és plusz még két óra a nem hivatalos vetítés a magyar filmesek miatt egy másik változatra való tekintettel, amely nem kevesebb, mint négy részből állt — megkísérli néhány átmenetben azt bizonyítani, hogy nem csonka, legfeljebb elbeszélőleg egy kicsit kivonatos, a hiányaival és evidens szókihagyásaival, a brutális időbeli és logikai átugrásaival, a szereplők pszichológiájának és a drámai ívelési szempontjából [. . .] meg kellene kapnia jogos helyét a mai magyar film oly eleven történetében; történelmi távlatot; ettől életképes a mai magyar film; egy ilyen filmet nem kell, hogy minden ki nem fejtett vagy rejtett narratív jelentése szerint értékeljünk, elegendő képzeteinek a varázsa, invencióinak sokasága, az új és nagyon bensőséges támogatása, amelyet minden pillanatban sikerül megadnia a filmnyelv megújításához. Ahogy Fellininél is gyakran előfordul ez. Bódy effajta látomásait nem ésszel kell elsajátítani, hanem elegendő a szemünkre bízni magunkat, vizuális módon csodálni azt. Íme ezért idéztem Fellinit. Bódy jó utat választott [. . .]

[Il tempo 1981. augusztus 8. Részlet]

PER NARCISO E PSICHE UN AMORE IMPOSSIBILE

DUETTO E SAGA, CANTO, DRAMA ED EPOPEA IN UN FILM DI GÁBOR BÓDY

[. . .] Rappresentato, questo racconto, nelle stesse prospettive luce di reinvenzioni quasi analoghe, sostituendo la ricerca linguistica con quella cinematografica: una orgia visiva, un continuo sorprendere con novita di ogni tipo, alcune delle quali, appunto, arrivano à chieder soccorso, alla elettronica, come già Antonioni nel *Mistero di Oberwald,* per aggiungere alle immagini profondita e sensi diversi, più fondi, con colori che variano, con prospettive che volutamente diventano asintattiche, con una sapiente mescolanza di reale e di finto, di situazioni dal vero e di situazioni ricostruite, rifabbricate, volutamente e chiaramente mistificate. Facendo sorreggere tutto da un sonoro che — altra ricerca altra invenzione altra scoperta — ha echi spesso assolutamente irreali, ritmi, cadenze, mescolanze di musiche e di suoni del tutto antinaturalistici; con funzioni narrative precise: qui per raccontare in anticipo fatti che accadranno dopo, là, con un sovrapporsi volutamente contraddittorio di voci narranti, per raccontare, o finire di raccontare, il passato; la ancora per confondare il presento o commentarlo in modo atemporale, torvo, sinistro. Dando sempre ai suoni (e alle voci) il sapore della musica e trasformando sempre contemporaneamente la musica in puro suono, anche quando, con il trascorrere delle epoche e il mutare dei gusti e delle scuole, le varie musiche che irrompono nella colonna sonora sono quelle classiche, del repertorio più noto della vecchia Mitteleuropa.

Certo, l'edizione del film vista qui a Locarno — die due ore, ma privata di altre due rispetto ad una versione per i cinematografi ungheresi e privata addirittura a quattro rispetto ad una edizione televisiva a puntate — rischia in qualche passaggio di risultare se non manca almeno narrativamente un po' succinta, con dei vuoti e delle ellissi evidenti con dei salti bruschi sia di tempo sia di logica, specie dal punto di vista della psicologia dei personaggi e del loro arco drammatico, ma a parte il pensiero della versione originale integrale, che bisognerà pur vedere, che dovrà avere tutto il suo legittimo spazio nella storia cosi vitale del cinema ungherese di oggi, un film cosi non c'è bisogno di valutarlo secondo tutti i suoi significati narrativi, scoperti o riposti, basta la magia delle sue immagini, il vulcano delle sue invenzioni, l'apporto nuovo e fervidissimo che riesce a dare in ogni istante al rinnovamento della lingua del cinema. Come accade spesso con Fellini. Queste fantasie di Bódy non è necessario approppriarsele con la mente, basta abbanonarcisi con gli occhi, goderne in modo visivo. Ecco, ho citato Fellini. Questo Bódy fara strada [. . .]

[Il Tempo 8.8. 1981]

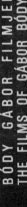

EGY MEGSZÁLLOTT KÉPEI

A (36 éves) magyar filmrendező, Bódy Gábor **Nárcisz és Psyché** c. filmje kinematográfiai „tour de force" a szemnek és az értelemnek — és tele van meglepetésekkel.

A moziban minden lehetséges. A tér és az idő korlátait átlépjük, a halál csak fikció, az élet játék és ha kell (meg persze akkor is, ha nem kell), még egy sertés ís tud repülni. Itt még néha a csodák is egy kicsit tovább tartanak.

Bódy Gábor mozijára ez meglepő mértékben áll. Mi sem bizonyítja ezt jobban, mint a szemnek és az értelemnek az a „tour de force"-a, amelyre a 36 éves „magyar Tarkovszkij" honfitársa, Weöres Sándor „Psyché" c. verses eposzának adaptációjával vállalkozott. Történetek és képek buja gazdagságú, kiszámíthatatlan ívét alkotta meg benne, mely tele van meglepetésekkel, feltételezésekkel és jótéteményekkel. A láthatóan a kísérleti film irányából érkező filmakótó ebben a művében ugyan nem talált fel új filmnyelvet, de a meglévőt — melyet számos kollegája láthatólag elhanyagolt — legvégső határáig kihasználta, és olykor ezen túlmenve gazdagította. Filmje ezért hat olyan szokatlannak, olyan időszerűtlennek és egyúttal olyan elbűvölőnek. A hatalmas méret ellenére — a végső mozíváltozat szűk két és fél órás, de az eredeti elképzelésben egyenesen hét óráról volt szó — a szerző vágtázó tempót diktál, a pompázó képi világ ellenére nem hagy idilleket kialakulni, hanem állandó fordulatokkal lep meg, melyek sokkszerűen érik a nézőt. A film perceken át mesél totálokban vagy kistotálokban új szereplőkről és eseményekről, hogy aztán csak akkor mutassa meg közelképek segítségével azt, ami érdekes, amikor az már majdnem elszállt az érdeklődésünk iránta. Ilymódon a film ritmusa pontosan megfelel főszereplője ugrásszerűen változó temperamentumának. [...]

Bódy Gábor minden jel szerint őrült, megszállottja a képeknek, tehát manierista is, régimódián hisz a Szépben és a Csúf esztétikájában — s ezzel szinte forradalmi. Félő, hogy **Nárcisz és Psyché** c. filmjén át fognak siklani, pontosan azért, mert a látásra szólít fel. Reménytelen ügy egy olyan korban, amikor a legtöbb film csak arra alkalmas, hogy pont a látásról szoktasson le.

[tip 1983/8. 40. I. Részlet]

ALFRED HOLIGHAUS

BILDER EINES BESESSENEN

Der Film „**Narziss und Psyche**" des ungarischen Regisseurs Gábor (36) ist eine kinematographische „tour de force" für Augen und Verstand — und voller Überraschungen.

Im Kino ist alles möglich. Die Grenzen von Raum und Zeit werden überschritten, der Tod ist nur eine Fiktion, das Leben ein Spiel, und wenn es sein muss (aber natürlich auch, wenn es nicht sein muss), können sogar Schweine fliegen. Nicht einmal Wunder dauern hier etwas länger.

Für das Kino von Gabor Bódy gilt das in erstaunlichem Masse. So unternahm der 36 jährige „Tarkowskij der Ungarn" (Wolfram Schütte) mit der Adaption des Versepos' „Psyche" seines Landsmanns Sandor Weöres eine kinematografische „tour de force" für Augen und Verstand. Er schuf einen üppigen, unberechenbaren Geschichten- und Bilderbogen voller Überraschungen, Zumutungen und Wohltaten. Dabei hat der deutlich vom Experimentalfilm kommende Cineast zwar keine neue Filmsprache erfunden, aber die vorhandene — und offensichtlich von vielen seiner Kollegen gründlich vernachlässige — bis an ihre äussersten Grenzen genutzt und manchmal über diese hinaus bereichert. Deshalb erscheint sein Film so ungewöhnlich, so unzeitgemäss und gleichzeitig so berauschend. Er legt trotz seines gewaltigen Umfangs — die endgültige Kinofassung dauert knapp zweienhalb Stunden, ursprünglich waren sogar ganze sieben Stunden vorgesehen — ein rasentes Tempo vor, lässt trotz einer prachtvollen Ausstattung keine Idylle aufkommen, nimmt stattdessen ständig neue Wendungen, die sich dem Zuschauer schokartig vermitteln. Minutenlang erzählt der Film in Totalen oder Halbtotalen von neuen Personen und Begebenheiten, um das Interessante — mittels Nahaufnahme — erst in dem moment zu zeigen, da dass Interesse daran schon fast verflogen ist. So korrespondiert der Rhythmus des Films exakt mit dem sprunghaften Temperament seiner Hauptperson. [...]

[...] Gábor Bódy muss ein Wahnsinniger sein, ein von Bildern Besessener, also auch ein Manierist, altmodisch im Glauben an das Schöne und an die Ästhetik des Hässlichen — und damit fast schon wieder revolutionär. Es ist zu befürchten, dass sein Film **Narziss und Psyche** übersehen wird, gerade weil er zum Sehen auffordert. Hoffnungslos in einer Zeit, in der die meisten Filme dazu angetan sind, uns eben das abzugewöhnen.

[tip 8/83. s. 40]

ALFRED HOLIGHAUS

— Szikora Katalin: „. . .apró fekete prütsök". Weöres Sándor Psychéjéből forgat filmet Bódy Gábor. Esti Hírlap 1978. aug. 4. 2. l.
— (Bódy Gábor): Nárcisz és Psyché. Beszélgetés Weöres Sándorral egy készülő film alkalmából. Filmvilág 1978/8. 7-11. l. 1978/9. 12-15. l.
— Ferenczy Erika: Psyché. Szabadidő 1979/1. 22-23. l.
— Szikora Katalin: Psyché — rajtra készen. Esti Hírlap 1979. febr. 20.
— Nemlaha György: Van Psyché! Pesti Műsor 1979/12. 74. l. (beszélgetés Bódyval)
— (szikora): Megjött Psyché. Esti Hírlap 1979. márc. 5.
— Baló Júlia: A Psychéből „Psychofiction" készül. Film Színház Muzsika 1979. V. 12. 15-17. l. (színes képriport, Bódy-, Csaplár-interjúk)
— Szénási Éva: Forgatás közben: Psyché. Filmszem 1979/6. 11. l.
— Márkus László: Az élet szerelmesei. Filmet forgatnak Egerben. Népújság (Heves megye) 1979.
— Gyárfás Péter: A Psyché forgatásán. Magyar Ifjúság 1979. júl. 6. (Kovács Attila fotóival)
— Palugyai István: Így készül a Psyché. Magyar Hírlap 1979. júl. 27.
— Psyché (munkalapok). Új Tükör 1979. júl. 29. 36-37. l.
— Befejezés előtt a Psyché. Film Színház Muzsika 1979. dec. 1.
— Hans-Heinz Schwarz: Reisen dienen als rote Fäden. Kölner Stadt-Anzeiger 29/30. Dez. 1979.
— Mari Kuttna: Bódy's Psyche. Sight and Sound, Winter 1979/1980. 27-28. l.
— Nárcisz és Psyché. A Hunnia Stúdió kiadványa 1980. Ebben: Rácz Judit: Psyché és Nárcisz, motívum-vándorlás; Oltványi Ottilia: Beszélgetés Csaplár Vilmossal; ,
   Ligeti Nagy Tamás: Beszélgetés Szalay Sándorral; Beszélgetés a film után (lejegyezte Kozma György); Beke László: Bódy Gábor kapcsolatai;
   Baló Júlia: Bachman Gábor; Mari Kuttna: Bódy's Psyché (részlet).
— Baló Júlia: „Salakdombra katedrálist". . . (Találkozás Bódy Gáborral). Film Színház Muzsika 1980. III. 29. 10. l.
— Szilágyi Gábor: A látvány ereje. Bódy Gábor: Nárcisz és Psyché. Filmkultúra 1980/6. 19-22. l.
— Zsugán István: A filmnyelvi kísérletekről az új-narrativitásig. Beszélgetés Bódy Gáborral a Nárcisz és Psyché készítése közben. Filmvilág 1980/6. 2-7. l.
— (T. A.): Psyché — avagy Bódy Gábor néző-próbáló filmje. Zalai Hírlap 1980. nov. 27.
— Premier előtt a Psyché. Hajdú-Bihari Napló 1980. dec. 11.
— (horpácsi): Psyché. Bemutató és ankét Tokajban. Déli Hírlap 1980. dec. 1.
— Bernáth László: Psyché — szakítópróbán. Esti Hírlap 1980. dec. 24.
— Gautner Ilona: Psyché I—II. Népszava 1980. dec. 24.
— Gyertyán Ervin: Psyché. Népszabadság 1980. dec. 24.
— Zay László: Psyché. Magyar film. Magyar Nemzet 1980. dec. 24.
— (B. L.): Psyché. Dunántúli Napló 1980. dec. 25.
— Erzsébet Eszéki: Hinreissende dichterische Vision der Liebe. Neuer Ungarischer Film: Psyche. Neueste Nachrichten (Budapest) 1980. dec. 29.
— Sümegi Anikó: Psyché. Hajdú-Bihari Napló 1980. dec. 30.
— Takács István: Psyché. Pest Megyei Hírlap 1980. dec. 31.
— Almási Miklós: Mesék az értékválságról. Psyché. Filmvilág 1980/12. 2-6. l.
— Császár István: Jegyzet a kritikáról a Psyché ürügyén. uo. Ugyanez: A proposito di „Narciso e Psiche". in: Cinema Magiaro. L'uomo e la storia.
   Pesare No. 11. 1982. 208. skk.
— Lázár István: Jegyzet a kritikáról a Psyché ürügyén. uo.
— Szigethy Gábor: Bódy Gábor Psychéje. uo.
— Psyché. Filmszem 1980/12. 4-6. l. (összeállítás; a filmnovella előszavából részlet)
— Gautner Ilona: Psyché I—II. Ifjúsági Magazin 1980. dec.
— Bakó Endre: A Psyché és akoltói. Megjegyzések egy filmankéthoz. Hajdú-Bihari Napló 1981. jan. 1.
— Fábián László: Varázsige híján. Filmlevél. Film Színház Muzsika 1981. jan. 3.
— Sumonyi Zoltán: Weöres és Bódy. Élet és Irodalom 1981. jan. 3.
— Geszti Pál: Nárcisz és Psyché. Filmlevél. Magyar Hírlap 1981. jan. 8.
— Kakuk Tamás: Nárcisz és Psyché. Dolgozók Lapja 1981. jan. 9.
— Farkas András: Psyché. Magyar film. Népújság (Heves megye) 1981. jan. 10.
— Ágnes Tasnádi: „Narziss und Psyche". Budapester Rundschau 1981. jan. 12.
— (-lyé): Filmjegyzet: Nárcisz és Psyché. Vas Népe 1981. jan. 13.
— Ligeti Nagy Tamás: Tökéletes találkozások. Jegyzet egy filmről. Képes Újság 1981. jan.
— Szita Anna: Psyché a száz napig tartó forgatáson. Ez a divat 1981. jan.
— (David Robinson), The Times (London) 21. 2. 1981.
— Michel Grodent: Psychedélique. Le Soir (Bruxelles) 25. 2. 1981.
— Hegyi Gyula: Psyché. Kritika 1981. febr.
— Mátyás Győző: Zseniálisan rossz film? Még egyszer a Psychéről. Filmkultúra 1981/2.
— (n.n.): Zur ungarischen Filmproduktion des Jahres 1980. Neue Züricher Zeitung 12. 3. 1981.
— Mosk(owitz): Narcisz Es Psyche (Narcissus And Psyche). Variety 18. Marc 1981.
— (X): Nárcisz és Psyché. Magyarország 1981. márc.
— Dániel Ferenc: Vércseppek szuperközeliben. Mozgó Világ 1981. márc.-ápr. 10-17. l.
— W. Schütte: Experiment und Kritik. Frankfurter Rundschau 11. 4. 1981.
— (n.n.): Narcissus 'reps Hungary at Cannes. Variety 13. 5. 1981.
— B. A. (Barthélemy Amengual): Narcisz es Psyche (Narciesse et Psyche) de Gabor Bódy. Positif (Paris) juillet-août, 1981.
— Guglielmo Volontiero: Poesie e introspezione in „Narciso". Corriere del Ticino. 7. 8. 1981.
— (n.n.): „Narciso e Psiche" (Ungheria) in concorso. Insequendo qual mito attraverso la storia. Giornale del Popolo (Lugano). 7. 8. 1981.
— Leonardo Autera: Film rivelazione ungherese a Locarno. Corpo a corpo tra istinto e ragione (è la lotta motrice del mondo). Corriere della Sera 8. 8. 1981.
— Alfio Cantelli: Locarno rivista tre miti: Narciso, Psiche e Marlene. Il Giornale 8. agosto 1981.
— Giancarlo Dillena: „Narciso e Psiche" di Gabor Bódy e „Seuls" di Francis Reusser al festival di Locarno. La mia nervosi è cinema.
   Gazetta Ticinese (Lugano). 8. 8. 1981.
— F. G. (S. S.): Dall'Ungheria il film che può vincere un premio (mentre non è piacuto l'ultimo film di Reusser). Popolo e Libertà (Bellinzona). 8. 8. 1981.
— N. T.: Eine unerfüllte Liebe. „Narcicz es Psyche". Die Südschweiz (Locarno). 8. Aug. 1981.
— Heinz Kersten, Der Tagesspiegel (Berlin-West). 8. Aug. 1981.
— (n. n.) Per Narciso e Psiche un amore impossibile. Il Tempo 8. 8. 1981.
— Gisela Ulrich: 34. Filmfestival von Locarno. Weit Weg von der Traumfabrik. Stuttgarter Nachrichten 11. Aug. 1981.
— Gian Luigi Rondi: Sette domande e Gábor Bódy: è l'ora di inventare il cinema. Il Tempo (Roma). 23. 8. 1981.
— Kraft Wetzel: Die 30. Internationale Filmwoche. Kompromisslose Kino-Karrieren in Mannheim. Frankfurter Allgemeine Zeitung 10. okt. 1981. 27. l.
— Rugási Gyula: Psyché: „Az élet és a mű". Mozgó Világ 1981. nov. 81-90. l.
— XXX. Internationale Filmwoche Mannheim 1981. Cine-Front (Tokio). Dez. 1981. 50-51. l.
— Psyché I—II. Filmévkönyv 1980. A Magyar Filmtudományi Intézet és Filmarchívum, 1981. 38-41. l.
— David Simmons: Berlin Filmfestival. Film Directions (Belfast). No. 17. 1982. 16. l.
— Poros László: Beszélgetés a LÁTVÁNYRÓL a PSYCHÉ operatőrével, Hildebrand Istvánnal. Technikai Értesítő 1982/2. 45-48. l.
— Kraft Wetzel: Die Filme von Gábor Bódy. Arsenal (Berlin-West). Nov. 1982.
— Alfred Holighaus: Bilder eines Besessenen. Der Film „Narziss und Psyche" des ungarischen Regisseurs Gabor Bódy (36) ist eine kinematographische
   „tour de force" für Augen und Verstand — und voller Überraschungen. tip (Berlin-West). 8/83. 28. l.
— Barbaro Schuchardt: Wenn die Liebenden niemals altern. Ungewöhnlicher Film aus Ungarn: „Narziss und Psyche" von Gabor Body.
   Kölner Rundschau 28. 5. 1983.
— Ossip Wolf: Die Basis des ungarischen Films (AZ-Gespräch mit Gábor Bódy) AZ (Wien). 10. 5. 1984.
— Achim Forst: Narzis und Psyche. Neues Erzählkino. Zitty (Berlin-West) 10/84. 78. l.
— Joachim Stargard, in: Sonderaufführung Narziss und Psyche zum Gedanken an Gábor Bódy. Haus der Ungarischen Kultur, Berlin. Nov. 1985. (sokszorosítás)
— (n.n.): Gabor Body „Narciss und Psyche". Züricher Student 16. Mai 1986.

MOZGÁSTANULMÁNYOK 1880–1980
(HOMAGE TO EADWEARD MUYBRIDGE)

Kísérleti filmtanulmány
Híradó és Dokumentumfilm Stúdió, 1980
Színes (Eastmancolor), 35 mm (1:1,66), 487 m, 18 perc
OPERATŐR:
HILDEBRAND ISTVÁN
ZENE:
SZALAY SÁNDOR
COMPUTER:
CSIZY LÁSZLÓ
TRÜKK:
PALLÓS LÁSZLÓ, VARGA IMRE
GRAFIKA:
BÉKÉS ROZI

BEMUTATÓK:
1982
Oberhausen
Hamburg
Berlin(West), Arsenal
1983
dec. 7. Jugendklub Friedrichsfelde, Berlin (Bódy Gábor filmjei)
1986
Haus der Ungarischen Kultur, Berlin (Bódy Gábor retrospektív)

Részlete (9'50") az INFERMENTAL I-ben (V. rész: Time and space articulation through human movement)

MOTION STUDIES 1880–1980
(HOMAGE TO EADWEARD MUYBRIDGE)

Experimental film study
Newsreel and Documentary Film Studio, 1980
Eastmancolor, 35 mm scope (1:1,66), 487 m, 18 minutes
CAMERA:
ISTVÁN HILDEBRAND
MUSIC:
SÁNDOR SZALAY
COMPUTER:
LÁSZLÓ CSIZY
SPECIAL EFFECTS:
LÁSZLÓ PALLÓS, IMRE VARGA
GRAPHIC DESIGN:
ROZI BÉKÉS

FESTIVAL AND RETROSPECTIVE SCREENINGS:
1982
Oberhausen
Hamburg
Berlin (West), Arsenal
1983
Jugendklub Friedrichsfelde, Berlin (7th December; Gábor Bódy's Film Series)
1986
Haus der Ungarischen Kultur, Berlin (Gábor Bódy retrospective)

A 9'50" long excerpt is re-used in INFERMENTAL I (Part V: Time and space articulation through human movement).

Kísérleti film, amelynek tárgya az idő vonalán a mozdulat és mozdulatlanság közötti átmenet, a kompozíció síkján pedig az animális emberi megnyilvánulások grafikai analízise. Konceptuális animáció a fotó, a mozgókép és a grafika között. Ez beilleszkedik Bódy néhány régebbi munkájának sorába, amelyek a mozgókép *k e r e t e z e t t s é g é n e k* részben formakritikus, részben konstruktivista megoldását adták. (**Négy bagatell** 1973-1975, **Amerikai anzix** 1975, **Privát történelem** 1978). Új vonás a computer használata a mozgástér grafikai modellálására (Csizy L.) és a zenében (Szalay S.).

A tanulmány első része Eadweard Muybridge pillanatképeiből épít animált variációkat, s ezzel egy filmtörténet-előtti factumot reprodukál. A második rész a Muybridge-motívum anatómiai dekorativitását egy szociálbiológiai árnyalattal ellenpontozza. Atléták helyett proletár testek jelennek meg, amelyek deformáltságát a testfestés hangsúlyozza. A muybridge-i vonalháttér a képkeret és a computer-háló idegesítően finom mozgás-szövevényévé fejlődik, mögöttük elmosódottan és bizonytalanul fénylenek a magukra hagyott, kiszolgáltatott emberi testek. A tanulmány szinte elégikusan vonultatja fel a technológiairacionalista esztétikát, amely Leonardótól és Dürertől a reproduktív technikák XX. századi mítoszáig terjed.

(B. G.)

IRODALOM/BIBLIOGRAPHY

Erdélyi Z. Ágnes: Sokféle ugyanaz. Filmkultúra 1981/4. 77-80. l.

This is an experimental film that has chosen as theme the borderline between motion and motionlessness in the line of time, and the graphic analysis of animate human manifestations on the plane of composition. It is a conceptual animation among photos, motion pictures and drawings. The film can be fitted into the series of Bódy's earlier films which have given a partly form-critical, partly constructivist solution of motion pictures' *f r a m e d* character (**Four Bagatelles** 1973-75, **American Postcard** 1975, **Private History** 1978). The use of a computer either for the graphic modelling of the space of motion (L. Csizy) or for music (S. Szalay) is a new feature.

The first part of the study builds up animated variations of Eadweard Muybridge's photographs and in this way reproducing a reality of pre-film days. The second part counterpoints the anatomical decoration of Muybridge's motive with a hint of social biology. Instead of athletes, bodies of proletarians appear, whose deformed state is stressed by body painting. The Muybridgean line background develops into an irritatingly delicate network of motion of a picture-frame and a computer net. Behind it defenseless human bodies to the left glimmer vaguely and dimly. The study almost elegiacally shows technological rationalist aesthetics ranging from Leonardo and Dürer to the 20th century myth of reproductive techniques.

(G. B.)

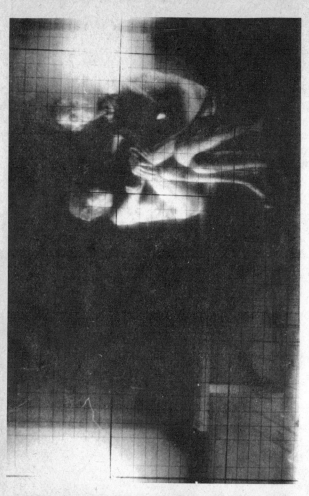

A MOZGÁSTANULMÁNYOK forgatása

Shooting MOTION STUDIES

KUTYA ÉJI DALA

Kísérleti játékfilm
Társulás Studió, 1983
Színes, 35 mm (átírt videó és felnagyított S8-as felvételek felhasználásával), 4006 m, 147 perc

FORGATÓKÖNYV:
CSAPLÁR VILMOS „Szociográfia" c. novellája alapján BÓDY GÁBOR (konzultáns: ERDÉLYI SÁNDOR)

OPERATŐR:
JOHANNA HEER

VÁGÓ:
KORNIS ANNA, BÓDY GÁBOR

HANG:
SIPOS ISTVÁN

ZENE:
VIDOVSZKY LÁSZLÓ; közreműködik a **Bizottság, Vágtázó halottkémek, Palais Schamburg,** idézetek J. S. Bach, G. Verdi és mások műveiből.

GYÁRTÁSVEZETŐ:
ORDÓDY JUDIT

SZEREPLŐK:

A pap	BÓDY GÁBOR
A Tanácselnök	FEKETE ANDRÁS
Katonatiszt férj	DERZSI JÁNOS
Feleség	MÉHES MARIETTA
A kisfiú	GUBALA ZSOLT
A Csillagász	GRANDPIERRE ATTILA
A tüdőbeteg nő	SERES GABRIELLA

TOVÁBBÁ:
OLIVER HIRSCHBIEGEL, HOLLÓSI FRIGYES, SÓTONYI JÓZSEF, FERDINÁNDY GÁSPÁR, BÓDY VERA

THE DOG'S NIGHT SONG

Experimental feature film
Társulás Studió, 1983
Colour, 35 mm (including video transcriptions and blown-up super 8 material), 4006 m, 147 minutes

SCREENPLAY:
GÁBOR BÓDY, on the base of "Sociography", a short story by VILMOS CSAPLÁR (consultant: SÁNDOR ERDÉLYI)

CAMERA:
JOHANNA HEER

EDITORS:
ANNA KORNIS, GÁBOR BÓDY

SOUND:
ISTVÁN SIPOS

MUSIC:
LÁSZLÓ VIDOVSZKY (extracts from the works of J.S. Bach, G. Verdi and others); with the participation of **Bizottság** (Committee), **Vágtázó Halottkémek** (Galloping Coroners), **Palais Schamburg**

PRODUCTION MANAGER:
JUDIT ORDÓDY

CAST:

The Clergyman	GÁBOR BÓDY
The Council President	ANDRÁS FEKETE
The Officer Husband	JÁNOS DERZSI
The Wife	MARIETTA MÉHES
The Kid	ZSOLT GUBALA
The Astronomer	ATTILA GRANDPIERRE
The Consumtive Woman	GABRIELLA SERES

WITH:
OLIVER HIRSCHBIEGEL, FRIGYES HOLLÓSI, JÓZSEF SÓTONYI, GÁBOR FERDINÁNDY, VERA BÓDY

BEMUTATÓK:
1983
II. 14. Budapest (Ősbemutató)
nov. 9. Jugedklub Friedrichsfelde, Berlin (B. G. filmjei, sorozat)
1984
Montreal, Festival „Nouveau Cinéma"
Taormina, nemzetközi fesztivál
1985
Kunstmuseum, Bern („ALLES und noch viel mehr")
1986
Berlin, Haus der Ungarischen Kultur
ZDF
Kreis-Kulturhaus Treptow, Filmklub GAFF, Berlin
Potsdam

FESTIVAL AND RETROSPECTIVE SCREENINGS:
1983
Budapest (World premier on the 14th February)
Jugendklub Friedrischfelde, Berlin (9th November: Gábor Bódy's Films Series)
1984
Montreal, Festival "Nouveau Cinéma"
Taormina, International Film Festival
1985
Kunstmuseum Bern („ALLES und noch viel mehr")
1986
Haus der Ungarischen Kultur, Berlin (Gábor Bódy retrospective)
ZDF
Kreis-Kulturhaus Treptow, Filmklub GAFF, Berlin
Potsdam

GONDOLAT – ÉS JELENETVÁZLATOK, BESZÉLGETÉSRÉSZLETEK A KUTYA ÉJI DALA C. FILMHEZ

(Magnetofonszalagra mondott szövegek írásos változata az élőbeszéd esetlegességeivel)

A film végül a hat szereplőnek a szálait követi. Felvételi technikájában úgy szeretném megcsinálni, hogy a mellékelt jelenet-vázlatban a már meglévő szálak, motívummagok, részben dialógusmagok mellett mind a hat főszereplővel kis jelenetegysé-geket építenék fel. Ezek a jelenetegységek, melyek nem klasszikus értelemben vett jelenetek, hanem sok esetben monoló-gok, sok esetben olyan jelenetek, amelyek az ajtó mögött játszódnak le, nem elégítik ki egy hagyományos narratív történetnek a jelenetigényeit, hanem inkább életszeletek, amelyeknek éppen ezért nagyon improvizáltan kell felépülniük. A lényegük az életbeli töltésük, az, amit így előre tudunk, vagy meg tudunk határozni. És mik ezek az életbeli töltések? A szélhámos pap és a tanácselnök esetében két szélsőséges értékét, vagy vonását szeretném megjeleníteni, megfogalmazni a mi magyar, vagy kelet-európai életünknek. Ami közös bennük, azt úgy lehetne megfogalmazni, hogy önjelölt próféták, vagy önjelölt értelmisé-giek. Azt nem mondanám, hogy szellemi felkészültség nélküli, de mindenképpen társadalmi alátámasztás és formalizáltság nélküli önjelöltek. Ez bizonyos értelemben önpusztító vállalása vagy kihívása egy szellemi szerepnek. Ezt a típust nagyon jel-lemzőnek érzem a magyar társadalomban történeti értelemben is, minthogy a magyar értelmiség, mint olyan, érzésem sze-rint nem is szerveződött sohasem értelmiséggé. Voltak korszakok, amikor ilyen szerveződés megindult, tett is néhány lépést előre, de programadóvá, vezetővé soha nem vált, mint ahogy a magyar burzsoázia sem vált azzá. És így, az egész történet csak töredékesen vihető tovább, csak töredékes arcokat produkál. Itt tehát semmiképp sem egy kitermelt értelmiségről van szó, hanem mindig bizonyos visszaverődésekről, visszaverődéses szerepek realizálásáról valamilyen más lelki tartalommal. Tulajdonképpen a volt tanácselnökben és a szélhámos papban azt a közös vonást találhatjuk meg, hogy mind a ketten vala-milyen szellemi szerepet játszanak, erre pszichológiailag magukat kandidálják. Ez tehát egy olyan szellemi szerep, ami bizo-nyos privát lelki tartalmakból táplálkozik, mert maga a társadalom nem igazán kandidál ezekre a szerepekre. Éppen azért nem is voltak adekvátak a szereppel. Ezekkel állna szemben egyrészről a mai magyar falunak a részben roppant terhekkel, maradiságokkal, részben bizonyos konjunkturális tulajdonságokkal összevegyített, azonban mindenképpen passzív, már-mint szellemi dolgok vonatkozásában passzív képe, tömege, amely természetszerűen kirekeszti ezt a két embert. És áll velük szemben két másfajta, nyitottabb szellemi magatartás, amelyeknek talán épp azt határozhatjuk meg lényegéül, hogy nem

---

AN OUTLINE OF THOUGHTS AND SCENES, DETAILS FROM DISCUSSIONS OF THE FILM TITLED THE DOG'S NIGHT SONG

(A written version of tape-recorded texts which have the spontaneity of the living speech)

The film follows the trail of six characters after all. As to the shooting technique I would like to make it build up from small scene-units using all six characters in the given scene-sketch, besides the already existing threads, motif-kernels and partly dia-logue-kernels. These scene-units (which are not scenes in the traditional sence, but rather monologues in most cases, or scenes which are being performed behind the doors), do not meet a traditional narrative story's claims to be scenes. Rather they are slices of life and like these must be built up through great improvisios. Their essence is their place in life in that can be known or defined in anticipation. And what are these places in life? In the case of the swindler priest and the council leader I would like to describe, and to define two extreme values or features of our Hungarian or East-European life. The common feature in them is that both are self-appointed prophets or self-appointed intellectuals. I wouldn't say they are without in-tellectual avareness but in any case they are without social form, without the support of society. In a sense it is a self-destroying acceptance, or challenge, of an intellectual role. I think this type is very characteristic in Hungarian society, even in historical sense, as the Hungarian intelligentsia as such, in my opinion, have never been really organised. There were times in history when the process of such an organisation began making a few steps forward but it never became leading and decisive in the same way that to the Hungarian bourgeois did not become decisive either. And so the whole story can be carried further only fragmented, for it produces only fragmented faces. The point here is that in a by no means an established intelligentsia, there are always certain reflections, and in the realisation of reflectional roles there is some other psychical content. After all the comon feature in the swindler-priest and the former council leader is that they both play some intellectual role for which they appoint themselves psychologically. Therefore it is an intellectual role that is nourished by certain private psychical contents, for the society itself doesn't really appoint them for these roles. This is the reason why they were not adequate to the roles. Opposed to this are, on the one hand the image of the present-day Hungarian village mixed partly with heavy burdens, backwardness, partly with certain features of prosperity which are in all forms passive — seeing this in in-tellectual terms but naturally excluding these two men. And on the other hand are two other, more open, intellectual attitudes the essence of which is that they do not appoint themselves to anything: on the one hand there is Attila representing this kind

kandidálják magukat semmire. Egyrészről az Attila, aki egy ilyen nyitott szellemiséget képvisel, úgy is mint elméleti ember, mint megfigyelő, mint obszerváló, és úgy is mint egy kísérletező zenész, aki a zenében sem szerepet játszik, hanem egyszerűen belső tartalmakat akar kifejezni. Másrészről pedig a kisfiú, aki olyan értelemben nyitott, hogy még semmilyen, kialakulatlan, így mindenfelé nyitott. A kisfiú szociológiai elhelyezésénél, káderezésénél, szociológiai bekódolásánál az a választás vezetett, amikor egy katonatisztnek és feleségének ajándékoztam, hogy egy produktív, diszciplinált és konstruktív férfitípust kerestem ebben a társadalomban, aki viszont nem saját felelősségére, hanem egy diszciplina keretében az. Nyilvánvaló, hogy egy ilyen férfi egy nagyon szép nőt választ magának társul, akit viszont ez az életforma nem elégíthet ki. Egyrészt azért nem, mert mint nő sem kaphatja meg sem anyagilag, sem szexuálisan a férfitól azt, amit elvár, mert egy ilyen férfi egyrészt poszesszív, tulajdonos jelleggel lép fel a nővel szemben, másrészről a saját munkájában és konfliktusaiban olyan módon elfáradt, hogy keveset tud közvetíteni a nő felé érzelmileg is, szexuálisan is, tehát egy ilyen házasság előbb-utóbb vagy formálissá válik, vagy megromlik. Ez a nő viszont a maga ösztönösen érzett szexuális-biológiai értékénél fogva ezt a leértékelést vagy kompromisszumot nem fogadhatja el. A gyerek pedig egyrészt felszabadul attól, hogy a szülők által kontrollálva legyen, másrészt ennek bizonyos értelemben áldozatává is válik, ha ez nem változik meg perspektívikusan.

Az álmok úgy kapcsolódnak ehhez a történethez és úgy válnak szerves összekötő anyagává a kis töredék életeknek, hogy mindegyikük sorsát valamilyen szellemi ambíció és érzelmi kielégületlenség kíséri. Ezek tapogatóznak, csápoznak egy ilyen szellemi-érzelmi, sőt esetleg érzéki horizont felé, és ezt a hipotetikus horizontot akarom ezekkel bezárni. Ez nyilván annyira közös, mint amennyire meghatározhatatlan. Ugyanezt a szerepet, álomszerűséget eljátszhatja a kisgyerek kamerázása, mely a gyerek számára valóság, betöltetlen álom, keret és forma. Ezzel egyrészről egy úgynevezett „objektív" képet ad a valóságról, ahogy egymásra építgeti a felvételeit, másrészt megmutatja ebben a valóságban a kitöltetlen rovatokat. Egy felnőtt ember mindig a kitöltött, a mai kultúránk szerinti jelentésekkel kitöltött rovatoknak megfelelően cselekszik. Eleve odairányítja a kamerát, amit értelmezni tud. A gyerek számára pedig a valóság egy kitöltetlen rovat, tehát ilyen értelemben jobban is leképezi azt, másrészről a felnőtt értelemben vett összefüggések nélkül képezi azt, illetve keres benne összefüggéseket. Tehát a gyerekek filmfelvételei és az általam megalkotott álomképek tulajdonképpen egy anyagot kell, hogy képezzenek. Ebből bontakoznak ki ezek a jelenettöredékek, amiket egy kicsit mindig mellé akarok komponálni. Úgy mellé komponálni, hogy benne is legyen az a jelenetszerűség, amit egy filmtől elvárunk, de egy kicsikét csússzon el róla a kamera, vagy a hang, vagy valami, ami ennek a hat szereplőnek az életében lezajlik, és ami elvileg egy hét alatt lezajlódó történet.

A filmbeli álomszerűség sem differenciálódik külön-külön személyek álmaivá. Egy álmot leírni előre egy faluról, egy helyzetről merőben fölösleges és lehetetlen, másrészről pedig itt az álmok motívumait mindenképpen a felvett anyagoknak kell adniuk. Egyrészt az anyagok felvételének módja csúszik el mindig kicsit az álomszerű felé, másrészt egy felvett jelenetnek (mondjuk az apa és az anya között egy beszélgetés egy pesti étteremben) kell kiadnia magából azokat a konkrét vizuális motívumokat, amelyek egy álom felé fejleszthetők. Mi az álom lényege? Hogy van is, meg nincs is. Elérhető és nem érhető el. Valami megjelenik számunkra, ami ugyanakkor elérhetetlen. Ez a kettősség. Bármi, ami a filmben, mint valóság belekerül,

of intellectually open being; a man of theories, an observer but also an experimenting musician who doesn't play a role either in music but tries to express its inner contents. And on the other hand there is the little boy who is open in a sene that he is featureless unshaped therefore open in every direction.

In the sociological placement, screening and sociological encoding of the little boy I made my choice — when I gave him to a military officer and his wife — by selecting a productive, disciplined and constructive type of man in this society who shows these characteristics not on his own responsibility but within the frame of a discipline. Evidently such a man who chooses himself a very beautiful woman as a partner, cannot be satisfied with this way of life, however. One reason is that as a woman she can't get from the man what she expects financially or sexually, because such a man, on the one hand, claims to posess the woman, and on the other hand, he gets so tired because of his own work and conflicts that he can convey only a very little towards the woman both emotionally and sexually. Consequently the marriage sooner or later becomes a formality and fails. The woman however cannot accept this degradation or compromise, due to her instinctively felt sexual-biological value. And the child become free from the parents' control, and in a sense also becomes the victim of this in the lack of a perspective change.

Dreams are connected with this story and become an integral part of these small fragments of life in such a way that the fate of each character is accompanied by some intellectual ambition and an emotional dissatisfaction. They grope for an intellectual-emotional possibly, even a sensual horizon and I intend to close this hypothetical horizon with dreams. Evidently it is commonly as undefined. The same role, this dreaminess, can be played by the little boy's filming which is in reality, an unfulfilled dream, a frame and form for him. Doing this he gives an "objective" picture of reality constructing the shots one on another and he shows in this relity the blank spaces. An adult always acts according to the filled spaces which are filled with meaning in conformity with our present culture. He directs the camera only to those parts which he is able to conceive. For a child reality is a blank space, therefore in a sense he is able to reproduce it better without relations to the adult world i.e. he himself tries to find relations in it. Thus the recordings of the boy, and the visions created by myself should form a unified whole. From this emerge those small fragments of scenes which I intend to compose and juxtapose. They will be juxtaposed in a way that shows the nature of being composed of scenes, which are normally expected from a film and at the same time the camera, the sound should slip off a bit; or something should slip off that is taking place in the lives of these six characters and takes place in principle within a week.

The dreaminess in the film will not become differentiated as the dreams of separate persons. To describe a dream about a village or a situation in advance is completely useless and impossible, besides the motifs of dreams should come from the pre-recorded material. On the one hand the way materials are filmed always enters a little into the dreamlike, and on the other hand a recorded scene (say, a conversation between father and mother in a restaurant in Pest) should provide the concrete visual motifs that can be developed toward a dream. What is the essence of dreams? They exist and they do not. They can be, and cannot be, reached. Something appears before us that cannot be obtained. This duality is their nature. Anything that is inclu-

rögtön utána megjelenik, mint egy álomnak a része, és semmi mást nem kell tennünk, csak egy kicsit elérhetetlenné tennünk. Valamilyen mozzanatot kell közé és a néző közé iktatnunk, ami lehet technikai, lehet épp dramaturgiai, bár én ezt az utóbbit túl szellemeskedőnek és kevésbé jónak találom. Valami, amitől ugyanaz a kép, ami előzetesen mint valóság szerepelt, valamilyen elérhetetlen minőséget kap, lehet, hogy a színe, formája megváltozik, és lehet az is, hogy valami olyan történik benne, amiről tudjuk, hogy a valóságban nem történhet meg. Ezt az utóbbi megoldást azonban kevésbé tartom igaznak, értékesnek és nem is nagyon alkalmaznám.

Még egy módszert lehetségesnek tartok ebben az esetben, ami a méretek szabadon kezelhetőségén alapszik, amikor is a dolgok átmennek mikro- vagy makrokozmikus nagyságokba.

A zenei anyag egyrészt zajok zenei használatából állna, másrészt pedig nagyon mesterséges, szintetikus hangokból. Például flippereknek képregényszerű hangjából, amelyekben van valami narratív vagy filmjellem, ugyanakkor zenei értelemben hangoltak és zörejszerűek annyiban, hogy egy konkrét eseményből, a golyóknak az ütközéséből állnak elő. Rendelkezésemre áll egy ilyen zenei anyag, ahol a prérifarkas vonítását és a tücsöknek a ciripelését állították elő egy flippernek a primitív szintetikus eszközeivel. Ezt a kutyavonítást, tücsökciripelést, egyáltalán az éjszakai hangvilágot szeretném az egész filmen átcsúsztatni, sőt elképzelhető, hogy ezt lehetne az álomszerűségnek a jelzésére is használni. Ha az egész filmen valami módon jelen van, hogyha előtérbe kerül, akkor egy álomszerű hangkeretet képez bárilyen felvétel köré.

A „Kutya éji dala" cím vagy a prérifarkas vonítása abból az ismert jelenségből indul ki, hogy a kutyák megugatják a holdat, melyet nagyon fontos dolognak tartok, mert ez az emberi kultúrkörből jól ismert kifejezése annak, hogy az animális és a kozmikus között van egy rendszeres kapcsolat. Az emberek is megugatják a holdat, csak ők nem, illetve nem olyan egyértelműen adnak ennek hangot. Az emberek bonyolultabb, kevésbé egységes formában ugatják meg a kozmoszt. Az animálisnak és a kozmikusnak az összefüggését szeretném a lehető legtriviálisabban és legáltalánosabb képekkel megjeleníteni, azért megfelelő ez a tücsök-prérifarkas zene. Az egész filmet a hely és a lehetőségek adta apróságokon kívánnám felépíteni egy jeltudatos realizmussal. Az lenne benne az érdekes, az álomszerű, hogy a kamera mindig megkeresné azt, ami jelent valamit, és a többit egy ilyen zsongásban, redundanciában tartaná maga körül. Ilyen értelemben épp ezért majdnem mindegy, hogy mi van a jelenetekben, mert a kamera, vagy a film nem azt nézi, ami a jelenetekben értelmileg és tartalmilag hagyományos, hanem választ egy pontot magának, amit nézni lehet, vagy érdemes. A könnyűség elve is azt fedi, hogy ilyen pont mindig van, mindig adódik. A nehézség ebben az, hogy a filmet nagyon szűk és intim csoportban, sőt egyetértő, egyetértő emberek intim csoportjában lehet csak felvenni, hogy minél kevesebb olyan dolog kerüljön bele, ami hagyományos értelemben jelent valamit, és semmiképp se kerüljön előtérbe, legfeljebb valamilyen közvetítésen át. Azért könnyebb a filmet megcsinálni, mert csak kihagyni kell a valóságból. Állandóan ki kell hagyni dolgokat. Azért nehéz, mert beugranak, és minél több ember dolgozik együtt, annál nagyobb valószínűséggel ugranak be a tradicionális reflexek. Ekkor belekerülnek a jelentéktelen részletek, melyek rontanak a filmen. Mindenképpen belekerülnek, de ezeket háttérbe kell szorítani.

Minél előbb el lehet kezdeni a filmet, annál jobb. Minél egyszerűbben, annál jobb. Minél kevesebben csinálják, annál jobb.

---

ded in the film as reality soon after appears as part of a dream, and the only thing we have to do is to make it a little unobtainable. We should put some element between the dream and the spectator which can either be technical or dramaturgic, although I find the latter too anecdotal and less useful. We should put in something which leaves the shot unchanged, but something which appears before as reality and would gain some unobtainable quality; its colour or form would change. And it's also possible that something would happen in it that we know cannot happen in reality. I find however this latter solution less true or valuable and I personally wouldn't apply it.

I think in this case there is another applicable method based on the free manipulation with sizes when things develop into micro- or macrocosmic dimensions.

The musical score would contain on the one hand noises used in musical way and on the other extremely artificial, synthetic sounds: e.g. sounds of a comical nature made by pinball machines which possess certain narrative or film character but in musical sence are tuned and noise-like as if they are produced by a concrete happening, say the bumping of balls. There is such a musical material at my disposal in which the howl of the prairie-wolf and the chirp of the cricket are produced with the primitive, synthetic means of a pinball machine. I would like this howland chipp to float through the whole film for that is the sounds of the night, moreover this might as well be used to mark dreaminess. If it is present throughout the whole film, if it comes into prominence, will be able to form a dreamlike sound frame around any shot.

The title **"The Dog's Night Song"** or the howl of the prairie-wolf, originated from the well-known phenomenon that dogs bark at the moon which I consider rather important. This is because in human culture it is a well-known expression of the fact that there is a constant relationship between the animalistic and cosmic. People, too, bark at the moon but they don't give utterance to it or at least not so clearly. People bark at the cosmos in a more complex, less unified way. I would like to visualise the connection between the animalistic and cosmic as trivially as possible and with the most general images which is why this cricket- and prairie-wolf music is suitable. I would intend to construct the entire film upon trivial things provided by the spot and its potentialities, with a sign-conscious realism. The interesting and dreamlike effect would be that the camera would always select the thing having a significance and the remainder would be kept redundant. In this sence it is nearly all the same which is in a scene for the camera or the film, instead of directing itself toward those traditional elements in a scene which are intellectual in content, and selects itself a point that can be watched or is worth watching. On the principle of simplicity there is always such a point, it always presents itself. The difficult thing is that the film can only be shot in a narrow circle, moreover in the intimate circle of consenting people, so that only the least possible things with traditional meaning should enter, and they should come into prominence, at worst, through some intermediary. It is easy to shoot the film because the only thing to be done is to omit things from reality: to omit things all the time. And it is difficult as well, because no matter now they come in and the more people work together, the probability is greater that traditional reflexes come in. Thus insignificant details enter which mar the film. They will enter anyway but should be pushed into the background.

The sooner we can start shooting the film, the better. The more simply, the better. The smaller the crew, the better. And yet I

Mégis támpontokat akarok adni, bázisokat, emberi bázisokat, képbázisokat, ezért vannak szereplők. Kell, hogy valamilyen módon hasonlítson azért a filmekre, a régi filmekre.

[1981; összeállította Galló Tamás]

(B. G.)

want to provide bases, human bases, picture bases, that is why there will be actors. It's necessary that in some way it resemble films, the old ones.

[1981; compiled by Tamás Galló]

(G. B.)

AZ "EGYSZERŰ IGAZSÁGOK" NYOMÁBAN

BESZÉLGETÉS BÓDY GÁBORRAL

KÉRDÉS: Az élet „vegetatív" változásaival kapcsolatban, ahogy azokat **Nárcisz és Psyché** c. filmed tudatosítja bennem, és az értelmes emberi létezésnek az egyént a legvégsőkig szorongató külvilágban való szenvedélyes és fájdalmas keresésével, a jelenlegi ember kifejezésének és az „egyszerű igazságokhoz" való visszatérésének keresésével összefüggésben — amit utolsó filmedből, a **Kutya éji dalá**ból kiolvasni vélek — eszembe jut Andrej Tarkovszkij is és az elemi tisztesség, amit ő a filmjeiben keres.

BÓDY GÁBOR: A **Nárcisz és Psyché**vel kapcsolatban egy neves nyugatnémet filmkritikus, Wolfram Schütte már felvetette egyszer ezt a kiinduló kérdést: hogy Bódy Gábor esetében nem egy „magyar Tarkovszkij"-jal állunk-e szemben... Őszintén megvallva kicsit megszégyenített ez az összehasonlítás, mivel abban az időben még csak az „Andrej Rubljov"-ot láttam Tarkovszkijtól. Csak később láttam „A tükör" és a „Stalker" c. filmjeit, és akkor egyszerre meg is ijedtem, még örültem is, hogy engem valaki bármilyen módon is kapcsolatba hozott ezzel a nagy filmalkotóval. Meglehet, hogy az ő igazságkeresése, anélkül, hogy tudatában lettem volna, befolyással volt rám, amikor a **Kutya éji dalá**hoz hozzáfogtam. Ezt a filmet meg kellett csinálnom, ez lelkiismereti kérdés volt.

Igen, a visszatérés az „egyszerű igazságokhoz"... Egyre inkább érzem magamban a kívánságot, hogy filmjeimben foglalkozzam azzal, milyen életteret enged a társadalom az emberek spirituális szükségleteinek. A **Kutya éji dalá**ban a megszilárdult morális kategóriákat és funkciójuk hordozóit vizsgálom — a családot, a házasságot, a katonát, a papot, az egykori funkcionáriust, és azt kérdezem: tudják az emberek milyen szerepet játszanak? Ezek bizonyos, időközben már normák által szabályozott értékeket képviselnek, és az emberek már magától értetődőnek veszik őket, nem kérdőjelezik már meg őket. A mindennapokban aztán vannak olyan helyzetek, ahol ezek a normák szabályozta értékek és vezérelvek nincsenek garantálva, és ahol az ember kénytelen ezeknek az okára rákérdezni. És akkor ezek a figurák kitartanak a kategóriájukban, kölcsönösen megsértik egymást, de a valóság követelményeinek mégsem felelnek meg. Aztán színre léptettem egy papot, aki látszólag egy intézmény képviselője is volt. Különös módon az imájában olykor hibázik, azonban (ami fontosabb) kommunikációba lép a hitközségével és produktív közösségi szerepet tölt be. A végén aztán kiderül, hogy álpap volt, szélhámos, aki bitorolta a hivatalt; két katasztrofális esetben még bűnösnek is látszik kriminalisztikai értelemben, még akkor is, ha egyáltalán nem az. — És ott van még egy gyerek is a konfliktusok kellős közepén: őszinte,

---

AUF DER SUCHE NACH DEN „EINFACHEN WAHRHEITEN"

GESPRÄCH MIT GÁBOR BÓDY

FRAGE: In Anbetracht der „vegetativen" Veränderungen des Lebens, wie sie mir durch Deinen Film **„Narziss und Psyche"** bewusst werden, und im Zusammenhang mit der leidenschaftlichen und schmerzhaften Suche nach der Sinngebung menschlicher Existenz in einem das Individuum aufs Äusserste bedrangenden Umfeld, in der Suche nach Lauterung des gegenwärtigen Menschen und nach seiner Rückkehr zu den „einfachen Wahrheiten", die ich aus Deinem letzten Film, **„Nachtlied des Hundes"**, abzulesen meine, fühle ich mich auch an Andrej Tarkowski und seine Suche nach elemanterer Lauterkeit erinnert.

GÁBOR BÓDY: Im Zusammenhang mit **„Narziss und Psyche"** stellte ein renommierter westdeutscher Filmkritiker, Wolfram Schütte, schon einmal diese Prämisse in den Raum: ob es sich bei Gábor Bódy nicht vielleicht um einen „ungarischen Tarkowski" handle... Offen gestanden, dieser Vergleich hat mich ein wenig beschämt, denn zu jenem Zeitpunkt hatte ich von Tarkowski ausschliesslich „ANDREJ RUBLJOW" gesehen. Ich sah später erst seine Filme „DER SPIEGEL" und „STALKER", und da war ich zugleich erschrocken und andererseits auch glücklich, dass jemand mich zu diesem grossen Filmschöpfer auf irgendeine Weise in Beziehung setzte. Kann sein, dass seine Wahrheitssuche, ohne dass ich es mir bewusst vorgenommen hatte, Einfluss gehabt hat, als ich **„Nachtlied des Hundes"** in Angriff nahm. Ich musste diesen Film machen, es war eine Gewissensfrage.

Ja, die Rückkehr zu den „einfachen Wahrheiten"... Ich spüre zunehmed in mir den Wunsch, in meinen Filmen zu erforschen, wie die Gesellschaft die spirituellen Bedürfnisse des Menschen leben lasst. In **„Nachtlied des Hundes"** untersuche ich die gefestigten moralischen Kategorien und ihre Funktionstrager — die Familie, die Ehe, den Soldat, den Priester, den ehemaligen Funktionär — und ich frage: Wissen die Menschen, welche Rolle sie spielen? Sie repräsentieren bestimmte, inzwischen genormte Werte, und sie nehmen sie als selbstverständlich hin, sie befragen sie nicht mehr. Und dann gibt es im Alltag Situationen, wo diese genormten Werte als tatsächliche Werte und Leitbilder nicht garantiert sind, und wo man sie neu auf ihren Urgund hin befragen muss. Und da verharren dann diese Figuren in ihren Kategorien, werwunden sich dabei und werden den Anforderungen der Wirklichkeit doch nicht gerecht. Ich gabe dann einen Priester auftreten lassen, scheinbar auch Vertreter einer Institution. Sonderbarerweise macht er in seinen Gebetsritualen hin und

olykor szólni képtelen, összegészében megronthatatlan — bizonyos fokig egy hallgató pap. Ő a filmemben a voltaképpeni vonatkoztatási személy, reményem hordozója.

Igyekeztem nem didaktikusan eljárni és nem osztogatni cenzúrákat. Mindegyik szereplőnek akartam adni bizonyos fokú szeretetet és esélyt, önmaguk megváltoztatására. Nem kínálok fel olyan megoldást, amelyet megnyugodva hazavihetne az ember. A végén megmarad a kínzó kérdés: hogyan tölthető be a létrejött veszélyes vákuum.

KÉRDÉS: Filmjeidben te soha nem mentél bele a lineáris filmes elbeszélésmódba, hanem filmes ajánlatokat tettél, amelyek szokatlan módon aktív befogadót kívánnak meg.

BÓDY GÁBOR: Filmjeimben nem szolgálok értelmezésekkel, deklarációkkal, és ez láthatóan nem kevés embert zavar, kritikusokat is. Engem nem érdekel a széles körben népszerű action-film, ami manipulálja a nézőt, amennyiben azonosulásra kényszeríti, a jó és a rossz közötti sematikus választás alapján. A nézőnek készen kell állnia arra, hogy felfedezéseket tegyen.

KÉRDÉS: Te a néző fantáziáját is igényeled, hogy a többrétegű információkból és fix pontokból összeállítsa a főszereplők történeteit...

BÓDY GÁBOR: Néha azt kívánom, legyen hajlandó a világot és képeit egy gyermek gyakorlatlan (elhamarkodott értékítéletek által még meg nem zavart) szemével látni. Különösen ilyen szellemben forgattam például a szuper 8-as kamerával felvett képsorokat a **Kutya éji dalá**ban. A film egésze három különböző technikával felvett és később a mozikban szokásos 35 milliméteres anyagra átvitt képsorból áll: a fő részt a drámai jelenetek alkotják, amelyek a cselekményt hordozzák. (Ezeket egyébként kicsit eltoltam a melodráma felé és a hollywoodi módra intenzív színes fénybe mártottam őket.) A már említett szuper 8-as képsorok mellett aztán vannak még olyanok is, amelyeket videóval vettünk fel. Azok ezek, amelyekben az emberek közvetlenül akcióba lépnek, bizonyos autentikus jelleggel bíró jelenetek, amelyeknek felvételét nem ismételtük meg: a koncert-bevágások, a kihallgatások, az interjúk. Arra törekedtem tehát, hogy a történés többrétegűsége számára mindig találjuk egy adekvát filmes ábrázolási módot is, a különböző filmtechnikák és mindenkori matériájuk specifikus lehetőségeinek felhasználásával.

A **Kutya éji dala** leíró film — annyiban, amennyiben a jelenkori emberi egzisztenciák panorámáját mintegy ikonszerűen leképezi. Mindegyik személyt azonos közelségből láttatom — nem egyikőjük értékelő szemszögéből, nem szelektálva. A felfogás folyamata a nézőnél algoritmikus módon megy végbe, azaz lépésről lépésre, szintről szintre. Ennyiben ez a film talán komplexitásában az irodalomhoz áll közel, és el tudnám képzelni, micsoda előny lenne egy ilyen filmet videókazettán „olvasni": a néző akkor időnként „visszalapozhatna" és „újraolvashatná" (vagyis visszatekerhetné a szalagot), amikor felvevő képessége lankad. [...]

[Berlin, 1983. december. Részlet. Retrospektive mit Filmen von Gábor Bódy. Hans der Ungarischen Kultur, Januar 1986. Sokszorosítás.]
JOACHIM STARGARD

---

wieder Fehler, doch (was wichtiger ist) er tritt in Kommunikation mit seiner Gemeinde, und er leistet produktive Sozialarbeit. Am Ende stellt sich dann heraus, es war ein Pseudo-Priester, ein Hochstapler, der sich dieses Amt angemasst hat; er scheint in zwei Katastrophenfallen sogar im kriminalistischen Sinne schuldig zu sein, auch wenn er es tatsächlich gar nicht ist. — Und da ist noch ein Kind inmitten all der Konflikte: es ist aufrichtig, zuweilen sprachlos, insgesamt unkorrumpierbar — gewissermassen ein schweigender Priester. Das ist die eigentliche Bezugsperson meines Films, Träger meiner Hoffnung.

Ich war darum bemüht, nicht didaktisch vorzugehen und Zensuren zu verteilen. Ich wollte allen Personen ein gewisses Mass an Liebe schenken, an Chancen, sich zu verändern. Ich biete keine Lösung an, die man beruhigt nach Hause tragen kann. Es bleibt am Ende die bohrende Frage, wie das entstandene, gefährliche Vakuum zu füllen sei.

FRAGE: Du hast Dich in Deinen Filmen nie auf eine lineare filmische Erzählweise eingelassen, hast filmische Angebote gemacht, die in ungewöhnlicher Weise einen aktiven Rezipienten fordern.

GÁBOR BÓDY: Ich gabe in meinen Filmen keine Erläuterungen ab, keine Deklaration, und das scheint nicht wenige Leute zu verstören, darunter auch Kritiker. Ich bin nicht am landläufigen Action Kino interessiert, das den Zuschauer manipuliert, indem es ihn zur Identifikation zwingt, auf der Basis einer schematischen Entscheidung zwischen Gut und Böse. Der Zuschauer soll bereit sein, Entdeckungen zu machen.

FRAGE: Du beanspruchst auch seine Fantasie, sich aus vielschichtigen Informationen und Fixpunkten die Geschichten der Protagonisten zusammenzusetzen...

GÁBOR BÓDY: Ich wünsche mir zuweilen seine Bereitschaft, die Welt ind ihre Bilder mit dem ungeübten (noch nicht durch vorschnelle Werturteile getrübten) Auge eines Kindes zu erleben. Speziell in diesem Sinne habe ich z. B. im „Nachtlied des Hundes" die mit der Super-8-Kamera aufgenommenen Sequenzen gedreht. Der Film ist ja in seiner Gesamtheit aus Szenen und Sequenzen zusammengesetzt, die in drei verschiedenen Techniken aufgenommen und erst später auf das kinoübliche 35-mm-Material übertragen wurden: Der Hauptanteil bilden die dramatischen Szenen, die die Handlung transportieren. Sie wurden mit der für den Spielfilm üblichen 35-mm-Technik gefilm. (Ich habe sie übrigens ein bisschen melodramatisch akzentuiert und sie à la Hollywood in ein intensives farbiges Licht getaucht.) Und neben den schon erwähnten Super-8-Sequenzen gibt es dann noch solche, dei mit Video aufgezeichhnet wurden. Es sind die, in denen Menschen unmittelbar in Aktion treten, Szenen, die einen gewissen authentischen Charakter haben und deren Aufnahmen nicht wiederholt wurden: die Konzert-Mitschnitte, die Verhöre, die Interviews. Ich war also bemüht, für die Vielschichtigkeit des Geschehens auch jeweils eine adäquate filmische Darstellungsweise zu finden, unter Einbeziehung der spezifischen Möglichkeiten der verschiedenen Filmtechniken und ihrer jeweiligen Materialien.

„Nachtlied" ist ein beschreibender Film — insofern, als er ein Panorama gegenwärtiger menschlicher Existenzen gleichsam wie auf einer Ikone abbildet. Alle Personen sind aus gleicher Nähe gesehen — nicht unter dem wertenden Aspekt nur einer Person, nicht selektierend. Der Prozess des Begreifens vollzieht sich beim Betrachter auf algorithmische Wei-

se, also Schritt für Schritt, von Stufe zu Stufe. Insofern ist dieser Film vielleicht der Literatur in ihrer Komplexität nahe, und ich könnte mir denken, wie vorteilhaft es ware, solch einen Film aus der Video-Kasette „zu lesen": da könnte der Betrachter dann zuweilen „zurückblattern" und „noch einmal lesen" (d. h. das Band zurückfahren), wenn seine Aufnahmefahigkeit nachlässt. [...]

[Berlin, Dezember 1983. Ausschnitt. Retrospektive mit Filmen von Gábor Bódy. Haus der Ungarischen Kultur, Berlin, Januar 1986. Vervielfaltigung]
JOACHIM STARGARD

IPARI RITUÁLÉ ÉS NYELVI MÍTOSZ
(BESZÉLGETÉS BÓDY GÁBORRAL)

[...]
— Erről jut eszembe: miért saját magára osztotta filmjének egyik főszerepét?
— Úgy éreztem, hogy én hitelesen tudom eljátszani a szerepet.
— Éspedig, miért?
— Az egész szereposztás úgyszólván előbb volt meg, mint a történet. Éltem a forgatókönyvi kötetlenség előnyeivel, és a szereplőket úgy választottam ki, hogy eleve különböző jelentésvonatkozásokat sűrítsenek magukba, hogy azután ezeknek a kibontása generálja a történetet. Érdekes, hogy a figurák a retorikában is a jelentéssűrítést, az átvitelt, illetve az elvonatkoztatást szolgálják. A filmben megjelenő figurák egyike-másika szociológiai értelemben is fedi a szerepét, például Grandpierre Attila a csillagászét, vagy az anyáét Méhes Marietta. Másoknál, mint Derzsi János katonatisztjénél, Fekete András ex-funkcionáriusánál vagy az én ál-papomnál morális, indulati áttételről van szó. Amikor a helyszíni szemlék során a helyiek megismertettek a mátrai ál-pap történetével, rögtön elhatároztam, hogy keresztezem a csaplári motívumot. Így a szerep megszabadul a szociológiai nehézkedéstől, elkerülhetővé válik, hogy bárki a papság és a kommunisták viszonyának dokumentációját keresse a filmben. És kinyílt a horizont egy elvontabb síkra, a lelki élet síkjára. Mármost ebben a mezőben a papok, funkcionáriusok, művészek, értelmiségiek szerepe sokkal közelebb esik egymáshoz, mintha a szociológiai funkciókra tagolva látjuk őket. Egy hivatásos szellemiségről van szó, amely önmagát jelöli egy szerepre, s melyről nem tudjuk, a társadalom milyen mértékben igényli. Úgy éreztem, hogy én a saját úgynevezett művészi tévelygéseim, önigazolási törekvéseim talaján állva mélyebben ki tudom bontani ezt a figurát, mint egy színész, aki biztosabb a feladatában, az utánzásban, s akit esetleg elcsábítanak a szerep külsőségei. Azonkívül a szakmához közelállók ismerik a színészegyeztetésből adódó nehézségeket. Én pedig a szó szoros értelmében kézenfekvő voltam, mindenféle egyeztetési gond nélkül [...]

[Filmvilág 1983/6. 10—13. | Részlet.]   KOVÁCS ANDRÁS BÁLINT

BÓDY GÁBOR FILMJEI
THE FILMS OF GÁBOR BÓDY

INDUSTRIAL RITUAL AND LANGUAGE MYTH
(A TALK WITH GÁBOR BÓDY)

ANDRÁS BÁLINT KOVÁCS: Why have you cast yourself for one of the leading parts in your own film?
GÁBOR BÓDY: I genuinely thought I could play the role.
A. B. K.: Will you tell me why?
G. B.: The whole cast was ready earlier than the story. I pushed the adventages of freedom in the scenario and I chose the characters so that they would condense different relations of meaning from the very first and then the unravelling of these would generate the story. It is interesting that the characters serve the concentration of meaning (as transfer, as abstraction and also as rhetoric). One or another of the characters appearing in my film correspond to their roles in sociological sanse (for example Attila Grandpierre, as the astronomer and Marietta Méhes, as the mother). In connection with others, for instance the officer of János Derzsi, the ex-official of András Fekete or my false priest, a moral, emotional transmission is involed. When we visited the scene, the residents told us the story of the false priest of Mátra. I immediately decided to combine it with the Csaplár-motive. This way the character can throw off its sociological gravitation, and we can prevent people from searching the film for a documentation of the relationship between the clergy and the communists. The horizon has opened up to a more abstract level, the level of inner life. Now in this field the roles of priests, officials, artists, intellectuals get closer to each other than in the field where the characters' sociological functions have disintegrated. It is a professional class of intellectuals which casts itself a part, and we do not know how much society needs it. I felt that on the basis of my artistic strayings, and my intentions for self-justification, I could play the character better than an actor who is certain of his task. It is imitation and who might be enticed by the externals of the role. Besides, all those who are in touch with the screen-world will know how difficult it is to agree on the dates with the actors and as I was evidently there, there was no trouble of agreeing on any date! [...]

[Filmvilág 1983/6. pp. 10—13. Extract]   ANDRÁS BÁLINT KOVÁCS

INTERJÚ BÓDY GÁBORRAL

KÉRDÉS: Új filmedről, készítése közben elterjedt néhány érdekesség híre: magyar punkegyüttesek közreműködésével készíted, szuper 8-as és videó technikát használsz. Összefüggnek-e ezek a tényezők, és hogyan?

BÓDY: Úgy függnek össze, hogy nagyon olcsón akartam megcsinálni, és nagyon a mai valóság adottságaiban gyökerezve. Az egyszerű beszédhez, a közvetlen kifejezéshez közeledek ezzel a filmmel. Mai filmet akartam csinálni, elfogulatlanul, kötetlenül, egyszerű, olcsó eszközt kerestem erre.

KÉRDÉS: Mennyire vezetett ez el avantgarde irányban? Mennyire folytatása eddigi — elméleti — munkásságodnak, vagy esetleg új fejezet?

BÓDY: Ez új fejezet. Miközben a spekulatív hagyományokat folytatom a filmben, és középkori, skolasztikus módon szerkesztem meg az eseménymagokat, ugyanakkor a teljes spontaneitás hatja át érzelmileg is, szerkezetileg is ezt a filmet. Ezért rendezettségében is állandó nyugtalanság jellemzi.

A prekoncepcióm az volt, hogy öt-hat nyomon elindulva lássam, megláttassam, kifejezzem azokat az érzéseket, amelyek ma itt élnek és ezeket felbontva, eredeti szociológiai és pszichológiai mezőjelentéseiket új összefüggésbe hozzam egymással, többször, olymódon, hogy az egymástól elgondolhatatlan, a mai kultúrák számára elgondolhatatlan távolságban lévő megnyilvánulásokat is egy közeg jelentéseinek, jelhordóinak fogjuk benne fel. Ezzel új mezőt akartam teremteni, kimutatni, ami független ideológiától, független esztétikától: egy továbbélés lehetőségét.

KÉRDÉS: Tehát a saját személyiségedből kitermelődött gondolatokat, illetve az ezek alapján elkészített, felvett dokumentumokat egy új világ, egy új értelem, egy új ismeretmező meghódítására használod.

BÓDY: Igen... az egész dokumentarista sávot feltétlenül egy tranzitivitás hatja át, egy lehetséges jövőre irányul és érvénytelenné teszi azokat a formákat, amiket felvetünk, és egyúttal szeretettel és piros fénnyel pásztázza át ezeket.

KÉRDÉS: A jövő alkotó generációjáról mi a véleményed? Az utánad következő generációról?

BÓDY: Most megismerkedtem egy társasággal, fiatal fizikusokkal, akik zenélnek is. Velük készül ez a film. Bennük például rengeteg alkotóerőt látok feszülni. De végülis: az alkotóerő olyan dolog, ami az emberrel genetikusan veleszületik. Biztos viszont az, hogy soha ennyire nyilvánvalóvá nem vált még nemzedék előtt, hogy a Föld gömbölyű, és hogy nincsenek határai, csak távlatai. Megszűnt a lehetősége annak, hogy egymás elleni rugdalódzással biztosítsunk magunknak teret az alkotásra. Tehád mint az életmódban, mind a gondolkodásban új formákat kell felvenni és lehetőleg olyan intenzív formákat, amelyek a magenergiákat szabadítják fel, és az emberből valami sugárzást tesznek lehetővé. Különben elviselhetetlenné válik az élete.

AN INTERVIEW WITH GÁBOR BÓDY

QUESTION: Some points of interest have spread about your latest film-in-progress: Hungarian punk groups have praticipated in it, Super-8 and video techniques are used. Are these factors correlative and how?

BÓDY: They are correlated in the sense that I wanted to make a very cheap movie, very deeply rooted in the fundamentals of today's reality. I am drawing nearer to ordinary speech, to direct expression with this film. I wanted to make a present day film in an impartial, informal way so I looked for simple, inexpensive means for this purpose.

QUESTION: To what extent did it lead to the direction of the avant-garde? To what extent is it a continuation of your — theoretical — activities or is it perhaps a new chapter?

BÓDY: It is a new chapter. Though I continue the speculative traditions in the film and the kernels of events are composed in a medieval, scholastic way at the same time this film is pervaded by full spontaneity both emotionally and structurally. Thus, it is characterized by constant restlessness even in its orderliness.

My preconception was to start on five or six tracks to see, to express, to give an insight of those feelings that exist here today, and disintegrating them, to connect their original sociological and psychological ranges of meaning in a new way, many times in such a manner that even those manifestations that are at inconceivable distances, at inconceivable distances for the present cultures, are considered to be the meanings, denotation conveyers of one medium. I wanted to create, to reveal a new field which is unrelated to ideology, unrelated to aesthetics: one possibility of survival.

QUESTION: So you use the thoughts generated by your own personality that is the documents produced and recorded on the basis of these to conquer a new world, a new meaning, a new field of knowledge?

BÓDY: Yes, ... the whole documentary track is definitely pervaded by transitivity, it is directed at a possible future, and invalidates those forms that we propound and at the same time they are panned with love and red light.

QUESTION: What do you think about the creative generation of the future? About the generation following you?

BÓDY: I have been acquainted with a party of young physicists recently who play music. I made this film with them. They, for example, possess enormous amount of creative power. But after all: creative power is such a thing that is genetically inborn with man. However, it is certain that it has never been so obvious for any generation that the Earth is round and it has no boundaries only perspectives. The possibility to make room for ourselves, to produce works of art by kicking about has ceased. Thus we must assume new forms in our way of living as well as in our way of thinking and pos-

A jelenlegi életforma határai kezdenek mind erőszakosabban, vastagabban kirajzolódni, de az ember és az élet számára a formák végtelensége áll rendelkezésre. Nem muszáj a kellemetlent erőltetni. Most úgy látom, ez zajlik, ennek a kellemetlennek az erőltetése. Ez azonban nevetséges, és egy ponton túl veszélyes. Ezt a pontot mindenki érzi a bőrén, és nyilvánvalóan ellent is áll annak, hogy veszélyeztessék.

KÉRDÉS: Vannak-e mítoszaid?

BÓDY: A mítosz számomra csak annyit jelent, hogy az egyedi történést a kozmikusban, az általános fényében akarom megmutatni. Ha valakivel valami történik, az bárkivel bárhol megtörténhessen, vagy legalábbis arra vonatkozással legyen. Saját mítoszaim... az életemet is nagyjából eszerint élem meg, kissé nehézkesen, kissé rugalmatlanul...

Ami a népi kultúrát illeti, itt inkább mítoszhiányaim vannak. Azt a természeti ritmust, amit az ember ilyen mítoszokban érez, és én személyesen is, nagyapáim által átérezhettem, töredékes kis sugárzásképpen, azt természetesen hiányolom az életemből, életünkből.

KÉRDÉS: Az az élniakarás, életerő, amit a következő generációval kapcsolatban említettél... ez nem egy ilyen mítosz?

BÓDY: De, ebben van valami, közvetlenül visszamenni a természetes, kozmikus létre... Ők visszavezetik gondolkodásukat, zenéjüket a népi zenére, a sámánizmusig. Közösségteremtés — kozmikus alapon. Az ember pillanatnyi életében a teljesség felidézése, transzállapotok: ezek létező dolgok. A természetes népi élettől, népi művészettől, egyáltalában minden élettől: nem idegen dolgok.

KÉRDÉS: Filmed címében — **„Kutya éji dala"** — Morgenstern verse idéződik. Mit jelent ez?

BÓDY: Erre eddig nem gondoltam... Úgy tűnik, véletlen, mert a kutya nem hal...

[1983. január 17. Részletek]   Készítették: BÓNA LÁSZLÓ ÉS HOLLÓS JÁNOS

sibly, these forms should be so intensive that they should release nuclear energy so that man would be able to emit some kind of radiation. Otherwise life will become intolerable.

The boundaries of the present way of living are starting to show more violently, more distinctly but infinity of forms is available for man and life. What is unpleasant need not be forced. Now, I think what happens is forcing the unpleasant. However, this is ridiculous and dangerous after a point. Everyone feels this point on his own skin and obviously resists to be endangered.

QUESTION: Do you have myths?

BÓDY: For me myth only means that I want to reveal the individual event in the cosmic, in the general light. Of something happens to someone then there should be a chance that it might happen to anyone anywhere or at least it should have reference to the individual. My own myths ... I live my life more or less accordingly, a little ponderously, a little stiffly.

As to folk culture, here I rather miss myths. The natural rhythm one can feel in such myths and I myself was able to feel it through my grandfathers as a fragment of radiation, this I naturally miss from my life, from our lives.

QUESTION: That will to live, vital force you mentioned in connection whit the next generation ... isn't it such a myth?

BÓDY: Yes, in a way it is, going back directly to the natural, cosmic existence... They take their way of thinking, their music back to folk music, to Shamanism. Creating community — on cosmic basis. Conjuring up totality in the momentary life of man, trans-conditions. These are not alien from natural folk life, folk art, indeed, from any life.

QUESTION: Morgenstern's poem is quoted in the title of your film — **„The Dog's Night Song".** What does it mean?

BÓDY: It has not occured to me yet ... It seems to be accidental because dogs are not fish...

[January 17, 1983. Extracts]   LÁSZLÓ BÓNA AND JÁNOS HOLLÓS

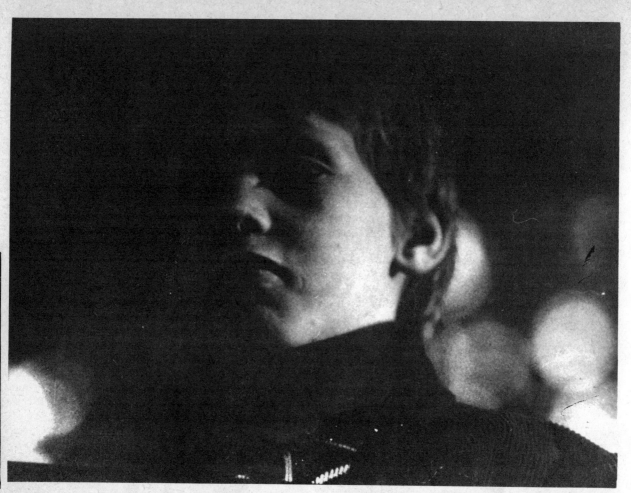

MORBIDITÁS ÉS BURLESZK

Bódy Gábor új filmje abban a határövezetben született, ahol a szentesített kultúra és a nem szentesített kultúra érintkezik egymással. Épp ezért — előre megjósolhatóan — zavart, megrökönyödést, szörnyülködést fog kelteni. A szentesített kultúra lovagjai blöffként rekesztik majd ki a „komoly dolgok" birodalmából. Hiszen Bódy filmjét bárki megnézheti, a szó szoros értelmében minden igényt kielégít. Valamilyen értelemben mindenkire hat, senkit nem hagy hidegen. Ezt azonban csak úgy érheti el, hogy felrúgja a filmet „magasművészetként" legitimáló normarendszert, egyidejűleg pedig — fondorlatos módon — túlteljesíti a mozihoz kapcsolódó fogyasztói elvárásokat is. Röviden: mind felfelé mind lefelé áttöri az „elvárási horizontot". A film „mozin kívüli irányzataihoz" kötődő intellektuális befogadót mozinézővé „degradálja", a mozinézőt pedig éppen a moziüzlet elvárásainak túlteljesítésével kapcsolja a film „mozin kívüli irányzataihoz".

Mindenekelőtt úgy, hogy túladagolja a mozi tömegkultúra narkotikumát — a fikciót. Halálosan komolyan veszi a követelést, hogy a „filmes a közönségnek csinálja a filmet", hogy „a film az életről szóljon", és halálosan komolyan veszi a közönség példamutató hitét is abban, hogy a „film olyan, mint az élet". Ez a lényege az új mozinak, amely nem akarja feladni a „kinematográfia mozin kívül megszerzett-kijelölt pozícióit", s amely a fikció új, „érvényes" típusának megteremtését az „élet kinematográfiájától" várja.

Az új típusú fikció lényege, hogy magának a mindennapi életnek a működési elveit (például a véletlent, az egymásmellettiséget, a túláltalánosítást, az evidenciát) vonatkoztatja el és formálja át dramaturgiává, poétikává, fikciós sémává. Ennek a fikciónak nem a „ha akkor", hanem az „is-is", a „vagy-vagy", a „se-se", valamint az „éppen akkor", „éppen ott" a strukturáló elve. Ezért a számtalan képtelen egybeesés, furcsa párhuzam, észbontó véletlen, ezért a sok kiagyalt helyzet, a túlbonyolított intrika Bódy filmjeiben.

Minél közvetlenebbül visszük át az élet működési elveit a művészi formába, annál hihetetlenebb, annál fantasztikusabb képet nyerünk. A hagyományos játékfilm fikciós sémái éppúgy „hazugságként" lepleződnek le itt, mint a dokumentumfilm valóságfogalma, objektivitásigénye. A szuperfikcionalizmus kétségtelenül fantasztikus képet ad a XX. század végi emberi állapotról, de ha ez a kép nem is valódi, még lehet igaz. A túlzás, amit tartalmaz, nem más, mint az élet látható képének láthatatlan lényegéig túlzása. [...]

Bódy filmjében állandóan magunk előtt látjuk az alkotót és látjuk a bűnét is, amit elkövet, amikor lefilmezi, azaz dologgá, bizonyítékká, lenyomattá, gyanúsítottá változtatja az életet, amikor megfigyeli és tettenéri a személyiséget, s már pusztán azáltal az ítélkező avagy a voyeur, s mint a film összefoglaló nagy kulturális metaformája utal rá, a halottkém

MORBIDITY AND BURLESQUE

Gábor Bódy's new film was born in that borderland where sanctified culture adjoins unsanctified culture. And therefore — predictably — it will rouse confusion, bewilderment, and consternation. It will be excluded from the domain of „serious things" as a bluff by the knights of the sanctified culture. Since Bódy's film can be seen by anybody, it literaly meets every demand. It affects everybody in a way, nobody is left unmoved. However, this can only be achieved by violating the system of norms that legitimatizes film as „high art", but at the same time — in a guileful way — it surpasses the consumer's requirements associated with cinema. Briefly: it breaks through the „horizon of expectations" upwards and downwards as well. The intellectual recipients of the „off-cinema tendencies" in film art are „degraded" to cinema-goers, and cinema-goers are linked with „off-cinema tendencies" of film art by exceeding the requirements of the cinema business.

First of all it is done by overdosing the narcotics of the mass-culture of the cinema — fiction. It considers the requirement that „film-makers should make films for the audience" earnestly, „that films should be about life", and it takes the examplary faith in the audience for it believes „film is like life" completely seriously. This is the essence of the new cinema which does not want to give up „its acquired — marked positions outside the cinema in cinematography" and which expects the establishment of a new, „valid" type of fiction from the „cinematography of life".

The essence of the new type of fiction is that it abstracts the operational principles of everyday life (e. g. coincidence, coexistence, overgeneralization, evidence) and converts them into dramaturgy, poetics, fictitious patterns. The constructing principle of this fiction is not „if then" but „as well as", „either-or", „neither-nor", „just then", and „just there". That is the reason for the innumerous impossible concurrences, strange parallels, maddening coincidences, that is why there are many fabricated situations and overcomplicated intrigues in Bódy's film.

The more directly operational principles of life are transfered into artistic forms, the more incredible and the more fantastic the picture will be. The fictitious patterns of traditional feature films are disclosed as „lies"as well as the conception of reality, and the demand for objectivity in the documentary films. Superfiction undoubtedly offers a fantastic picture about human condition at the end of the 20th century, and even if this picture is not genuine it can still be true. The exaggeration it contains is nothing else but the exaggeration of the visible picture of life carried as far as its invisible essence. [...]

In Bódy's film we constantly see the artist and we see the crime he commits when he records, that is, transforms life

helyzetébe kerül. Bizonyos értelemben egész filmje nem más, mint töprengés az élet, a személyiség ilyen eldologiasítá-sának morbiditása felett és ironikus leleplezése ennek a metamorfózisnak, vagyis személyes és ezáltal felelős tiltakozás ellene.

HOLTTETEM ÉS EMLÉKTÁRGY

A morbiditás Bódy filmjének legfőbb tárgya, és tárgyiasult mondanivalója; kifejezésformája, nyelve, de állandóan idé-zőjelbe tett, ironikusan eltávolított, harsány burleszkben feloldott kifejezésformája és nyelve.

Amikor ugyanis azt „mondja", hogy a filmkamera tekintete minden elevent holttá és minden személyest dologivá vál-toztat, akkor kulturális, erkölcsi, politikai metaforát mond: mindent ehhez a tekintethez viszonyít. Minden elembertelenítő és elszemélytelenítő attitűd lényegét ezzel a hasonlattal világítja meg. A filmkamera objektivitásában egy embertől elha-gyott idegen világ képe tárulkozik fel. [...]

A filmre vett, filmre másolt világ — „halálmerevségbe dermedő világ". Idáig tart a „filmes", a kamera objektívját maga és a valóság közé toló „művész" helyzetének erkölcsi és — ha tetszik — filozófiai paradoxona. Az új éppen az, hogy ezt a paradoxont kiterjeszti a történelem jelenlegi állapotára, a huszadik század végi ember állapotára. Magában a valóság-ban találja meg azokat az intézményeket, attitűdöket, gyakorlatformákat, amelyek a filmkamerához hasonlóan viszonyul-nak az emberhez. Szubjektív historizmusa így jut el a történelmi „végtörténetként" való ironikus rekonstrukciójához: „Lágyan ülnek ki a boldog / halmokon a hullafoltok." „Alkonyul" — ahogy a harmincas évek közepén József Attila gro-teszkjében jelent meg. Bódy groteszkje azonban inkább a barokk allegóriát, a német szomorújátékot idézi. Ez nem a BÓdyhoz oly közelálló Buñuel vagy Godard véres karneváljának mediterrán világa. MInt a barokk allegóriának, Bódy filmjének is kulcsfigurája a holttetem és az emlék. Az emlék, azaz a lenyomat, a gyűjteménytárgy, a holtanyaggá mere-vedett múlt. De míg a „barokk allegória a holttetemnek csak a külsejét" látja (Walter Benjamin), Bódyról elmondható, hogy ő látja és megmutatja a belsejét is.

A HALOTTKÉM MINT KULTURÁLIS METAFORA

A holttetemmé vált személyiség az emléktárggyá dermedt élet szemlélője (és egyben persze kifejezője is) Bódy film-jében: hiszen a halottkém a hatósági személy, aki hivatalból jelenik meg ott, ahol nem az életet, hanem a halált kell konstatálni. Tekintete a halálra irányul, a hullát keresi. A testet a halál lenyomataként veszi szemügyre: bizonyíték és ta-nújel a számára.

into an object, into evidence, into an imprint, into a suspect when he observes and unveils personality and merely by this he gets in the position of a judge or voyeur, and as the comprehensive great, cultural metaphor of the film refers to it, in the position of a coroner. In certain respects the whole film is a meditation about the morbidity of externalizing life and personality to such an extend and it is an ironic disclosure of this metamorphosis, that is, it is a personal and thus resp-onsible protest against it.

CORPSE AND REMEMBRANCE

Morbidity is the main subject of Bódy's film, and its objectified message; it is its form of expression, its language which is, however, constantly put between quotation marks, dissolved in ironically distant, harsh burlesque.

For when he „says" that the eye of the camera changes everything that is alive dead, and everything personal into the material, he states a cultural, moral, political metaphor:he relates everything to this eye.He illuminates every dehumaniz-ing and impersonalizing attitude with this simile. The picture of an alien world deserted by man is displayed in the objec-tivity of the camera. [...]

The world recorded on film, copied onto film — is a „world stiffening in rigor mortis". This is how far the moral, and if you like, philosophical paradox of the „film-maker" — the paradox of the situation of the „artist" who pushes the lens of his camera between himself and reality — goes. The new thing is that he extends this paradox to the present condition of history, to the condition of man at the end the 20th century.He finds those institutions,attitudes,practice patterns in real-ity that are related to man in a similar way as the camera. This is how his subjective historicism gets to the ironic re-construction of history as an „end story":„Lágyan ülnek ki a boldog/ halmokon a hullafoltok."„Alkonyul"*— as it appeared in Attila József's grotesque in the mid-30's. However, Bódy's grotesque conjures up the baroque allegory, the Gerrnan tragedy carnival conceived by Buñuel or Godard who are so close to Bódy. As in baroque allegory, in Bódy's film, too, the key figures are the corpse and the memory. The memory, that is imprint, the item of collection, is the past stiffened into lifeless matter. But while the „baroque allegory only sees the outside of the corpse" (Walter Benjamin), it can be said about Bódy that he sees and reveals its inside as well.

*Rough translation of the lines in prose: Livid-spots sattle gently on the hillocks. It is growing dusk.

Az „újhullámos" együttes elnevezése — *Vágtázó halottkémek* — megelevenedik, önálló életre kel, hőssé és univerzá-lis metaforává válik.

Nem véletlen, hogy éppen a zenekar tagjai mondják ki A „filminterjú" ironikusan értelmezett helyzetébe szorítva, gúnyt űzve a filmkamera halálravált, eldologiasító tekintetéből, hogy: az élet a földön megszűnt, minden csak tárgy, halott. Ezért kerül elénk a „kihalt föld" képe mesterséges természetellenes megvilágításban, a Hold — e „halott" égitest — gyá-szos fényben: a Hold sütötte táj, temető. Így függ össze a halottkém morbiditásával a csillagvizsgáló mint állandó szintér (a Vágtázó halottkémek vezetője ugyanis itt dolgozik) és az űrből várt csoda ironikus értelmezése a kisfiú által elképzelt-lefilmezett UFO földre ereszkedése. A legkülönfélébb motívumok, események, személyiség-képletek, sors-modellek je-lentése egyetlen pontban fut össze: a csoda, a megváltás csodája itt — e földön — már senkitől és semmitől nem várha-tó. Ha van remény, csak kívülről jöhet. De kívülről éppen az ember, a személyiség nem váltható meg. Ezt bizonyítja az álpap misszionáriusi kísérletének kudarca: a térítés minden kísérlete, akár a művészet, akár a vallás, akár a politika, akár a tudomány eszközével akarják is végrehajtani — egyrészt eldologiasítja az embert, másrészt magát a térítőt is el-emberteleníti, halottkémmé változtatja, ezért lesz halottkém: az álpap, a Sztálin-hívő béna veterán, a nyomozó, a piro-mániás katonatiszt. Az álpap misszionárius tevékenységének eredménye végül is két hulla. S ez nem is lehet másként, ha ő maga is csodatevőként közeledik az emberekhez, holott azoknak az ő emberségére, társra és saját életükre van szükségük.

[Filmvilág 1983/12. 5—8. l. Részletek]   SZILÁGYI ÁKOS

THE CORONER AS A CULTURAL METAPHORE

In Bódy's film he is the observer (and of course the expresser as well) of personality transformed into a corpse, of the life stiffened into remembrance: as the coroner is the official whose duty is to appear where the fact of death, not life, is to be stated. His eyes are directed at death, he looks for the stiff. He observes the body as an imprint of death: it is evi-dence and a token of him.

The name of the „new wave" band — *Vágtázó halottkémek (Galloping Coroners)* — is animated, comes to indepen-dent life, becomes a hero and a universal metaphore.

It is not a coincidence that the members of the band declare, forced into the ironically interpreted situation of the „film interview", which ridicules the deathly, exteriorizing eye of the camera: that „life has ceased on earth, everything is an object, dead". That is why the picture of the „desolate earth" is exposed in artificial, unnatural illumination, the Moon — this „dead" celestial body — in sorrowful light: the moonlit land is cemetery. This is the connection between the morbidity of the coroner and the observatory as a permanent scene (the leader of the Vágtázó halottkémek works here). And the ironical interpretation of the UFO on earth imagined-filmed by the little boy. The meaning of the diverse mofifs, events, personality-formulas, fate-models converge in one point: the miracle of salvation can be expected from nobody and not-hing here — on this earth. If there is hope it can only coma from outside. But it is man's personality that cannot be redee-med from outside. This is proven by the failure of the missionary attempt by the fraudulent priest: every attempt of con-version either by the means of art, religion, politics or science exteriorizes man, on the other hand it dehumanizes the converter himself as well, and changes him into a coroner which is why the fraudulent priest, the Stalinist crippled veter-an, the investigator, the pyromaniac officer all become coroners. The result of the missionary activities of the fraudulent priest is two stiffs. And this has to be this way if he himself makes approaches to people as a wonder-worker, whereas they need his humanity, a companion, and their own lives.

[Filmvilág 1983/12. pp. 31—32. Extracts]   ÁKOS SZILÁGYI

NO FUTURE — AZ ÉRTELEM SZÁMÁRA
„KUTYA ÉJI DALA" — BÓDY GÁBOR MAGYAR FILMJE

[...] Az álpapot, aki karizmatikus fellépéssel egy falu lakosait maga mellé állítja, Bódy maga játssza. Evvel a figurával Bódy nemcsak az egyház és az intézményes bigottság istenkáromló kritikáját célozza. Az álpap inkább az alá- és elnyomott üdvözülés-várakozás kivetítődése, vele szemben épp a tolószékhez kötött öreg pártfunkcionárius mutatkozik egy betiltott szekta titkos követőjének, amikor egy régi Sztálin-képet megcsókol; egy fiatal halálos beteg asszony az álpap türelmes fülének erotikus tévedéseit, vágyait nyilvánítja ki. A templombelsőt és az enteriőröket Bódy előszeretettel világítja meg vörös fénnyel. Ezzel meghajol a film és a festészet ikonografikus tradíciói előtt, ahol ezek a fényjelenségek ihletett megvilágosodásokat szimbolizálnak, az intim vallomás (beismerés) bensőségességének síkján, a viharosan megvilágított gyónás helyett.

Az anarchista film sokrétű cselekménypályái azokat a legkülönbözőbb szociális intézményeket parafrazálják, amelyeknek segítségével az egyes ember boldogságigénye nem érvényesíthető: Katonaság, Párt, Egyház, Család, Házasság, Munka és Szerelem összekapcsolódnak, összekuszálódnak, anélkül, hogy a végén az üldözött pap még sorba tudná rendezni őket. Így végződik Bódy filmje végnélküli döntetlennel: az éjszakai utcán elszalasztott üldözők és üldözöttek, nincs perspektívája az „értelem adományozásának".

[Frankfurter Rundschau 1983. július 23. 28. l. Részlet]   GERTRUD KOCH

NO FUTURE FÜR DEN SINN
„NACHTLIED DES HUNDES" — UNGARISCHER FILM VON GÁBOR BÓDY

[...] Den falschen Priester, der mit charismatischen Auftritten die Bewohner eines Dorfes an sich zieht, spielt Bódy selbst. In dieser Figur zielt Bódy nicht auf blasphemische Kritik an der Kirche, an der institutionalisierten Bigotterie. Der falsche Priester ist eher Projektionsfläche für die unter- und verdrückten Heilserwartungen: der alte Parteifunktionär im Rollstuhl zeigt sich ihm gegenüber als heimlicher Anhänger einer verbotenen Sekte, wenn er ein altes Stalin-Portait küsst; eine junge, todkranke Frau offenbart dem geduldigen Ohr ihre erotischen Verfehlungen und Wünsche. Den Innenraum der Kirche und die Interiuers leuchtet Bódy mit Vorliebe in rotem Licht aus. Damit biegt er die ikonographische Tradition von Film und Malerei, in der die Lichtschienen erleuchtende Illuminationen symbolisieren in die Ebene der Intimität, des intimen Geständnisses statt der gewitterleuchtenden Beichte um.

Bis zum komischen Anschlag stilisiert ist auch der Ehekrieg des jungen Paares, der sich durch den Film zieht. Der pyromanische Militär verfolgt seine junge Frau, die sich einer Punkband angeschlossen hat, mit entschlossener Sturheit mit tragischer Komik.

Die vielfaltigen Handlungsstränge des anarchischen Films paraphrasieren verschiedenste soziale Institutionen, mit deren Hilfe die Glücksansprüche der einzelnen nicht abgegolten werden können: Militär, Partei, Kirche, Familie, Ehe, Arbeit und Liebe verhaken und verknoten sich, ohne dass sie der am Ende gejagte falsche Priester noch auf die Reihe kriegen könnte.

So endet Bódys Film im endlosen Unentschieden: auf nächtlicher Strasse verpassen sich Verfolger und Velfogte, no future für die Sinnstiftung.

[Frankfurter Rundschau 23. 7. 1983. S. 28. Ausschnitt]   GERTRUD KOCH

FELFORGATÓ REMÉNYEK
A KUTYA ÉJI DALA

[...] Alulróljövő katolicizmus és szocialista utópia = a létező szocializmus felforgatása.

„Azt mondhatjuk, hogy ezt a filmet a hit, a hitélet, a hitgyakorlás századunk vége felé egyre erősödő vákuuma hívta életre. Ebben a szélhámosoknak álló világban egyenesen logikus, hogy egy álpap átvegye a politika, a művészet, a tudomány és a család által diszkreditált szerepeket. Saját árnyéka azonban mintegy Keresztelő Szent Jánosnak mutatja őt és a megváltást lehetséges színben tünteti fel." Meglepő szavak a létező szocializmus egy olyan országában, amely sokra tartja saját liberalitását és amelyben alig léteznek olyan feszültségek a katolikus egyház és az állam között, mint a keleti tömb többi országában, sőt, amelyben a hivatalos helyett új egyházat is követelő fiatal katolikus békemozgalom marginalizálásában az állam és az egyház egyetértésben működik együtt— szinte a nyugati helyzethez hasonló állapotok.

A hamis pap pontosan ezzel helyezkedik szembe: a politikának, a művészetnek, a tudománynak és a családnak ezzel a reményeket megfojtó kombinációjával, pontosabban: az állam és az egyház sajátosan magyar viszonyok közötti együttműködésével. Ő inkább azt keresi, ami a betemetett reményekből megmaradt: a tüdőbeteg fiatal nőnél, és a megkeseredett egykori sztálinista funkcionáriusnál. És ezzel feltűnik; az egyházi hatóság és a rendőri hatóság is bizalmatlanul tekint rá.

Különösen megmutatkozik ez az első hosszabbik beszélgetésben a volt funkcionáriussal, amelyben az elferdült remények mellett a hamu alatt izzó parázs is felsejlik. A papot akarván provokálni, az ex-funkcionárius egy Sztálin-képet kotor elő: „Őt szerettem, őbenne hittem. És tudja, mikor? Amikor a háború megnyerőjét elűzték, akkor csókoltam a képét." „Igen, igen" — válaszolja nyugodtan a pap, „ilyenek nálunk is voltak. Szentek és pápák és sokan mások hittek bennük és szerették őket".

Ezeknek a jeleneteknek a formai orientációs pontja Bresson „Egy vidéki lelkész naplója" vagy Melville „Leon Morin pap"-ja: hosszú, nyugodt beállítások, szűkös, zárt terekben. Azonban, ahol ezek a stíluseszközök a nevezett filmekben arra szolgáltak, hogy a katolikus papi hivatás magányosságát érzékeltessék, ott Bódy ennek reménytelí ellentétét hozza ki. Ha a beszélőket a snitt-ellensnitt módszerrel mutatja is eleinte, a dialógusok során a kép mozgásnak indul: ezeknek a képsoroknak a végén a pap is és a funkcionárius vagy a nő is benne vannak a képben. Ezek a jelenetek sosem végződnek a pap magányos, a képben mintegy elveszve bennemaradó alakjával. [...]

[Tageszeitung (Hamburg) 1983. április 22. Részlet]   th.j.

SUBVERSIVE HOFFNUNGEN
NACHTLIED DES HUNDES

[...] Katholizismus von unten und sozialistische Utopie = Subversion des Realsozialismus.

„Wir können sagen, dass ein Vakuum an Glauben, Glaubensleben, Ausübung des Glaubens, das zum Ende unseres Jahrhunderts hin immer starker in Erscheinung tritt, diesen Film ins Leben gerufen hat. In dieser für Hochstapler geschaffenen Welt is es nur folgerichtig, dass ein Pseudopriester die Rollen übernimmt, die durch Politik, Kunst, Wissenschaft und Familie diskreditiert wurden. Sein Schatten weist ihn jedoch gleichwohl als einen Johannes der Taufer aus und lässt eine Erlösung als möglich erscheinen. Befreiende Worte in einem realsozialistischen Land, das sich viel auf seine Liberalität zugute halt und in dem es Spannungen zwischen katholischer Kirche und Staat wie in anderen Ostblockländern kaum gibt. Ja, in der Marginalisierung der jungen katholischen Friedensbewegung, die gleichzeitig eine andere, als die Amtskirche verlangt, arbeiten Staat und Kirche eintrachtig zusammen — Zustande beinah wie im Westen.

Genau dieser hoffnungstötenden Kombination von Politik, Kunst, Wissenschaft und Familie — oder präziser: dem Zusammengehen von Staat und Kirche unter spezifisch ungarischen Verhältnissen — verweigert sich der falsche Priester. Er sucht lieber die Reste verschütteter Hoffnungen: bei der lungenkranken jungen Frau und bei dem verbitterten stalinischen Ex-Funktionär. Damit fällt er auf, wird sowohl von der Kirchenbehörde wie auch von der Polizeibehörde misstrau- risch betrachtet.

Besonders schon zeigt sich das in dem ersten längeren Gespräch mit dem Ex-Funktionär, in dem pervertierte Hoffnungen, aber auch die noch glimmende Glut unter der Asche, auf den Punkt gebracht werden. Um den Priester zu provozieren kramt der Ex-Funktionär ein altes Stalinbild hervor. „Den habe ich geliebt, an den habe ich geglaubt. Und wissen sie wann? Als sie den Kriegssieger verbannten, da habe ich sein Bild geküsst." „Ja, ja", antwortet der Priester ruhig, „solche gab es bei uns auch. Heilige und Papste und viele haben an sie geglaubt und sie geliebt".

Formal orientieren sich diese Szenen an Bressons Tagebuch eines Landpfarrers, oder Melvilles unterschätzten 'Leon Morin, Priester': lange, ruhige Einstellungen in kargen, abgeschlossenen Räumen. Wo diese Stilmittel in den genannten Filmen dazu dienten, die Einsamkeit des katholischen Priesterberufs zu versinnbildlichen, kehrt Body das ins hoffnungsvolle Gegenteil. Werden die sprechenden Personen anfangs um Schritt-Gegenschnittverfahren gezeigt, so entwickelt sich über die Dialoge Bewegung im Bild: am Ende dieser Sequenzen sind sowohl der Priester als auch der Funktionär oder die Frau im Bild. Nie enden diese Szenen mit der einsamen, im Bild wie verloren zurückbleibenden Gestalt des Priesters. [...]

[Tageszeitung (Hamburg) 22. April 1983. S. 18 Ausschnitt]   th. j.

A BAL LATOR LESZÁRMAZOTTJA

[...] Bódy színészei csak akkor kezdenek igazán szerepelni, amikor már elhagyták a felvétel színhelyét, és rajta vannak a film- vagy videószalagon. Mikor végre egyedül maradnak vele, és ő azt csinálhat velük, amit akar. Nem. Nem csupán a vágás klasszikus eszközére utalok ezzel. Sokkal többre. Arra a képre, hangra és a különféle effektusokra, szinte mindenre kiterjedő, sokrétű és komplex stilizálásra, amelytől még magamagát sem kíméli meg. Ha kell, ő maga is egyedül marad magával, miután a felvevőgép elé állt, rögzült tárggyá változott. Mert nem kétséges, hogy radikálisan újszerű filmes magatartás és látásmód az övé. Arra már volt példa (lásd: Woody Allen), hogy a rendező játssza a főszerepet. De arra még nem nagyon, hogy a rendező főszereplőként, álarcban is a rendező, akit a rendező megfigyel. És attól, hogy megfigyeli önmagát, még inkább önmagává válik.

Ez természetesen csupán technikai oldala a dolognak. Hogy mégis ennyire firtatom, annak az az oka, hogy enélkül teljességgel rejtély volna, miként képes Bódy a filmet, ezt a naponta hírbe hozott és kiszolgáltatott, (még mindig) új művészetet ilyen költői magasságba emelni, és *Csaplár Vilmos* elbeszélése nyomán ezúttal valóban beváltani azt, ami az **Amerikai anzix**ban még csak ígéret volt. Abba a szférába vonni, ahol nyíltan, kendőzetlenül megmutatkozik minden. Ahol elválik a jó a rossztól, az igaz a hamistól, az erény a bűntől. Ahol minden megint olyan lesz, mint volt, mielőtt összekuszálódott volna. Ahonnan a zűrzavar ellenére ismét tisztán lehet látni. A kort, a társadalmat, az embert, az elme és a szív újait. Mert a költészet ajándéka a tisztánlátás. És tisztán látni — bár a filmbeli álpap felbukkanása köré csoportosított események főszínhelye nem véletlenül az ország legmagasabban fekvő települése — csak méterekkel nem mérhető magasságból lehet.

Hogy a költészet végső soron mindig is rejtély?

Akkor kissé konkrétabb leszek. Számomra elképzelhetetlen, hogy az alkalmazott fogások, fortélyok nélkül, vagy ha úgy tetszik, hagyományos módon egy történeten belül ilyen éteri eredménnyel össze lehetni hozni a már említett álpapon (Bódy Gábor) kívül egy pártnyugdíjas tanácselnököt (Fekete András), egy hivatásos katonatisztet (Derzsi János), egy családját elhagyó feleséget (Méhes Marietta), egy civilben csillagász punkzenészt (Grandpierre Attila) és két egzaltált szanatóriumi tüdőbeteget, akik megtestesítőinek, mármint a két utóbbi megtestesítőinek nevét legnagyobb sajnálatomra nem sikerült kinyomoznom. Vagy más síkon jelezve ugyanazt: a kereszténységet, a marxizmust, az atomkatasztrófa rémét, a modern házasság csődjét, a kozmoszt, a szubkultúrát és az egyéni útvesztettséget.

DESCENDANT OF THE CRIMINAL ON THE LEFT

Gábor Bódy's actors only start to play in fact when they have left the set and they are on film or video tape. When at last they are alone with him, he can do to them anything he wants to. No, I do not simply mean by using the classical means

of cutting. I think of more than that. I think of the image, the sound and different effects, the overall, multifold and complex stylization — he does not even spare himself. If it is necessary he will be alone with himself after he has stood in front of the camera — he has been fixed and has been changed into a subject. There is no doubt his behaviour and attitude is radically new in the film world. There are already examples of directors who played the leading role (see Woody Allen). But there were not many precedents for a case when the director not only plays the leading role, but — even if he is wearing a mask — always remains the director who is observed by the director. And by observing himself he becomes more truly himself than he was before.

Certainly it is only on the technical side. The reason why I am nevertheless so inquisitive about it is, that without understanding it, it would be a complete mystery how Bódy can make poetry out of film. This day-by-day discredited, exposed but (still) new art. How he could carry thoigh his aim, an aim which seemed just a promise in his earlier **American Postcard?** How he could take his new film, **The Dog's Night Song** adapted from *Vilmos Csaplár's* short story in to the sphere where everything appears plain and openly. This is also the area, where good is separated from bad, true from false, virtue from sin, where everything becomes the same as it used to be before it got confused. It is the place where you can see clearly despite of the disorder. You can see the period, the society, man, the ways of the mind and the heart.

For perspicacity is a present for poetry. You can only see clearly — though the main scene of the events which is centred round the sudden appearance of the false priest that it is not accidentally the highest settlement of the country — from a height that cannot be measured by metres.

Last of all isn't poetry always a mystery?

Let me be a bit more concrete. I cannot imagine that without all the techniques, and tricks used in the film, (or if you like, simply by using traditional methods), it would be possible to combine all the characters with such an ethereal result. Apart from

Mindazonáltal tisztába vagyok vele, hogy a mű kulcsa nem a technika. Hanem a szemlélet. Még akkor is, ha a szemlélet olykor a technika alakját ölti magára. És voltaképpen ezzel kellett volna kezdenem. De ha már nem ezzel kezdtem, legalább hadd fejezzem be ezzel. Bódy az emberi életet kitűnő operatőre, *Johanna Heer* segítségével, az itt és most közegében ezúttal majdnem kizárólag a szeretet imperativuszának szemszögéből vizsgálja. Annak egyetenes követelményével szembesíti, jól tudva, hogy azon áll vagy bukik minden. És amit ezenközben a nézővel és a nézőért művel, azt akár szeretetkutatásnak is lehetne nevezni. A vizsga gyötrő és fájdalmas. A ma embere elbukik rajta. Mert a ma embere — ha nem is egészen olyan értetlenül áll szemben önmagával és társaival, mint a címbeli négylábú a megugatott holddal — alighanem inkább a bal lator leszármazottja. Azé a gonosztevőé, aki tudvalevőleg még a kereszten függve is vétkezett. De maga a film győzedelmeskedik. Annak ellenére, hogy magát félbeszakítva, mintegy függőbe hagyva, végül nem árulja el, hogy magának a Názáretinek inkranációja-e az álpap vagy esetleg csak a jobb latoré, aki reménytelen kísérletet tesz a kizökkentett idő helyretolására. Mert benne az ég érintkezik a földdel, a véges a végtelennel, a mulandó az örökkévalósággal. Nemcsak a képzeletbeli Mátraszentimrén. Hanem a valóságoson is. Vagy bárhol a világon, ahol vetítőgépbe fűzi a mozigépész.

[Élet és Irodalom, 1983 XI. 25. Részlet]   ORAVECZ IMRE

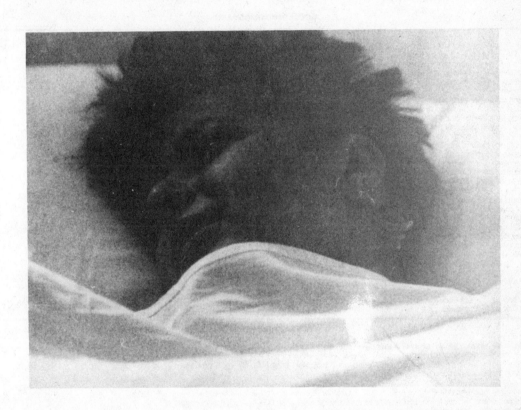

the previously mentioned false priest (Gábor Bódy), there are a retired party official (András Fekete), a regular officer (János Derzsi), a wife who left her family (Marietta Méhes), a punk musician who is also an astronomer in his normal life (Attila Grandpierre), and two eccentric consumptives from a sanatorium (much to my regret, I was unable to find out the names of these last two actors). Or expressing it on another level there are Christianity, marxism, the spectre of an atomic disaster, the failure of modern marriages, space, subculture and lost individuals.

However, I am well aware that it is not just technique, but attitude that is clue to a work. Even if attitude sometimes appears in the form of technique. As a matter of fact I should have started with it. Now, because I did not start with it, let me finish with it. Bódy is an excellent cameraman of human life. With the help of *Johanna Heer* this time he studies it almost exclusively from the point of view of love's force in the medium of here and now. He confronts life with its universal requirement knowing that everything stands or falls by it. And all he gives meanwhile to the viewer and for the viewer could be called a study on love. The examination is painful and distressful. A man of our time fails by it. For a man of our time — even if he is not at so much a loss in facing himself and his companions as the dog in the title of the film is facing the moon — is a descendant of the criminal on the left. A descendant of the felon who erred even when He was crucified. But the film itself is victorious. Despite the fact that finally it interrupts itself, adjournes itself and does not tell if the false priest is the incarnation of the Nazarite or just that of the right malefactor who tries in vain to slide disturbed time into its place. For heaven and earth, the finite and the infinite, transitoriness and eternity is joined in him. Not only in the fictional Mátraszentimre, but in the real one, too. And anywhere in the world where a projectionist laces the film into the projector.

[Élet és Irodalom November 25, 1983]   IMRE ORAVECZ

IRODALOM/BIBLIOGRAPHI

— Angelika Kaps: „Nachtlied des Hundes". 33. Internationale Filmfestspiele Berlin 1983. Der Tagesspiegel (Berlin—West) 1. März 1983.
— Strat: A Kutya éji Dala (The Dog's Night Song). Variety 2. March 1983.
— Luigi Paini: Il film ungherese filone nostalgia e punk. La produzione 1982. Il Manifesto 4. 3. 1983.
— Magyar Nemzet 1983. márc. 21.
— th. j.: Subversive Hoffnungen. Nachtlied des Hundes. Tageszeitung (Hamburg). 22. April. 1983.
— 33. Internationale Filmfestspiele Berlin 1983. Cine—Front (Tokio) 1983. ápr. 52—54. l.
— Hermann István: Nemzeti erkölcstörténet. Filmvilág 1983/84. 5. l.
— Dietrich Kuhlbrodt: „Nachtlied des Hundes". epd. Kirche und Film Nr. 4. April 1983.
— Wolfgang Büscher: UFO über Ungarn. Video in der daad—Galerie. Tageszeitung (Berlin—West) 3. 6. 1983. 19. l.
— Bikácsy Gergely, Új Forrás 1983. jún.
— Ember Marianne: Radikális mellérendelés. Bódy Gábor: A kutya éji dala. Filmkultúra 1983/6. 49—53. l.
— Kovács András Bálint: ıpari rituálé és nyelvi mítosz. Beszélgetés Bódy Gáborral. Filmvilág 1983/6. 10—13. l.
— Gertrud Koch: No future für den Sinn. „Nachtlied des Hundes" — ungarischer Film von Gabor Body. Frankfurter Rundschau 23. 7. 1983.
— aq.: Nachtlied des Hundes. Frankfurter Allgemeine Zeitung 25. 7. 1983.
— Mathias Schreiber: Die Wahrheit des falschen Priesters. Kinofilm „Nachtlied des Hundes". Frankfurter Allgemeine Zeitung 5. August 1983. 25. l.
— J. Hoberman: Zsolt Kézdi-Kovács, „The Nice Neighbour" and „Visszaesők" (...), Gyula Gazdag, „A Bankett" and „Elveszett illúziók" (...)
   Gábor Bódy, „A Kutya Éji Dala" (...). Artforum (New York) Summer 1983 (Vol. XXI, No. 10.) 89. l.
— Bernáth László: A kutya éji dala. Esti Hírlap 1983. nov. 24.
— Gartner Ilona: A kutya éji dala. Népszava 1983. nov. 24.
— Gyertyán Ervin: Kutya éji dala. Népszabadság 1983. nov. 24.
— Hegyi Gyula: A Kutya éji dala. Magyar Hírlap 1983. nov. 24.
— Vértessy Péter: Kutya éji dala. Bódy Gábor kísérleti játékfilmje. Magyar Nemzet 1983. nov. 24.
— Oravecz Imre: A bal lator leszármazottja. Élet és Irodalom 1983. nov. 25.
— Sas György: Kutya éji dala. Film Színház Muzsika 1983. nov. 26.
— Székely Gabriella: Játszani is engedd. Színes magyar film. Kutya éji dala. Új Tükör 1983. nov. 27.
— Martin Mund: Ein Studio stellt sich vor. Die Weltbünre (Berlin) 6. Dez. 1983. 1566. l.
— Pósa Zoltán: Az abszurd létezés filmje (A kutya éji dala). Magyar Ifjúság 1983. dec. 9.
— Szilágyi Ákos: Morbiditás és burleszk. Kutya éji dala. Filmvilág 1983/12. 5—8. l.
-- Szalai Györgyi interjúja Bódy Gáborral. Társulás Filmstúdió 1981—82. Bp. 1983.
— Kozma Gábor: Új magyar film: A kutya éji dala. Tovább sípol a macskakő? Vas Népe 1984. jan. 12.
— Doromby Károly, Új Ember 1984. jan. 15.
— Bóna László—Hollós János: Interjú Bódy Gáborral. Cápa. Bölcsész Index, az ELTE BTK lapja. Szerk. Beke László, Strucz János, Szőke Annamária.
   1983. 137—150. l.
— Mátyás Győző: Hol van a kutya elásva? A Bódy-jelenség. Kritika 1984. jan.
— Joachim Stargard: Hinweis auf einen Film: „Nachtlied eines Hundes". Unterhaltungskunst (Berlin) Nr. 4/1984. 10. l.
— Kutya éji dala. Filmévkönyv 1983. A Magyar Filmtudományi Intézet és Filmarchívum, 1984. 99—100. l.
— Csontos: A kutya éji dala. Visszhang (Veszprém), 1985. dec.
— Gábor Bódy: Kutya éji dala (Nachtlied des Hundes). in: ALLES und noch viel mehr. Das poetische ABC.
   Der Katalog Anthologie der 80er Jahre hrsg. von G. J. Lischka. Kunstmuseum Bern. Benteli, Bern 1985. 875—876. l.
— Irene Ferchl: „Nachtlied des Hundes". Die Welt ist ein Sarg. Stuttgarter Nachrichten 22. März 1985.
— Kutya éji dala (válogatás kritikákból). Társulás film- és videostúdió 1981—1985. 1985. 30—36. l.
— (Bódy Gábor nyilatkozata a 13. Internationales Forum des jungen Films, Berlinale 1983 alkalmából) in: Retrospektive mit Filmen von Gábor Bódy.
   Haus der Ungarischen Kultur, Berlin. Januar 1986. (sokszorosítás).
— Joachim Stargard: Auf der Suche nach den „einfachen Wahrheiten". Gespräch mit Gábor Bódy. Dezember 1985. uo.
— Gábor Bódy: Notizen zum Film Nachtlied des Hundes. in: In memoriam Gábor BÓdy. 16. internationales forum des jungen films. Berlin 1986. (melléklet).

BÓDY GÁBOR TÉVÉJÁTÉKAI ÉS VIDEÓI

TV PLAYS AND VIDEOS BY GÁBOR BÓDY

BÓDY GÁBOR TÉVÉJÁTÉKAI ÉS VIDEÓI
TV PLAYS AND VIDEOS BY GÁBOR BÓDY

L. HSING-TAO: **KRÉTAKÖR/CHALK CIRCLE**

JAKOB MICHAEL REINHOLD LENZ: **KATONÁK/SOLDIERS**

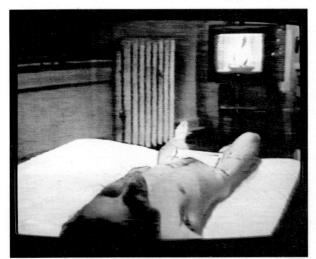

W. SHAKESPEARE: **HAMLET (A FEGYVERES FILOZÓFUS)**—**(THE ARMED PHILOSOPHER)**

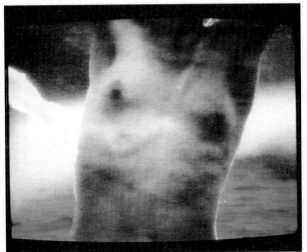
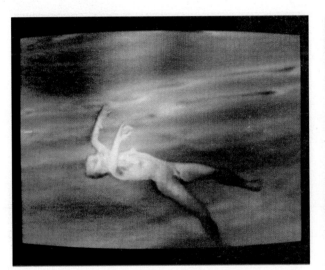

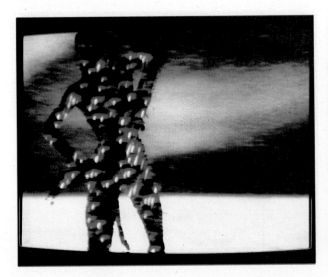

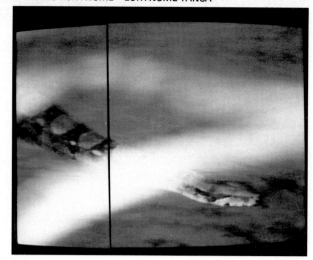

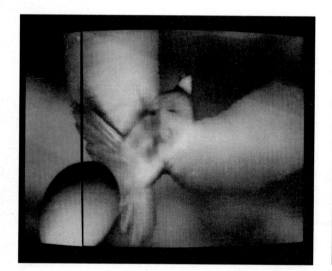
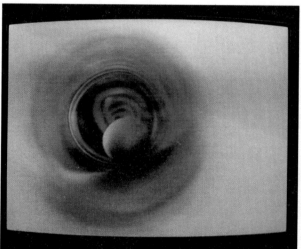

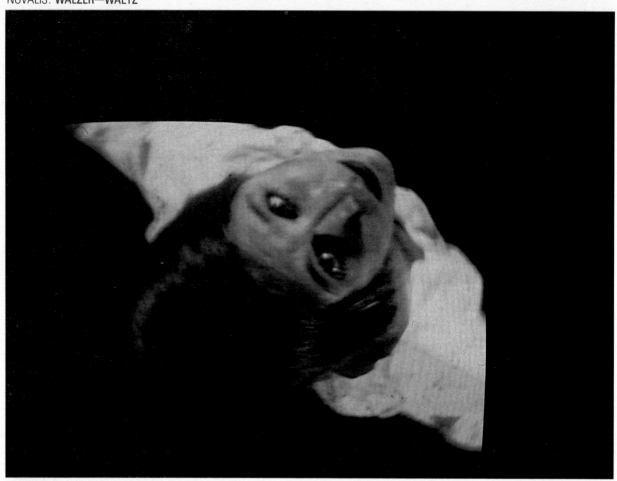

JEAN GENET

CSELÉDEK

(részletek a darabból, fekete-fehér, Ampex, 1972.)

MÉSZÖLY MIKLÓS

AZ ÁLLATFORGALMINÁL

(adaptáció, fekete-fehér, Ampex, 1973.)

CSÁTH GÉZA

APA ÉS FIÚ

(adaptáció, fekete-fehér, Ampex, 1974.)

Főiskolai tanulmányai alatt készített munkák, melyeket e katalógus kéziratának lezárásáig nem állt módunkban megnézni, részben a régi videószalagok technikailag leromlott állapota miatt.

Információként a **Cselédek** munkálatai alatt, az egyik főszereplőhöz, *Ruttkai Évá*hoz írott levelét idézzük, s a színpadi változat előadásán készült fényképekből közlünk.

JEAN GENET

THE MAIDS

(details from the play, black- and- white, Ampex, 1972)

MIKLÓS MÉSZÖLY

LIVESTOCK TRANSPORT

(adaptation, black- and- white, Ampex, 1973)

GÉZA CSÁTH

FATHER AND SON

(adaptation, black- and- white, Ampex, 1974)

These are works which he produced during his college studies and wich we were not able to see until after the deadline for the manuscript of this catalogue. This was mainly due to the deterioration of the old video tapes.

For information we quote from his letter written to *Éva Ruttkai*, one of the leading-players, during the rehearsals of **The Maids,** and a couple of photographs which were taken during the stage performance are included.

LEVÉL RUTTKAI ÉVÁNAK

Szerencsésen úgy alakult, hogy a lányoknak nincs vasárnap este előadásuk. Így a du. hat órára tervezett próbát megtarthatjuk.

Most szeretnék még pár sorban, írásban is válaszolni azokra a kérdésekre, amelyeket a szerep elfogadásakor feltett, — miért választottam én a „Cselédek"-et vizsgadarabként?

A dolognak van egy adminisztratív — főiskolai — oldala. A feladatunk meghatározott: egy XX. századi, tv-adaptációra alkalmas, 15-20 perces önálló darabot, vagy részletet kell megrendezzünk, a főiskola szűk kis studiójában, csekély költségvetéssel. Láthatja, ezzel már elég szűkre vont a választásunk köre. Itt csak annyit tehettem, hogy feltornáztam a magam idő-limitét a maximumra: 40 percre.

Én a filmezést forgatókönyvírással kezdtem, s egy-két filmet már készítettem, saját anyagból. Ha módomban áll, ezt a tv-játékot is magam írom, ezúttal erről nem eshetett szó. De volt egy darab, amit már régen meg akartam rendezni, és ez a darab, is — bár nem könnyen — tv-játékra alkalmazható.

Mit jelent nekem a „Cselédek"? A lelkek tükörtáncát a kisebbrendűségben és alávetettségben: a szerep-álmok és szerep-valóság hosszas, önkielégítő és mégis elégületlen együttélését, és lázas, önpusztító forradalmukat. Olyan sors-galaktikába enged nézni ez a darab, amelynek a kerengése és önkívülete itt Kelet-Európában nem ismeretlen. Azt kérdezte tőlem, miért nem magyar darabot választottam? De a „Cselédek" magyar darab lesz. Magyarország cseléd-ország, és mindinkább azzá válik, mert a helyzetünk megváltására rendelt energiáinkat egymás és önmagunk elpusztítására fordítjuk. Ezt a darabot úgy fogom megrendezni, mintha Ady Endre írta volna, egy kemény ördög, új-cseléd-európai fegyenc-Ady.

Talán emlékszik rá, művésznő, említettem egy dokumentumfilmet, amit két évvel ezelőtt készítettem, s most úgy tűnik, úgyszólván instrukcióként lehetne felhasználni a c s e l é d e k megértéséhez. A lány, aki ott a képek középpontjában áll, a rendkívüli szépet és a rútat ötvözi testi megjelenésében épp úgy, mint minden megnyilvánulásában. Két dologról beszél hosszabban: egy barátnőjéről, aki a h a r m o n i k u s szépet testesíti meg, — azokról az áthidalhatatlan egzisztenciális távolságokról, amelyeket maga és e közt érez —; egy másik helyen pedig azt részletezi, önfeledt, véres pontossággal, hogyan gyilkolná meg legközelebbi és távolabbi ismerőseit, minden külső indok nélkül. Bár a film némely pontján patologikusnak hat, nyilvánvalóan nem tartalmaz több betegeset, mint amennyinek a csírája a legtöbb emberi lélekben eleve benne van.

Ez a lány sok szempontból rendkívüli tehetség. Egy szombathelyi pedellus és takarítónő lánya, olyan arccal, amilyen csak Altdorfer festményein található fel. Kis torzó teste van, vállcsontjait össze-vissza faragcsálták az orvosok. Fél karja béna, gyermekparalízise volt, de ezt a bénaságot aktivitásával úgy elrejti, hogy csak hosszas együttlét után tűnik fel. Teste, a maga

LETTER TO ÉVA RUTTKAI

It is lucky that the girls do not have to give a performance on Sunday eveining. So we have a the rehearsal scheduled at six o'clock in the evering.

I would now like to answer, in a few lines, some of the questions you asked when you accepted the part. Why did I chose the „The Maids" as an examination performance.

Partly it is an administrative requirement initated by the college. Our task is specified: we have to direct a 15-20 minute long play, or a section of a 20th century play which is suitable for a television adaptation. This latter part is to be done in the humble studio of the college using a low budget. As you can see our choices are rather limited by all this. The best I could do was to bargain for the maximum time limit: available forty minutes.

I started making films by writing screenplays and I have already made a couple of films from my own material. If I had had the time I would have written a television play, but this possibility was out of question here. However, there was a play, „The Maids" by Jean Genet which I had been wanting to direct and this play could be adapted for television despite the technical facilities of the college — however the task was not easy.

What does the „The Maids" mean to me? It is a meditation of the dance of souls in minority and in subjection. The long, self-satisfying, (yet unhappy), co-existence of the roles of the dream and the reality and their feverish, self-destructive, revolution. The play offers an insight into a galaxy of fates, circulation and ecstasy which is not unknown in Eastern Europe. You asked me why I had not chosen a Hungarian play. But „The Maids" will be a Hungarian play. Hungary is a servant country, she is always becoming one because we use those energies intended for changing our situation to destroy each other and ourselves. I shall direct this play as if it had been written by the Hungarian poet Ady. A tough fiend, a new-servant-European, a convict-Ady.

Perhaps you remember, dear lady, that I mentioned a documentary film which I made a couple of years ago and it seems that it could be used, so to speak, as initial instructions in order that you may be able to understand „ t h e m a i d s ". The girl who is at the centre of the pictures unites extreme beauty and hideousness in her physical appearance as well as in her other aspects. She talks about two things at length: about a friend who embodies h a r m o n i c beauty — about those existential distances which she feels between herself and her friend cannot be overcome; on other occasions she describes, obviously with a cruel precision, how she would murder her closest and most distant acquaintances without any driving motive. Though the film seems to be pathological at certain points, obviously, it does not contain any more evil than that can be traced to germs who exist in the majority of human beings.

torzó mivoltában, nyomoréksága ellenére a szépség érzetét kelti fel. Igen érzékenyen rajzol, a film készítésének idején fejezte be a Képzőművészeti Gimnáziumot. De olyan rútnak is láttam már őt, mint a Hoffman szüleménye, a kis Zaches. Jelenleg Párizsban él.

A „**Cselédek**" csak úgy, mint ennek a lánynak az élete, a kilátástalan helyzet, a vergődő önérzet és a teljesség utáni vágy: az emberi értékek drámája.

Számomra ez az egyetlen dráma létezik: az *e m b e r i   é r t é k*. A többi lehet szociológia, lélektan, történelem, néprajz, politika.

És nem nagy felfedezés részemről, ha azt állítom, hogy ez az érték csak megoszthatatlan értékek harcában, egyensúlyában létezik.

(B.G.)

This girl is extraordinarily talented in many respects. She in the daughter of a school-attendant and a cleaning woman from Szombathely, with a face that can only be found in the paintings of Altdorfer. She has a little of a body torso. Her shoulder bones have been fashioned by doctors. One half of her arm is paralyzed, (she had infantile paralysis,) but she conceals her paralysis with such activity that it is often noticed only after you have spent some time in her company. Her body, in its shape, despite its physical handicap, arouses a feeling of beauty. She draws very sensitively. (She finished a course at the Academy of Fine Arts during the shooting-period.) But I have also seen her as hideous as Hoffman's creature, the little Zaches. She lives in Paris now.

The situation of the „**The Maids**" is one without prospect, like the life of this girl. It is about a cringing self-esteem and a longing for completeness: it is the drame of *human values*.

For me, only one kind of drama exists: that of *h u m a n   v a l u e s*. The rest may be sociology, psychology, history, ethnography, politics.

And it is not a major discovery on my part if I state that this value only exists in the struggle and balance of unbreakable values.

(G.B.)

A főiskola utolsó évében Szinetár Miklós tanár úr ajánlotta fel azt a lehetőséget, hogy rendezzek a televízióban. Ez az ajánlat a drámai osztály vezetőinek igen szivélyes fogadtatásával találkozott.

A televízió egy filmes számára azzal a rendkívüli többlettel kecsegtet, hogy az ember a világirodalom anyagából válogathat. Ennek szerzői jogi és műsorpolitikai okai vannak. A TV olcsóbban jut hozzá a szerzői jogokhoz, jóval több műsoranyagot kíván, jelenleg ennek java részét a klasszikus műveltség anyagából válogatja össze. Érthető és jogos a filmgyártásnak az a beállítottsága, hogy az évi 20 filmet magyar tárgyú történetekre tartja fent.

(Darabválasztás) Egy darab kiválasztását végül is ezer véletlen határozza meg, bár ezek mindegyike mögött személyes meghatározottság bújik. Én mindkét esetben arra törekedtem, hogy a magyar művelődés „fehér foltjait" pótló-betöltő források anyagait dolgozzam fel. Lenz műve, a **„Katonák"**, egy addig lefordítatlan darabja — ezáltal ősbemutatója — a „Sturm und Drang" névről jól ismert, de gyakorlatilag csak Goethe és Schiller művein át közvetített szellemi mozgalmának. A **Krétakör,** egy kínai szerző műve, ugyan megjelent könyvalakban, de feldolgozásra csak részletei kerültek a 25. Színház „Tou O" előadásában. Ismétlem, a választás mindkét esetben sokszólamú véletlen műve volt, utólag mégis azt mondanám, a két tv-játék több szempontból is egy *p á r t* alkot.

Párt alkotnak először is azért, mert mindkettőben az *é r z é k i s z é p s é g* és ezzel kapcsolatban a dekorativitás rendezői lehetőségeit tanulmányoztam és éltem ki. Ennek megfelelően nagy szerepet kapott a színek akcentus-rendszere a ruhában (Horányi Mária) és a díszletben, és kiemelt szerepet az arc festése, a smink, amelynek megalkotásában elsőrangú partnerekre találtam Temesvári Károly, ill. Tomola Katalin sminkmesterek személyében. Az arc festése a legősibb, legdirektebb és egyúttal legközvetlenebb — kultikus — művészet, megelőzi, szüli a színházat, újra felbukkan a neoavantgarde-ban az ún. „body art"-ban, a *t e s t* közvetlen felhasználásával a kifejezésben. A rokokóban az arc festése kötelező és mindennapos volt, a kínai színház pedig fantasztikus kivitelezésű jel-értékű tradicionális maszkokra épül. Mi természetesen mindkét esetben egy mai értelmezés és ízlés jegyében alkalmaztuk.

Párt alkot a két játék egy sajátos véletlen jóvoltából: csk utólag döbbentem rá, hogy mindkét esetben olyan forrásvidékre nyúltam, amelyből Brecht is dolgozott. Brecht „Kaukázusi krétaköre" kínai krétakör adaptációja (sőt, egész dramaturgiája messzemenően épít a kínai színház találmányaira). Ugyanakkor ő foglalkozott Lenz-cel is, másik ismertebb darabjából, a „Nevelő úr"-ból készített átiratot. Itt azt hiszem, a korok spontán harmonizálásáról van szó, már magában a rokokóban megfigyelhetünk — különösen a képzőművészeti tárgy-kultúrát illetően — egy kínai-keleti orientációt, a kettő együtt tükröződik a XX. századi expresszionizmusban, s korunkban mintha mind a három új vetületeit mutatná.

In my last year at the Academy Professor Miklós Szinetár suggested to me that there might be a possibility to direct TV. This proposal was enthusiastically received by the leaders of the dramatic department.

TV promises for a film-man an extraordinary high: one can choose from a range of material in world literature. This is for copyright and programme policy reasons. TV gets copyrights cheaper, and requires much more programme material. The great part of it is selected from the classics nowadays. It is understandable, and just, for film-production to reserve those 20 films per year for Hungarian topics.

(Choice of play) A thousand chances define the choice of a piece, though there is always a personal determination behind it all. In both cases I tried to develope such sources which cavered up for „blank spots" in Hungarian culture. Lenz's work, „**Soldiers"** was not translated then — thus it was a national premiere — a piece dealing with an intellectual movement as well known as Sturm und Drang, but a movement practically known only through the works of Goethe and Schiller. „**The Chalk circle",** work of a Chinese author, though had been published in a book furm but fragments were adapted in to the „Tou O" performance at the 25th Theatre. As I have said before the choice was the result of a myriad of chances, but perhaps now I should state that these two TV-plays form a *p a i r* from several point of view.

They are a pair first of all because in both cases I studied and developed the director's possibilities which deal with *s e n - s u a l b e a u t y,* and that of the decoration connected to it. According to this the shading of the colours in the costumes (by Mária Horányi) and in the scenery became an important role. And the decoration of face, make-up became significant — I found excellent partners for this in Károly Temesvári and Katalin Tomola, who are masters of make-up. Making up the face is the most ancient, most direct and at the same time the most unmediated — even cult — art. It preceeded the theatre, newly emerging in neo-avant-garde, in so-called „body-art", or as the direct usage of *b o d y* in expression. During the Rococo make-up was compulsory, an everyday thing and Chinese theatre is still built upon fantastically designed traditional masques each of wich has a symbolic meaning. In both cases, of course, we applied a contemporary interpretation and taste.

The two plays become a pair as a product of an odd coincidence: I realized only afterwards that I had made use of a source which Brecht also had worked upon. The „Caucasian Chalk Circle" is an adaptation of the Chinese Chalk Circle (moreover his whole drama is extensively built upon the inventions of the Chinese theatre). At the same time Brecht was also interested in Lenz, and he made a transcription of the other better known play, „The Preceptor". This I think is the case of a spontaneity of our age; already in Rococo, especially in object culture of art a Chinese. Eastern orientation can be observed, and the two are reflected together in 20th century expressionism, and in our age all three seem to show their latest forms.

Harmadszor párt alkot a két tv-játék azáltal is, hogy egyenlőre nem tervezek hasonló vállalkozást. Nagy örömöt jelentett számomra mind a két munka, de úgy érzem, a magam részéről kimerítettem a tv-játék műfajának jelenleg adott lehetőségeit.

A tv-játék ma félúton áll a színház és a film között, bírva mindkettő hátrányait, azok előnyei nélkül. Nem élvezi a színház személyes jelenlétét, a színészi játék belső szabadságának mágikus hatását, de nem ad olyan szabad lehetőséget a rögzítés és szerkesztés „játékának" sem, mint a film. Ez részben a médium, részben a médium *h a s z n á l a t á n a k* kötöttségeiből adódik. Azt hiszem, ez a műfaj még nincs nálunk igazán feltalálva. A kapacitás-rendszer a kötelező műszaki paraméterek, a filmgyárinál is lehetetlenebb színészegyeztetés következtében a tv-játék rendezés ma: zsákbanfutás, legfeljebb erőnléti próba gyanánt hasznos. Hatalmas kielégületlenségi érzéssel fejeztem be mindkét esetben a munkát. Az ember érzi, hogy maga a médium sok vonatkozásban a filmnél is többre képes. A TV gigantikus gépezete persze az egyes személyek legnagyobb jóindulata mellett is nehezen mozdul el besrófolt pontjairól.

Minden előnye mellett talán az sem a legtökéletesebb megoldás, hogy a tv-játék főként színdarabok rendezésére szorítkozik. A jövő egy új műfajt fog itt kialakítani s ennek letéteményese a TV nemrégiben alakult kísérleti stúdiója lehet. Ha újra tv-rendezéssel próbálkoznék, én is ezen az úton indulnék el.

[1979. Kézirat]   (B.G.)

In a third way the two plays form a pair because for a while I do not intend a similar undertaking. Both works meant great joy for me, but I feel that as far as I am concerned I have exhausted the present possibilities of TV play genre.

A TV play today is between theatre and film, having the disadvantages of both without any of the advantages. It can not enjoy the personal presence of the theatre, the magic effect of inner liberty of the actors' play but does not yield the free possibility for fixing and editing like film. This comes partly from the restrictions of the medium and partly from those of the medium's *u s a g e* . I think this genre is not really yet exploited by us. As a consequence of technical parameters the capacity system, and an actor's referencing system is even more impossible than in the case of a film: it is a sort of a sack race. It is useful at most as a conditioning test. I felt enormous dissatisfaction after having finished work in both cases. One feels that the medium itself is in several ways more capable than the film. The gigantic machinery of TV moves off from the points which have been screwed down with some difficulty even when the individuals concerned are best intentioned.

Beside all its advantages, perhaps it is not the most acceptable case either that TV plays should generally be theatrical performances. The future is going to form a new genre, the deposite of which may be the experimental TV studio which has come into being recently. If I made a new attempt in TV staging, I too, would start in this direction.

[1979. Mannscript]   (G.B.)

JAKOB MICHAEL REINHOLD LENZ
KATONÁK
(KOMÉDIA, 1776)

Tévédráma
Magyar Televízió, 1977
Színes Ampex, 90 perc
OPERATŐR:
HALÁSZ MIHÁLY
DÍSZLET:
MÉHES LÓRÁNT
JELMEZ:
HORÁNYI MÁRIA
ZENE:
P.H.E. BACH, GLUCK, REUTLER műveiből
SZEREPLŐK: **BÁNFALVI ÁGNES, FARÁDY ISTVÁN, ÚJLAKY DÉNES, KOVÁCS MÁRIA, SIMOR OTTÓ, UNGVÁRI LÁSZLÓ, CSISZÁR IMRE, REVICZKY GÁBOR, UDO KIER** és mások

A színdarab Magyarországi ősbemutatója.

**BŐDY GÁBOR TÉVÉJÁTÉKAI ÉS VIDEÓI
TV PLAYS AND VIDEOS BY GÁBOR BŐDY**

JAKOB MICHAEL REINHOLD LENZ
SOLDIERS
(A COMEDY, 1776)

TV drama
Hungarian Television, 1977
Colour Ampex, 90 minutes
CAMERA:
MIHÁLY HALÁSZ
SCENERY:
LÓRÁNT MÉHES
COSTUMES:
MÁRIA HORÁNYI
MUSIC:
P.H.E. BACH, GLUCK, REUTLER
STARRING: **ÁGNES BÁNFALVI, ISTVÁN FARÁDY, DÉNES ÚJLAKY, MÁRIA KOVÁCS, OTTÓ SIMOR, LÁSZLÓ UNGVÁRI, IMRE CSISZÁR, GÁBOR REVICZKY, UDO KIER** and others

First performance in Hungary.

VIHAR ÉS VÁGYAKOZÁS
BÓDY GÁBOR BESZÉL TÉVÉFILMJÉRŐL

— Ki ez a szokatlan szépségű nő?

— Udo Kier.

— Tehát ebben a filmben férfi alakít női szerepet?

— Nem. Udo katonát játszik, bár lehet, hogy a maszkja megtévesztő.

— Miért van erre szükség?

— Azok a katonák, akikről a film szól, a rokokó arisztokráciához tartoznak. Dekadens eleganciájukat akartuk hangsúlyozni e különös arcfestéssel is. A korabeli polgár szemében ezek a kiváltságosok földöntúli lényeknek hatottak, akiket egyidejűleg gyűlöltek és istenítettek, akikre a polgári élet törvényei nem vonatkoztak, s csak egyetlen kötelességük volt: meghalni a királyért. Lenz „komédiája" közember és az elit vonzódásának és taszításának jellegét rajzolja ki egy szexuális fűtöttségű történetben.

— Lenz kétszáz évvel ezelőtt élt. Miért esett a választása erre a régi alkotásra?

— Büchner iránti vonzalmam vezetett rá. Büchnernek van egy novellatöredéke, a Lenz, amely a művész megtébolyodásának napjait írja le költőien és klinikai pontossággal. Mint utóbb megtudtam, szemtanúk feljegyzései alapján írta, sok helyen egyenesen idézve, dokumentarista módon. Ezen a nyomon jutottam Lenz írásaihoz, amelyek lefordíthatatlanok, mint a Sturm und Drang irodalom legtöbb műve. Nehéz lefordítani magát a szellemi mozgalom nevét is, melyet egyébként szintén egy darab címétől — a szerzője Klinger — kapta. Vihar és vágyakozás: ez, mondjuk, egy változat a tíznél több lehetségesből. A Sturm und Drang világ érzelmileg közel áll hozzám — a televízió művelődéspolitikájába pedig jól illett egy ilyen hézagpótló vállalkozás. Jacob Michael Reinhold Lenz dramaturgiai eszméi elsők közt szakítottak a hagyományos arisztotelészi drámafelfogással. A **Katonák** szerkezete hasonlít egy mai filmforgatókönyvhöz. Rövid jelenetek, nagy helyszínváltásokkal, a gesztusok shakespeare-i felnagyításával. Lényegtelen húzásoktól eltekintve, nem is kellett a televíziós feldolgozáshoz változtatni rajta.

Egészen sajátos az a hang is, amelyen Lenz a világirodalomban megszólalt. Egy ernyedt korban, a valóság konfliktusait expresszív, realista módon mutatta meg, kritikai hévvel, drámai és komikus jeleneteket keverve. Pályáját elhatalmasodó elmebaj törte meg, fiatalon felhagyott az írással, neve még életében feledésbe merült. 1792-ben az egyik májusi éjszakán halt meg Moszkva utcáin, magányosan, ismeretlenül, feltehetően koldusként, három évvel a francia forradalom után. A né-

---

STORM AND LONGING
GÁBOR BÓDY DESCRIBES HIS TELEVISION FILM

— Who is this strangely beautiful woman?

— Udo Kier.

— Then, in this film a man plays a women's role?

— No. Udo plays a soldier, though his mask may be deceptive.

— Why is this necessary?

— The soldiers of whom the film speaks, belong to the Rococo aristocracy. But we wanted to accentuate their decadent elegance with this unusual make-up. In the eyes of the contemporary bourgeois these privileged few looked like unearthly beings; who were hated and idolized at the same time, who were outsick the laws of civilian life did not apply to; they had only one single duty: to die for the king. In a sexually-heated story, Lenz's "comedy" delineates the nature of the élite's affinities and aversions.

— Lenz lived two hundred years ago. Why did you chose this old work?

— My affection for Büchner led me to him. Büchner has a short story fragment, the Lenz, in which he delienates poetically and, with clinical accuracy the days when the artist becomes deranged. As I learned afterwards, he used the notes of eye-witnesses, often directly quoting them, using a documentary way. This track led me to Lenz's writings many of which are untranslatable, like the majority of the works of the Sturm und Drang literature. Indead it is difficult to translate the name of the intellectual movement itself (which, received its name from the title of a play, by Klinger. „Storm and Longing": let's say, this is just one out of the more than ten possible variations). The Sturm und Drang world is emotionally close to me. At the same time a stop-gap undertaking like this fits well into Television's cultural policy Jacob Michael Reinhold Lenz's dramatic conceptions were among the first to break with the traditional interpretations of Aristotelan drama interpretation. The structure of **"The Soldiers"** is similar to a present day script. Short scenes, with big changes in locations and a Shakespearean exaggeration of gestures. Disregarding essential cuts, there were few alterations in the television adaptation.

The note which Lenz sounded in world literature is also very peculiar. In an excited age, he portrayed the conflicts of reality in an expressive, realistic way, with critical fervour, mixing the dramatic and the comic elements. His career was broken by a lunacy which increasingly took hold of him. He quit writing while still quite young and his name sank into oblivion later in his life. He died on a May night in 1792 in a Moscow street; lonely, unknown and probably a pauper, three years after the French

met drámairodalom másik nagy realistája, Büchner sokat foglalkozhatott vele. E század elején fedezték fel újra az expresszionisták. Max Reinhardt bemutatta, később Brecht átiratot készített egy másik darabjából, a Nevelő úrból. Lenz látásmódja ma újra rendkívül elevennek hat.

— Kik játsszák a főszerepeket?

— Bánfalvy Ágnes az elcsábított polgárlány, Farády István a csábító tiszt, Újlaky Dénes a lány polgári jegyese. Fontos szerepet játszanak: Kovács Mária, Simor Ottó, Ungvári László, Csiszár Imre, Reviczky Gábor. Az operatőr Halász Mihály. A fordító Neményi Róza, aki most Lenz több művének tolmácsolásán dolgozik.

[Új Tükör, 1977. október 2. 27. 1.]　　　　　　　　　　　　　　　　　　　　　　　　　　　　　　Berkes Erzsébet

IRODALOM/BIBLIOGRAPHY

— (T.S.): A Katonák felvételén. Film Színház Muzsika 1977. aug. 27. 2. és 26. l.
— Katonák (két fénykép, stáblista). Filmvilág 1977/16. hátlap, belső
— Berkes Erzsébet: Vihar és vágyakozás (Bódy Gábor beszél tévéfilmjéről). Új Tükör 1977. okt. 2. 27. l.
— Jovánovics Miklós: A tévéjáték nem játék. Kritika 1979/3. 40. l.
— Gábor Bódy. DAAD Galéria, Berlin 1983.

revolution. Büchner, another great realist of the german literature probably dealt a lot with him. He was discovered again early this century by the expressionists. May Reinhardt put him on stage and, later Brecht made a transcription of another play of his, the Mister Tutor. The way Lenz was seeing things strikes as very vivid today.

— Who are playing the leading roles?

— Ágnes Bánfalvy is the seduced bourgeois girl. István Farádi is the officier who seduces her. Dénes Újlaky is the girl's bourgeois fiancé. Other important roles are played by Mária Kovács. Otto Simor, László Ungvári, Imre Csiszár, Gábor Reviczky. The cameraman is Mihály Halász. The translator is Róza Neményi who at present is working on the translation of several other works by Lenz.

Y[Új Tükör, October 2, 1977. p. 27]　　　　　　　　　　　　　　　　　　　　　　　　　　　　　Erzsébet Berkes

L. HSING — TAO
KRÉTAKÖR

Tévédráma
Magyar Televízió, 1978
Színes Ampex, 95 perc
VEZETŐ OPERATŐR:
HALÁSZ MIHÁLY
ZENE:
VIDOVSZKY LÁSZLÓ
DRAMATURG:
MÉSZÖLY DEZSŐ
DÍSZLET:
BARTA LÁSZLÓ
JELMEZ:
HORÁNYI MÁRIA
MASZK:
TOMOLA KATALIN
SZEREPLŐK:
BÁNFALVI ÁGNES, MÁRKUS LÁSZLÓ, VOITH ÁGI, ÚJLAKY DÉNES, SIMOR OTTÓ, UDO KIER

A színdarab magyarországi ősbemutatója. Adás: MTV 1. 1979. jan. 27.

DÍJ:
Magyar Tévékritikusok díja, 1978.

L. HSING — TAO
CHALK CIRCLE

TV drama
Hungarian Television, 1978
Colour Ampex, 95 minutes
CAMERA:
MIHÁLY HALÁSZ
MUSIC:
LÁSZLÓ VIDOVSZKY
PRODUCTION CONSULTANT:
DEZSŐ MÉSZÖLY
SCENERY:
LÁSZLÓ BARTA
COSTUMES:
MÁRIA HORÁNYI
MAKE UP:
KATALIN TOMOLA
STARRING:
ÁGNES BÁNFALVI, LÁSZLÓ MÁRKUS, ÁGI VOITH, DÉNES ÚJLAKY, OTTÓ SIMOR, UDO KIER

First performance in Hungary. Broadcasting on MTV 1 (Hungarian Television, 1st channel): January 27, 1979

PRIZE:
Prize of Hungarian TV Critics, 1978

KRÉTAKÖR

Egy elátkozott műfaj áll a színház és a film között: az ún. „tévéjáték". Megvannak benne mindkettő hátrányai: helyhez és időhöz kötött, mint a színház, de nélkülözi a személyes jelenlét auráját. Közvetített képekből áll, mint a film, de nincsenek meg benne annak szerkesztési lehetőségei. Van-e valami előnye, máig sem derült ki. Mégis létezik — bár nem hogy a nézők, de még a szakemberek nagy része előtt sem világosak lehetőségei és kötöttségei. Úgy nézik, mint a többi műsort: ez is csak másfél óra kép. A technika előlegezett egy műfajt, egy nyelvet, amelyen a beszéd még nincs „kitalálva", az avantgardizmus is csak kísérletezik vele. A magyar televíziózás gyakorlatában legikább drámai és szépirodalmi művek adaptációjára használják: ez a világirodalmi műveltség terjesztésének fő műfaja.

Egy filmrendező számára mindenképp kaland és ajándék, hogy a világirodalom klasszikusainak librettójából dolgozhat. Ez a második eset, hogy lehetőséget kaptam a mágnesszalag használatára. Lenz **Katonák**jával, és most a **Krétakör**rel arra törekedtem, hogy a magyar néző előtt jobbára ismeretlen színpadi műveket mutassak be. Még egy közös vonás: mindkét darabra a didaktikus és dekoratív építkezés jellemző — a mélyén vad realizmussal. Ezek a vonások — úgy tűnt — a tévéjáték kötöttségei közt is előnyösen érvényesülhetnek. Aki teheti: színesben tekintse meg — a kínai színház cirkusz és opera egyszerre: a didaxisban nagy szerepet játszanak a ruhák és a maszkok. Nem dicsekedhetem azzal, hogy kiszabadítottam volna ezt a ketrecbezárt műfajt — egy-egy oldalvágással próbáltam bővíteni az életterét. A **Krétakör**-t etikai horrornak szántam, végül inkább mesejáték lett belőle. Remélem, érteni és élvezni fogják.

(Rádió- és Televízió Újság 1979. I. 22-28)   Bódy Gábor

IRODALOM/BIBLIOGRAPHY:

— Televíziós újdonságok (Krétakör). Új Tükör 1978/8. címlap (Lippay Ágnes felvétele), 36-37. l.
— Potoczky Judit: Képernyőn a Krétakör. Film Színház Muzsika 1978/5. 26-27. l. Lippay Ágnes felveteleivel
— Kuczka Péter: Mesék. . . Film Szinház Muzsika 1979 febr. 3. 25. l.
— Bársony Éva: A példázat Példája. Filmvilág 1979/4. 28-30. l.
— Jovánovics Miklós: A tévéjáték nem játék. Kritika 1979/3. 40. l.

CHALK CIRCLE

There is genre, for a long time damned, which hovers between drama and film: it is the so-called teleplay. It unites the drawbacks of both: like drama it is tied to place and time, but it lacks the aura of a personal presence. Like a film it is composed of broadcast images, but it does not have the latter's inherent editing possibilities. Whether it has any advantages, has still not been proved. Yet it does exist — although its possibilities and limitations are not clear to the public, let alone the experts. The latter view it as they would any other programme: after all it lasts 90 minutes and is full of images. Technology has grown up prematurely without a genre. It is a language in which speech has not yet been invented, and the avantgarde art merely experiments with it. In Hungarian TV it is mainly used for adapting dramatic and literary works: this is the principal genre of disseminating works of world literature.

At any rate for a film director it is both an advanture and a gift to be allowed to work from the volumes of world classic writers. This is the second time in my life that I have had an opportunity to record something on magnetic tape. With Lenz' **Soldiers** and recently with **Chalk Circle** I strove to present theatrical works which were generally unknown to Hungarian undiences. Yet here is another common feature marking drama and teleplays: both are marked by a didactical and decorative construction — with raw realism from deep inside. These traits — it seems to me — may turn out to be beneficial even amid within the limitations of a teleplay. Whoever can, should see it in colour — the Chinese theatre is both circus and opera at the same time: clothes and masks play a major role in teaching. I cannot boast of having freed this caged genre — all I did was to try to expand its space by making a side-cut to it. I meant **Chalk Circle** to be an ethical horror, and it ended as a sort of fairy play. I hope you will understand and enjoy it.

(Rádió- és Televízió Újság, January, 22-28, 1979)   Gábor Bódy

W. SHAKESPEARE

HAMLET
(A FEGYVERES FILOZÓFUS)

Színpadi előadás tévéváltozata
Győri Kisfaludy Színház — Magyar Televízió, 1981-82
Színes Ampex, 173 perc (I. rész: A filozófus, II. rész: A fegyveres)
A SZÍNPADI VÁLTOZAT TÁRSRENDEZŐJE:
SZIKORA JÁNOS
VEZETŐ OPERATŐR:
HALÁSZ MIHÁLY
LÁTVÁNYTERV:
BACHMAN GÁBOR
JELMEZ:
TABEA BLUMENSCHEIN
ZENE:
VIDOVSZKY LÁSZLÓ
MOZGÁS:
PINTÉR TAMÁS
DRAMATURG:
KOZMA GYÖRGY
SZEREPLŐK:
HAMLET. . . **CSERHALMI GYÖRGY**

W. SHAKESPEARE

HAMLET
(THE ARMED PHILOSOPHER)

TV version of the theatrical performance
Kisfaludy Theatre (Győr) — Hungarian Television, 1981-82
Colour Ampex, 173 minutes
(Ist part: The Philosopher, 2nd part: The Armed One)
CO-PRODUCER IN THE THEATRE:
JÁNOS SZIKORA
CAMERA:
MIHÁLY HALÁSZ
DESIGNER:
GÁBOR BACHMAN
COSTUMES:
TABEA BLUMENSCHEIN
MUSIC:
LÁSZLÓ VIDOVSZKY
MOVEMENT DESIGN:
TAMÁS PINTÉR
PRODUCTION CONSULTANT:
GYÖRGY KOZMA
STARRING:
GYÖRGY CSERHALMI (HAMLET)

valamint:

ÁTS GYULA, MARTIN MÁRTA, BÁN JÁNOS, MESTER JÁNOS, ÚJLAKY LÁSZLÓ, LEVICZKY KLÁRA, ÚRI ISTVÁN,
SZOLNOKI TIBOR, FORGÁCS KÁLMÁN, PÁLFAI PÉTER, SIPKA LÁSZLÓ, BORS BÉLA, KUTI LÁSZÓ,
BOBOR GYÖRGY, BARS JÓZSEF, MÓZES ISTVÁN, KOZMA GYÖRGY

with:

GYULA ÁTS, MÁRTA MARTIN, JÁNOS BÁN, JÁNOS MESTER, LÁSZLÓ ÚJLAKY, KLÁRA LEVICZKY,
ISTVÁN URI, TIBOR SZOLNOKI, KÁLMÁN FORGÁCS, PÉTER PÁLFAI, LÁSZLÓ SIPKA, BÉLA BORS, LÁSZLÓ KUTI,
GYÖRGY BOBOR, JÓZSEF BARS, ISTVÁN MÓZES, GYÖRGY KOZMA

A RENDEZŐ VÁZLATFÜZETÉBŐL

AZ ALAPRAJZ

Van a Hamlet drámának egy fundamentális értelmezése: hogyan vált át a Reflexió Tett-be, egy nyitott, ifjú és kutató szellem mint érleli meg magát az egyszeri, véresen végérvényes cselekvésre. Ezt fel nem ismerni ostobaság, ettől eltérni vagy csalás, vagy egy szöveg helytelen használata: keringőverseny az aluljáróban. (. . .)

Mi jöhet ezen a felismerésen túl? A lépcsők, a fokok motiválása, a fordulók vétele magasított talpú cipőben vagy görkorcsolyával, múzeumi kosztümbe, vagy egy háló rasztereibe burkolózva. A mítosz tartalom-elemzése. A „cogito" alapú (racionalista) világnézet kísérete afrikai népzenével és géppuska-kattogással.

Jan Kott találóan jegyzi meg, hogy ez a szöveg, mint egy szivacs szívta magába az előadás korának eszméit és hangulatait. Annyit mindenesetre megállapíthatunk, hogy ezekben az előadásokban egy „történelmi-realista", egy „politikai" és egy „pszichológista" frekvencia elválasztható.

A darabról tudják a színháztörténészek, hogy bosszúdráma alapú, mai értelemben: horror.

A TV-RENDEZŐ SZEMÉVEL

Az angolszász horror, az olasz politikai krimi és a gustav hamleri filozófikus aria színeit egyaránt megtalálom. Újkori mítosz, mert individualista. Mindegy, hogy alul- vagy felüljárók hősét látjuk Hamletben, egy horror szörnyetegét és szellemidézőjét, egy igazság politikai képviselőjét, vagy magányos énekest, az író és a néző empátiája aránytalanul az ő javára oszlik meg. Ha ő van kint, akkor a többiek bent, és fordítva, (ő hordozza az affirmációt és a negációt) ha a többiek normálisak, akkor a Hamlet Őrült, ha Hamletet elfogadjuk, akkor mindenki más elfajzott.

A rendezés tehát gyakran választás elé kényszerül, Hamletet mutassa a többiek szemén át, vagy azt a „őrült" villanófényt vesse a többiekbe, amit Hamlet zaklatott, mert tettre készülő tudata sugároz.

Erre a választásra kell lehetőséget adnia a színpadképnek és a tervnek. Legyen ez a tér üres, sötét — kozmikus — amiből csak a felsugárzó fények metszenek ki síkokat, alakokat, szereplőket. Vagy legyen ez egy organikus labirintus, tér-agy-ideg járat, proxémikus elkülönülésekre és konjunkciókra egyaránt alkalmas pálya, képileg és hangilag egy hol működő, hol meg-

---

FROM THE NOTEBOOK OF THE DIRECTOR

THE ICONOGRAPHY

The drama of Hamlet has a fundemental interpretation: how Reflection changes into Action, how an open, young and inquisitive mind resolves to make the single, final bloody act. It is ridiculous not to realize this. It is either cheating or the misuse of a text to deviate from this: it is a waltzing competition in the subway.[. . .]

What can follow in this understanding? Motivating the stairs, the steps, taking the landings in platform shoes or with roller skates on, in museum costumes or wrapped in the rasters of a net. Analyzing the contents of the myth. Accompanying the „cogito" based (rationalist) world view with African folk music and with the rattle of machine-guns.

Jan Kott correctly remarks that this text absorbed the ideas and the atmosphere of a time when the performance like a sponge. It can be stated on all accounts that a „historical-realistic", a „political" and a „psychological" frequency can be discerned in these performances.

Theatre historians know that the play is based on revenge, in modern sense on horror.

WITH THE EYES OF THE TV DIRECTOR

I can detect in this hues of English horror movies, of Italian political crime stories and of the philosophic arias of Gustav Hamler alike. It is a myth of modern times because it is individualistic. It makes no difference whether Hamlet is regarded as the hero of subways or footbridges, the monster and evocator of horrors, the political representative of truth or as a lonesome singer, the empathy of the writer and the audience is disproportionately biased in his favour. If he is out, then the others are in and conversely, (he conveys affirmation and negation) if the others are normal then Hamlet is Mad. If we accept Hamlet then everybody else is degenerated.

Therefore, directors are often forced to make a choice whether to show Hamlet through the eyes of others or to throw at others that „mad" flashing light at the which is emitted by Hamlet's tormented mind as it prepares for action.

The possibility of making this choice must be provided by the scenery and stage design. This space should be void, dark — cosmic — out of which planes, figures, performers are isolated by the single gleaming lights. Or it should be an organic labyrinth, passages in space-with-brain-neurons. A field which is suitable for separation and conjuncture alike. A section of the

meredve elkülönülő agyi metszet. Kint makro-, bent mikrokozmosz. De legyen inkább élő, dinamikus, mint kiállításszerű, rigorózus. Cserhalmival és Bachmannal, mint az előadás társalkotóival ezt az utóbbi megoldást választjuk.

A színházi megoldás: egy helyzet, egy épület megoldása is. Még nem ismerjük a győri színházat, de azt tudjuk róla, hogy új, ki nem használt, és a térség műszakilag egyik legjobban felszerelt színházi objektuma. De azt is hallottuk már, hogy a felszerelése nincs bejáratva, mint ahogy társulata sem. A „**Hamlet**"-nek be kell járatnia.

A pszichologista és a politikai rendezés nyilván erősebben tapad a jelenhez, mint a történelmi realista, amely csak áttételesen, vagy tudat-alatt teszi ezt. Az elmúlt évtized emlékezetesebb külföldi előadásai, akár a szovjet, nyugatnémet, jugoszláv Hamleteket nézzük, a darabot mai (akkori) ruhákban vezették elő. Egy ilyen előadás rendszerint újra-fordíttatja vagy legalábbis átigazítja maga számára a szöveget. Arany János fordítását kulturális presztizse és saját ereje folytán sem a színházak, sem a költők nem merik újra fordítani. Ez a szöveg mai fül számára jelmezes.

„Nem szeretem bolondságát; se oly
Bizton nem állunk, hogy bitangra hagyjuk."
(A király III. f., 3. szín)

Ezt, a könyvet találomra felütve kiválasztott két sort, a mai nézők zöme úgy értelmezi (próbát tettem egy egyetemi emberrel is) „nem állunk olyan jól, hogy egy szemétre (rossz emberre) bízzuk Hamlet bolondságát."
De aki számára felfogható is a mondat értelme, elfogadhatatlanul komikus lenne mai tárgyak, ruhák és környezetek felett: ha nem a „bitang"-ról, akkor a „bizton"-ról válik le a jelentés: mai öltözetben ez vagy fennköltnek vagy parlagiasnak hat: ez a XIX. sz. nyelve, a XIX. sz. metafórái. Márpedig a XIX. sz. még kevésbé Shakespeare százada, mint a miénk. Ezen az időfeszültségen csak az segíthet, ha a színpadon a szöveg teljes kora megjelenik, pontosabban egy olyan tektonika, amelyről a jövőre nem kevésbé biztosan tudunk következtetni, mint a múltra.

Bár a kérdés a ruhákat illetően merült fel, a térhasználatra is áthárultak konzekvenciái. Ebben a „bioradikális" díszletben minden előzetes tervezés nélkül, könnyen megtaláltuk a Globe-színház felső és alsó beosztását. Ez a „díszlet" hol belső térjárat-labirinth kell legyen, hol külső tárgy: monumentális fal, vagy szinte „kicsiny", mint egy koponya.

Utólagos sejtést, segítséget adott ehhez az elgondoláshoz Zolnay László: A labirintus és a játék c. cikke a Kortársban (81/8) a királyi labirintusok és földalatti hűtőzők konceptuális tartalmáról, hogy t.i. ezek eredetileg is egy pszichikus-kozmikus-evolúciós térmítoszt közvetítettek, mint a gyerekek az ugróiskolában, mint minden játék.
KeserŰ—Major, majd Zsámbéki, Csiszár, Paál és Ács öltöztetéseivel a magyar Shakespeare is kezdett megszabadulni a molyirtószagtól. A szöveget ugyan csak Ács—Eörsi vette kezelésbe. De amíg az IBUSZ nem szervez Shakespeare-előadás-látogató járatokat Londonba és Stratfordba, reméljük lesznek kritikusok, akik a „hűséget" kérik számon az eredetiségtől. (...)

brain that sometimes works, but sometimes detaches itself with a stiffness as regards to picture and sound. It is a macrocosmos on the outside, a microcosmos in the inside. Yet it should be living, dynamic, rather than exhibition-like. And rigorous. Together with Cserhalmi and Bachman, (who are the co-producers of the play), we have chosen the latter solution.

The theatrical solution is also the solution of a situation. It is the building. I am not familiar with the Győr theatre but I know that it is new. Its potential is unexploited and it is technically one of the best equipped theatres of the region. But we have also heard that its wonderful new equipment is not tested. And neither is its troupe. This „**Hamlet**" will try both of them.

Obviously a psychological and political staging is more strongly linked with the present than an historical-realistic one which does this only in an inferential or subconscious way. The most memorable Hamlet performances of the last decade, be it Soviet, West German or Yugoslavian, all presented the play in modern dress. Such a performance usually requires a re-translation or at least, re-working of the text. Neither the theatres nor the poets dare to re-translate János Arany's translation due to its cultural prestige and its own power. This text is old-fashioned for out ears.

„I like him not; nor stands it safe with us,
To let his madness range."
(the King; Act III, Scene 3)
I picked out these two lines by opening the book at random. Thy are interpreted by the majority of people (and I have tried it with a members of the university as well) as:
„We are not so well off that we should leave
Hamlet's madness to a bastard (to a bad man)."*
But even for those who understand the actual meaning of the sentence it would sound unacceptably comical surrounded by the objects, clothes and buildings of today: meaning detach from words: it would sound either elevated or rough in modern dress: it is the language of the 19th century, they are the metaphores of the 19th century. And the 19th century is even farther from Shakespeare's time than our century. This tension between the ages can be relieved only by presenting a entire context for the play, it is on the basis of such tectonics that we can make conclusions regarding the future with as much of assurance as that of the past.

Though this matter was raised by clothes too, it also has implications regarding the use of space as well. Without any preliminary planning we could easily find the upper and lower arrangement of the Globe in this "bio-radical" setting. Sometimes this setting should be an interior space-passage-labyrinth, sometimes it should be an exterior object: perhaps a monumental wall or quite "small" like a skull.

After subsequent suggestions, support was given to this idea by László Zolnay's article published in Kortárs (1981/8) entitled The Labyrinth and the Game. This concerns the conceptual contents of the royal labyrinth and underground dungeons,

AZ ELŐADÁS

Ezek a megfontolások az előadást kereszt-tengelypárra kell feszítsék. Az egyik tengelyen a bio-kozmikus érzések és jelentések keresnek értékeket, a másikon a mindent keresztülhúzó cselekvő, indulati impulzusok lengenek ki. A filozófia és a fegyverek nyelve keresztezik folytonosan egymást.

A mise en scène olyan elkülönülési lehetőségeket keres, amely Hamletet nem csak mint hőst, vagy cselszövőt állítja szembe a „többiekkel", hanem mint szubjektumot, aki az őt körülvevő teljes társadalmi és természeti valóságra reflektál. A filozófia nyelvén megjelenő eseményeknek egy „bentet", a fegyvereken egy bizonyos „kintet" kell megjeleníteniük. Ugyanaz a díszlet, amely mikro- és makroorganizmusok jelzésére szolgál, meg kell jelenítse az agyvelő labirintusát, épp úgy, mint a társadalom folyosóit, a királyi udvar kerti labirintusait.

Ez a tagoltság természetesen a színészi munkától is új alkalmazkodást igényel. A színészvezetés nem származtatja magát iskoláktól, a darab és a díszlet gondolatának lehetőségeiből merít. De minden újságnak meg vannak a maga előzményei, és úgy találom, a mi felfogásunk a meyerholdi „biomechanikus" szemlélethez áll közel. De épp így előzményként foghatjuk fel a késő középkori keresztény misztérium játékot és képzőművészetet. Bizonyos tekintetben tehát a forma, amely magasabbrendű és ősibb tartalmat rögzít, mint amit a színházi munka napi rögtönzései a felszínre vetnek, meg kell határozza a színészek mozgását, térpszichológiai, proxemikus viszonylatait. A mi előadásunkban ez mindenekelőtt azt jelenti, hogy a szereplők mozgását általában az agyvelő-labirintus által behatárolt térre korlátozzuk, Hamlet zabolátlanságát a teljes tér szabad használata fejezi ki. Közte és a többiek közt csak a lényeges kontaktus-pontokat rögzítettük a próbákon, így az sincs kizárva, hogy minden előadás más és más lesz, anélkül, hogy ez az eleven változás szétfeszítené a darab gondolati kereteit.

[Hamlet. Győri Kisfaludy Szinház, 1981. Műsorfüzet]   (B.G.)

---

that is to say that they originally transmitted a psychic-cosmic-evolutionary myth of space us does children's hopscotch or all other games.

After costumes by Keserű-Major, then Zsámbéki, Csiszár, Paál and Ács the Hungarian interpretation Shakespeare has begun to lose the scent of moth balls. The text was also treated by Ács-Eörsi. But as long as IBUSZ (Hungarian travel agency) is unable to organize visits to performances in Stratford and London by the RSC, we hope there will be critics who demand "faithfull" and not just genuine interpretations. [. . .]

THE PERFORMANCE

All these considerations should crucify the performance on a pair of crossed axes. On one of the axes there are feelings and search for meaning and values. Active emotional impulses which upset everything, oscillate on the other. The language of philosophy and that of the arms constantly cross one another.

The play searches for separate possibilities where Hamlet is in contrast with the "others". For not only is he a hero and a plotter but also as a subject who remarks upon the entire social and natural reality which surrounds him. The events in the language of philosophy should represent an "interior", those in the language of the arms should represent an "exterior". The same setting, which serves for indicating micro- and macro-organisms, should represent the labyrinth of the brain, just it is seen as the passages of society, and a garden labyrinth in the court.

Naturally this articulation requires the actors' to adapt their work as well. An actors' understanding does not belong to a school. They draw from the potentialities suggested by the play and its setting. However, all new interpretations have antecedents and I believe our conception comes near Meyerhold's "biomechanical" views. It is in just the same way as Christian mystery plays or the fine arts of the Middle Ages can be considered as influences. Therefore, the form, which constitutes a more superior and ancestral content than which surfaces in the routine improvisations of theatrical work, should define in certain aspect the movements of the actors, and their spatial and psychological relations. In interperation this means specifically that the movement of the actors is restricted to the area enclosed by the brain-labyrinth, Hamlet's own wildness is symbolized by the use of the entire open area. Only necessary points of contact between Hamlet and the others were fixed during the ehearsals, so it is possible that each performance will be different for these living exchanges will not break the framework of ideas of the play.

(Hamlet, Kisfaludy Theatre of Győr, 1981. Theatre programme)   (G.B.)

*This kind of interperation is due to an ambiguity in the Hungarian translation, where there is a word "bitangra" which means "to a rascal" or "to range".

BESZÉLGETÉS BÓDY GÁBORRAL

[. . .]

K. GY.: Úgy emlékszem, a cselekvésről volt éppen szó. . . Hogy van a reflexió meg a tett.

B. G.: Nem. Nem kettő; három állapot van. Az első a reflexió, a második a cselekvés, a harmadik az utasító ember állapota. . . Mondhatsz rendezőt is. . . A Cserhalmi éppúgy rendező. . .

M. M.: Mondtad is a legelején, hogy a Cserhalmit nem fogod rendezni, csak a többieket.

B. G.: Mondtam?

M. M.: Igazad is volt.

B. G.: . . .Ja, és a világ mindhárom állapotban másnak mutatja magát. A Hamlet az első két szférában játszódik. „Nagy király lett volna még. . .” Akkor lett volna nagy király, ha nem vállalja Laertes-szel a párbajt. Azt kellett volna mondania, hogy „Dehogy megyek!” Hiszen más a feladata. Erre mondja azt a király, hogy Hamlet „nagylelkű”.

K. GY.: Szerinted mit olvas Hamlet?

B. G.: Szerintem Paracelsus-t. Olyasmit, ami a mikro- és makrokozmosz egységével kapcsolatos. Van is egy sor erre: „A napsugár a dögöt megcsókolja. . .” Az a lényeg, hogy a napenergia élő energiává alakul, — amikor utána hozzáteszi, hogy „kukacok kelnek ki belőle”. A világ Hamletnak „csak undok és dögleges párák összetevődése”. Shakespeare és Hamlet nagyon részletesen élte át az anyagi világot. Úgy, mint a Cserhalmi Gyuri. Ez a Hamlet hallja a hajat sercegni, ahogy nő. . . tudja, hogy milyen a másik ember körme. . . Tudja, érzi, amit mindenki más csak elvisel, mint vélt boldogságot vagy kudarcot. . . Ezt előre éreztem a Hamletről és rendezés közben most a próbák során egyre inkább érzem, hogy igazam volt. . . Az ember rendezés közben tanul. . . [. . .]

[Hamlet. Győri Kisfaludy Színház, 1981. Műsorfüzet]

Összeállította: **KOZMA GYÖRGY**

CONVERSATION WITH GÁBOR BÓDY

[. . .]

GY. K.: I recall that we were talking about action. . . That there is reflection and action.

G. B.: No. No, there are three states, not two. The first one is reflection, the second one is action, the third one is the state of the repudiating man. . . You could mention directors. . . Cserhalmi is a director in the same way. . .

M. M.: You told us at the beginning that you would not direct Cserhalmi but the others.

B. G.: Did I?

M. M.: You were right.

G. B.: . . . Yes, and the world presents itself in a different way in each of the three states. The Hamlet takes place in the first two spheres. "He was likely [. . .] To have proved most royally". That is the would have been a great king if he had not undertaken the duel with Laertes. He should have said, "I certainly won't go!", but surely he has a different task. That's why the king says of him that Hamlet is generous.

GY. K.: What do you think Hamlet is reading?

G. B.: I think it is Paracelsus. It must be something that is about the micro- and the macrocosmos. This idea is suggested by:
   "the sun breeds maggots in a dead
      dog, [. . .] kissing carrion".
The point is that solar energy is transformed into living energy. The world is only "a foul and pestilent congregation of vapours" for Hamlet. Shakespeare and Hamlet experience the material world profoundly. Just like Gyuri Cserhalmi. This Hamlet hears the hair sizzle as it grows . . . he knows what the nails of another man are like. . . . He knows, indeed feels that everybody else can endure only as presumed happiness or failure . . . I felt this about Hamlet before the pro-

duction, and later when directing, the rehearsals I increasingly feel that I was right. . . One acquires knowledge when one directs. . . [. . .]

(Hamlet, Kisfaludy Theatre of Győr, 1981. Theatre programme)   Compiled by: GYÖRGY KOZMA

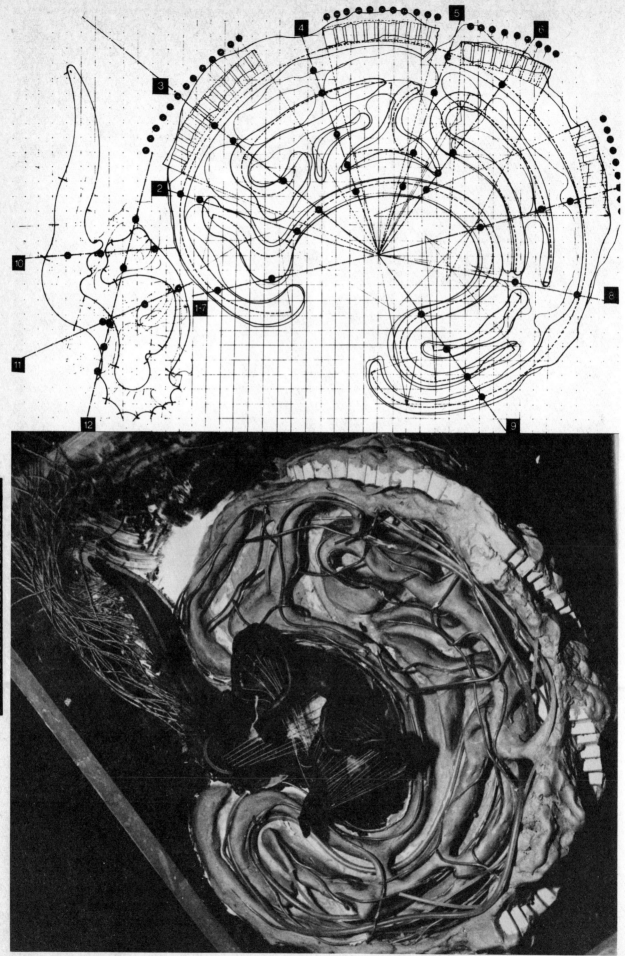

A HAMLET DÍSZLETTERVÉNEK MŰLEÍRÁSA

Tervező: Bachman Gábor   Rendező: Bódy Gábor

A Hamlet látványképe egy totális térkonstrukció (építmény). A látvány így tartalmazza a szeptemberi TV-játék felvételeinek koncepcióját is!

A terv két részre bontható:

a) konstrukciós

b) imaginárius elemekre

konstrukciós elem   a) a forgószínpadon felépített homorú agyvelő járataival, érrendszerével, külső védőfalával (lép-csőivel)

b) kocsira helyezett csontszövet húrjaival, idegeivel, rostjaival

imaginárius elem   a) fény effektek: sávok, ívek, repedések, szemcsék

b) hangzó effektek: csövek, húrok, pengék

KONSTRUKCIÓS ELEM

a) A forgószínpadon elhelyezett építmény — agyvelőmetszet — átlagos járatméretének szélessége 80 cm körül változik. A 0.00-tól a + 3.00 méterig magassága. Szétszedhető 9 részre.

Asztalos munka: a külső falat 4 db íves lépcső egészíti ki, melynek méretei:

3-as szelvény: 20 belépő
15 fellépő
4-es szelvény: 20 belépő
25 fellépő
5-ös szelvény: 20 belépő
25 fellépő

SPECIFICATIONS FOR THE STAGE- DESIGN OF HAMLET

BÓDY GÁBOR TÉVÉJÁTÉKAI ÉS VIDEÓI
TV PLAYS AND VIDEOS BY GÁBOR BÓDY

Designer: Gábor Bachman   Director: Gábor Bódy

The scenery for Hamlet is a complete entity. It is a construction (structure) in space. Thus the set contains concepts to be used in the television version which is to be shot in September!

The design can be divided into two parts:

a) constructional

b) imaginary elements

constructional element a) concave cerebrum with its passages, blood vessels, outer protective wall (stairs) which is mounted on a revolving stage

b) bone tissuse with its strings, neurons, fibres placed on a vehicle

imaginary element   a) light effects: beams, arcs, craks, grains

b) sound effects: tubes, chords, blades

CONSTRUCTIONAL ELEMENT

a) The average width of all the passages in the set, in the brain section which is mounted on the revolving stage, varies about 80 cm. Its height is between wothing upto over + 3.00 metres. It can be broken up into 9 units.

Carpentry work: the outer wall is complemented by 4 section of winding stair, their dimensions are:

section 3: 20 treads
15 steps
section 4: 20 treads
25 steps

7-es szelvény: 20 belépő
25 fellépő

A lépcsők egyben a külső falnak támaszelemei, ill. bontópontjai (lásd a rajzon), szerkezetük andráskereszttel megerősített fenyővázkeret, a belépő fellépő lemezelve.

Szobrász munka: A konstrukció anyaga a falon is és a többi részen is hungarocell; ami tömbökből faragott, mintázott K1-el ragasztott elemekből készül.

A külső fal, lépcső és a díszlet többi részei is gipszes jutával burkolva és világos gipszes színben maradnak (világítási szín: menthol). A falon és a lépcsőn kívüli megmaradó rész asztalos munka nélkül készül, szobrászmunkával, a rajz és *egy pontosan mintázott makett után!*

Kárpitos munka: A hungarocellből kifaragott építmény gipszes jutával, ill. a rajz szerinti módon 3 féle anyaggal (szürke) burkolva.
1) szivacspaplan (kb. 50 m²)
2) ipari vatta (kb. 70 m²)
3) műszőr (kb. 50 m²)

Technikusi munka: Az elkészült építményre ezután került a 3 db zárt cirkulációjú, 3 cm átmérőjű átlátszó öntözőcsőből készült vízrendszer 200 m hosszúságban. (70-70-60-as rendszereket lehet készíteni.)
A cirkuláltatott anyag kék-zöld-piros színű anilinnel, vagy ecolinnel festett víz.

b) szobrász munka: A csontszövet konstrukció + 1 m magasságig hungarocellből faragott + 1 m szint felett hajlított Ø 2 cm cső rabichálófeszítés a váz között, ill. kb. 300 m damilszál feszítése; bicikliszelepgumi 100 m, utána gipszesfelület kezelés, illetve (lásd. a rajzon) 3 különböző anyaggal való borítása. A csontszövet idegrostjai (lásd. a rajzon) 40x5 m-es műanyag benzincső, a hungarocellhez rögzítve ragasztásra.

Megjegyzés: A folyadékkal töltött cirkuláltatott csőrendszer nem fix módon kerül beépítésre, hanem a hungarocellbe acéltüskékre akasztva (kb. 50 db 20 cm-es acéltüske).
Különböző méretű bergmancsövek, melyeknek pontos számát Vidovszky László zeneszerző fogja meghatározni.

Budapest, 1981. május   Bachman Gábor tervező

---

section 5: 20 treads
25 steps
section 7: 20 treads
25 steps

The stairs are at the same time the supporting elements of the outer wall, and at those points where it can taken apart (see the drawing), their structure is of a pine frame secured by a diagonal brace. The treads and stair steps are laminated.

Sculptural work: The material of the construction on the wall and elsewhere is of hungarocell (similar to foamed plastic). It is made up of elements which are carved, and moulded out of blocks, and then glued with K1.
The stairs on the outer wall and the rest of the setting are covered with a plastery jute substance which remains as light plastery colour (colour of lighting: menthol). The remaining section exept for the wall and stairs, is constructed without carpentry. It is really a sculpture (see the drawing) and a *precisely moulded maguette!*

Upholstery work: The construction carved out of hungarocell is covered with plastery jute, or it is covered with three different grey materials in the way shown in the drawing.
1) sponge coverlet (approx. 50 m²)
2) industrial cotton wool (approx. 70 m²)
3) imitation fur (approx. 50 m²)

Technicians' work: Three sections of an enclosed water systems about 200 m length, made from a transparent hose 3 cm in diameter were placed on the completed construction. (These were systems of 70-70-60 metres each.)
The liquid which is pumped through is water dyed with blue-green-red aniline or ecoline.

b) Sculptural work: The construction of bone tissue is carved out of hungarocell. They are in initially 1 m high. The next metre is made of bent tubes 2 cm in diameter which are stretched to form a rib on the frame, on Approx. 300 metres of fishing line respectively; then 100 metres of cycle tube. Afterwards surface treatment with plaster, or with the 3 different materials. The neurons of the bone tissue (see the drawing) are 40x5 m of plastic petrol tubing attached to the hungarocell for pasting.

IRODALOM/BIBLIOGRAPHY

— Hamlet. Győri Kisfaludy Színház. (Programfüzet, é.n.)
— Szikora Katalin: Hamlet a koponyában. Esti Hírlap 1981. okt.
— Bogácsi Erzsébet: Hamlet. Magyar Nemzet 1981. okt.
— György Péter: Látvány és színház. Színház 1981. dec. 19-22. l.
— Reményi József Tamás: Ez a pici mind megette. Filmvilág 1983/5. 56-58. l.
— Csaplár Vilmos: „Amikor úgy érzik, hogy a feladat elvégezetlen" Magnóbeszélgetés a Hamlet tévéfelvételei közben. Győr 1981. Részletek.
   Filmvilág 1986/2. 14-16. l.

Comments: The circulation system of tubes is filled with liquid and is not built in in a fixed manner but it is hung on steel mandrels in the hungarocell (approx. 50 p.s of 20 cm long mandrels).
There aire also Bergmann tubes of various dimensions, but the exact number will be determined by composer László Vidovszky.

Budapest, May 1981.

Gábor Bachman designer

CONVERSATION BETWEEN EAST AND WEST

(UNTERHALTUNG ZWISCHEN OST UND WEST)
(BESZÉLGETÉS KELET ÉS NYUGAT KÖZÖTT)

[Munka az INFERMENTAL I számára]
Saját produkció, a DAAD támogatásával, 1982
Színes videó, 3 perc
TÁRSALKOTÓ:
MARCEL ODENBACH

A háromperces **Beszélgetés Kelet és Nyugat között** már hároméves volt 1981-ben, amikor bekerült az Infermental első kiadásába. A 25 éves Marcel Odenbach és a 32 éves Bódy Gábor egymás mellett ülnek a pódiumon. A tévénézők számára jól ismert névtáblák nem hagynak kétséget kilétük felől. A kamera a látszólagos szóvívők arcára irányul és mind élénkebb lesz, mennél hevesebbé válik a vita. Odenbachnak (Nyugat) habzik a szája. Tolmácsra nincs szükség. A nyelv egyetemes. A hangot egy fuvóshangszer veszi át. A képi nyelv is bárhol érthető, Keleten és Nyugaton egyaránt. Érthető volt, hogy nem tartalmak közvetítésén volt a hangsúly, hanem a művészek, Odenbach és Bódy expresszivitásán. És érthető volt az is, hogy a szokásos tévépódiumnak semmi más funkciója nem volt, mint a nyilvánosság előtti kifejezés játékának érvényre juttatása. A megszokott struktúrákat (tartalomátvitel és beszélgetésraszter) művészbeszélgetéssé és preformance-kulisszává szerelték át. Odenbach és Bódy a meglévőt átstrukturálták a sajátjukká. És azért szórakoztató ez a háromperces videó, mert — az idegenség eszközeivel — a magunk kifejezési lehetőségeinek hitét adja vissza. A **„Beszélgetés Kelet és Nyugat között"** a Basic- (polit-, tévé-)nyelvvel vértezi fel magát. Nem kifejezésre akar juttatni valamit, hanem — legalábbis ezegyszer — egyszerűen LENNI. Éppen ez volt az Infermental-magazin kiindulópontja: életet nyerni és életre ébreszteni, kreatívvá és fantázi-

CONVERSATION BETWEEN EAST AND WEST

(UNTERHALTUNG ZWISCHEN OST UND WEST)

[Contribution for INFERMENTAL I]
Producer and Director: Gábor Bódy (with the aid of DAAD), 1982
Colour video, 3 minutes
CO-DIRECTOR:
MARCEL ODENBACH

Das Dreiminuten-**„Gespräch zwischen Ost und West"** war drei Jahre alt, als es, 1981, in die erste Ausgabe des Infermental-Magazins aufgenommen wurde. Marcel Odenbach, 25, und Gábor Bódy, 32, sitzen nebeneinander auf dem Podium. Die jedem Fernsehzuschauer geläufigen Namensschilder erlauben die zweifelsfreie Zuordnung. Die Kamera hält auf die Köpfe der scheinbaren Repräsentanten und wird lebhafter, je hitziger diskutiert wird. Odenbach (West) hat Schaum vorm Mund. Gedolmetscht braucht nichts zu werden. Die Sprache ist universal. Den Ton übernimmt ein Blasinstrument. Auch die Bild-Sprache ist überall verständlich, ob im Osten, ob im Westen. Zu verstehen war, daß es nicht auf den Transport von Inhalten ankam, sondern auf die Expressivität der Künstler Odenbach und Bódy. Und zu verstehen war, daß das geläufige TV-Podium nichts weiter als die Funktion hatte, das Spiel des Ausdrucks in der Öffentlichkeit stattfinden zu lassen. Die gewohnten Strukturen (Inhaltsvermittlung und Diskussionsraster) waren zu einem Künstlergespräch und zur Performancekulisse ungerüstet. Odenbach und Bódy hatten das Vorhandene zum Eigenen umstrukturiert. Und Spaß macht das Dreiminutenvideo, weil es — mit Mitteln des Fremden — den Glauben an die eigenen Ausdrucksmöglichkeiten wiedergibt. Das **„Gespräch zwischen Ost und West"** bemächtigt sich der Basic- (Polit-, TV-) Sprache. Nicht um etwas zum Ausdruck zu bringen, sondern um — zunächst einmal — nichts anderes als zu SEIN. Eben das war der Ausgangspunkt des Infermentalmagazins: Leben zu erhalten und zu

adússá válni. Szemben az egyébként megszokott stratégiával, amikor érveket és bizonyítékokat szállítunk egy előregyártott elmélethez, egy túlerőben lévő dogmához. A Bódy-Odenbach-beszélgetésnek nem az idegenség, hanem a saját-ság volt a tárgya. Ez praxis volt. Az elméleti bebiztosítást meghagyták másoknak. Ilyen módon semmi sem mehetett veszendőbe: Odenbach és Bódy ebben a kisvideóban pusztán jelen vannak, és velük együtt az első Infermental-kiadás munkái merő jelen-létet nyújtanak, mindenekelőtt jelenlétet. A nagy kibontakozás tanúi vagyunk. És öt év után visszatekintve, a stratégia még mindig az első pillanat jókedv- és bátorság-stratégiája, az új médiumok (tévé), egyszersmind a régiek (a pódiumvita) elsajátí-tásának bátorságáé. És ezzel az Infermental által kiváltott MOZGALOM teljesen ellentétben áll azzal a védekező stratégiával, mely a nyolcvanas évek elején s még ma is, a nyolcvanas évek vége felé közeledve, még mindig arra spekulál, hogy a művé-szetet vagy ezt vagy azt védelmezze, például az új médiumok támadásától, minek során visszavonulási csatározások mind-egyre rezignációba és frusztrációba fulladnak. [. . .]

[Dietrich Kuhlbrodt: INFERMENTAL I. in: INFERMENTAL 1980—1986. Szerk. Veruschka Bódy. H.n., é.n. (Budapest 1986) 12-13. l.]   DIETRICH KUHLBRODT

EXTÁZIS 1980-TÓL

[Koncertfelvételek]
Társulás Stúdió, 1982
Színes videó, 60 perc

A **Kutya éji dala** melléktermékeként készült felvételek a Vágtázó Halottkémek és a Bizottság együttes koncertjeiről (Fiatal Művészek Klubja és Ikarusz Művelődési Központ).

---

wecken, kreativ und fantasievoll zu sein. Ganz im Gegensatz zur sonst gewohnten Strategie, Beleg- und Beweistücke zu ei-ner vorgefreitigten Theorie, zum übermächtigen Dogma zu liefern. Das Gespäch Bódy/Odenbach hatte nicht Fremdes, son-dern Eigenes zum Gegenstand. Es war Praxis. Die theoretische Absicherung blieb anderen überlassen. Auf diese Weise konnte nichts verloren gehen: Odenbach und Bódy sind in diesem Kurzvideo nichts als präsent, und mit ihnen zusammen sind die Beiträge der ersten Infermentalausgabe schiere Gegenwart, vor allem dies. Wir sind Zeugen der großen Entfaltung. Und, fünf Jahre zurückgeblickt, die Strategie des ersten Augenblicks ist noch immer die Strategie der Lust und des Muts, auch des Muts, sich die neuen Medien (TV) und zugleich die Alten (die Podiumdiskussion) anzueignen. Und damit steht die BEWE-GUNG, die Infermental auslöste, ganz im Gegensatz zur Verteidigungsstrategie, die anfangs der achtziger Jahre und heute zu Beginn der endachtziger noch immer darauf sinnt, Kunst und dies und das zu verteidigen, zum beispiel vor dem Ansturm der neuen Medien, wobei die Rückzugsgefechte durchaus in Resignation und Frustration enden.

[INFERMENTAL I. in: INFERMENTAL 1980-1986. Hrsg. Veruschka Bódy (Budapest 1986). S. 12-13]   DIETRICH KUHLBRODT

EXTASY SINCLE 1980

[Concert records]
Társulás Studió, 1982
Colour video, 60 minutes

This is a spin-off from **The Dog's Night Song** and records concerts by the groups Vágtázó Halottkémek (Galloping Coroners) and Bizottság (Committee) held in the Young Artists' Club and Ikarusz Cultural Centre, Budapest.

DIE GESCHWISTER
(TESTVÉREK)

Videóterv egy játékfilmhez
DAAD Berliner Künstlerprogramm és saját produkció, 1982
Színes videó, 27 perc
ZENE:
VIDOVSZKY LÁSZLÓ
VÁGÓ:
GUNTHER GUDE
SZEREPLŐK:
TABEA BLUMENSTEIN, UDO KIER, MARGIE ELLGAARD, VERUSCHKA BÓDY

Egy szállodai appartement-ban két testvér (Tabea és Udo) várakozik egy esedékes örökségre. Kapcsolatuk nem egyértelmű: a nyílt szexualitásig fokozódó gyengédség és a tettlegességig fajuló gyűlölködés között hullámzik. Udo az egyik vita során nővérét többször durván az ágyra löki, megpofozza — majd átöleli. (A jelenet közben keresi elő pisztolyát, mely majd a történet végén tragikus szerepet játszik.) A férfi időről-időre molett nagynénjükkel (Margie) tárgyal az örökségről, miközben a lány életében ismét felbukkan egykori leszbikus partnernője (Veruschka), aki beköltözik hozzájuk. Egy telefonbeszélgetésben Tabea közli Udóval, hogy nem bírja tovább a várakozást, nem érdekli az örökség, erotikus halálvágy hatalmasodott el rajta. A hazatérő férfi öt golyót ereszt a lepedő alatt sóhajtozó Veruschkára, majd tévedésére ráébredve, önmagával is végez.

A rendezőnek nyilvánvalóan néhány dramaturgiailag fontos szituáció egyszerű rögzítése, „kipróbálása" volt a célja, s nem egy önálló videómű kimunkálása. Viszonylag kevés igazán „videószerű" megoldás kapott helyet a **Testvérek**ben: színváltozással létrehozott elektronikus áttűnés, „tévé a tévében" jelenet (híradóból vett aktualitások, mint közvetítés egy pápai miséről, utcai zavargások, Reagan berlini látogatása). A zene fokozódó intenzitással húzza alá a drámai feszültséget, egy **Nárcisz és Psyché**t idéző dalrészlet után egyre erősödő kromatikus zongorafutamokat hallunk.

Egy éttermi jelenetben Bódy újságot olvasó sziluettje is feltűnik néhány másodpercre.

(B.L.)

DIE GESCHWISTER
(BROTHER AND SISTER)

Video plan for a feature film
[Producer + Director: Gábor Bódy (With the aid of DAAD Berliner Künstlerprogramm), 1982]
Colour video, 27 minutes
MUSIC:
LÁSZLÓ VIDOVSZKY
EDITOR:
GUNTHER GUDE
STARRING:
TABEA BLUMENSTEIN, UDO KIER, MARGIE ELLGAARD, VERUSCHKA BÓDY

In a hotel suite a brother and a sister (Udo and Tabea) are waiting for a due inheritance. Their relationship is ambiguous: it fluctuates between a tenderness which develops into open sexuality and an animosity which turns into assault. In the course of a quarrel Udo shoves his sister onto the bed several times, slaps her face — then embraces her. (During the scene he seeks out his revolver which will play a tragic role at the end of the story.) From time to time the man discusses the question of the inheritance with their plump aunt (Margie), meanwhile a former Lesbian girlfriend (Veruschka) re-enters the girl's life and moves to their flat. in a telephone conversation Tabea tells Udo that she cannot endure waiting any longer, she in no more interested in the inheritance and has been overcome by an erotic longing for death. The man entering home shoots five bullets at Veruschka (this latter heaving sighs under the blanket) then realising his error he commits suicide.

Evidently the director's aim was to record in a simple way, to "test" some dramatically important situations instead of elaborating it as an independent video work. We can find relatively few really "video-like" solutions in **Brother and Sister;** an electronic lap dissolve, a TV in TV scene (topicalities taken from newsreels like broadcasting from a Papal Mass, street disturbances, Reagan's visit to Berlin). The music underlines the dramatical tension with growing intensity, after a piece of melody conjuring up **"Narcissus and Psyche"** we hear intensifying chromatic passages on the pianoforte.

In a restaurant scene even Bódy's silhouette appears for a few seconds reading a newspaper.

(L.B.)

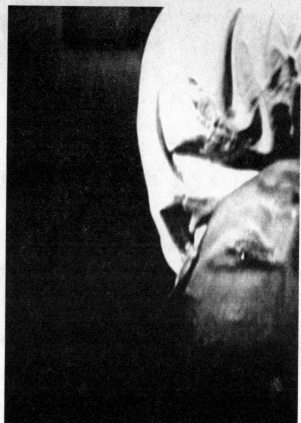

DER DÄMON IN BERLIN
(A DÉMON BERLINBEN)

Szuper 8 és videó
Saját produkció a DAAD Berlin, Művészprogram támogatásával, 1982
Színes videó, 28 perc
A „Zur Anthologie der Verführung" (A csábítás antológiájához) első része,
Lermontov: A démon c. költeménye alapján.
SZEREPLŐK:

Tamara. . .	ANDREA HILLEN
Démon. . .	CHRISTOPH DREHER
Sofőr. . .	KNUTH HOFFMEISTER
Vőlegény. . .	TORSTEN HILLEN
Árnyjáték-démon. . .	JACQUELINE RONARDE

BEMUTATÓK:
1982
Nyugat-Berlin, DAAD galéria (Ősbemutató)
1983
"The Second Link" — összeállítással:
Walter Phillips Gallery, Banff, Canada
Museum of Modern Art, New York
Stedelijk Museum, Amsterdam
A Space, Toronto
Long Beach Museum of Art, Long Beach California
Institute of Contemporary Arts (ICA), London
1984
Az összeállítás japán bemutatói:

DER DÄMON IN BERLIN
(THE DEMON IN BERLIN)

Super 8 and video
Producer and Director: Gábor Bódy (with the aid of DAAD Berliner Künstlerprogramm), 1982
Colour video, 28 minutes
Part I of **The Anthology of Seduction,** based on **Lermontov's** poem, **The Demon.**
CAST:

Tamara. . .	ANDREA HILLEN
The Demon. . .	CHRISTOPH DREHER
Driver. . .	KNUTH HOFFMEISTER
Fiancé. . .	TORSTEN HILLEN
Shadow-play Demon. . .	JACQUELINE RONARDE

FESTIVAL AND RETROSPECTIVE SCREENINGS:
1982
DAAD GAllery, Berlin /W. (world premiere)
1983
In „The Second Link" program, presented in:
Walter Phillips Gallery, Banff, Canada
Museum of Modern Art, New York
Stedelijk Museum, Amsterdam
A Space, Toronto
Long Beach Museum of Art, Long Beach, California
Institute of Contemporary Arts (ICA), London
1984
The Second Link selection in Japan:

Fukuoka Art Museum
Hara Museum of Contemporary Art
Hokkaido Asahikawa Museum of Art
Education and Cultural City of Sapporo
Hygo Prefectual Museum of Modern Art
The Museum of Modern Art, Saitama
1984
1. Film és Videó Biennálé, Rio de Janeiro
1985
15. internationales forum des jungen films, Berlin
1986
Oberhausen
Melbourne Filmfestival (összes videóival)
Sydney Videofestival (összes videóival)
WDR

Részlete (a „**Geschwister**" részletével együtt összesen 5 perc) az INFERMENTAL II-ben (I. Stress Therapie)

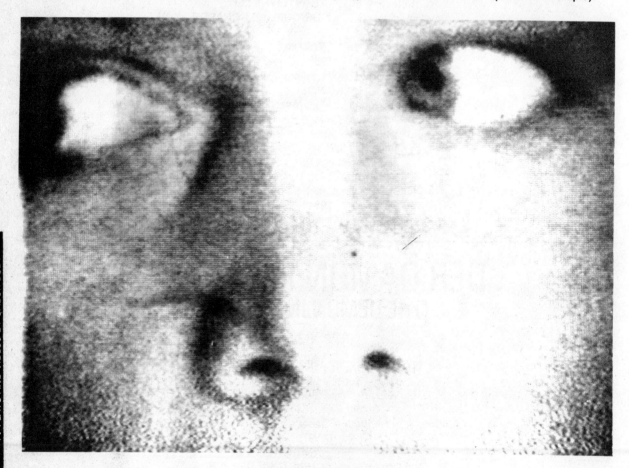

Fukuoka Art Museum
Hara Museum of Contemporary Art
Hokkaido Asahikawa Museum of Art
Education and Cultural City of Sapporo
Hygo Prefectual Museum of Modern Art
The Museum of Modern Art, Saitama
1984
1st Film and Video Biennale, Rio de Janeiro
1985
15th internationales forum des jungen films, Berlin
1986
Oberhausen
Melbourne Filmfestival (with his all videos)
Sydney Videofestival (with his all videos)
WDR

A section (5 minutes, together with parts of „**Geschwister**") is used in INFERMENTAL II (I. Stress Therapie)

Ez a videószalag Lermontov „A démon" c. epikus költeményéből származó, egymást ellenpontszerűen kiegészítő képek és részek laza csoportosítása. Ezt a produkciót egy, **A csábítás antológiája** c. folyamatos munka első részének tekintem — ez magyarázatot ad az alcímre. Ebben az antológiában helyet kell, hogy kapjanak a csábítás európai és Európán kívüli irodalmának gyöngyszemei: így a Don Giovanni, a Faust, egy koreai mese, A csábító naplója Kierkegaardtól és a Pillangókisasszony. Alapjában véve csak egy csábítástörténet létezik: a csábító és az elcsábított felcserélődésének története, s számomra ez a történet a mai Berlinben játszódik.

Bár a képekben már megtalálhatók az antológia részei, a szöveg azonban Lermontov Démonjára korlátozódik. Például a videó zárójelenetében, amelyben egy női arc egy másik női arcba megy át.

Mihail Lermontov az orosz romantika egyik legkalandosabb alakja, orosz Byronnak is szokták nevezni. Talán azért esett a választásom Lermontov Démonjára, mert egyrészt egyike a romantika csendesebb műveinek, másrészt pedig egyesíti magában a csábítás irodalmának általános és egzotikus vonásait.

Ez az epikus költemény adta a különben autonóm módon csoportosított képek affirmatív pillérét. Az általam ismert videómunkák vagy a technikai mítosz aurája alatt keletkeztek, vagy pedig a videó-médium minimumra csökkent specifikusságának kihasználásaként, amely azután, az eddigi tapasztalatok szerint, messzemenően lemondott a szövegek használatáról.

A videóval való foglalkozásom egyik indítéka egy intim és kötetlen kifejezésmód lehetősége volt. Hiszek egy, a technológiai mítosztól mentes *o t t h o n i v i d e ó*ban, amelyben az ember teljesen szabadon, érzelmeitől és ambícióitól vezettetve képeket, szövegeket és zenét kapcsol össze egymásba.

Az ilyen intim felhasználásban a jeleknek egyfajta lázadása megy végbe olymódon, hogy a radikális hozzárendelés révén a képek és a szavak világa egymásba csúszik és összegabalyodik. A színház és a színházi dramaturgia által befolyásolt mozi mindeddig egymástól szétválasztva tartotta ezt a két területet, úgy, hogy az egyik pusztán kerete volt a másiknak. A televízióban — talán mert a rádióból fejlődött ki — egy estéről estére egyre vadabb koktél keveredik ki. E két körnek a négyszögesítése a videó számára is bizonyára vonzó lehetőség lenne.

Az antológia elképzeléseinek megfelelően a Technische Universität elektronikai studiójának vezetőjét, Volkmar Heint is ugyanazoknak a belsőleg különböző elemeknek játékos átalakítására kértem. Szintetizátoron összekeverte Bach D-moll toccátájának és Beethoven Für Eliséjének egymáshoz hasonló kezdeti részét.

Csak kevés képet vettünk föl az eredeti hanggal (így pl. azt a jelenetet, amelyben a jó őr megkorbácsolja Tamarát). Más szekvenciákat a híradók stílusában Super 8-assal, vagy pedig nagyon gondos festői megvilágítással és a fény túlhangsúlyozásával valósítottunk meg elektronikus kamerát használva. Mindkét képréteg még további változáson ment át a képkeverésnél adódó lehetőségek játékos kihasználása révén. (Ez a Technische Universität audiovizuális studiója és a studió vezetője, Günther Gude segítségével történt.)

(B.G.)

BÓDY GÁBOR TÉVÉJÁTÉKAI ÉS VIDEÓI
TV PLAYS AND VIDEOS BY GÁBOR BÓDY

This videotape comes from *Lermontov's* epical poem *"The Demon";* and is a series of loosely grouped excerpts and pictures that complement each other in a contrapunctual manner. I consider this production as the first part of a continuous work titled **The Anthology of Seduction** — which explains the sub-title. In this anthology room must be found for all the gems of European and non-European literature dealing with the theme of seduction: thus, among others, Don Giovanni, Faust, a Korean fairy-tale, Kierkegaard's "The Diary of a Seducer" and Madame Butterfly. Principally there exist but one story of seduction: that of the interchange of seduced and seducer, and in my mind this story takes place in the Berlin of today.

Although parts of the anthology can already be found in the pictures, the text is restricted to Lermontov's Demon. In the last scene of the video for example, where the face of a woman turns into the face of another.

Mikhail Lermontov is one of the most venturesome figures of Russian romanticism, often called the Russian Byron. My choice might have fallen on Lermontov's Demon because on the one hand it's one of the quieter works of romanticism, and on the other, it unites within itself the general and exotic features of the literature of seduction.

The epical poem gave the affirmative pillar of otherwise autonomously grouped pictures. The video works that I know came to being either under the aura of technological myth, or as an exploitation of the specificity of the video medium when reduced to it's minimal point, which then — according to foregoing experience — considerably dispensed with the use of texts.

One of the initiatives of my interest in video had been the possibility of an informal mode of expression. I believe in a *h o m e v i d e o* free of the technological myth, where, driven by feelings and ambition, one can combine texts and music with complete freedom.

By such an intimate use, there will be a certain mutiny of signs in such a way that through a radical attachment, the worlds of word and picture will intermingle and interfuse. The movie, influenced by theatre and theatrical dramaturgy, has up to now always kept these two spheres separated from each other so that the one was a mere frame of the other. In television — maybe because it developed from radio — there's an ever wilder cocktail being mixed night after night. The quadration of these two circles would without doubt be an inviting possibility for video too.

Corresponding to the anthology's conception, I have asked the head of the electronic studio at the Technische Universität, Mr Volkmar Hein, to playfully transform the same internally differing elements. With the aid of a synthethiser, he mixed the similar beginning sections of Bach's toccata in D-minor and Beethoven's Für Elise.

We shot only a couple of pictures with original sound (thus, for example the scene where the guard whips Tamara). Other sequences were completed in the style of news-reels with Super 8, or with painstakingly picturesque light effects and overemphasized light using an electronic camera. Both picture layers went through further change by the playful use of mixing possibilities. (This was carried through with the aid of the audiovisual studio at the Technische Universität and the head of the studio, Mr Günther Gude.)

(G.B.)

A VIDEÓ MINT MŰVÉSZI FORMA

[. . .] Bódy Gábor alkotása, a **Der Dämon in Berlin** Lermontov *A Démon* című verse alapján készült. Bódy, aki eredetileg filmrendező, egyre nagyobb érdeklődéssel fordul a videó felé. E műve előtt már számos rövidebb videófelvételt készített, és megrendezte három színpadi darab TV-adaptációját is. Ilymódon ebben a művében a videóra jellemző képi megjelenítés mellett színpadi és filmes elemeket is alkalmaz.

Az első felvételeken nyugodt hangulatú képek láthatók, amelyek azt a célt szolgálják, hogy a néző hozzászokjék a film egyik fő vonásához, a kép és hang kiegészítő jellegéhez. A képek a szöveget szemléltetik (a verset egyébként eredeti hosszúságának körülbelül a negyedére csökkentették). Ezzel a más médiumba való áttétellel egy időben egy másik, időbeli transzformáció is megjelenik a filmben. Ez a kettősség adja a film feszültségét: az orosz romantika költője a XIX. században költeményt ír a csábítás ősi témájáról, majd a „romantikus" magyar rendező 1982-ben Berlinben ugyanezt a témát vizuálisan jeleníti meg.

A transzformációk különféle szinteken jönnek létre. Az első szinten a vers képi megjelenítése történik, itt a látvány szorosan kötődik a szöveghez. Jó példa erre az a rész, amikor a Démon elképzeli Tamarát, a bámulatos szépségű nőt, amint éjszaka kibontja hajfonatát, vagy az, amikor Tamara könnyezve fekszik ágyán, s a Démon a vágy legédesebb szavait suttogja a fülébe. A második szint olyan képekből áll, amelyek a szöveg bizonyos szavait szimbólumokkal fejezik ki, így például a Mercedes embléma a gyémántot, egy esküvői fénykép az örömapa büszkeségét és bánatát, egy csomag Camel cigaretta a tevekaravánt szimbolizálja, amellyel a vőlegény utazik a menyasszonyához. Hasonlóképpen egy sötét üvegű napszemüveg a szárnyakat jelképezi, amellyel a Démon elfedi arcát, a játékautomatán látható kísértetjárta ház pedig a sziklákon álló kastélyt jelzi. A harmadik szint metaforákból áll, azaz olyan képsorokból, amelyekben egész szövegrészek nyernek áttételes képi megfogalmazást. Ilyen például a visszafogott hangulatú bevezető képsor, amelyben egy férfit látunk, aki először autóval végigmegy a városon, majd egy parkban sétál. Ez a képi metafora az örökös vándorlásra kárhoztatott Démonra utal. Az a férfi, akinek a játékautomatánál nagyon megtetszik egy nő, szintén a Démont szimbolizálja, akinek a szíve hangosan kezd verni, amint megpillantja a bájos Tamarát. A mű második felében lévő metaforasorozatban Tamara érzéki álmait és a Démon érkezését Bódy éles megvilágítással és egyéb technikai eszközök alkalmazásával jeleníti meg. Az ezt követő kiábrándultságot zöld és fehér fényfoltok jelképezik.

A három különböző szintű transzformációra egyaránt az jellemző, hogy mindegyikben közvetlen kapcsolat van szöveg és kép között. A filmben azonban vannak olyan képek is, amelyek hang nélkül, vagy a tetőpont fokozására zenével jelennek

---

VIDEO: AN ART FORM

BÓDY GÁBOR TÉVÉJÁTÉKAI ÉS VIDEÓI
TV PLAYS AND VIDEOS BY GÁBOR BÓDY

[. . .] **Der Dämon in Berlin,** by the Hungarian Gábor Bódy, is a video tape of a completely different order. It is based on a 19th-century poem, *Der Dämon,* by *Lermontov.* Bódy, originally a film-maker, has become more and more intrigued by the video medium. He made several short video tapes before this one and three adaptations of stage plays for television. Thus he uses obvious theatrical and filmic elements alongside visualizations that are more video-like.

The first shots show quiet images which give the viewer the change to get used to the complementary character of sound and image in this work. The pictures play around the text, which has been reduced to about a quarter of its original length. At the same time as this transformation into another medium, there also occurs a transformation in time and it is this doubling of the layers that produces the tension in the work: the archetypal theme of seduction is, on the one hand, put into words by a Russian poet of the Romantic Movement and, on the other, visualized by a 'romantic' Hungarian in Berlin in 1982.

The transformations take place on various levels. The first level consists of literal visualizations in which the image remains closest to the text, such as Tamara, a woman of wondrous beauty with plaited hair which the demon pictures himself undoing at night; or Tamara lying weeping in bed with the demon coming to whisper the sweetest desires in her ear. The second layer consists of comparative images being found for words in the text, such as the Mercedes emblem for diamonds; or a wedding photo for the pride and sadness of a father giving his daughter in marriage; or a pack of Camel cigarettes for the caravan of camels with which the bridergroom is on his way to his bride; or a pair of dark sunglasses for the wing in which the demon hides his face; or a haunted house on a pinball machine for a castle on a rock. The third level consists of long metaphors which structure the visual story in such a way that whole parts of the text acquire form in series of images, like the calm introductory metaphor of a man who first drives through the city in a car and afterwards walks in a park and who stands for the long description of the demon, who is doomed to eternal meaningless wandering; or a man at a pinball machine who gets worked up over a women and who stands for the demon who feels his heart pounding as he looks at the lovely Tamara; or the series of metaphors in the second part of the work in which Tamara's sensual dreams and the entry of the demon are pictured with the aid of overlighting and other technical devices, followed by the disillusionment in green and white spots.

While these three different degrees of transformation are all marked by a direct relationship between text and image, some images also appear without sound or are accompanied only by music to emphasize the climaxes in the work, e.g. when the protagonist springs into view in the colonnade, or when a man and woman become aware of each other at the pinball machine, or during the splendid series of images of the Devil kneeling down.

meg. Ilyen kép például a főszereplő hirtelen felbukkanása az oszlopcsarnokban, vagy az, amikor egy férfi és egy nő egymásra talál a játékautomata mellett, vagy akár az a nagyszerű jelenet, amikor a Démon letérdel.

A szöveg elhalkulása és a kép fokozatos megjelenése mellett ennek fordítottja is megtalálható a filmben egyetlen alkalommal, amikor a vers tetőpontjához ér. Amikor a szöveg fokozatosan bejön, a kép keretezett formában újra megjelenik.

A kép és a hang kiegészítő jellege, amint ez Bódy művének legkiemelkedőbb pillanataiban megnyilvánul, a videó különleges lehetőségeihez tartozik. A dokumentumvideók esetében ezt a lehetőséget természetesen már használják, de a videóművészetben még fejlődésének a kezdetén tart. [. . .]

[The Second Link. Viewpoints on Video in the Eighties. Katalógus.
Walter Phillips Gallery, The Banff Centre School of Fine Arts, Canada. 1983. 25-26. l.; részlet] DORINE MIGNOT

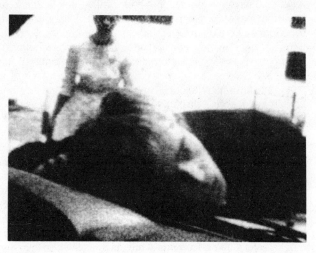

IRODALOM/BIBLIOGRAPHY

— Gábor Bódy. **daad**galerie 1983. Berlin, katalógus
— Dorin Mignot: Video: An Art Form. in: The Second Link. Viewpoints on Video in the Eighties. Banff, 1983. 25-26. l.
— Marie Morgan: The New Narrative. Video in the 80s. Banff Center, Winter/Spring 1984. 1-9.

In addition to this silencing of the text as the picture fades in, a sort of inversion of this occurs on just one occasion, when the essence of the poem is reached. As the text fades in, the image is repeated in boxed form. The complementary character of sound and image as manifest in the best moments in this work by Bódy also belongs among the specific possibilities of the video medium. In the video documentary, this possibility is invariably used as a matter of course, but in video art it is still at the start of its development. [. . .]

[Catalogue: The Second Link. Viewpoints on Video in the Eighties. Walter Phillips Gallery,
The Banff Centre School of Fine Arts Canada, 1983. pp. 25-26, Extract] DORINE MIGNOT

DIE GEISEL
(A TÚSZ)

Videódráma
DAAD Berliner Künstlerprogramm és Bódy saját produkciója 1983
Színes videó, 22 perc
FŐSZEREPLŐ:
SHAUN LAWTON
BEMUTATÓ:
1984
1. Film és Videó Biennálé, Rio de Janeiro

A felvételek a DAAD-ösztöndíjas Bódy Gábor nyugat-berlini lakásán készültek. Jellegzetes terrorista-történet: egy német akciócsoport fogva tart egy középkorú (minden bizonnyal) amerikai férfit, s teszi vele mindazt, ami ilyenkor szokás. Egy üres szobában őrzik, székhez kötözve, igyekeznek csupán a legminimálisabb fiziológiai igényeit kielégíteni, rendszeresen lefényképezik, aktuális napilapot adva a kezébe stb. Amikor fekete kámzsával a fején rövid időre magára hagyják, odavonszolja magát egy falból kiálló szöghöz, így sikerül — habár sebesülés árán — a szeme táján lyukat hasítania a textilbe. Fogvatartói előtt hosszú monológba fog (amit melankólikus orgonazene kísér), sakkasztal elé ültetik, majd pisztolyt helyeznek a keze ügyébe.

A beillesztett, dokumentarista hangulatú, fekete-fehér S—8-as felvételekből — melyek emblematikus berlini utcaképeket mutatnak, továbbá egy mikrobusz-ajtó kinyitásának állandóan visszatérő részleteit — fokozatosan rádöbbenünk, hogy a túsz már halott.

(B.L.)

DIE GEISEL
(THE HOSTAGE)

Video drama
Producer and Director: Gábor Bódy (with the aid of DAAD Berliner Künstlerprogramm), 1983
Colour video, 22 minutes
STARRING:
Shaun Lawton
SCREENING:
1984
1st Film and Video Biennale, Rio de Janeiro

This was photographed at the flat of Gábor Bódy, a DAAD-scolarship holder in West-Berlin. It is a typical terrorist story: a German militant action group holds a middle-aged (presumably) American man and as is usual, they doe everything to frighten him. He is kept in a vacant room tied to a chair, and they try to satisfy only his minimal physiological needs, they photograph him regularly giving him a copy of a newspaper to hold in his hands, etc. When he is left to himself for a short time with a black hood over his head, he drags himself to a nail sticking out of the wall and so he succeeds in tearing a hole in the textile around the eyes — at the cost of bruises. He starts a lengthy monologue in the presence of his captors (with a melancolic organ music in the background). He is seated beside a chessboard, then a revolver is placed within his reach.

Watching the inserted, black-and-white 'S-8' recordings of documentary atmosphere — which show the sight of characteristic streets in Berlin and a recurring detail, a microbus door's opening — it gradually dawns on us that the hostage is already dead.

(L.B.)

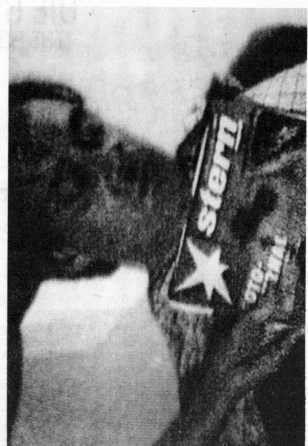

DE OCCULTA PHILOSOPHIA

Phile-clip
DFFB, TU Berlin és saját produkció, 1983
Színes videó, 1,5 perc (1. változat), 3 perc 15 mp (2. változat), 7 perc 10 mp (3. változat)
TÁRSALKOTÓK:
LLUREX (EGON BUNNE), VOLKMAR HEIN;
Heinrich
Cornelius Agrippa von Nettesheim (1486-1535) művének felhasználásával.

BEMUTATÓK:
1984
Videonale, Berlin (Ősbemutató)
„Blickfang-Deutschland", Ferrara
1. Film- és Videó Biennálé, Rio de Janeiro
1985
Talking back to the Media, Amsterdam
Videon, Frankfurt
1986
Melbourne Filmfestival (összes videóival)
Sydney Videofestival (összes videóival)
Kölner Filmfestival
Worldwide Video Festival, Kijkhuis, Den Haag
Az 1. változat felvéve az INFERMENTAL III-ba (cassette II: Hard and software: JÖN-JÖN!)

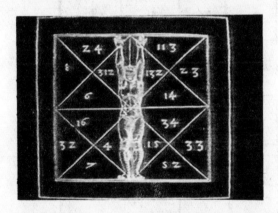

DE OCCULTA PHILOSOPHIA

Philo-clip
Production: DFFB, TU Berlin and Gábor Bódy, 1983
Colour video, 1,5 minutes (1st version), 3 minutes 15 sec. (2nd version), 7 minutes 10 sec. (3rd version)
ASSISTED BY
LLUREX (EGON BUNNE), VOLKMAR HEIN,
inspired by the work of **Heinrich Cornelius Agrippa von Nettesheim**

FESTIVAL AND RETROSPECTIVE SCREENINGS:
1984
Videonale, Berlin (World premier)
„Blickfang-Deutschland", Ferrara
1st Film and Video Biennale, Rio de Janeiro
1985
Talking back to the Media, Amsterdam
Videon, Frankfurt
1986
Melbourne Filmfestival (with his all videos)
Sydney Videofestival (with his all videos)
Kölner Filmfestival
Worldwide Video Festival, Kijkhuis, Den Haag
The first version is used in the INFERMENTAL III (cassette II: Hard and software: JÖN-JÖN!).

Tabula Veneris in abaco.

22	47	16	41	10	35	4
5	23	48	17	42	11	29
30	6	24	49	18	36	12
13	31	7	25	43	19	37
38	14	32	1	26	44	20
21	39	8	33	2	27	45
46	15	40	9	34	3	28

Signacula siue characteres Veneris.

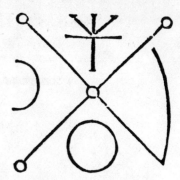

Intelligentiæ Veneris.

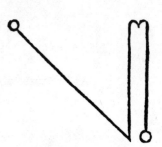

Dæmonij Veneris.

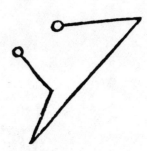

Intelligentiarŭ Veneris.

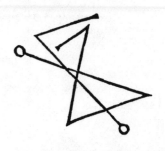

Tabula Veneris in notis Hebraicis.

כב	מז	יו	מא	י	לה	ד
ה	כג	מח	יז	מב	יא	כט
ל	ו	כד	מט	יח	לו	יב
יג	לא	ז	כה	מג	יט	לז
לח	יד	לב	א	כו	מד	כ
כא	לט	ח	לג	ב	כז	מה
מו	יה	ם	ט	לד	ג	כח

n iiii

Tabula Mercurij in abaco.

8	58	59	5	4	62	63	1
49	15	14	52	53	11	10	56
41	23	22	44	45	19	18	48
32	34	35	29	28	38	39	25
40	26	27	37	36	30	31	33
17	47	46	20	21	43	42	24
9	55	54	12	13	51	50	16
64	2	3	61	60	6	7	57

Tabula Mercurij in notis Hebraicis.

Signacula siue characteres

Mercurij.

Intelligentia Mercurij.

Demonia Mercurij.

magic mercur

8	58	59	5	4	62	63	1
49	15	14	52	53	11	10	56
41	23	22	44	45	19	18	48
32	34	35	29	28	38	39	25
40	26	27	37	36	30	31	33
17	47	46	20	21	43	42	24
9	55	54	12	13	51	50	16
64	2	3	61	60	6	7	57

ZEILEN

Sieben magische Tafeln

SPALTEN

„KINEMATOGRÁFIAI VÁLLALKOZÁS"
HÉT MÁGIKUS TÁBLÁZAT

[. . .]

„Miként az ősképi világban (archetypus) minden mindenben van, úgy ebben a testi világban is, minden mindenben legyen. . ."

„Az archetypus a megalkotandó eszméiként tartalmazza az elemeket: az intelligenciákban (angyalszellemekben) kényszerítő erőkként vannak elosztva, az egekben erőkként vannak jelen, a mi világunkban pedig sűrűbb formák." *H.C. Agrippa von Nettesheim: „Die Magischen Werke"*, Első Könyv, Nyolcadik Fejezet

$$4 + 9 + 2 = 15$$
$$3 + 5 + 7 = 15$$
$$8 + 1 + 6 = 15$$
$$4 + 3 + 8 = 15$$
$$9 + 5 + 1 = 15$$
$$2 + 7 + 6 = 15$$
$$4 + 5 + 6 = 15$$
$$8 + 5 + 2 = 15$$

vagyis ha az alábbi táblázat számsorait tetszőleges irányban — vízszintesen, függőlegesen — vagy átlósan — összeadjuk, az eredmény azonos marad:

4	9	2
3	5	7
8	1	6

„KINEMATOGRAPHISCHES UNTERNEHMEN"
SIEBEN MAGISCHE TAFELN

[. . .]

„Wie in der Urbildlichen Welt (Archetypus) alles in allem ist, so auch in dieser körperlichen Welt alles in allem sei. . ."

„Der Archetypus enthält die Elemente als Ideen des zu Erschaffenden; in den Intelligenzen (Engelgeistern) sind sie als Gewalten verteilt, in den Himmeln liegen sie als Kräfte, und in unserer Welt sind sie dichtere Formen."

R.C. Agrippa von Nettesheim: „Die Magischen Werke" Erstes Buch, Achtes Kapitel

$$4 + 9 + 2 = 15$$
$$3 + 5 + 7 = 15$$
$$8 + 1 + 6 = 15$$
$$4 + 3 + 8 = 15$$
$$9 + 5 + 1 = 15$$
$$2 + 7 + 6 = 15$$
$$4 + 5 + 6 = 15$$
$$8 + 5 + 2 = 15$$

d.h. wenn wir die Zahlenreihen untenstehender Tafel gleich wie addieren, längs, breit oder quer, bleibt das Ergebnis stets dasselbe:

4	9	2
3	5	7
8	1	6

Művében Agrippa sorrendben bevezet összesen 7 hasonló táblázatot a 3, 4, 5, 6, 7, 8, 9 számokkal. Mindegyik számnak van egy megfelelője a héber ábécében, ezzel jelezve ennek a tudásnak a kabbalához való kapcsolódását. Minden egyes táblázatnak megfelel egy bolygó az intelligenciák és a démonok hozzátartozó jeleivel együtt.

A számok közötti összefüggéseket egy zenei vagy képi organizmus partitúrájaként kell felfogni, vagyis ezek a viszonyok különböző mélységben és összetételben kivetíthetők egy tetszőleges időben lejátszódó (numerikusan tagolható) (időalapú) folyamatra.

Amióta csak a hangosfilmet feltalálták, állandóan visszatér az a kísértés, hogy a képet és a hangot analóg, vagy organikusan egységes módon alakítsák. Különösen a Bauhaus-alkotók ismerték az ilyen irányú gondolati és gyakorlati kísérleteket. A 30-as, 40-es években ez a törekvés az USA-ban megújult. A rendkívül fáradságos kézműiparos munkából nyert eredmények teljes mértékben az animációs film területére korlátozódnak.

A videó lehetővé tette az elektronikai technológiák integrálását, beleértve a kompjuter használatát is. Manapság már a félprofesszionálisnak számító high band berendezések is rendelkeznek primitív memóriával és, ami még fontosabb, csatlakozóval egy külső kompjuteregységhez. Ez lehetővé teszi bonyolult numerikus viszonyok tárolását. Ezek a viszonyok egy időkódon alapulnak és megfelelő szinkronberendezés segítségével hangszintetizátorra is átvihetők.

Röviden összefoglalva: úgy tűnik, ez a régi álom, ti, kép és hang megszervezése egy egységes „kód-partitúra" alapján, rövidesen megvalósul.

Gene Youngblood a 80-as évek videóművészetéről írt esszéjében külön fejezetben elemzi a számítógéppel kontrollált vágás (Computer Controlled Editing) jelentőségét és lehetőségeit. Ehhez többek között a következőket írja:

„A számítógépes vágás esetében valami jegyzetelésszerű dologgal állunk szemben, s ez az „edit decision list" olyan audiovizuális esemény grafikai ábrázolása, amely az időben bontakozik ki. Ez úgy reprezentálja ezt a kinematográfiai kompozíciót mint egészet, ahogyan a zenét is egészként elképzeljük. Ennek a koncepcionális eszköznek a használatával lehetővé válik a kinematográfiai mű megközelítése (approximációja) az ellenkező irányból úgy, hogy az edit list olymódon vezeti a felvételt, ahogy a kotta hangszeres előadást. . .

. . .Ez egyedülálló a mozgókép történetében. Többek között felveti a strukturalizmus eszméjének újragondolását, a strukturalizmusét, mely olyan új jelentéseket vezet be, mint az adatszerkezetet vagy az adattér a számítógépben. Ezeknek a fogalmaknak az esztétikai potenciálját eddig még senki sem tárta fel nagyobb láttató erővel és meggyőzőbben, mint Bill Viola, akinek rendkívüli terve olyan mélyreásó vizsgálódás, amely kiterjed kép és hang specifikusan időbeli manipulációira, amelyek a nézők figyelmét koreografálják, és amelyek által a kinematográfiai térben információ jön létre. Teljes mértékben elképzelhető, hogy ő ma az egyetlen művész a világon, aki nemcsak, hogy szisztematikusan közelíti meg ezt a kérdést, hanem elkezd új pályákat kijelölni az audiovizuális időbeli művészetek számára, amelyeknek a fejlődése mostantól kezdve elválaszthatatlan függőviszonyban lesz a számítógéppel, lehetséges órák legintelligensebbikével. . ."

Eltekintve a szerző túláradó lelkesedésétől, azt sem hányhatjuk a szemére, hogy miközben a fenti sorokat papírra vetette,

---

Agrippa führt in seinem Werk insgesamt 7 ähnliche Tafeln mit den Zahlen 3, 4, 5, 6, 7, 8, 9 je Reihe an. Jede Zahl hat ihr Pendant im hebräischen Alphabet, damit die Verbindung dieses Wissens mit der Kabbala anzeigend. Jeder Tafel entspricht ein Planet mit den dazugehörenden Zeichen der Intelligenz und der Dämonen.

Die Zusammenhänge unter den Zahlen sind als Partitur sines musikalischen oder bildlichen Organismus zu begreifen, d.h. daß diese Relationen auf einen, in gleich welcher Zeit sich abspielenden (numerisch gliederbar) (time-based) Prozeß in verschiedener Tiefe und Zusammensetzung projezierbar sind.

Seit der Tonfilm erfunden wurde, kehrt die Versuchung immer wieder, die Bild- wie die Tonseite als gleiches Medium auf analoge oder auf organisch einheitliche Art zu gestalten. Besonders die Bauhaus-Schaffenden kannten die gedanklichen und praktischen Versuche in dieser Richtung. In den 30/40-er Jahren wurde diese Bestrebung in den USA erneuert. Die vom außerordentlich mühsamen Handwerk gewonnenen Ergebnisse beschränken sich ausschließlich auf das Gebiet des Animationsfilmes.

Das Video machte die Integrierung der elektronischen Technologien, die Benutzung des Computersinbegriffen, möglich. Heute verfügen auch schon die als halbprofessionell geltenden High Band Installationen über eine primitive Memory und was noch wichtiger ist, mit einem line-in für eine Außencomputereinheit. Dadurch wird die Einspeicherung von komplizierten numerischen Relationen möglich. Diese Relationen basieren auf einem time-code und sind mit entsprechender synchroneinrichtung auch auf einen Tonsynthetisator übertragbar.

Kurz zusammengefaßt: Dieser alte Traum verspricht eine nahe Realisierungsmöglichkeit, d.h. aufgrund einer einheitlichen „Code-Partitur" von Bild und Ton die Organisierung.

Gene Youngblood analysiert in seinem Essay über das Video der 80 er Jahre in einem separaten Kapital die Bedeutung und Möglichkeiten des durch Computer kontrollierten Schnittes (Computer Controlled Editing). Darin schreibt er u.a.:

„Im Falle des Computerschnitts haben wir es mit einer notenähnlichen Sache zu tun, und das ist „Edit Decision List", die graphische Darstellung von audiovisuellen Ereignissen, die sich mit der Zeit entfalten werden. Sie repräsentiert diese kinematographische Komposition als ganzes auf die Weise, wie wir auch an die Musik als ganzes denken. Mit der Anwendung dieses konzeptionellen Mittels wird die Annäherung/Approximation an das kinematographische Werk von den „entgegengesetzten Seite" möglich, so daß das edit list die Aufnahme leitet wie die Note den Instrumentalvortrag. . .

. . .Das ist einmalig in der Geschichte des bewegten Bildes. Unter anderem wirft dies die Neuüberdenkung der Idee des Strukturalismus auf, des Strukturalismus, der eine neue Information wie die Datenstruktur und den Datenbereich im Computer aufnimmt. Das ästhetische Potential dieser Begriffe hat bisher noch niemand mit größerer Schaukraft und überzeugender aufgedeckt als Bill Viola, dessen außerordentlicher Plan eine tiefschürfende Untersuchung ist, die sich auf die spezifisch zeitlichen Manipulationen von Bild und Ton erstreckt, die die Zuschaueraufmerksamkeit choreographieren und durch die im kinematographischen Raum eine Information zustandekommt. Es ist absolut vorstellbar, daß er heute der einzige Künstler auf der Welt ist, der nicht nur systematisch diese Frage angeht, sondern auch beginnt, für die audiovisuellen Zeit-Künste, deren

Nyugat-Berlinben a DFFB és a TU kis közös teamja nagy erőfeszítések árán megtette az első lépéseket, amelyek meghatározták a hang- és képfolyamat azonos kód alapján való előállítását. 1983-ban Egon Bunnéval, aki akkor a DFFB hallgatója volt, és Volkmar Heinnel a TU akusztikai laboratóriumának vezetőjével, elkészült a másfél perces **De occulta philosophia** (a címet és egyes grafikai motívumokat Agrippa von Nettesheimtől kölcsönöztük). Az adott körülmények között a megfelelő adatoknak a szintetizátorba és a vágóberendezésekbe való betáplálása kb. egy hetet vett igénybe. (A két egység idő-kód rendszerének szinkronizálásához mindmáig hiányzik egy további, 2000 DM árú berendezés). Csatolom az akkoriban elkészített anyagot.

Úgy vélem, hogy most eljött a vállalkozás kibontakoztatásának ideje. Nemrég óta van Kölnben egy olyan modern felszerelésű hangstúdió a TU-n (és a WDR-nél), amely egy SMPTE idő-kód segítségével (naponta 1000 DM) garantálja a szinkronitást a képvágóegység és a hangszintetizátor között. Ez nagymértékben meggyorsítja a munkát és bonyolult tervek kivitelezését is lehetővé teszi. Jelentős előrelépés a Martin Potthoff által kidolgozott számítógépes program, mely lehetővé teszi a két rendszer irányítását egy harmadik, független eszköz által. (Egy hasonlat: a komponista nyugodtan dolgozhat otthon, anélkül, hogy minden egyes hang rögzítéséhez mozgósítania kellene az egész zenekart.) Néhány digitális studió megnyitása Németországban ugyancsak lehetővé tenné a képi eredmények belső numerikus befolyásolását.

A fejlődés ellenére ezek a technológiák még mindig viszonylag költségesek.

Gene Youngblood esszéjének címe: „A Medium Matures: Video and *the Cinematic Enterprise*". Ezért választottam filmem címéül a „Kinematográfiai vállalkozás"-t. Nem egyszerűen technológiai kísérletről van szó. Szeretnék világunk sűrítettebb formáival eszméket és intelligenciákat összehozni. A tartalomról ugyanolyan nehezemre esne közvetlenül nyilatkoznom, mintha egy keletkezőben lévő szimfóniáról akarnám megmondani, „miről szól".

A végeredmény kétszeres és mindkét változatban terjesztésre kerülhet.

a) A mágikus táblázatok alapján, egy 7x1,5 perces U-matic videósorozat jön létre, mint kis, középkori „musik-clip" sorozat.

b) Ugyanaz filmre átírva elbeszélő jelleggel egy 16 mm-es filmre vett képekből álló keret-képsorba beépítve. A keret képsora a 16. századi Köln egyes részleteit a három mágus utazásának részévé teszi. Együttesen egy 15-18 perces rövidfilmet tesznek ki; amely kísérőműsorként moziban vagy televízióban bemutatható.

Mellékletek:
1. Másolatok a „De occulta philosophia"-ból
   (Mágikus művek)
2. Videószalag: „De occulta philosophia"
3. Gene Youngblood: „A Medium. . ." (Second Link)
4. Költségvetés
5. A DAAD Bódy Gábor-katalógusa

Beilagen:
1. Kopien aus „De occulta philosophia"
   (Magische Werke)
2. Videotape: „De occulta philosophia"
3. Gene Youngblood: „A Medium. . ." (Second Link)
4. Budget
5. Katalog des DAAD zu Gábor Bódy

Entwicklung von an in einem abhängigen und untrennbaren Verhältnis zum Computer sein wird, mit der intelligentesten Stunde. . ."*

Ganz abgesehen von der überschwenglichen Begeisterung des Autors können wir ihm auch nicht vorwerfen, daß während er obige Zeilen zu Papier brachte, in Westberlin ein kleines gemeinsames team des DFFB und der TU unter großer Kraftanstrengung die ersten Schritte unternahm, die die Herstellung des Bild- und Tonprozesses aufgrund eines gleichen Codes anpeilen. 1983 wurde in Zusammenarbeit mit Egon Bunne, damals Stundent an der DFFB und Volkmar Hein, Leiter des akustischen Labors der TU die anderthalb Minuten **„De occulta philosophia"** (Titel und einige graphische Motive der Arbeit von Agrippa von Nettesheim entlehnt) fertiggestellt. Unter den gegebenen Umständen nahm die parallele Einspeicherung der entsprechenden Daten in den Synthetisator und die Schnitteinrichtungen ca. eine Woche in Anspruch. (Zur Synchronisierung des time-code Systems der beiden Einheiten fehlt noch bis heute ein Zusatzgerät im Wert von 2,000.-DM.)

Ich füge das damals angefertigte Material bei.

Ich meine, daß jetzt der Zeitpunkt der Entwicklung des Unternehmens gekommen ist. In Köln gibt es seit kurzem ein Tonstudio an der TU (und beim WDR) mit modernerer Ausstattung, die zwischen Bildschnitteinheit und dem Tonsynthetisator die Synchronität mit einem SMPTE time-code garantiert (1,000.-DM pro Tag). Dies beschleunigt die Arbeit in großem Maße und ermöglicht gleichzeitig die Ausführung komplizierterer Pläne. Ein bedeutender Schritt vorwärts ist das von Martin Potthoff ausgearbeitete Computerprogramm, das die Steuerung der beiden Systeme durch eine dritte, unabhängige Maschine ermöglicht. (Ein Gleichnis: Der Komponist kann ruhig zu Hause arbeiten, ohne zur Feststellung jeden einzelnen Tones das volle Orchester mobilisieren zu müssen). Schließlich würde die Eröffnung einiger Digitalstudios in Deutschland ebenfalls die innere numerische Beeinflussung der Bildereignisse ermöglichen.

Trotz aller Entwicklung sind diese Technologien relativ kostspielig.

Der Titel des Essays von Gene Youngblood: A Medium Matures: Video and *The Cinematic Enterprise*. Deshalb wählte ich als Titel meines Filmes das „Kinematographische Unternehmen". Es ist nicht einfach von einem technologischen Versuch die Rede. Ich möchte mit dichteren Formen unserer Welt Ideen und Intelligenzen zusammenbringen. Über den Inhalt unmittelbar zu referieren fällt mir ebenso schwer, als müßte ich über eine entstehende Symphonie sagen „von was sie handelt".

Das Endprodukt ist zweifach und kann auch in beiden Versionen zur Distribution gelangen.

a) Aufgrund der magischen Tafeln entsteht eine 7x1,5 minütige U-Matic Videoserie als kleine, mittelalterliche „musik-clip"-Serie.

b) Dasselbe umgeschrieben für Film mit erzählerischem Charakter, eingebaut in eine Rahmenbildreihe auf 16 mm Film. Die Bildreihe des Rahmens macht Details der Stadt Köln des 16. Jahrhunderts zum Teil der Reise der drei Magier. Zusammen ergeben sie einen Kurzfilm von 15-18 Minuten, der als Begleitprogramm in den Kinos oder im Fernsehen gezeigt werden kann.

*In der amerikanischen Version: „. . .that most intelligent of possible clocks". (Bemerkung des Herausgebers)

Képek Agrippa „De occulta philosophia" c. művéből
Illustrations from "De occulta philosophia" by Agrippa

Képek Agrippa „De occulta philosophia" c. művéből
Illustrations from "De occulta philosophia" by Agrippa

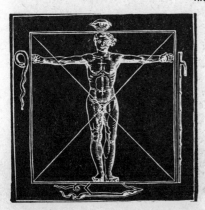

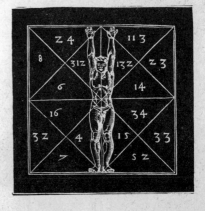

IRODALOM/BIBLIOGRAPHY:

— World Wide Video Festival 1986 Kijkhuis (Den Haag), catalogus. 31. l.

BÓDY GÁBOR TÉVÉJÁTÉKAI ÉS VIDEÓI
TV PLAYS AND VIDEOS BY GÁBOR BÓDY

RITTERSRUSTUNG
(LOVAGI FEGYVERZET)

[Videóvázlat]
Privát produkció, 1983
Színes videó, kb. 40 perc
TÁRSALKOTÓ: **SOPHIE VON PLESSEN**

Egy fiatal hölgy (Sophie von Plessen) lovagi páncélban, leeresztett sisakrostéllyal, kivont karddal, katonás léptekkel járja Nyugat-Berlin jellegzetes helyszíneit. Menetel a Gropiusbau mellett; háttérben a Gloriette-tel; a Kurfürstendammon leül egy kávéház teraszára; lovagol a Grunewaldban, majd leszáll a lóról egy tó partján; tovább lovagol (több jelenet); lejön a Reichstag lépcsőin; egy S-Bahn megállójánál, tízóraizik; lóval a vízparton; találkozás az amerikai katonai járőrrel; ismét a kávéháziteraszon, kávét iszik; a Brandenburgi kapu környékén; egy romos épület pincéjében; ismét a tóparton; bemegy a vízbe és elmerül; egy telefonfülkében telefonál; újra az utcán (Potsdammer Strasse?).
   (Az általam látott szalag valószínűleg a megvágatlan változat volt.)

(B.L.)

RITTERSRÜSTUNG
(ARMOUR)

[Video sketch]
Private production, 1983
Colour video, approx. 40 min.
CO—PRODUCER: **SOPHIE VON PLESSEN**

A young lady (played by Sophie von Plessen) wearing armour, with visor shut, and sword drawn, walks with soldierly strides about characteristic scenes in West Berlin. She marchs by the Gropiusbau; is seen with the Gloriette in the background; sits down on the terrace of a café in the Kurfürstendamm; rides a horse in the Grunewald, dismounts on the shore of a lake, but remounts and rides on. Later she comes down the steps of the Reichstag; eats snacks at a S-Bahn stop; she is by the riverside with horse; meets an American military patrol. On the terrace of the café again, she drinks coffee; she is near the Brandenburg Gate; she is in the cellar of a ruined building; she is by the lake-shore again. Here she enters the water and sinks; later she makes a call in a telephone booth; and walks down a street again (possibly Potsdammer Strasse?).
   (It is likely that video which I saw not the edited version.)

(L.B.)

EITHER/OR IN CHINATOWN
(VAGY-VAGY A CHINATOWNBAN)

Video Inn (Vancouver) és Tag/Traum (Köln), 1984-85
Színes videó, 37 perc
A „**Zur Anthologie der Verführung**" (**A csábítás antológiájához**) második része
Kierkegaard: A csábító naplója c. műve felhasználásával írta: Bódy Gábor
SZEREPLŐK:

Kierkegaard. . .   **ZOLTÁN LIPICS**
Cordelio. . .   **DEBORAH FROG**
Platon/Mv bemondó. . .   **EMMET WILLIAMS**
Vancouver philosophical Society. . .   **HANK BULL ERIC METCALFE, KATE CRAIG** és mások

BEMUTATÓK:
1985
Nyugat-Berlin, Berlinale (Ősbemutató)
Festival Salsomaggiore
Iowa University
Videofestival, Den Haag
1986
Goethe Institut: Videokunst Deutschland bis 1986, vándorbemutató a legjobb német videókból:
Frankfurt/M, Melbourne, Osaka, New York
ÁPR. Oberhausen (Retrospektiv bemutató része)
MÁJ. Videofestival Montbelliard (Franciaország)
JÚN. Melbourne Filmfestival (Összes videóival)
JÚL. Sydney Videofestival (Összes videóival)
SEPT. Kölner Filmfestival
San Francisco Videofestival

EITHER/OR IN CHINATOWN

Video Inn (Vancouver) and Tag/Traum (Cologne), 1984-85
Colour video, 37 minutes
Part II of **The Anthology of Seduction**
Written by Gábor Bódy, based on *Kierkegaard's Either/Or (*the last chapter of Part I: *The diary of the seducer*)

CAST:
Kierkegaard. . .   **ZOLTÁN LIPICS**
Cordelio. . .   **DEBORAH FROG**
Plato r.v. announcer. . .   **EMMET WILLIAMS**
Vancouver Philosophical Society. . .   **HANK BULL, ERIC METCALFE, KATE CRAIG** and others

FESTIVAL AND RETROSPECTIVE SCREENINGS:
1985
Berlin (West), Berlinale (World)
Festival Salsomaggiore
Iowa University
Videofestival, Den Haag
1986
Goethe Institut: Videokunst Deutschland bis 1986.
Touring selection of the best German videos: Frankfurt/M., Melbourne, Osaka, New York
ÁPR. Oberhausen (in a retrospective)
MAY. Montbelliard, Videofestival (France)
JUNE Melbourne Filmfestival (with his all videos)
JULY Sydney Videofestival (with his all videos)
SEPT. Kölner Filmfestival
San Francisco Videofestival

BÓDY GÁBOR
VAGY—VAGY A CHINATOWNBAN
A CSÁBÍTÁS ANTOLÓGIÁJA, II. RÉSZ

„Olyan szenvtelenül csókol meg, ahogyan az ég csókolja a tengert, lágyan és halkan, ahogy a harmat csókolja a virágot, ünnepélyesen, ahogy a tenger csókolja meg az esti holdat. Eddig szenvedélyét naívnak kell neveznem. Amikor bekövetkezik a változás és én elkezdek komolyan visszahúzódni, akkor ő összeszedi minden képességét, hogy rabul ejtsen. Erre nincsen más módja, csak az erotikus. . . Akkor érzem a reflexió szenvedélyét. Ez az a pont, amelynél más emberek eljegyzik egymást és elszenvedik az unalmas házasságot."

Kiergaard

A VAGY-VAGY-**ban** Bódy átültette Kierkegaard voyeurisztikus fantáziáit a saját, a filmről és az illúzióról alkotott felfogásával együtt egy dialógusba, a nála megszokott gyakorlottsággal alkalmazva az érzéki, érzelmi fénykezelést és részletgazdag képeket, melyek a szavakat a nézővel való kommunikáció szélesebb mezőjére vetítik át.

„Ne keverjétek bele ebbe Kierkegaard-t. Szegény szerencsétlen embernek egyebe sem volt, csak a nők boldogtalanná tevéséből származó élvezet bűvölete. Ezt a szellemi bujaságot azzal játszotta ki, hogy azt hitte, összetörte egy nő szívét."

Bódy a **Vagy-vagy**ban

Az 1970-es években sokat bírálták a valóság fényképei ábrázolását. Ez volt filmelméleti kísérleteim kezdete. Számomra ez egy elemző periódus volt. Most már nem gondolkozom annyira analitikusan, hanem kreatívabban és expresszívebben, hogy a nyelvet szabadon használjam arra, hogy adjak az embereknek és magamnak. Számomra világos, hogy a képek a valóságtól különböző valamik. A képek a valóság jelzései, nem azonosak vele. A keretet megválasztják és összeállítják, és akkor úgy beszélhetünk ezekről a dolgokról, mintha a valóság lennének, de nem azonosak vele. Ez a **Vagy-vagy a Chinatownban** egyik problémája és része a csábítás természetének.

GÁBOR BÓDY
EITHER/OR IN CHINATOWN
PART II. OF THE ANTHOLOGY OF SEDUCTION

[. . .]
"She kisses me as dispassionately as heaven kisses the sea, softly and quietly as the dew kisses the flower, solemnly as the sea kisses the evening moon. So far I should call her passion a naive passion. When the change comes and I begin to draw back in earnest, then she will muster all of her resources in order to captivate me. She has no way to accomplish this except by means of the erotic. . . Then I have the reflective passion. This is the point at which other people become engaged and endure a boring marriage."

Kierkegaard

In Either/Or, **Bódy has placed Kierkegaard's voyeuristic fantasies into a dialogue with his own theories of film and illusion, using his skills with sensual, affective light and narrative images rich in detail which reflect the words onto a larger field of communication with the viewer.**

"Dont bring Kierkegaard into this. The poor miserable man had only his fascination with deriving pleasure from making women unhappy. This spiritual lasciviousness he played out by thinking that he had broken a woman's heart."

Bódy in **Either/Or**

In the '70s there was much criticism of the photographic representation of reality. That was the start of my experiments in film theory. This was an analytical period for me. Now I don't think so analytically, but more creatively and expressively, to use the language freely to give to people and to me. For me it is clear that the images are something other than reality. The pictures are indices of reality but not the same as reality. The frame is selected and edited, and you can talk about these things as though they are reality, but it is not the same. This is a problem and a part of the nature of seduction in **Either/Or in Chinatown**.

Életünk legfontosabb dolgait nem lehet lefényképezni. Például egy nevetést vagy egy szexuális szituációt lefényképezni teljesen más, mint ott lenni és átélni őket. Végigjönni ezen a szegényes utcán egészen más számomra, aki most jövök ide először Európából, mint számotokra, akik minden nap ide jártok munkába, vagy az utcaseprők vagy a rendőrök számára. Ezek mind különböző valóságok, és az utca képe a valóságban nem létezik. Csak a filmen létezik, és nagyon csábító. Egy fénykép, amely minket ábrázol, ahogy itt ülünk a szobában, különbözik attól, amilyen ez a szituáció valójában, számotokra és számomra is. Úgyhogy ez egy elméleti kérdés, amely nagyon fontos, különösen most, a TV-ben, a tömegkommunikációs eszközökön zajló kommunikáció kapcsán. Olyan korszakban élünk, amely minden más civilizációnál nagyobb mértékben használ együttélésünkről készült képeket. Sok vallás szembehelyezkedett a képeknek ezzel a használatával, a képek csáb-ereje — a valóságnak a kép által felkeltett illúziója — miatt. Minden kultúra átadja magát ennek az illúziónak. Az emberi viszo-nyokban ez az illúzió szerintem óriási szerepet játszik — befolyásolja az öltözködésünket, gesztusainkat és mindent. Nem va-gyok vallásos, ebben a kérdésben nincs kialakult etikai álláspontom, de felismerem a problémát — az élet digitalizálását —, amelynek következtében az emberek egy része nem fogja teljesen a saját élményét élni, hanem ezeken a módokon ábrázolni fogják egymást. Ez számomra mint filmkészítő számára fontos filozófiai kérdéssé vált. A **Vagy-vagy a Chinatownban** ezzel a kérdéssel foglalkozik. Játszom a képekkel, de egyúttal irónikus is a dolog, és ugyanakkor komolyan is veszem. Azt hiszem, né-ha eljátszom annak a gondolatával, hogy egy új vizuális „cenzori testületet" kellene létrehozni magukból a művészekből, a „cenzori" pozitív értelmében — hogy tudatában legyünk annak, hogy mit mutatunk. nem korlátozó értelemben, mert az non-szensz.

„A tökéletesség visszanyerése az Énnek a Másikkal való újraegyesítése által nem célja a csábí-tásnak. A csábítás csak a Másik felébresztett vágyának vizsgálataként funkcionál. A csábító-nak kell kezdeményeznie a vágy felébredését a másik félben azáltal, hogy legalább részben önmagában is felkelti. Ennek a vágynak per definitionem kielégítetlennek kell maradnia, más-különben lerombolná a távolságot, amely által az élvezet eme formája meghatározza magát.

előadások, **Vagy-vagy**

A csábítás természete nem más mint az elragadtatás attól, aminek akarjuk. Ez szükségessé teszi, hogy ne éljük azt, legfel-jebb talán pillanatokra. Ha csinálok egy szép képet, mely repülőgépet ábrázol, ez nem jelenti, hogy pilóta akarok lenni. Csak azt akarom, hogy meglegyen az a képem. A szalagon bírálom ezt, de egyidejűleg humorossá is teszem. Néha el is fog engem a képmás, elcsábít. A munkám azt jelenti, hogy involválva vagyok ebben, de egyidejűleg tudatában is vagyok, meg fogva is tart.

A **Vagy-vagy**ban egy nőt használtam a vágy tárgyaként, de bármi lehetett volna — ez nem számít, kivéve azt, hogy szerin-tem a „nő mint tárgy" jellemzőbb, bár lehet, hogy nem jogos ezt feltételeznem. Van aztán a kultúra csábítása is — engem el-

The most important things of our lives you can't picture. For example, photographing a laugh or a sexual situation is totally different than to be there and to live it. Walking down this poor street, it is very different for me coming here from Europe for the first time than for you who come to work here every day, and it is different for the "putzen", the street cleaners, and for the police. They are all different realities, and the picture of the street does not exist in reality. It exists only on the film, and it is very seductive. A photo of us sitting here in this room is different from what the situation actually is, for you and for me. So it is a theoretical question which is very important, especially now with the communication of TV, mass media. We are living in a time which uses pictures of our living together more than any other civilization. Many religions have opposed this use of images, be-cause of the seductive power of pictures — the illusion of reality that the picture creates. All cultures fall for this illusion. In hu-man relationships I think this illusion plays an enormous role — in affecting our clothing, our gestures, and everything. I am not religious, I don't have a fixed ethic on this point, but I recognize the problem — the digitalization of life, so that part of the people will not live fully their own experience but rather picture each other in these ways. It became an important philosophical question for me as a filmmaker. **Either/Or in Chinatown** is dealing with this question. I am playing with the images, but it is also ironic, and I take it seriously at the same time. I think sometimes I am playing with the idea of making a new visual "censorship" from artists themselves, censorship in a positive sense — an awareness of what you show. Not in a limiting way, because that is nonsense.

"The regainig of perfection by rejoining the self with the other is not the goal of seduction. Seduc-tion functions only as the investigation of the other's awakened desire. The seducer has to initiate the awakening of desire in the opposite half by at least partially awakening it in himself. This desire must by definition remain unsatisfied within him or he would destory the distance through which this form of pleasure defines itself."

lectures, **Either/Or**

The nature of seduction is the fascination with what we want it to be. It necessitates that we don't live it, only maybe for mo-ments. If I do a beautiful picture of an airplane, it does not mean that I want to be a pilot. I only wish to have the picture. In the tape I am criticizing this at the same time that I am making it humourous. I am also sometimes caught, seduced by the image. My job means I am involved in this, but I am at the same time aware of it and caught by it.

In **Either/Or** I used a woman as the object of desire, but I could have been anything — it doesn't matter except that I think 'female as object' is more typical, but maybe I have no right to assume that. There is also the seduction of culture — I was se-duced by the Chinese culture. There is a general problem in defining what is erotic, too. How "erotic" is defined in pictures is very different from living a sexual life together with anybody for one night or for a whole life. Objects can also be very seductive. I tried to use in this picture very neutral things like hair and fingernails and the big iron opener and a monkeywrench, all of which

csábított a kínai kultúra. Általános probléma rejlik annak definiálásában, hogy mi erotikus. Hogy hogyan definiáljuk az „eroti-kus"-t, képekben, az meglehetősen eltér attól, hogy szexuális életet élünk valakivel egy éjszaka, vagy egy életen keresztül. A tárgyak is nagyon csábítóak lehetnek. Ebben a képben megpróbáltam nagyon semleges dolgokat használni, mint pl. a haj és a kéz körmei, meg a nagy sörnyitó, meg a franciakulcs — önmagában egyik sem olyasmi, amit haza akarna vinni az ember és aminek a közelében akarna lenni, de ha kontextusban megszervezzük őket, burkoltan csábítóvá válhatnak. Az ebben rejlő etika nagyon lenyűgöző számomra.

> „Minden esztétikai kultúra a csábítás és a szenvedés kultúrája. Az a világ, amely képekből táp-lálkozik, elveszíti képességét a tettek birodalmában."

előadás, **Vagy-vagy**

[Video Guide (Vancouver) New Year 1985 issue 31. Volume 7, Number 1. 14-15. l.]

IRODALOM/BIBLIOGRAPHY

— Gábor Bódy: Either/Or in Chinatown. Part II of the Anthology of Seduction. Video Guide (Vancouver), New Year 1985 issue 31. Vol. 7, Ny. 1. 14-15. l.
— Video-Forum. Künstler-Tapes und Filme. Kat. Neuer Berliner Kunstverein E.V. Januar 1985, 13. l.
— Worldwide Video Festival, Haags Gemeentemuseum, 1985. (katalógus)
— Video-Art in the Federal Republic of Germany since 1976. A selection. Goethe-Institut München 1986. 70-71. l.

in themselves are not something you want to take home and be close to, but if you organize them in a context, they can become seductive by implication. The ethics that are involved are very fascinating for me.

> "All aesthetic cultures are cultures of seduction and suffering. The world which feeds on images loses its capacity in the realm of deeds."

lecture, **Either/Or**

[Video Guide (Vancouver) New Year 1985 issue 31, Vol. 7, Nr. 1. pp. 14-15, Extract]

BÓDY GÁBOR TÉVÉJÁTÉKAI ÉS VIDEÓI
TV PLAYS AND VIDEOS BY GÁBOR BÓDY

BÓDY GÁBOR TÉVÉJÁTÉKAI ÉS VIDEÓI
TV PLAYS AND VIDEOS BY GÁBOR BÓDY

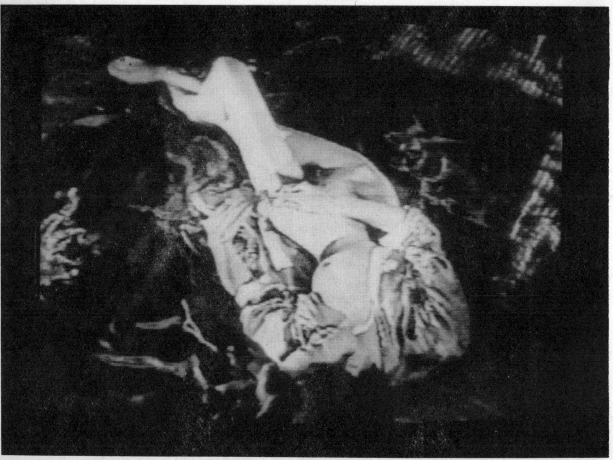

THEORY OF COSMETICS
(KOZMETIKAELMÉLET)

Színes videó, 12 perc
Az EITHER/OR CHINATOWN rövidített változata.
KÖZREMŰKÖDÖTT:
DER PLAN, THOMAS SCHMITT

BEMUTATÓK:
1985
15. internationales forum des jungen films, Berlin 1.
Videofestival, Stockholm, Kulturhuset
1986
JÚN. Aspekte, ZDF
Melbourne Filmfestival (összes videóival)
JÚL. Sydney, Videofestival (összes videóival)

DÍJ:
2. Marler Videopreis (Marl város videó-nagydíja), 1986 május

Felvéve az INFERMENTAL Extra-Ausgabe Nordrhein-Westfalen, 1984/85 téli kiadásába (Cassette 3)

IRODALOM/BIBLIOGRAPHY:

— Bódy Gábor: Elméleti kozmetika és érzékeléstan (humoresque). Tartóshullám. A Bölcsész Index Antológiája. Szerk. Beke László, stb.
Budapest 1985. 173-175. l.
— Dieter Daniels: 2. Marler Videopreis. Gábor Bódy, Jean-François Guiton, Ingo Günther. Kunstforum International Bd. 85. Sept.—Okt. 1986. 315-318. l.

THEORY OF COSMETICS

Colour video, 12 minutes
A shortened version of EITHER/OR IN CHINATOWN
WITH THE CONTRIBUTION OF
THOMAS SCHMITT, DER PLAN

SCREENINGS:
1985
15th internationales forum des jungen films, Berlin 1.
Videofestival, Stockholm, Kulturhuset
1986
JÚN. Aspekte, ZDF
Melbourne Filmfestival (with his all videos)
JÚL. Sydney Videofestival (with his all videos)

PRIZE:
2. Marler Videopreis (the Grand Prix of the town Marl), May, 1986.

Selected for the INFERMENTAL Extra-Ausgabe Nordrhein-Westfalen 1984/85 winter edition (cassette 3)

DANCING EURYNOME
(EURYNOME TÁNCA)

Mytho-clip
Tag/Traum (Köln), 1985
Színes videó, 3 perc
FORGATÓKÖNYV:
BÓDY GÁBOR, THOMAS SCHMITT
ZENE:
DER PLAN
KÖZREMŰKÖDIK:
LORETTA HARTH

BEMUTATÓK:
1985
1. Video-Biennale, Tokyo (Ősbemutató)
Musik Video Festival, München, Alabama Halle
1. Videofestival Stockholm, Kulturhuset
Talking back to the Media, Amsterdam
1st International Video-Week, Geneve
Ljubljana, Video C.D.
1986
Melbourne Filmfestival (összes videóival)
Sydney Videofestival (összes videóival)
Kölner Filmfestival
Photokina Köln
Worldwide Video Festival, Kijkhuis, Den Haag
Nouveau Cinema, Montreal

DANCING EURYNOME

Mytho-clip
Tag/Traum (Cologne), 1985
Colour video, 3 minutes
SCREENPLAY:
GÁBOR BÓDY and **THOMAS SCHMITT**
MUSIC:
DER PLAN
WITH:
LORETTA HARTH

SCREENINGS:
1985
1st Video-Biennale, Tokyo (World premiere)
Music Video Festival, Munich
1st Videofestival Stockholm, Kulturhuset
Talking back to the Media, Amsterdam
1st International Video-Week, Geneve
Ljubljana, Video C.D.
1986
Melbourne Filmfestival (with his all videos)
Sydney Videofestival (with his all videos)
Kölner Filmfestival
Photokina, Cologne
Worldwide Video Festival, Kijkhuis, Den Haag
Nouveau Cinema, Montreal

Felvéve az **E.M.A.N.** (European Media Art Network) nyugat-berlini anyagába (1985)

VIDEÓ—INSTALLÁCIÓ
„EURYNOME TÁNCA"

Az installáció és a monitorokon futó képek a görög mondavilágból merítik motívumaikat. Graves leírása alapján a pelazgok egy nőalak (Eurynomé) táncából képzelték a mindenség megszületését.

Előbb a víz és a levegő váltak el egymástól. Eurynomé tovább táncolt a vizeken. Tánca felkavarta az Északi Szélt (a termékenység szimbóluma sok görög mítoszban). Eurynomé sarkonfordult, elkapta a szelet és egy kígyót sodort belőle. Tovább táncolt. Tánca felgerjesztette a kígyót. Nászukból Eurynomé galambbá válva megszülte a Világtojást. A tojást a kígyó költötte ki. Ebből születtek a csillagok, a bolygók, a föld a növényekkel és az élőlényekkel. . .

A történet elemei, illetőleg fázisai (víz, szél, táncoló Eurynomé, kígyó, galamb, tojás, csillagok, kis „világok") hat, egyenként egyórás szalagon futnak, hat különálló monitoron, amelyek azonban szikronba vannak állítva. A hang is hat csatornán jön. A monitorokat megalkotott művészi környezetek (environments) övezik. Ezek egy térbeli történetet képeznek. Az egy óra végén 3 perc alatt lefut az egész történet.

Amennyiben az installációt a planetáriumban lehet felállítani, mindez vonatkozásba lenne állítva az ott kivetíthető képekkel.

PRODUKCIÓS FELVÉTELEK

1. Rendelkezésre áll a monitorokra kerülő képanyag, nyers állapotban, és a 3 perces történet készen. Rendelkezésre áll a nyers hanganyag, és a kész, 3 perces kevert változat **(Der Plan).**
2. Szükséges 3 nap videóvágás (U-Matic High vagy Low Band).
3. Szükséges 1 nap hangelkészítés, átírások, és 1 nap 6 csatornás keverés.
4. Helyszínen: 6 db U-Matic player és monitor, 1 db 6 csatornás magnetofon — egy hétre.
5. 6 „environment" megtervezése és felépítése.

Selected for the Berlin(West) edition of **E.M.A.N.** (European Media Art Network), 1985

VIDEO INSTALLATION
"DANCING EURYNOME"

This installation and the pictures running on the monitors take their motifs from the Greek mythology. According to Graves the Pelasgians thought that the universe was created by the dance of a woman (Eurynome).

First the sea was divided from the sky. Eurynome danced upon the waves. Her dance set the North Wind (which is the symbol of fertility in many Greek myths) in motion. Wheeling about Eurynome caught hold of the wind and span a serpent out of it. As she continued to dance, her movements made the serpent lustful. After their nuptial, Eurynome assuming the form of a dove laid the "Universal Egg". The egg was hatched by the serpent. The stars, the planets, the earth with plants and living creatures were born. . .

The elements of the story, or its phases (the water, the wind, the dance of Euronyme, the serpent, the dove, the egg, the stars, and the small "universes") are played from six tapes, one hour long each, on six independent but synchronized monitors. Sound is given from six separate channels too. The monitors are surrounded by artistic environments. These make up a story in space. At the end of the one hour programme the whole story is repeated in three minutes.

If the installation could be mounted at the Planetarium all these would be related to the pictures which can already be projected there.

PRODUCTION CONDITIONS

1. The film material to be presented on the monitors is available in raw form, and the three minute long story is available in a finished form. The basic sound material and the three minute long finished, mixed version **(Der Plan)** are available.
2. Three days of video editing are necesseray (U-Matic High-, or Low Band).
3. One day for sound preparations, and transfers will be necessary; as well as one day for mixing the three channels.
4. At the location: 6 U-Matic players and monitors, one tape recorder with six channels — about one weeks work.
5. Time of designing and mounting the six "environments".

Szakértők:
1. Építész
2. Csillagász
3. Hangmérnök
4. Videómérnök
5. Festő(k)

Műszaki közreműködők:
1. Építész-berendezők (3 fő)
2. Hangtechnikus
3. Planetárium kezelője
4. Videótechnikus (2 fő)
5. Fényképész

Stáb:
1. Bódy Gábor
2. Szervező-rendező
3. Produkciós vezető
4. Installátor
5. Hangmérnök
6. Videómérnök

SPONSOROK, RENDEZŐK
1. Az installáció helyszíne a Planetárum. Idő: október 21-27.
2. Rendezőszerve a T.I.T. és a Műcsarnok.
3. Sponsora lehet: a Mafilm Művelődési Minisztérium Budapesti Művészeti Hetek
   + a rendezőszervek (ingyenes rezsi-szolgáltatásai)

[Budapest, 1985. Kézirat]   (B.G.)

IRODALOM/BIBLIOGRAPHY

— World Wide Video Festival 1986 Kijkhuis (Den Haag). catalogus. 32. l.

Technical Experts
1. Architect
2. Astronomer
3. Sound engineer
4. Video engineer
5. Painter(s)

Technical assistants
1. Architect-interior decorators (total 3 persons)
2. Sound technician
3. Projectionist at the Planetarium
4. Video technicians (total 2 persons)
5. Photographer

Staff
1. Gábor Bódy
2. Organizer-director
3. Production manager
4. Installer
5. Sound engineer
6. Video engineer

SPONSORS, ORGANIZERS
1. The location of the installation is the Planetarium. Time: October 21-27
2. Its organizer is T.I.T. (Society for the Popularization of the sciences) and the Palace of Exhibitions.
3. Its sponsor could be: the MAFILM, the Ministry of Education, the Budapest Artistic Weeks + the organizers (free expenses).

[Budapest, 1985. Manuscript]   (G.B.)

WALZER

Lyric-clip
WDR (Köln), Lichtblick, 1985
Színes videó, 3 perc

KAMERA:
JOACHIM ORTMANS
VÁGÓ:
MARTIN POTTHOFF
ZENE:
BEETHOVEN: 15 keringő, No. 1; **DETLEV KÜHNE, TOM DOKOUPIL**
EFFEKTEK:
H.U. WERNER
KÖZREMŰKÖDIK:
DANI SCHNEIDER—WESSLING, HARI HOFFMANN, NINA VON KREISLER

BEMUTATÓK:
1985
WDR „Lyrics" adása (okt. 24. Ősbemutató)
1. Film és Videó Biennálé, Rio de Janeiro
Talking back to the Media, Amsterdam
Videon, Frankfurt

WALZER
(WALTZ)

Lyric-clip
WDR (Cologne), Lichtblick, 1985
Colour video, 3 minutes

CAMERA:
JOACHIM ORTMANS
MONTAGE:
MARTIN POTTHOFF
MUSIC:
BEETHOVEN, 15 waltz, No 1; **DETLEV KÜHNE, TOM DOKOUPIL**
EFFECTS:
H.U. WERNER
WITH:
DANI SCHNEIDER—WESSLING, HARI HOFFMANN, NINA VON KREISLER

FESTIVAL AND RETROSPECTIVE SCREENINGS:
1985
WDR, The "Lyrics" program (Premiere, the 24th october)
1st Film and Video Biennale, Rio de Janeiro
Talking back to the Media, Amsterdam
Videon, Frankfurt/M

BÓDY GÁBOR TÉVÉJÁTÉKAI ÉS VIDEÓI
TV PLAYS AND VIDEOS BY GÁBOR BÓDY

1986
Melbourne Filmfestival (összes videóival)
Sydney Videofestival (összes videóival)
2. Videonale Bonn
Kölner Filmfestival
Photokina, Köln
Worldwide Video Festival, Kijkhuis, Den Haag
Montreal Nouveau Cinema

Felvéve az INFERMENTAl 5-be (cassette 2: Desire)

N O V A L I S

KERINGŐ

Az út kanyarogva a mélybe vezet,
siessetek élni, míg élni lehet,
s szép lányt szivetekre szoritani hőn,
hisz elfut az ifjukor és az öröm.

Gonosz-szavuak s irigyek ne legyünk,
időnkre, alázva, igát ne tegyünk,
s imádva a Szívszerelemnek Urát
mindünk bizonyára lel édes arát.

(Tellér Gyula fordítása)

BÓDY GÁBOR TÉVÉJÁTÉKAI ÉS VIDEÓI
TV PLAYS AND VIDEOS BY GÁBOR BÓDY

1986
Melbourne Filmfestival (with his all vodeos)
Sydney Videofestival (with his all videos)
2nd Videonale, Bonn
Kölner Filmfestival
Photokina, Cologne
Worldwide Video Festival, Kijkhuis, Den Haag
Montreal Nouveau Cinema

Also used in the 5th edition of INFERMENTAL (cassette 2: Desire)

WALZER

Hinunter die Pfade des Lebens gedreht,
Pausiert nicht, ich bitt' euch, so lang es noch geht.
Drückt fester die Mädchen ans klopfende Herz —
Ihr wisst, wie flüchtig ist Jugend und Scherz.

Lasst fern von uns Zanken und Eifersucht sein
Und nimmer die Stunden mit Grillen entweihn.
Dem Schutzgeist der Liebe nur gläubig vertraut:
Es findet noch jeder gewiss eine Braut.

26

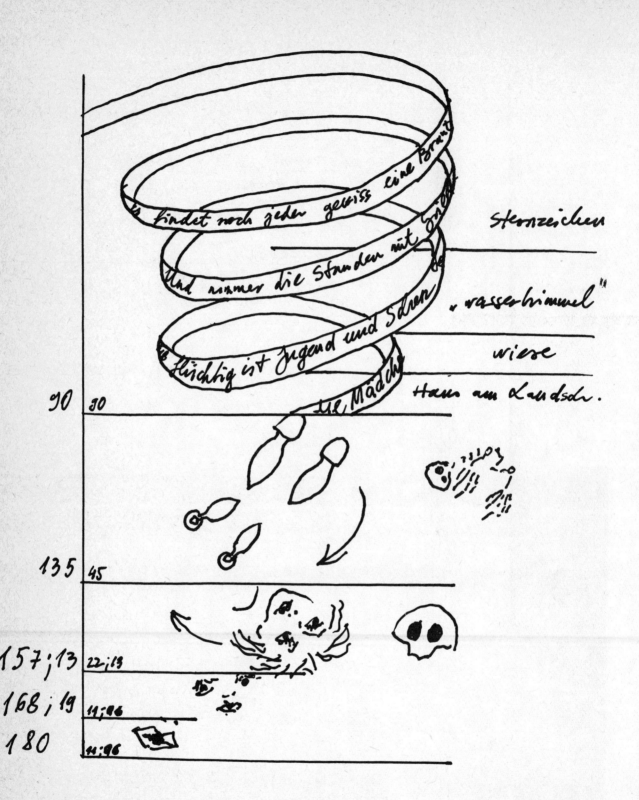

IRODALOM/BIBLIOGRAPHY

— World Wide Video Festival 1986 Kijkhuis [Den Haag]. catalogus, 33. l.
— 2. Videonale Bonn. Internationales Festival und Wettbewerb für Kunstvideos. 1986. 65. l.
— The IMAGE of FICTION (Infermental 5. Catalogue). Stichting CON RUMORE. 1986. 18. l.

BÓDY GÁBOR TÉVÉJÁTÉKAI ÉS VIDEÓI
TV PLAYS AND VIDEOS BY GÁBOR BÓDY

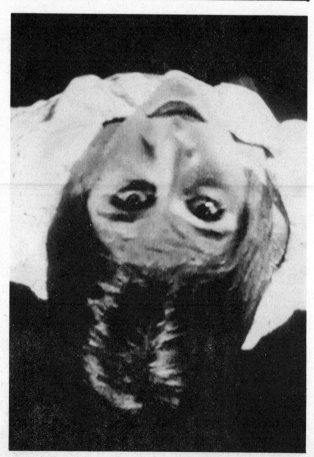

ÚJ VIDEÓMŰFAJOK

Az alábbiakban négy témakört vázolok fel röviden, amelyeket egy cca. 2 millió Ft nagyságrendű dotációból, mint „Pilot" — (útkereső, vezető) — programokat javasolok feldolgozni az 1985. év során. Ez azt jelenti, hogy tervezetünkkel egy artikulálatlan keresletnek és kínálatnak megyünk elébe, ezt próbáljuk megfoghatóvá tenni és a gyakorlat próbájának alávetni.

Az elkövetkező évtizedek videókultúrája felderengő horizont ma még. De csírájában egy sor törekvés mutatkozik már, amelyek, tudatosan vagy sem, erre a horizontra hajtanak. Számtalan apró jelzés utal rá, hogy Magyarországon is kibontakozóban van egy videó-aktivitás. A fejlettebb állapotok alapján pedig módunkban áll prognosztikusan gondolkodni. Tématervezetem mindkét tapasztalatra épít: a már megjelent tartalmi indíttatásokat egy kialakíthatónak tűnő kommunikációs/forgalmazási formához segíteni, a hazai, spontán kezdeményezéseket egy általános gyakorlattal szinkronba hozni. Nem spekuláció szülötte, onnan merít, ahol már megnevezhető tartalmi energiák működnek.

1. NAGYVÁROSI FOLKLÓR

A zene és a tánc (továbbá az e köré csoportosuló jelhordozók, viselkedésformák) folklorisztikus erővel törnek fel és újulnak meg, valahányszor egy új nemzedék mint még integrálatlan kisebbség jelentkezik a társadalomban. Az erre vonatkozó példákat és nézeteket összegyűjteni éppúgy kulturális kötelesség, mint megteremteni egy pozitív és nem pusztán represszív integráció lehetőségét. Az ifjúsági zene jellegzetes képviselői kapnának hangot ebben a gyűjteményben. Minden remény megvan rá, hogy az eredmény nem csak tanulságos, hanem élvezetes és szívesen nézett lehet; forgalmazása filmszerűen éppen úgy, mint discókban és esetleges külföldi előadásokban képzelhető el.

2. ANYAGI ÉS SZELLEMI KULTÚRA AZ ÉPÍTÉSZETBEN

Korunk építészete krízisen esik át. Anélkül, hogy elmélyednénk a krízis tálalásában, vagy a viták bemutatásában, a *p o z i - t í v* példákat keressük, amelyeket társadalmunk négy évtized alatt produkált.

NEW VIDEO GENRES

BÓDY GÁBOR TÉVÉJÁTÉKAI ÉS VIDEÓI
TV PLAYS AND VIDEOS BY GÁBOR BÓDY

I shall outline four issues brifly below which I suggest working out as "Pilot" (path finding, leading) programmes from an approx. 2 million forint dotation during 1985. This means that we want to meet unarticulated demands and supplies by our scheme, we shall try to make them palpable and to submit them to the proof of practice.

The video culture of the coming decades is only a glimmering horizon today. However, there is a series of efforts showing in the bud that they will sprout towards this horizon. There are innumerous bits of indication suggesting that there is a video activity unfolding in Hungary. And knowing more developed stages, we are able to think in a prognosticatory way. My scheme relies on both kinds of experiences: to help the content incitements already manifested to obtain a communication/distributional form that seems likely to be established, to synchronize Hungarian, spontain initiatives with the general practice. It is not based on speculations, it draws from working, nameable energies of content.

1. CITY FOLKLORE

Music and dance (and the vehicles of signs, forms of behaviour grouping around them) burst to the surface and revive with folkloric force whenever a new generation appears in society as a non-integrated minority. It is a cultural obligation to collect the relevant examples and views just in the same way as to create the possibility for a positive and not merely repressive integration. The characteristic representatives of the music of the youth would be granted room in this collection. We have the best of hopes that the result will be not only informative but it can be entertaining and frequently watched as well; its distribution on films is possible in discos and occasionally in programmes abroad.

2. MATERIAL AND INTELLECTUAL CULTURE IN ARCHITECTURE

The architecture of our age is undergoing a crisis. Without elaborating on the reasons for the crisis or introducing the debates, we are looking for *p o s i t i v e* examples which were produced by our society during the last four decades.

Melyek a bevált, maradandó építmények? Az anyagi és szellemi kultúra milyen értékei találkoznak bennük? Milyen konzekvenciák és közérdekű tanácsok szűrhetők le belőlük a jelenre és a jövőre nézve? Ennek a témának a kidolgozásában építészek és közművelődési szakemberek közreműködésére számítunk. Minthogy szinte mindenkit foglalkoztató kérdésről van szó, joggal lehet számítani egy sikeres társadalmi forgalmazásra.

3. „PSZICHODRÁMA"

A pszichológiában egy régóta alkalmazott módszer, merőben más módon felbukkan a filmművészeti gyakorlatban, amikor civil szereplőkkel jeleneteket rögtönöztetnek (ún. „dokumentumjátékfilm"), és megint egész más módon egy, a képzőművészetből kinőtt gyakorlatban, amit „performance"-nek, előadásnak neveznek. Ezek egymás mellé állítása, és essay-isztikus összehasonlítása a pszichológia, esztétika és művészet számára egyaránt érdekfeszítő anyagot szolgáltathat. Forgalmazása egyetemi és művészeti hálózatban valósítható meg.

4. SZÖVEG — KÉP — ZENE

A kinematografikus kifejezés e három komponensének újszerű, minden műfaji kötöttségtől mentes használatára igazán a videó nyit szabad terepet, mind a produkcióban, mind a terjesztésben. A művészetnek egy új ága van itt kibontakozóban, amit galériák, videotékák és fesztiválok egész hálózata gyűjt és ápol a világon. Ideje módot adni magyar művészeknek is arra, hogy képességeiket e téren kibontakoztathassák.

Végül sorszám nélkül, ötödikként említem meg a kábel-tv pilotprojektet, amely ezen a tervezeten felül, lehetőleg más szervekkel anyagi koprodukciókban kellene megvalósítani. Ennek lehetőségére egy külön vázlatban már felhívtam a figyelmet.

Valamennyi tervben közös, hogy alkotó szerepet játszanak bennük a szűken vett „profi szakmán" kívüli erők: művészek, építészek, tudósok, közművelődési szakemberek. Ugyanakkor a tervezet kínálta terep nyitva áll a videó iránt érdeklődő filmrendezők, operatőrök részvétele előtt. Meggyőződésem, hogy rajtam kívül mások is akadnak, akik a dramaturgiai, szervezési, kivitelezési és forgalmazási munkában szívesen vállalnak szerepet. Velük együtt lehet kialakítani az egyes témákért felelős munkacsoportokat. Az eredmény témánként minimálisan egy órás forgalmazható anyag kell legyen.
1984. október 15.

[Dramaturgiai füzetek 11. Társulás Filmstúdió, Budapest 1984] (B.G.)

Which buildings have proved to be proper and lasting? What values of material and intellectual culture meet in them? What kind of conclusions and counsels of public interest can be reached with an eye to the present and the future? We are expecting the assistance of architects and experts of public education in the working out of this theme. As it is a question concerning everybody we rightly expect a successful society-wide distribution.

3. "PSYCHODRAMA"

There is an old method applied in psychology which appears in a different form in the practice of film art when civilians improvise scenes (in the so-called "documentary feature films") and it appears anew in a different way in the fine arts which is called "performance". If they are set side by side and compared in an essay-like manner, interesting material could be provided for psychology, aesthetics and for the arts in the same way. Its distribution can be realized in university and artistic networks.

4. TEXT—PICTURE—MUSIC

In the field of production as well as in the field of distribution the video provides a free scope for the three components of cinematographic expression to be used in a novel way exempt from any restrictions of the genre. A new branch of the arts is unfolding which is collected and cultivated by networks of galleries, video libraries and festivals. It is time the Hungarian art was given an opportunity for unfolding its capacities in this field.

Finally, without a number, the cable television pilot project is mentioned as fifth, which should be achieved in addition, possibly in a financial co-production with organs other than mentioned. I have alreaedy drawn the attention to this possibility in another sketch.

All the schemes hold it in common that forces outside the exclusive "professionals" can play a creative role: artists, architects, scientists, experts of public education. At the same time the scope offered by this scheme welcomes the participation of all the film directors and cinematographers who are interested. I am convinced that there are many people who would willingly undertake tasks in the field of dramaturgy, organization, production and distribution. Together we could establish work teams responsible for the respective themes. As a result, at least one hour long material should be shot about each theme that can be put into circulation.
October 15,1984

[Dramaturgic Pamphlets No. 11, Társulás Film Studio, Budapest, 1984] (G.B.)

s not an age of shamans. is not j

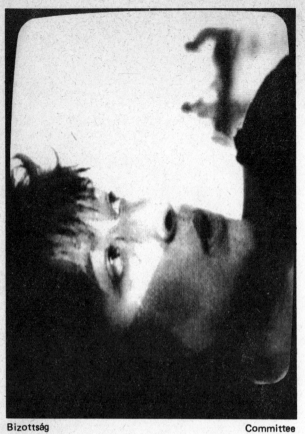

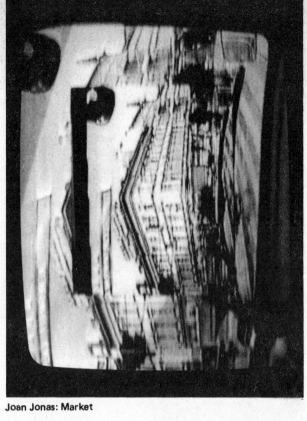

Bizottság   Committee   Joan Jonas: Market

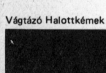
Vágtázó Halottkémek   Galloping Coroners   Erdély Miklós műve   Work of Miklós Erdély

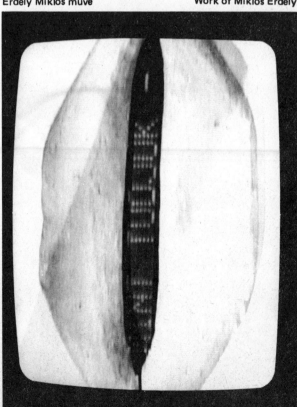

BÓDY GÁBOR ÍRÁSAIBÓL
WRITINGS OF GÁBOR BÓDY

[VALLOMÁS AZ ÍRÁSRÓL ÉS A FILMRŐL]

Előbb novellákat írtam, aztán mind jobban magával ragadott a film. Írni azért kezdtem, mert születtek „érzéseim", némelyik éveken át velem maradt. Legtöbbször elalvás előtt kerestek fel, és reggel az ébredést követő órákban, ha egyedül voltam a lakásban. De néha napközben is megleptek, a legváratlanabb vendégek voltak, s magukkal szólítottak, ha társaságban voltam is, vagy bármivel foglaltam el magam.

Ezek az érzések ostobamód megfejthetetlenül és diktatórikusan léptek fel: képek voltak, némelyikük az emlékezetnek, mások a képzeletnek köszönhették létezésüket. Az emlékezet képeire könnyebb volt magyarázatot találni, a rejtélyt itt jelentéktelenségük hordozta. Nem a „nagy események" rögződtek, hanem a nyárádi ház falának, vagy az altenhofi fáknak a képe, de olyan titokzatos élességgel és izzással, mintha ki tudja mi mindenre való magyarázatot és megoldást leplezének.

A képzelet képei közt akadtak olyanok, amelyek valakinek az elbeszélését testesítették meg. Ezekben nagy szerepet játszott a találgatás, hogyan is nézhetett ki az a hely, az a személy . . ., és ami határozott „képet" öltött, az már az én élményemmé vált. Ugyanígy egy-egy ismerősömről vissza-visszatérve elképzeltem, hogy mit csinál, mikor egyedül van, láttam hogy ül, hogy néz, hogy gondolkozik . . .

Voltak aztán a képzeletnek olyan nyugtalanítóan titokzatos képei, amelyek a semmiből pattantak elő, és tértek újra meg újra vissza. Ha nem lettem volna bizonyos benne, hogy sose láttam őket, már-már azt hihettem volna, hogy megtörtént dolgokra emlékezem. Ezek azonban — épp, mert sosem történt dolgok képei voltak — még gyakrabban „hívtak", hogy beléjük költözzem, és felfejtsem „történetüket". Ma is emlékszem egy ilyen képre: egy ócska, egyedülálló, megfeketedett házat látok, ajtaján kijön egy vézna, középkorú asszony és ott áll, „nagytotálban", de sötét tekintetét rám függeszti . . .

[CONFESSION ON WRITING AND FILM]

First I wrote short-stories, then I became more and more captivated by cinema. I began writing because I had "feelings" springing up, some of which stuck to me for a long time. They haunted me before I would fall sleep, and in the morning hours after awaking. Sometimes however, they overcame me during the daytime merely as chance visitors, calling me away even if I had company or I was very busy.

These feelings attacked me inexplicably and with a peremptory force. They were pictures, some of which owe their existence to memories, others to the imagination. Pictures from the memory were easier to explain; it was only their meaning which was mysterious. They were not fixed memories of "great events", but rather pictures of the walls of the house in Nyárád or those of the trees in Altenhof. They however recurred in my mind with such a mysterious clarity and incandescence that it seemed they had a concealed explanation and solution for who knows how many things.

Among pictures in my imagination were those which embodied a story I had once been told. These included my theories about the possible appearance of that place or that person... And those which took shape as "pictures" became my own experience. In the same way I would try to imagine what some of my aquaintances were doing when they were alone; I conjectured their way of sitting, watching and thinking...

Then there were the startlingly mysterious pictures of the imagination which sprang from the void only to return there again. Had I not been so positive I would never have seen them, I might even have believed that I remembered events that had happened to me. Exactly because these pictures were not taken from real life, they "visited" me more frequently, foorcing me to interpret them and disentangle their "stories". I remember one of them even today. I can see a tumble-down house, deserted and blackened; a skinny, middle-aged women is coming out through the door and she is standing there in "close-up", with her dark eyes fixed on me...

This picture always changes: the house, the woman and the environment is always slightly different yet always the same. But in reality I have never seen that women nor that house before.

Ez a kép mindig átalakul, a ház, az asszony, a környezet egy kicsit más, de mindig ugyanaz. De sem az asszonyt, sem a házat nem láttam soha.

Amikor az ember egy „képbe" beleköltözik, részleteket fedez fel, amelyeket meg tud nevezni, a képek „megindulnak", további képeket ébresztenek, összecsengenek különböző tapasztalatokkal, és ebből, ha elmondjuk, valamilyen történet, vagy más lesz. Aztán kezdtem úgy járni az életben, hogy már én kerestem és szólítottam őket a köröttem történő események közt éppúgy, mint húnyt szem mögül a képzeletben.

Volt egy kép, ami után hétszer utaztam ki Lengyelországba, de ez már nagyon különös kép volt, ugyanis nem volt részlete, aminél fogva megragadhattam volna, illetve ha „megjelent", minden a részletévé vált, egyszóval állapot volt.

Évekig tartott, amíg rájöttem, hogy nem a távolban kell keresnem, hanem „magamban", s hogy csak akkor érvényes igazán, ha *nincs*.

Tulajdonképpen ez az „állapot"-ként felfedezett kép oszlatta fel a titokzatos vendégsereget. Úgy szüntette meg, hogy magába zárta és feloldotta őket abban a *tudatban,* abban a kilométerekben nem kifejezhető távolságban, amit úgy hívnak: „én és az élet". Ettől fogva minden, amit ebben az állapotban ismertem fel, jelentőssé vált, amibe bele kell „költözni", hogy „felfejtsem".

Ugyanakkor kérdéssé vált maga az állapot, amelynek lehetséges válaszához a „képek" gyűjtötték az adatokat. Mindez a szavakkal való egyeztetés bonyolult szűrőjén át történt.

Az egyetemen szereztem egyik legjobb barátomat, aki filmrendezőnek készült, és amatőrfilmeket csinált. Elkísértem a forgatásaira, majd amikor felvették a főiskolára, dolgoztam a vizsgafilmjeiben. Novellák helyett forgatókönyveket kezdtem írni neki és más főiskolásoknak. Részt vettem egy tucat film írásában, forgatásában, vágásában, még szerepeltem is, és volt, amelyiket legalább annyira „rendeztem", mint a rendezője. Roppantul vonzottak a film lehetőségei. Itt valóra válthattam a „képeimet", az ember úgy érezte, hogy leírás helyett életet teremt. És végül a film készítése maga is „élet" volt a javából, kapcsolatteremtés más emberekkel, valami fajta alkotó hatalom.

Maga az írás is *képek* nyugtalanító látogatásából született. Aztán úgy éreztem, hogy ezeket a képeket közvetlenebbül fejezhetem ki, ha filmet készítek, mintha egy novellában „történetet" kerekítek belőle. Kalandosnak és vonzónak tűnt az is, ahogy filmkészítés közben összekeveredik a kifejezés és a valóság. Végül, mint annyian mások, én is úgy véltem, hogy a film a „legmaibb", a legkorszerűbb kifejezési mód, ahol az alkotó képességek valóságos öttusájára van szükség a legeltérőbb társadalmi közegekben, ahhoz, hogy művet létrehozzunk.

Egy költő, aki elképzeli, egy politikus, aki érvényre juttatja, egy mérnök, aki megszervezi, egy hadvezér, aki lebonyolítja, s az ötödik? („te magad légy"), aki az egészet, mint egységes tevékenységet és alkotást létrehozza.

Ez rögtön paradoxonhoz vezet: a film egyrészről a kifejezés legközvetlenebb, legbelsőbb lehetőségét teremti meg, másrészről a legkülönbözőtt társadalmi közegprizmák sorozatos törésén át realizálódik, ahol végül is a valóság fényképe . . .

[Budapest, 70-es évek. — Kézirat]

When you move into a "picture" you discover details you can name; the pictures "set things into motion", create further pictures and merge into different scraps of experience; as soon as you put them into words there is a story or something else taking shape. Then I began moving about in life searching for them and I summoned them both from among events happening around me, and from behind closed eyes, in my imagination.

There was one picture which I tried to trace bac to Poland. I made several trips there for just this purpose. It was a rather strange picture: it had no details I could understand it by; and as soon as it "appeared" everything turned into its detail, in a phase it was a state of mind.

It took me years to finally realize that it was not in a distant land where I ought to look for it, but it lay in "myself", and thus it is only valid in the true sense if it does *not exist*.

As a matter of fact, it was this picture, when I discovered it was a "state of mind", which allowed the crowd of mysterious guests to dissolve. It killed them by embracing and swallowing them in that *awarenes*, in that immeasurable distance which is called "Me and Life". Since then all I knew in that state has become significant: something you should all "enter" is being able to "understand" this .

At the same time the state itself was open to questions; and the data for answering these questions were furnished by the "pictures". All this took place through the intricate filter of juxtaposing them with words.

At university I met one of my best friends, who wanted to become a film director and who made amateur films. I went with him when he shot film and when I was admitted to the Academy I worked in films he made for graduates of the Academy. I took part in writing, shooting and cutting a dozen of films, I have even appeared in a few films. There were some films which I directed nearly as much as its own director. I was attracted by the possibilities inherent in cinema. There I could realize my "pictures" and I felt I was creating life, not just describing it. After all, making a film was real 'life' itself: establishing contacts with other people and forming a kind of creative power.

My short-stories sprang into being from the vexing visitations of *pictures*. Later I felt I would be able to express these pictures more directly if I made a film than if I developed them into complete "stories". The mingling of expression and reality while making a film appealed to me and I found it an adventurous undertaking. And in the end, I thought — as others did — that film is the most contemporary way of self—expression, where it needs a "pentathlon" of all creative abilities in the most diverse social media to be able to create a work of art.

It needs a poet to see it, a politician to assert its right, an architect to organize it, a general to carry it through, and the fifth? ("it must be you yourself", as the poet says,) one who creates the whole as a unified activity and a work of art.

This leads directly to a paradox: on the one hand, a film offers the most direct and central opprtunity for expression; on the other hand, it becomes realized through a series of refractions of the most different social prisms, to become in finally a snapshot of reality...

[Budapest 1970es, Manuscript.]

ELÉGIA

RENDEZŐ: HUSZÁRIK ZOLTÁN
OPERATŐR: TÓTH JÁNOS

Az első hat fáziskép egy néhányperces szekvencia fontosabb motívumait rögzíti. A hetedik az ELÉGIA filmi szintaxisának egy távolabbi pontjáról való. Anélkül, hogy a film jelfolyamatainak gazdagságát visszadnák, a kiemelt képekből jól látható: az adott szekvencia egyrészt egy pszeudo-epikus, dramaturgiai feladatot lát el (távolba vezető tekintet + földút + városi út + pata a kövezeten = a lovakat felvezetik a városba), másrészt *k i f e j t* egy absztraktnak nevezhető gondolatmenetet. A *f i l m i* gondolatról van szó, amit a szavak csak körülírnak, de nem helyettesíthetnek. A képek kifejtik, megmutatják a funkcióba, az eszközi mivoltba kényszerült életek közösségét, ahol minden valami távollevő, továbbtörténő *n y o m a k é n t* egzisztál. A maradékok világa ez, a pusztuló véres kontraverziába kerül az egyidejűség funkcióival.

Az ELÉGIA képáradásában mindkét folyamat végig követhető. A film triviális jelentéseit szervező dramaturgia azonban (bár a kommentárok rendszerint ennek alapján ismertetik a tartalmát) vázlatos, töredékesen marad, háttérbe szorul. Az érzelmi és intellektuális tartalmat, úgy tűnik, egy „mélységi dramaturgia" hordozza, s ez voltaképpen a filmi szintaxis. Az ELÉGIA mély-dramaturgiája nem csak a denotátumok (tárgyak) fogalmi indexével, hanem mimikus és mozgási gesztusokkal, tónusokkal és színekkel, grafikus körvonalakkal, anyaghatásokkal (ahogy ezt a szót az építészet használja), anyagfeszültségekkel, tér-modellel (azaz képsűrűséggel) építi ki megfelelési rendszerét.

Az egyes beállításokban, „filmszegmentumokban" részt vevő motívumok állandó többbszólamúságban, különböző szinteken tartják kapcsolatukat ezzel a megfelelési rendszerrel. A palánksor parasztasszonya fehérlő arcában, mozdulatlanságában, testtartásában őrzi azt a tekintetet, amit a film egy korábbi szekvenciája mutat meg az öreg földműves és a ló döbbenetes analógiájában. Ez az önmagában nyugvó tekintet nem közvetít sem energiát, sem érdeklődést, csupán reflexszerűen kiváltott, remény nélküli, önmaga iránt is tárgyilagos halálra elszánt figyelmet.

ELEGY

DIRECTOR: ZOLTÁN HUSZÁRIK
CAMERA: JÁNOS TÓTH

The first six phase-pictures depict the major motifs of a sequence lasting a couple of minutes. The seventh comes from a further point in ELEGY's film syntax. Without reproducing the full richness of the film's sign-processes, it can be well observed from the spot-lighted sequences: each given sequence plays on the one hand a pseudo-epical, dramaturgic role (eyes fixed at a distant point + earth road + city road + horsehoofs on the pavement = the horses are being led into the city), and on the other hand, *u n f o l d s* a chain of thougts that could be termed 'abstract'. The thought in question is the thought of the *f i l m*, that can be circumscribed by words but never substituted by them. The pictures expound and demonstrate the community of lives that are constrained into function, an instrumental condition, where everything exists as a *t r a c e* of something else that is distant and continuous. This is a world of remnants, all that perishes falls into a sanguinary controversy with the functions of simultaneousness. Both processes can be followed through in ELEGY's picture-flow. But it is the dramaturgy that organises the film's trivial meanings (although it is usually this that the commentaries base their introduction of content upon) is only sketchy, remaining fragmentary, forced into the background. The sensual and intellctual content, it seems, is carried by a "depth dramaturgy", and this is, in reality, the syntax of the film. ELEGY's depth-dramaturgy constructs it's system of correspondence not only through a conceptual index of denotates (objects), but also with the aid of mimical and kinetic gestures, tones and colours, graphical contours, material effects (the same way as architecture uses this term), material tensions and a spatial model (or in other words: picture density).

The motifs in the individual takes or "film-segments" keep contact with this system of correspondance on several levels in continuous poliphony. In the whiteness of her face, in her motionlessness and posture, the peasant woman by the row of planks guards the gaze demonstrated in an earlier sequence of the film by the awe-inspiring analogy of the old peasant and the horse. This self-contained gaze transmits neither energy nor interest, only hopeless reflex-like, objectively self-evaluative, unflinching attention.

One of the later moments of the film, in a dramaturgically entirely irrelevant motif, adapts or continues, through the glazed tiles in the background, the film *t h o u g h t* which summarizes the road-trace motif line. Here, we are faced with a completely different phenomenon as opposed to the case of the montage, where the mounted pictures sum up or crystallize the

A film egyik késői pillanata egy dramaturgiailag teljesen irreleváns motívumban, a háttér keramitkockáiban adaptálja, illetve folytatja az út-nyom motívumsort összegző filmi *gondolatot.* Itt merőben más jelenséggel állunk szemben, mint a montázs esetében, ahol a montírozott képek összegzik, vagy kiadják a hiányzó jelentést. A dramaturgiai, vagy triviális jelentésben egyidejűen megjelenő motívumok (a lótetem feje, üveges *tekintet, keramit-kockákkal* borított padozat, a kockák réseiben szétfutó vér) a filmen belül eltérő „történettel", különböző mélységű és tartalmú jelentéssel rendelkeznek. Az appercepció számára a triviális jelentésben fellépő motívumfeszültség, mozgás, a tulajdonképpeni *filmnyelvi jelentés,* bizonyos feszültséghatáron túl vagy elvész, vagy csak fogalmilag hidalható át. Ez a fogalom azonban különbözik a denotátumok fogalomindexétől, közvetlen motívumában nem jelenik meg, mivel nincs közvetlen denotátuma: általánosult, elvont filmi fogalom. A film jelentésáramlásában azonban tovább hat és a belépő motívumokkal korrelál. Ezen alapul a film imaginárius gondolatisága.

Az ELÉGIA nem „lovakról" beszél, hanem azoknak a végső vereségéről, akik békét kötöttek és megkerülték a szabadságot. Fájdalma az élők legnemesebb tévedésének: a hűségnek szól.

A film egyik kulminációs pontját, s egyben a filmtörténet egyik legszebb pillanatát már kidolgozott jelkapcsolatok, mélyen — fogalmilag is — dimenzionált jelentések szintaxisában éljük át. A lovak letaglózásának képsorához egy pármásodperces beállítás kapcsolódik közvetlenül. Egy fiatal *asszony* áll a *villamos* ban. A kép keretét a *bádogdoboz* ablaka szolgáltatja. A lovak halálának órájában ez az ember bádogdobozba csomagolva, tömegben, de mégis egyedül jelenik meg. Egyik oldalán egy férfi áll háttal. Csaknem érintkező alakjukat éles fekete *rés* választja el. A kép alján egy elmosódott, *maga elé meredő fej.* Együtt vannak, de nincsenek egymás tudatában. Nincs tudatuk magukról sem. Az asszony *mozdulata* ősi, öntudatlan. Egyik kezével a fogantyúba kapaszkodik, a másikat homlokához emeli, abba a magasságba, ahol a lovak koponyáját átreccsentette a vaskalapács. Ez az öntudatlan gesztus egyszerre szól az emlékezésnek, a védekezésnek és a szorongásnak, hogy valami nincs rendben, vagy esetleg semmi sincs rendben. Megigazítja azt a hajtincset, amely ugyan a helyén van, mégis a homlokába hullt.

Ebben a másodperces beállításban, amely a film legmagasabb rendű fogalmi szintézisét adja, minden motívumnak, a denotátum minden indexének nyelvi jelentése van, azaz a kép minden indexével részt vesz a film jelentés-áramlásában, s a megelőző jelkapcsolatok tartalmával terhes. A filmi jelentés attribúciója felfogható úgy, mint egy üres affirmáció-áramlás, amely az idővel halad és a rögzített tárgy (denotátum) jelentéseit felveszi, közvetíti. Ezzel a művelettel mindig konkrét realitás-blokkokat izolál (triviális jelentés) és rögzít, de ezek a realitás-blokkok csak indexeik egy részével vesznek részt a jelkapcsolatokban, melyek a nyelvi jelentést attribuálják. A jelentés-áramlásba fel nem vett indexek a nyelvi jelentés szempontjából redundáns motívumok. Így magyarázható, hogy a filmi jel annak ellenére, hogy mindig motivált, elvont gondolatok közvetítésére és *kifejtésére* képes.

Huszárik—Tóth ELÉGIÁ-ja az első magyar film, amely valóban a film nyelvében gondolkozik.

[Fotóművészet, 1970/4. 35—36. l.]

---

absent meaning. The motifs appearing simultaneously in the dramaturgic (or trivial) meaning (the head of the horse's carcass, the vacant *gaze,* the pavement covered with *glazed tiles,* the blood spreading in the *crevices* of the tiles) dispose of meanings of various depth and content and a different "history" within the film. For the apperception, the tension of motif, the movement, the proper meaning derived from the *language of the film* appearing in the trivial meaning, once beyond a certain limit of tension, will either disappear or be only conceptually reconcilable. But this concept will differ from the conceptual index of the denotates and will never appear in it's direct motif because it has no direct denotate: it will be a gener-

alized abstract cinematic concept. But in the meaning-flow of the film it will continue to exercise it's effect and it will correlate with the entering new motifs. It is this which the imaginary conceptuality of the film is based upon.

ELEGY doesn't speak about "horses". It tells us about the ultimate defeat of those who had concluded peace and bypassed freedom. The pain of the most noble error of the living: it is addressed to fidelity.

It is already within the drawn up sign-relationships, in the syntax of deeply — and conceptually — dimensioned meanings, that we experience one of the film's culminative points, at the same time one of the most beautiful moments in the history of film. The sequence of the felling of the horses is linked directly to a couple of second long take. A young *woman* is standing in the *tram.* The frame of the picture is formed by the window of the *sheet iron box.* In the hour of the death of the horses, this person appears encased in a sheet iron box, in a crowd but nevertheless alone. On one side, a man is standing with his back to us. Their amost touching forms are separated by a black *crevice.* At the bottom of the picture, an indistinct *head reflected and staring at itself.* They are together, but not in each other's conscience. They have no awareness of themselves either. The *motion* of the woman is primordial, unconscious. With one hand, she grasps the strap to keep herself steady. She lifts the other to her forehead, to the same height as where the skulls of the horses were cracked open by the iron hammer. This unconscious gesture is directed at the same time towards remembrance, defence and anxiety that something is not right, or perhaps that nothing is right. She adjusts a tuft of hair that, although in it's right place, had nonetheless fallen to her forehead.

In this second-long picture which gives the quintessential conceptual synthesis of the film, every index of the denotate has a linguistic meaning, or in other words, the picture takes part in the meaning-flow of the film with all it's indexes, and is laden with the content of the earlier sign-connections. The attribution of meaning in the film can be perceived as an empty stream of affirmation which moves with time and assumes and transmits the meanings of a fixed object (denotate). In course of this, it isolates and secures concrete blocks of reality, but these reality-blocks participate in the sign-connections that attribute the linguistic meaning with only a part of their indexes. Those indexes which are not drawn into the meaning-flow are considered redundant from the point of view of the linguistic meaning. It is in this way that an explanation can be given for the fact that the sign in the film, although always motivated, is capable of transmitting and *expounding* abstract thougts.

Huszárik and Tóth's ELEGY is the first Hungarian film to think truly in the language of cinematography.

[Fotóművészet 1970/4. pp. 35-36]

(ULTRATRADICIONALIZMUS)
T R A T R A
VAGY A TOMBOLÓ HŰSÉG MŰVÉSZETE

Van egy magatartásmód, egy kicsit nevetséges, kicsit tragikus, nagyon előkelő. Rendkívül kifejlesztett, de némiképp egyoldalú képességek jellemzik, akár az afgán agárt. Ennek a mentalitásnak az előkelősége ugyanabból ered, amiből bizonytalansága: a *f a j t a* érzetéből. Mivel mégsem agárról, hanem művészetről van szó, a *f a j t a* ez esetben nem jelent mást, mint mindazoknak a művészelődöknek a sorát, akiket megismert, tudományát átérezte és kipróbálta, akikkel intenzívebben rokonult, mint a vér szerinti elődeivel. A tudat óriási emlékanyagot kumulál, és ezzel rendkívüli képességeket fejleszt, de rendkívüli bizonytalanságot is, mert minél mélyebb a múlt, annál élesebb a kétely a jelen és a jövő értelmében.

Aki először vág fejszét a fába, még hiheti, hogy ettől az egész erdő kidől. Aki ismeri a fejsze súlyát, a fák görcseit, az évszakokat, azaz a favágás művészetét, annak minden csapása a tökéletesség érzetét kelti a szemlélőben s ugyanakkor valami könnyű szomorúságot, mint a hajnali pára. „Kinek-kinek az ethosza a maga számára daimon" — mondja Herakleitosz, s ez azt jelenti, hogy egyszer minden tudat felnő a végzetéig. Érdekes, hogy a politikában ez a magatartás – amit ott konzervatív radikálisnak is neveznek — gyakran volt egy-utas a forradalmival, még akkor is, ha ez a közös út válságba, vagy tébolyba vezette.

Minden tradícióban van valami érték, van benne örökérvényű, és ez az, ami benne beteljesíthetetlen. A TRATRA, (az ultratradicionalizmus) voltaképpen ennek a beteljesíthetetlennek a Don Quijote-ja; s igaza van, amikor minden igéretet arra akar kényszeríteni, hogy valósággá váljon, de rettenetesen téved, amikor azt hiszi, hogy a valóságot bármiféle azonosítási kísérlet maradásra bírhatja. Igyekezete vagy drámába vezet, vagy groteszkbe, s az egyetlen kiút belőle az út nyilvántartása, a párhuzamos önszemlélet — az irónia és a humor.

Kierkegaard az iróniát az esztétikai és a morális, a humort a morális és a vallásos stádium közé helyezi, átmenetként. Akinek ez nem árt, az próbálja meg átgondolni az iróniát az érzékiség, a humort a morál tagadásaként. Végeredményben majd marad a hit, amely azonban vagy csendet parancsol a művészetekre, vagy himnikus magasfeszültségben robban.

[Budapest, 1974. Kézirat]

ULTRATRADITIONALISM
T R A T R A
OR THE ART OF FRANTIC FIDELITY

There is an attitude, which is slightly ridiculous, slightly tragic, but highly refined. It is characterized by extremely developed, but in a way one-sided abilities just like Afghan hounds. The refinement of this mentality springs from the same source as its uncertainty: from the consciousness of the *s p e c i e s*. We are not concerned here with Afghan hounds but with an artist. What is meant by *s p e c i e s* in this case is nothing else but the rank of those artistic predecessors which he became acquainted with: those whose knowleedge he entered into and tested, those whom he had more intensive relations with than his blood related ancestors. Consciousness accumulates immense amount of memories, and thus develops extraordinary abilities but also a phenominal uncertainty is developed as well, because the deeper is the past, the sharper is the doubt in the meaning of the present and the future.

He who cuts his axe into a tree for the first time may think that the entire forest will fall by this. He who knows the weight of an axe, the gnarls of trees, the seasons, that is, the craft of wood felling, creates the sense of perfection with every stroke as well as a kind of light sadness, like the morning haze, in the viewer. "One man's ethos is his own demon" says Heraclitus, and this means that every consciouness comes to its destiny once time. It is interesting, that in the politics this attidue — called conservative radicalism in this case — follows the same road as the revolutionary. Even if this common road led to crisis or folly.

Every tradition contains some value, something eternal, and this makes it unfulfilled. As a matter of fact, **TRATRA** (ultratraditionalism) is the Don Quixote of this unfulfilment, and it is right when it wants to compel every promise to become reality, but it is frightfully mistaken when it thinks that reality can be persuaded to stay by any kind of attempts of identification. Its efforts end either in disaster or in grotesquery, and the only way out is to keep a record of the road, — the parallel self-contemplation —, irony and humour.

Kierkegaard places irony as a transition between the aesthetic and moral, real and religious stages. Those who are hurt by this should try to consider irony as the negation of sensualism, humour as the negation of morals. Eventually only faith remains, which either bids the arts to be silent, or explodes in hymnic high voltage.

[Budapest, 1974. Manuscript]

A FILMNYELVI SOROZAT VITÁJÁHOZ

1.
Hogyan jött létre a „Filmnyelvi sorozat"?

Egy „Filmnyelvi sorozat" terve 1972 tavaszán merült fel először. Olyan huzamos tevékenység lehetőségét kerestük a Stúdióban, amelyben megvalósulhatnak:
— a filmi formálás mindennapos gyakorlatában újraszülető experimentális ötletek,
— a film nyelvének, az audiovizuális kifejezés szerkezetének magával a filmmel végzett tanulmányai,
— mindez párhuzamos menetben azokkal az elméleti kérdésfeltevésekkel, amelyek akkoriban élénkültek meg — a kinematografikus jelölőrendszer, a „Filmnyelv" hipotézisei körül — s a Stúdió ülésein is rendszeresen vita tárgyát képezték.

Magától értetődőnek tűnt, hogy kísérleteinkben azoknak a társművészeteknek a befolyására is számíthatunk, amelyek kifejezőanyaguk használatában osztoznak a filmmel. Ez az osztozkodás közismerten gyakran vezet határesetekhez a forma felfogásában is. Még nyilvánvalóbbak az egybeesések azokban a törekvésekben, amelyek magának . a *k i f e j e z é s n e k* a sanszait vonják az alkotás tárgykörébe. Itt mintha a különböző művészetek egyetlen pontban gravitálnának, hogy túlmutassanak diszciplinájukon. A film különös lehetősége, hogy annak a gravitációnak, amelynek maga is részese, egyúttal megfogalmazó erőterévé válhat. Lehet, hogy csak átmenetileg. Mégis nehéz figyelmen kívül hagyni azt a kitüntetett szerepet, amit a film tölt be az utóbbi fél évszázad képzőművészeti és zenei irányzatainak önelemzésében és dokumentációjában. Ezek a meggondolások vezettek arra, hogy összegyűjtsük azoknak a művészeknek a terveit, akiknek ötletei vagy egyenesen filmre születtek, vagy a filmi kifejezésre vonatkozó konzekvenciákat rejtenek.

A gyűjtemény 1972 őszén került az akkori vezetőség elé. Ennek alapján került sor 1973 tavaszán a Stúdió nyilvános kisjátékfilm és ötletfilm pályázatára. 1973 novemberében indult meg a pályázaton elfogadott tervek gyártása — szerkesztőbizottság kirendelésével — 150 000.— Ft-os kísérleti keretből, a megajánlott összeg folyamatos bővítésének ígéretével. A sorozat tíz filmjének munkakópiája készült el, ezeket most megvitatásra és elfogadásra ajánljuk. További öt film van készülőben, amelyek jelenlegi fázisukban nem mutathatók be, ezért javasoljuk a sorozat további munkálatainak két gyártási egységre bontását.

TO THE DEBATE OF THE FILM LANGUAGE SERIES

1.
How did the „FILM LANGUAGE SERIES" come into existence?

A plan for a „FILM LANGUAGE SERIES" emerged for the first time in the spring of 1972. We searched for the possibility in such a long run activity in the Studio that would enable us to achieve:
— experimental ideas reboRn in the everyday practice of composing films
— studies of the language of films, of the strucrure of audiovisual expression by means of the film itself
— all this in a parallel course with those theoretical questions that vividly arose around this time — about the hypotheses concerning the cinematographic system of notation, the „film language" — and which were regularly matters of debate, too, during the sessions at the Studio.

It seemed to be evident that in our experiments we should also reckon with the influence of those attendant arts which shared their use of expressive materials with the film. It is well-known that this kind of sharing often lend to borderline cases in the conception of form, too. Concurrences are even more obvious in the ambitions which draw the chances of the *e x - p r e s s i o n* itself into the domain of creation. Here the various branches of art seem to gravitate toward one single point to a point beyond their disciplines. One of the peculiar possibilities of the film is that it can become the field of formulation for this gravitation which itself also shares itself. Maybe this is only transitional. However, it is hard to disregard the honoured role film plays in the self-analysis and documentation of the tendencies in the fine arts and music in the past fifty years. These considerations led us to the collection of the plans of those artists whose ideas were either born for film or they contained consequences concerning cinematic expression.

The collection was made before the leadership of the period of autumn 1972. As a result in the spring of '73 the Studio opened a public competition for short subjects for features and special films. In November, 1973 the production of the projects accepted in the competition began — an editorial board was appointed — using an provisional allocation of 150 000 forints, continuous augmentation of the offered sum was promised. Studio copies of ten films were made, which are now put forward for consideration and acceptation. Further five films are under progress that cannot be shown in their present phase, therefore, we suggest splitting the further works of the series into two production units.

2.
Filmnyelvi sorozat és filmesztétika

a) Szükséges néhány gondolattal utalni arra, milyen kapcsolatot tartanak a sorozat filmjei a fent említett elméletekkel, amelyeket most a rövidség kedvéért „szemiotikai" címmel egyesítünk. A film szemiotikai elméletei annak a jelölő-rendszernek a természetével (a tradicionális aspektusokban: szintaxisával, szemantikájával, pragmatikájával és szigmatikájával) foglalkoznak, amelyben a film „mondanivalója" nyelvi formát ölt: kifejezései megszületnek.

A sorozat eddig létrejött filmjei — kevés kivétellel — nem szándékoltan szemiotikai célzatúak, s a szemiotikáról még nem is hallottak. Mégis, amennyiben a filmötletek konzekvensen, zárt összefüggésekben a kifejezés egy-egy vonatkozására vagy globálisan magára a kifejezésre irányulnak, olyan *p o n t o k a t* jelölnek ki a filmezés gyakorlatában, amelyek szemiotikai terepen olykor kérdésként, máskor magyarázatként, néha bizonyító erővel mutatnak az elméletre. Ezekre a „szemiotikailag" értékelhető pontokra hívta fel a figyelmet a sorozat forgatókönyvgyűjteményének bevezetője. Ott az is kiderül, hogy bár a válogatás elméleti oldalról esetleges volt, mégis az „avantgard" törekvéseknek ez az alkalmi szondája meglepően sokoldalú elméleti próbáját adja a film jelölő-rendszerének.

Az elemző munka teljességének igényéért — anélkül, hogy azt végleg fel kellene adnunk — ezúttal kárpótol ugyanakkor a problémák megragadásának ötletessége, ami azt is lehetővé teszi, hogy a filmeket minden elméleti háttér nélkül, mint élményt értékeljük.

b) Ez az értékelés majd nyilván másfajta szempontokat vet fel, mint a szemiotikai. Semmiképpen sem szabad azonban az egyes műveket megfosztani attól az érzéki szenzációtól, amit egymáshoz képest és együtt teremtenek.

3.
Filmművészet, filmszemiotika és „mindennapos filmes tevékenység"

Alkalomként foghatjuk fel a filmek vitáját arra is, hogy megvonjuk a határokat régóta összezavart értékrendszerek közt.

A film szemiotikája — amellett, hogy a mai napig nélkülözi az átfogó, elfogadott rendszert — ugyanazt az elementáris ellenszenvet ébreszti a legtöbb filmesben, mint bármi más, ami nem a filmezés mindennapi gyakorlatából származik. Nem csökkenti ezt az ellenszenvet vadidegen terminológiája, és nem ritkán lép fel az a gyanakvás, hogy mindezt annak elbírálására akarják fordítani, vajon jó-e vagy rossz az, amit a filmes csinált.

Ez az első félreértés a szemiotika körül, amit legsürgősebben el kell oszlatni. A film szemiotikája nem a film esztétikájának helyettesítésére érkezett — ha kérdőre is vonja ez utóbbi megalapozatlan fejezeteit. A film szemiotikája nem azzal foglalkozik, mi szép, mi jó, hanem azzal, hogy *mi az*, ami szép vagy ocsmány, jó vagy szemét, igaz vagy hamis, új vagy elavult *l e h e t*.

2.
„Film Language Series" and Film Semiotics

a) It is necessary to refer, in a few sentences, to the relationship of the films in the series to the above mentioned theories which are now combined under the name „semiotics" for the sake of brevity. The semiotic theories of film deal with the nature of the notaion system (in traditional aspects: syntax, semantics, pragmatics and sigmatics) in which the „messages" of films take linguistic forms: their expressions are born.

With a few exceptions, the films so far produced in the series are unintentionally semiotic for semiotics was not yet heard of. Nevertheless, if the ideas of films aim consistently at certain respects of expression, in closed connections or aim at expression itself globally, then such *p o i n t s* are marked out in the practice of film-making in which the field of semiotics sometimes point at the theory as questions, other times as explanations, occasionally with conclusive force. These „semiotically" appreciable points were brought to attention in the introduction to the script collection of the series. It is also revealed there that even though the selection was incidental in theoretic respect this casual test of avant-garde tendencies gave a strikingly comprehensive proof of the notation system of films.

To meet the completeness of the analysing work — without giving it up once and for all — the ingenuity of seizing the problems compensates this time which also makes it possible to judge these films as experiences lacking any kind of theoretic background.

b) Obviously this judgement will pose other aspects than semiotic considerations. However, the individual works must not be deprived of their sensuous sensation which they create in comparison with each other and collectively.

3.
Film Art, Film Semiotics and „Everyday Filming Activity"

The debate on films can be also considerad as an occasion to draw the boundaries between long confused scales of values.

Film semiotics, besides still lacking a comprehensive, accepted system, rouses the same elementary aversion in most film-makers as anything else that does not come from everyday practice. This aversion is not decreased by its completely foreign terminology, and it is often suspected that all this is intended to judge whether the work of the film-maker is good or bad.

This is the first misunderstanding about semiotics that should be cleared up urgently. Film semiotics was not introduced in order to replace film aesthetics — even if it questions some ungrounded chapters of the latter. Film semiotics does not deal with what is beautiful, what is good, it is concerned with *what it is* and that *can be* beautiful or filthy, good or rubbish, true or false, new or outdated.

Film semiotics can help to *i d e n t i f y* a thought in a film, and only through this leads to judgement. It can evaluate the complexity of expression, its levels of concreteness or abstractness but it cannot judge its artistic truth and power.

It comes in handy for the art — and especially for the art striving for something new — where its essence, its validity is debated.

A film szemiotikája egy filmi gondolat *azonosításához* segíthet hozzá, s csak ezen keresztül az értékeléshez. Értékelheti egy kifejezés összetettségét, konkrétságát vagy elvontságának szintjeit, de nem művészi igazságát és erejét.

Éppen ott siethet azonban a művészet — s különösen az újra törekvő művészetnek — segítségére, ahol mineműségét, érvényességét vitatják. A kifejezés sablonjaitól és konvencióitól megkülönbözteti a nyelv objektivitását: segít tudatosítani azt a feszült viszonyt, ami a valóság és annak kifejezése között fennáll.

Van a szemiotikának aztán egy másik nagy fejezete — amit a film szemiotikájával gyakran összekevernek —, ami azonban éppen nem speciálisan a filmi kifejezés, hanem általában a vizuális vagy audiovizuális környezet, megnyilvánulások és kifejezések rendszerezésére törekszik.

Ebben a gondolkodásban viszont, akár tudomásul vesszük azt, akár nem, olyan fokon vagyunk közösek, mintha minden filmkészítő gyakorló szemiotikus volna: egy film elgondolásának és kivitelezésének „mélyrétegében" nem más megy végbe, mint ezeknek az adatoknak az elrendezése, egy felfogási és közlési stratégia kialakítása: ami maga a filmi gondolkodás.

[BBS stencil, Budapest, 1974. május 2.]

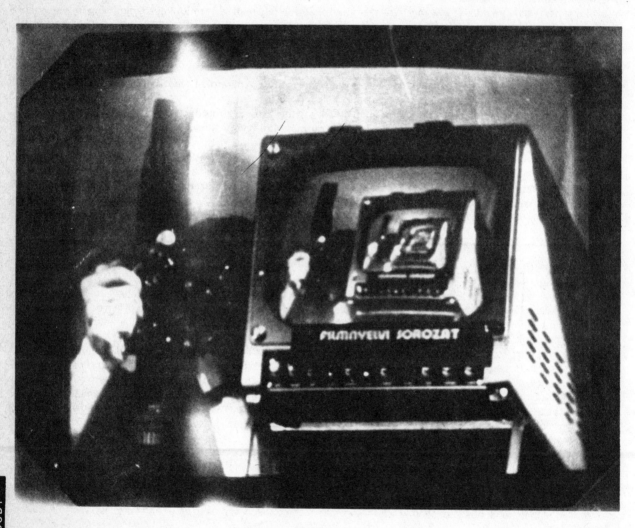

It distinguishes the objectivity of a language from the clichés and conventions of expression: it helps to realize the tense relationship that exists between reality and its expression.

Then there is another big chapter of semiotics, often mixed up with film semiotics, which however, does not aim at systemizing filmic expression especially but at systemizing visual or audiovisiual environments, manifestations and expressions in general.

Whether we admit it or not, in this way of thinking all of us are similar to such an extent as if every film-maker were a practising semiotician: in the „deep stratum" of the conception and making of a film nothing else but the arrangement of these data, the formation of conceptional and communicative strategies are carried out: which is merely thinking in terms of film.

[Budapest, May 2, 1974. Roneo]

BEVEZETÉS A „K/3" CSOPORT MUNKATERVÉHEZ

A kísérleti – vagy experimentális – film történeti hagyományai meglehetősen közismertek. A szovjet némafilmben: Kulesov–Pudovkin, Vertov, Eizenstein, a németben Ruttmann, Richter, a francia Léger, Clair, Vigo, a spanyol Buñuel .. Ezek a klasszikus nevek jelzik az experimentalizmus „őstörténetét". A korai kísérletezőket köteteket kitöltő vállalkozások sora követte; puszta felsorolásuk is túlzott méreteket öltene egy bevezetőben.

A magyar filmmel kapcsolatban nincsenek terjedelmi gondjaink. Itt a legutóbbi időkig hiába keresnénk experimentális munkákat. A felszabadulás előtti filmkészítésben — Balázs Béla németországi működésétől és elméleti munkásságától eltekintve — nyoma sincs olyan munkáknak, amelyek a klisészerű nagyüzemi filmkészítéstől elütnének (kivéve talán a Tanácsköztársaság idején megjelent s torzóban maradt törekvéseket). A „kísérlet" fogalma egyáltalán a Balázs Béla Stúdió működésével kapcsolatban jelenik meg először, s ez a stúdió — mely magát gyakran nevezi „kísérleti műhelynek" – máig egyetlen bázisa a privát erőfeszítéseket meghaladó experimentális gyakorlatnak.

A kísérlet fogalma persze önmagában meghatározatlan és gyanús. Állítólag minden mű kísérletezik „valahol" (?), s az emberek szívesen azonosulnak azzal a Picassónak tulajdonított kijelentéssel, hogy: „én nem keresek, hanem rátalálok".

Mégis, egy határvonal mentén világosan elválaszthatjuk a par excellence „kísérleti filmet" más, experimentális vonásokat hordozó vállalkozásoktól. Ez pedig az a törekvés, hogy felfedjük vagy felkutassuk a filmnek — mint mozgó képnek — azokat a lehetőségeit, amelyek a moziforgalmazási konvenciók kötöttségében élő filmkészítés számára elérhetetlenek, alkalmatlanok vagy tiltottak, s ezért „értelmetlenek". A par excellence „kísérleti film" ezért mindig magányosan, az ún. „szakmától" elszigetelten, ha pedig a professzionális filmben, akkor *műfajteremtőként* jelentkezett (pl. Vertov esetében, aki a voltaképpeni „HIRADÓT" — bár ő nem egészen így képzelte — megteremtette).

Az utóbbi évtizedekben a helyzet több országban megváltozott. Először is: már a klasszikus kísérletezők munkáiban szembetűnően gyakoriak a képzőművészeti konstellációk (Buñuel–Dali, Léger stb. ... a magyar példatárból Huszárik Zoltán alakja emlékeztet minket erre a rokonságra). Mélyebben erről a témáról Beke László szólt a „Film-

INTRODUCTION TO THE WORK SCHEDULE OF GROUP K/3

The historical traditions of experimental film are quite well-known. The classical names — Kulesov — Pudovkin, Vertov, Eisenstein in Russia, Léger, Clair, Vigo in France and Buñuel in Spain — mark the prehistory of experimentalism. Early experiments were followed by series of enterprises whose number would fill volumes; their simple enumeration would surpass the limits of an introduction.

There is no reason to worry about a volume concerning Hungarian film. Until very recent times, no experimental works as such existed. In the film industry before the liberation, there is no trace of such works — apart from theoretical activity and the works of Béla Balázs in Germany — which would differ from the cliche-like industrial film making (maybe the efforts made under the Hungarian Soviet Republic could be regarded as exception). The notion of "experiment" appeared first in connection with the activity of Béla Balázs Studio, and this Studio — which is often called "an experimental workshop" — is so far the only base for experimental practice surpassing private efforts.

The notion of experiment in itself is quite ind efinite and suspicious. It can be said that each work of art is an experiment "to some extent" (?) and people would readily identify themselves with the statement attributed to Picasso, that "I am not looking for the thing but finding it".

Still, a clear division can be made along a borderline between "experimental film" and other enterprises which contain experimental traits. The experimental film is an effort to discover those possibilities of film — as motion picture — that are unattainable, unsuitable, or forbidden and therefore "meaningless" for film making bound by the conventions of the film industry. The par excellence "experimental film" appeared always as a loner, isolated from the so called "trade", or if it appeared as a professional film, it created a genre (like Vertov, who created the News as such — although he had other ideas in mind).

This situation changed in the last decades in several countries. Constellations of the fine art are remarkably frequent already in the works of classical experimentalists (Buñuel, Dali, Léger etc. and from Hungary: Zoltán Huszárik). László Beke treated this subject in detail under the title of "Two screens" in the introduction of the "Film-language series". That big galleries and museums in Europe now provide themselves with projectors and videos (although not as yet Hungary) is a logical issue of this constellation. There are regular filmshows also at bi- and triennales. The infrastructure of "fine arts" is thus becoming one of the main bases of propagating experimental film.

nyelvi sorozat" bevezetésében „Két vászon" címmel. Logikus fejleménye volt ennek a konstellációnak, hogy Európa nagy kiállító galériái és múzeumai vetítőkkel és videó-berendezésekkel szerelték fel magukat (Magyarország még nem tartozik ezek közé). Ugyancsak rendszeresek a vetítések a bi- és triennálékon. A „képzőművészet" infrastruktúrája így napjainkra a kísérleti film terjesztésének egyik fő csoportjává vált.

Az elmúlt időszak azt is megmutatta több országban, hogy nemcsak a filmkészítők körében termelődik újra időről-időre az a vágy, hogy eszközeik és gondolataik skáláján olyan dallamokat szólaltassanak meg, amelyek a mozitulaj-donosok értékrendszerében üzletképtelennek tűnnek, hanem a „közönség" körében is létrejött egy olyan réteg, „akusztikus közeg", amely éppen ezekre a dallamokra van felhangolva. Látszik tehát a filmkészítőknek és a film-nézőknek egy olyan *k ö z ö s s é g e,* amely a tradicionális „filmvilágtól" független ikonográfiával, kontaktusrend-szerrel és szemléleti bázissal él, alkot vagy befogad, s potenciálisan ennek a közösségnek csak a növekedésével számol-hatunk.

Az utóbbi évtizedben már azt sem volt nehéz felismerni, hogy a „mozi", ha fenn is marad ősformájában — akár a színház, koncert, a maga enyhén múzeumi jellegével — fél évszázadon belül mindenütt át kell adja a helyét egy átfogó, de differenciált audiovizuális kultúrának. Ez magában foglalja az emberi kommunikáció jelentős — egyesek szerint túlnyomó — hányadát, s mint egyik esetét: a narratív, operaszerű, „tutti"-játékfilmet. Márpedig ennek a helycserének egy óvatos, túlterhelt intézményi biztosítékán — a televízión — kívül mi más lehetne a közvetítője, tranzisztora, mint az esztétikai és árujellegű kötöttségektől mentes, pusztán a megnyilvánulásával érvelő és abból tanuló kísérleti film?

Világos, hogy Magyarországon az eddigiek értelmében vett kísérleti filmnek csak kezdeteiről beszélhetünk, de az is világos, hogy ennek a növekedésnek nálunk is szükségszerű életkori szakaszává fog válni az experimentalizmus. A köz-vetlen előzmények és kezdetek már jelen vannak; nagy vonalakban a következő forrásokra utalhatunk:

1. A hatvanas évek filmkészítésében két olyan „vonal" jelent meg, amelyek konzekvens művelői éppen értékeik gravitációját követve, szinte ugrásszerűen a szokásos filmgyártás és forgalmazás biztonsági övezetén kívülre kerültek.

Mindenekelőtt azokra gondolok, akik a közlés formájában jutottak el odáig, hogy elszakítsák azt a köldökzsinórt, ami képi-hangi mondanivalójukat a filmben kötelezővé vált „történettel", „sztorival" kötötte össze. Ezt a „nagy ugrást" Novák Márk, Huszárik Zoltán és különösen Tóth János nevei jelzik határkő-szerűen, a hagyományos mozi és egy nem tudni „mifajta", de létező, érzéseket és gondolatokat implikáló audiovizuális kifejezésmód között.

Ezzel egyszerűen ellentétesnek felfogott, valójában párhuzamos mozgás az, ami a dokumentarizmusban, főként a BBS égisze alatt végbement. Egyrészről az történt, hogy a „valóság" fantomjának dokumentáris üldözése az alko-tókat egy olyan terjedelmi válságba kergette, ami már semmiképp nem férhet meg a tradicionális film keretei között. Ez szükségszerűen a módszer és hatás új típusainak kidolgozásához kell vezesse őket. Másrészt a valóság lenyomatának intenzív elemzése, az analízis és beavatkozás új megoldásainak kutatása eredményezett olyan különös experimentu-mokat, amelyek letérést jelentettek a hagyományos „útifilm" és „riport" vagy „lírai dokumentumfilm" pályáiról.

It came to light over the last age that there is a desire in the circle of film-makers not only to sound such tunes on the scale of their means and ideas that seem to be nonprofiting in the value-system of movie owners, but also there is a layer of "audi-ence", an "acoustic medium" which is tuned to just these melodies. Thus there exists such a *c o m m u n i t y* of film makers and movie-goers which has an iconography, contact-system and view independent of the traditional "film world", and poten-tially we can calculate upon the growing of this community.

In the last decades it was not difficult to realize that the "movie" — even if its archaic form survives, like the theatre or concert — has to yield its place to a comprehensive but also differentiated audio-visual culture. This includes a considerable — ac-cording to some, an overwhelming — part of human communication and also one of its cases: the narrative, opera-like "sure-fire" feature film. And what could be the mediator, the transistor of this change beside the careful, overloaded institutional fuse — the television — if not the experimental film void of aesthetical and goods-like restrictions, arguing solely with its own mani-festation?

It is clear that experimental film in this sense has only been newly born in Hungary but is also sure that experimentalism will become a necessity after a period of growing. Immediate precedents and beginnings are already present, we can generally refer to the following sources:

1. In the film-making of the 60s, two such "lines" appeared whose consequent creators, following the gravitation of their own values, suddenly got out of the safety zone of usual film-making and circulating.

First of all I mean those who have come in the form of communication to break the navel-cord which bound their pictural-sound message to the "story" compulsory in film. This "breakthrough" is marked by names like Márk Novák, Zoltán Huszárik and especially János Tóth, like landmarks between traditional movie and we do not know "what kind" but an existing audiovis-ual style implying feelings and thoughts.

With this actually parallel — although regarded as contradictory — movement is the one which went on under auspices of Béla Balázs Studio. What happened? On the one hand, the documentary pursuit of the phantom of "reality" drove the artists into a dimensional crisis for which there is by no means room within the framework of traditional film. This inevitably had to lead to the working out of new types of method and effect. On the other hand, intensive analysis of the impression of reality, investi-gation of new analytical and intervention solutions have resulted in curious experiments, which remain out of the circle of "tra-vel film", "report" or "lyrical documentary film".

2. Since the mid-60s, there is possibility in Hungary — although to a lesser extent than in rich industrial countries — for making private, individual films, and this resulted in works basically different from amateurism. These films have at the same time re-mained independent of the production and circulation boundaries of professional film. This kind of existing and effective film-making is standing out by way of its informality yet in its antiopportunism, is monetary unpretentiousness yet also spiritual cleanness. The prototype of experimental film was established by private film-making in the mid 60s, when some etudes and views of Miklós Erdély were made public (under the title "Montage-hunger", Valóság, 1966).

2. A hatvanas évek közepe óta — nem olyan mértékben, mint a gazdag ipari országokban — de nálunk is lehetőség született a privát, individuális filmkészítésre, s ez az amatőrizmustól lényegében különböző munkákat is eredményezett, amelyek ugyanakkor természetesen függetlenek maradtak a professzionális film gyártási és forgalmazási korlátaitól. Ez a fajta ma is élő és ható filmkészítés a maga kötetlenségével, de megalkuvás nélküliségével, eszközeinek anyagi igéntelenségével, de szellemi tisztaságával tűnik ki. A privát filmkészítés hozta létre úgyszólván a kísérleti film prototípusát, mégpedig a hatvanas évek közepén, amikor Erdély Miklós néhány etűdjét és elméleti nézeteit közzétette („Montázséhség" címmel, Valóság, 1966).

Ugyanebbe a körbe sorolhatók azok a privát vállalkozások, amelyek a társművészetek, különösen a képzőművészet érdeklődését és felfogását tükrözik a mozgókép lehetőségei iránt (Tót Endre, Maurer Dóra, Lakner László). Ha ide számítjuk a „celluloid-free" film-koncepteket is, egy jelentős anyag áll rendelkezésünkre, amelyből az experimentális gondolkodás „előzetes-filmjét" vetíthetjük ki.

3. Végül – hasonlóan pl. egyes nyugatnémet kísérletekhez — nálunk is nagy lökést adott az experimentális gondolkodásnak az a lingvisztikai hullám, amely a hatvanas évek talán legjellemzőbb elméleti vonulata volt. A „nyelvi aspektus" alkalmazása a mozgóképre felszabadítóan hatott, amennyiben világos határvonalat húzott a kifejezés felszíni formációi és nyelvi „mélystruktúrája" között, és megmutatta, hogy az értelem és jelentés nem kifejezetten csak a konvencionális formákban megjelenő mozgókép sajátossága. Mintegy a kísérletezésnek racionális bázisát teremtette meg ez az elméleti kurzus, amely már a filmkészítéssel érintkezett a BBS 1971—72. évi előadás- és vitasorozatában (Beke László, Bódy Gábor, Dobai Péter, Erdély Miklós, Horányi Özséb, Kelemen János, Szekfű András, Zsilka János).

Ezek a találkozások már közvetlen előkészületeit jelentették a Stúdió első sui generis kísérlet-sorozatának, a „Filmnyelvi sorozat"-nak.

A „Filmnyelvi sorozat"-tal kapcsolatos elméleti dokumentumok terjedelme úgyszólván meghaladja a sorozatban elkészült filmek terjedelmét. Ismétlésül csak a legfontosabbakat:

Bár a sorozat a „filmnyelvi" cimkét viseli, mind a tervezetben összegyűjtött szinopszisok, mind az elkészült etűdök nagyrészt függetlenül jöttek létre a különböző film-lingvisztikai elméletektől. Egy többlépcsős vállalkozás első fokozataként lettek beindítva, s csak együttesük árulkodik egy olyan tendenciáról, amely ezt az elnevezést indokolja.

A tervek túlnyomó része arról a „forrásvidékről" származik, amit az előzmények 2. pontjában jellemeztünk. Főként a képzőművészeti és zenei avantgarde forma- és jelentés-problémáinak extrapolációi egy új médiumra: a mozgóképre, egymástól független etűdökben. Minthogy ezek az etűdök ötlet vagy terv formájában adottak voltak, erőszakoltnak tűnt volna kohéziójukat egy kívülről ráhúzott elmélettel felfokozni. Egy ugyanis bizonyos volt: amint a sorozat bevezetője rávilágított, ezek az etűdök, olykor minden elméleti megfontolást nélkülözve is, a konkrét megoldások szintjén mind a mozgóképi kifejezés, a „film nyelvének" alap/határeseteit manifesztálják. Kis költségeikre való tekin-

---

Those private enterprises also belong here which mirror the views and interest of the related arts — especially that of the fine arts — in the possibilities of motion pictures (Endre Tót, Dóra Maurer, László Lakner). If we include here the "celluloid-free" film concepts as well, we are possessing a significant amount of material, out of which the "preview" of experimental thinking can be projected.

3. At last — similar to some West German experiments — the experimental thinking here was set moving by the linguistic wave which was perhaps the most characteristic theoretical trend of the 60s. Applying the linguistic aspect liberated the motion picture, in so far as it drew a clear line between the surface formations of expression and the linguistic "deep structure", and it proved that sense and meaning are characteristic features not only of motion picture appearing in conventional forms. So to say, the rational base of experimentation was created by this theoretical course, which had contacts with film-making in the 1971-72 lecture and in the debate series of Béla Balázs Studio (László Beke, Gábor Bódy, Péter Dobai, Miklós Erdély, Özséb Horányi, János Kelemen, András Szekfű, János Zsilka).

These meetings meant immediate preparations for the first sui generis experimental series — "Film-language series" — of the Studio.

The volume of theoretical documents connected to the "Film-language series" practically exceeds the volume of films made in the series. A short revision:

Although the series is marked by the adjective "film-language", both the collected synopses and the finished etudes came into existence independently of different film-linguistic theories. They were started as the first grade of a multiple-stage enterprise and only their jointness alludes to a tendency which accounts for this label.

The majority of the plans originates from the region of source which was characterised under point 2. precedenting. They are extrapolations of form- and meaning-problems of the fine arts and musical avantgarde to a new medium: to motion picture; and that in etudes independent of each other. As these etudes were given in the form of idea or plan, the cohesion with an outward theory would have seemed unnatural. That is to say, one thing is sure: as it was proved in the introduction of the series, these etudes — sometimes lacking any theoretical consideration whatsoever — manifest on level of concrete solutions basic/border cases of "film language". It would have been appropriate to realise them as regards to their low costs and only in the second phase to start investigating "theoretical intersections" as relations of the finished works.

It is a fact that the planned series encountered a resistance surpassing all expectations, even within the Studio itself. The reason for this is probable because both the character of the films and the person of the artists were bound to a basically different type of film-culture which falls outside the framework of professional film. Only one quarter of the plans was realised and during a very long time — 3 years — as compared to the "minimal" character of the enterprise.

During this time, though, considerable changes took place, not only in the Studio, but also in the tectonics of the whole "film-making situation".

tettel helyes lett volna „am blokk" realizálni őket, és második fokozatban rászállni a kész művek összefüggéseiként kimutatható „elméleti csomópontok" kutatására.

Tény, hogy a sorozat tervezete minden várakozást meghaladó ellenállásba ütközött, még a Stúdión belül is. Valószínűleg azért, mert a filmek jellege épp úgy, mint az alkotók személye a professzionális film körein kívül, egy merőben más típusú filmkultúra esélyeihez kötődött. A tervek alig negyede realizálódott, s a vállalkozás „minimál"-jellegéhez képest azt is fantasztikusan hosszú időszak: mintegy 3 év alatt.

Ezalatt mégis jelentős változások mentek végbe, nemcsak a Stúdión belül, hanem azt lehet mondani, hogy az egész „filmkészítési helyzet" tektonikájában.

Nemcsak azok körében, akik életkoruknál fogva természetszerűleg a filmkészítés jövőbeni esélyeiben gondolkodnak, hanem egész filmmel kapcsolatos „köztudatunkban" úgy tetszik, tágabb kapuk nyílnak a jövő felé, amelyre nem kevesebb vár, mint hogy a hatvanas évek virágzásában felhalmozódott és a hetvenes évek pangásában felszínre kerülő problémákat megoldja.

Valóság—nyelv—műfajok—közönség/hatás: ebben a tetragonális feltételrendszerben helyezkednek el a hetvenes évek filmkészítésének problémái, és napnál világosabb, hogy az „egységes film", ahogy a moziban megszületett, önmagában nem lesz képes ezek megoldására. Az experimentalizmus, a kutatások korszakának kell elkövetkeznie ahhoz, hogy létrejöjjenek egy differenciált filmkészítés alapsejtjei, amelyek e négyszögbe zárva élet- és szaporodásképes változatokat produkálnak.

A „K/3" csoport már szűkebb – napi – programján túlmenően, erre a tágabb célkitűzésre szerveződött. Nevében: „közművelődési, komplex kutatások".

(K.1) arra az általános programra utal, amely a *„közművelődés"* fogalmának helyét keresi a filmkészítésben. Elképzelésünk az, hogy a film közművelődési funkciójára nem lehet a filmkultúra egészétől elszakítva, külön modellt találni. Nincs tehát külön „közművelődési film", egy kellőképp differenciált filmkultúra egészének kell olyan megoldásokat találnia, amelyek frekvenciája egybeesik, „fedi" a közművelődés programját.

(K.2) Világos, hogy ebben az értelemben már csak „komplex" megoldásról beszélhetünk. A tetraéder minden oldalán változatok és különbségek mérhetők fel. A közönség rétegei, a műfajok lehetőségei, a filmkészítéssel munkába vett „valóság" szektorai és szintjei s végül ennek a munkának és kifejezésnek az eszközei: nyelve, mind különböző lehetőségeket mutatnak meg, a feladat „csak" az, hogy az oldalak összhangba kerüljenek egymással, a maguk arányainak és feltételeinek negfelelően.

Nem kell különösebb bátorság annak a megállapításához, hogy ez az összhang jelenlegi filmkultúránkban felbomlott, s eredeti egységében aligha áll vissza, még ha egy-egy magányos vállalkozás képes is lesz majd érvényre jutni. A filmkultúra egésze csak komplex, többdimenziós megoldásokkal állhat a talpára, s alkothat magasabb szintű egysé-

---

It seems that wider spaces open up towards the future not only for those who by virtue of their age think of the future possibilities of film, but also in our general consciousness concerning film. The task of the future is no less than to solve the problemes accumulated in the boom of the 60s and got onto the surface in the stagnation of the 70s.

Reality-language-genres-audience/effect: the problems of the film-making of the 70s are to be found in this tetragonal condition-system and it is only obvious that the "homogeneous film" as it was born in movies it will not be able in itself to solve these problems. There must arrive the age of experiments and investigations that the basic cells of differentiated film-making could come into existence, which can — closed into this tetragon — produce varieties capable of life and proliferation.

Group "K/3" was organised — beyond its daily program — to this wider objective. Its name implies: "public education, complex investigations" (the three words all beginning with "k" in Hungarian).

K/1 refers to the general program which is looking for the place of the notion *"public education"* in film-making. In our concept, there cannot be found a separate model broken from film-culture as a whole for the public educational function of film. Thus there is no such thing as "public educational film"; the whole of a properly differentiated film culture has to find solutions whose frequency coincides with the program of public education.

K/2. It is clear that in this sense only a "complex" solution can be talked about. In each side of the tetragon, varieties and differences can be measured. The layers of audience, the possibilities of genres, the sectors and levels of "reality" worked upon by film-making and the means of this work and expression: all display different possibilities, the task is "only" to make the sides get into harmony with each other, according to their own proportions and conditions.

It is not especially difficult to find out that this harmony disintegrated in our present film-culture, and cannot be restored in its original unity, even if single solitary enterprises succeeds. The whole of film-culture can be restored with complex solutions of more dimensions and can thus create a unity on a higher level. This is not a negative statement. The differentiation of things along an evolution line is an inexterminable manifestation of "the dialectics of nature".

K/3. It is also indisputable that our situation will not present a solution by itself for this complex film-culture. We have to undertake investigations, because the capacity and character of Béla Balázs Studio would not afford opportunity for the formulation of solutions, even if they were at hand. Béla Balázs Studio can be the "impregnatory organ" of the new audiovisual culture but only if our culture as a whole can undertake "full-term confinement". Our work therefore in theo long run cannot beimagined without other organs and institutes of society. At the same time, the Studio enjoys a monopolistic position in starting investigations of this kind. Their possibilities afford guarantees that the traces of a "future plan" be discovered by works and by their producing and circulating practice.

The collection of plans following here in several respects is step forward as compared to the "Film-language series", although I would not advice anyone to identify the first steps of the group the with overall, future program. This can only be realised in a series of steps and levels.

The name list of artists refers to two things. On the one hand, the number of Studio members have greatly increased as

get. Ez nem negatívum. A dolgok differenciálódása egy fejlődési vonalon a „természet dialektikájának" kiküszöbölhetetlen megnyilvánulása.

(K.3) Az se lehet kétséges, hogy erre a komplex filmkultúrára nem fog magától megoldásokat kínálni helyzetünk. Kutatásokra kell vállalkoznunk, már csak azért is, mert a BBS kapacitása és jellege akkor sem adna módot a megoldások kivitelezésére, ha ezek kezünkben volnának. Az új audiovizuális filmkultúrának a BBS lehet „megtermékenyítő szerve", de „kihordására" már csak kultúránk egésze vállalkozhat. Munkánk ezért hosszú távon elképzelhetetlen más társadalmi szervek és intézmények segítsége nélkül. Ugyanakkor a Stúdió a maga „kísérleti műhely" mivoltában úgyszólván monopol-helyzetben van az ilyen típusú kutatások beindítását illetően. Lehetőségei biztosítékot nyújtanak arra, hogy művekkel s azok gyártási-forgalmazási gyakorlatával kutassuk fel egy „future-plan" nyomvonalait.

A most következő tervek gyűjteménye több vonatkozásban is előrelépést jelent a „Filmnyelvi sorozat"-hoz képest, bár óva intenék bárkit, hogy a csoport első lépéseit teljes egészében azonosítsa a csoport átfogó, távlati programjával. Ez nyilván csak lépések sorozatában bontakozhat ki és realizálódhat.

A szerzők névsora két dolgot mutat meg. Egyrészt a Stúdió-tagok aránya messze megnövekedett a 3 év előttihez képest. Részvételük arról árulkodik, hogy a professzionális film jövője ma már elképzelhetetlen az experimentális munka nélkül, s hogy gondolkodásmódunk közeledése nem lehetetlen. Ugyanakkor nagy számban találkozunk új nevekkel — és figyelemreméltó tervekkel e nevek alatt —, s ez arról vall, hogy jelen van az új típusú gondolkodás „második generációja", s az experimentális filmek bázisa a „bővített újratermelés" logikájával növekszik.

Mit mutatnak a tervek? Mindenekelőtt azt, hogy ami három évvel ezelőtt erőszakolt lett volna, az ma organikusan magától létrejött: az ti., hogy a „nyelvre", a kifejezés formájára és jelentés-vonatkozásaira irányuló kutatásoknak egy kollektív — elméletileg is egyeztetett — atlaszát kimunkáljuk.

Beke utószavában — és ez az írás még egyes tervezetek hiányában, a gyűjtemény „rendezetlen" állapotában született — felfigyel egy lényeges tünetre. Az egymástól függetlenül benyújtott, nem-egy-tőről-fakadó tervezetek konvergenciája is olyan erős, hogy úgyszólván „azonos filmet" jelenít meg. (Félreértés ne essék, Beke ezzel kapcsolatos javaslata nem egy konkrét filmre vonatkozik, pusztán a vélemény-nyilvánítás formája, koncept, fikció.) Valóban, amire elsősorban fel kell figyelnünk: a kísérleti film, az „avantgarde"-izmus a *szintézis* stádiumába lépett, s nem közömbös, ez a szintézis mi módon valósul meg.

Már a csoport alakulásakor felmerült az igény a kollektív kutatásokra. A tervezetek közti egybeesések aztán úgyszólván kötelezővé tették, hogy az egyeztethető törekvéseket egy konzisztensebb egységbe foglaljuk. Így jött létre a K/3 csoport két csomagterve: a „JELENTÉS-KUTATÁSOK" és a „MAGAZIN".

Az experimentális film szóbanforgó „második generációjára" úgy látszik átfogóan jellemző az analitikus és formakritikai tendencia, amely mind elméletileg, mind gyakorlatilag a „jelentés" problémájában kulminál. (Ez talán a magyar

---

compared to the one produced only 3 years ago. Their participation shows that the future of professional film cannot beimagined without experimental work, and the nearing of the two ways of thinking can be realised. On the other hand, we can encounter lots of new names — and with plans worth to consideration — and this proves that the "second generation" of the new type of thinking is already present and the base of experimental films is increased with the logic of "reproduction on an increasing scale".

What is it that the plans display? First of all, that which had been forced over three years ago, has now organically evolved: a collective, a theoretically synchronised map elaborated referring to the "language", to the forms of expression and meaning references. Beke in his postscript — and his writing was born in the lack of plans, in the inorganised state of the collection — gives notice to a very important symptom. The convergence of plans, which originated from different sources and handed in differently, is so strong that they almost represent the "same film". (To avoid misunderstandings, Beke's suggestion concerning this does not refer to a concrete film, but it is only a concept, a fiction, a form of opinion.) This is what we have to pay attention to in the first place: the experimental film, "avant-gardism" arrived into a phase of *synthesis*, and it does matter how this synthesis is realised.

The claim for collective investigations has already appeared in the formation of the group. Coincidences, overlapped between the plans then made it almost compulsory that reconcilable efforts be included in a consistent unity. The two aims of Group "K/3" was thus born: **"MEANING—INVESTIGATIONS" and "MAGAZINE".**

It seems that the analytical and form-critical tendencies are extensively characteristic of the "second generation" of experimental film, which tendency culminates in both theoretically and practically in the problem of "meaning". (This is maybe a special characteristic of Hungarian film — which can be understood from the precedents.)

This miscellany introduces the detailed-plans of collective meaning investigations only in excerpts, as an appendix and does not include all debated ideas which played role in the collective plan. It was obvious that the majority of film-makers have the same problems to deal with, and the types of solutions are also similar. Thus the conditions became ripe for elaborating an overall "creative semiotics", which can be a handbook both for film-makers and movie-goers.

Some part-investigations in the form of independent essays are attached to the "handbook", where they have no place due to its severe deduction, but there are some meeting points between them, and these essays have a special way of thinking (Szirtes, Timár, Xantus, Dobos, Erdély, Maurer).

The other part of the collection contains plans which — applying "new expressions" — try to experiment with minimal forms of fiction. It was not the first time that the plan of a "magazine" arises in Béla Balázs Studio, which, as a publication of small "idea-films", could become the main circulating form of experimentation. These "Magazines" could become popular by all means as supplementary to films in the program of film-clubs or studio movies. The informality of the genre renders favourable possibility to directors to try without risks their new ideas, even more times a year, and that they could measure the effect with the audience.

kísérleti film sajátossága —, ami az előzményekből érthető meg.) Ez a gyűjtemény a kollektív jelentés-kutatások rész-letterveit már csak szemelvényesen, függelékként ismerteti, nem foglalja magában az összes megvitatott elképzelést, amelyek a kollektív tervben szerepet játszanak. Nyilvánvaló volt, hogy a filmkészítők nagy részét nemcsak azonos problémák foglalkoztatják, de a megoldás típusai is azonosak vagy közeliek, megértek tehát a feltételei egy átfogó „kreatív szemiotika" kidolgozásának, mely egyszerre lehet tankönyve a filmkészítőknek és a filmnézőknek.

Néhány rész-kutatás ugyanakkor önálló essay formában csatlakozik a „tankönyvhöz", amelynek szigorú dedukci-ójában nem fér el, de azzal érintkezik, s egy sajátos gondolatmenetet fejt ki (Szirtes, Timár, Xantus, Dobos, Erdély, Maurer).

A gyűjtemény másik nagy blokkja olyan terveket tartalmaz, amelyek az „új kifejezéseket" alkalmazva, egy konkrét tárgy körül, a fikció minimálformátumaira tesznek kísérletet. A BBS-ben nem először merül fel egy olyan „magazin" terve, amely egymástól független, kis „ötlet-filmek" időszaki kiadványaként, a kísérletezés egyik fő forgalmazási formájává válhatna. A filmklubok, stúdió-mozik hálózatában bizonyára keresett „kísérő-műsorok" lehetnének ezek a „Magazinok". A műfaj kötetlensége ugyanakkor kedvező lehetőség arra, hogy a filmkészítők kockázatmentesen kipróbálják újszerű elképzeléseiket, egy évben akár többször is, s ha úgy érzik, bevált, lemérjék hatását a közönségen.

A reklámfilmek fogadtatásán tapasztalható, hogy az ún. „nagyközönség" toleranciája is megnyílik az új megoldások iránt, a kísérőműsor idejére, s csak a „főműsorban" csukódik be, ahol etetésre vár, s a megszokott ízeken túl mindent kiköp. A „Magazin"-ok ilymódon a *potenciális* közönség-bázis „nevelésének" vagy „szoktatásának" is alkalmas csatornáivá válhatnának. Ha elkészíthetők a Pepsi Cola, az Állami Biztosító stb. reklámfilmjei, miért ne fordíthatnánk ezt az időt egy szemlélet, gondolat vagy érzés reklámozására?

Ez a műfaj a film publicisztikai formáinak megújítására hivatott, s a legautentikusabb közvetítőcsatorna a professz-szionális, és a „privát" film között.

Az itt összegyűjtött Magazin-tervek már bőven elegendőek akár három kísérleti „szám" összeállításához, de nyilván-való, hogy tervekre mindig számíthatunk. A „Magazin"-ok az experimentális film forgalmazásának átmeneti megol-dását jelenthetik csak, de ebben a minőségben talán a legfontosabbak.

Végül tartalmaz a gyűjtemény olyan „független terveket", amelyek nem férnek bele a „jelentés-kutatások" logikai egységébe, sem a „Magazin"-ok funkcionális-terjedelmi keretei közé. Nem szabad megengednünk, hogy ez ellenük szóljon. Az experimentalizmus — úgy is, mint „növekedési szakasz" — lényegéhez tartozik szorosan, hogy minden olyan kezdeményezést megvalósítson, amely a tradicionálison túlmegy, s az új mozgókép kultúrára vonatkozó utalá-sokat tartalmaz. Már pedig itt nagyon figyelemreméltó tervezetek foglalkoznak a kísérleti film olyan fekventált té-máival, pl. mint a „fordítás" problémája (Jeney, Gulyás), vagy a jelentés nem nyelvi jellegű, hanem felszíni konven-cióival, a dramaturgia és ízlés kódjaival (Frusztrált film, Etikett).

A tervezetek természete, költségeik alacsony szintje azt javasoltatja, hogy minél többet segítsünk megvalósulásához, az experimentális filmet általában pedig állapota progresszív szintéziséhez.

Budapest, 1976. április

[Sokszorosítva megjelent: A K/3 Munkacsoport filmtervei. Balázs Béla Stúdió, 1976]

It can be experienced through the reception of advertising films that the tolerance of the "holy audience" is increased during the supplementary film and it is decreasing only during the feature film when it denys everything but the usual. The "Maga-zines" thus could become the means of teaching and training a *potential* audience-base. If there can be films made for advertising Pepsi Cola or insurance companies, why could not we use this time for advertising a view, a feeling or a thought?

This genre is destined to renew the publicistic forms of film and is the most authentic medium between professional and "private" film.

The Magazine-plans collected here are ample to make at least 3 experimental numbers and it is obvious that there aways will be plans. The Magazines can only produce a makeshift solution for circulating experimental film but in this role they are most important.

At last, the collection contains "independent plans" which do not belong to the logical unity of "meaning investigations", nor into the functional-volume framework of the "Magazine". This fact, however, is not against them. It belongs to the essence of experimentalism, like a phase of growing, that it should realize all ideas surpassing the traditional and containing references to the new motion picture culture. Very noticable plans are dealing with such themes of experimental film like "interpreting" (Jeney, Gulyás), or with the nonlinguistic, surface conventions of meaning, with the codes of dramaturgy and taste (Frustrat-ed film, Etiquette).

The nature and low costs of the plans drives us to the conclusion and suggestion: as many as possible of these films should be realized and in general, the experimental film should be helped to reach a progressive synthesis.

Budapest, April 1976.

[Film-plans of Group "K/3". Béla Balázs Stúdio. 1976. Roneo]

A FIATAL MAGYAR FILM ÚTJAI

Azt az „episztemét", kulturális tudatállapotot, amelyben a fiatal magyar film felfogja magát, az egymás közti beszélgetésekben s a különböző publikációkban rendszerint 1969-től datálják. Bontsuk szét ezt az évszámot három összetevőjére:

1. 1969-ben *de facto* nemzedékváltás ment végbe a Balázs Béla Stúdióban, amely a mindenkori fiatal generációk előcsatározásainak, pályára bocsátásának műhelye, s mint ilyen, kétségkívül elsőrendűen meghatározó szerepet tölt be a film új törekvéseinek kialakításában Magyarországon — legalábbis amilyen mértékben ennek a szerepnek a meghatározása magukon a filmkészítőkön múlik. A Stúdió vezetéséből — és gyakorlatilag munkájából is — ebben az évben vált ki az „alapító nemzedék", akik ekkor már munkáikkal, köztük több játékfilmmel elfogadtatták helyüket a magyar filmgyártásban. Gaál István, Huszárik Zoltán, Sára Sándor, Tóth János, Szabó István, Gábor Pál, Elek Judit, Kardos Ferenc, Kósa Ferenc a legfontosabb nevek ebből a nemzedékből, nem egy közülük külföldön is ismert, néhányan éppen Mannheim[1] jóvoltából. Akik a helyükre léptek, 1969-ben még legfeljebb főiskolai diplomájukkal rendelkeztek, vagy azzal sem, csupán elképzeléseik erejével: Gazdag Gyula, Grunwalsky Ferenc, Magyar Dezső, Szomjas György, Szörény Rezső, Maár Gyula, Dobai Péter, Dárday István, Bódy Gábor (köztük 1974, 1975, 1976 mannheimi kitüntetettjei[2]), ma már valamennyien jelezték munkáikkal törekvéseiket. A 69-es nemzedékváltás tehát új embereknek s ezzel szükségszerűen új szemléletnek nyitott teret a Balázs Béla Stúdióban.

2. De nem ment volna végbe ilyen természetesen, minden erőltetettség nélkül a személyeknek ez a cseréje, ha 1969 egyúttal nem egy felvonásvég függönye lett volna Európa-szerte a hatvanas évek értelmiségi társadalmaiban. A mi értelmiségünk gondolkodásában a színváltozás lassan ment végbe, nem is túl kényelmetlenül és nem is túl hirtelen, hanem voltaképpen évek során. A hetvenes évek elején aktivizálódott új nemzedék javában ugyanakkor világos kérdőjelekké tisztult mindaz, ami a „váltás" idején még csak tétova zavar és rossz közérzet volt, s az, hogy megváltoztak a *szerepek*.

Annak az évtizednek a filmrendezői a hollywoodi filmszakember, a tömegszórakoztató ügynök szerepköréből igyekeztek kiszabadulni (vagy ennek szocialista-sematikus megfelelőjéből), s a filmkamera a társadalomért felelősséget érző, gondterhelt, de a javulásban bizakodó értelmiségi kezébe került. A hetvenes évekre ez a szerep lehetetlenné

ALTERNATIVES FOR THE YOUNG HUNGARIAN FILM

The "episteme", the cultural state of mind in which the young Hungarian film believes itself to be is usually dated from discussions and various publications in 1969. Let me elaborate the importance of this date into three ways.

1. In 1969 it was a *de facto* succession by the young generations at Béla Balázs Studio, this is a workshop for the output of the current generation of young artists to tread on the toes the past, but, at the same time, it gives them a start on the first step of their careers, and it is obvious that as such it has a determining role in creating new directions for film-makers in Hungary. At least the definition of this role as far as it depends on the film-makers themselves. The "founding generation", had already succeeded in having their works accepted by Hungarian film-makers, left the studio's management (and thus also practically from the work in the Studio), in the same year. The most important names of this generation are István Gaál, Zoltán Huszárik, Sándor Sára, János Tóth, István Szabó, Pál Gábor, Judit Elek, Ferenc Kardos and Ferenc Kósa who are all well-known abroad, and some of them owe their fame to Mannheim.[1] Those who followed them in 1969 only had at best their college certificates. Some of them had nothing but the strength of their ideas: Gyula Gazdag, Ferenc Grunwalsky, Dezső Magyar, György Szomjas, Rezső Szörény, Gyula Maár, Péter Dobai, István Dárday, Gábor Bódy (the Mannheim award winners of 1974, 1975, 1976 are among them).[2] By now these people have shown their talents by their works, thus in 1969, the succession of generations and new people lead inevitably to a new artistic approach gaining ground at BBS.[3]

2. However, the change of people would not taken place so naturally, (or so spontaneously), if 1969 at the same time had not been the a curtain in intellectual society of the sixties throughout Europe. The change in the thinking for our intellectuals was a slow process, which took place neither uneasily nor quickly, but in actuality took several years. The best minds of the new generation, having enlivened the beginning of the seventies, cleared the wavering confusion and malaise that had characterized the time of the "change". They also settled the fact that the *roles* had also changed.

Film directors in those years tried to get free from the line of Hollywood film-people, of theatrical agents (or from the socialist-schematic equivalents of these) and the camera was passed over to the intellectual who feels a responsibility for society, who is worried about it yet hopes for its improvement. By the seventies this role had became awkward and unpleasant. Not only were "the people", but the intellectuals themselves unable to believe in the political parables already falsified by history but also in the moral impulses disproved by their own lives. If an intellectual with the purpose of improvement cannot draw the con-

és sokszor ellenszenvessé vált: nemcsak az „embereknek", de magának a szűken vett értelmiségnek sem maradt sok hite azokban a politikai parabolákban, amelyekre a történelem s azokban a morális sugallatokban, amelyekre az életük cáfolt rá. A jobbító szándékú értelmiségi, ha nem képes saját lépéseinek konzekvenciáit levonni, óhatatlanul pozícióját féltő, riadt mandarinná válik. Az azóta induló nemzedékek úgy érezték, hogy ebből a kelepcéből csak határozottabb feladatvállalással kerülhetnek ki.

3. A harmadik összetevője ennek a dátumnak egy világfolyamat érintéséből adódik, amely Magyarországon késve, először a hetvenes évek nemzedékének tudatában váltott ki programadó gondolatokat. Arról a rendkívüli mértékű *differenciálódásról* van szó, amely a film, a mozgókép használatában világszerte végbement, s amelynek során a „mozi" elvesztette korábbi monopóliumát a mozgókép kultúrájában. A szocialista Magyarországon nincs magántőke és magánvállalkozás, a filmgyártást és forgalmazást egységes, centralisztikus szervezet szabályozza, jelentős dotációval, és ennek a szervezetnek a gondolkodásában a legutóbbi időkig nyoma sem volt annak, hogy a hagyományos „mozifilmen" kívül tudomása volna a mozgókép más formáiról. A paradox az, hogy a — rendkívül szegényes technikai állományú — mozik rendszerint konganak az ürességtől, ha magyar filmet játszanak. Ez a „mozicentrikus" filmkultúra tehát nem rendelkezik moziközönséggel. Az állami dotáció lehetővé tette, hogy a „hatvanas évek nemzedéke", amely még nem ebben a súlyos helyzetben indult pályáján, alig vegyen tudomást erről a paradoxonról, s folytassa útját, mind magányosabban, a már kialakult csapásokon.

A fiatal magyar film azonban változtatni kíván ezen a helyzeten, s ez elsősorban a Balázs Béla Stúdió tevékenységében nyilvánult meg, 1969 óta folyamatosan.

Elszakadva a mindig szimbolikusan pontszerű és mindig kicsit önkényes dátumoktól, vessünk pillantást a filmvásznakon egymásba folyó vetítésekre. A tovatűnő és búcsúzó árnyak mintha azt mondanák, hogy véget ért azoknak a fikciótípusoknak az ideje, amelyeket a 60-as években elég jól használt mindenki, Louis de Funes-től Antonioniig. A fikció az a forma, amely a társadalom kommunikációs eszközeit valamilyen személyes szuggesztióra használja fel, feltételezve-kialakítva egy közös nyelvet, amelynek segítségével ezt a szuggesztiót az emberek a valóságra vonatkoztatják. Ha megváltoznak a kommunikációs eszközök, ha elveszti hitelét az a szerep, amelyből a szuggesztió táplálkozik, ha nincs közös nyelv — ezekből a tényezőkből egy is elég, hogy a fikció érvényét veszítse. A magyar film esetében a 70-es évekkel, úgy tűnik, mind a három bekövetkezett. A hatvanas évek „magyar új hullámjának" filmjei intellektuális melodrámákban (Kovács, Bacsó, Mészáros, Kardos) vagy a történelem paraboláiban (Jancsó, Kósa és szinte mindenki) találta meg — alakította ki -- azt a fikciótípust, amelyben elmondta véleményét a társadalomról és az életről. Ezek a fikciók az értelmi szintézis útján — és konkrét társadalmi lépések híján — a moralizmus erőterébe gravitáltak. Ahol a fikció esztétikai szintézisre törekedett (Szabó, Makk, Huszárik), azaz nem intellektuális párlatokkal, hanem közvetlen életminőségekkel ábrázolt, ott a moralizmus esztétikai ikerbolygójának, a lírának a vonzáskörébe esett.

---

clusions from his own actions he will inevitably become a terrified mandarin worrying about his position. The generations which have started since then felt they can get out of this trap only if they undertake their tasks in a more resolute way.

3. The third component of this date derives from the late arrival in Hungary of something which touched the world but which promoted progressive ideas initially into the mind of the generation of the seventies. The process in question was the immense, worldwide *differentiation* in the use of films, motion pictures. During this differentiation "movie" lost its earlier monopoly in the culture of the motion picture. In Hungary, a socialist country there is no private capital or private enterprise, film-making and the film's release is controlled by a uniform, central organisation which is helped significantly by a state endowment. Up till now this organisation had not shown a trace of acknowledging any other forms of motion picture than the traditional feature film. The paradox is that they usually played to an empty cinema. The technical equipment was rather poor, and, perhaps worse, when a Hungarian film was on. So this "movie-oriented" film culture had no audience. Because of state subsidies, the generation of the sixties which started its career in the era of this grave situation, hardly noticed the paradox and followed on the established road.

The young Hungarian film however wanted to change this sutiation and the need was been shown mainly in the activity which BBS has continuously shown since 1969.

Going beyond dates, which are always symbolically punctual and arbitrary, let us have a look at projections which blend into each other on the screen. The fading and vanishing shadows seem to suggest that the era of the fictional types, which were suitable in the sixties for everybody from Louis de Funes to Antonioni, has come to an end. Fiction is a form that uses the mass media of society for individual suggestion in supposing creating a common language, with the help of which people refer as suggestion of reality. If mass media changes, if the role on which suggestion lives falls into discredit, if there is no common language — and any one of these factors is enough — fiction will lapse. In case of Hungarian films all three factors have come true. The films of the "Hungarian New Wave" in the sixties found, or created, the fiction type of intellectual melodramas (Kovács, Bacsó, Mészáros, Kardos) and historical parables (Jancsó, Kósa and almost everybody) which told us of their ideas about society and life. These fictions, whichlack ed positive social measures, gravitated towards moralism through an intellectual synthesis. Where fiction tried to reach aesthetical synthesis (Szabó, Makk, Huszárik) is it did not work with intellectual distillates but with the direct qualities of life. They tended towards the aesthetical twin planet of moralism: lyricism.

Moralism and Lyricism: they are the two constellation under which the complete fiction system of the sixties developed in Hungary. One thing is clear however, that none of them appeals to the youth of our time. In fact these are the two subjects which have the most alienating effect on them.

When a fiction system disintegrates the solution is usually seen in two directions, either empiricism or critical formalism; it has always happened this way in philosophy or literature. In case of films these directions appear either in the form of the documentary or the so called "experimental film", that is a certain kind of avant-gardism.

After the change in 1969 BBS[3] started its activity by providing the film-makers far-reaching possibilities to make documen-

Moralizmus és Líra: ezzel meg is neveztük azt a két csillagképet, amelyben a 60-as évek fikciórendszere Magyarországon kialakult, s ha valami világos, akkor az, hogy napjaink fiatalságát mindkettő hidegen hagyja, ha ugyan nem épp ez a két dolog, ami rá a legtaszítóbban hat.

Amikor egy fikciórendszer felbomlik, a változást rendszerint két irányban keresik: az empirizmus vagy a kritikai formalizmus útjain; így volt ez mindig a filozófiában és az irodalomban is. A film esetében ezek az irányok a dokumentarizmus és az ún. „kísérleti film", azaz bizonyos fajta avantgardizmus formájában jelentkeztek.

A 69-ben átalakult BBS[3] azzal kezdte tevékenységét, hogy széles körű lehetőséget adott a műfaji (gyártási-forgalmazási) kötöttségektől mentes dokumentumfilmek készítésére. Az elképzelésnek először az ún. „szociológiai dokumentumfilmek" tervezete adott hangot, amelyet a Filmkultúra című folyóirat tett közzé egy csoport aláírásával.[4] Lényegében ezt az elképzelést realizálta a Stúdió dokumentumfilmek hosszú sorával. Leginkább említésre méltó közülük Gazdag Gyula dokumentumtrilógiája[5], amely egy-egy jól megválasztott szituáció objektív, beavatkozás nélküli rögzítésével meghökkentően éles és mély képet ad átmeneti társadalmunk ellentmondásosságáról. Az álteljesítmények kultusza (Hosszú futásodra mindig számíthatunk), a funkciótlan hatalmi szerepek önkényessé váló, ideologikus beavatkozása a mindennapi élet döntéseibe — itt egy beat-zenekar szerződtetésébe — (Válogatás), a demokratikus és diktatórikus irányítási módszerek keveredése, határozatlansága a különböző érdekszférák ütközésében (Határozat) általánosítható érvényű megfigyeléseket tesz közzé a szocializmus jelenlegi problémáiról, anélkül, hogy az eseményekbe beavatkozna vagy a rögzítést tendenciózusan vezetné. Ez a módszer úgyszólván „iskolát" teremtett. Számtalan értékes, közvetlen valóságfeltáró dokumentum készült még ezekben az években, hasonló módon csak az események logikájához kötődve s teljesen figyelmen kívül hagyva a mozifilmek konvencióit, időbeli kötöttségét. Többnyire a televíziós forgalmazás sem jöhetett szóba. Néhány alkalmi vetítés — ez minden —, ahol igen élénk, de természetszerűleg csak szűk körű visszhangot kelthettek.

Egy bizonyos kantiánus tartózkodás a „valóság" kezelésében, egyúttal direktebb forma, ez jellemzi a dokumentumfilmek másik — ritkábban előadott és individuális karakterű — típusát (Dobai: Archaikus torzó, Bódy: A harmadik), külföldön is elismerést szerzett példája az Anyaság, Grunwalsky Ferenc filmje[6]. Mivel ezeknek a filmeknek a formája inkább rokon az experimentalizmussal, mint a dokumentarizmussal, tartalmuk pedig nem kapcsolódik közvetlen társadalmi problematikához, még kevésbé illettek a „filmművészetről" a hatvanas években kialakított képbe.

Többnyire ellenállásba ütközve a „szakmán" belül is és meglehetősen szűk keresztmetszettel alakult ki a kísérleti filmkészítés a Balázs Béla Stúdióban. Kezdeteit, szellemi forrásait a következőkben kereshetjük:

— a játékfilm szerintünk hitelét vesztett fikcióinak és konvencióinak, a dokumentumfilm kritikátlan „valóság"-fogalmának és módszertani igénytelenségének tagadása;

— a társművészetek (zene, képzőművészet) audióvizuális tapasztalatai és az a szemlélet, ahogy a mozgóképet — filmet, videót — használják;

---

taries (without any restrictions in genre) production release. The idea was first expressed in a plan of "sociological documentaries" published in Filmkultura by a group of authors.[4] In fact this idea was worked out by the Studio in a long series of documentaries. The most remarkable work of these films is Gyula Gazdag's documentary trilogy[5] which drew an astoundingly sharp and deep picture of the contradictionary character of our transitionary society by shooting carefully chosen situations objectively and with no intervention. These films show the cult of false results (We can Always Rely on you in the Long Run), the arbitrary, ideological intervention of functionless figures-in-power taking part in the decisions of everyday life — in this case the engagement of a pop group (Selection) —, the confusion and uncertainty of democratic and totalitarian governing methods, clashing with different ranges of influence (Resolution). The director reveals his observations of universal validity about the current problems in socialism without intervening in the events or directing the shooting tendentiously. This method virtually founded its own school. Over the years several more valuable documentaries were made which revealed reality with the method of following the logic of the events and ignoring the conventions and time restrictions established in feature films. In most cases TV release was out of the question. There were some occasional projections — and that is all — where the films were hotly, but of course rather exclusively, discussed.

A certain Kantian reservation in treating reality, — a more direct form — these peculiarities characterize the other type of documentaries, which were presented even more rarely and which had an individual nature (Dobai: Archaic Torso, Bódy: The Third). A good example of these films is Ferenc Grunwalsky's Motherhood which was shown abroad as well.[6] As the form of these films is closer to experimentalism than to the documentary, their subject cannot be connected to any circle of direct social problems. It would have been very difficult to fit them into the picture of "film art" which developed in the sixties rather than the films of the newer type.

Experimental film-making has developed at BBS within narrow bounds which mostly encountered opposition in the "screen world". Its origins and intellectual sources are the following:

— Objecting to the — (and in our opinion discredited) — fictional conventions of feature films, as well as the uncritical "reality" concept and methodological simplicity of documentaries.

— The audio-visual experiences of the attendant arts (music, fine arts) and their reproach to the use of motion picture: film, video.

— The linguistic theoretical wave of the sixties that put the stress on the medium and basic structures of expression.

The fact that the first series of experimental etudes made between 1973 and 1975 had the title Film Language Series[7] shows the effects of the third factor. This series was made by members of the "old" and new generations of professional filmmakers (János Tóth, Gábor Bódy) and the representatives of different fields of artistic avant-garde (Miklós Erdély, Dóra Maurer, Endre Tót artists; Zoltán Jeney, Zoltán Vidovszky composers).

A new general feature of young Hungarian film-makers can be discerned. As the possibilities for private film-making were rather restricted and the official state-owned film-making formed an exclusive, hierarchal organisation where the only way of

— a hatvanas évek elméleti-lingvisztikai hulláma, amely a figyelmet a kifejezés médiumára és alapstruktúráira irányította.

Ez utóbbi hatását mutatja, hogy az experimentális etűdök első szériája, amely 1973—75 között készült, a **Filmnyelvi sorozat**[7] címet viselte. Készítőik között azonban megtaláljuk mind a hivatásos film „régi" és új generációinak (Tóth János, Bódy Gábor), mind a művészeti avantgarde különböző területeinek képviselőit (Erdély Miklós, Maurer Dóra, Tót Endre képzőművészek, Jeney Zoltán, Vidovszky László zeneszerzők).

A fiatal magyar film egy újabb általános vonására figyelhetünk itt fel. Minthogy a privát filmkészítés lehetőségei meglehetősen korlátozottak, a hivatásos, „állami filmgyártás" pedig egy zárt, hierarchikus testületet alkot, ahova az egyedüli bejárat a Színház- és Filmművészeti Főiskolán keresztül vezet, a BBS feladatának tekintette azt is, hogy ezen a korrigálhatatlannak tetsző, zárt mechanizmuson ajtót nyisson, és kamerát adjon mindazok kezébe, akik azt valami értelmes célra használják. Ez magával hozta a „mesterkedés" értelmében vett professzionalista filmszemlélet elutasítását. A régi Balázs Béla Stúdió a Főiskola „utolsó osztályaként" funkcionált. A hetvenes évek közepére egy olyan csoportja alakult ki a fiatal filmkészítőknek a Stúdióban, amelyik mind felfogásában, mind tevékenységében különbözött a válságévei javában járó „hivatalos filmtől", sem terveivel, sem produktumaival nemigen találta helyét annak keretei között. Világossá kellett váljon: a fiatalok nem érhetik be egyes filmek tervezésével, mert ezek a filmek nem illeszthetők be már a meglevő keretek közé. A terveknek és munkáknak ki kell terjedniük a filmgyártás egész kontextusára.

A dokumentarizmus az ún. **Nevelésügyi sorozattal**[8] tette meg azt a lépést, ami túlmutatott az egyéni vállalkozáson, és a film társadalmi funkcióinak új felfogását tanúsította. A sorozat öt, egyenként kb. másfél órás filmből áll, egy alkotócsoport közel kétéves munkájának eredménye. A riport és cinéma vérité módszereket váltogatva használó film szereplője egy vidéki család, amelyben egy híján mindenki pedagógus. Családi életük és pedagógiai tevékenységük követésekor a film a világnézeti vonatkozásokra koncentrál. Az alkotók gyakran élnek a konfrontáció eszközével, úgy hogy a szereplőknek saját régebbi nyilatkozataikat kell visszanézniük. Módszertanilag — az egyébként nem teljesen letisztult filmnek — ezek a visszacsatolások adják az újszerűségét, s ami ezzel jár: az időddimenzió kitágulása. Az alkotócsoport a sorozat elkészítésén túl a forgalmazásban is részt vett. Sikerült elérniük, hogy munkájukat a dokumentumfilmek szokásos szűk közönségén kívül a nevelésügyben érintettek, mindenekelőtt maguk a pedagógusok lássák és megvitassák. A régóta reformok kísérte és további megreformálásra váró magyar nevelésügy kérdésében országszerte vitákat katalizált a film, s ezzel testet öltött a „társadalmi forgalmazás" és az „irányított dokumentumfilm" eszméje.

Lényegére redukálva ezt az elgondolást, amelynek végrehajtására Dárday és Vitézi vezetésével néhány filmkészítő, közművelődési és elméleti szakember szövetkezett[9], két elvre kell figyelnünk:

— a filmeknek konkrét feladatvállalással, a társadalom előre meghatározott pontjára kell irányulniuk,

---

entering leads through the Academy of Theatre and Film Arts, BBS considered it a task to open an entrance despite the closed mechanism, (which appears to be incorrigible), and to give a camera to everybody who could use it for some rational project. It raised the objection of the professional — especially in the sense of "craftmanship" — in the approach to films. The old BBS, as the last class in the Academi of Film and Theater Arts acted as the hall for professional film-making. By the middle of the seventies a group of young film-makers gathered round the Studio and this group, considering its concept and activity, differed from the "official" film world, it had to face a crisis. Owing to its plans and products this group could not find its place within the framework of professional film-makers. It had to become obvious that these young people would not be satisfied with planning single films because these films could not be fitted into the existing framework. Plans and output spread over the whole context of film-making.

The first step of the documentary (which had some significance beyond individual venture and which revealed a new concept of the sociological functions of film), was **Educational Series**.[8] The series consists of five films each lasting for about one and a half hours respectively. It is the result of a creative group's two-year work. Varying the methods of interviews and cinéma verité the films show a family living in the country whose members except for one are all teachers observing their family life and teaching activities the film lays the emphasis on ideological aspects. The film-makers often use the means of confrontation in a way that the characters in the film must watch their earlier interviews. As regards methodology these feedbacks were accompanied by the extension of time dimension which gave a novelty to the film. Besides making the film the creative group took part in its release as well. It was because of their success that apart from the usual exclusive circle of documentary-fans, all those who were concerned in public education, especially educationalists, watched and discussed the film. The film catalysed discussions all over the country in connection with the situation of Hungarian education. The system has been reformed many times but still needs further reforms. With these discussions the ideas of "social release" and "controlled documentaries" have come true.

Considering the essence of the idea, which was accomplished by some film-makers, experts on education and theorists under the direction of Dárday and Vitézi,[9] we must concentrate on two principles:

— Films should undertake a concrete task and observe a previously determined fragment of society.

— The release of the films should be connected with the *work* of the social strata or groups concerned in the given subject and not simply to *leisure time* in general.

It is a carefully examined, Marxist conception which can be connected ideologically to the "Kino-Zug" ("Movie-Train") movement of the twenties in the Soviet Union; naturally the social basis for it is completely different. Gaining a certain support from official cultural policy, the group organised a national conference on building up "social release", and on the matter of using the films at schools.[10] Of course documentaries of a kindred mind were made outside the group as well, (in an odd way because mostly they were the circle of education and the youth movement; primarily the Mihályfi and the Gulyás brothers' im-

— a filmek forgalmazása ne általában a *szabadidőkitöltéshez* kötődjön, hanem az adott témákban érdekelt társadalmi rétegek, csoportok *munka-tevékenységéhez.*

Egy radikálisan végiggondolt, marxista filmkoncepció ez, eszmeileg kapcsolódik a huszas évek szovjet „Kino-Zug" irányzatához, persze egészen más társadalmi talajon. A csoport — a hivatalos kultúrpolitika bizonyos mértékű támogatását megnyerve — országos tanácskozást szervezett, a „társadalmi forgalmazás" kiépítésének és a film iskolai felhasználásának ügyében.[10] Természetesen a csoporton kívül is készültek hasonló szellemű filmdokumentumok, például a Mihályfi és a Gulyás testvérek szuperméretű vállalkozásai[11], sajátos módon túlnyomórészt a pedagógia és az ifjúsági mozgalom körében. Határozott lépések történnek tehát a film társadalmi funkcióinak elmélyítése érdekében. Ma még lehetetlen megjósolni, milyen sikerrel és végeredménnyel.

1976 óta csoporttá szerveződve folytatta munkáját és törekszik helyet szorítani magának a magyar filmkultúrában az experimentalizmus is. Ez érthető emésztési zűröket okoz, hiszen a filmkészítésnek ez az útja nem könnyíti meg értelmezőinek dolgát azzal, hogy közvetlenül meghatározható társadalmi funkciók jelzőzászlóit lobogtatná. A legkevésbé sem egységes gondolkodású csoport tevékenységét csak egy szinten lehet közös nevezőre hozni. Abban a törekvésben, hogy a film mint médium megszabaduljon a rákényszerült konvencióktól, egyúttal felszabaduljon a legkülönbözőbb kommunikatív funkciók: a társművészetek, a kutatás, a meditáció számára. A csoport nevével is — K/3 — a törekvések komplexitására[12] utal. Az újabban készült etűdök a szellemi kapacitásnak ugyanazt a sokrétűségét tükrözik, mint a **Filmnyelvi sorozat** darabjai, a képzőművészettől a computer-filozófiáig[13]. S ez a kép csak töredékesnek mondható, mert noha a kezdeti ellenállás a filmek hivatalos fogadtatásában engedett szigorából, a filmek készítésének pénzügyi lehetősége meglehetősen szűk maradt. Hasonlóan szűk az a csatorna, amelyen át a filmek közönségükkel találkozhatnak, ennek ellenére virtuális hatásuk a művészet és a gondolkodás több területén érzékelhető. A csoport első széles körű, nyilvános bemutatójára feltehetően ez évben kerülhet sor. Kérdés, milyen mértékben „legalizálódik" az elkövetkező években a kinematografikus gondolkodásnak ez az útja? A válasz szintén a film gyártási és forgalmazási kapacitásának differenciálódását feltételezi. Készségeit és energiáit illetően a fiatal magyar film érettnek látszik arra, hogy a kinematográfia „Bauhaus"-ával lepje meg a világot; erre utalnak a csoport tevékenységében érezhető didaktikus tendenciák is. Mindez azon is múlik, sikerül-e standardizálnia a külső feltételeit.

Két út, vagy az is lehet, hogy két epizód a magyar film történetében? Nálunk szokták azt mondani, hogy ha egyáltalán nem lenne filmgyártás, az emberek akkor se tüntetnének érte, s ez valószínűleg így van. De ami érvényes, az mindenképpen megjelenik a kultúrában, ha olyan vékonyan is, mint kőben az erezet.

1969 előtt a Balázs Béla Stúdió filmjeinek túlnyomó része azonnal a mozik vetítővásznára került. Netán a fiatal magyar film végképp elbúcsúzott volna a mozitól? Nem lehet ezt mondani, még akkor sem, ha energiái java részét a film mozin kívüli útjainak egyengetésére fordítja. Egyrészt előfordul, hogy a szóban forgó irányzatok produkciói is

---

mense ventures[11] should be mentioned here. Positive measures are being taken for deepening the social function of film. At the moment it is still impossible to predict the degree of success and, the outcome of these measures.

Experimental film-makers have also been working in a group and trying to find their niche in Hungarian film culture. It understandably causes "digestive disturbances" as this alternative form of film-making does not help its viewers by waving the signal flags of directly definable social functions. The group's activity, which is by no means uniform, can be reconciled only at one level. This level is that of the ambition to set film as a medium free from the conventions forced upon it, and, at the same time, to make it free for various communicative functions like the attendant arts, research or meditation. The name of the group, K/3 also suggests the complexity of ambitions.[12] The studies made recently reflect the same multiplicity of intellectual capacity as it extends from fine arts to computer philosophy in the pieces of **Film Language Series**.[13] This picture is just fragmentary, for though the original official opposition has decreased in its rigour, the financial means of making such films have remained rather narrow. Similarly narrow is the channel through which films can meet their audience. Despite it, their actual effect can be observed in several fields of art and thinking. The first wide, public performance of the group might take place this year. The question arises just how much this alternative cinematic thinking will be "legalized" over the following years. The answer supposes a differentiation in the capacity of film-making and of release. Considering its skills and energy, the young Hungarian film seems to be mature enough to surprise the world as the "Bauhaus" of cinematography, or at least this is indicated by the didactic tendencies in the activity of the group. All this also depends on the element as to whether it will manage to standardize the outer conditions.

Two ways, or possibly is it just two episodes in the history of Hungarian film? We often say that if there were not film-making, people would not demonstrate for it and it might be true. But the alternative, which is effective, will certainly appear as culture, even if it will be as thin as the veins in a stone.

Before 1969 most of the films of BBS appeared immediately on the screen. Is it possible that young Hungarian film has finally said "goodbye" to the cinema? We cannot say even if the movement uses most of its energy for paving the way for activity outside the cinema. On the one hand the productions of the trends in question are actually released in cinemas every now and then. But the regular feature films, which can inform us about the experiences and sensitivity accumulated this way, are also made.

Dárday's feature film, **Holiday in Britain** fictionalizes his documentary experiences, both in the choice of subject and in treatment of material, and he is said to continue this way more consistently in his film in progress, **Sisters**. The same preliminaaries characterize Ferenc András's work, **It is Rain and Shine Together** which has been projected at Mannheim. **American Postcard** treat the material of the film experimentally. It will certainly not be the only film of this kind.

At the same time "elder" generations are also responding to these experiences. At present film-fans all over Hungary are keenly interested in for example Ferenc Kósa's documentary, a film purely artistic entitled **The Portrait of a Champion**[14] which is a portrait of the Hungarian András Balczó, who was several times olympic and world champion in the pentathlon.

moziforgalmazásra kerülnek. De készültek „szabályos" játékfilmek is, amelyek közvetítik az ezeken az utakon akkumulált tapasztalatokat és érzékenységeket.

Dárday játékfilmje, a **Jutalomutazás** tárgykiválasztásában és anyagkezelési módjában egyaránt dokumentarista tapasztalatait fikcionálja, és úgy hírlik, készülő filmjében, a **Nővérekben** ezt még következetesebben folytatja. Hasonló előzményekkel készült a **Veri az ördög a feleségét**, András Ferenc munkája, amely most került a mannheimi nézők elé.

Az **Amerikai anzix** experimentális eszközökkel nyúlt a film anyagához. Minden bizonnyal ez az út sem marad folytatás nálkül.

Ugyanakkor az „idősebb" generációk is kezdenek fogékonnyá válni ezekre a tapasztalatokra. Jelenleg például országszerte nagy érdeklődés mellett vetítik a mozik Kósa Ferenc **Küldetés**[14] című dokumentumfilmjét, mely sallangmentes eszközökkel készített portré a többszörös olimpiai és világbajnok öttusázóról, Balczó Andrásról.

Nem állítjuk, hogy ezek a filmek valamiféle „megoldást" adnának a mozik használatára. Mindenesetre jelzik a — talán közeli — szintézis lehetőségét.

Bevezetőmben azt fejtegettem, hogy egy fikciórendszer felbomlása szükségszerűen az empíria és az eszközök, a forma új kutatását vonja maga után. Az emberi gondolkodás története emellett azt is megmutatja, hogy a kommunikáció leghatékonyabb módja mégiscsak a fikció valamilyen formája marad, s ettől nem is tudunk szabadulni. Hoznak-e a magyar filmben valami új szintézist, megteremtik-e a fikció új, érvényes típusait az elmúlt fél évtized tapasztalatai? Remélhetőleg igen, anélkül, hogy feladnák a kinematográfia mozin kívül megszerzett-kijelölt pozícióit.

A magam részéről az új érzékenységgel rendelkező epikus nagy realizmus újjáéledésének igényét érzem a mozikban, és egy „szuper-fikcionalizmus"-ét. Persze olyan igények ezek, amelyeket a magyar filmgyártás anyagi bázisa nem valami megnyugtatóan támaszt alá. A fiatal magyar film azonban gyökereit a „szakmán-mozin kívüli" valóságba eresztette, s ha ezeket elvágná, valószínűleg el is vesztené erejét.

JEGYZETEK

A tanulmány az 1977. évi Mannheimi Fesztivál igazgatóságának felkérésére készült, a magyar filmet bemutató különkiadvány számára. A szerző érthető törekvése volt, hogy példáiban a fesztivál közönsége előtt többé-kevésbé ismert filmekre hivatkozzon.

1. Mannheimben szerepeltek: Kardos Ferenc: Ünnepnapok (1968); Huszárik Zoltán: Szindbád (Joseph von Sternberg díj, 1972); Elek Judit: Egyszerű történet (Mannheim város díja, 1975).
2. Maár Gyula: Végül (Fődíj, 1974); Dárday István: Jutalomutazás (megosztott Fődíj, 1975); Bódy Gábor: Amerikai anzix (Fődíj, 1976).
3. A továbbiakban: BBS = Balázs Béla Stúdió.

We do not want to say that these films give a solution in use of the cinemas. But at any rate they indicate the possibility of, perhaps, an approaching synthesis.

At the beginning of this essay I was discussing the fact that the disintegration of the fictional system is necessarily followed by the new research of percept and means. Besides, the history of human thinking also proves that the most effective way of communication is a form of fiction and it will always remain the same. Will the experiments over the last five years bring some new synthesis, will they create new, effective types of fiction? Hopefully they will, without giving up the positions of cinematography acquired-marked outside the cinema.

As for me, I can see the need for the revival of epic realism having new sensitivity and for a "super-fictionalism" in the cinemas. Of course these needs are not satisfactorily sustained by the financial means in Hungarian film-making. The young Hungarian film however has taken root in the reality, of the "outside profession and the cinema", and if it were to cut these roots, it would lose its power.

Notes

The study was written at the request of the management of the 19th Mannheim Festival, for a special publication introducing Hungarian film. It was the author's understandable need to refer to films which were better or less known by the audience of the festival.

1. The following films were presented in Mannheim: Ferenc Kardos: Holidays (1968); Zoltán Huszárik: Szindbád (Joseph von Sternberg prize, 1972); Judit Elek: A Simple Story (the Prize of Mannheim City, 1975).
2. Gyula Maár: At the End of the Road (Grand Prize, 1974); István Dárday: Holiday in Britain (Grand Prize — shared, 1975); Gábor Bódy: American Postcard (Grand Prize, 1976).
3. Henceforth abbreviated: BBS = Béla Balázs Studio.
4. "The need for a Sociological Film Group", Filmkultura, 3/1968 signed by: Ferenc Grunwalsky, Dezső Magyar, László Mihályfi, György Pintér, István Sipos — directors and cameramen; Árpád Ajtony, Gábor Bódy, Péter Dobai, Csaba Kardos writers.

4. „Szociológiai filmcsoportot!" — FILMKULTÚRA, 1968/3. sz. Aláírói: Grunwalsky Ferenc, Magyar Dezső, Mihályfi László, Pintér György, Sipos István mint rendezők-operatőrök; Ajtony Árpád, Bódy Gábor, Dobai Péter, Kardos Csaba mint írók.

5. Hosszú futásodra mindig számíthatunk; 35 mm, ff., 16 perc, 446 m, op: Jankura Péter (1968) — A válogatás; 35 mm, ff., 41 perc, 1150 m, op: Jankura (1970) — A határozat; 35 mm, ff., 106 perc, társrendező: Ember Judit, op: Jankura (1972).

6. Anyaság: r. és op: Grunwalsky Ferenc, 25 mm, ff., 1134 m (1972), díj: Oberhausen, 1974. A hetek zsürije.

7. A Filmnyelvi sorozat filmjei 1972 és 1975 között készültek: Relatív lengések; r: Maurer Dóra, o: Gulyás János, 35 mm, ff., 11 perc. — Keressük Dózsát; r: Maurer Dóra, o: Gulyás János, 35 mm, ff., 7 perc. — Négy Bagatell; r—o: Bódy Gábor, 35 mm, ff., 28 perc. — Round; r: Jeney Zoltán, o: Jankura Péter, 35 mm, ff., 12 perc. — Aldrin; r: Vidovszky László, o: Bódy Gábor, 35 mm, ff., 6 perc. — Study I.; r—o: Tóth János, 35 mm, színes, 10 perc. — Study II.; r—o: Tóth János, 35 mm, színes, 11 perc.

8. Nevelésügyi sorozat; 35 és 16 mm, ff., I. A szocialista nevelésért, II. Ő lesz a hatodik pedagógus (101 perc); III. Kati és Ernő (109 perc); IV. Tibor (90 perc); V. Tanul és tanít a család (90 perc). Rendezők: Dárday István, Mihályfi László, Szalai Györgyi, Vitézi László, Wilt Pál, operatőrök: Pap Ferenc, Gulyás János. Készült: 1973—74-ben.

9. Közművelődési csoport, 1975; 1977 óta kettévált: Filmgyártási, forgalmazási és közművelődési kutatócsoport és Film és társadalmi kutatócsoport.

10. Közművelődési filmhét, Pécs, 1977. március és Tanácskozás a film iskolai felhasználásáról, Kecskemét, 1977. május.

11. Kertész utcaiak; 35 mm, ff., 93 perc, r: Mihályfi Sándor, o: Mihályfi László, 1972. — Önfelszámolás; r: Mihályfi Sándor, 1976. Kísérleti iskola, r: Gulyás Gyula, o: Gulyás János — készülőben.

12. K/3 csoport — az elnevezés a Közművelődési komplex kutatások, illetve Kinematografikus kísérleti központ rövidítéséből származik. Alakult 1976-ban.

13. A K/3 csoport által készített etűdök: Tükröződés; 35 mm, színes, 8 perc, r: Birkás Ákos (festő), o: Vékás Péter, 1976. — Öndivatbemutató; 35 mm, ff., 17 perc, r: Hajas Tibor (költő), o: Dobos Gábor, Vető János, 1976. — Visus; 35 mm, színes, 20 perc, r—o: Timár Péter. — Pszichokozmoszok; 35 mm, ff., 12 perc, r: Bódy Gábor, program: Szalai Sándor, o: Hollós Olivér, 1976. — Mozikép; 35 mm, színes, 10 perc, r—o: Tóth János, 1976.

14. Kósán kívül többen elkötelezték magukat a „hosszú dokumentumfilmek" programja mellett az előző generációkból: Elek Judit, Ember Judit, Schiffer Pál nevét kell itt elsősorban megemlíteni. Valószínűnek látszik, hogy az új magyar filmnek ez a legszélesebb „vonulata" rövidesen intézményes helyet kap a magyar filmgyártásban.

---

5. We Can Always Rely You in the Long Run, 35 mm, b.w., 16 minutes, 446 m, camera: Péter Jankura (1968) — Selection, 35 mm, b.w., 41 minutes. 1150 m, camera: Péter Jankura (1970) — Resolution, 35 mm, b.w., 106 minutes, co-director: Judit Ember, camera: Péter Jankura (1972).

6. Motherhood (director and camera: Ferenc Grunwalsky) 35 mm, b.w., 1134 m (1972), prize awarded by the Jury of the Film Week in Oberhausen, 1974.

7. The films in the Film Language Series were made between 1972 and 1975 — Relative Swings, director: Dóra Maurer, camera: János Gulyás, 35 mm, b.w., 11 minutes — Looking for Dózsa, director: Dóra Maurer, camera: János Gulyás, 35 mm, b.w., 7 minutes — Four Bagatelles, director and camera: Gábor Bódy, 35 mm, b.w., 28 minutes — Round, director: Zoltán Jeney, camera: Péter Jankura, 35 mm, b.w., 12 minutes — Aldrin, director: László Vidovszky, camera: Gábor Bódy, 35 mm, b.w., 6 minutes — Study I. director and camera: János Tóth, 35 mm, colour, 10 minutes — Study II, director and camera: János Tóth, 35 mm, colour, 11 minutes.

8. Educational Series, 35 or 16 mm, b.w., I For Socialist Education, II He will be the Sixth Teacher (101 minutes), III Kati and Ernő (109 minutes), IV Tibor (90 minutes). Directors: István Dárday, László Mihályfi, Györgyi Szalai, László Vitézy, Pál Wilt; cameramen: Ferenc Pap, János Gulyás; all made between 1973 and 1974.

9. Public Educational Group, 1975; Separated since 1975 as the Film-making, Release and Public Culture Research Group, and the Film and Society Research Group.

10. Public Educational Film Week, Pécs (March, 1977) and Conference on the Use of Films at Schools, Kecskemét (May, 1977).

11. People of Kertész Street, 35 mm, b.w., 93 minutes, director: Sándor Mihályfi, Camera: László Mihályfi (1972) — Self-liquidation, director: Sándor Mihályfi (1976) — Experimental School, Director: Gyula Gulyás, camera: János Gulyás (in progress).

12. K/3 — the name comes from the Hungarian equivalents (both expressions start with three "K"-s) of either Complex Research on Public Education or Cinematic Research Centre. The group was established in 1976.

13. The etudes made by K/3: Reflection, 35 mm, colour, 8 minutes, director: Ákos Birkás (painter), camera: Péter Vékás (1976) — Self Fashion Show, 35 mm, b.w., 17 minutes, director: Tibor Hajas (poet), camera: Gábor Dobos and János Vető (1976) — Visus, 35 mm, colour, 20 minutes, director and camera: Péter Tímár — Psychocosmoses 35 mm, b.w., 12 minutes, director: Gábor Bódy, programme: Sándor Szalay, camera: Olivér Hollós (1976) — Cinema Picture, 35 mm, colour, 10 minutes, director and camera: János Tóth (1976).

14. Apart from Kósa, several film-makers in previous generations have committed themselves to follow the programme of "long documentaries". First of all are the names of Judit Elek, Judit Ember and Pál Schiffer. It seems to be possible that this all embracing trend in the new Hungarian film movement will become officially established soon.

Több mint tíz éve, a 60/70-es évek fordulóján léptem az ún. „filmes" pályára. Abban az időben mindenki, aki egy kicsit is adott magára, a narratív tradíció ellen lépett fel, amelyben csak fikcióvá stilizált hazugságot, tradicionális kényelmességet láttunk. Bosszantóan nevetségesnek vagy elviselhetetlenül unalmasnak tűnt szinte minden játékfilm.

A narratív sémák elutasításából egy dokumentarista és egy experimentalista útkeresés bontakozott ki Magyarországon is. Én magam mindkettőben részt vettem, és mintegy véletlennek is tekinthető, hogy kutatásaim az experimentalista irányban fejlődtek tovább. A két irány, bár gyakran ellentétesnek látszott, a kinematográfia egyazon, alapvető paradoxonát állítja vizsgálódása gyujtópontjába: hogyan válik a megtett út kifejezéssé. Más szóval ez a „jelentés" kérdése.

Ugyanezen évek filmszemiotikája tett néhány sikertelen kísérletet a jelentés definíciójára. Legközelebb az járt a paradoxon feloldásához, aki maga is filmkészítő volt: P. P. Pasolini. Az ő szemiotikai, de antidogmatikus karakterű írásai már előlegezik azt a gondolatot, hogy a jelentést nem egy entitásban, még csak nem is egy struktúrában kell keresnünk, hanem abban a folyamatban, melyben a filmkészítő tárgyának és eszközeinek jelentést *t u l a j d o n í t,* s amit nem más, csakis az élete szegmentálhat.

A következetes dokumentarizmus új jelentésmezőket izolál vizuális (és többnyire szociális) környezetünkből, vagy (és) ugyanakkor a régiek között teremt új jelentésvonatkozásokat. Az experimentalizmus főként az artikuláció módjaiban és határaiban, a kinematografikus médium és érzékszerveink természete közt feszülő kreatív lehetőségekben vág új ösvényeket.

A két tapasztalat az elmúlt évtizedben egy általános audiovizuális nyelvezetet szólaltatott meg, és az új narrativitást úgy határozhatnánk meg, mint ennek a nyelvezetnek a tudatos jelenlétét és gyakorlatát a narratív tradíció felelevenítésében.

Mert maga a tudás nem kielégítő, az emberben újra és újra feltámad a vágy a hipotetikus, a fiktív iránt, jelenlétünk transzpozíciója iránt. A narrativitás, a mese, miután lelepleződött mint hazugság, újra támad mint kultusz, hogy magunkat és nézőinket újabb, elképzelt körülmények között tegyük próbára, a jelentés új, hipotetikus tartományait nyissuk meg a létezés számára. Az új narrativitás új jelentésmezőket fed fel vagy hoz létre, új eszközöket használ az artikulációban és új rést nyit a mindig összeomlani készülő horizonton.

[80-as évek eleje. Kézirat]

It was more than ten years ago, at the end of the sixties when I went in for the so-called „screen world". At that time all those who cared little for their reputations set their faces against a narrative tradition in which we saw nothing but lies stylized into fiction or traditional time-wasting. Almost every feature film seemed to be irritatingly ridiculous or intolerably boring.

Objecting againts narrative schemes, Hungarian film-makers started to explore possibilities in the fields of documentary and the experimental. I took part in both novements and it can be considered a matter or chance that my studies have leand towards the experimental. Though the two trends seemed to be contradictory, they put the same thing in the centre of investigation, the paradox of cinematography, the question of how the road we have covered will become expression. In other words it is the question of „meaning".

Film semiotics in those years made several unsuccessful attempts at defining meaning. It was a film-maker, P. P. Pasolini who came nearest to the resolution of the paradox. His writings of a semiotic but antidogmatic nature, already raised the idea that we should search for meaning neither in an entity nor in a structure, but in a process in which the film-maker *a t t r i b - u t e s* a meaning to his subject and uses means which can be segmented by nothing other than his life.

Consistent documentarism isolates new meaning-fields from our visual (and mostly social) surroundings or (and) at the same time creates new meaning-relations among the old ones. Experimentalism opens up new paths mainly in the ways and limits of articulation, in the creative possibilities stretching between the cinematographic medium and the nature of our sense organs.

These two experiences promote a general audio-visual language in the last decade, and a new narrative-form could be defined as the conscious presence and practice of this language in narrative tradition.

For knowledge itself is not sufficient. Time after time one feels the desire for the hypothetic, the fictive, for the transposition of our presence. After having turned out to be lies, narrative and tales revive as a cult so that we should tax our and our audience's power under new, imaginary circumstances, and so we could open up new and hypothetic fields of meaning of existence.

A new narrative reveals or creates new meaning-fields. It uses new means in articulation and makes a new breach in an horizon that is always about to collapse.

[Early 80s. Manuscript]

KREATÍV GONDOLKOZÓ SZERSZÁM
A „KÍSÉRLETI FILM" MAGYARORSZÁGON

1. Absztrakt film, abszolút film, avantgarde film, fényművészetek, független film, kísérleti (experimentális) film, a kiterjesztett film (expanded cinema), környezetek (environments) filmekkel vagy film-környezetek (film-environments), kézzel-csinált filmek, kinetikus látványművészetek, projekt-film (concept art), psychedelikus film, struktúrális film, a tiszta film (cinema pur), triviális film, under-ground film . . .[1]

A felsorolt kategóriák különböző időszeletek és helyi irányzatok által tagolt *folyamatot* jeleznek, amely a filmtörténettel egyidős, de azt mindeddig mintegy marginálisan kísérte. Szokásos átfogóan helyettük a „kísérleti" vagy „experimentális" film nevet használni, bár csak egy szinten hozhatók közös nevezőre: a művek, amiket fednek, a nagyipari film- vagy televíziós műsorgyártás és forgalmazás keretein kívül jöttek létre; mint ilyenek, spontán vagy deklarált módon szakítottak annak konvencióival. De minden látszat ellenére nem a kulturális *tradíciókkal*, amelyeknek mélyebb gyökereihez könnyen kapcsolhatók, legalább is, ami az antik árnyjáték (India, Kína, Jáva), az első automaták (Kína, Görögország), az egyiptomi fal- és a keresztény üvegfestészet, a tűzijátékok és a tükörlabirintusok, a reneszánsz és a manierizmus, a „Magia naturalis sive de miraculis naturalium" s az azóta mind fokozottabb tempóban kibontakozó látványtechnikai kutatásoknak a hagyományait illeti.[2]

Maga a folyamat a *kinematográfiát* (mindennemű mozgóképi eljárást) mint általános szemléleti lehetőséget, társadalmi kultuszt és ebből származó vizuális nyelvet gyakorolja, vizsgálja, érinti. Több-kevesebb tudatossággal azt a korszakot készíti elő, amelyben a kinematografikus kommunikáció szövete olyan sűrűséget ér el, hogy ezen a nyelven a beszéd is általánossá válik: azaz a film- és televíziós ipar monopóliuma megdől mind a felvételi, mind a lejátszási technikákban. Erről a korszakról a hatvanas évek óta beszélünk, eleinte a felismerés lelkesedésével, később az erre következő szokásos rezignációval és fásultsággal, talán észre sem véve, hogy az idézett szellem nemcsak megjelent, hanem lassan elfoglalta helyét a székünkben.

A super-8 és az olcsó videófelvételi technikák az utóbbi években csaknem olyan megközelíthetővé tették a mozgókép-rögzítést, mint a hangét a magnó vagy a fotót a fényképezőgép. A videó-kazettás és lemezes lejátszóberendezések

---

CREATIVE THINKING DEVICE
"EXPERIMENTAL FILM" IN HUNGARY

1. Abstract film, absolute film, avant-garde film, arts of light effects, independent film, experimental film, expanded cinema, environments with films, filmenvironments, handmade films, kinetic visual arts, concept art, psychedelic film, structural film, cinema pure, trivial film, underground film...[1]

The categories listed above indicate a *process* dissected by various segments of time and by local tendencies. They are as old as film history but they accompany it, marginally so far. „Experimental" film is often used as a comprehensive term for them, though they can be reduced to a common denominator only in one respect: the works that are meant by it were born outside the field of production and distribution of the motion picture or television industries; as such these films broke with their conventions in a spontaneous or declared way. However, contrary to appearances they did not break with cultural *traditions*, the deeper roots of which can be easily related, at least as regards to their traditions, be it the antique shadow play (India, China, Java), the first automata (China, Greece), the Egyptian mural- and Christian stained-glass painting, fireworks and mirror labyrinths, the renaissance and mannerism, or the „Magia naturalis sive miraculis naturalium". And since then they are indulged in the researches in the field of visual techniques which unfold at a rapid pace.[2]

The process itself practices, examines and affects *cinematography* (that is any type of motion picture procedure) as a possibility of general thought, social cult and the visual language which derives from it. More or less consciously it prepares an era when the tissue of cinematographic communication will become so compact that speaking in this language will also become general: that is, the monopoly of motion picture and television industries will be overthrown by the techniques of both recording and replaying. We have been talking about this era since the 60's, first with the enthusiasm of the revelation, later with the usual resignation and apathy, perhaps even unaware that the spirit conjured up has not only appeared but has slowly seated itself in our chair.

In recent years super-8 and cheap video recording techniques have made motion picture recording as accessible as the tape recorder had in the case of sound and the camera in the case of photographs. The mass of video cassette and disc players put on market now pulls down the wall between „transmitters and recievers" which is the last obstacle of the great visual revolution of the 20th century. And this step is no longer the obscure future of the speculators but it is actuality itself.

nagy tömegű piacra dobása most az „adók" és „vevők" közti válaszfalat dönti le, a XX. századi nagy vizuális forradalom utolsó akadályát. S ez a lépés nem a tervezők ködös jövője többé, hanem maga az aktualitás.

„A műsoros videókazetták nagy fogyasztó piacának megjelenésével — 1981 végére egyedül Nagy-Britanniában egymillió egységet érhetünk el — (. . .) hirtelen a film megszűnt időhöz kötött élmény lenni; majdnem annyira hozzáférhetővé lett, mint az irodalom és a zene (. . .) Mi az előnye a videólemeznek a kazettával szemben, annak ellenére, hogy nem lehet rá felvenni? A nagyon jó képminőség, a sztereóhang és az, hogy a lemez sokszorosítási költsége valószínűleg egyharmada egy kazettáénak. (. . .) Minden részt le lehet játszani lassítva, gyorsítva vagy visszafelé. Ki lehet merevíteni a képeket — másodpercekre, órákra, sőt napokra is (. . .) Lenyűgöző élmény ez, amelynek legegyszerűbb fogyasztói alkalmazása olyan programokban látható majd, mint a BBC madarakról szóló videókönyve — és ez csak egy abból a több mint 100 címből, amit a Laser Vision indít be az idei év folyamán az Egyesült Királyságban. (. . .) Sztereóhang helyett két külön hangszalagot is tud biztosítani a műsor, melyet a használó kapcsolhat be. Ez rögtön helyet ad egy idegennyelvű változatnak a lemezen belül. Számos további nyelvet lehet még ráprogramozni feliratként, amit szintén a használó kapcsol be vagy ki. Így elkerülhető az a nehéz munka, amivel egy film több idegennyelvű változata készül. (. . .) Néhány éven belül a Sony piacra dobja amatőr videókameráját, amely úgy néz ki, mint egy 8 mm-es kamera, de valójában videófelvevő van benne, mely a diktafon mikrokazettáihoz hasonló kazettákkal működik. A visszajátszás minősége tévéképernyőn kitűnő, és egyszerű vágóberendezés is van hozzá, és az egész kb. 500 fontba fog kerülni. (. . .) Viszonylag olcsó videóvetítőket már kezdenek használni sörözőkben, klubokban és tehetősebb otthonokban. Talán a jövő filmklubja (általában 60—70 főt meg nem haladó közönséggel) a helybeli szállodában működhet, amely megszokott kellékként biztosítja már a videóvetítést az egyes szobákban. (. . .) Ha az eddig vázolt kép valóban így alakul majd, és a néző kezébe adja az igazi hatalmat, és a film történetében először olyan befolyásossá teszi őt, mint amilyen a gyártó és a forgalmazó, akkor elkerülhetetlen a metamorfózis. A műsorok forgalmazója közvetlenebb kapcsolatba kerül közönségével, és érzékenyebben tudatosíthatja, mi jó, mi rossz. (. . .) Amellett, különösen a videólemez terjedésével, egy teljesen más vizuális nyelvtan jön majd létre, mely nemcsak a mozgóképen, a vágáson és Pudovkin és Eizenstein koncepcióin alapul, hanem a néző uralmán a képek felett. Nehéz elképzelni, hova vezet minket ez a kulturális változás. Talán a multimedia — ez az utóbbi években divatossá vált csúnya szó — új jelentést kap, mivel a szavak, a zene, az álló és mozgó képek mind lényegi részei lesznek egy új stílusú műsorszerkesztésnek. (. . .) A szemiológia is új dimenziót kap a filmet tanulmányozók számára. (. . .) A Nebraska Egyetemen most videólemez-műsorokat készítenek, komputerprogramokhoz kapcsolva. (. . .) Lehet, hogy a videóforradalom komoly aggodalmat kelt a filmipar egyes területein. De általános hatásában ez gazdasági, politikai és kulturális felszabadulást kell jelentsen."[3]

Nyilvánvaló, hogy az *új vizuális nyelvezet* kialakulására a kinematográfia kommersziális művelése épp úgy hatást fog gyakorolni, mint az experimentalizmus. Aminthogy ezek már eddig is befolyásolták egymást, néha átfedésbe

---

„Pre-recorded video-cassettes — by the end of 1981 may reach one million units in the UK alone — (...) Suddenly, the cinema has ceased to be a scheduled experience; it has become almost as accessible as literature or music. (...) Why should video discs, void of a recording facility, have much to offer over videotape cassettes? Superior picture quality and stereo sound are undeniable advantages, and the duplication cost of a disc is probably about one-third that of a cassette. (...) Any section can be replayed in slow, fast or reverse motion. And still frames can be held — with perfect quality — for seconds, hours or even days. (...) It is a mind-bending experience. In its simplest consumer application it will lead to programmes such as the BBC Video Book of Birds — one of over 100 titles promised when Laser Vision is launched in the UK later this year. (...) Instead of stereo-sound, the programme can offer two discrete sound-tracks, switchable by the user. This immediately provides room for a foreign language version on the one disc. A number of further languages, such as teletex subtitles, can be additionally programmed in, again switchable in or out by the user. Thus the elaborate business of preparing separate copies of a film for each foreign version is eliminated. (...) Amateur film cameras will be seriously challenged in the next few years when Sony introduces their home video-recorder camera, a remarkable development which looks like an 8mm film camera, but in fact incorporates a built-in videotape recorder using casettes about the size of a dictation microcassette. The quality replayed on a TV set is excellent, and a simple editing unit will be available, the total package costing about L 500. (...) Relatively inexpensive video projectors are now finding their way into pubs, clubs and more affluent homes. Perhaps the film society of the future (wich usually has audiences of no more than 60—70 people) may operate in the local hotel, which wil provide projection as a standard facility in the private rooms. (...) If the scenario painted so far really does emerge with this balance, putting the real power into the hands of the viewer, making him for the first time in moving picture history as influential as the producer and the distributor, a metamorphosis will be inevitable. It begins with the distributor of programmes acquiring a more direct link with his audience: a more sensitive awareness of what is good and what is bad. (...) With the video disc especially, a totally different visual grammar will emerge, based not simply on the moving picture, the cut and concepts of Pudovkin and Eisenstein, but on the viewer's control over the images. (...) It is difficult to imagine where this cultural change will take us. Perhaps the idea of multimedia — an ugly term that has been fashionable in recent years — will take on a new meaning as words, music, still pictures and moving pictures all become an essential and total part of a new style of programme making. (...) Semiology for the film student takes on a new dimension. (...)

At Nebraska University, they are now making video disc programmes which are interactive with computer programmes. (...) It may be that the video revolution is a matter for serious concern in some parts of the film industry. But its overall impact must be one of economic, political and cultural liberation."[3]

It is obvious that commercial cultivation of cinematography will influence the development of the *new visual language* just like experimentalism did. And it is sure enough that these have already influenced one another, sometimes they overlap, they visit each other's spheres in indirect-ironic or in direct ways. But while the former sticks to its conventions more, the latter approximates the limit values and aspects of the language. The „experimental film", especially its constructivist, analytic and di-

BÓDY GÁBOR ÍRÁSAIBÓL
WRITINGS OF GÁBOR BÓDY

266 B Ó D Y

kerülnek, indirekt-ironikus vagy közvetlen módon látogatják egymás trópusait. De míg az előző jobban tapad saját konvencióihoz, utóbbi a nyelv határértékeit és aspektusait közelíti meg. A „kísérleti film", különösen annak konstruktivista, analitikus és didaktikus törekvései mintegy hivatottak a nyelvújító szerep betöltésére, hasonlatosan ahhoz a munkához, amit a költők és filozófusok végeztek a történeti nyelvújítások idején. „Két fő mesterei vagynak a nyelvnek, a philosoph és poeta. Amaz míveli a flexiók által s ez compositiókkal. És így a származtatás a nyelvből két részre oszlik, philosophi és poetaira."[4]

A kinematográfia nagyipari ágazatait az fogja nyelvileg katalizálni, hogy az áttérés a fotokémiai technológiáról az elektronikusra halomra dönti a filmgyártás bevett fogásait: újakat kell kitalálni helyettük. „Coppola meggyőződéssel állítja közelmúltban végzett videókísérletei alapján, hogy az elektronika erőteljesen be fog törni a filmiparba, javítva a filmgyártás hatásfokát, gazdaságosságát. Elragadtatásában a berendezést, amellyel dolgozik, „kreatív gondolkozó szerszám"-nak nevezte."[5] Ez a műszaki rebellió talán csak a hangosfilm megjelenésének hatásához hasonlítható. Most ugyanúgy megjelennek a celluloid „művészi egyedülvalóságának" védelmezői, mint annak idején a némafilmnél. De még az elektronikus alapon berendezkedett televíziók se mérték fel a fejlődés távlatait. (Érdekességként említem meg, hogy a Magyar Televízió műszaki igazgatóját megkerestem, nem adna-e riportot a TV műszaki fejlesztési terveiről. Az igazgató titkárnőjén keresztül hárította el a találkozást, üzenve, hogy az interjút most nem tartja „időszerűnek".) A fordulat küszöbére értünk, s egyben mintegy választás elé, hogy sokadiknak a tolongásban vagy az első bátrak körül kialakuló ritka légkörben lépjük át azt.

2. Ha elfogadjuk azt a felosztást[6], miszerint az experimentalizmusnak az alábbi nagy, befolyásos generációi alakultak ki:

20—30-as évek: francia, orosz, német kísérletezők,
50-es évek: az amerikai keleti- és nyugati-parti experimentalizmus,
60—70-es évek: a független kooperatív filmkészítők nemzetközi mozgalma,
Magyarországnak az első és harmadik „évfolyamban" alakultak ki szellemi kapcsolatai. Az elsőben német közvetítéssel vettünk részt Balázs Béla, Moholy-Nagy László, Mihály Dénes, László Sándor[7] és a máig felfedezésre váró Gerő György[8] révén, akit Kassák és Pán Imre még az 50-es évek végén is „az első és eddig egyetlen magyar avntgardista film" alkotójának tartott. A másodiknak csak késői hatásairól beszélhetünk, s talán a privát filmtárakból rekonstruálható az 50-es évek magyar undergroundja. A harmadikhoz viszont egy relatív erős és mindenképpen jelentős, sajátos, magyar kooperatív experimentalizmus csatlakozott, amit a Balázs Béla Stúdió működése tett lehetővé. Ezen belül mindenekelőtt a Filmnyelvi sorozat és a K/3 csoport létrejöttére gondolok.[9]

A Filmnyelvi sorozat három fő forrásból táplálkozott:
— a gyér hazai független filmkészítési hagyományokból,
— a művészeti avantgarde azon törekvéseiből, hogy kifejezési körébe vonja a kinematográfiát,

---

dactic tendencies are, so to say, qualified for playing a neologic role which is similar to the work that was done by poets and philosophers at the time of the historic neologism. „The language has two chief masters, the philosophe and the poet. The former cultivates it by inflexion, the latter by compositions. And thus derivation from the language is divided into two parts, philosophic and poetic."[4]

The industrial branches of cinematography will be linguistically catalyzed by the adaptation of electric technology in the place of photochemical which sweeps aside the established trickeries of film production: new ones must be invented. „Coppola is convinced on the basis of his video experiments carried out recently that electronics will break powerfully into the film industry, improving the efficiency and economicalness of film production. In his enthusiasm he called the equipment he was working with a „creative thinking device".[5] This technical rebellion can only be compared to the effect of the appearance of sound-film. Now the protectors of „artistic uniqueness" of the celluloid are turning up just like at the time of the sound-film. But even the television companies equipped with electronics failed to assess the perspectives of the development. (I would like to mention it as a curiosity that I called on the Technical Director of Hungarian Television to make a report about the technical development plans of the TV. He declined to have the meeting through his secretary by saying that the interview was not „timely".) We are at the turn of the corner and we have to decide whether we turn it in the middle of in the crowd or in the thin atmosphere of the first brave ones.

2. If we accept the division[6] according to which the following great, influencial generations developed in experimentalism:
20's—30's: French, Russian, German experimenters
50's: American experimentalism on the East and West Coast
60's—70's: international movement of independent cooperative film-makers,
then Hungary has the intellectual connections in the first and third generations. We took part in the first one with German intervention through Béla Balázs, László Moholy-Nagy, Dénes Mihály, Sándor László[7] and through the unknown György Gerő[8] who was regarded by Kassák and Imre Pán as early as the late 50's as the author of the „first, and so far, only Hungarian avantgarde film". We can only talk about the late effects of the second one, and perhaps the Hungarian underground of the 50's could be reconstructed from private film libraries. However, a relatively strong and undoubtedly significant, peculiarly Hungarian co-operative experimentalism joined the third one which was made possible by the activities of the Béla Balázs Studio. More precisely, I mean the establishment of the Film Language Series and mainly that of the K/3 group.[9] The Film Language Series was fostered by three main sources:
— by the traditions of the scarce Hungarian independent film-making
— by the efforts of the artistic avant-garde to draw cinematography into its domain of expression
— by the circle of linguistic theories gaining influence since the end of the 60's
A whole volume of film-projects were collected and though only a fragment of it was realized (because of a very low budget) the produced works represent a peculiar character even by international comparisons. Their long overdue, retrospective

a 60-es évek végétől nagy befolyásra szert tett lingvisztikai elméletek köréből.

Kötetnyi film-project gyűlt össze, s bár ezeknek csak egy töredéke realizálódott (egészen alacsony költségvetésből), az elkészült munkák nemzetközi összevetésében is sajátos karaktert képviselnek. Jóval későbbi, szinte már retrospektív bemutatóik világszerte bizonyos meglepetést és érdeklődést keltettek. Anélkül, hogy ezt a tényt túlbecsülnénk, helyük az experimentalizmus harmadik generációjában ma már eltagadhatatlan.[10] Miközben a „hivatalos" szakma és sajtó máig elhatárolja magát a kinematográfiának ettől a szemléletétől, a magyar kommunális hálózatnak megfelelő egyetemi és filmklubvetítők hetente kölcsönzik ki a kísérleti filmeket (a BBS titkárának legújabb tájékoztatása szerint). A szélesebb körű forgalmazásnak kül- és belföldön csak az szabott gátat, hogy a filmek egy kezdeti melléfogás folytán normál méretben készültek, a forgalmazók jelentős része pedig csak 16 mm-es vetítővel rendelkezik. Ezt a tévedést már csak elektronikával érdemes korrigálni. A fiatal filmkészítők gondolkodás- és kifejezésmódjában az experimentalizmus nemcsak „polgárjogot" kapott, hanem egyre elevenebb. Hozzá kell fűzni, hogy a honi körülmények elsősorban a konstruktivista-analitikus és technicista tendenciáknak kedveztek, az avantgarde-ra mindig jellemző destruktív gesztusok nem tudtak annyira elszabadulni. Ennek az egyoldalúságnak vannak bizonyos előnyei, ha mint nemzeti sajátosságot nézzük: a magyar experimentalizmus igényt tart arra a szerepre, amit a kinematográfia „Grammaire Générale"-jának, az új vizuális műfajok enciklopédiájának kidolgozásában vihetne a jövőben.

Miközben a Balázs Béla Stúdióban nem szünetelnek az experimentalista törekvések, párhuzamosan a MAFILM vállalati keretein belül is létrejött egy kísérleti (K*) szekció. Ennek tevékenysége értelemszerűen szűk, de perspektivikusan komoly lehetőségeket nyit, amennyiben az egyik legnagyobb szolgáltatóhoz és megrendelőhöz kapcsolódva országos fejlesztési kérdések kidolgozásából kérhet részt. Mindenekelőtt abban teljesíthet szolgálatot, hogy az új médiumok bevezetésének technológiai vonatkozásait alkotó szempontokkal egészíti ki.

A filmek külföldi szereplése nyomán született egy nemzetközi, videókazettákon terjedő periodikum felállításának terve (INFERMENTAL).[11] Ennek lényege, hogy az experimentális gondolkodást kiszabadítsa a galériák, filmszemlék és kommunális hálózatok kissé már avítt — nálunk ki sem alakult — rendszeréből, és az új műfajok kialakulásának hátterébe álljon. Magyarország szellemi kapacitása megengedné, hogy a részvételen túl az egyik kezdeményező szerepét játssza ebben. Megérthetnénk, hogy a haladó művészeti-szellemi törekvéseknek nem kéne külföldön menhely után nézniük. Mint egy nem-lokalizált Bauhausban, a kinematográfia úttörői saját országunkból vehetnénk részt a vizualitás globális nyelvtanának kidolgozásában.

3. A kibontakozáshoz elkerülhetetlen egy vagy több *multimédia* központ felállítása, amely a kinematográfia hagyományos műhelyeivel (MAFILM, MTV) együttműködve, de tőlük független céloknak is áldozva, megszervezi a különböző művészeti-szellemi területek találkozóját az új technikai hordozókkal. Egy ilyen központ közművelődési lehetőségeit nem szükséges külön hangsúlyozni. De alá kell húzni, hogy itt nem az amatőrizmus új válfajáról, hanem a *hivatásosságnak* a hagyományostól eltérő útjairól van szó. Kialakításukkor mindenképp figyelembe kell venni az

---

shows, raised a certain surprise and interest worldwide. Without overestimating this fact, their place in the third generation of experimentalism is unacceptable today.[10]

While the „offical" branch and the press reject this aspect of cinematography, the university and film projection clubs which correspond to the Hungarian communal network, borrow experimental films week by week (according to the latest report of the BBS). Their wider distribution home and abroad is hindered because due to an early error the films were shot on 35mm and most of the non commercial distributors possess only 16mm projectors. Now this mistake is only worthy of correction by electronics. Experimentalism has not only been granted „civil rights" in the way of thinking and expression of young film-makers but it is increasingly alive. It must be added that the Hungarian conditions promoted the constructivist-analytic and technicist tendencies first of all, the destructive gestures of avant-garde that have been always characteristic could not break free so much. This one-sidedness has certain advantages if we regard it as a national characteristic: Hungarian experimentalism lays claim to the role that she could carry out in the working up of the „Grammaire Générale" of cinematography, in the encyclopedia of new visual genres in the future.

While experimentalist strivings have not ceased at the Béla Balázs Studio, an experimental (K*) section was established within the company framework of the MAFILM, its range of activity is naturally restricted. It can open up significant possibilities perspectively if it can participate in working out questions of national development, being an associate of one of the biggest servicing and consuming enterprises. First of all it can be of service by supplementing the technological implications of the introduction of the new media with creative aspects.

In the course of the display of films abroad, a plan was devised to establish an international periodical circulated on video casettes (INFERMENTAL).[11]

The objective is to free experimental thinking from the system of galleries, film festivals and communal networks (most of which are slightly outdated, but are not even full developed in Hungary), and to stay in the background during the emergence of the new genres. The intellectual capacities of Hungary would allow her to play the role of one of the initiators beyond participation. We would not mind if progressive artistic-intellectual ambitions did not have to look for refuge abroad. Like in a non-located Bauhaus, the pioneers of cinematography could take part in the working up of the global grammar of visuality from their own countries.

3. In the interest of evolution it is inevitable to set up one or more *multimedia* centres which, in co-operation with the traditional workshops of cinematography (MAFILM, MTV) but also indulging in objectives independent of them, would arrange the meeting of various artistic-intellectual fields with the media of new techniques. It is unnecessary to lay special emphasis on the educational possibilities of such a centre. However, it must be underlined that it is a new type of amateurism which is concerned here but the roads of *professionalism* divergent from the traditional. When these centres are established we must take into account the aesthetic and film education at the universities, and certainly, the total of anarchic video stock, the existence

egyetemeken működő esztétika- és filmoktatást és minden bizonnyal azt az anarchikus videóbázist, amelynek meglétéről a Filmvilág egy cikksorozata a közelmúltban beszámolt.[12] De számításba lehet venni olyan sokarcú szellemi műhelyeket is, mint a Győri Kisfaludy Színház, ahol bizonyos műszaki feltételek már adottak is, s szinte megkövetelik a „multimediális" tevékenységet.

Mindaddig, amíg ezek a műhelyek létrejönnek, egy azonnal beindítható folyóirat képes pótolni a hagyományos filmszakmába bonyólódott tájékoztatás évtizedes lemaradásait. Ez egyúttal kritikai és projektív előkészületeit végezné el az új kommunikációs műfajok megjelenésének, közönségük felkészítésének, vagy durvábban szólva: termelésének[13]. Az a terület, ahol az új műformák kikísérletezői a legjobban együtt tudnának működni a hagyományos műhelyekkel (film, tévé): az új technikai hordozók, különösen a super-8 és videótechnikák, illetve az ezeket átíró berendezések fejlesztésének, bevezetésének országos szintű koordinálása. A spontán kezdeményezések szakszerűtlen, meg nem térülő beruházások formájában nagy összegeket vonhatnak el egy ésszerű, jól telepített vizuális kommunikációs rendszer kiépítésétől. A fejlődést eleve decentralizáltan, de műszakilag egységes kompatibilis rendszerekben kell elképzelni. Mind a technológia beszerzése, mind a művek esetleges „piaci" jelenléte azt igényli, hogy az új vizuális kultúra *nemzetközi* viszonylataiban nagyobb figyelemmel vegyünk részt. Ennek a kultúrának a differenciálódását a külkapcsolatok differenciálódásának is követnie kell; ma szinte kizárólag a játékfilm vonatkozásában építjük kapcsolatainkat.[14] A kinematográfia szellemi és piaci kapacitásának nagysága, nyelvének legfőbb varázsa nemzetköziségén alapul. Ebben döntő szerepet játszhat egy országokat áthidaló viedó-periodikum felállítása.

Jegyzetek

1. Hans Scheugl–Ernst Schmidt jr.: „Eine Subgeschichte des Films. Lexikon des Avantgarde-, Experimental- und Underground-films." Suhrkamp Verlag. 1974.
2. Id. a fenti munka időtáblázatát.
3. John Chitkock „Isten veled, Gutenberg . . . Adjon Isten, Hollywood?" Sight and Sound, 1981. nyár, London. Magyarul a MFI Nemzetközi Filmtájékoztatójában, 1981/9.
4. Kölcsey Ferenc: „Nyelvtudományi munkák".
5. Sótonyi József: Nemzetközi televíziós szimpozium Montreuxben. Francis Ford Coppola meglátásai a videótechnika és a film kapcsolatáról. MAFILM Műszaki Értesítő, 1982/1.
6. Vö. David Curtis „Experimental Cinema — A fifty year evolution". Studio Vista. London. 1971.
7. Beke László: „Hungarian Experimental Film". Studio News. Informacja o dzialnosci Galerii Studio w marcu. 1981. Warszawa.

---

of which was reported in a series of articles in Filmvilág recently.[12] But we can also reckon with such versatile intellectual workshops as the Kisfaludy Theatre of Győr, where certain technical conditions are already given, and almost crave for activities in the field of multimedia.

Till these workshops are established, a periodical, which can be launched immediately, is able to compensate for the shortfalls of the information media which has been entangled in the traditional film industry for over a decade. At the same time it could carry out critical and projective preparations for the appearance of the new communication genres, it could prepare, or using a rougher term, produce their audience.[13] The experimenters of new artistic forms can co-operate with the traditional workshops (film, tv) the best in the field of countrywide coordination of the development and introduction of new technical facilities especially in the case of super-8 video techniques and their transfer equipments. Great sums can be consumed by spontaneous, unprofessional initiatives in the form of unprofitable investments, instead of being assigned to the establishment of a sensible, well located visual communication system. Development should be conceived in decentralized but technically homo-
geneous, compatible systems. Both the purchase of technology and the possible presence of works in the „market" require us to take part in the *international* relations of the new visual culture with greater attention. The differenciation of this culture should be followed by the differenciation of foreing relations; today we establish relations almost exclusively in the field of feature films.[14] The volume of intellectual and market capacity of cinematography, the utmost magic of its language, are based on its internationalism. The establishment of a video periodical, which overbridges countries, can play a decisive role in this development.

NOTES

1) Hans Scheugl/Ernst Schmidt jr.: „Eine Subgeschichte des Films. Lexikon des Avantgarde-, Experimental- und Underground-films". Suhrkamp Verlag. 1974.
2) See the period table in the above work.
3) John Chitkock, „Good Bye Gutenberg... Hello Hollywood?" Sight and Sound, Summer (1981). London [re-translated from Hungarian].
4) Ferenc Kölcsey: „Linguistic Works".
5) József Sótonyi: International television symposium in Montreux: Francis Ford Coppola's ideas about the relationship of video techniques and films. MAFILM Műszaki Értesítő, 1982/1.

8. Tevékenységének felkutatása, filmjének rekonstrukciója Száva Gyula kezdeményezésére jelenleg zajlik.

9. Részletesebben: vö. Beke László fenti cikkével, továbbá Bódy Gábor „A fiatal magyar film útjai". Valóság. 1977/11.

10. Fontosabb külföldi szereplések: 1975: Bécs, K45, 1977: Wrocław, Galeria Najnowszej Sztuki, 1978: Amsterdam, Works and Words, Galerie de Appel és a Holland Experimental Film rendezésében, 1980: Genova, Nuovi aspetti del cinema sperimentale Europeo — Seattle, University of Washington — Berkeley, Pacific Filmarchive — Chicago, Facets Multimedia — Philadelphia, Walnut street theatre, Film/video center — New York, Bleecker street, Public Cinema, 1981: Warszawa, Palace Sztuki — Łódz, Construction in process — Zagreb, Multimedia Center — Wilhelmshafen, Kunsthalle — Dortmund, Duisburg, Hamburg, Hannover, Frankfurt és Nyugat-Berlin, a Kommunales Kino hálózatában.

11. Az „INFERMENTAL" terve az 1981. évi Mannheimi Filmhéten került először nyilvánosságra.

12. „Videózunk, videózgatunk" – Nógrádi Gábor riportsorozata, Filmvilág, 1980/11, 12. és 1981/1.

13. Az 1977. jan. Párizsi Szemiotikai Konferencia (az UNESCO rendezésében, Christian Metz vezetésével) külön szekciót nyitott „A közönség termelése" címmel.

14. A kísérleti filmek külföldi bemutatása egyedi engedélyekhez kötött; Magyarországon egyetlen kiadvány, katalógus nem készült az elmúlt tíz év alatt.

[Filmvilág. 1982/3. 11—13. l.]

6) C.F. David Curtis „Experimental Cinema — A fifty year evolution", Studio Vista, London, 1971.

7) László Beke: „Hungarian Experimental Film". Studio News. Informacja o dzialnosci Galerii Studio w marcu. 1981, Warsaw.

8) The tracing his activities, the reconstruction of his film is in progress at present on the initiative of Gyula Száva.

9) For more details c. f. László Beke's above article, and Gábor Bódy, „The Alternatives of Young Hungarian Film", Valóság, 1977/11.

10) Important shows abroad: 1975: Vienna, K45, 1977: Wroclaw, Galeria Najnowszej Sztuki, 1978: Amsterdam, Works and Words, Galeria de Appel and Holland Experimental Film; 1980: Genoa, a Nuovi aspetti del cinema sperimentale Europeo — Seattle, University of Washington — Berkley, Pacific Filmarchive — Chicago, Facets Multimedia — Philadelphia, Walnut Street Theatre, Film/Video Center — New York, Bleecker Street, Public Cinema, 1981: Warsaw, Palace Sztuki — Lódz, Construction in process — Zagreb, Multimedia Center — Wilhelmshaven, Kunsthalle — Dortmund, Duisburg, Hamburg, Hannover, Frankfurt and West Berlin, in the network of Kommunales Kino.

11) The plan of „INFERMENTAL" was made public for the first time at the Film—week of Mannheim in 1981.

12) „Making videos" — a series of report by Gábor Nógrádi in Filmvilág 1980/11, 12 and 1981/1.

13) In January 1977, the Paris Semiotic Conference (in the organization of Unesco, led by Christian Metz) opened with a section entitled „Producing Audience".

14) Experimental films are subject to individual permission in case they are show abroad; no publication or catalogue has been made in Hungary over the past ten years.

[Filmvilág 1982/3. pp. 11—13]

K O Z M I K U S   S Z E M
— SCIENCE NON—FICTION
(FICTION)

Salvatore: S eddig hol voltál?
Ember: Úton.
Salvatore: Hol?
Ember: Hát majdnem el is felejtettem. Csak azt tudom, hogy az utaknak ott nincs végük, és hogy az arcokat is alig tudja az ember megkülönböztetni egymástól, és a nyelvükből pedig egy szót sem ért.
Salvatore: És azelőtt?
Ember: Azelőtt? Ó, az még sokkal messzebb volt. Olyan messze, hogy néha éjszakánként, ha világos van, felnézek, hogy melyik is lehetett az.
Salvatore: Egy csillag?
Ember: Kicsit bolondosan hangzik, tudom. De másképpen nem tudom megmagyarázni magamnak.

(Karl Wittlinger: Ismeri a tejutat?)

C O S M I C   E Y E
— SCIENCE NON—FICTION
(FICTION)

„Salvatore: And where have you been till now?
Man: On the road.
Salvatore: Where?
Man: I have almost forgotten. I only know that the roads have no end there and one can hardly distinguish the faces from one another and one can't understand a word of their language.
Salvatore: And before that?
Man: Before that? Oh, That was even farther. So far that sometimes at night, if it is light I look up which one it might have been.
Salvatore: A star?
Man: It sounds a bit crazy, I know. But I can explain it to myself in no other way.

(Karl Wittlinger: Do You Know the Milky Way?)

BÓDY GÁBOR ÍRÁSAIBÓL
WRITINGS OF GÁBOR BÓDY

(A műfaj természetéből adódóan)

nem lehet hagyományos forgatókönyvét elkészíteni annak a munkának, amit tervezek. Ez az irat csak úgy tudja meg-világítani, milyen feladatra készülök, ha mintegy körülírva az elképzelt filmet, beszél a vállalkozás műfajáról, szándé-kairól, módszeréről, tervezett hatásáról, remélt hasznáról.

Az értekezést egy parergon egészíti ki, amely nem annyira tartalmi, mint gyártási szempontból érdemel figyelmet. De ebben is csak a gyakorlati munka kiindulópontjai szerepelhetnek. Mi ez a különleges műfaj?

(Keretezett dokumentumok)

így lehetne megnevezni azt a filmtípust, ami a kinematográfia lényegéből született: abból a lehetőségből és vágyból, hogy a körülöttünk zajló események végtelen, mindennapi gazdagságát rögzítsük és megörökítsük. Azt hiszem, ma is ez a feltétlen reflexe mindenkinek, aki fényképezőgépet vagy filmkamerát vesz a kezébe. De a filmtörténet első, Lumière-i reflexe is ez volt. Aztán a mozi filmmé lett, túlnőtt az egy beállításból álló tekercsek monadologikus álla-potán. A filmkészítés feltétlen reflexe pedig beszorult a kialakult műfaj-korlátok közé. Ma is ott feszeng. Ritka és ezért rendkívül értékes, szinte kivétel nélkül filmtörténeti jelentőségű pillanat, ha egy-egy munkában elszabadul. VERTOV: EMBER A FELVEVŐGÉPPEL, RUTTMAN: BERLIN, EGY NAGYVÁROS SZIMFÓNIÁJA, VIGO: NIZZÁRÓL JUT ESZEMBE . . . s még egy néhány kevésbé neves vállalkozás. S valóban magányos pillanatok marad-tak, megszállott, távoli rokonok. Roppant, folytatás nélkül maradt munkájuk örökségét apránként, felváltva emészti ma is az arctalan, üzemszerű filmtörténet.

Balázs Béla leírja, hogy mint aktív filmkészítő, hogyan próbálta meg kijátszani a játékfilm-műfaj akkor már elme-revedett korlátait a kinematográfia „feltétlen reflexének" érvényesítéséért. Úgynevezett „keresztmetszeti filmet" ké-szített. A téma: Egy ötmárkás pénzdarab „élete". Az érme kézről-kézre vándorol, útján a társadalom, a korabeli élet legkülönbözőbb szegmentumait érintve: egyúttal ürügyet adva megjelenítésükre. Balázs azt is leírja, filmje, néhány hasonló típusú vállalkozással együtt, szükségképp sikertelennek bizonyult. A „mesélő szem" és a „megfigyelő szem" koegzisztenciája elvetélt, nem szült műfajt. Életképesebb a Ruttman—Vigo típusú megoldás: a képek füzérének vala-milyen topologikus egységbe szervezése. BERLIN . . . NIZZA . . . Reichenbach: AMERIKA egy francia szemével . . . Giacopetti: KUTYA-VILÁG . . . A megfigyelések szervező toposza az utóbbi esetben már univerzális, s ezzel lénye-gében megszüntette magát, ámde visszatért a földrajzi szellem a narrációban. Egy másik megoldás: a „Vad szem" — a megfigyelések perszonáluniója. A „feltétlen reflex" képeit itt egy sors szubjektiválja. Mindahány megoldás — amellett, hogy elkerülni igyekszik - magában hordozza azt a kényszert, hogy megfigyeléseit valami fogalmi zárkában adja át, legalább a cím, később többnyire a narráció verbális logikájának fogságában. Ezzel párhuzamosan az a forgalmazási kényszer, hogy megfigyeléseiket az extrémitások vagy a lírikus elemek köré szűkítsék. Ebben a kettős fogságban

---

(Resulting from the nature of the genre)

it is impossible to draw up a traditional script for the work I am planning. This document can only illuminate the nature of the task I am preparing for if, outlining the film I have on my mind, it deals with the genre of the venture, and with its intentions, methods, planned effects, expected profits.

A supplement is added to the paper which is worthy of attention, not for its aspects of content but rather for those of produc-tion. However, it can only contain the starting-points of practical work. What is this special genre?

(Framed documents)

this could be the name of that type of film which sprang from the essence of cinematography: from the possibility and desire to record and eternalize the infinite, everyday richness of the events happening around us. I think, this unconditioned reflex still works in everybody who takes a camera or movie camera in his hand. It was the very first reflex in the history of cinema, and that of Lumière, too. Then cinema became film, it outgrew the monadical status of films consisting of one scene. And the un-conditioned reflex of film-making was confined within the established limits of the genre. It is still fidgeting there. It is rare, and therefore exrtemely valuable, when it breaks free in certain works and these become important moments in the history of cine-ma almost without exception. VERTOV: „THE MAN WITH A MOVIE", RUTTMAN: „BERLIN: SYMPHONY OF A GATE A CITY", VIGO: „A PROPOS DE NICE"... and a few other, less famous undertakings. And indeed, they remained lonely „mo-ments", obsessed, distant relations. The heritage of their immense, discontinued work is gradually devoured bit by bit by the monotonous, industrial film history.

Béla Balázs describes how he tried, as an active filmmaker, to elude the rigid limits of the genre of feature films in order to as-sert the „unconditioned reflex" of cinematography. He made a so-called „cross-sectional film". Theme: the „life" of a five mark coin. The coin passes from hand to hand, touching the most various segments of society and life of the time on its way: at the same time giving a pretext to represent them. Balázs also adds that his film together with a few other similar type of undertak-ings necessarily proved to be failures. The co-existence of the „narrative eye" and the „observing eye" being aborted, no genre was born. The solutions suggested by Ruttman and Vigo are more viable: organizing the string of pictures into a kind of topological unit. BERLIN... NICE... Reichenbach: L'AMERIQUE vue par un Français... GIACOPETTI: Mondo Cane...

The organizing character of the observations is universal in the latter case, and thus it practically dismissed itself; however, the geographic spirit returned in the narration. Another solution is the „wild eye" — the personalurion of observations. The pic-tures of the „unconditioned reflex" are made subjective by a fate. All the solutions — though they try to evade it — innately carry the constraint to put the observations in a kind of conceptual confinement, in the custody of the title at the least, then chiefly in the custody of the verbal logic of the narration. The compositional compulsion to restrict the observations to extremes or to lyr-ic elements is parallel to this. The various genres of documentary films were born into this double confinement that can func-tion magnificently but seenig, the documents of reality are, ab ovo, submitted to the framework of a conceptual fiction.

született a különböző dokumentumfilm-műfajok, amelyek nagyszerűen funkcionálhatnak ugyan, de a látás, a valóság dokumentumait ab ovo egy gondolati fikció kereteibe foglalják.

Egyetlen film maradt a látvány rögzítésének archetipikus tisztaságában, a szem pátoszának, a filmkészítés feltétlen reflexének kifejeződése: az EMBER A FELVEVŐGÉPPEL, VERTOV — éppen ezért — felbecsülhetetlen értékű és bátorságú munkája. Ez a film is „keretezett dokumentumok" füzére: de önmaga létrejöttével, önmaga szándékával keretezett. Mint ismert, a felvételeket szervező formula maga a film készítése: a felvevőgép elhelyezésétől a vágószobán át, a mozi vetítővásznáig. A fikció: látni, rögzíteni és mutatni azt is, aki lát, rögzít és mutat.

„FILMSZEM": a kinematográfiának ez az egyetemes metaforája tette lehetővé Vertovnak, hogy megfigyeléseinek korában párját ritkító szabadságával ablakot nyisson számunkra az időn.

(Filmszem — Kozmikus szem)
Aki filmkészítéssel foglalkozik, folyamatosan találkozik azzal a kielégítetlenséggel, ami a történetek „képre-fordítása", vagy egy-egy téma dokumentarisztikus feldolgozása és a valóság mindennapos megnyilvánulásai között feszül. De a filmkészítés feltétlen reflexének megfékezése a műfajok korlátaival több egy magán-érzékenység feszengésénél. Minden kor, minden kulturális szisztéma egy nagyon is meghatározott műforma-tartományban objektiválja tapasztalatát. Ezek a Prokrusztész-formák pedig kíméletlenül lenyesik a „tartalomnak" azokat a kinövéseit, amelyek megszervezésére képtelenek. Ez az apperceptív rendszabály paradox módon még szembetűnőbben érvényesül a dokumentum-, mint a játékfilmek esetében. Az utókor megütközik a visszamaradt információ-szakadékon, vagy titkokat vár. A képzőművészet több évezredes ikonológiája tanúskodhat erről a „teremtő egyoldalúságról".

Hiába lennénk szívesen tanúi egy viking fegyverkovács mindennapjainak, vagy azoknak a tenisz-partiknak, amelyeket VIII. Henrik udvaroncai játszottak a Hampton Court pályáján. De milyen ritkán érezzük napjaink művészetében is a feltétlen látványnak azt a lehatárolatlan igézetét, amivel gyermekkorunkban még a dolgokra tekintettünk, aztán mind ritkábban, már csak külföldi utazások során, míg szemünket végképp „kiélesítették" a különböző programok és tudatok. A látás nem párosult azonnal és kényszerűen a látvány fogalmi-funkcionális osztályozásával. A képek végtelen jelentésekre nyíltak. A világ határtalanul vonzó és fenyegető, biztató és óvatosságra intő, megfejtetlen látvány-kehely.

(Nem szeretném elfedni azt a pozitív folyamatot, amit a látás tudatosítása és funkcionalizálása az emberi élet társadalmasításában betölt. Most a nyereség másik oldaláról van szó, arról, amit eközben elvesztünk, s csak olykor, rendkívüli pillanatokban nyerünk vissza — milyen jellemző, hogy ezeket „képtelen" helyzeteknek tartjuk — utoljára, sokak szerint, a halál közelségében.)

(Képkeretezés. A feltétlen látvány)
autentikus kifejezési formája egy vizuális napló lenne. Nyilvánvaló, hogy még egy BBS film sem tekinthető alkalomnak

---

One single film remained in the archetypical pureness of recording sights, expressing the pathos of the eyes, the unconditioned reflex of film-making: VERTOV's THE MAN WITH A MOVIE CAMERA — and this exactly why it is a work of inestimable value and courage. This film is also a string of „framed documents": but is framed by the accomplishment and intention of the film itself. As it is known, the formula organizing the shots is actually the making of the film: from installing the camera through the cutting-room to the screen of the cinema. The fiction is: to see, to record and to show the person as well he who see, records and shows. „FILM EYE": this universal metaphore of cinematography enable Vertov to open up a window for us on time with unmatched freedom at the time of his observations.

(Film-Eye — Cosmic-Eye)
film-makers constantly encounter the unfulfilment that stretches between the „translation into pictures" of the stories or the documentaristic adaptation of certain themes and the everyday manifestations of reality. However, checking the unconditioned reflex of film-making by the limits of the genre is more than the restlessness of a private-sensitivity. Every age, every cultural system objectivizes its experiences in a very defined domain of artistic forms. These Procrustears forms clip off those unrealized protuberances of the „content" that they are unable to organize. Paradoxically these apperceptive regulations are asserted more conspicuously in the case of documentaries than in the case of feature films. The succeeding generation is shocked by the remaining information-gap and awaits its secrets. The several thousand year old iconology of the fine arts can testify this „creative one-sidedness".

We would like to witness the everyday-life of a viking armourer or the real-tennis games played by the courtiers of Henry VIII in Hampton Court but me cannot. How seldom we feel the boundless enchantment of the unconditioned sight in the art of our time with which we used to look at things in our childhood and then less and less often during travelling abroad until our eyes were finally „sharpened" by various programmes and consiousnesses. Vision was not immediately and necessarily coupled with the conceptual-functional classification of sights. The pictures opened to infinite meanings. The world is an extremely fascinating and menacing, encouraging and cautioning complex of images.

(I would not want to conceal the positive process that is performed in socializing human life by making vision conscious and functional. Now the other respect of the advantage is being considered, what we lose in the meantime and regain only occasionally in extraordinary moments, — it is very characteristic that these situations are regarded „inconceivable" —, many say than it happens in the proximity of death for the last time.)

(Framing pictures. The unconditioned sight)
its authentic form of expression could be a visual diary. It is obvious that not even a BBS film can be considered as an opportunity to write a diary. The framework of the genre that presented itself at once as a solution to organize the material iconologically is loyal to the basic features of the Vertovian tradition: to imitate the observations of an „objective" observer, those of a cosmic

a napló-írásra. Az a műfaj-keret, ami megoldásként azonnal kínálkozott az anyag ikonológiai megszervezésére, alap-vonásaiban a VERTOV-i hagyományhoz hű: egy „objektív" megfigyelő, kozmikus szonda megfigyeléseit imitálni. A fikció elég brutális ahhoz, hogy önmagát irónikusan idézőjelbe tegye. Ugyanakkor, ha játékosan is, arra késztetni a képek nézőjét, hogy a kulturális értelmezés „feltételes reflexeitől" megszabadulni igyekezzen, s átadja magát annak az egyidejűleg ÉBREDÉS- és REKVIEM-szerű állapotnak, amelyben a feltétlen látvány gyökerezik.

(Gyakorlatok)

Két éve gyakorlom magam, hogy az elém kerülő látványt ebben a „kozmikus aspektusban" próbáljam megfigyelni, anélkül, hogy „gyakorlati tudatom" elveszteném. Nem olyan könnyű gyakorlat, akárki megpróbálhatja. Vizuális tánc a tudat határszélein. Egyetlen dologhoz hasonlítható: mikor az ember tudja, hogy alszik, s álmában arra összpontosítja erőfeszítéseit, hogy megőrizze álmát, s emlékezzen rá, amikor felébred.

Ez a „gyakorlat" egyúttal ahhoz is hozzásegít, hogy a látványt megkülönböztessük az értelmezés kialakult formái-tól: azaz, hogy eltűnődjünk azon, hogyan is látunk?

A látásunkban megnyilvánuló értelmező-gondolkodás, a gondolkodásunkban megnyilvánuló érzéki tapasztalat (köztük a látás) egy permanens összefüggést, kört zárnak be, amelyben „kézzelfogható" adatot csak az aktuális látvány tagolása, kifejezési formája nyújt. Ezeknek a tagolási formáknak a tanulmányozása viszont egy vizuális „nyelv" alapjaira utal, amely gondolkodásunk és létünk legmélyebb, legeredetibb dimenziójába vezet.

(Csak zárójelben jegyzem meg, hogy a most következő „végeredmények" ugyancsak több éves — némely alkal-makkor már publikált — vizsgálódás reziduumai, amelyhez konkrét vizuális kifejezésformák elemzésével jutottam.)

A látvány tagolásának elsődleges, „feltétlen" megjelenéséből három értelmezési szint emelkedik ki:

1. LOKÁLIS — KRONOLOGIKUS, 2. BINÁRIS KOMPARATÍV, 3. SZERIÁLIS KOMPARATÍV jelentés-szintek, amelyek egymásból állnak elő, mint a látvány tagolásának elemei, „nyelvi" lehetőségei. A három alapvető tagolási mód kombinációja, és a különböző modális értékek természetesen határtalanul széles skáláját nyitják a látvány értelme-zésének.

(A vizuális és a fogalmi gondolkodás és felfogás közös mély rétegére utal, hogy a világ verbális tagolása hasonló összefüggéseket sejtet. ZSILKA JÁNOS az accusativusszal szerkesztett mondatok ún. „szerves rendszerében" mutatta ki az igei jelentés hármas szintjét, amely a mondatszerkezet kialakításában, azaz az események verbális tagolásában, kifejezésében — egyszóval felfogásában — véleményem szerint egybecseng vizualitásunk tagolási formáival.)

Érdemes megjegyezni, hogy egy XVIII. századi filozófus, az olasz GIAMBATTISTA VICO — a nyelv-filozófia egyik úttörője — hasonló gondolatokat fejt ki, némileg fantasztikus formában. Szerinte három fajtája volt a nyelvnek: az első a „néma beszéd", a mutogatások nyelve, a második heroikus nyelv, a metaforák világa, s a harmadik az a komplex tagolt nyelv, amelyben az emberek megegyeztek, hogy általa uralják a világot.

---

probe. Fiction is brutal enough to put itself ironically between quotation marks. At the same time it urges the viewer of the pic-tures, even if only playfully, to try to get rid of the „conditioned reflexes" of cultural interpretation, and to give himself over to a condition similar to WAKENING and REQUIEM concurrently where unconditioned sight is rooted.

(Exercises)

I have been practicing for two years to try to observe the sights before me in this „cosmic aspect" without losing my „practical mind". It is not an easy exercise, anyone can try it. It is visual dancing on the frontiers of the consciousness. It can be compared to only one thing: when one knows that he is asleep and concentrates in his sleep on retaining his dream in order to be able to recollect it when he wakes up.

At the same time this „exercises" helps to distinguish sight from the established forms of interpretation; that is to wonder about how we see.

Interpretive-thinking manifested in our seeing, sensory exprerience (among them seeing) manifested in our thinking create a permanet interdependence, a circle is drawn, where „tangible" datum is only supplied by the dissection of the actual sight, by its form of expression. The study of these dissectional forms, however, suggest the fundamentals of a visual „language" which lead to the deepest, most genuine dimensions of our thinking and existence.

(I only mention it in brackets that the following „final results", occasionally already published, are also the residuals of sever-al years of inquiry which I reached by analysing concrete visual forms of expression.)

Three levels of interpretation emerge from the primary, „unconditioned" manifestation of the dissection of sights:

1. LOCAL — CHRONOLOGICAL 2. BINARY COMPARATIVE 3. SERIAL COMPARATIVE levels of meaning, which originate from one another as the elements of sight dissection, as linguistic possibilities. The combination of the three basic ways of dissection, and the various modal values, of course, grant an extremely wide range for the interpretation of sights.

(The collective deep stratum of visual and conceptual thinking and comprehension is suggested by similar relations that are supposed to exist in the verbal dissection of the world. JÁNOS ZSILKA demonstrated the threefold level of verbal meaning in the so-called „organic system" of sentences in the accusative. I think the dissectional forms of our visuality chime with the threefold level in the construction of sentence structures, that is, in the verbal dissection of the events, in their expression — in their comprehension in one word.

It is worthy of mention that an Italian philosopher in the 18th century, GIAMBATTISTA VICO, one of the pioneers of lan-guage-philosophy, expounded similar ideas in a somewhat fantastic form. He thought that language had three types: the first one was „silent speech", the language of gestures, the second one was the heroic language, the world of metaphors, and the third one was the complex articulated language people agreed about enabling them to rule the world.

A képek univerzumában fordítva mondhatnánk, hogy a látvány lokális-kronologikus tagolása a mutogatás nyelve, a képek „néma beszéde". A képek metaforikus használata (hasonló — hasonlított), a metonimia (rész-egész), általában a retorikus figurák mindig két vonatkozás összevetésén alapulnak: ez a bináris—komparatív tagolás; a látvány bizonyos azonosságokon alapuló szériákban rendezve, és a szériák egymásközti összevetése, azaz a tagolás szériális komparatív szintje pedig ahhoz az általánosult, komplex nyelvhez közelít, amelyet Vico a nyelv harmadik fajtájának nevez.

(Az elsőség felment a magyarázatok alól)

VERTOV, az ember a felvevőgéppel, aligha tűnődött azon, milyen tagolási szinten közeledik a világ vizuális megnyilvánulásaihoz, jóllehet az elsők közé tartozott, akik a „filmnyelv", „filmírás" kategóriáit hangoztatták.

EIZENSTEIN már hosszú, alapos és gondolatgazdag elméleti örökséget hagyott hátra. A csodálatos azonban az, hogy az „FILMSZEM" feltétlen reflexe ennek ellenére, rövid úton, gyakorlatilag vezette el Vertovot a legösszszetettebb tagolási szerkezet felvázolásához, úgyszólván felfedezéséhez. A szeriális komparatív tagolás csak a 60-as évek filmkészítésében vált általánossá. Az EMBER A FELVEVŐGÉPPEL azonban ennek a tagolási módnak a legkorábbi — némiképp naív — példája. Hogy nem véletlenről vagy utólagos belemagyarázásról van szó, azt maga a film tanúsítja. A film egyik beállítása a vágóasztalnál tevékenykedő vágónőt mutatja. Felette, a polcokon a leforgatott anyag tekercsei szériákba rendezve, ahogyan a polcok felirata jelzi: „Zavodi" — üzemek . . . — „Ulici" — utcák . . . stb.

(Jelentés-nyitogatás)

A filmkészítés 80. esztendejében azonban nincs közérdekű naivitás. Ha valaki „csak úgy" kezébe kapva a kamerát, leforgatna pár tízezernyi méter filmet, vállalkozása aligha szülne felfedezést, csak jól ismert vizuális sémákat és unalmat. A „FILMSZEM", a feltétlen látás és a kamera autentikus egysége, egy korai állapot adottsága. Csak 80 év választ el bennünket ettől az állapottól, de a 80 év kulturális tartalmának csaknem az a távolság felel meg, amely a barlangfestészet és a XIX. századi naturalizmus közt feszül! Ha valaki az első filmtekercseket szemléli, szinte megrendül a képek tökéletes tárgyszerűsége láttán. Ezek a képek nem tukmálják ránk jelentésüket, hatásuk inkább mágikus. Személytelenek, de bensőségesek. A nyílt látvány és a nyílt érdeklődés randevújának emlékei. Azt az érzést keltik, amelynek RILKE az „Archaikus Apollo-torzó" sorait szentelte. Ez az elemzésre váró autenticitásélmény ragadtatta el Európa egyik legnagyobb operatőrét, mikor egy vitához Lumière idézetével szólt hozzá. Lumière állítólag a 30-as években úgy nyilatkozott: ha tudta volna, hogy ez lesz a filmművészetből, sohasem találja fel a kamerát. (Tóth János: Vita az operatőrművészetről. Filmkultúra 1975/2.)

A feltétlen látás ma már nem adottság. Eléréséhez mind a film készítőjének, mind nézőinek egy romboló utat kell bejárnia, amelyen visszamenőleg tudatosítja — hogy kizárja — a tudatosodás fokait. Egy visszaszámlálási folyamatról van szó, amíg eljutunk a nyelv és tudat határaira. Ezzel kapcsolatban (és különösen az operatőri munka vonatkozásában) lehet figyelemreméltó egy másik gyakorlat.

It can be said the other way round in the universe of pictures. The local-chronological dissection of sights is the language of gestures, the „silent speech" of pictures. The metaphoric use of pictures (comparable—compared), metonym (part—whole), the rhetorical figures in general are based on the comparison of two relations: this is the binary comparative dissection; arranging sights in series, based on certain similarities, and the comparison of series with one another, that is, the serial comparative level of dissection approaches the generalized, complex language which is the third type of language according to Vico.

(Being first exempts from explanation)

VERTOV, the man with the movie camera, had hardly wondered about on what levels of dissection he approached the visual manifestations of the world, though he was among the first ones who proclaimed the category of „language of films" and that of „film-writing". EISENSTEIN had already bequeathed a long, thorough theoretical heritage rich in ideas. The wonderful thing is that, in spite of this, the unconditioned reflex of the „FILM—EYE" led Vertov on a short road, practically to sketch the most complex structure of dissection, so to say, to its discovery. Serial comparative dissection became general only in the film-making of the 60's. THE MAN WITH A MOVIE CAMERA is, however, the earliest — somehow naive example of this way of dissection. It is attested by the film itself that this fact is neither a coincidence nor a subsequent arbitrary interpretation. There is a sequence in the film which shows the editor working at her cutting-table. The reels of the recorded material are arranged in series above her on shelves, as indicated by the labels on the shelves: „Zavody" — factories... „Ulici" — streets... etc.

(Trying to open up meaning)

However, there is no innocence in the public interest in the eighty years of film-making. If someone „just" took up a camera and shot some ten thousand metres of film his venture would hardly bring forth a discovery but well-known clichés and boredom. The „FILM—EYE", the authentic unity of the unconditioned seeing and the camera, is the faculty of an early state. We are only eighty years distant from this state, but the cultural contents of this period correspond to the distance that stretches between cave-painting and the naturalism of the 19th century. When someone watches the first reels, he is almost shocked by the perfect objectivity of the pictures. These pictures do not force us to accept their meaning, their effect is rather magical. They are impersonal but intimate. They are the memories of the rendezvous of open sight and open interest. They produce the same feeling to which Rilke devote the lines of „Archaic Apollon-torso". One of the greatest European cinematographers was carried away by this experience of authenticity awaiting analysis when he quoted Lumière in his speech during a debate. In the 30's Lumière allegedly said that: If he had known what would become of the cinematic art he would have never invented the camera. (János Tóth: Debate About Cinematography, Filmkultura, 1975 No. 2)

Unconditioned vision is no longer a faculty. A destructive road must be covered by both film-makers viewers which makes the stages of awakening consciousness conscious retroactively — in order to exclude them. It is a process of counting down

(A véletlen megjelenítése),

illetve az organikus formák és események véletleneken alapuló rendje (mondhatnánk: véletlen és szükségszerű dialektikája) nem újkeletű probléma a XX. századi művészetben. A zenében éppen a legszigorúbb zenei nyelv, a dodekafónia talaján nőtt önálló diszciplínává ez az aleatorika. A véletlen konstrukciójának a képalkotásban szintén megvannak a maga hagyományai.

Ebben a körben végeztem egy kísérletet, amely az ún. Brown-féle mozgás computer-szimulációján alapul. A Brownféle mozgás egy általános képlet, amely különösen termodinamikai és kvantummechanikai jelenségek leírására alkalmas. Egy részecske abszolút véletlen mozgásának leírásáról van szó, amit a computer valószínűségszámítással old meg, és egy hozzákapcsolt tv-képernyős szimulátoron meg is jelenít. Ennek az ábrának az analógiájára felkértem különböző embereket, hogy húzzanak össze-vissza vonalakat egy papírlapon, csak arra ügyelve, hogy az egyes szakaszok hossza és iránya között ne legyen semmiféle szabályosság.

A kísérletsorozat azt mutatta, hogy az ember képtelen spontán véletlen vonalak húzására, hacsak nem kap minden egyes szakasz „megszerkesztésére" jelentős gondolkodási időt. Az analógia, az ellentét, a szimmetria, az arányosság: ezek azok az „hibák", amibe a kísérletezők gyakran már az első lépésekben, de 15—20 lépésen belül kivétel nélkül beleesnek. Akadnak olyanok, akik kétségbevonják, hogy egyáltalán lehetséges ilyen fokon szabálytalan vonalakat húzni, és az elbírálásra gyanakszanak, azt állítva, hogy a felsorolt „hibákat" akármilyen vonalvezetésbe „bele lehet magyarázni". Kétségeiket a Brown-féle mozgás ábrája oszlatja csak el, amely bebizonyítja, hogy a feladat megoldásának végtelen sok helyes variációja létezik, amelyben a hibák, azaz az itt-ott fellelhető szabályosságok csak ritkán, mint a véletlen határesetei jelennek meg.

AZ ABSZOLÚT VÉLETLEN MOZGÁS NEM CSAK HOGY LÉTEZIK; DE KÉPE SOKKAL VALÓSZERŰBBEN HAT, mint a szabályokkal „tarkított" emberi igyekezeté. A gyakorlat másik nagy tanulsága számunkra az, hogy a kísérletben azok vettek részt legeredményesebben, akik a formaképző „szabályokkal" leginkább tisztában vannak: grafikusok és építészek, míg a laikusok már a legelső lépésekben a véletlenszerű helyett szabályos vonalvezetést kreáltak.

(„Krix-kraxokat" rajzolni tehát mégsem tud „akárki" — ahogy mondani szokták. Ez a kísérlet mellesleg megadhatja a kulcsot pl. a KLEE, HARTUNG, KONDOR típusú grafika esztétikai értékeléséhez.)

Megbizonyosodik tehát az a paradoxon, hogy a véletlen, az ismeretlen birtokolásához az áll legközelebb, aki leginkább tudatában van a szabályoknak, az ismertnek.

Azt hiszem, a mi esetünkben — ha ezt a gyakorlatot kamerával ismételnénk meg, s a résztvevők azt a feladatot kapnák, hogy egy eseményről teljesen véletlenszerű képet készítsenek — hasonló sematikus eredményt kapnánk. Többnyire olyan jellegű „szabálytalanságokkal", mint fejjel lefelé fordított kép . . . Egy olyan képformálás azonban,

---

until we reach the borders of language and consciousness. Another exercise may be remarkable in this respect (with special regards to the work of cinematographers).

(Representing the accidental)

or the order of organic forms and events based on contingency (we might say the dialectics of the accidental and the necessary) is not a novel problem in the art of the 20th century. In the field of music this aleatorics became an independent discipline using the basis of the strictest language of music, on that of dodecaphony. The construction of the accidental also has its own traditions in visualization.

I have carried out an experiment in this field which was based on the computer simulation of the so-called Brownian movement. The Brownian movement is a general formula which is especially suitable for describing thermodynamic and quantum mechanical phenomena. It is concerned with the description of the absolute random movement of a particle which the computer solves by calculus of probability and represents it on a simulator with a television screen. On the analogy of this diagram I asked various people to draw lines in a topsy-turvy manner on a sheet of paper; they had to be careful only about one thing: the length and direction of the lines should not show any kind of regularity.

The series of experiment revealed that people were unable to draw spontaneous haphazard lines unless they had considerable amount of time to think about the „construction" of the line. Analogy, contrast, symmetry, proportionateness: these are the „mistakes" the experimenters often make in the first steps, but everybody commits these errors in the 15th/20th steps. Some people question whether it is possible at all to draw irregular lines at such stage, and suspect the judgement saying that the „errors" listed „can be read into" any line. Their doubts are only dispelled by the diagram of the Brownian movement which proves that the solution of the problem has infinite number of correct variations where the errors, that is, regularities found here and there, appear rarely only as the borderline cases of contingency. ABSOLUTE RANDOM MOVEMENT NOT ONLY EXISTS, BUT ITS PICTURE SEEM TO BE MUCH MORE PROBABLE than that of human endeavour „diversified" by rules. The other great lesson in this exercise is that those who practicipated most successfully in the experiment who were the most clearly aware of the „rules" of moulding forms: graphic artists and architects whereas laymen created regular patterns of lines instead of haphazard from the very first.

(Therefore, scribble-scrabbles cannot be drawn by „anyone" — as it is often said. This experiment incidentally may give a key to the aesthetic judgement of the graphic art of e. g. KLEE, HARTUNG, KONDOR.)

So the paradox that those who are the closest to the possession of the accidental, of the unknown who are the most aware of the rules, of the known is proven.

I think in our case, if this exercise was repeated with a camera, and the participants had the task of making completely random pictures of an event, similar schematic results would be reached, mainly with such „irregularities" as a picture turned upside down... However, such a visualization which not only deviates from the traditions but is also independent of the forms of

amely nemcsak a tradíciótól tér el, hanem független a létünk és gondolkozásunk alapjával kongruáló nyelvi-tagolási formáktól, rendkívül meggondolt, negatív előjelű megszerkesztést feltételez. Ezt részben computer-számításokkal fogjuk elérni. Arra számítunk, hogy — mint a Brown-féle mozgás esetében — az eredmény itt is valószerűbben, a szabály-rendszerek komplementumaként, mint inverz szükségszerűség hat.

Esztétikailag ez az effektus mint az ismeretlen metaforája lép fel. Ehhez járul az a véletlenben tudatosan „szabály-zott" rész, mely az ismeretlen és az ismert összevetését célozza: a kettő kölcsönössége ironikus hatást kelt.

A véletlen elemek, a hozzájuk forgatott „fél-véletlenek" és a szabályszerűségek „visszaszámlálása" a feltétlen lát-ványig, ez a „hármashangzat" amelyben filmünket végigjátsszuk egy kifordított keretben. Az eddigiekben vázolt intenciók alapján ugyanis, a „meglelt" keret egy olyan dimenzióval bővül, amely az eredeti viszonyt mintegy ki-fordítja. Nem egy fikcióval keretezzük a dokumentumokat, hanem a dokumentumok keretezik a fikciót.

(Mielőtt bárki gyanakodni kezdene: ez csak egy újabb metafikció árán lehetséges.)

(A kifordított keret)
Rádiócsillagászok folyamatosan jeleket észlelnek, anélkül, hogy eredetüket és helyüket rögzíteni tudnák. A jelek egy computer-szimulátorba táplálva bizonyos paraméterek mentén képeket produkálnak. A képeket egy szemiotikus értékeli.

1. Kezdetben az optikai visszaverődés valamilyen ismeretlen jellegű, de természetes energia-koherencián alapuló transzformációját feltételezik: a látvány tagolása emberi szempontból annyira esetleges és töredékes.

2. Később, a képek ismétlődése és korrekciója folytán megfigyelő lényekre gondolnak, akik minden előzetes támpont nélkül merítenek földünk vizuális megnyilvánulásaiból. (Valahogy úgy, ahogy az asztronauták markoltak a Hold kőzetanyagából, hogy a Földön alapos elemzés alá vegyék.) A képsor ebben az aspektusban: úgy értékelhető, mint egy Galaktikus Híradó.

3. Végül kiderül, hogy az új csoportosításokat, azaz korrekciókat a transzformációs paraméterek elváltoztatása produkálta. Elvetik a „lények" hipotézisét és a paraméterek kutatására állnak át. A képek kombinációjával azon-ban permanensen társul a jelenidejű „anyag", mintha a vizuális információ valahol „összegyűlne" és önmagában tagolódna. A „Galaktikus Híradóban" úgy tűnik, hogy az információ maga üzen.

4. Zavarbaejtő következménye az információ sűrűsödésének, mikor a képek utolérik a kutatókat, azaz egyidejűvé válnak megfejtésükkel. A képernyőn a szemiotikus saját egyidejű képével találkozik. Amikor a készüléket kikap-csolja, maga is eltűnik, ám a „híradó" folytatódik tovább.

(A képpé vált kutatók)
Nemhogy folytatódik, hanem filmünk a feltételezett eseménynek ezen a fázisán túl kezdődik. Csak menet közben

---

linguistic dissection congruous with the fundamentals of our existence and thought implies extremely well-considered con-struction with a negative sign. It will be partly achieved by computer calculations. We expect, as in the case of the Brownian movement, that the result will seem more probable being the compliment of systems of rules, as an inverse necessity.

Aesthetically this effect appears as the metaphor of the unkown. In addition, there is the part which consciously „regulates" the accidental and which aims at the comparison of the unkown and the known: the reciprocity of the two creates an ironic ef-fect.

This „triad" consisting of accidental elements, „semiaccidental" shots added to them and the „counting down" of regularit-ies to the unconditioned sight, is where our film is played in a frame which is turned inside out. That is, on the basis of the inten-tions outlined so far, the frame which is found is expanded by a dimension which practically turns the original relation inside out. The documents are not framed by a fiction but the fiction is framed by documents. (Before anyone should get suspicious: this can only be achieved by another metafiction.)

(The frame turned inside out)
Radio astronomers register signs constantly without being able to detect their place and origin. The signs fed into a compu-ter-simulator produce pictures along certain parametres. The pictures are evaluated by a semiologist.

1. At the beginning they assume a transformation of an optical reflection based on a natural energy-coherence of some un-known kind: the dissection of the sight is so contingent and fractional from the point of view of man.

2. Later, due to the repetition and correction of the pictures it is supposed that observing creatures collect data from the vis-ual manifestation of our planet without premediation. (Similarly to the astronauts who collected some specimen rocks from the Moon submit them to thorough analysis on the Earth.) In this aspect the sequence can be considered as a Galac-tic Newsreel.

3. Finally it turns out that the new assortment, that is, the corrections were produced by the alteration of the transformational parameters. The hypothesis about „creatures" is dismissed and they switch over to investigating the parameters. The combination of pictures, however, is permanently associated with the „matter" in the present tense as if the visual infor-mation „accumulated" somewhere and dissected itself. The information itself seems to send a message in the „Galactic Newsreel".

4. The embarassing consequence of the condensation of information happens when the pictures catch up with the „research workers", that is they become synchronous with their solution. The semiologist sees his own synchronous picture on the screen. When he switches off the apparatus he himself disappears as well, but the „newsreel" continues.

(Research workers converted into pictures)
It not only continous but our film starts after this phase of the hypothetic event. It turns out only in the course of events that the

derül ki, hogy a „kutatók" már „képpé váltak", az „információ": a „Galaktikus Híradó", önmaga permanens újra-tagolásával mintegy emlékezik rájuk. Történetüknek csak töredékeivel találkozunk a képsorban, higgadt a-dramatikus tagolásban, ugyanolyan dezantropomorf, véletlenszerű felfogásban, mint a többi kép esetében. Nem arról van szó tehát, hogy egy tudományos fikció keretében bemutatunk egy dokumentumanyagot, hanem a dokumentumanyagok keretében, és feldolgozásuk aspektusában jelenik meg az interpretációt magyarázó fikció. Ez a „kifordított keret" lényege. A film meta-fikciója pedig nem más, mint a KOZMIKUS SZEM, amellyel mind a film készítőinek, mind nézőinek azonosulni kell.

(A kozmikus szem)

egyetemes metaforája és a kifordított keret hivatott arra, hogy lehetőséget adjon az intencionális részben felvázolt törekvések kibontására. A végső cél maradt: a látvány kulturális beidegződéseken és mélyebb, pszicholingvisztikai alapokon nyugvó tagolásának „visszaszámlálása", a nézőt megajándékozni a feltétlen látvány igézetével. Ebből a szempontból az egész keret nem más, mint Szergej Jeszenyin terminusával élve, egy rébusz-metafora. A film sikere esetén ehhez a hatáshoz hozzájárulhat az a haszon, hogy a nézőt hozzásegíti az értelmes látás feltételeinek tudatosításához — mintegy indirekt ismeretterjesztő úton.

(Ködoszlatás)

Itt szeretnék eloszlatni — remélhetőleg feleslegesen — egy olyan félreértést, amire ezek a fejtegetések talán valakit felbátorítanak. Nem arról van szó, hogy a látás pszicholingvisztikai és kulturális feltételeit haszontalan dolognak vagy feleslegesnek tartanám. Ez éppen olyan ostobaság lenne, mintha arra törekednék, hogy az emberek összekeverjék a jobb és bal kezüket, vagy a „fent"-et és a „lent"-et. Mindennapi életünk, társadalmi kommunikációnk és természet feletti uralmunk épül ezekre a feltételekre. De épp így attributuma az embernek a totalitás tudata, mely a reflexiót szüli, s amely nélkül a puszta vegetatív alkalmazkodásba süllyedne vissza.

A „fent" és a „lent" megkülönböztetése nem lehet akadálya annak, hogy felfogjuk a gravitáció jelenségét, amely ezeket a viszonyokat feloldja, relativizálja. Ennek a tudatnak az erősítése érdekében van szükség arra, hogy olykor a totalitás aspektusából, „kozmikus szemmel" tekintsünk magunkra és környezetünkre. Saját tanulmányaimon túl, ezt a célt szolgálja majd a film.

A Kozmikus Szem munkáit 1977-ben kezdte el Bódy a Balázs Béla Stúdióban, s mintegy 4—5 órányi (5100 m) 16 mm-es fekete-fehér anyag került leforgatásra. A munka külső okok miatt félbeszakadt, s később sem folytatta. A szereplők között voltak: Udo Kier, Nicoletti Marion, Faragó Tamás, Gerlóczi Mónika, Gerlóczi Bea, Kozma György. *(a szerk.)*

[BBS stencil, Budapest, 1975. június 1.]

„research workers" had been „converted into pictures", the „information": or the „Galactic Newsreel", it so to speak, recollects them by permanently dissecting itself. Only fragments of their story can be found in the sequence, in a cool a-dramatic dissection, in the same disanthropomorphic, accidental representation as the rest of the pictures. So the point is not that a certain documentary material is presented in the frame of science fiction but the fiction explaining the interpretation appears in the frame of certain documentary material and in the aspect of its processing. This is the essence of the „frame turned inside out". And the metafiction of the film is nothing else but the COSMIC—EYE with which both the film-makers and the viewers must identify.

(The cosmic-eye)

its universal metaphor and the frame turned inside out are entitled to grant an opportunity for unfolding of the endeavours outlined among the intentions. The final goal remained: „counting down" the dissection of sights based on cultural conditioning and on deeper, psycholinguistic grounds, which present the viewer with the enchanment of unconditioned sight. In this respect the entire frame is a rebus-metaphor (borrow the term from Sergei Yesenin). If the film is successful this effect has the advantage that it helps the spectators to make the conditions of an intelligent seeing conscious, so to say, in an indirect, educational way.

(Dissipating the mist)

My expounding may give rise to a misunderstanding which I would like to dispel — hopefully because it is unnecessary. I do not mean that I consider the psycho-linguistic and cultural conditions of vision useless or unnecessary. It would be just as senseless as if I made attempts that people should mix up their left and right hands or „up" and „down". Our everyday life, social communications and our rule over the supernatural are based on these suppositions. However, man's consciousness of totality is an attribute in the same way wich produces reflection and without it man would relapse into a mere vegetative conformity. The distinction between „up" and „down" cannot hinder us to percieve the phenomenon of gravitation which resolves, relativizes these relations. In order to strengthen this consciousness we must look at ourselves and our environment from the aspect of totality, with „cosmic-eye". Beyond my studies the film will strive for this goal, too.

JEGYZET

Bódy started to work on the Cosmic Eye in 1977 at the Béla Balázs Studio and about 4-5 hour long, (5100 m) 16 mm, black and white film was shot. The work broke off due to external reasons and it was not continued later on either. Some of the performers were: Udo Kier, Nicoletti Marion, Tamás Faragó, Mónika Gerlóczi, Bea Gerlóczi, György Kozma.

(the editors)

[Béla Balázs Studio, Budapest, June 1, 1975. Roneo]

SOR, ISMÉTLÉS, JELENTÉS

[. . .]

Bán András:

- Abból indultunk ki, hogy a képsor a magában álló képhez két dolgot feltétlenül ad, a logikát és az időt.

Bódy Gábor:

— Igen, az *i d ő t,* mégpedig egy olyan átfogó értelemben, amely magába zárja a kép tárgyának és készítőjének *e g z i s z t e n c i á j á t.* Ugyanarról a dologról készített két — vagy több — kép ugyanis feltételezi a *d o l o g* azonosságának, illetve különbségének megállapítását a két időpontban. Ebből az összevetésből ráadásul kihagyhatatlan a képeket közvetítő anyag és személy szerepe. A *k é p s o r,* azzal, hogy integrációra készteti nézőjét, voltaképpen csak kiélesíti azt a relatívumot, amely *e g y* kép esetében is fennáll, a létező dolog — annak képe — s a közvetítő (médium) között, s amelynek egzisztenciális keresztmetszete, közös foglalata: az idő. Részletes vizsgálat deríthetne fényt arra, az európai gondolkodás — művészet — történetében mikor milyen hangsúlyt kapott ez a relatívum. Igen gyakori, különösen a köztudatban, a viszonylat leszűkítése a *dolog* és *képe* dualizmusára, ezt teszi a vulgáris tükröződés-elmélet is, s ezzel egy tőről fakad kép és valóság problémátlan egybevetése, azonosítása. Ezzel a restséggel a háromból kettő, végül egy lesz, amivel semmire se megyünk. 3 = 2 = 1 = 0. Íme a gondolkodás entrópiája. Ezzel szemben áll a modern képzőművészet, fotográfia, film (sőt zene) törekvése egy variábilis ábrázolásra, amely az utóbbi években annyira általánossá vált, hogy a legtöbb publikációs fórumon szinte csak képpárral és képsorral találkozunk. Az eddig tárgyalt logikai típusú képsoroktól eltérően, ebben az intencióban azt látom, hogy a jelentés körébe egyre mélyebben belekerülnek az ábrázolt dolog egzisztenciájának dimenziói. Ez a *meditatív* képsorszerkesztés megint nem egy vadonatúj jelenség. Bizonyos, hogy egész régre is vissza lehetne menni, és érdemes legalább a reneszánszig, hogy ebből a szempontból átvizsgáljuk a képzőművészet *tanulmányok, etűdök* rovatában elkönyvelt tételeit. De közelebbi és nagyon ismert kiindulópontnak vehetjük Monet híres festmény-sorozatát a roueni katedrálisról, amelyet gyakran abban az értelemben is tárgyalnak, mint az impresszionizmus kiáltványát. Az *ábrázolt objektum* egy katedrális, amely meglehetősen stabil, és tűnékenynek, ugye, nehezen tekinthető dolog. A sorozat különböző napszakokban ábrázolva

---

SERIES, REPETITION, MEANING

András Bán: Let us start from the principle that at all times a sequence adds two things to a single picture: logic and time.

Gábor Bódy: Yes, *t i m e* in an extensive sense for it contains the *e x i s t e n c e* of the subject and of the photographer. Two or more photos taken about the same thing pre-suppose the ascertainment of a similarity or a difference of the thing at the two or more points of time. What is more the role of the intermediating material and the person cannot be left out of this comparison. As a matter of fact a *s e q u e n c e,* by forcing its viewer to integrate with it, just intensifies the relation which can also be found in case of *o n e* picture between the existing thing — its image — and the medium. The existential cross-section, the common setting of the relation is time. A detailed examination would throw light on the facts when and what emphasis was layed upon this relative in the history of European thinking and art. The restriction of the relation to the dualism of the *object* and its *image* is rather frequent; it is what the vulgar theory of reflection does. The comparison or identification of reality and its image made without considering all the problems also spring from this source. With this indolence three will be two, two will be one with which we can do nothing. 3 = 2 = 1 = 0. Here is the enthropy of thinking. On the contrary there is the ambition of modern art, photography, film (even music) to represent subjects in a variable way. This endeavour has become so common that most of the publicationed forums almost exclusively show picture pairs or sequences. In contrast to the logical type of sequences in connection with this aim, I can see that apart from the existence of the represented subject the dimensions of the existence of expression are getting deep into the range of meaning. This *meditative* combination of sequences is not a brand new phenomenom. We could certainly look for it even in ancient times, and it is worth going back at least to the Renaissance to examine *studies, etudes* of fine arts from this point of view. But we should start with nearer and well-known works of art, Monet's famous sequence of paintings of the Rouen Cathedral, which sequence is often mentioned from the point that it is seen as the declaration of Impressionism. The *represented object* is a cathedral which is very firm and certainly cannot be regarded as evanescent. The sequence was painted over different parts of the day and shows a multiplicity of vision, so it is not simply an object, but also the object and the person representing it. The problem is of the moment of time which connects the two that are being dealt with. The meaning of the sequence is that of the different encounters with the cathedral and of the artist at different points of time.

A. B.: Do you think this sequence could be imagined without the existence of photography?

BÓDY GÁBOR ÍRÁSAIBÓL
WRITINGS OF GÁBOR BÓDY

a látvány sokarcúságát mutatja meg, s ezzel áttér a tárgyról a tárgy és az azt ábrázoló személy, illetve az őket össze-kötő időpillanat problémájára. A képsor jelentése: a katedrális és a művész találkozásai különböző időpontokban.

B. A.:

— Véleményed szerint ez a festménysorozat elképzelhető a fotó léte nélkül?

B. G.:

— Az impresszionizmus és a fotográfia egyazon kulturális korszak terméke, de nem tudom, hogy kell-e közöttük genetikus összefüggést feltételezni. A képsor problémája mindenesetre — mint említettem — régebbre is visszavezet-hető, ugyanakkor túlnyúlik az impresszionizmuson. A fotó ebbe a kontextusba talán egy más szálon, erősebb jelen-léttel szövődik be. A fotográfiával és más reproduktív technikákkal rendkívüli tömegű kép mint tárgy jelent meg a világon. Egy városi ember úgyszólván nem tudja kinyitni a szemét anélkül, hogy ahová néz, ne lásson egy plaká-tot, újságfotót, festményt, hirdetést. A *valóság* képébe minduntalan belejátszik a képek valósága. Ez a hétköznapi élmény száz évvel az imperesszionizmus után a pop-artban egy egész új gondolkodásmódot hívott elő. Warhol kép-sorai Marilyn Monroe vagy Jacquelin Kennedy fényképeiről azt a tudatot teszik explicitté, hogy az elsődleges *valóság,* amellyel napjaink embere találkozik, egy társadalmi tükrön megsokszorozott kép, a kép, amelyet alkotunk tehát képek képe. Ez a gigantikus információs környezetszennyeződés hatalmas feladat elé állítaná egy új vallás képrombo-lóit. A művészet inkább maga vállalkozik erre. A pop-art esztétikai szintézisét a koncept-art takarékos analízise vál-totta fel. A koncept-art ugyancsak gyakran folyamodott a képsor, a sorozat formájához. Pár éve Beke publikálta először a Fotóművészetben ennek a gondolkodásnak talán legkifejezőbb konceptjét, Michael Snow fotósorozatát. Ez a kissé agnosztikus konceptmetafora azt sugallja, hogy a valóság egy tükör, amelyben önmagunkat látjuk, de egyre kevésbé az *eredetit,* hanem egyre inkább a képeket, amelyeket alkottunk róla, egészen addig, míg a képek teljesen el nem fedik a tükröt.

B. A.:

— És ez az idő problémája is.

B. G.:

— Természetesen. Itt élesen kiütközik, mennyire belészövődik a megismerő képalkotás az idő és egzisztencia háttér-vásznába. Titkos felfogásunk szerint minden időpillanat tartalmazza az előző pillanatokat, ez kapcsolódik az anyag- és energiamegmaradás tételéhez. Minden kép létrejötte pillanatában a valóság részévé, ezáltal új képek vász-nává válik, s így merül el az időben. A kép fogalmának ontológiai státusza amúgy is kérdéses, különösen, ha mint reprodukciót fogjuk fel. Vajon nem képe-e a kalapács nyele az emberi kéznek? Egy jogszabály, egy intézmény az előzőkének, egy nyelvi frázis a másiknak? A gyermek genetikus kódja nem képe-e a szülőkének, egy anyaghalmaz a kozmoszban egy másik anyaghalmaznak? Amikor egy beszélgetésben elhangzik a kijelentés: *értem,* nem egy kép született meg? Pontosabban a közölt kép képe. És minden egyes kép mögött képek sora áll, beláthatatlan messzesé-

---

G. B.: Impressionism and photography are the products of the same cultural era, but I do not know if we should suppose a genetic relation between them. By all means the problem of sequences, (as I have mentioned before), may be traced back to older times, but at the same time it goes beyond impressionism. Photography is intervowen with this context by another thread, perhaps by a more emphatic presence. An immense amount of pictures, as objects has appeared in the world after photography and other reproductive techniques were invented. As it were, a city man cannot open his eyes without catching sight of a poster, a newspaper photo, a painting or an ad. The picture of *reality* is intertwined with the reality of pictures. This everyday experience promoted an entirely new way of thinking the movement called Pop Art, a hundred years after impressionism. The sequences of Marilyn Monroe or Jacquelin Kennedy by Warhol make the idea explicit that the primary *reality* met by the man of our time is a multiplied image in a social mirror which we create, that is an image of images. This gigantic pollution of information would set a great task for any iconoclasts of a new religion. Art has decided to undertake it. The aesthetic synthesis of Pop Art has been changed for the economical synthesis of Concept Art. Concept Art has often adopted the form of sequences and series. Some years ago it was Beke who first published in the review 'Fotóművészet' the most suggestive concept of this thinking, in the photo series by Michael Snow. This slightly agnostic concept metaphor suggests that reality is a mirror in which we see ourselves, and less and less the *original* persons, more and more the images we have created about them until the images completely cover the mirror.

A. B.: Is it the problem of time as well?

G. B.: Certainly it is. The fact that the cognitive creation of images is interwoven with the background canvas of time and ex-istence stands out very clearly here. Accordling to our secret concept each moment of time contains the previous moments, and this idea can be connected to the principle of conservation of matter and energy. The moment a picture is created it be-comes a part of reality, and thus becomes a canvas of new pictures and this is how it bits into time. Anyway the ontologic status of the picture concept is questionable, especially if we regard it as a reproduction. Isn't a hammer handle the image of a human arm? Aren't legal rules, institutions the images of previous ones? Isn't an idiom the image of another? Isn't the genetic code of a child the image of its parents? Isn't a mass of matter the image of another mass of matter? When you say *I see* in a conversa-tion, it is an image, to put it more exactly the image of a transmitted image that has been created, isn't it? Long series of images stand behind each image along vast distances. Ancient Greeks explained seeing as a phenomenon in which little images come off an object and get to our eyes. This interpretation may seem childish but compared it with modern notion it is interest-ing that it regarded image as an ontological status and unlike most of the theories that have been elaborated since then it did not simply deal with the virtual and mental relation to image. In modern art the idea of the ontologic status of image mostly man-ifests itself in the use of a mirror as an *i m a g e o b j e c t* or in the application of the phenomenon of reflection. A remark-able example of it lies in the photo series by Ákos Birkás. In a museum glazed pictures are very rarely visible, you can see a pic-ture in the other's glass, or the windows of the hall, or, perhaps, yourself. Another Hungarian artist, Jovánovics presents the continuously changing sight of multiple reflection as a mystic journey. It is remarkable that the series was made with no manip-

gekig. A görögök úgy magyarázták a látást, hogy a tárgyakról kis képek válnak le és jutnak a szemünkbe. Ez a gyerekesnek tűnő interpretáció annyiban érdekes az újkori felfogással összevetve, hogy a képet ontológiai státuszban gondolja el, s nem pusztán virtuális, tudati vonatkozásában foglalkozik vele, mint a legtöbb azóta született elmélet. A mai művészetben a kép ontológiai státuszának gondolata leginkább a tükör, mint *képtárgy*, vagy a tükröződés jelenségének alkalmazásában nyilvánul meg. Nagyon szép példája ennek Birkás Ákos fotósorozata. A múzeumban leüvegezett képek a legritkább esetben engedik látni önmagukat, az egyik képben a másikat látjuk, vagy a terem ablakait, vagy esetleg magunkat. Egy másik magyar művész, Jovánovics, a többszörös tükröződésben állandóan változó látványt mint egy misztikus utazás történetét adja vissza. A felvételsorozat érdekessége, hogy semmilyen manipulációt nem alkalmazott, rövid időn belül, *fotóriport* módjára készült a művész házában. A tükröződésben egymásba merülő képek szinte lehetetlenné teszik, hogy biztosan megvonjuk a határt a *valóság* és *annak képe* között. El tudod képzelni, mi történik, ha két tükröt párhuzamosan egymás felé fordítunk?

B. A.:

— Világos, a képek végtelenül tükrözik egymást.

B. G.:

— Ez a gyakrolat akkor válik igazán érdekessé, ha *mesterséges tükröket* alkalmazunk, például egy elektromos kamerát. Ha egy ilyen kamerát saját monitorjával állítunk szembe, ugyanez a jelenség áll elő: a kamera a monitoron látja, amint látja, hogy lát . . . egy végtelen sorban, aminek csak a rendszer képfelbontó képessége szab határt. Ennek egyik korai példáját Gene Youngblood publikálta Expanded Cinema című könyvében, de szinte mindenki tapasztalta, akinek elektromos kamerával van dolga. Mondanom sem kell, hogy ez is képsor, bár egy képen belül.

B. A.:

— A **Filmnyelvi sorozat**ban készült etűdjeid között is láthattunk ilyet.

B. G.:

— Abban az etűdben, amely az említett kép ismerete nélkül készült 1973-ban, engem a jelenségen túl a tükör-*rendszer* vonatkozásai foglalkoztattak. Az egymás felé fordított üvegtükrök képrendszere intakt, megbonthatatlan, sőt bizonyos ponton túl ellenőrizhetetlen. Ha ugyanis két párhuzamosan szembeállított tükör tengelyébe állunk, hogy a látványt ellenőrizzük, éppen kitakarjuk képünket, ha pedig az *ellenőrző tekintet* tengelye nem esik egybe a tükröződés tengelyével, akkor a végtelen sor kifordul, s egy *n* számnál eltűnik. Az elektromos tükörrendszer képe viszont kábelesen levezethető, ellenőrizhető, végtelenül kicsinyíthető és nagyítható, sőt továbbképezhető. Vegyünk két kamerát, az egyik nézze a másik monitorját, a másik pedig az egyikét. Az eredmény ugyanúgy végtelen kép, csakhogy két *szubjektumon* át. Ha betartjuk a kezünket az egyik kamera és monitor közé, a kéz képe az egész rendszerben megjelenik. Most akadálytalanul elképzelhetünk egy olyan rendszert, amelyik négymilliárd tagból áll, s ezek mindegyike látja, amit bármelyikük lát, anélkül, hogy megállapíthatná, hányadik közvetítésen át kapta a képet, s melyik

---

ulation, over a very short time as a *picture report* of the house of the artist. Because of the pictures submerging into each other in the reflection you cannot draw the line between *reality* and its *image*. Can you imagine what happens if we put two mirrors facing each other?

A. B.: It is obvious that the images will infinitely reflect each other.

G. B.: This practice will be really interesting if we use *artificial mirrors,* for example an electric camera. If we put a camera facing its own monitor, the same thing will happen, the camera can see as it watches that it can see. . . It is an infinite sequence, the only limit of which is in the resolution of the system. An early example of this was published be Gene Young-blood in his 'Expanded Cinema', but anyone who works with an electric camera can experience this phenomenon. Needless to say it is also a sequence, though it appears in one picture.

A. B.: This phenomenon can be seen in your studies in the **Film Language Series.**

G. B.: In the etude made in 1973, not knowing the image the just mentioned, I was interested in not only the penomenon but the relations of a mirror *system*. The system of glass mirrors which face each other is intact and indissoluble, what is more it is uncontrollable beyond a certain point. If you stand in the axis of two parallel mirrors, to control the sight you will cover the picture, but if the axis of the *controlling eye* does not coincide with the axis of reflection the infinite sequence will bend and disappear at an *n* number. The picture of an electric mirror system can be conducted, controlled, infinitely microfied or magnified, or even altered. Let us take two cameras, one will watch the monitor of the other and vice versa. The result is similar to an infinite image through two **subjects.** If you put your hand between a camera and a monitor, the image of your hand will appear in the whole system. Now you can easily imagine a system consisting of four thousand million members, and each of them can see what any other can, without being able to locate through which transmission it received the image and which member has seen the original object. What is more each member can see in one picture what the others can, for example what the 15th or the 58,967th member can. But it is not simultaneous even if the time lag is as small as it is needed for the distance to be covered at the velocity of light and electrons. This way time delay can be induced in one picture.

A. B.: In this case each picture supposes a sequence, too.

G. B.: Yes, it does. This question is a greater challenge to photography than to film. By stopping and fixing time, photography does something absurd. Its magic attraction, it's mystery lies in the impossible statement: this is how the world looked like at *x* moment. No other form of expression has ever been able to offer this magic. If painting or a language did it, it did in an outright fictionalized way. A photo however deceives its viewer because it is so realistic that you believe you are *there*, right at *that* moment of time. At the same time it is obvious that these moments cannot be rationally understood, they can only be approached. Let us go back to mathematics where certain points can only be expressed as limits of an infinite series. The more exact a means of thinking becomes, the more it can express phenomena only by using infinite approaches. Now the concept of a point, in punctual time is the greatest though essentially a fiction. A photo shows that this fiction will *sensibly* build upon the defectiveness and imperfection of human apperception and estimation system. As you know

tag látta az eredeti objektumot. Mi több: minden tag egy képben látja azt, amit a többiek, tehát pl. a 15. és az 58 967. tag előtt van. De nem egyidejűleg, még ha olyan kis időeltérésről van is szó, amely a fény, illetve elektronsebességgel megtett úthoz szükséges. Így létrejöhetnek egyazon képen belüli időkülönbségek.

B. A.:

— Itt is minden kép egy képsorozatot feltételez.

B. G.:

— Igen. S ez a kérdés még nagyobb kihívás a fotó, mint a film számára. A fotó azáltal, hogy megállítja és rögzíti az időt, valami abszurd dolgot cselekszik. Mágikus vonzereje, titokzatossága ebben a lehetetlen kijelentésben rejlik: a világ *x* pillanatban így nézett ki. Erre a varázslatra eddig semmilyen kifejezési forma nem volt képes. A festészet, a nyelv, ha ezt tette, leplezetlenül fikcionált módon tette. De a fotó áltatja nézőit. Annyira valószerű, hogy az ember azt hiszi, tényleg *ott* van, *abban* az időpontban. Ugyanakkor nyilvánvaló, hogy ezek az időpontok racionálisan nem ragadhatók meg, csak megközelíthetők. Térjünk csak vissza a matematikához, ahol bizonyos pontok csak végtelen sorozatok határértékeként fejezhetők ki. A gondolkodás minél egzaktabb eszközökre tesz szert, a jelenségeket annál inkább csak végtelen megközelítésekkel tudja leírni. Mármost a pont fogalma, a pontszerű idő a legnagyobb fikció, bár alapvető fikció. A fotó ezt a fikciót *érzékileg* megjeleníti, épít az emberi appercepció, értékelési rendszer hézagosságára és tökéletlenségére. Különböző kutatófilmes eljárásokkal, tudjuk jól, arról a pillanatról, amelyik egy fotóban nyomát hagyja, lehetne egy tízperces filmet is csinálni. Ebben a filmben aztán esetleg meglepő dolgok, fantasztikusnak tűnő mozgások tárulnának fel. És itt fordul visszájára az a közhely, amelytől beszélgetésünk elején eltekintettünk, hogy tudniillik *a film fotók sorozata* — mert a fotó is a fotók sorozata, vagy ha tetszik, egy fotó is filmek sorozata! A felsőbb matematikában egy valós szám — például a *pi* — közelítő törtjeinek végtelen sorozatával adható csak meg, ettől a matematika nem retten meg, és nem adja fel a számolást. A modern képalkotásnak teljesen jogos az a törekvése, hogy a világ megjelenítésében, leírásában hasonló eszközökkel éljen. Él is vele, különösen az analítikus grafika és a koncept-art, ahogy ennek egyik legjelesebb megnyilvánulásaként Maurer Dóra lapjain, fotóin és filmjeiben is láthatjuk.

B. A.:

— Hogyan jelentkezik ez a filmben?

B. G.:

— A filmben mindez jelentkezett már a *klasszikus korban,* a húszas évek némafilmjeiben, például Vertovnál, ott, amikor az Ember a felvevőgéppel egyes képkockáit kimerevítette. Kimerevítette, mondjuk, egy gyerek arcát, s ehhez a kockához többször, újra meg újra visszatért, keresve ott annak az időpillanatnak, a tényleg-ott-volt gyereknek az azonosságát a filmszalagra rögzített képpel. Vertov emellett rendszeresen felhívta a figyelmet a filmkép anyagi mivoltára, sőt megmutatta kora nézőinek, hogyan épül be effektíve a valóság fényképe a film kifejezésrendszerébe. Az *új-*

---

you could make a ten-minute film about the moment appearing in one photo using the methods of a research film. Surprising things, fantastic-looking motions would be displayed in this film. Here is the truism which we disregarded at the beginning of our talk, turned inside out. Namely this is the truism that *a film is a sequence of photos;* for a photo is a sequence of photos, or if you like, it is a sequence of films. In higher mathematics a real number is a difficult concept (for example the Pi which can only be given by the infinite series of its approximate fractions), but mathematicians do not become deterred and do not give up counting. It is an entirely comprehensible intention of modern picture construction to use similar means for the representation, and the depiction of the world. So it does, especially by using analytical graphics and Concept Art. It can be clearly seen on one of the most remarkable manifestations of the movement, on the drawings, photos and films by Dóra Maurer.

A. B.: How does it appear in a film?

G. B.: It has already appeared in the films of the *classic era,* in silent films, for example in Vertov's The Man with a Movie Camera' in which hee froze some of the frames. He froze, for example, a child's face, and he returned to this frame every now and then simply looking for the identity of the moment, of the real child with the picture fixed on the real. Besides Vertov often pointed out the material nature of film pictures. What is more he showed his audience how the photo of reality works its way effectively into the expression system of the film. *In modern times* perhaps Alain Resnais and Robbe-Grillet have studied most extensively the values of the existence of a picture in time. In their works the sequences, and the series of sequences are not aimed at a trivial event but at an imaginary limit. The method consists of frequent repetitions, the recalls of pictures with minor variances, thus differentiating the images of a moment reflected in several mind-mirrors. It was begun in Hiroshima Mon Amour (Resnais), was continued in Last Year in Marienbad in which he collaborated with Robbe-Grillet. Then Robbe-Grillet carried along this idea in The Immortal to an aesthetical synthesis. A similar approach appears in Hungarian film beginnig with Grunwalsky's "Motherhood", which is a very serious study in this respect, and one of the most beautiful films I have ever seen. The main values of the film are the persistent return of the camera to the same things, the recalling of past moments again and again — the repetition is like an infinite series —, the intimate patience in the representation which suggests you feel as if the film were *listening on* time. This sensitivity can be found on the frames of "Muster" and "Red May" made in collaboration with Jancsó. The first one is an archival film excerpt, the second is an adaptation of photos to the screen. Recently Péter Tímár has made remarkable studies of this genre, calling his endeavour a subjective analysis of image. This way of thinking is not alien from "Red Requiem", a feature film by Grunwalsky. However, the great merit of "Motherhood" compared with the works of Resnais and Robbe-Grillet is that the director works using a natural, documentary form. I also experimented with it in my film, "The Third". "Making a film is like writing on a burning sheet", said Pasolini. In "The Third" for the first time in my life when I worked with a camera, I tried to set moments free from the documentary drift of events happening effortlessly and uncontrollably in front of the lens, that is I tried to draw the outline of fire. My methods were multiple repetitions, freezing the pictures at a couple of points, *taking up* my place in bending contexts, forcing the picture to acquire its meaning more deeply and completely. Four years later in "American Postcard", I found more intensive means of this representation. By slowing down time every

korban talán Alain Resnais és Robbe-Grillet voltak, akik a legmélyrehatóbban kutatták újra a kép időbeli egzisztenciájának értékeit. Náluk a film képsorai, a képsorok sorzatai nem egy triviális eseményre, hanem egy imaginárius limeszre irányulnak. Az út: a gyakori ismétlés, a képek kis eltérésekkel történő visszaidézése, differenciálva a pillanat különböző tudattükrökön visszaverődő képeit. Resnais-nél kezdődik a Hirosima-filmmel, folytatódik a Marienbaddal, amelyben már Robbe-Grillet-vel dolgozott. Aztán Robbe-Grillet végigvitte, amíg csak tudta, ezt a gondolatot a Halhatatlanban egy esztétikai szintézisig. Hasonló felfogásmód jelentkezik a magyar filmben Grunwalsky Anyaságával, amely ebből a szempontból egy nagyon komoly tanulmány, s az egyik legszebb film, amit valaha láttam. A kamera makacs visszatérése ugyanazokra a dolgokra, az elmúlt időpillanatok újra meg újra való felidézése — végtelen sorozatszerű ismétlése —, az a bensőséges türelem az ábrázolásban, amely azt az érzést sugallja, mintha a film *kihallgatná az időt* — az Anyaság főbb értékei. Ez az érzékenység jelen van a Seregszemle és a Jancsóval közösen készített Vörös május képkockáin is, az előző egy archív filmrészlet, az utóbbi fotók feldolgozása. Legújabban Tímár Péter készített ebben a műfajban igen figyelemreméltó tanulmányokat, vállalkozását szubjektív képanalízisnek nevezve. Nem idegen ez a felfogásmód Grunwalsky játékfilmjétől, a Vörös rekviemtől. Az Anyaság nagy érdeme azonban, mondjuk, Resnaishez és Robbe-Grillet-hez képest, hogy itt a kutatás eleven dokumentum-terepen mozog, mint ahogy azt megelőzően már én is kísérleteztem ezzel A harmadik című filmemben. Filmezni olyan, mint égő papírra írni — mondta Pasolini. A harmadikban, hogy életemben először kaptam kamerát a kezembe, megpróbáltam az optikák előtt megállíthatatlanul és ellenőrizhetetlenül lezajló események dokumentum-sodrából kiszabadítani egy-egy pillanatot, körberajzolni a tűz árnyékát. Többszörös ismétléssel, egy-egy ponton megállítva a képet, elhajló kontextusokba helyezkedve, kényszeríteni arra, hogy a kép mind mélyebben és mind teljesebben *vegye fel* saját jelentését. Négy évvel később, az Amerikai anzixban már sokkal intenzívebb eszközöket találtam erre az ábrázolásmódra. Az idő olykori lelassítása, törése, a felvételek fény-bombázása, a nem-kép és a kép születése közti régiók kivetítése azt érzékeltetik, hogy a filmen rögzített pillanat határérték, amely mögött végtelen sorozatok állnak. Az ábrázolásban ezek a sorozatok egyetlen pontba kell konvergáljanak, amelyben megjelenik nemcsak a kifejezés tartalma, hanem a kifejezés útja is.

B. A.:

— Nem fárasztja a közönséget ez az ábrázolásmód?

B. G.:

— Természetesen azokat, akik a képtől azt a bizonyos 3 = 2 = 1 = 0 értelmű kifejezést várják, nemcsak fárasztja, hanem bosszantja is. Vannak aztán, akik ezt az ábrázolásmódot relativisztikusnak tartják, én ezt *realisztikusabbnak* tartom, mint a konvencionális filmekét. Világos, hogy ezzel a tudattal nehezebb élni és beszélni, mint azzal az együgyűséggel, amely a *valóságot* és annak *képét* problémátlanul egybeveti. De meggyőződésem, hogy amint a felsőbb matematika meg tudta alkotni a végtelen sorozatok és halmazok fogalmát, sőt anélkül, hogy valaha is explikálni tudná ezt a végtelent, műveleteket végez velük, képes lesz erre esztétikai gondolkodásunk és nylevünk is. Nem

now and then, using refractions, bombarding the shots with light, projecting the spheres between a non-picture and the creation of a picture. I tried to demonstrate that the moment fixed on the real is a limit behind which there are infinite series. In representation these series must converge to a single point in which not only the content of expression but the way of expression also appears.

A. B.: Won't the audience get tired of this way of representation?

G. B.: Those who except the expression of 3 = 2 = 1 = 0 from an image will certainly get not only tired but annoyed as well. There are some people who think this way of representation is relativistic, but I find it more *realistic* than the representation of conventional films. Obviously it is more difficult to live and speak with this knowledge than with the imbecility that compares *reality* to its *image* without considering any of the problems. But I am convinced that like higher mathematics which created the concept of infinite series and sets, it operates with them, without ever being able to explain infinity, and our thinking and language will be able to use it. You must not forget that the philosophical meaning of aesthetics, as the science of aesthesia is never aimed at beauty but at the ways of perception and comprehension. So the way of expression which covers our perception and comprehension more deeply and truly is more *aesthetical* than any other. It is served by analysis. The alternatives of analysis are infinite, although restricted. So beyond a certain point they always encourage creativity.

[Fotóművészet 1977/4. pp. 22-25]

[Fotóművészet 1977/4. 18—25. I. Részlet]

szabad elfelejteni, hogy az esztétika, mint az eiszthézisz tudománya, filozófiai jelentésben sosem a szépségre irányult, hanem az érzékelés-felfogás módjaira. Tehát az a kifejezésmód az *esztétikusabb,* amelyik érzékelésünket—felfogásunkat mélyebben és igazabbul fedezi. Ezt szolgálja az analízis. Az analízis útjai persze végtelenek bár, mégis korlátozottak, egy ponton túl ezért mindig életrehívják a kreativitást.

Bódy Gábor fotómontázsai   Photomontages of Gábor Bódy

VÉGTELEN KÉP ÉS TÜKRÖZŐDÉS

„TOTAL EXPANDED CINEMA"
címmel az 1978. augusztusi
edinburghi filmfesztiválon közzétett és bemutatott előadás anyaga

I.

A „kép-művészeteket" a Van Eyckektől fogva Nicholas Schöfferig, újabban talán felületesen a filmet és sokkal alaposabban az ún. „concept art"-ot sűrűn foglalkoztatja a tükröződés jelensége, a tükör mint képtárgy problémája. Jól ismert például Michel Snow fotósorozata (Autorizáció, 1969): a művész lefényképezte tükörképét, — a papírképet a tükörre ragasztotta, erről ismét felvételt készített, s folytatta a gyakorlatot mindaddig, míg a képek teljesen el nem takarták a tükröt. Ez a szkeptikus etűd azt szuggerálja, hogy képalkotásaink szukcesszíve elfedik előlünk az „eredeti valóságot", s hogy minden időben később készült kép tartalmazza az őt megelőzőeket, amelyek számára mint képtárgyak, tehát mint „valóság" tűnhetnek fel. (Sokan osztják azt a titkos felfogást, hogy semmi sem múlhat el nyom nélkül, sőt ez az „őrült" idea tudományos megfogalmazást nyer az anyag- és energiamegmaradás tételében.)

A tükör mint a művészek tárgyválasztásának célja: autoreflexió. Hajlunk rá, hogy a tükörben valami olyan jelenségnek hódoljunk, ami a „kép-művészetek" tökéletes modellje. Ezért is nevezik egyesek a művészek tevékenységét „tükrözésnek", és ezt a metaforát már az irodalomra és a gondolkodásra, egyáltalán a tudati tevékenységre is szívósan alkalmazzák. A természettudomány, pl. a fizika, az algebra és a geometria — különösen ami leírórendszereit illeti — éppoly kevéssé mentes ettől a metaforától, még akkor sem, ha ott a tükrözést „leképezésnek", „vetületnek" vagy „ábrázolásnak" nevezik.

Legvégül akkor kerülünk zavarba, amikor *cselekedeteinkben* vagy a gyakorlati világ eseményeiben figyelünk fel olyan összefüggésekre, amelyeket általánosan az analógia, szimmetria, lenyomat, kép, tükörkép megnevezéseivel illetünk. Vajon nem tükre-e a kalapácsot fogó kéz a nyélnek és viszont? Egy szavunk egy másik szavunknak, egy jogszabály, egy intézmény a másiknak vagy a megelőzőnek? A gyermek genetikus kódja nem képe-e a szülőkének, egy anyaghalmaz a kozmoszban egy másik anyaghalmaznak? Amikor egy beszélgetésben elhangzik a kijelentés: „értem" —, nem egy kép született meg? Egy közölt kép képe . . .

INFINITE IMAGE AND REFLECTION
TOTALLY EXPANDED CINEMA

A lecture, presented in the Edinburgh Film Festival,
Aug. 1978, under the title „Total expanded cinema".

I.

The 'visual arts' from Van Eyck's time to Nicholas Schöffer's, tangentially the film and a bit more profoundly the concept art, have been obsessed with the problem of reflection, with the phenomenon of the 'mirror'. A well-known series of photographs made by Michael Snow, is a fine example of this obsession (Authorization, 1969): the artist took a photo of his own image reflected by a mirror, then he glued the picture onto the mirror and he made another photo of this again and then he glued the picture onto the mirror — this process was repeated four times until the photos completely covered the mirror. Snow's sceptical study suggests that our images, the reflections, sucessively conceal from us the 'genuine' reality, and on the other hand it shows that all the previously conceived images are contained in the ones we think to be new. (There are many who share the secret belief that nothing passes away without leaving a trace behind, furthermore this 'mad' idea is even scientifically formulated in the principle of the conservation of matter and energy.)

The mirror as the meaning of the artist's choice of subject is an autoreflection. We are easily tempted to regard the phenomenon of the mirror as the perfect model of the 'visual arts'. That is the reason why the activity of an artist is frequently referred to as 'reflection'. This metaphor is stubbornly applied to literature, philosophy and to any sort of similar mental activity. The natural sciences, e. g. physics, algebra of geometry — particularly their descriptive methods — are just as much tainted with this metaphor, even if there reflection is given names like 'derivation', 'projection' or 'plotting'.

Ultimate embarrassment comes when one becomes aware of correspondences *in the actions* or in the events of the 'real world' which are generally called analogy, symmetry, imprint, image or reflection. Or is the hand holding the hammer not the reflection of the handle and the other way round? Or is one word not the reflection of another, one law of another, one institution of another, of the previous one? Is the genetic code of a child not a reflection of that the parents, or a certain substance a reflection of another substance somewhere in the cosmos? When in the course of a conversation one says 'I see', does that not mean the birth of a new image? The image of a conveyed image...

Nem lehet ellenállni annak, hogy elgondoljuk: mi történik, ha két tükröt egymásnak fordítunk. Az eredmény — végtelen tükröződés — könnyen elképzelhető, de ellenőrizhetetlen. Ha ugyanis a tükröződés tengelyébe állunk, mi magunk takarjuk ki a képet. Ha viszont az ellenőrző tekintet tengelye nem esik egybe a tükröződés tengelyével, a végtelen sor egy véges számnál kifordul, eltűnik az ellenőrzés köréből. A végtelen tükröződés így csak egy testetlen, transzparens megfigyelő számára követhető.

II.
Ha egy elektronikus (tv) kamerát saját monitorjára fordítunk, az eredmény hasonló a végtelen tükröződéshez: a kamera látja, hogy látja, hogy lát ... Mivel az elektronikus kép kábelesen elvezethető, a látvány bárki számára ellenőrizhető.

Vegyünk két kamerát. (A) nézze (B) monitorját. (B) nézze (A) monitorját. Az eredmény csaknem azonos: (A) látja, hogy (B) látja, hogy (A) lát . . .

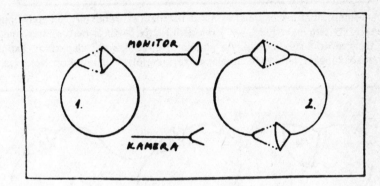

(A) kamera Torontóban nézi (B) monitorját, (B) kamera Acapulcóban nézi (A) monitorját. Kettőjük adását (C) monitoron követi Budapest. A kamera és a monitor közé Torontóban egy „x", Acapulcóban egy „y" tárgyat helyeznek.

It is hard to resist the temptation to imagine what happens when two mirrors are turned towards each other.

The result — infinite reflection — is feasible but uncontrollable. For, standing in the axis of the reflection, one blocks out the reflection oneself. But if the position of the controlling eye is not overlapping with that of the axis, the infinite progression fades out from the sphere of our control at a finite arithmetical point. The infinite reflection thus can only be followed by an incorporeal, transparent observer.

II.
1. If an electronic TV camera is turned towards its own monitor, the results are somewhat similar to infinited reflection: the camera sees that it sees... The electronic image can be transmitted by cable, the phenomenon becomes controllable.
2. Let us imagine that we are working with two cameras (A and B). A watches the monitor of B, B watches the monitor of A. The result is essentially identical with the previous results: camera A watches what camera B watches what camera A watches...

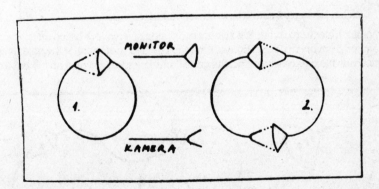

3. Camera A in Toronto watches the monitor of camera B, camera B in Acapulco watches the monitor of camera A. Their broadcast is watched through a monitor (C) in Budapest. An object (X) in Toronto and another object (Y) in Acapulco are

,,x" és ,,y" minden képen együtt fog látszani. Budapest nem tudja megállapítani a képről, ,,x" és ,,y" tárgy a valóságban hol, Torontóban vagy Acapulcóban tartózkodik.

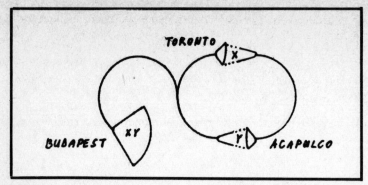

Most már akadálytalanul elképzelhetünk egy elektronikus tükröződési rendszert, amelyik mondjuk 4 milliárd tagból áll. Az alapkörben elhelyezett tárgyakat (,,x", ,,y") mindenki látja, anélkül persze, hogy meg tudná állapítani, azok a 4. vagy az 53 487. tagja előtt tartózkodnak. Az alapkörre alrendszerek, elágazások kapcsolhatók. Ezek részben egyező, részben különböző képeket láthatnak az alapkörre ,,ráépülve". Ábránkon Kelet: ,,xyo"-t, Nyugat: ,,xyz"-t lát.

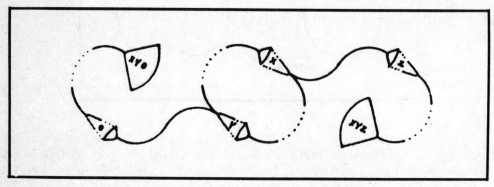

placed between the camera and the monitor. X and Y can be simultaneously watched by all the three monitors. In Budapest it is absolutely impossible to find out from the image where the pictures of X and Y come from, where they are, in Toronto of in Acapulco.

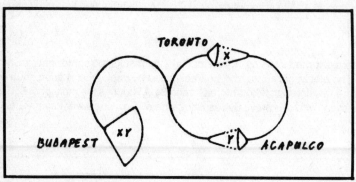

4. Now it is easy to imagine an electronic reflective system consisting of, say, four billion units. The objects (X, Y), placed in the base circle can be watched by every unit but of course it is impossible to spot whether the objects are situated in front of the fourth or the 53 482nd unit. Thus the different branch units get different pictures, all built on the base circle. East: XYO; West: XYZ.

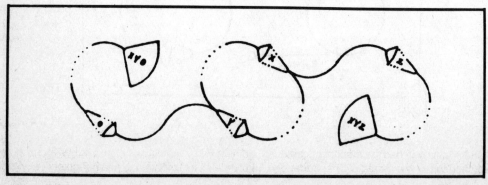

III.

Az egész tükröződési rendszernek csak a képfelbontó-képesség és a fény, ill. elektronsebesség szab határt. Ha netán volna egy hegeli világszellem, az bizonyosan folytonosan tükrözné vagy filmezné magát, ebben a filmben azonban állandó fénysebességgel távolodva és visszatérve benne lennének azok a filmek is, amiket önmagáról készít.

A kép nem jel, nem is tárgy, hanem folyamat, amely rokonértelmű a „jelentéssel".

Ez a folyamat azonos a Világ menetével, képek állandó épülése, valamint a képek képe. Az épület egy vég nélküli és végtelen alagúthoz hasonlítható. Részesei, felfedezői és utasai vagyunk ennek az alagútnak, hogy végül újra részeivé váljunk. És *benne* vagyunk ebben az alagútban.

Érzésekkel bírunk, amelyeket integrálunk.

Először is meg kell találnunk saját hullámunkat, amellyel más hullámokhoz kapcsolódhatunk, mert a világ képfolyamata hullámtermészetű, tehát fluktuál.

Ez lesz artikulációs terünk. Ha innen visszanézünk, megtudjuk: a mi hullámunk a többiek hullámának a képe, az ősrobbanást pedig nem találjuk.

Azután előre tekintünk, és persze képzeletünkben megalkotunk egy képet. És azt hisszük, hasonlatosakká válhatunk ehhez a képzeletbeli képhez. Megpróbáljuk összerendezni az artikulációs terünkben rezgő élményeket. Rájövünk, hogy képeket alkotunk, jeleket, jelzéseket adunk. Mozdulatainkban artikulációnk saját logikája jelenik meg.

Visszatekintés: az organikus nézőpont.

Előretekintés: a hipotetikus nézőpont.

A kettő között: a logikus nézőpont.

E három nézőpont interferenciájából származik az alagút végtelen formája. Nevezhetjük ezt az alagutat nyelvnek is. Nem szabad azonban elfelejtenünk, hogy a nyelv is része az alagútnak. Tehát a nyelv kép-hullámok egymásutánja, amelyeket mi magunk megértettünk (befogadtunk), elképzeltünk (sugároztunk) és megalkottunk.

És egyértelmű, hogy minél messzebb haladunk az időben, annál közelebb jutunk a kezdetekhez folyton változó értelmünkkel.

[Részben közölve: Filmvilág 1979/22. 26—27. l.]

III.

This reflecting system is limited solely by the degree of resolution and the velocity of light and electrons. A Hegelian world spirit would incessantly reflect itself of shoot a film of itself. In this film all the films it shoots about itself would be contained, moving off and returning constantly with the velocity of light.

Pictures exist neither in signs nor in objects. They exist as a process which is synonimous with „meaning".

This process is the world process itself, the permanent building of pictures, and the pictures of the pictures. The building is like an infinite, endless tunnel. We are a part, the discoverer and the traveller and in the end a part again of this tunnel. And we are *in* this tunnel.

We have feelings and we integrate our feelings.

The first thing to do is to find your wave which will connect you to other sorts of waves because the world pictures process has the quality of waves, it fluctuates.

This will be your filed of articulation. From here you look back and realise: your wave is a picture of their waves and you do not find an original Big Bang.

Then you look foward and you surely imagine a picture. And you suppose that you can be similar to this imaginary picture. You try to organize your experiences, oscillating in your field of articulation. You will see that you make pictures, leave signs and marks. Your movements depict the special logic of your articulation.

Looking back: the organic aspect

Looking Forward: the hypothetical

Between the two: the logical aspect

The interferences of these three aspects create the infinite form of the tunnel. We can call this tunnel language, but we have to bear in mind that the language is contained in the tunnel. So language is a succession of picture-waves: which are understood (accommodated), imagined (emitted) and made by you.

And it is clear the farther you go in time, the closer you get to the beginning with your everchanging understanding.

[An extract of this paper is published in: Filmvilág 1979/22. pp. 26—27]

M I   A   V I D E Ó ?
— WORK IN PROGRESS —

Az elmúlt 15–20 évben a videó a művészek és a teoretikusok körében inkább definíciós kísérletek tárgya volt. Létrejött egy technikai mítosz, amely kultikus environmentekkel vette körül az eszközt mint kultikus tárgyat, s így szimbolikusan elhatárolta alkalmazási lehetőségétől. Ellenkező végletként egy hatalmas potenciál kínálkozott: ez elől az aktuális kifejezési kedv vagy ijeuten visszahúzódott, vagy pedig megszédült lepkeként egyenesen a lángjába zuhant. Ennek a beállítottságnak a viszonylag olcsó berendezések elterjedése véget vetett. A gátak megnyílása a videó mindenoldalú alkalmazását vonja maga után. A mítoszból jól ismert, meghitt realitás lesz. Amikor 1973-ban **A végtelen tükörcső** c. videóinstallációmat forgattam, inspirálóan hatott rám az a mód, ahogy ez az eszköz egyszerűen és végérvényesen rögzíti a dolgokat. Most, 1983-ban keresem a lehetőségeit annak, hogy minél gyakrabban és minél személyesebben dolgozhassam videóval. Tudatában vagyok, hogy sokan csak zenei vagy képzőművészeti tevékenységük kibővítését látják a kazettában, mások számára pedig főleg a dokumentáció és a demonstráció hatékony közege. A magam részéről azonban én remélem, hogy *irodalmat* csinálhatok vele. Ez végső soron nem jelent mást, mint egy új nyelv felszabadítását képek, szavak és zene szabad természetéből fakadóan kötetlen egymás mellé rendelése által. Egy olyan nyelv felszabadítását, amelyet eddig a mozi és a tévé tömegkultúrája formált és részint deformált is. Most a szekularizált irodalomhoz és a képzőművészethez hasonlóan személyessé válhat, s ezzel magától értetődően a tömegkultúrát tevékenyen inspiráló tényezővé is.

Kötetlenség és intimitás: ez a kettősség és ami vele együtt jár: a visszatérés a moziterem szennyéből, a múzeumok és galériák rideg berendezettségéből abba a meghitt körbe, ahol a monitor mögött bárpult és pálma áll, előtte pedig kényelmes fotelek; ez a két dolog adja számomra az ilyen új kultúrának a fényét. A monitoron zajló műsor nem kizárólagos, hanem a baráti együttlét egyik fontos alkotórésze. (Olyan *irodalom*, amelyet egyidejűleg többen is olvashatnak. Azonban mégsem többen 3—7 személynél, különben újból színház vagy installáció lesz.)

A nyelv kötetlenségéhez hozzátartozik, hogy különösképpen nem tartjuk magunkat a *purisztikus* — és gyakran egyúttal *puritán* — előírásokhoz. Azok, akik a videóból szerzetesrendet akarnak csinálni, jobban tennék, ha sajt- vagy sörgyártással foglalkoznának.

W A S   I S T   V I D E O ?
— WORK IN PROGRESS —

In den vergangenen 15 bis 20 Jahren war Video im Kreis der Künstler und auch der Theoretiker eher der Gegenstand von Definitionsversuchen. Es entstand ein technischer Mythos, der um das Instrument als kultisches Objekt kultische Enviroments baute und es so symbolisch von einer möglichen Anwendung abgrenzte. Als anderes Extrem bot sich ein ungeheures Potential, angesichts dessen aktuelle Ausdruckslust erschrocken sich zurückzog oder wie ein betörter Schmetterling direkt in die Flamme fiel. Dieser Einstellung machte das Aufkommen relativ preiswerter Instrumente ein Ende. Die Dämme öffnen sich zugunsten einer allseitigen Anwendung von Video. Der Mythos wird zur familiär-vertrauten Realität.

1973, als ich meine erste Video-Installation „**Das unendliche Spiegelrohr**" abfilmte, hat mich die Art und Weise, wie dieses Instrument Dinge einfach und endgültig festhält, inspiriert. Jetzt, 1983, suche ich nach Möglichkeiten, immer öfter und persönlicher mit Video zu arbeiten. Mir ist klar, dass viele in der Cassette nur eine Ausweitung ihrer musikalischen oder künstlerischen Tätigkeit sehen. Für andere ist es hauptsächlich ein wirksames dokumentarisch-demonstratives Medium. Von meiner Seite jedoch erhoffe ich mir eine Möglichkeit, *Literatur* auszuüben. Dies bedeutet im Endeffekt nichts weiter als die Befreiung einer neuen Sprache durch das freie, seiner Gattung nach ungebundene Nebeneinanderordnen von Bildern, Wörtern und Musik. Die Befreiung einer Sprache, die bislang durch die Massenkultur von Kino und Fernsehen geformt, und zum Teil auch deformiert wurde. Jetzt kann sie persönlich, wie die säkularisierte Literatur und bildende Kunst, und damit selbstverständlich zum aktiven Inspirator der Massenkultur werden.

Ungebundenheit und Intimität: diese Dualität und was damit einhergeht: Die Heimkehr aus dem Schmutz der Lichtspieltheater, von der spröden Installation der Museen und Galerien in den vertrauten Kreis, wo hinter dem Monitor der Barschrank und die Palme und vor ihm bequeme Sessel stehen, dies beides schafft für mich den Glanz solch neuer Kultur. Das Programm des Monitors ist nicht ausschliesslich, sondern ein wichtiger Bestandteil des freundschaftlichen Beisammenseins. (Es ist eine *Literatur*, die gleichzeitig von mehreren gelesen werden kann. Aber doch von nicht mehr als 3 bis 7 Personen, da sie ansonsten wieder zum Theater oder zur Installation wird.)

Zur Ungebundenheit der Sprache gehört es, dass wir uns nicht sonderlich nach den *puristischen* — und oftmals auch *puritanischen* — Vorschriften richten. Diejenigen, die aus Video einen Mönchsorden machen wollen, sollen sich besser mit der Herstellung von Käse oder Bier beschäftigen.

[Gábor Bódy: Filme, Video, Video und Film, Film auf Video 1971–1983. Katalógus. daadgalerie, Berlin-West 1983]

A magam részéről megengedhetőnek tartok minden eszközt a szuper 8-as kamerától a kompjuterig, a csellótól a szintetizátor-zongoráig, mivel mindegyik használható bizonyos fajta kifejezésre. Szabadidőmben a kifejezés ilyen intim és kötetlen gyakorlását folytatom. Az így létrejövő rövidebb videótörténetek (**A túsz, Testvérek, A fegyverzet**) többé-kevésbé film- és videókombinációk. A videótörténeteknek megvan az az előnye is, hogy állandóan újravághatja, kiegészítheti és mintegy újraírhatja őket az ember. Az eszköz-tartományoknak egy, a videó által kialakított audio-vizuális kultúrában való áthidalását kívánja serkenteni többek között az ,,Infermental'' néven elindított videómagazin is.

Berlin 1983

[Gábor Bódy. Filme, Video, Video auf Film, Film auf Video 1971-1983. Katalog, daadgalerie, Berlin-West 1983]

Ich meinerseits halte alle Instrumente, von der Super-8-Kamera bis zum Computer, vom Cello bis zum Synclavier, für erlaubt, weil sie alle für eine bestimmte Art des Ausdrucks genutzt werden können. Solchen ungebundenen und intimen Gebrauch übe ich in meiner Freizeit aus. Die so entstehenden kürzeren Videogeschichten (**Die Geisel, Die Geschwister, Die Rüstung**) sind mehr oder weniger Kombinationen von Film und Video. Videogeschichten haben zudem noch den Vorteil, dass man sie ständig neu scheiden, ergänzen und gleichsam umschreiben kann.

Die Erweiterung und Überbrückung der Instrumental-Provinzen in einer durch Video geprägten audio-visuellen Kultur möchte u.a. auch das unter dem Namen „Infermental" auf die Bahn gesetzte Videomagazin fördern.

Berlin 1983

Nem tudom, van-e (volt-e) rendező, aki egy jelenetet addig forgathatott, amíg tökéletesnek érezte. Az én munkámra az ellenkező volt jellemző: sietve és olykor szinte lopva menteni rá a celluloidra azokat az értékeket, amelyekből egy jelenet „összeállt". Pasolini szavai sűrűn idéződtek fel bennem forgatás közben — mint egy vallásos emberben visszatérő fohász: „filmezni olyan, mint égő papírra írni".

Írni: a „második tekintet" felfedezése a filmben, az **Amerikai anzix** igazi felfedezése. A filmkészítés azzal arányosan válik hasonlatossá a festéshez, íráshoz, komponáláshoz, mennél nagyobb felületen nyílik lehetőség az anyaggal való személyes — időben megismételhető, tehát korrigálható — találkozásra. Az intellektuális rendezők többsége ezért tulajdonított szinte nagyobb szerepet a vágóasztal mellett töltött óráknak, mint a forgatással járó cirkusznak. A vágás azonban nagyobb részt szelektív tevékenység, és a kombinációkra korlátozott lehetőséget nyújt.

Az anyag „fényvágása", ahogy az **Anzix** idején a trükkforgatást neveztem, a szép belső tagolásával új képek, arányok és hosszak utólagos létrehozatalát teszi lehetővé. Voltaképpen egy második forgatás történik, amelynek szereplője az első film.

Színes film esetében ezt a második forgatást még nem minden esetben lehet alkalmazni, a nyersanyag gyakran nem bírja ki a megfordítást, s egyelőre nagyok az eljárás költségei.

A mozgókép nyelvszerű, intellektuális használatában azonban ugrásszerű változást hoz ez a technika. És ahogy a vágás korszerűsödésében hatalmas, nem pusztán technikai, hanem nyelvi jelentőségű fordulatot hoznak a computerizált vágóasztalok, ugyanez a computerizálás a film kockatervezésében (részletek kiemelése, egymásra vetítés, lassítások és gyorsítások tervezése) a mozgóképpel történő írást teszi majd lehetővé. Mivel ez a technika előre láthatóan még a mi életünkben bevezetésre kerül, mi sem természetesebb, hogy ránk vár az új írás grammatikájának tudatosítása, feltárása és gyakorlása.

[1980-as évek eleje. Kézirat]

Is there (was there) a film-director who could shoot a scene just as he felt it perfect? I do not know. I have always done just the opposite. I was in a hurry — sometimes almost by stealth — to save those values on celluloid which made a scene "affective". During shooting I often remembered — like repeted incantation — the words of Pasolini, "making a film is like writing on burning paper".

Writing: "the second face" is a discovery in film-making, the actual discovery in **American Postcard**. The greater the opportunity film-making provides for developing a personal relationship with the material, the closer it becomes to painting, writing and composing. As such it is an opportunity for a meeting that can be repeated, and consequently corrected. This is why most intellectual directors consider the time which they spent at the editola perhaps more important than the difficulties running with the shooting itself. Cutting, however, is first of all an act of selection, and consequently it offers little opportunity for combinations.

"Light-cutting" — as I termed trick-shooting when making the **American Postcard** — by creating its beautiful inner proportioning, makes it possible to create new pictures, proportions and footage in later times. In reality, it becomes a "second shooting", the 'hero' of which is the first film.

In the case of colour films, this second shooting is sometimes impossible to perform, as the material does not always lend to it, and this process would be very expensive.

Technology will bring a sudden change into the language and intellectual use of motion picture. Computerized cutting machines have brought about an immense change in the up-dating of cutting, which was not only a simple change in technique, but it has a linguistic importance as well. This same act of computerization will offer an opportunity to plan shot, to dwell on details, make superpositions and plan slowing down and speeding up — in a phrase, to write in motion picture. As this technique might be introduced during our life-time, it be comes only natural that our task is to explore, practice and understand the grammar of this new writing.

[Early 80es. Manuscript]

A SZÉP FÉNY
(A FÉNY—SZEMINÁRIUMHOZ)

'82 őszén elméleti szemináriumot tartottam „A kinematográfia kreatív nyelve" címmel. Akkor azt terveztük, hogy a kinematográfiai szintaxisról és szemantikáról szóló száraz magyarázatokat tévékamerával végzett gyakorlatokkal ellenőrizzük és egészítjük ki. Nos, mivel akkoriban nem használhattuk a stúdiót, programunk tavaszra halasztódott. Amikor rájöttünk, milyen remek a stúdió lámpa-felszerelése, kézenfekvő volt a döntés, hogy gyakorlatainkat a világítás problémáira korlátozzuk.

+++++

Az elméleti szemináriumon a következő kérdéssel foglalkoztunk: miképpen rendelhet hozzá jelentéseket optikai környezetéhez az ember kinematográfiai tevékenységével. Megpróbáltam rámutatni, hogy a különböző artikulációs lehetőségek három, egymásból szervesen kibontakozó szemléleti síkra vezethetők vissza.

Ezek közül az első (a priori) az a szokás, hogy az egyes felvételekhez mellékeljük a tér- és időbeli hovatartozás specifikus ismérveit, hogy ezek segítségével a szintézisben az időbeli és térbeli folyamatosság pszeudó-érzetét közvetítsük. Két rész egymásutánjából mindig feszültség adódik, melyet elhanyagolhatunk vagy kiélezhetünk, és ez a fogalmi integráció potenciálja. Arról van szó, hogy ezt a feszültséget gondolattal töltsük meg. Formális síkon ez gyakran némely ismérvek ellentételezésével történik, hogy e konfrontációval egy fogalom születését provokáljuk. Ennek a kifejezési lehetőségnek az elmélete Eizenstein óta jól ismert. És nagyon emlékeztet arra, amit az általános nyelvészetből retorikai figuraként ismerünk (metafora, metonimia, szinekdoché). Ezért határozhatjuk meg ezt az artikulációs síkot mint „retorikusat". (Azoknak a filmeknek az elbeszélő-jellegét, amelyek gyakran operálnak ezzel a konfrontációval, szintén ténylegesen egyfajta retorikának érezzük.) Ha már néhány sajátosságot ki tudunk emelni, különbséget kell tennünk több minőség között. Ez az alapja az új szeriális artikulációs síknak, amelynek kezdeményei már megmutatkoztak a filmtörténetben. Innen vezet a kinematográfia útja a technika kultuszának birodalmából egyre mélyebbre a logosz szférájába.

A kinematográfiai elbeszélés folyamata úgy mozog ezek között a jelentéssíkok között, akár egy lift, és mindaz,

---

DAS SCHÖNE LICHT
(ZUM LICHTSEMINAR)

Ab Herbst '82 habe ich ein theoretisches Seminar unter dem Titel „Kreative Sprache der Kinematographie" gehalten. Damals haben wir geplant, die trockenen Erläuterungen über kinematographische Syntax und Semantik mit Fernsehen-Kamera-Übungen zu überprüfen und zu ergänzen. Ja, weil wir zur der Zeit nicht ins Studio konnten, verschob sich unser Programm bis zum Frühling. Als wir herausfanden, wie toll die Lampen-Ausstattung des Studios ist, ergab sich die Entscheidung, unsere Übungen auf den Bereich Beleuchtung zu beschränken.

Die Frage des theoretischen Seminars war nämlich: auf welche Art und Weise kann man mit seiner kinematographischen Tätigkeit seiner optischen Umwelt Bedeutungen zuordnen. Ich versuchte aufzuzeigen, dass die verschiedenen Artikulationsmöglichkeiten auf drei sich auseinander organischerweise entfaltenden Betrachtungsebenen zurückführbar sind.

Von diesen ist die erste (a priori) die Gewohnheit, den einzelnen Aufnahmen spezifische Merkmale der Raum- und Zeitzugehörigkeit beizufügen, um mit deren Hilfe bei der Zusammensetzung ein Pseudogefühl der zeitlichen und räumlichen Kontinuität zu vermitteln. Aus dem Nacheinander zweier Teile ergibt sich immer eine Spannung, was man vernachlässigen oder zuspitzen kann, und das ist ein Potential für begriffliche Integration. Es geht darum, diese Spannung mit einer Idee zu füllen. Auf formaler Ebene geschieht das häufig über die Gegensätze einiger Merkmale, um durch diese Konfrontation die Geburt eines Begriffs zu provozieren. Die Theorie dieser Ausdrucksmöglichkeit ist sehr bekannt seit Eisenstein. Und es erinnert sehr an das, was man aus der allgemeinen Sprachwissenschaft als rhetorische Figuren kennt (Metapher, Metonymie, Synekdoche). Deshalb können wir diese Artikulationsebene als „rhetorische" kennzeichnen. (Den Erzählungskarakter der Filme, welche mit dieser Konfrontation oft arbeiten, empfinden wir tatsächlich auch als eine Art Rhetorik.) Wenn man schon einige Merkmale hervorheben kann, müssen sich mehrere Klassen unterscheiden lassen. Das ist die Grundlage für eine neue serielle Artikulationsebene, die sich Ansatzweise in der Filmgeschichte schon gezeigt hatte. Von hier aus führt ein Weg für Kinematographie aus dem Reich des technischen Kults immer tiefer in den Bereich des Logos.

Die kinematographischen Erzählungsprozesse bewegen sich wie ein Lift zwischen diesen Bedeutungsschichten, und alles was über das Empfinden hinaus passiert, ist eine Folge der formalen Artikulationsentscheidungen. Das schöne Licht ist auch dann schön, wenn sich auf diesen Artikulationsebenen klar unterscheiden lässt, also auf diese Weise in die Bewegung der Erzählungsprozesse eintritt, und selbst konstituierende Funktion übernimmt.

BÓDY GÁBOR ÍRÁSAIBÓL
WRITINGS OF GÁBOR BÓDY

ami az érzékelésen túl történik, az a formális artikulációs megkülönböztetések következménye. A szép fény akkor is szép, ha ezeken az artikulációs síkokon tisztán megkülönböztethető, tehát ilymódon belép az elbeszélés folyamatának mozgásába, és maga is konstituáló funkciót kap.

Ezek az artikulációs elvek éppígy érvényesek az egyidejűségben való egymásmellettiségre — egy kompozíció keretein belül —, továbbá egy meghatározott időrendben megvalósuló egymásutániság kibontakozására, a montázsban, de egyetlen beállítás időszekvenciájára is.

+ + + + +

A stúdiómunka során kihasználtuk azt a lehetőséget, hogy kizárólag a fény artikulációs képességére és vonatkoztató erejére koncentrálhattunk. Néhányan közülünk most találkoztak először fényszóró-berendezéssel. Így aztán a szemináriumnak egyúttal alapkurzus-jellege is volt, a résztvevők Axel Block irányításával alapos technikai tapasztalatokra tehettek szert. A cél az volt, hogy az elméleti elvek konkrét megoldásokra alkalmazásán túl felszabaduljon a résztvevők kreatív fantáziája, és alkalmassá váljon a mesterséges (és művészi) világítás kezelésére.

Néhány alapismeret elsajátítása után (pl. a fénymérés különböző módjai, „normális" világítás tervezése) egy sor speciális effektus megismerése és gyakorlati kipróbálása következik:

füsteffektusok alkalmazása tüköreffektusok
színes fóliák és tüll áttűnés fénnyel és élességgel.
kasírozott fényszóró

Kezdetben közösen oldottuk meg a feladatokat, később külön etűdöket tervezhettek és valósíthattak meg a résztvevők. Megpróbáltunk paradigmatikus helyzeteket kitalálni, olyanokat, amelyekben a fény artikulációs képessége a legtisztábban megmutatható.

Tér és idő artikuláció: a fénystruktúra e szokásos vonatkozási rendszere mindig akkor lép fel, amikor egy eseményt több felvételre tagolunk. Steril példaként úgy dolgoztunk fel egy pantomimjelenetet, hogy a térbeli vonatkozásokat csak a fényviszonyokkal jelöltük. A pantomim egy karmesterről szól, aki egy kvartett hibáit javítja ki. Ebben a játékban minden hangszer helyén egy fényszóró állt. A cselekmény szegmentálása során úgy kellett egymáshoz illeszkedniük a fényirányoknak, hogy a jelenet összevágásánál megszakítás nélküli idő-tér-élmény jöjjön létre. A feldolgozás bebizonyította, hogy a jelentéshozzárendelés alapvető síkját korántsem olyan egyszerű megteremteni. (Kollektív etűd).

Sokkal jobban, csaknem virtuóz módon sikerült a térbeli viszonyok létrehozása Petra Buda szabadonválasztott etűdjében, melyben egy vonatutazást ábrázolt, az üres stúdióban, kizárólag fényeffektusok segítségével.

A „tértörténetek" közé tartoznak azok a felvételek is, melyek a stúdió feketeségéből fényszórókkal különböző formájú fényfolyosókat metszenek ki. (A karmester — kollektív munka; Kio's Marilyn Monroe — Kati Pázmány munkája.)

Diese Artikulationsprinzipien sind ebenso gültig für das Nebeneinander in Gleichzeitigkeit — im Rahmen einer Komposition —, als auch für die Entfaltung und das Nacheinander in eine Zeitabfolge, in der Montage, aber auch für die Zeitsequenz einer einzigen Einstellung.

In der Studioarbeit nahmen wir die Möglichkeit wahr, uns ausschliesslich auf die Artikulationsfähigkeit und Beziehungskraft des Lichts zu konzentrieren.

Für einige von uns war das das erste Treffen mit einem Scheinwerferpark. So hatte das Seminar gleichzeitig einen Grundkurskarakter, wo die Teilnehmer unter der Mitbetreuung Axel Blocks gründlich technische Erfahrungen sammeln konnten. Das Ziel war, neben der Durchführung der theoretischen Prinzipien durch konkrete Lösungen, das Freisetzen der kreativen Phantasie zur Anwendung künstlicher (und künstlerischer) Beleuchtung.

Nach einigen Grundkurs-Erkenntnissen (z.B. die verschieden Arten der Lichtmessung, „normaler" Beleuchtungsaufbau), werden eine Reihe von Special-Effekten bekannt gemacht und praxisnah erprobt:

Verwendung von Raucheffekten
farbige Folien und Tüll
kaschierte Scheinwerfer
Spiegeleffekte
Überblendung durch Licht und Schärfe.

Am Anfang lösten wir die Aufgaben kollektiv, im späteren Verlauf konnten die Teilnehmer einzelne Etüden selbst entwerfen und realisieren. Es wurde versucht, exemplarische Situationen zu erfinden, in denen sich die Artikulationsfähigkeit des Lichts am reinsten darstellen lässt.

— Raum und Zeit Artikulation: dieses gewöhnliche Beziehungssystem der Lichtstruktur soll immer auftreten, wo ein Ereigniss in mehrere Aufnahmen gegliedert wird. Als steriles Beispiel wurde eine Pantomimszene so verarbeitet, dass die räumlichen Beziehungen nur über das Lichtverhältnis gezeichnet wurden. Die Pantomime handelt von einem Dirigenten, der die Fehler eines Quartetts verbessert. In diesem Spiel stand an Stelle jedes Instruments ein Scheinwerfer. Bei der Segmentierung der Handlung sollten die Lichtrichtungen so zueinander passen, dass mit ihrer Hilfe beim Zusammenschnitt der Szene ein ununterbrochenes Zeit-Raum-Erlebniss erfahrbar wird. Die Verarbeitung hat gezeigt, dass diese grundsätzliche Ebene der Bedeutungszuordnung gar nicht so einfach herzustellen ist. (Kollektive Etüde)

Viel besser, sogar fast virtuos war die Herstellung der räumlichen Beziehungen in der freigewählten Etüde von Petra Buda, wo im leeren Studio, allein mit Hilfe von Lichteffekten, eine Zugfahrt produziert wurde.

Zu den „Raumgeschichten" gehören auch die Aufnahmen, die aus der schwarzen Box des Studios mit Scheinwerfern verschiedenförmige Lichtkorridore ausschnitten. (Der Dirigent — kollektive Arbeit; Kio's Marilyn Monroe — von Kati Pázmándy)

A metaforikus eljárás jegyében egy térkonstrukció következett, füst segítségével kellett megkülönböztetni az égi és földi szférát (kollektív munka).

A kék és a vörös szín (férfi—női) retorikai szembeállítása növeli a feszültséget a Don Giovanni-epizódban, egy Mozart-duettban, melyet Gusztáv Hámos dolgozott fel.

Az „átváltozás-jelenet"-ben a fény hídként jelenik meg két elem, a gyűrű és az arc szembeállításában. Így válik lehetségessé egy arcnak egy másikká való átváltozása is. Az egész erősen emlékeztet a metafora gondolati struktúrájára (kollektív munka).

A legkomplexebb módon a Mme Butterfly-etűdben vannak felépítve a „retorikai" fényvonatkozások (kollektív munka). Ebben — az imitáció-jelleg határán — különböző „retorikai figurák" működnek egymás mellett és egymással együtt.

pl. kerek, sárga fényforrás — nap (metafora)

fényvibráció fóliákon — víz (metafora)

snitt az asztali öngyújtó-hajóról a fedélzeten álló Pinkertonra, ahol a háttérvilágítás folyamatos teret szimulál — szinekdoché).

E figurák által valósul meg egy elbeszélés: Mme Butterfly Pinkerton után vágyakozik, aki a hajó fedélzetén iszik és énekel . . .

Egy másik „vízi történet", mely Christoph Dreher munkája, a hullámlovaglás érzését kelti fel varázslatosan. Ebben a fényt tisztán szeriálisan alkalmazza. A színek szériái (ismertetőjegyek), a fénymozgások szériái (ismertetőjegyek) olyan polivalenciában találkoznak, mely számunkra csaknem illúziót keltő valószerűséggel írja le a víz természetét, a nyílt tengeri utazást.

Ellen El Malki etűdjének díszletében a szín-szériák és a különböző geometrikus fényfelületek szériái (mintegy fény-grafikaként) a szöveghelyek dekoratív újratagolását végzik el.

A színek és fényirányok szériái Gusztáv Hámos Hófehérke-történetében bontakoznak ki teljes szélességükben és jelentőségükben.

+++++

A résztvevők azt tervezik, hogy néhányat ezek közül az etűdök közül tovább tökéletesítenek, amíg kész önálló munkákká nem válnak. A példaszerű részletekből készült válogatás és összeállítás azonban a mesterséges fény alkalmazási lehetőségeinek már majdnem teljes körét átfogja. Mint „a szép fény kis didaktikus enciklopédiája", talán még további, akár házon kívüli tanulmányi célokra is használhatónak bizonyulhat. Ebben az esetben persze még szükség volna verbális utalásokra, szakleírásokra és alcímekre, amiket lézerrel oldanánk meg.

Berlin, 1983. július 10.

[Stencil]

In Richtung des metapherischen Gebrauchs folgte eine Raumkonstitution, mit Hilfe von Rauch, eine Unterscheidung zwischen einer himmlischen und einer irdischen Sphäre zu treffen. (Kollektiv)

Eine rhetorische Gegeneinandersetzung von blauen und roten Farben (männlich-weiblich) erweitert die Spannung in der Don Giovanni Episode, ein Mozart-Duett, von Gusztáv Hámos verarbeitet.

In der „Verwandlungszene" tritt das Licht auf als Brücke in der Gegenüberstellung zweier Elemente: Ring und Gesicht. Darüber wird auch die Umwandlung von einem Gesicht ins andere möglich. Das Ganze erinnert stark an die gedankliche Struktur der Metapher. (Kollektiv)

Am komplexesten sind die „rhetorischen" Lichtbeziehungen in der Mme Butterfly-Etüde aufgebaut (Kollektiv). Hier wirken, an der Grenze des Imitationscharakters vershiedene „rhetorische Figuren" nebeneinander und miteinander. z. B.

runde, gelbe Lichtquelle — Sonne (Metapher)

Lichtvibration auf Folien — Wasser (Metapher)

Schnitt vom Tischfeuerzeug-Schiff auf Pinkerton an Deck, wo die Hintergrundbeleuchtung einen kontinuerlichen Raum simuliert — (Synekdoché)

Durch diese Figuren wird eine Erzählung realisiert: Mme Butterfly sehnt sich nach Pinkerton, der an Bord des Schiffes trinkt und singt. . .

Eine andere „Wassergeschichte" von Christoph Dreher ruft das Gefühl des Wellenreitens zauberhaft hervor. Hier wird das Licht rein seriell angewandt. Die Serien der Farben (Merkmale), die Serien der Lichtbewegungen (Merkmale) treffen sich in einer Polivalenz, die für uns mit fast illusionistischer Wahrscheinlichkeit das Gesicht des Wassers, eine Fahrt auf hoher See, beschreibt.

In Bühnenbild von Ellen El Malki's Etüde sollen die Farbserien und die Serie der verschiedenen geometrischen Lichtflächen (etwa als Licht-Grafik) eine dekorative Neugliederung der Textorte schaffen.

Die Serien der Farben und Lichtrichtungen entfalten sich in voller Breite und Deutlichkeit in Gusztáv Hámos's Schneewitchen-Geschichte.

Die Teilnehmer planen, einige von diesen Etüden weiter auszubauen, bis sie als selbständige Arbeiten fertig sein werden. Eine Auswahl und Zusammenstellung exemplarischer Teile umfasst jedoch beinahe schon das ganze Feld der Anwendungsmöglichkeiten des Kunstlichtes. Vielleicht könnte sich diese sogar als eine kleine didaktische „Enzyklopädie des Schönen Lichtes" für weitere Studienzwecke, auch ausserhalb des Hauses, als brauchbar erweisen. In diesem Fall wäre es allerdings noch nötig, verbale Hinweise, Fachbeschreibungen, Zwischentiteln mit Laserschrift aufzuzeichnen.

Berlin, 10. Juli 1983.

[Vervielfaltigung]

1. 1983 nyári szemeszterében a DFFB stúdiójában hathetes „fény-szemináriumot" tartottunk, melyen az első és az utolsó évfolyam hallgatói vettek részt, tehát olyanok, akik először dolgoztak videókamerával és olyanok is, akiknek a munkáival nagy kiállítások katalógusaiban találkozhatunk. Az volt a közös céljuk, hogy — minden más meggondolást félretéve — figyelmüket a stúdió világítástechnikájának elsajátítására összpontosítsák és a továbbiakban próbára tegyék azt az alapvető szerepet, melyet a fény játszik a kinematográfia jelentéstulajdonításaiban. Minden más vonatkozásban, ami a kamerakezelést vagy a felvétel technikai minőségét illeti, ezek a felvételek —, melyek többsége pusztán tanulmányi célokat szolgál és csak néhány esetben jött létre olyan ambícióval, hogy önálló etűd része legyen, — bizonyos fokú lezserségről tanúskodnak.

Most, amikor mégis bemutatunk egy összeállítást a közönségnek, abban a reményben tesszük, hogy mások számára is tanulságos tapasztalatot teszünk közzé.

2. A technikai alapelemeken túlmenően próbálják végig az etűdök sorjában a világítás speciális effektusait. A világosság és élesség kombinációja, a színes fóliák alkalmazása a koncentrációváltás eszközévé válhat. Mindez segítségünkre lehet egy fiktív, a fény abszolút médiumában mozgó tér leírásában. A fény nemcsak megvilágításra, de elfedésre is szolgálhat. Mint eszközt, gyakran alkalmazzák a füst és a köd egyik mesterséges variánsát.

3. Egy koreai mesében Djiki, a démon halálosan beleszeret egy királynőbe. Hiába óvják, hogy a felesége a túl-

---

1. Im Sommersemester 1983 fand im Studio der DFFB ein 6 wöchiges Seminar unter dem Namen „Lichtseminar" statt, Studenten aus dem ersten und letzten Jahrgang haben an ihm teilgenommen, also solche, die zum erstenmal mit einer Videokamera gearbeitet haben und auch solche, deren Arbeiten wir in den Katalogen grosser Ausstellungen antreffen können. Ihre gemeinsame Absicht war es, dass sie — jede andere Überlegung meidend — ihre Aufmerksamkeit auf die Aneignung der Beleuchtungstechnik des Studios konzentrieren und fernehin jene grundsätzliche Rolle auf die Probe stellen, welche das Licht in den Bedeutungszuordnungen der Kinematographie spielt. In sämtlichen anderen Beziehungen, was die Kameraführung oder die technische Qualität der Aufnahme anbelangt, zeugen manchmal diese Aufnahmen —, deren Grossteil schlicht Studienzwecken dienen und lediglich in einigen Fällen mit der Ambition enstanden ist. Teile selbständige Etüden zu werden, — von einer gewissen Lässigkeit.

Jetzt, wo wir doch eine Zusammenstellung vor das Publikum legen, tun wir dies in der Hoffnung dass wir durch sie eine auch für andere lehrsame Erfahrung veröffentlichen.

2. Über die technischen Grundelemente hinauskommend probieren die Etüden die Spezialeffekte der Beleuchtung der Reihe nach durch. Die Kombination von Licht und Schärfe, das Anwenden von Farbfolien können zum Instrument des Konzentrationswechsels werden. All das kann uns bei der Beschreibung eines fiktiven, in dem absoluten Medium des Lichtes sich bewegenden Raumes behilflich sein. Das Licht kann nicht nur zur Beleuchtung, sondern auch zur Verdeckung dienen. Als Mittel wird oft eine der künstlichen Varianten von Rauch und Nebel angewandt.

3. Nach einem koreanischen Märchen verliebt sich der Dämon Djiki tödlich in eine Königin. Er wird vorgebens gewarnt, dass seine Frau vom Jenseits die Erfüllung seiner Liebe verhindern wird, er sehnt sich um jeden Preis nach dem Kuss der Königin. Die Ehefrau schlüpfte deshalb in den Ring der Königin. In dem Augenblick des Kusses fiel der Ring selbstverständlich zu Boden. Djiki fand am Platz der Königin seine Frau vor, die ihr untreues Paar sofort mit sich in das Jenseits zwang. Seitdem leben sie dort glücklich. Von dieser Geschichte ausgehend waren wir bestrebt, das Ineinanderverwandeln von zwei Personen mit der Kombination von Licht und Schärfewechsel zu lösen.

világról meg fogja akadályozni szerelme beteljesülését, ő minden áron a királynő csókjára áhítozik. A feleség ezért belerejtőzik a királynő gyűrűjébe. A csók pillanatában a gyűrű magától értetődően leesik a földre. Djiki a királynő helyén a feleségét találja, aki hűtlen párját azonnyomban erővel magávalragadja a túlvilágra. Azóta boldogan élnek ott. Ebből a történetből kiindulva arra törekedtünk, hogy két személy egymásba való átváltozását fény és élesség változtatásának kombinációjával oldjuk meg.

4. Kezdjük mindjárt egy evidenciával: az, amire fény esik, látható, amire nem, az a képen láthatatlan (bár Lao-Ce megmondta: „Nem áll a fénybe, ezért fényes" — Weöres S. ford.). Minthogy a filmes munkája abból áll, hogy a dolgokat láthatóvá, sőt, más dolgoknál láthatóbbá teszi, megérthetjük, hogy ebben a munkában a fény egyszerre játssza a ceruza és a radír szerepét.

5. Ebben az evidenciában találkozik a színház, a fotográfia, sőt, a festészet igazsága. Festészet fénnyel! A választás és az önkényesség határán felmerül egy nyelv lehetősége. A kiválasztás szükségessége és az önkényesség vágya akkor válik alkotó tudománnyá, amikor a pillanat megmozdul vagy beállításokká darabolódik szét és a kinematográfiát a töredékek közötti összefüggések leírására animálja. Ezek közül az összefüggések közül látszólag a térbeli viszonyok a legegyszerűbbek. Ezt az egyszerűséget visszaadni mégis gyakran nehezebb, mint kihívó látomásokat provokálni a fénnyel.

6. A következő etűd egyetlen erénye, hogy az összes viszonyt a viszonyoknak a valóságban való megléte nélkül ábrázolja. A színész és a kamera helyzete a felvétel alatt végig változatlan. Egyedül a tekintetek és a fény irányai hivatottak felkelteni a térérzéket a nézőben. A térbeliség leírása a fény segítségével, ez a mindennapi feladat megoldható kielégítően, jól és még jobban.

7. Két felvétel egymáshoz illesztésekor a fény retorikája jut szóhoz. Ez azt jelenti, hogy a térbeli helyzet ábrázolásán túl az összeillesztés járulékos jelentéssel telik meg. Már eddig is láthattunk példákat arra, hogy két szín képes volt a jelentésfeszültséget kiélezni két dolog — két kivágás — között. Didaktikus egyszerűséggel jelenik meg itt a jelentéshozzárendelés e mechanizmusa, melyben a kék és a vörös fény szembeállításával (Don Giovanni) a női és a férfi principiuma, az elcsábítotté és a csábítóé kerül retorikai megvilágításba, egy térbeli valóság jelölésén túl.

8. A fény megszólítja a tárgyat és beszédessé teszi. Ez a beszéd képes arra, hogy — Godard kifejezésével élve — érzékláncolatot alkosson. A zenei terminológiában ez a jelentés szeriális foka. A széria, a lánc a természet jele, tehát egy *fogalom* alkotórésze. Egy *arc* természete, a *víz*, a *város* fiziognómiája láncot képez egy vizuális fogalomhoz, és ebben a fény változásai is játszhatják egy láncszem szerepét.

9. A szeriális szerkezet egyúttal valuta is, mely tetszés szerinti anyagfajtára váltható át. Két olyan kísérlet következik, melyben a képek, melyek a fény szeriális minőségeit hordozzák, közvetlen aleatórikus összefüggésbe kerültek hangeffektusokkal. Egy tengeri és egy vasút-utazás. A képek és hangok tudatosan szeriálisan szervezett alapokon közös esetlegességeknek vannak kitéve.

[1983. Kézirat]

---

4. Beginnen wir gleich mit einer Evidenz; das, worauf Licht fällt, ist sichtbar und da, worauf keines fällt, ist auf dem Bild unsichtbar (doch Laotse hat gesagt; was sich nicht ins Licht stellt, leuchtet). Da wir die Arbeit des Filmemachers dann erschöpfen können, wenn er die Sachen sichtbar macht, sogar sichtbarer als andere Sachen, können wir verstehen, dass in dieser Arbeit das Licht gleichzeitig die Rolle des Bleistifts und Radiergummis spielt.

5. In dieser Evidenz trifft sich die Wahrheit des Theaters, der Fotographie und sogar der Malerei. Malerei mit Licht! An der Grenze der Wahl und der Willkür taucht die Möglichkeit des Herausgreifens und der Wunsch nach Willkür werden dort zur schaffenden Wissenschaft, wo der Augenblick sich bewegt oder zu Einstellungen zerbröckelt und die Kinematographie zur Beschreibung der Zusammenhänge zwischen den Fragmenten animiert. Unter diesen Zusammenhängen sind scheinbar die räumlichen Verhältnisse am einfachsten. Diese Einfachheit wiederzugeben ist jedoch oft schwieriger als auffordernde Visionen mit dem Licht zu provozieren.

6. Die einzige Tugend der nächsten Etüde ist, dass sie sämtliche Verhältnisse ohne die Existenz der Verhältnisse in der Realität darstellt. Die Position des Spielers und der Kamera bleibt während der Aufnahmen unverändert. Einzig die Richtungen der Blicke und des Lichtes sind berufen, dem Zuschauer das Raumgefühl zu verschaffen. Die Beschreibung der Räumlichkeit mit Hilfe des Lichtes, diese alltägliche Aufgabe kann ausreichend, gut und noch besser gelöst werden.

7. Beim Aneinanderfügen von zwei Aufnahmen kommt die Rhetorik des Lichtes zum Wort. Das bedeutet, dass über die Darstellung der räumlichen Situation hinaus die Zusammenfügung mit einer zusätzlichen Bedeutung gefüllt wird. Bereits bis jetzt konnten wir auch schon Beispiele dafür sehen, dass zwei Farben zwischen zwei Sachen — zwei Ausschnitten — eine Bedeutungsspannung zuspitzen konnten. Mit einer didaktischen Einfachheit erscheint hier dieser Mechanismus der Bedeutungszuordnung, wo mit der Gegenüberstellung von blauem und rotem Licht (Don Giovanni) das Prinzip der weiblichen und männlichen, der Verführten und des Verführers in rhetorische Beleuchtung gestellt wird, über die Zeichensetzung einer räumlichen Realität hinweg.

8. Das Licht spricht das Objekt an und macht es redsam. Diese Rede ist im Stande — von Godards Ausdruck Gebrauch machend —, dass sie Sinnenketten bildet. In der musikalischen Terminologie ist sie der serielle Grad der Bedeutung. Die Serie, die Kette ist ein Zeichen der Natur, also ein Bestandteil eines *Begriffes*. Die Natur eines *Gesichtes*, die Physiognomie des *Wassers*, der *Stadt* bilden Ketten zu einem visuellen Begriff, und in diesem können auch die Veränderungen des Lichtes die Rolle eines Kettengliedes spielen.

9. Das serielle Gefüge ist gleichzeitig eine Währung, die in beliebige Stoffarten umgewechselt werden kann. Es folgen zwei Versuche, in denen die Bilder, die serielle Qualitäten des Lichtes tragen, in direktem aleatorischen Zusammenhang mit Toneffekten gebracht wurden. Eine See- und eine Eisenbahnreise. Bilder und Töne wurden auf einer bewusst seriell organisierten Grundlage gemeinsamen Zufälligkeiten ausgesetzt.

[1983. Manuscript]

JELENTÉSTULAJDONÍTÁSOK
A KINEMATOGRÁFIÁBAN

A hatvanas évek derekán az a veszély fenyegetett, hogy egyetemi hallgatóból üzemszerűen termelő forgatókönyv-íróvá válok. Néhány megvalósult és több kéziratban maradt forgatókönyv után azonban úgy éreztem, elegem van ebből a munkából. Egyrészt magam is kedvet kaptam a filmkészítéshez, másrészt túl könnyűnek tűnt akkor történeteket kiötleni. Barátaimmal együtt úgy véltük, többet tudunk már a filmről, mint életünkről és környezetünkről, tehát „szociológiai filmcsoportot" alakítottunk ennek a hiányérzetnek a kiküszöbölésére.

Természetesen elvetettünk minden forgatókönyvet, sőt magát a történetet is. A környező élet nagy és általános egységeiből, a gyárakból, iskolákból, falvakból kiindulva akartuk a „Valóságot" feltárni. A fiatal filmesek számára létesített Balázs Béla Stúdió utat nyitott ennek a szándéknak.

Néhányan, akik előnyösebb helyzetben voltak, rövidesen elkészítették az első valóságfeltáró „szociológiai" dokumentumfilmeket. Az irányzat hovatovább máig működő, kiapadhatatlan forrásává vált rövidebb-hosszabb — olykor nyolc órát is kitöltő —, a valóságról szóló filmek áradatának. Itt máris pár kérdés akasztja meg a fogalmazást. Máig sem vagyok bizonyos, mit értsek az alatt, hogy „valóság"? És hogyan is „szólhattak" róla ezek a filmek? Ha szóltak, kinek? És az mit válaszolt?

Ezek a kérdések persze már akkor, a kezdeteknél kétségeket támasztottak többekben. Pedig nem egy, igen érdekes, és mindenképpen hasznosnak tűnő film készült ebben a dömpingben. Később komoly kezdeményezések történtek forgalmazásukra is. Igazi közegük bár a televízió lett volna, ez természetesen fel se merülhetett. Viszont levetítették ellenzékieknek, levetítették funkcionáriusoknak, levetítették azoknak, akikről a film készült, és ezt újra filmre vették, hogy bevágják a végső változatba. Van egy rendező, akivel kétszer is előfordult, hogy röviddel műve befejezése után a „szereplője" meghalt. Egyszer megkérdeztem egy vidéki pedagóguslányt boncolgató film alkotóit, szerintük mire jó ez az egész. Végülis azt felelték, ha másra nem, legalább a lány élete megváltozott a film óta.

ATTRIBUTION OF MEANING
IN CINEMATOGRAPHY

In the mid—60's after finishing University it was threatened that my future would be that of a screenplay manufacturer. Some of my screenplays had been made and several others were in manuscript form, but I felt fed up with this kind of work. First of all I craved to make films. Secondly, at that time, it seemed too easy to contrive stories. With a group of friends, who thought that we knew more about films than about our life and environment, I founded a „sociological film group" to eliminate this feel of want.

What's more, it was natural that any kind of screenplay, even the story itself would be rejected. We wanted to reveal „Reality", and set out from the big and general units of our own surrounding life, we went to factories, schools, and villages. The Béla Balázs Studio, established for young film-makers, was opened up as a channel for this intention.

Some of us, who were in better positions, made the first reality-revealing „sociological" documentary films. This tendency, which is still active, became an inexaustible source in the flood of short and long (— occasionally eight hours long! —) films which spoke about reality. Even at this point the phrasing is hindered by a couple of questions. I am still uncertain what is meant by „reality". And how could these films „speak" about it? If they spoke, to whom did they speak? And what was the answer?

Of course, these question raised doubts in many people even then. Nevertheless, this flood produced a number of highly interesting films which seemed without doubt to be useful. Later serious efforts were made to put on release. Though their real medium would have been the television, it was obvious that could not even be suggested. However, they were projected for members of the opposition, for functionaries, and were projected for the subject of the film, (and this was filmed again to cut it into the final version). It happened twice to one of the directors that shortly after he had finished his film the „character" in the film died. Once I asked the makers of a film which analyzed the situation of a girl teaching in the country, what they thought the

De térjünk vissza a kezdetekhez. Egyszerűen rövidzárlat állt be az agyamban a „valóság" szó hallatára, amely egy napon egy másik szócskában, a „jelentés" kérdésében csattant ki.

Visszamentem az egyetemre. Sorba bekopogtattam a filozófia-tanszéken tanáraimhoz. Kérdésemre, hogy mi is a „jelentés", csak a vállukat vonogatták. 1970-et írtunk, mindenki Lukács Györgyöt támadta, vagy védte, ő pedig nem foglalkozott ezzel a problémával. Valaki tudott egy könyvről, aminek a címe „A jelentés jelentése". Azt hittem, viccel. Végül egy majd mindenki által kerül, hol dogmatikus sztalinistának, hol fasizoidnak gúnyolt professzora az esztétikának adott útbaigazítást. Azt mondta, olvassam el két amerikai, C. S. Peirce és C. W. Morris munkáit, ők foglalkoznak jelentéstannal, idegen néven szemantikával. Nem tudtam angolul.

Tudatlanságom, vagy jószerencsém az Általános Nyelvészeti Tanszékre vezérelt. Itt egy éven át, magyarul hallgathattam Zsilka János (ma már a tanszéket vezető tanár) bevezetését a nyelvtudomány történetébe, továbbá saját nézeteibe, melyek egy organikus nyelvrendszer körül forogtak. Bár vállvonogatás helyett itt egyenesen kinevettek volna, ha fel merem tenni a kérdést, „végtére hát, mi is a jelentés?" — mégis meg lehetett egy csomó dolgot tudni.

Például azt, hogy a nyelvtudományban, bár a hellén kor óta folynak jelentés-vizsgálatok, viszonylag újkeletűen csak a XIX. században rögződött a szemantikai aspektus. Ezzel szemben már az i.u. II. századi Apollonios Dyskolos óta jellemző szintaktikai nézőpont, amely nem annyira a szavak jelentésével foglalkozik, mint összerakásukkal a mondatokon belül, amint etimológiailag is arra utal, ahogy a katonák elrendeződnek a seregben. Végül a XX. században járult még ezekhez a pragmatikainak nevezett aspektus, amelyet kétféleképp is értelmezhetünk. Egyrészt mint olyan szempontot, amelyből a közlés folyamatát mint praxist, gyakorlatot fogjuk át, másrészt mint olyat, amely a nyelvi jelenségeket a nyelven kívüli tevékenységgel veti össze.

Minthogy idővel sikerült elolvasnom a jeltudomány (szemiotika) megalapozójának, C. W. Morrisnak idevonatkozó passzusait is, fentiek mellé állíthatom az ő meghatározásait. Eszerint a szemantika a szemiózisnak egy olyan dimenzióját vizsgálja, amely a jelek és azon objektumok közötti viszonyt fogja át, amelyekre e jelek alkalmazhatók. A jeleknek az interpretálóhoz való viszonyát fogja át Morris szerint a szemiózis pragmatikai dimenziója, amit a pragmatika vizsgál. És — „Bizonyára, ha nem is ténylegesen, legalább lehetőség szerint minden jel viszonylatban áll más jelekkel, mert az, amivel való számotvetésre a jel készteti az interpretálót, csak más jelek alapján állapítható meg." E megjegyzés kíséretében vezeti be a jelek egymáshoz való formális viszonyát átfogó szintaktikai dimenziót, illetőleg annak vizsgálatát, a szintaktikát.

Máshol, Pierce nyomán szemantikáról, mint a jel objektumvonatkozásáról, pragmatikáról, mint a jel interpretáns vonatkozásáról, és szintaxisáról, mint eszközvonatkozásról lehet olvasni.

Figyelemreméltónak tartom, hogy mindig aspektusokról, viszonyokat átfogó dimenziókról és vonatkozásokról van szó, amelyek együttesen vizsgálják, úgyszólván kiteszik tárgyukat, a nyelvet, vagy a jelek egy rendszerét. Akár

---

use of all that was. Finally they answered that the girl's life had surely changed a little since the film, even if nothing else had happened.

But let's go back to the beginning. I simply had a black out in my mind when I heard the word „reality", and one day the circuit was broken by another little word, by the question of „meaning".

I went back to the university. One by one I called on my teachers at the philosophy department. When I asked them what „meaning" was, they just shrugged their shoulders. It was 1970 and everybody was either attacking of defending György Lukács, this was not one problem which he dealt with. Somebody knew about a book entitled „The Meaning of Meaning". I thought it was a joke. Finally I received guidance from a professor of aesthetics, avoided by almost everybody, who was either disdained as a dogmatic Stalinist or as a fascist. He recommended the works of two Americans, (C. S. Pierce and C. W. Morris) who dealt with semantics. I did not know English.

My ignorance or my good luck led me to the Department of General Linguistics. For a year I attended the lectures of János Zsilka's (he's now Head of Department) in Hungarian which introduced the history of linguistics, and learned of his own views which were centered around an organic lingustic system. If I had dared to put up the question, „after all, what is meaning?", — they would have laughed at me (instead of shrugging their shoulders) but I learnt a lot of things.

For example, I learnt that, though analyses of meaning in linguistics had been conducted since Hellenic times, the semantic aspect was only established relatively recently, in the 19th century. As a contrast the syntactic aspect has been a characteristic since Apollonios Dyskolos of the 2nd century A. D. but it is not so much concerned with the meaning of words but rather with their arrangement within a sentece, which is an etymological hint at the way troops are arranged in an army. Finally, in the 20th century the pragmatic aspect was added to these two and this can be interpreted in two ways. One part of it can be considered as an aspect which comprehends the process of communication as a practice, on the other part it can be considered as an aspect which contrast linguistic phenomena with activities outside the language.

As in course of time I managed to read the relevant passages by C. W. Morris, the founder of semiotics, his definitions can be listed with the above. According to him semantics examines a dimension of semiosis which deals with the relations of signs to objects these signs can be applied to. According to Morris the pragmatic dimension of semiosis comprehends the relations of signs to the interpreter, which is the subject of pragmatics. And — „Certainly, potentially, if not actually, every sign has relations to other signs, for it is that sign prepares the interpreter to take account of what can only be stated in terms of other signs." In the company of this comment he introduces the syntactic dimension, or of its study, that is, syntactics, which deals with the formal relations of signs to one another.

Elsewhere, in the footsteps of Pierce, we can read about semantics as the relations of signs to objects, about pragmatics as the relations of signs to interpreters, and about syntactics as the relations of signs to sign vehicles.

I think it is remarkable that they always deal with aspects, dimensions comprehending relationships, and relations which examine the language or a certain system of signs collectively, so to say, they expose their subject. We might as well reverse

meg is fordíthatnánk a tételt, mondván, mindaz, amiről szintaktikai, szemantikai, pragmatikai aspektusból valami értelmes megállapítható, kimeríti egy *nyelv* — jelrendszer — fogalmát. Tehát:

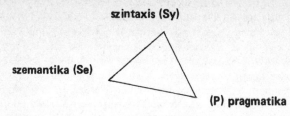

szintaxis (Sy)

szemantika (Se)

(P) pragmatika

Mindig jobban szerettem a hármat, mint a kettőt. Nem azért, mert több, hanem mert a kettő néha kínos, lehetetlen választás elé állítja az embert, míg a három úgy látszik pozitíven, mint a földmérésben is, vagy legalábbis virtuálisan egy területet bezár. Senki sem vitatja, hogy a nyelv „mint olyan" létezik. (Vitás, hogy mit értsünk rajta, és idővel majd rá kell térnünk a saussure-i *langue* és *parole,* Sprache und Rede, ma már kötelező megkülönböztetésére.) Az is kétségtelen, hogy állandóan készülnek filmek, videók, a mozgókép különböző fajtái, és ezeket emberek kisebb-nagyobb csoportja megnézi, hovatovább *kultuszok* alakultak ki ennek kapcsán. De érdemes-e ezeket a mozgóképeket, a *kinematográfiát* mint nyelvet megközelíteni?

Szeretném későbbre halasztani a választ. Beszámolóm még a kinematográfikus „jelentések" utáni kutatás kezdeteinél tart.

A nyelvtudományi tanulmányok idején sikerült vágóasztalon többször is megnéznem egy filmet, ami Magyarországon sokakra volt nagy hatással, s néhányan Magyarországon kívül is ismerik. Huszárik Zoltán és Tóth János **Elégiájáról** van szó, amely 1966-ban az oberhauseni fesztivál díját nyerte el. Nagyon szeretem ezt a filmkölteményt, amely számomra felhívás a szabadságra, az emberi méltóságra, szól az idő könyörtelenségéről, az élők legnemesebb tévedéséről: a hűségről, s további megnevezhetetlen felismerések sorát sugallja. Hogyan? Amikor végülis csak utak, kapuk, földek, néhány öreg paraszti arc, fák, galambok, sinek és lovak képét rakja össze — lovak minden helyzetben, a ménestől a szántóföldekig, igában, lóversenyen, vágóhídon és cirkuszban —, némán, minden szó és zörej nélkül, pusztán zene kíséretében?

Alig húsz percnyi terjedelemben ezer feletti snittet tartalmaz ez a film. A munkát megkönnyítve is mintegy 300 kisebb „egységről" kellett emlékeztető szavat feljegyeznem. Ezek némelyike valóban egy beállítást fed, de mások 3—10, olykor 30–50 rövid, villanásnyi felvételt tartalmaznak. A némiképp Ruttmant, Vertovot idéző, vagy még inkább az általuk teremtett medret újrakezdő, színes képáramlás jól érzékelhető — a kísérő zene által is tagolt —

---

the thesis saying that everything that has something sensible that can be defined in syntactic, semantic and pragmatic aspects and bears all the marks of a *language,* can be represented by a system of signs. Thus:

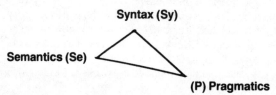

Syntax (Sy)

Semantics (Se)

(P) Pragmatics

I have always preferred three to two. It is not because three is more than two, but because two can sometimes force us to take an awkward, impossible choice, while three seems to enclose an area positively, or at least virtually, as in geodesy. It is undisputed that language „as such" exists. (It is disputed what should be meant by it and in due course we shall have to deal with Saussure's distinction between *langue* and *parole,* Sprache und Rede, which is compulsory today. It is also undoubted that films, videos, various types of motion picture are produced steadily, and these are seen by smaller or larger groups of people, what's more, *cults* have developed in connection with this. But is it worthwile to approach these motion pictures, *(cinematography),* as a language?

I would like to postpone the answer. This report of mine has got only as far as the beginning of the inquiry into cinematographic „meanings".

While I was pursuing my linguistic studies I was able to see a film (which had great impact on many people in Hungary), several time$ when it was on the moviola and there are a few outside Hungary who are also acquainted whit it. It is **Elegy** (Zoltán Huszárik and János Tóth) which was awarded a prize at the Oberhausen Festival in 1966. I love this filmic-poem very much. It is a call for liberty and human dignity as for me, it is about the mercilessness of time, about the most noble errors of living beings: about loyalty, and suggests a further series of revelations which cannot be named. How is this? Eventually, it assembles only pictures of roads, gates, fields, faces of old peasants, trees, pigeons, rails and horses — horses in all kind of situations from the stud to the arable land, yoked, at horse-races, in the slaughter-house and at the circus — silently, without a word or noise, merely accompanied by music.

This barely twenty minute long film contains more than a thousand cuts. In order to make the work easier I needed to write down reminders of about three hundred smaller units. Some of these units really cover one scene, but other units consist of 3—10 frames, occasionally 30—50 frames of short, flashing shots. Well perceptible „islands of meaning" — dissected by the

„jelentés-szigeteket" képez útjában. Ezek felszínesen megfelelnek a fenti „lovak minden helyzetben" felsorolásnak, s mintha még egy pszeudo-kronologikus összefüggést is kielégítenének: „a lovak valaha az ember legközelebbi társai voltak, munkában, harcban, szórakozásban és a halálban, — többek között látunk egy ásatáson feltárt sírt egy ember és egy ló összekeveredő maradványaival — de az ember most elhagyja barátját, s miközben gépi eszközökre vált, gépies és kegyetlen módon hagyja lemészárolni őket." Feltehetően ez az, amit egy jeles iskolai dolgozatban, mint a film „tartalmát" el is fogadnánk.

De hol maradnak megnevezhetetlen, vagy csak nehezen körülírható felismeréseink, a film egyes képeiben kirob- banó, s az egészet átható „jelentések"?

A vágóhídon a lovak szemét egy viaszosvászon-ellenzővel takarják le, majd egy rövidfejű csákánnyal egyetlen csapással átütik a homlokcsontjukat. Ez láthatóan gyors, szinte azonnali halált okoz. Mintegy tucatnyi ló letaglózá- sának képsorozatába más jellegű felvételek is illeszkednek. Az éjszakában elsuhanó, kivilágított villamosablakok, neonfények, a hold, őszi erdőben felhalmozott, ledöntött fatörzsek, majd tuskók, már feldarabolt fahasábok, pince- ablakok, szűk utca, szinte befelé dőlő házfalai közt, teherautón dolgozó rakodómunkások, ugyanitt egy világos ballonkabátban elfutó férfi, majd egy villamosablak mögött egy asszony, amint öntudatlan mozdulattal homokához nyúl . . .

Nem nehéz megmagyarázni, miért élem át különös feszültségben a mészárlás eme szörnyű éjszakájának képei közé iktatott, elfutó férfialak riadtságát. De utólagos, higgadt elemzéssel azt is meg tudom állapítani, érzésem támasz- kodott az előző képsorokban többször látott felröppenő, s az éjszakában eltűnő fehér galambok képére, s ezeken keresztül talán egy krómlap torzított tükrén át fotografált, kikötött s a karó körül riadtan forgolódó fehér ló ugyan- csak éjszakai felvételére.) Az elfutó férfi és a felröppenő galambok emlékének összekapcsolását megkönnyíti, szinte kikényszeríti az, hogy a világos alakok aránya a sötét képfelület egészéhez, és távolodásuk ritmusa megközelítően azonos. A „riadtságnak" egy összetettebb s egyúttal elvontabb dimenziója inkarnálódik ebben a beállításban.

Ennél is mélyebben érint az asszony képe. Bár itt se nehéz felismerni a kiváltó okot. A lovak homlokára mért taglóütések többször elszenvedett látványa után, egy asszony képe, amint öntudatlanul a homlokához nyúl. A moz- dulat maga is mélyértelmű. Mintha valamit el akarna simítani, ami nincs is ott. Vagy mintha valamire emlékezne. A mozdulatot a villamos ablaka, és sötétlőn fémes külső fala keretezi. A városi tömegközlekedésbe dobozolt álom- szerű el- és ráhagyatottság szól le erről a képről. Amikor már nem és még nem vagyunk sehol, útközben, a saját bő- rünkben, de másokra hagyatkozva. Egy filmben, amely az „út" fogalmát előzetesen már felvételek *szériájával* provo- kálta ki és állította össze fejünkben.

A film elején a földeken átvezető, keréknyomok-mélyítette utak mint a táj szerves gyűrődései jelennek meg; a kettős vágatok közt dagadó sár — a lankák szeméremajkai —, de ugyanakkor, mint repedések, távoli célt sejtető

---

accompanying music, too.— are created during the film recalling in some ways Ruttman and Vertov, or rather the colourful pic- ture stream who resumed the course started by them. These correspond to the above list of „horses in all situations" and even seem to satisfy a pseudo-chronologic connection: „once horses had been man's closest companions in work, fight, recreation and death — e. g. we can see an excavated grave with the mingling remains of a man and a horse but now man leaves his fri- end,while he switches over to machines, and he lets them be slaughtered in a mechanical and cruel way." Probably this is what would be accepted as the „content" of the film in an eminent school composition.

But where are the relations that cannot be named and are difficult to describe, that are strikingly disclosed in the pictures of the film, and where are the „meanings" which pervades it all?

At the slaughter-house the eyes of the horses are covered with oilskin blinders, then their coronal bone is crashed at a stroke with a small-headed pick-axe. It causes apperantly quick, almost immediate death. The pictures of poleaxing almost a doz- en of horses are interrupted by shots of different nature. Illuminated tram windows gliding by in the night, neon lights, the moon, felled trunks piled up in the autumn forest, then billets, cut up logs, cellar windows in a narrow street with the bearing walls almost leaning against one another, loaders working on a lorry, also here, a man running away in a light-coloured topco- at, then a woman behind a tram window as she touches her forehead unintentionally...

It is not difficult to explain why I entered into the fear of the running man with peculiar tension whose shot was cut between the pictures of the slaughter of this frightful night. But after a subsequent, calm analysis I could also tell that my feeling was based on the previous sequences where the pictures of white pigeons taking flight and disappearing in the night could repe at- edly be seen. (Apart from this it was perhaps also based on the night picture of a white horse tethered and flinging fearfully aro- und the pole, filmed through the distorted mirror of a chromium plate.) It is made easier to associate the memories of the run- ning man with the flying pigeons, it is almost forced by the approximately same proportion of light figures to the whole of the dark picture and their rhythm of passing. A more complex and at the same time more abstract dimension of „fearfulness" is in- carnated in this take.

I was even more deeply affected by the picture of the women. Though it is not difficult to find the inducing motif here either. After we have repeatedly suffered through the sight of the axe-pole strokes which are levelled on the foreheads of the horses, there is a picture of a woman as she touches her forehead unintentionally. The movement itself has a deep meaning. As if she wanted to smooth away something which is not there. Or as if she remembered something. The movement is framed by the window of the tram and its dark metallic external wall. This picture speaks about dreamlike loneliness and dependence boxed in urban mass transportation. When we are already not there and not yet arrived at any place, we are on the road, in our own skins but relying on others. The film had provoked and compiled the notion of „road" in our heads previously, by using a *series* of shots.

At the beginnig of the film, roads deepened by wheel-tracks run across the fields and appear as if they were the organic wrinkles of the country. The mud swelling between the two impressions is the labia of the gentle slopes, but at the same time, it

sebek a táj *fiziognómiájában.* Több különböző, de e *jellegükben* azonos út-felvételt tartalmaz a film első negyede, közülük némelyiket *ismételve,* majd később is felmutatva a képek sodrásában.

Dobrovics Aladár egy Egyiptomról szóló esszében az *ismétlés* értelmére hívja fel figyelmünket egyes ábrázolások kapcsán. Nehéz elképzelni, hogy a Meten fővadász sírkamrájának falfestményein látható 2–3 vadlúd, antilop valami számszerű összefüggésben állna az ábrázolás szándékával. Plauzibilisebb a feltételezés, hogy itt a többesszám, s ezáltal a „vadak" általános fogalmának megjelenítési szándékát látjuk, amely a hieroglif kifejezésmódban fejlődött tovább.

Pasolini a „költői filmnyelvet" emlegetve figyelt fel arra, hogyan következnek egymásra ugyanannak a tájnak vagy pár szál lila virágnak — kissé eltérő felvételei, Antonioni **Vörös sivatag**ában. Egyazon dologra vetett többszöri tekintet is általánosító erejű, a szubjektivitást önmaga kontrollja alá veti és egy magasabbrendű nézőpont kidolgozására készteti.

„Nem léphetünk kétszer ugyanabba a folyóba" — igaz, de legalább kétszer kell belépjünk abba a valamibe, hogy általánosíthassuk a folyó fogalmát.

Az **Elégia** képfolyamában újra és újra olyan felvételek bukkannak fel, amelyek valahogyan az „út" fogalmával kapcsolatosak. Az anyaöl-földutak képét a betonba dermedt *nyomoké* váltja fel, majd egy külön kis szériája az aszfaltrepedések véletlenszerű, mégis geometrikus rajzolatának. Köztük hasonló formátumú csatornanyílások, mint nyomok és vágatok, de ezek egyúttal egy másik, *rejtett* útrendszer lejáratai.

A rejtettség „jelentése" egy későbbi részletben szinte észrevétlenül kiöblösödik. Idézek a jegyzetfüzetből:

....

38. Megvilágított, sárgás-barna pinceablak (zöldes-szürkében ér véget)
39. Visszanéző fehér ló — szem! — mély önárnyékot vet a nyakhajlatban
40. repedések, csatornanyílás, 8–10 plán, egyszer közben: az ügetőn elszórt tikettek
41. Visszanéző fehér lovak, kétszer
42. Úttesten közeledő rendőr, karján huzogatja a könyökvédőt
43. szürkéskék pinceablak (38.b)
44. 42. tovább

....

A repedés, a csatornanyílás, a nyakhajlatot temető önárnyék, az ismeretlent rejtő pinceablak ismét egy öntudatlan, önmagában jelentéktelen emberi mozdulat szavakban alig kifejezhető „jelentésére" irányítja figyelmünket. Mintha valamit *rejtene* a rend őrének könyökvédője, ez a makacsul félrecsúszott darab, amit igyekszik helyére rángatni: egyszerre komikus és mélyen szorongató érzés.

Az „út" sárga keramit-kockákban folytatódik tovább, s megjelenik rajta egy lópata. (Később ugyanilyen keramit-

---

is the fissures. They are Wounds suggesting remote goals in the *physiognomy* of the land. The first quarter of the film contains several different shots of roads which are, however, the same *in their nature,* and some of them are *repeated,* then shown again in the drift of pictures.

Aladár Dobrovics directs our attention at the meaning of *repetition* in connection with certain depictions in an essay about Egypt. It is difficult to imagine that 2-3 wild-geese and antelopes that can be seen on the murals of Meten head keeper's burial vault might be in a numerical connection with the intention of the depiction. It is more plausible to assume that plurality, (by which the general idea of "games" is often represented), was intended, and was further developed in the hieroglyphic way of expression.

Pasolini, talking about the "poetic language of films", noticed how the slightly different shots of the same landscape — or those of a couple of lilac flowers — followed each another in Antonioni's **"Deserto Rosso"**. Glancing at the same object several times also has a generalizing power. Subjectivity is brought under its own control and urges to work it out from a superior point of view.

"We cannot step into the same river twice" — is true but we must step into that something at least twice in order to be able to generalize the idea of a river.

Such shots pop up again and in the drift of pictures in **Elegy** that are somehow related to the idea of a "road". Roads in the lap of mother earth are followed by *prints* hardened into concrete, then by a small, sparate series of undesigned, nevertheless, geometric tracery of asphalt fissures. Coduit openings of similar shapes among them, as prints and impressions but these are at the same time the entryways of another, *hidden* system of roads.

The "meaning" of being hidden widens out almost unnoticed in a later detail. Quotation from my notebook:

...

38. Illuminated, yellowish brown cellar window, (ends in greenish grey)
39. White horse looking back — eyes! — casts deep selfshadow on the neck depression
40. Fissures, conduit openings, 8-10 close-ups, once in the midst of: tickets thrown away at the harness racing
41. White horses looking back, twice
42. Policeman approaching on the drive-way, pulling his oversleeves on his arms
43. Greyish blue cellar window (38/b)
44. 42. continued

...

The fissure, the conduit opening, the self-shadow burying the neck, the cellar window hidding the unknown, direct our attention again at the "meaning" of an incidental movement of man which is insignificant in itself, and can be hardly expressed in words. As if the policeman's oversleeves, these stubborn riding pieces, which he tries to tug to place, *hid* something: it is a comic and deeply distressing feeling.

kockák rései közt folyik a letaglózottak vére.) A közlekedő gépezetek frontális támadása a Rákóczi úton. Egymásba-folyó villamosablakok a sötétségben. Egy férfi három lovat vezet a *sineken,* nyilvánvalóan a vágóhídra, a képen látható még egy hadonászó közlekedési rendőr. Kiragadott képek ezek a film többszáz beállításának kavargásából, beállítások egy-egy *szériája,* amelyek a felismerést azonos irányba terelik. Végül egy hosszú fahrt (a filmnek igen kevés, meg-választott helyén láthatunk gépmozgást), a kamera egy éjszakai, fákkal szegélyezett *úton* rohan, felfelé tekintve, egyre vadabb tempóban, a fák csupasz, megvilágított ág-bogából időnként megriadt verébrajok szállnak fel: ez a képsor kere-tezi a mészárlás szekvenciáját.

Az az asszony, ott egyszer a villamosban, nem tudjuk, honnan hová utazott, s mire gondolt, mikor a homlokához nyúlt. (Ma már képtelen vagyok másképp látni őt, mint az **Elégia** „útjai" által kidolgozott jelentésmezőben.) Az el-futó férfiról történetesen megtudtam, hogy a film gyártásvezetője volt, aki a felvételt kezdő „Action!" elhangzása után, véletlenül „bennmaradt a képben". Riadtságának ez a magyarázata. S ez képének *triviális jelentése.*

A triviális jelentést valamivel tudományosabban és átfogóan úgy határozhatjuk meg, mint *„aktuálist",* amely a fel-vétel tényleges helyére és idejére (ottjára és mikorjára) vonatkozik, továbbá magába zárja a felvétel készítésének tényét, aktusát. A jelentésnek ez a *nulla foka* egy egyszeri *nyomvételi eljárás* (a fotokémiai vagy mágneses képrög-zítés) által konkrétan meghatározott. A *jelentés-tulajdonítás* lehetőségeit illetően ugyanakkor artikulálatlan és úgy-szólván kimeríthetetlen. Nyilvánvaló, hogy egy utca képéről mást olvas le az, aki benne lakik, mást a várostervező, a kémelhárító és a szemetes, és megint mást, aki még soha nem látott hasonlót.

Másrészt egy felvétel aktuális jelentéstartalma ritkán fogható át tudatosan a készítés pillanatában. Ez az oka, hogy a fénykép vagy film készítője rendszerint izgalommal, meglepetésre készen várja a kép előhívását. A legalaposabb előkészületek után is számolnia kell azzal, hogy valami „olyan" jelenik meg a képen, amely készítés közben elkerülte a figyelmét, vagy egyszerűen értelmileg realizálhatatlan volt. Ez a *túldetermináció* jelensége, amely épp ezért döntő szerepet játszhat a foto- és kinematográfus munkájában. Vele vagy ellenében kényszerül stratégiákat kidolgozni, ha nem akarja elveszíteni felelősségét a jelentések birodalmáért. A videó látszólag gyökeresen változtat a helyzeten, azáltal, hogy a képet rögzítés előtt és közben tükörszerűen kontrollálhatóvá teszi. Az aktuális jelentés azonban új és új rétegeit tárja fel az időben, vagy egy céltudatos elemzés számára.

Az ókori Róma nem ismerte az ólommérgezést, az ólom, kis adagonként kerülve a szervezetbe, észrevétlen marad, s csak egy küszöböt átlépve válik halálossá. Bátran használták hát vízvezetékek és edények készítésére, nem sejtve, hogy ezzel a luxus notórikus élvezőinek útját egyengetik a pusztulásba. A reproduktív képrögzítő technikák, éppen mint *nyomvételi eljárások,* bizonyosan számtalan latens információt hordoznak lehetséges diagnosztikák számára, mint archeobiológus számára a páfrány-kövület. Együtt elgondolva a nyomszerűség e túldeterminációjában sejtett lehetőségeket, mondhatjuk, hogy az *aktuális jelentés,* bár (forrásában) *meghatározott,* de (értelmezési tartományában) *végtelen.*

The road continues in yellow clinkers, and a hoof appears. (Later the blood of the slaughtered horses will run in the fissures of clinkers.) Frontal attack of transport conveyances in Rákóczi street. Tram windoes flowing into one another in the darkness. One man leads three horses on a *track,* (obviously to the slaughter-house), a traffic policeman flinging his arms can be also seen in the picture. These are pictures picked out of the whirl of several hundreds of takes in the film, they are individual *series* of takes which drive revelation in the same direction. Finally a long trolley-shot (the camera very rarely moves during the film, just in specific places), the camera runs on a night-time *road* with trees, it points up, at an increasingly wild speed, from time to time alarmed flocks of sparrows take to flight from the illuminated, bare branches and twigs of the trees: this sequence is the frame of the motif of slaughter.

That woman, in the tram then, was travelling somewhere. We do not know from where or where to, and what she thought of when she touched her forehead. (Today I can only see her in the field of meanings developed by the "roads" of **Elegy**.) I hap-pened to find out that the running man was the production manager of the film who after the signal of "Action" had been given marking the beginning of a shoot accidentally "remained in the frame"). This is the explanation for his fright. And this is the *triv-ial meaning* of his picture.

Trivial meaning can be defined more scientifically and comprehensively as *"actual"* meaning, which refers to the actual place and time of the shooting (there and then), furthermore, it contains the fact and act of shooting. This *zero degree* of mean-ing is concretely determined by a single, *tracing procedure* (photochemical or magnetic reproduction). At the same time it is unarticulated and almost inexhaustible with regard to the possibilities of *attribution of meaning.* It is obvious that different things are discerned in the picture of a street by a person who lives there, by an engineer of urban development, by a counter-intelligence agent and by a dustman, and completely different things are noticed by one who has never seen anything similar to it.

On the other hand the actual content of meanings of a sequence can be rarely comprehended consciously at the moment of filming. That's why the maker of a photograph, or a film, usually awaits the development of the picture with excitement, ready for a surprise. Even after the most painstaking preparations he has to reckon with the possibility that something appears in the picture which was un-noticed when the picture was taken. Or it was simply unrealizable with regard to meaning. This is the phenomenon of *overdetermination,* which, for this very reason, can play a decisive role in the work of a photo- or cine-matographer. He is forced to work out strategies in association with or against it, if he does not want to lose his control over the domain of meanings. Video techniques apparently change this situation radically as the picture can be controlled as a mirror before and during recording. However, newer and newer layers of the actual meaning are revealed in time, for the purposes of a resolute analysis.

Lead-poisoning was an unknown desease in Ancient Rome. Lead, if it gets into the body in small doses remains unnoticed and it only becomes fatal after exceeding a threshold. So it was widely used for making waterpipes and pots, they were un-aware that the road leading to death was paved by it for the notorious addicts of luxury. Reproductive recording techniques

Az **Elégia** képsoraiból általában eltűnik az aktuális jelentésnek ez a meghatározottsága. Vele együtt az értelmezési lehetőségek a véletlenből egy lezártan, gazdagon motivált, de mégiscsak körvonalazható tartományra szűkülnek. Ezt a tartományt a jelenségek különféleségében azonosságot kereső, azt ismétlésekkel hangsúlyozó, szériákba rendező filmszerkezet szegélyezi és tagolja. Egyes képek— mint a riadtan elfutó férfi, a homlokát érintő nő — aktuális jelentéséből így pattan ki egy elvont, imaginárius jelentés, amit a filmben kidolgozott szériák kölcsönös egymásra vonatkoztatása, feszültsége táplál.

A film *szemiológiája* (a ,,jeltudomány" francia változata) Hjelmslev nyomán a denotáció/konnotáció fogalompárt vezette be az efféle jelentés-különbségek leírására. A denotáció (megjelölés) során a jelentés a kifejezés (**K**) és a tartalom (**T**) síkját állítja relációba (**R**) egymással. A (**KRT**) rendszer együtt válik egy új tartalom (**T'**) kifejezés síkjává (**K'**) — ez a konnotáció (együttjelölés):

Ezt a tetszetős fogalompárt Barthes még megtoldja a ,,metanyelv" tükördefiníciójával, de nem mélyed bele a konnotáció működésének magyarázatába. Nyomában a filmszemiotika s napjainkra már a filmkritika is gátlástalanul használja ezt a fogalmat mindenféle elvont jelentés magyarázatára, anélkül, hogy feltenné a kérdést, milyen forrásokból táplálkozik, hogyan is jön létre egy mozgóképdarab konnotatív jelentése.

Pedig széles körökben ismeretes Kulesov és Pudovkin montázskísérlete, amelyet Mosjukin színész felvételével hajtottak végre a 20-as években. A színész azonos közelfelvétele után hol halottaskocsi, hol egy tál gőzölgő leves, hol játszadozó gyerek képét vágták. A nézők Mosjukin játék-készségét dicsérték, arcának milyen finom rezdüléseivel képes kifejezni hol szomorúságot, hol éhséget, hol gyengédséget. Példánknál maradva: az elfutó férfi képe a felvételből kimenekülő gyártásvezetőt denotálja, és ezzel konnotálja a ,,rendkívüli riadtság" fogalmát. De vajon, ha e beállítás után egy másik következne, amelyben szereplőnk egy konyhába ront be, felüti a jégszekrényt, és mohón falatozni kezd, akkor a ,,rendkívüli éhséget" *konnotálná* ugyanaz a kép?

$$2 \quad K' \; R' \; T'$$
$$\overbrace{}$$
$$1 \quad KRT$$

[vö. R. Barthes: A szemiológia elemei. in: Válogatott írások. Európa, Bp. é.n. 85. l.]

Nem tudok róla, hogy az **Elégia** alkotóit mélyebb érdeklődés fűzte volna a nyelvtudományhoz. Huszárik, akit a film rendezőjeként jegyeznek, parasztfiú, a képzőművészetből ,,került a filmbe". Tóth János, aki a kamera mögött állt és a filmet vágta, szintén vidéken nőtt fel, vetítőgépek és kamerák megszállottjaként, egyébként szenvedélyesen érdekli a jazz is. A filmtörténetben ritkán, de szerencsére adódnak ilyen nagyszerű találkozások, melyekben *Isolierung und Neue Gruppierung* (Hermann Paul e kettős mozgással magyarázza a jelentés-változásokat a nyelvben) vagy Jakobson szavaival *szelekció* és *kombináció* munkája szinte szétválaszthatatlan egységben megy végbe. Egyrészről áll

---

just like *tracing procedures* certainly carry innumerous latent information for possible diagnoses in the same way as a fern fossil for the archeobiologist. If the possibilities hidden in this overdetermination of a trace are altogether taken into account, then we can say that though the *actual meaning* is *determined* (in its source), it is *infinite* (in its domain of interpretation).

This kind of determined quality of the actual meanings usually disapears from the sequences of **Elegy**. Thus the possibilities of interpretation are reduced, (instead of being infinite), to an unrestricted, richly motivated domain which can nevertheless be outlined. This domain is lined and dissected by a film structure that seeks for sameness in the diversity of phenomena which is emphasized by repetition and arrangement in series. This is how the actual meanings of such pictures as the frightened man running away, the woman touching her forehead, acquire an abstract, imaginary meating which is nourished by the reciprocal interrelation and tension of the series elaborated in the film.

Film *semiology* (the French version of semiotics) introduced the denotation/connotation pair of concepts using the ideas of Hjelmslev to describe such differences in meaning. In the course of denotation, meaning brings the dimensions of expression (**E**) and content (**C**) into relation (**R**) with one another. The (**ERC**) system collectively becomes the dimension of expresion (**E'**) of a new content (**C'**) — this is called connotation.

$$2 \quad E' \quad R' \quad C'$$
$$\overbrace{}$$
$$1 \quad ERC$$

(Roland Barthes)

Barthes adds the definition of "metalanguage" to this appealing pair of concepts, but he does not go thoroughly into the explanation of the functioning of connotation. This term was freely used by film semiotics and today it is used in film criticism to explain various abstract meanings without posing the question of sources, or how the connotative meaning of a piece of film comes into being.

Yet, the montage experiment of Kuleshov and Pudovkin which they carried out in the 1920's with the picture of the actor, Mosjukin is widely known. After the same close-up shot of the actor they intercut the picture of a hearse or that of a bowl of steaming soup or that of playing children. The viewers praised Mosjukin's ability to play, how well he was able to express sorrow, hunger of affection with delicate facial gestures. Going back to our example: the picture of the running man denotes the production manager getting out of the scene of shooting and thus denotes the idea of "extreme fright". But what would happen if this take was followed by another in which our performer dashes into a kitchen, flings the refrigerator door open and starts to eat greedily, would the same picture *connote* "extreme hunger"?

I know neither of the producers of the **Elegy** was strongly drawn towards linguistics. Huszárik, registered as the director of the film, was a peasant boy, he "got into film-making" from the fine arts. János Tóth, who stood behind the camera and cut the film, was also brought up in the country, obsessed by projectors and cameras. Otherwise he is passionately interested in jazz. Such encounters are rare in film history, but fortunately they happen, which gives scope for realizing the process of *Isolierung*

a pillanatok meglátásának mélysége, rendkívüli hitele, intimitása és sóvár kielégítetlensége (az affirmáció lokalizálása és tranzitivitása), másrészről e pillanat-emblémák elosztása az időben, a mániákus visszatérések és egymást igazoló vonatkoztatások ritmikus rendszere. A két oldal kölcsönös kiegészülésében jött létre ez a kis remekmű, amelyből a kinematográfia nyelvi megközelítésére *is* messzemenő következtetéseket vonhatunk le.

Akkori következtetéseimet megjelentettem egy cikkben.★ Lényegét — szabadon — az alábbiakban lehetne összefoglalni: A triviális — aktuális — jelentések tagolatlan meghatározottságából egyes jegyek (Indexek) az ismétlődés és egymásra vonatkozás által kiemelkednek, szériákat alkotnak. A film *affirmáció-áramlása* (az „igenlés" előrehaladása az időben) ezekhez a gyakran párhuzamos vagy egymást keresztező szériákhoz kötődik. Egy imaginárius jelentésmező jön létre a szériák vonatkozásába lépő jegyek kölcsönös feszültségében, amely olykor egy beállításon (vagy annak egy részletén) belül, közvetlenül, *elvont* jelentésként pattan ki. Ilyen értelemben beszélhetünk *szerális jelentésről,* amely megszünteti a jelentés aktuális, nulla fokát, bár belőle táplálkozik.

A későbbiekben sor kerül még az „affirmáció" fogalmának bővebb kifejtésére. Most szeretnék még egy szemléletes példát felhozni arra, hogyan képzelem a *szerális jelentés* működését. Mindenki ismeri, hogyan működik egy flipper. Helyettesítsük be a kilőtt fémgolyót az affirmáció áramlásával. Minden pont, amelyet érinthet, meghatározott számértékkel rendelkezik, de ezek az értékek függnek a golyó útjától is. Ha sikerül átlökni egy kis kapun, és utána ütődik egy gombának, kigyullad egy lámpácska, és a gomba kétszer annyit számol, mint különben. Most képzeljük, hogy minden hely össze van kötve, a golyó mindegyiket megfelelő sorrendben érintette, és minden lámpa ég. Ilyenkor beszélhetünk egy kinematografikus mű jelentéseinek szerális telítettségéről.

Szakdolgozatomat „A filmi jelentés attribúciója" címmel írtam meg, egy másik filmet választva az elemzés tárgyául. Az **Elégia** ritka, kristályos, áttekinthető példáját adja a szerális jelentésszerkezetnek, de az a benyomásunk támadhat, mindez csak addig érvényes, amíg sok apró felvétel „montázsával" s az élő beszédet kikerülő filmekkel állunk szemben. Valóban, hasonló nagy példákat jobbára a némafilm utolsó korszakában találunk: Ruttman **Berlin**-je és a vele párhuzamos, sajnos forgatókönyvben maradt Moholy-Nagy mű, az **Egy nagyváros dinamikája** vagy Vertov híres műve, az **Ember a felvevőgéppel,** amely egyenesen bizonyítékát adja a *tudatos* szeriális szerkesztésnek. Utóbbi ugyanis betekintést nyújt a készülő film vágószobájába, ahol a polcokon egymás alatt sorakoznak üzemanyag-szerűen csoportosítva a film szerkezetét alakító felvételek szériái: „ulici" — utcák, „zavodi" — gyárak stb.

Ami a képpel együtt rögzített beszédet, egyáltalán a hangosfilmet illeti, Roman Jakobson, a nagy nyelvész már 1933-ban, amikor mindenki a némafilm intellektuális vívmányait siratta, megadta a választ. „Amíg a film néma, addig anyaga az optikai dolog, ma pedig az optikai és akusztikai dolog".

A szerális jelentésszerkezet ugyanakkor nagy beállításegységekkel dolgozó, történeteket bonyolító játékfilmekben is észlelhető. Sőt, egyes nagyhatású filmeket e nélkül meg sem lehetett volna érteni. Pasolini azzal vádolta Antonionit, hogy idegbeteg hősnőit azért vándoroltatja különböző helyszíneken, hogy saját, esztétikum előtt deliráló szem-

---

und neue Gruppierung (in which Hermann Paul explains the alterations of meaning in the language by this double movement), in Jakobson's terms, by the process of *"selection"* and *"combination"* in an almost unseperable unity. On one part there is the depth, extreme authenticity, intimacy and desirous dissatisfaction of catching moments (the localization and transitivity of the affirmation), on the other part there is the distribution of these emblems of moments in time, and the maniac recurrences and rhythmic system of relations verifying each other. This small masterpiece was created in the complementary reciprocity by the two sides, which also provides us with far-reaching conclusions regarding the linguistic approach of cinematography.

I published my conclusions in an article at that time. Its essence — by rote — could be summed up as follows: certain marks (indexes) emerge from the unarticulated, determined quality of trivial — actual — meanings as a result of repetition and being interrelated, and they make up a series. The *streamline of affirmation* (the advancement of "answering in the affirmative" in time) or the film is bound to these series which are often parallel or intersecting. An imaginary field of meaning is created in the reciprocal tension of marks entering into the relations of the series which occasionally bursts out directly as an *abstract* meaning within a take (or within a part of it). We can talk about a *serial meaning* in this sense which eliminates the actual, zero degree of meaning though it is nourished by it.

The concept of affirmation will be discussed in details later. Now I would like to refer to another suggestive example to describe how I imagine the functioning of *serial meaning*. Everybody knows how a pinball machine works. Let's substitute the streamline of affirmation for the released ball. Every point that can be touched is marked by a score, but these scores also depend on the course of the ball. If for example, it manages to go through a small gate and then hits a pin, a small lamp lights up and the pin scores twice as much as otherwise. Now let's suppose that every point is connected and the ball touched every one of them in the proper order and every lamp lights up. In this case we can talk about the serial saturation of a cinematographic work.

I wrote my thesis under the title "Attribution of Meaning in Films" where I chose another film as a subject of analysis. **Elegy** is a rare and crystallic, clear-cut example of the serial construction of meaning but we might get the expression that all this is valid as long as we deal with films that consist of a "montage" of many tiny shots, and which avoid spoken language. Indeed, similar major examples can be mainly found in the late era of silent movies: Ruttman's **"Berlin"** and parallel with it **"The Dynamics of a City"** by Moholy-Nagy, which unfortunately was never realized and has remained in screenplay form, or Vertov's famous work **"The Man with a Movie Camera"** which actually gives proof of *the conscious* serial construction for we subsequently get an inside — view of the cutting room as the film is in preparation, for the series of shooting which make up the structure of the film are grouped like barrels of fuel: "ulitsi" — streets, "zavodi" — factories, etc.

In general as regards speech recorded a long with the picture, at a time, when everybody was lamenting over the intellectual achievements of the silent film, Roman Jakobson, the great linguist, gave the answer as long ago as 1933: "As long as the film is silent its material is an optical matter. However, today it is optical and acoustic matter."

At the same time the serial construction of meaning can be noticed in feature films using big units of takes, and plotted sto-

léletének teret adjon. Ez nem más, mint a szerális jelentéstulajdonításnak egy maliciózus leírása. Fellini meséi egy fiktív játéktérbe ugrottak át, Bergman néptelen szigetekre és szobákra redukálta történeteit, hogy szinte taxonomíkus precizítással dolgozhassa fel a mimika, a gesztusok és a lehetséges egymáshoz intézett szavak szériáit. Az apró montírozott egységekkel szemben lehetséges szerális szerkezetekre éppen a magyar film szolgáltatott szélsőséges ellenpéldát Jancsó munkáival, aki kazetta-hossznyi, 10—12 perces beállításokban mozgatta ki és be eleven szimbólumait, végletekig fokozva a „belső montázs" elképzelését. A játékfilmen belül ugyanő vonta le a beszéd „dologi" oldalának legmerészebb konzekvenciáit azzal, hogy dialógusai anyagát kérdés-feleletre, parancsszavakra, jelszavakra és dalokra redukálta.

Időközben én is filmhez jutottam, váratlanul szóltak a Balázs Béla Stúdióból, hogy ha van olyan tervem, amit három nap alatt le tudok forgatni, akkor álljak elő vele, azonnal. Tervem nem volt, de természetesen azonnal jelentkeztem, hogy a fausti szerepeket szeretném mai közegben mintegy érvényességi próba alá vetni. Minthogy a forgatást azonnal el kellett kezdeni, összetrombitáltam ismerőseimet és barátaimat az egyetem tetőteraszára (azt hiszem, Glauber Rocha „A föld transzban" c. filmje inspirálhatta ezt a képet), néhány homályos szót váltottam velük tudásról, szépségről, és máris zümmögött a 16-os BL Arryflex. Nincs helye, hogy részletesebben beszámoljak a forgatás kudarcáról, — amikor magamra maradtam a vágószobában több kilométernyi, nem tartalmatlan, de teljesen összefüggéstelen és minden szokásos szerkezetnek ellenálló „anyag" társaságában, a gyakorlat kényszerített a „jelentések" kutatására.

Minthogy lazán vagy sehogyan sem instruált „jelenetek" alkották a felvételek egy részét, magam is csak utólag kezdtem ismerkedni a tartalmukkal. Apró mozzanatokra figyeltem fel, amelyek fontossá, kifejezővé válhattak volna, ha valahogy sikerül kiszabadítanom őket „aktuális jelentésük" fogságából. Ez végülis nagyon egyszerűen sikerült: mint a futball-közvetítések során, egyes kockákat megállítottam, olykor többször is, különböző hosszban és különböző helyeken elvágva őket. Az *ismétlés* által egy felvétel önmagával lép montázsba, és mintegy kidobja általánosítható vonatkozásait.

A 60-as évek végén már Magyarországon is készült egy-két experimentális film, privát erőkből, a művészet totális állami irányításával dacolva. Erdély Miklós és Szentjóby Tamás készítették ezeket a filmeket. Az ő estjükön láttam először slejfnit — végtelenített filmet — vetíteni, mégpedig Moebius-szalagként összeragasztva, Erdély „Antiszempont" c. munkájának részeként. Ez a ma már elkoptatott, időközben obligáttá vált avantgard gesztus annak idején lélegzetelállítóan hatott. Addigi film-nézési beidegzettségünk egészében azon a feltételezésen alapult, miszerint a filmfelvételek közvetlenül a „valóság" egy olyan darabját adják vissza, mely visszafordíthatatlanul halad előre az időben és — legalábbis egy logikai — térben. Ezt a meghitt és felszínes folyamatosságélményt semmisítették meg a levetített végtelenített szalagok, hasonló megdöbbenést idézve elő, mint amikor először hallottuk a lemezjátszó tűjét megakadni és makacsul visszatérni egy jól ismert zene valamely darabkájára. A kiszakított részlet ilyenkor mintha nagyító

ries. What's more, certain films with a great impact, would not have been understood without it. Pasolini charged Antonioni with making his neurotic heroine wander through various scenes just to provide scope for his view of raving delirium before his own aesthetic quality. This is nothing else but a malicious description of the serial construction of meaning. The tales of Fellini shifted to a fictive playing field. Bergman reduced his stories to desolate islands or rooms in order to be able to elaborate the series of mimicry, gestures and those possible words said to each other with almost taxonomic precision. The extreme example of a possible serial construction, as opposed to tiny mounted units, was produced in the Hungarian film art by Jancsó who moved his living symbols in and out in a single 10 minute takes, 10-12 minute long takes strain the idea of "inner montage" to the utmost. He was the one who drew the most daring conclusions in the field of motion picture which regarded the "material" side of speech by reducing the material of dialogues to questions and answers, words of command, slogans and songs.

In the meantime I received film material. Unexpectedly I was told by the Béla Balázs Studio that if I had a project that could be shot in three days then I should immediately present it. I had no project but, of course, I answered immediately saying that I wanted to, and thus, test the validity of a Faustian role in the surroundings of today. As the shooting had to be started at once I got together my friends and acquaintances on the roof terrace of the university (I think this scene was inspired by Glauber Rocha's film entitled "Terre en transe"), I exchanged a few obscure words with them about knowledge, beauty, and the 16 mm BL Arryflex was buzzing. There is no point in reporting in details about the failure of the shooting — when I was left alone in the cutting room with kilometers of "material" which was not devoid of ideas but it was totally incoherent, resisting any kind of usual structure, Practice made me search for „meanings".

As the "scenes" which made up one part of the shots were loosely instructed, (or not at all), I myself became familiar with their contents subsequently. I noticed tiny elements which could become significant or suggestive if I managed to free them somehow from the prison of their "actual meaning". Eventually this was done in a very simple way — as during football broadcasts — certain frames were held still, certain scenes were repeated, (occasionally several times), they were cut at different lengths and places. A recording enters into a montage with itself by *repetition* and the generalizable relations are, so to say, discharged.

At the end of the 60's a number of experimental films were produced using private sources in Hungary, braving the total state control of the arts. Miklós Erdély and Tamás Szentjóby made these films. It was at one of their evening that I saw an endless film loop — infinite film — projected for the first time, what's more, the film was pasted like a Möbius-strip as a part of Erdély's work entitled **"Anti-Aspect"**. This avant-garde gesture, which is worn out today and today is clichéd, had a breathtaking effect at the time. Our viewing was fully conditioned on the basis of the supposition that recordings reproduced directly a part of "reality" which proceeds irreversibly forward in time, and/or at least in a field of logic. This intimate and superficial experience of continuity was destroyed by the infinite films that were projected, rousing similar kind of astonishment when we first heard the needle of a record player stick and stubbornly return to a certain bit of a well-known piece of music. At such times the item picked out of its context seems as if it were under a magnifying glass, its "meaning" piles upon itself by

alá kerülne, „jelentése" a multiplikációban önmagára halmozódik, szinte tűrhetetlenül erős töltést kap, amelyben megsemmisül és egyszerűen zavaró vagy megszokható mechanikai kattogássá válik.

A filmgyártásban is használatosak slejfnik a filmek szinkronizálásakor. A film egy hosszabb-rövidebb darabját ilyenkor körberagasztva addig vetítik, míg a szinkronizáló színész pontosan el nem találja a vásznon látható színész szájmozgását. Ma is előfordul néha, hogy a vetítőbe tévedt laikus arcán felfedezem azt a döbbenetet, amit annak idején éreztem.

Az **Antiszempont**-ban, ha jól emlékszem, egy férfi volt látható a képen, az utca szélén, kissé bizonytalanul felénk — a kamera felé — közeledve. A Moebius-ragasztás következtében hol egyenes állásban, hol fejjel lefelé és az oldalakat megcserélve láttuk ugyanazt a képet. Minthogy nem voltam beavatva a vetítés technikájába, az első 4—5 ismétlést úgy éltem át, mint *különböző* felvételek egymásutánját. A férfi mozgása mintha mind bizonytalanabb lett volna, mintha egyensúlyozna, mintha már lebegne, s mintha egy kicsit mind közelebb kerülne hozzánk . . .

Az ismétlés által természetesen mind kisebb részletek váltak megfigyelhetővé, ezek montázsba lépve egymással összegződtek, s együttes, szeriális jelentésüket vetítették vissza *ugyanarra* a beállításra. Egy ponton túl aztán ez az akkumuláció megáll, a beállítás saját egzisztenciájának — elvont — jelentésével telítődik, mely mint egy óriásira nőtt szappanbuborék, szétpattan, megsemmisül, s marad helyén a mechanikus kattogás.

„Az ismétlés maga a semmi" — írta később Erdély egy tanulmányában.★ Olvassuk ehhez hozzá Hegelt, aki *Logikájá*ban a „semminek egy affirmatívba való átcsapásáról" beszél és arról, hogy „egy alapban, okban stb., ha így határozzák meg a semmit, affirmáció, lét foglaltatik." A végtelenített filmszalagok megtekintésekor, a jelentések megsemmisülésének e pontján a puszta affirmáció válik átélhetővé, „alap"-ja nyelvi és filmnézési szokásainknak, a motiválatlanságában egyébként megpillanthatatlan, meztelen Verbum (Ige).

Fent említett filmem (**A harmadik** 1971) az eddigiekhez annyit tesz hozzá, hogy a — rendszerint kétszer-háromszor — megismételt beállítások szinkron élőbeszédet tartalmaztak. A hang jakobsoni, *dologi elvét* nem ismerve, de bátran alkalmazva egyébként többször is kivágtam a beszédből részleteket, anélkül, hogy a képhez nyúltam volna. Így a filmen elhangzó szó mintegy elkülönült a képtől, önálló, részhangsúlyos dologként lépett az affirmáció áramlásába. Nem meglepő, hogy ez az elkülönülés a puszta ismétlés által is bekövetkezett, a részletek elválasztásának és egymásra vonatkoztatásának fent vázolt kényszerpszichózisában, amelynek eredményeképp a beállítások „aktuális jelentése" egy elvontabb, auto-szeriális szintre emelkedett.

Kép és hang együttes, dologi artikulációjára később Klaus Wyborny 76/77-ben készült filmjében, az **Ort der Handlung**-ban láttam messzemenő megoldást.

. . . Winter in Deutschland . . .
. . . Ich . . .
. . . Ich . . .

[The Expensive Film. Manuscript. — The Editors' note]

multiplication and obtains an almost intolerably strong charge by which it is destroyed, and turns into a mechanical clatter which is simply disturbing or endurable.

Endless film loops are used in film production too, when films are dubbed. Shorter or longer parts of a film are pasted together and it is projected until the dubbing actor can reproduce perfectly the mouth movement of the person on the screen. It sometimes occurs even today that I discover the same astonishment that I felt at the time on the faces of laymen who wander into the projection room.

In **"Anti-Aspect"**, if I remember correctly, a man could be seen in the picture on the edge of the street coming towards us — towards the camera — slightly uncertainly. As a result of the Möbius pasting the same picture was sometimes seen in straight position, or upside down and the sides transposed. As I was not acquainted with the technique in the projection I experienced the first four or five repetitions as the succession of *different* shots. The movement of the man seemed more and more uncertain as if he were balancing, as if he were floating, and as if he were coming a bit nearer to us. . .

Naturally as a consequence of the repetition smaller and smaller details became observable, these totalized in a montage with one another and they projected their collective, serial meaning back into the *same* take. After a certain point this accumulation stops, the take is saturated with the — abstract — meaning of its own existence, and this bursts like a huge soap bubble, it dissolves and a mechanical clatter takes its place.

"Repetition is nothing itself", Erdély later wrote in a study.* Apart from this, we in Hegel (in *Logik*) who speaks about "nothing passing into an affirmative" and that "affirmation, existence is comprised in a base, motive, etc. if nothing is defined thus". When the infinite strips are viewed, at this point of annihilation of meanings mere affirmation can be lived through, a "base" of our filmic or film viewing habits, the bare Verbum, that is otherwise undiscernible, in its unmotivatedness.

The above mentioned film (**"The Third"**, 1971) adds to the foregoing in that the takes repeated, (usually two or three times), contained synchronic spoken language. Unfamiliar with Jakobson's *"material side"* of the sound, but using it bravely, I cut out details from the conversation on several occassions but left the picture as it was. Thus the word said on the film was, so to say, separated from the picture. It entered the streamline of affirmation as an independent, partially accented item. It is not surprising that this separation was ensued by mere repetition on the compulsive psychosis for separating and relating items, (outlined above), as a result of which the "actual meanings" of the scenes advance to a more abstract, auto-serial level.

Later I saw a far-reaching solution for the collective, material articulation of picture and sound in film; **Ort der Handlung** by Klaus Wyborny made in 1976/77.

. . . Winter in Deutschland . . .
. . . Ich . . .
. . . Ich . . .
. . . natürlich . . .
. . . gutes Bier . . .
. . . guten Abend . . .

BÓDY GÁBOR ÍRÁSAIBÓL
WRITINGS OF GÁBOR BÓDY

B Ó D Y **307**

. . . natürlich . . .
. . . gutes Bier . . .
. . . guten Abend . . .

Mondat-fragmentumok hangzanak el egy fiatal nő szájából, minden sor más beállításban, más helyszínen (a kép olykor negatívba fordul át), néha pedig csapó (Klappe) áll a beállítások elején.

. . . regnet . . .
. . . regnet . . .
. . . machen . . .
. . . ist . . .
. . . ist . . .
Klappe
. . . Winter in Deutschland . . .
. . . es . . .
. . . in Deutschland . . .
. . . es . . .
. . . in Deutschland . . .
. . . abends um sechs . . .
. . . es . . .
. . . im Winter . . .
. . . es regnet im Winter in Deutschland . . .

A fragmentumok ismétlődéséből lassan felismerhetővé válik, hogy a felvételek zárt számú — öt/hat — változatban felvett szöveget permutálnak (talán valamely meghatározott szabály, „struktúra" alapján). A különböző verziókból (helyszínekről) vett elemek szinkretikus mondatokká kerekednek olykor, mint fent:

Es regnet im Winter in Deutschland.
Wir machen das Licht an abends um sechs.
Leider ist Mill ein Dummkopf wie du weisst

stb.

Öt-hat banális mondat, mire a szavak és helyzetek végtelen lehetőségét indukáló permutációból kibontakozik, jelentésében szinte kozmikussá tágul, s belép — ahonnan valóban származik — a beszélő, a filmkészítő és a néző értelmének közös terébe.

Talán csupa nagy betűvel kéne írni: a hangoskép szerális artikulációja nemcsak lehetséges, hanem ezáltal először

---

Sentence fragments are said by a young woman, every line in a different take, a different scene (and the picture occasionally becomes negative) and sometimes the clapper is seen at the beginning of the take.

. . . regnet . . .
. . . regnet . . .
. . . machen . . .
. . . ist . . .
clapper
. . . Winter in Deutschland . . .
. . . es . . .
. . . in Deutschland . . .
. . . es . . .
. . . in Deutschland . . .
. . . abends um sechs . . .
. . . es . . .
. . . im Winter . . .
. . . es regnet im Winter in Deutschland . . .

As a result of repeating the fragments, it slowly becomes discernible that the shots permute (perhaps on the basis of a defined rule or structure) a text recorded in a limited number of — five/six — versions. The elements taken from the various versions (scenes) sometimes make up syncretic sentences, like the above:

Es regnet im Winter in Deutschland.
Wir machen das Licht an abends um sechs.
Leider ist Mill ein Dummkopf wie du weisst.
. . .etc.

Disentangling from the permutation inducing infinite possibilities of words and situations, the meaning of five or six banal sentences almost widen into the cosmic. It enters the space — where it comes from — between the intellect of the speaker, film-maker and that of the spectator.

Perhaps it should be written in capital letters that the serial articulation of sound-film is not only possible, but that we have been enabled for the first time to think *"towards"* a spoken — verbal — language, submitting its meanings to a *"therapeutic analysis"*, recommended by Moore, but of a totally different nature.

BÓDY GÁBOR ÍRÁSAIBÓL
WRITINGS OF GÁBOR BÓDY

308 B Ó D Y

nyílt igazán lehetősége annak, hogy a beszélt — verbális — nyelv *felé* gondolkozzunk, annak jelentéseit mintegy a Moore által javasolt, de egészen más jellegű *terápiás analízis* alá ve†ve.

Ismét világos, hogy itt nem egyedül a vágás az artikuláció eszköze. Yvonne Rainer filmjének, a **Journeys from Berlin**-nek legfeszültebb képsoraiban egy idősebb hölgy vallomás-szerű monológját az előtér és a háttér változásai tagolják szerálisan. Cserélődik a hölgyet hallgató személy — akit csak háttal látni —, a köztük levő íróasztalon heverő tárgyak különböző kollekciói és a háttért megmozgató szereplők egy kisebb csoportja, akik hol a vallomást színház-szerűen hallgató közönségként tűnnek fel, majd egy csónakot hoznak be mögé, amelybe valamennyien beszállnak, s később a hölgy is követi őket ide.

A játékfilmek óvatosabb, a kultikus tradíciók kötöttségében mozgó szerkezete sem tud ellenállni annak a lehető-ségnek, hogy a beszédet nagyobb jelentésegységek részeként újra-artikulálja. Nemcsak arról van szó, hogy egyes beszédrészeket olyan képi tartalmakkal párosítanak, amelyek „aktuálisan" nehezen igazolhatók, de „szerálisan" ki-fejezőek. Hanem figyelmet érdemel egy elharapódzott szokás, amely a beszédet „dologias" formában applikálja a cselekménybe, például szól a rádió, vagy a televízió, és véletlenül épp olyasmi hallható, ami a jelenet dialógusainak értelmét más megvilágításba helyezi, egy tágabb jelentés-mezőbe integrálja. (Fassbinder egyik filmjének, a **„Harmadik generáció"**-nak teljes másfél órája alatt híreket és kommentárokat hallunk egy láthatatlan rádióból, amelyik ilyen módon fontosabb szerepet tölt be a film jelentésvilágában, mint a képen látható utcák, lakások, szobák.)

Végül nem lehet említés nélkül hagyni azt a szecskavágószerűen működő aleatorikát, amellyel a televíziók — főként hírmagazinjaik és reklám-műsoraik — naponta nagy mennyiségben produkálják a legelképesztőbb jelentésvonatkozá-sokat, szavak és képek között. A videó megjelenésével viszont megkezdődhetett ezeknek a jelentésvonatkozásoknak az egyéni kibogozása, újraalkotása, sőt, egy közös „szókincsen" folytatott kinematografikus diszkurzió. Már Nam June Paik tape-jeiben találunk televízióadásokból applikált részleteket, és az INFERMENTAL első kiadásában — Massenmedien-analysis címszó alatt — külön fejezetet követeltek a feljegyzett adásokat újra-artikuláló munkák. Nemsokára bekövetkezhet, hogy feleslegessé válik minden egyéni forgatás, és pusztán a televíziókból vett „ready made" képekre, mint szótárra támaszkodva, kifejezhetővé válnak gondolataink, ahogy ennek elvi lehetőségét prof. Knilk már 17 évvel ezelőtt megjósolta szemiotikai „preliminärien"-jében.

1972-ben, egy Egyetemi Színpadon tartott előadáshoz példafilmet állítottam össze a szerális jelentés működé-sének bemutatására és, mondhatnám, igazolására. Bementem a Magyar Televízió egyik vágószobájába, ismerősöm, egy vágónő, szabad kezet adott, hogy a „snittkosárban" turkáljak, az előző napokban kihullott felvételek között. Hasonló felvételeket kerestem. Nem volt nehéz — már akkor sem — a hulladékban 8—10 olyan felvételt találni, ame-lyek mindegyike valamely utcai demonstrációt, tüntetést mutatott be. A tudósítások „objektív" stílusában ezek a be-állítások tartalmuktól függetlenül is nagyon hasonlítottak egymáshoz. (Különösebben egyre emlékszem közülük, ezen

---

It becomes clear again that cutting is not the sole means of articulation. In Yvonne Rainer's film entitled **"Journeys from Berlin"** the most tense sequences of the testimonylike monologue of an elderly lady is serially dissected by the alterations of foreground and background. The person — whose back can only be seen — listening to the lady and the collection of articles laying on the table between them and a smaller group of actors moving sets in the background are changed, they sometimes make up a totally independent 'tableau vivant', or they appear as the audience in a theatre listening to the testimony. Finally they bring in a boat and all of them get into it, later the lady joins them too.

Even the rather prudent structures of feature films moving within the bounds of cultic traditions are unable to refuse the pos-sibility of re-articulating speech as a part of a bigger unit of meaning. The point is, not only that certain pieces of speech are cuopled with such visual contents so that they are difficult to verify "actually" whereas "serially" they are expressive.

However, attention should be paid to a widely spread habit which applies speech in a "material" form in the story, for example, when the radio or television is on and accidentally something is heard which casts different light upon the meaning of the dia-logues which are in the scene, and thus integrates it into a wider field of meaning. (In one of Fassbinder's films, **"Third Genera-tion"**, news and commentaries are heard on an invisible radio during the entire one and a half hours, and thus it acquires a more important role in the domain of meanings in the film than in the pictures of streets, flats, rooms.)

Finally we must mention that kind of aleatorics that works like a chopping-machine and is used by televisions — mainly in their newsreels and commercials — daily to produce great quantities of the most astounding relations of meaning between words and pictures. However, the appearance of the video enables individual disentanglement, re-creation of relations of meaning, what's more, it becomes possible to conduct a cinematographic discussion about a collective "vocabulary". We can already find details picked from television programmes on the tapes of Nam June Paik, and the works which re-articulate re-gistered programmes require a separate chapter in the first edition of INFERMENTAL under the entry of Massenmedia-analysis. Soon it may happen that all kinds of individual shots becomes unnecessary and we merely rely on using "ready made" pictures from the televisions like in a dictionary. We will be able to express our ideas, as the theoretic possibility if this was already foretold seventeen years ago by Professor Knilk in his semiotic "Preliminärien".

In 1972 I delivered a lecture about serial meaning at the University Stage, and for this end I compiled a film to illustrate its functioning, which also confirmed it. I went into one of the cutting rooms in Hungarian Television where an acquaintance of mine, a cutter, allowed me to rummage freely through a "cutting-basket" which contained sections that were cut out over the previous days. I was looking for similar shots. It was not difficult — even then — to find 8-10 shots in the waste that were taken of street demonstrations. The takes were very similar to one another in the "objective" manner of the reports regardless to their contents. (I remember one of them very vividly, it was taken of Irish school children demonstrating against armed British troops.) Splitting them into further, shorter takes I had enough material to compose a "mass demonstration" **(D)** series

(D) $d_1 d_2 d_3 d_4 d_5 d_6 d_7 \ldots d_n$

ír iskolásgyerekek tüntetnek a fegyveres brit desszantokkal szemben.) További, rövidebb beállításokra bontva, elegendő anyag állt rendelkezésemre, hogy felállítsak egy „Demonstrierungen-Krawallen" [tüntető tömeg] (D) szériát:

$$(D)\quad d_1 \; d_2 \; d_3 \; d_4 \; d_5 \; d_6 \; d_7 \; \ldots d_n$$

A „markoló" (M) széria anyagát erőgépeket — főként markolókat — működésben bemutató felvételek alkották (ezek nyilván egy ipari vásárról szóló tudósításból hullottak ki nagy számban):

$$(M)\quad m_1 \; m_2 \; m_3 \; m_4 \; m_5 \; m_6 \; m_7 \; \ldots m_n$$

Előző filmemből magammal hoztam egy felhasználatlan beállítást, amelyen Csengery Adrienne operaénekesnő egy áriát énekel. A hangot mellőzve, ebből a felvételből több kisebb snittet lehetett produkálni, amelyeken a művésznő hol kisebbre, hol nagyobbra nyitotta a száját, továbbá a hangmagasságtól függően hol jobban, hol kevésbé erőlködött. Nevezzük ezt az „ária" (Á) szériának:

$$(\text{Á})\quad á_1 \; á_2 \; á_3 \; á_4 \; á_5 \; á_6 \; á_7 \; \ldots á_n$$

A TV-híradóban akkoriban szokásos volt, hogy az egyes híradóblokkok, filmbejátszások közé egy mozgó grafikai szignált (S) vágtak be, amelynek 6—8 változata előre gyártva rollnikban ott hevert minden vágónő asztalán:

$$(S)\quad s_1 \; s_2 \; s_3 \; s_4 \; s_5 \; s_6 \; s_7 \; \ldots s_n$$

Végül valamilyen vadászati tudósítás maradékában egy különös felvételre akadtam. Őszi tarlón egy vadász — puskája a hátán vagy a kezében lóg — össze-vissza rohangál. Idővel kiderül, hogy egy kis állatot kerget. Utólérve, nagy erővel belerúg, úgy, hogy az állat — egy kölyökróka — mint a labda, felperdül a levegőbe, majd a vadász lábai elé hull. Ez az egyedülálló, groteszk és kissé brutális felvétel (X) megváltoztatta a tervemet, miszerint eredetileg csak a szériák permutált jellegű összeillesztésére törekedtem. Ennek egyébként számtalan megoldása lehetséges, pl.

$$\begin{aligned}
&á_1 \; á_2 \; á_3 \; s_1 \\
&m_1 \; m_2 \; m_3 \; s_2 \\
&d_1 \; á_4 \; d_2 \; m_4 \; á_5 \; d_3 \; s_3 \\
&m_5 \; d_4 \; á_6 \; d_5 \; m_6 \; s_4 \\
&d_6 \; á_7 \; s_5 \\
&\ldots\ldots\ldots \text{stb.}
\end{aligned}$$

The material of the "excavator" (E) series was composed of shots showing machines — mainly excavators — in operation. (Obviously, they were cut out of a report about an industrial fair.)

$$(E)\quad e_1 \; e_2 \; e_3 \; e_4 \; e_5 \; e_6 \; e_7 \ldots e_n$$

I took along a take, which was left unused from my previous film, where Adrienne Csengery, opera singer, sang an aria. Omiting the sound, several smaller sections could be produced from this recording where the artist parted her lips slightly or widely, and exerted more or less force depending on the pitch. Let's call it "aria" (A) series

$$(A)\quad a_1 \; a_2 \; a_3 \; a_4 \; a_5 \; a_6 \; a_7 \ldots a_n$$

It was a common practice in newsreels to insert a moving graphic signal (S) between the items of news and film reports. 6-8 prefabricated versions were schattered in rolls on the table of every cutter

$$(S)\quad s_1 \; s_2 \; s_3 \; s_4 \; s_5 \; s_6 \; s_7 \ldots s_n$$

Finally I came across a strange sequence in the remnants of a hunting report. A hunter was running about in an autumn stubble-field with his gun either over his shoulder or in his hand. After a while it turns out that he is chasing a small animal. When catching up with it he kicks it with such a great force that the animal — a fox cub — springs into the air like a ball then drops before the feet of the hunter. This solitary, grotesque and slightly brutal film strip (X) changed my original plans according to which I would have strived for assembling the series in a permutational way. For that matter, innumerous solutions are possible. E.g.

$$\begin{aligned}
&a_1 \; a_2 \; a_3 \; s_1 \\
&e_1 \; e_2 \; e_3 \; s_2 \\
&d_1 \; a_4 \; d_2 \; e_4 \; a_5 \; d_3 \; s_3 \\
&e_5 \; d_4 \; a_6 \; d_5 \; e_6 \; s_4 \\
&d_6 \; a_7 \; s_5 \\
&\ldots \text{etc.}
\end{aligned}$$

However, the above extraordinary scene (X) was put at the end of the version shown at the University Stage as an „action gratuit". I was anxious about its effect too.

Az Egyetemi Színpadon bemutatott változat végére azonban hozzáillesztettem a fenti kis soronkívüli jelenetet (X), mint egy „action gratuite"-et, amelynek hatására én is kiváncsi lettem.

Az előadást követően meginterjúvolt nézők, kivétel nélkül, valamely elvont jelentést adtak a látottaknak. Nehéz egy filmélményt szavakban kinyilvánítani, és még nehezebb ezekre a megnyilvánulásokra pontosan visszaemlékezni. A verbalizációs lehetőségek ezenfelül rendszerint éppen ott szűkülnek be, ahol a „jelentés" mint kinematografikus folyamat konstituálódik. Ez nyilvánvaló, és többek közt éppen ezért érdemes filmeket készíteni és nézni. Azok az interpretációk, ahogy ma mondanánk, „szubverzív vágyak és félelmek" kifejeződését látták a képsorokban, és ezt vonatkoztatták a soron kívüli, egyedi, egyébként „aktuálisan" igen erősen motivált utolsó beállítás (X) jelentésére is.

A rókácska valamely zsenge szabadság, a vadász a megtorló gépezet szerepében tűnt fel, holott el lehetett volna azt is érni, hogy veszedelmes kártevő közömbösítését lássák ugyanabban a felvételben. Az egész filmet ezen túlmenően egy poetikus általánosságban ragadták meg az interpretálók. Az általánosság mindazonáltal nem jelent önkényességet, és belőle meghatározott jelentéstulajdonító mechanizmusokra következtethetünk vissza.

Mindenekelőtt, mint erről az eddigiekben már szó esett, maga az ismétlődés általánosításra készteti a gondolkodást. Ezen belül valószínű, hogy

(M) széria a (D)   jelentését olyan értelemben polarizálta, hogy benne a demonstrációkkal szembenálló, kontrolláló szereplőket általában egy erőt kifejtő gépezet összefüggésében látták;

(Á) széria a (D)   jelentésével csakis olyan vonatkozásba kerülhetett, hogy benne az akarat-érzelemkitörés elvont megnyilvánulását látták;

(M) széria az (Á)   képeivel történetesen egy ellentét-általi jelentés-integrációra késztet, miután a kinyíló szájak a hang kibocsátására, a fémpofák viszont valaminek a bemarkolására szolgának.

(X)   jelentése tehát az (M—D), (Á—D), (M—Á) jelentés-vonatkozásokban, illetve az általuk kialakított jelentés-mezőben konkretizálódott, miközben általánosult is (ezt az ír kisiskolások szereplése felthetően még egy külön vonatkozással — fiatal, gyenge — alátámasztotta).

Lehetséges, hogy (X) a (D) egy képével szembeállítva is hasonló interpretációkat váltott volna ki, de bizonyos, hogy olyan általánosító jelentésmozzanatok nélkül, mint a „szenvedélyes érzelemkinyilvánítás", amelyet (Á) polarizált (D)-ből, vagy a „gépies retorzió", amely az (M—D) vonatkozáson keresztül érvényesül.

(M) és (Á) ebben a szerkezetben csak (D) által vonatkozik (X)-re, és ha (X)-el közvetlenül konfrontálnánk őket, talán egészen más jelentésvonatkozásokat eredményeznének. Lehet, hogy

(M) — (X)   vonatkozásában egy területrendezéssel kapcsolatos vadpusztításra gondolnánk,

(Á) — (X)   vonatkozásában pedig a „Bűvös vadász" c. opera paródiájára.

Lényegesebb azonban, hogy a kéttagú, és a szerális jelentésvonatkozások között szerkezeti különbség van, mint erre röviden rá fogok térni. Hátramaradt, hogy tisztázzuk:

Without exception the spectators interviewed after the projection attributed some kind of abstract meaning to what they had seen. It is difficult to express a film experience in words and it is even more difficult to recollect these manifestations precisely. What's more, the possibilities of verbalization generally narrow at the very point where „meaning" is constituted as a cinematographic process. It is obvious, and among many things, this is the very reason why it is worthwhile making and seeing films. Those interpretations detected the expression of „subersive desires and fears" in the sequences, and it was implied that the meaning of the last scene (X), too, which was extraordinary, non-series, and was very strongly motivated — „actually".

The fox cub was attributed some kind of tender freedom, the hunter was given a role in the repressive mechanism, whereas it could have been achieved just as well if that they should see the checking of a dangerous pest in the same last take. I addition to this the interpreters grasped the whole film in poetic generality. Nevertheless, generality does not imply arbitrariness and we can trace back definite mechanisms of attribution of meaning on this basis.

First of all as has already been mentioned, repetition itself induces our mind to generalize. Within this it is probable that:

Series (E) polarized the meaning of (D) in the sence that it was connected with the persons opposed to and controlling demonstrations, the mechanism exerting power in general;

Series (A) could only be related to the meaning of (B) by seeing it as the abstract manifestation of the outbreak of volition and emotions;

Series (E) together with the pictures of (A) make us think of an integration-of-meaning-by-contrast since the parting lips imply that sound is given out while the metal jaws imply that something is clutched in.

Therefore, the meaning of (X) was concretized in the relations of meaning of (E—D), (A—D), (E—A), that is, in the field of meaning established by them, while it was generalized, too (probably it was supported by an extra relation with the part of the Irish school ohildren — young and weak).

It is possible that similar interpretations would have been reached if (X) had been contrasted with one picture of (D) but it is certain that it would have been done without such elements of meaning having generalizing power as „passionate expression of emotions", which was polarized from (D) by (A) or „mechanical retorsion", which was asserted through the (E—D) relation. (E) and (A) are related to (X) only through (D) in this structure, and if we confronted them with (X) directly, perhaps, totally different relations of meaning would be achieved. It is possible that

in the (E)—(X) relation we would think of a wild destruction connected with country planning,

in the (A)—(X) relation we would think of the parody of the opera „The Free Shooter".

However, it is more important that there is structural difference between binomial and serial relations of meaning as I am shortly going to deal with it. Finally it should be cleared:

    (S)-its role in the above structure of meaning is optional, it might as well be omitted. As it is intact in the relations of meaning with the other series, it can be considered as an interval signal: as a kind of punctuation.

(S) szerepe a fenti jelentésszerkezetben fakultatív, akár el is hagyható. Minthogy intakt a többi széria jelentésvonatkozásában, mint afféle szünetjelet, a központozás egy fajtáját láthatjuk benne. Ebben a minőségben azonban — itt alkalomszerűen — az *affirmáció* tagolásának funkcióját látja el. Kezdeteket és végeket jelöl. S ez igen fontos, mert ezekhez hajlik az affirmáció. Példánkban:

m_5 d_4 $á_6$ s_4 — tehát, ha a jelentésvonatkoztatás folyamatossága az énekesnő képe után szakadna meg, az mintha felé is hajlítaná az affirmációt, azaz az **(Á—D)**-ben polarizált jelentésre, a demonstrációk érzelem- és akaratkinyilvánító oldalára.

$á_6$ d_5 m_6 s_4 — ezzel szemben **(M—D)** vonatkozáson keresztül a fenyegetettség érzete fog kihangsúlyozódni.

A véghangsúlyosságnak ezt a jelenségét visszavezethetjük arra a „természetes" megszokásra, hogy később bekövetkezett eseményekkel magyarázzuk a korábbiak értelmét („akié az utolsó szó, annak van igaza"). De lehet, hogy egy logikai beidegződéssel állunk szemben, miszerint a szubjektum megelőzi a prédikátumot. (d_5—m_6) mintha ($á_6$—d_5)-ről *állítana* valamit. Ez az alapérzésünk viszont egy konkrét kontextusban könnyen megfordulhat. A nyelvtudomány Du Marsais (a XVIII. század) óta megkülönbözteti az alapvetőbb *szintaxist* a *konstrukció*tól, s hasonló jelenségeket az utóbbi körében tárgyalja. A kinematográfia, ha meg is közelíthető a nyelvtudomány fogalmaival, csak óvatosan, mint a nyelveknek egy születőben levő, cseppfolyós fajtája.

Hogy felélénkítsem az érvelést, utalnék arra, hogy olykor a legtradicionálisabb filmekben is találkozhatunk a szeriális jelentéstulajdonításnak, vagy a központozásnak fentiekre emlékeztető, csak bátortalanabb megoldásával. Amikor egy játékfilmet „hangulatképek" rövid szériájával kezdenek, azért teszik ezt, hogy a rövidesen megjelenő szereplőt eleve ennek a vonatkozásában szemléljük. Gyakori, hogy egyes jelenetek közé oda nem illő képeket vágnak, rendszerint nagytotálokat — tenger, felhők, utcán elsuhanó járművek —, amelyeknek a jelentése már olyan általános, hogy szinte „semmi". Ilyenkor az affirmáció megtörése — a központozás egy fajtája — a cél. Ennek vannak durva formái is, mint pl. az abblende. És vannak egészen finomak: egyszerűen az időnek (az affirmáció hordozójának) „indokolatlan" megnyújtása. Itt az „indokolatlanság" válik jellé. De erre csak olyan feszülten szerkesztett, jelentés-telített filmekben kerülhet sor, mint Hitchcock „**Psycho**"-ja, ahol a jelenetek végét rendszerint az zárja le, hogy valaki valaki után néz, és egy kicsit hosszabban néz, mint várnánk . . .

Előbb ismertetett példafilmem talán jobban is sikerült a kelleténél, azért „**Vadászat kis rókára**" címmel küldtem az 1973-as Párizsi Biennáléra. Felvették a programba, de soha nem került vissza, elveszett. Minthogy talált felvételekből szerkesztettem, negatívja nincs. Viszont a fenti recept alapján bárki megpróbálkozhat szerális „példamondatok" szerkesztésével. Egyre kell vigyázni, amiről a „jelentések" mellett eddig kevés szó esett. Nem minden azonos „tartalmú" kép alkothat szériát, szükség van bizonyos *formai jegyek* azonosságára, *ismétlődésére.* Az angol királynő nem feltétlenül alkot szériát a holland királynővel, ha egyiküket a kamera second plánban mutatja egy lóversenyen, másikukat egy nagytotálban keresztülbiciklizve.

However, it performs the function of dissecting the *affirmation* in this role — here only occasionally. It marks beginnings and endings. And this is very important because affirmation tends towards these. In our example:

e_5 d_4 a_6 s_4 — therefore, if the continuity of relations of meaning stopped after the picture of the opera singer it seems as if affirmation tended towards it, that is, towards the meaning polarized in **(A—D)**, and towards the side of demonstrations which manifest emotions and volition.

a_6 d_5 e_6 s_4 — in contrast, would emphasize the feeling of being threatened through the **(E—D)** relation.

This phenomenon of stressing the end can be traced back to that „natural" habit that we explain the meaning of earlier events with subsequent events („the one who says the last word is right"). But it is possible that we face a logical conditioning according to which the subject preceeds the predicate. (d_5—e_6) seems to *assert* something about (a_5—d_5). However, this keynote can easily reverse in a concrete context. Since Du Marsais (18th c.) linguistics has distinguished between the more fundamental *syntax* and *construction*, and similar phenomena are dealt with in the field of the latter. Even though cinematography can be approached by the concepts of linguistics it can only be done very cautiously, as it is a kind of language that is being born now and it is in liquid state.

In order to vivify my arguments I would like to mention that occasionally we can encounter the serial attribution of meaning, (or rather timid solutions resembling the above punctuation), in the most traditional films. When a feature film is started with a short series of „presentation of the atmosphere", it is done in order to show the character who will appear shortly in this relation from the outset. It is common that inappropriate pictures are cut between certain scenes, mainly medium close shots as sea, clouds, vehicles passing by in the street, which have such a general meaning that it is almost „nought". In these cases the objective is to break affirmation — a kind of punctuation. There are quite rough forms to do so such as fading out. And there are very sophisticated ones; simply prolonging time „wantonly". Here wantonness becomes a signal. However, it can only take place in such tensly constructed films with saturated meaning such as Hitchcock's „**Psycho**", where the scenes are usually ended with somebody looking back after somebody and he looks a bit longer than expected...

My illustrative film, mentioned above, turned out better than expected, so I sent it for the 1973 Paris Biennial entitled „**Hunting for Fox Cubs**". It was on programme but it was never returned, somehow it got lost. As it was composed of found stockshots it had no negative. However, anyone can try to construct serial „illustrative sentences" on the basis of the above recipe. We must be careful about one thing which has not been mentioned much so far besides „meanings". Not all pictures of the same „content" can make up a series, the uniformity of certain *„formal marks", repetitions* is necessary. The pictures of the British Queen do not necessarily make up a series with the pictures of the Dutch Queen if one is shown by the camera in medium long shot at the horse race and the other is shown in medium close shot riding a bicycle.

Több „filmelképzelés" és forgatókönyv után igazán akkor tudtam meg, mi a film, amikor először vágóasztal mellé ültem, hogy egy főiskolás ismerősöm leforgatott anyagával „valamit kezdjek". Mindenki tudja, aki már volt hasonló helyzetben: vannak snittek, amiket össze lehet vágni, és vannak snittek, amiket nem. Végeredményben ilyen egyszerű ez. A filmek „jelentésszerkezete" bizonyos formai egyensúlyokat feltételez, amelyek megtagadása is tudatos „ellenjelöléseket" feltételez. Ezen belül már tág a játék — a fogalmazás — tere. A némafilm korában volt egy foglakozás: külföldi filmeket az importáló ország szokásainak és ízlésének megfelelően újravágták, miközben kicserélték és átírták a feliratokat is. Ebben a nyilván rendkívül szórakoztató szakmában kezdte filmes pályafutását többek között Eizenstein és Magyarországon Korda Sándor, a későbbi Sir Alexander is. Ha valaki tanácsot kérne tőlem, hogyan tanulja meg a filmkészítést, azt javasolnám, mindenképpen a végéssal kezdje.

Szelekció és kombináció, a „nyelvi viselkedésben használt két alapvető elrendezési mód", ahogy Jakobson nevezte Nyelvészet és poétika c. előadásában, lehetne a kinematográfus munkájának tömör leírása is. Mondjuk, hogy a szelekció a felvételnek, a kombináció a felvételek összerakásának — a vágásnak — felel meg. A dolog persze nem ilyen egyszerű. A nyelv használatában egy szilárdan preformált, lexikonokban és grammatikai szabályokban rögzített eszköz áll rendelkezésünkre, amit évezredek kollektív és legalábbis egy pár év individuális munkájával sajátítottunk el. A nyelv a nagy ready made. A kinematográfus ezzel szemben, mint már Metz megállapította, „konkrét realitás-blokkokkal" dolgozik; jeleit — ha ugyan lennének ilyenek — Pasolini szemléletes hasonlatával nem a szótárból vagy a szekrényből, hanem a Káoszból kell merítenie. Vágás közben tanuljuk meg, hogyan kellett volna „szelektálnunk" — felvenni az „anyagot" —, másrészről, hogy milyen — nem is gondolt — kombinációkra nyílik lehetőségünk. A szelekciónak itt magában kell rejtenie az elgondolt kombináció szabályait, és azokat preformálnia egy lehetséges jelentésvonatkozás számára.

Nyilvánvaló, hogy egy felvételen belül is felléphetnek szándékoltan vagy a túldetermináctóból adódóan véletlenül olyan jelentésvonatkozások, amelyek a kombinációk lehetőségeit behatárolják. Eizenstein a maga retorikáját illetően ezt így fogalmazta meg:

„A felvételen belüli konfliktus nem egyéb, mint potenciális (lappangó) montázs, mely intenzitása fokától függően igyekszik négy oldalról bezárt kereteit szétfeszíteni, s mely végülis két montázsrész között létrejött montázsimpulzusban robban."

Most már nem kerülhetjük el, hogy megvizsgáljuk az egyáltalán lehetséges jelentés-szerkezeteket, „aktuális" és „szerális" között. Nem fogunk sokat találni, akár logikailag, akár történetileg fogunk hozzá. A XVIII. századi filozófus, Giambattista Vico háromféle nyelvről beszél az Új tudomány-ban „ Az első a hieroglifák nyelve, azaz egy szent vagy titkos nyelv, amely néma cselekedetekből áll, megfelelően azoknak a vallásoknak, amelyekben fontosabb a teendők betartása, mint szavak kimondása. A második a szimbolikus, vagyis hasonlóságokon alapuló nyelv; ilyen volt, mint az imént láttuk, a heroikus nyelv. S végül a harmadik a levelező, vagyis közönséges nyelv; ez életük mindennapi

---

I really learnt what 'a film' is, after having had several „ideas for film" and screenplays, when I first sat at the cutting bench to „do something" with the metarial shot by one friend of mine from the cinema college.   Anyone who has been in a similar situation knows that there are sections that can be put together and there are sections that cannot. After all it is as simple as that. „The construction of meaning" in films presupposes a certain balance of forms, the denial of which also presupposes conscious „counter-denoting". Within this the field of play, composition is vast. There was a profession at the time of the silent movies: foreign films were cut according to the customs and taste of the importing country while the sub-titles were changed and translated. Among many others Eisenstein and Sándor Korda in Hungary, (later Sir Alexander), started their careers in this entertaining trade. If somebody asked me for advice how to learn film-making I would suggest by all means that he should start with editing.

Selection and combination, the „two fundamental ways of arrangement in linguistic attitude", (as Jakobson put it in his lecture entitled „Linguistics and Poetics") could be the concise description of the cinematographer's work. Let's say that selection corresponds to shooting and combination to assembling shootings cutting. However, it is not as simple as that. In the case of usage of language we have means that are solidly preformed, recorded in lexicons and grammatic rules, which are acquired through the collective work of thousands of years and through a couple of years of individual work.   Language is ready made. Opposed to this, cinematography, as it was pointed out by Metz, works with „concrete blocks of reality"; its signs, if it had had any, should be taken from chaos not from dictionaries or cupboards borrowing Pasolini's expressive phrase. While cutting we learn how we should have „selected", recorded the „material", on the other hand we learn what a vast unthought possibilities for combinations we have. Selection should contain the rules of the imagined combination, and these should be preformed for a possible relation of meaning.

Obviously, relations of meaning can occur within a recording due to intentions or accidental overdetermination that limit the possibilities of combination. Eisenstein said the following regarding his own rhetoric:

„The conflict within recording is nothing else but potential (latent) montage which tries to break open the frames enclosing it on four sides, (depending on the degree of its intensity), and it finally bursts in the montage-impulse created between two parts of montage."

Now it is inevitable to examine the possible, (if any), structures of meaning which exist between „actual" and „serial" meanings. We will not find many, whether we start from a logical or historic aspect.

Giambattista Vico, a philosopher in the 18th century, spoke about three languages in the „Scienza Nuova". „The first one is the language of the hieroglyphics,   a holy or secret language, which consits of silent acts in conformity with those religions that consider compliance with the acts more important than the utterance of words. The second one is the symbolic language based on similarities; such was the heroic language as we have just seen. And finally the third one is the corresponding, that is, ordinary language; it was used by the Egyptians in the everyday life. These three languages can be found with the Chaldeans, Scythians, Egyptians, Germans and with every other ancient pagan people".

használatára szolgált az egyiptomiaknak. Ez a három nyelv megtalálható a kaldeusoknál, szkítáknál, egylptomiaknál, germánoknál s minden más régi pogány népnél."

Nem egyértelmű, vajon Vico e három nyelvállapot történeti kifejlődését, vagy egymás mellett élést képzelte el. Egy másik helyen így ír:

,,Három fajtája volt a nyelveknek.

Az első szellemi, isteni nyelv volt néma vallási aktusok, vagyis istenes szertartások által; belőlük maradtak fenn a római polgárjogban a ,,törvényes aktusok", amelyekkel polgári ügyeik elintézését lefolytatták. Ez a nyelv megfelel a vallásoknak amaz örök sajátosság következtében: számukra fontosabb, hogy tiszteletben tartsák, mint az, hogy okoskodás tárgyává tegyék őket. S szükség volt rá az ősi időkben, amikor a pogány emberek még nem tudtak tagoltan beszélni.

A második nyelv heroikus címerekkel élt, amelyekkel a fegyverek beszélnek. Ez a nyelv, mint fentebb mondottuk, megmaradt a katonai fegyelemben.

A harmadik nyelv tagolt beszédben áll; ezt használják ma az összes népek."

Ezekből a fura és távolinak tűnő meghatározásokból azonban kiemelhetünk néhány vonást, amely a gondolatmenetet előresgíti. Vico alapján beszélhetünk tehát a nyelvnek egy *helyhez kötött,* kultikusan alátámasztott és tagolatlan állapotáról; ugyanakkor (vagy ebből adódóan?) egy címerszerűen — emblematikusan — összefogott kifejezésmódról, amely rendkívüli — költői vagy katonai — energiával egy imaginárius (Vicónál szimbolikus) pontban egyesíti két különböző dolog jelentését — hasonlat (vagy másutt Vicónál is: *metafora*); végül egy *tagolt,* kiegyensúlyozott, ,,levelező" állapotról, amely már eléggé elvonatkoztatott ahhoz, hogy a ,,dolgokról" ,,beszélni" lehessen általa.

Vajon nem emlékeztet-e az első a kinematográfia korai állapotára, amely fennmaradt a televíziók hírmagazinjainak hivatalos aktusaiban, a második Eizenstein pátosz- és montázselméletére s a harmadik az intellektualitás különböző megnyilvánulásaira Vertov és Ruttman, Godard vagy Kluge ,,levelező" filmjeitől a film és videó mozikból kirekedt, széles spektrumú és máig összegezetlen experimentalista törekvéseiig.

Úgy tűnik, mintha a kultikusan bámult film kétszer is nekilódult volna, hogy tagolt beszéddé váljon, egyszer a húszas évek némafilmjeiben és másodszor a hangosfilmben, a hatvanas évektől kezdődően. A film szemiotikája szinte érthetetlenül tartózkodott attól, hogy azt a páratlan *corpus*-t (Barthes), amely az emberi kommunikáció történetében először áll *kezdeteitől* majdnem teljes egészében rendelkezésünkre, történeti összefüggéseiben, genezisében vizsgálja. Talán túl rövid ez a történet, vagy zavaróan hat, hogy e corpus tagolódásában minden eddigi, eredetével a homályba vesző kifejezésmód (a beszélt nyelv, a színjáték, a zene és a mozgásművészet) belejátszott? Inkább az indokolja ezt a tartózkodást, hogy a film szemiotikája a strukturalista nyelvészet apparátusával együtt annak alapvető dogmáját is átvette, a szinkron kutatás elvét, amely elzárkózik a diakron — történeti — összefüggések elől. Ez a dogma talán alkalmas lehetett a nyelvtudomány egy fázisában, de megengedhetetlen szűklátókörűséghez vezetett a kinematografikus

---

It is ambiguous whether Vico meant the historic development or the co-existence of the three linguistic states. In another place he writes this:

„Language had three types.

The first one was the spiritual, divine language based on silent religious acts, that is, on divine ceremonies; this survived in the „lawful acts" of the Roman civil law which were used to settle civil matters. This language corresponds to religions as a consequence of eternal character of the yonder: it is more important to be respected than to be the subject of argumentation. It was necessary in primitive times when pagan people could not speak articulately.

The second language employed emblems which is the speech of the arms. This languange, as said above, remained in military discipline.

The third language is made up of articulated speech; this is used by all peoples today."

However, we can emphasis on a few traits in these odd and seemingly remote difinitions to promote the chain of thoughts. Thus, on the basis of Vico we can talk about a state of the language that is *bound by place,* supported by cults and unarticulated; yet at the same time (or as a result?) we can talk about a form of expression organized emblematically which unites the meaning of two different things in one imaginary (Vico: symbolic) point with extraordinary, poetic or military, energy — simile (or elsewhere, Vico also: *metaphore);* finally we can talk about an *articulated,* balanced „corresponding" state which is abstracted enough to enable man „to speak about things".

Doesn't the first one remind us of the early stages of cinematography which were sustained in the official acts of television news magazines? The second one reminds of Eisenstein's theory of pathos and montage. And the third of one of the various manifestations of intellect starting from the „corresponding" films of Vertov and Ruttman, Godard or Kluge and ending with the wide ranging experimental efforts of the film and video, which still lacking a synopsis, have been shut out of the cinema so far?

It seem$ as if a film, which we gaze at like a cult, twice started to become an articulated speech. First in the silent films of the 20's and secondly in the soundfilms begun in the sixties. Film semiotics almost incomprehensively abstained from examining this uncrecedented *corpus* (Barthes) in its historic connetions, and in its genesis, which is almost totally at our disposal *from the outset* for the first time in the history of human communications. Perhaps its history is too short or it is too confusing that all the ways of expression hitherto (spoken language, dramatic arts, music and motional arts) with their obscure origin contributed to the dissection of this corpus. The reasons for this abstention are more likely due to the fact that film semiotics adapted the fundamental dogma of structural linguistics together with its apparatus, the principle of synchronic study which rejects diachronic, and historic connections. This dogma maybe appropiate at a certain stage of linguistics, but it led to inadmissible narrow-mindedness in the analysis of cinematographic phenomena, and it just proved to be unsuitable for understanding creativetendencies. Stupid ready-made ideas came in very handy while those very tendencies which aim at using cinematography as a languge caused difficulties.

However, this „triad" of film history which recall Vico to mind, generates one another purely on logical level, too. Unarticula-

jelenségek taglalásában, és éppenséggel a kreatív tendenciák megértésére bizonyult alkalmatlannak. Kapóra jöttek a stupid késztermékek, míg nehézséget okoztak éppen azok a törekvések, amelyek a kinematográfia mint nyelv használatára irányultak.

A filmtörténetnek ez a Vicóra emlékeztető „hármasa" azonban tisztán, logikai szinten is előáll egymásból. Az *aktuális jelentésben* torlódó, artikulálatlan jelentésvonatkozások azonnal megjelennek, amint több felvételt állítunk egymás mellé. Ha meg akarnánk őrizni azt a meghatározott végtelenséget, a jelentésnek azt a néma és kultikus misztériumát, ami minden *egyes* felvételből árad, külön jellel el kéne választanunk őket, mint pl. Peter Hutton tette azt az „úti-filmjeinek" nevezett képsorokban, ahol minden beállítást abblende zár le. Ez azonban még nem nyelv, ez a jelentés „nulla foka". Kultikus *nyelv*vé akkor kezd válni a kinematográfia, amikor hely és idő meghatározottságát konkrét misztériumból elvont leírássá változtatja.

Hogy itt elvonatkoztatással jár a jelentések egymásra vonatkoztatása, azt már Kulesov *alkotó földrajz* néven ismeretes kísérlete igazolta.

1. Egy férfi megy az utcán.
2. Egy nő megy az utcán.
3. Egy lépcső előtt találkoznak.
4. A lépcső egy fehér házhoz vezet.
5. Felmennek a lépcsőn.
6. Belépnek a ház kapuján.

A felvételeknek ezt a sorát — mely az affirmációt töretlenül vezeti egy tér-idő (topológiai és kronológiai) összefüggésben — Kulesov szándékosan külön helyeken és nyilvánvalóan külön időpontokban vette fel, egyiküket Moszkvában, a másikat Leningrádban, a 4. képet pedig, aemlyen a washingtoni fehér ház látható, egy amerikai filmből vágta ki. Ehhez nyilvánvalóan a felvételek találkozási pontjánál — akár ellentét általi — hasonlóságokra van szükség, tehát az ismétlés egy fajtájára, amely az egymásra vonatkoztatást lehetővé teszi vagy kikényszeríti.

Néhány évtizeddel később Renato May *A film formanyelve* címmel már egész könyvet szentelhetett ezeknek a hasonlósági, ismétlődési szabályoknak, amelyeket a tér-idő összefüggéseket mind magabiztosabban kezelő elbeszélő film fejlesztett ki, s mint a kinematográfia legerősebb tradícióját, a mozikon keresztül úgyszólván „köznyelvvé" tett. („Schuss-Gegenschuss", az ún. „tengelyszabály" és a közelítések fokozatainak megállapítása képezik e formarendszer alapjait.)

Ebben a megformáltságban a jelentések csak egy — (fiktív) — tér-idő kontinuumon keresztül vonatkoztathatók egymásra, ezért nevezhetjük ezt a *jelentés topo-kronologikus fokának* (J_1). Ahol ez a kontinuum megszakad, lezárul egy affirmatív egység is, hogy esetleg újabb bázison újra elkezdődjék, ilyen értelemben beszélhetnénk topo-kronologikus *szekvenciákról* mint kisebb egységekről, epizódokról az elbeszélésben.

---

ted relations of meaning accumulated „*in the actual meaning*" immediately appear when a number of shots are put side by side. If we wanted to retain definite infinity, the silent and cultic mystery of meanings emanated by every single shot they would have to be separated by distinct marks as for example Peter Hutton did it in his sequences called „travel films" where every take is ended by a fade. However, this is not a language yet, this is the „zero degree" of meaning. Cinematography becomes a cultic *language* when its definiteness by time and place is changed from concrete mystery to abstract description.

It has been already proven by Kuleshov's experiment known as „*creative geography*" that interrelating meanings here implies abstraction.

1. A man walks in the street.
2. A woman walks in the street.
3. They meet at the bottom of a flight of stairs.
4. The stairs lead up to a white house.
5. They go up the stairs.
6. They enter the house.

This sequence of shots, which drives affirmation in a space-time (topological and chronological) connection without a break, was intentionally recorded at various locations and obviously at different times, one was shot in Moscow, the other in Leningrad and the fourth picture, which shows the white house of Washington was edited from an American film.

Evidently similar, even through in contrast, there is a kind of repetition, which is needed at the intersection of shots which makes this interrelation possible, or indeed forces it.

A few decades later Renato May could devote a whole book which he called „*The Idiom of Films*" to the rules of similarity and repetition, as were developed by the narrative films, thus dealing with the connections of space-time more and more confidently, and in the strongest tradition of cinematography, made them through the cinema into a „standard language". („Schuss-Gegenschuss", the so-called „axis-rule" and stating the degree of approaches constitute the fundamentals of this system of forms.)

Meanings can be interrelated only through — a fictive — space-time continuum in this modelling, that is why we can call it the *topo-chronological degree of meaning* (M_1). Where continuum is interrupted an affirmative unit is terminated, too, possibly to start again on a new basis, in this sense we could talk about topo-chronological *sequences* as smaller units, or episodes in a narrative.

As we have seen it, tension is created anywhere at the point of intersection of recordings, which is overbridged by the structure of articulating repetitions. However, we are not forced by anything — except for habits — to embue this bridging with relations of space-time. In the „*Mosjukin*" experiment of Kuleshov and Pudovkin, which I mentioned previously, relations of space-time are put between brackets to provide scope for the integration of such meanings as „hunger", „affection", „sorrow". Eisenstein developed this possibility into his theory and practice of conflicts bursting in a montage, during the course of which he

A felvételek találkozási pontjánál, mint láttuk, mindenképpen egy feszültség lép életbe, amit a szerkezet ismétlődések artikulációjával hidal át. Semmi sem kényszerít azonban — a megszokáson kívül — arra, hogy ezt az áthidalást tér-idő vonatkozással telítsük. Kulesov és Pudovkin fent említett *Mosjukin*-kísérletében a tér-idő vonatkozás zárójelbe kerül, hogy olyan jelentések integrációjának adjon teret, mint „éhség", „gyöngédség", „szomorúság". Eizenstein ezt a lehetőséget fejlesztette a montázsban kirobbanó konfliktusok elméletévé és gyakorlatává, amelynek során egy más típusú formalizmus eszköztárát is kidolgozta. Az „optikai ellenpont elvéről" van szó, mely alatt Eizenstein konfliktuslehetőségeket keresett a vonalak, méretek és arányok, tömegek és térfogatok, mennyiségek és minőségek, térhatás és síkhatás, sötét és világos között, s ezeket igyekezett összhangba hozni egy dialektikus materialista filmesztétikával. Érdemes megjegyezni, hogy Wölfflin a „Művészettörténeti alapfogalmak"-ban már jóval ezt megelőzően formai ellentétpárokat állított fel, mellőzve minden forradalmi pátoszt. A verbális nyelv ókor óta ismert, ún. *retorikai figurái* pedig (a synekdoché, a metonymia és a metafora) szintén *két* oldal lappangó (a hasonlatban nyílt) összevetésében alakítják ki jelentésüket, és ezt gondolhatta Vico a héroszok nyelvének. Kétségtelen, az affirmációt itt nem átsegíti a végpontok közt artikulált ismétlődés, hanem ellenkezőleg, mintegy tükörcsapdába zárja, s egy magasabb energia-szinten egy pontra fókuszálja. Nevezzük ezt a punktuális (Vico: emblematikus) állapotot a *jelentés retorikus fokának* (J_2).

Ha egy felvétel *aktuális jelentés*ének tagolatlan vonatkozáshalmazából a *retorikus* fokon különböző jelentések realizálhatók (lásd Mosjukin-kísérlet vagy **M** jelentésének eltérése az **M—Á**, illetve **M—D** *páros* vonatkozásokban a **Vadászat** . . . -ban), mi akadályozhatja meg, hogy ezek a jelentések *egyidejűleg* lépjenek fel különböző *szériák vonatkozásában*?

„Az egyes metaforákban mindig van valami primitív és konvencionális" — állapította meg Pasolini, és valóban, a retorikus kifejezésmód gondolkodásunkat — az affirmatív áramlását — heroikusan igyekszik bizonyos pontokhoz szegezni, mint a katonai fegyelemben.

A szeriális szerkezetben ezek a pontok egy induktíve gerjesztett erőtér pontjaivá válnak, amely nem állítja meg az affirmációt, hanem különböző irányokba tereli. E különbségek interferenciájában lép fel a *jelentés szeriális foka* (J_3), amely az erőtér telítettségétől függően tagolt és elvonatkoztatott. Nyilvánvaló, hpgy a formarendszernek itt punktuális ellentétek helyett a szériák hálóit kell artikulálnia, s ebben a látás „előtörténetére" éppúgy, mint a médiumokban rejlő sajátos formalizációs kézségekre támaszkodhat.

(Előbbieket illetően vegyük át Kepes György, a MIT professzorának meghatározását, aki a Bauhaus kutatásait fejlesztette tovább és általánosította. „A kép felépítése nem egyéb, mint különböző optikai momentumok, színárnyalat, tónusérték, telítettség, textúra, helyzet, forma, irány, távolság, nagyság lemérése és összefüggésük megteremtése a szem neuromuszkuláris tevékenysége révén." Utóbbiakról voltaképpen már a műszerek használati utasításai megadják a listát.)

---

also worked out the means of a new type of formalism. It is the „principle of optical counterpoint", which Eisenstein used to find possibilites for conflict between lines, size and proportions, mass and volume, quantity and quality, special and two-dimensional effects, between dark and light. And he wanted to bring these in conformity with the dialectical materialist film aesthetics. It is worthwhile mentioning that Wölfflin had set up pairs of opposite forms well before this time in his „Grundbegriffe" which set aside any kind of revolutionary pathos. The so-called „*rhetoric figures*" of verbal language, which have been known since ancient times (synecdoche, metonym and metaphore) evolve their meanings by the latent (in the case of simile, open) comparison of *two* sides and probably this is what was meant by Vico as the language of heroes. No doubt, in this case affirmation is not piloted by repetition articulated between the extremities, on the contrary, affirmation is caught in a kind of mirror-trap, and it is focused at one point on a higher level of energy. Let's call this punctual condition (Vico: emblematic) the *rhetorical degree of meaning* (M_2).

If various meanings can be realized at the *rhetorical* degree from the set of unarticulated relations of the *actual meaning* of a picture (see Mosjukin experiment or the alteration of the meaning of **E** in the **E—A** or **E—D** *pairs* of relations in the **"Hunting. . ."**) then what can be the obstacle for these meanings to appear *simultaneously* in the *relations of various series*?

"Something primitive and conventional is expressed in all metaphores", Pasolini stated, and indeed, the rhetorical form of expression strives heroically to fix our way of thinking — the streamline of affirmation — to certain points similar to military discipline.

In serial structures these points become the points of a field of force and are generated inductively, and this does not stop affirmation but drives it in various directions. In this interference of differences the *serial degree of meaning* (M_3) appears which is dissected and abstracted, depending on the saturation of the field of force. Obviously, in this case the system of forms should articulate the network of series instead of punctual opposites, and to achieve this it can rely on the "history" of seeing just as well as on the peculiar faculty of formalization inherent in the medium.

(With regard to the above let's take the definition or George Kepes, Professor at MIT, who further developed and generalized the researches of the Bauhaus. "The composition of a picture is nothing else but the measuring and connecting of various optical momentums, hue, tonality, saturation, texture, position, form, direction, distance and size through the neuro-muscular activity of the eyes". Actually the list is given of the latter items in the instructions in use of instruments.)

Affirmation is unarticulated at the *actual degree* (M_o), linear at the *topo-chronological degree* (M_1), punctual at the *rhetoric degree* (M_2) and parallel sequences are made recognizable at the *serial degree* (M_3).

It is due to this parallelism that in a serially "well-arranged" work the topo-chronological arrangement of meaning can also have a place as it is a series of spacial connections. Mainly since the 60's this trick made it possible for thinking to penetrate in certain traditionally narrative films. At the same time the parallelism of the topo-chronological and serial attribution of meaning assumes extraordinary discipline of forms — dramaturgic ropedancing — and usually assumes the reduction of motifs and

Az *aktuális fokon* (J$_0$) az affirmáció tagolatlan, a *topo-kronologikus fokon* (J$_1$) lineáris, a *retorikus fokon* (J$_2$) punktuális, a *szerális fokon* (J$_3$) párhuzamos szekvenciákat tesz felismerhetővé.

Ebből a párhuzamosságból adódik, hogy egy szerálisan „jól-rendezett" műben helyet kaphat a jelentések topo-kronológikus elrendeződése is, lévén maga se más, mint a térbeli összefüggések egy szériája. Ez a „trükk" tette lehetővé, hogy főként a hatvanas évektől egyes hagyományosan elbeszélő filmekben is megjelenjen a gondolkodás. A topo-kronologikus és szerális jelentéstulajdonítás párhuzamossága ugyanakkor rendkívüli formai fegyelmet — egy „dramaturgiai kötéltáncot" — s rendszerint a motívumok és eszközök redukáltságát feltételezi. Ellenkező esetben könnyen csizma kerül az asztalra, azaz az affirmáció összezavarodik, mert a történet esetlegességei közt olyan motívumok közé sodródik, amelyeket nem tud a filmben felépített szériák vonatkozásában jelentéssel ellátni.

A retorikus összefüggéseket is tekinthetjük szűk, két-tagú szériáknak, és ezek hatása egy szeriális szövetben mérhetetlen energiákkal telítődik. Az **Elégia** asszonya a letaglózott lovakkal összevetve retorikus frázis, de a szériák vonatkozásában egy sűrűsödése az affirmációnak, ahol „minden lámpa ég".

„Az egyszerűbb formákat is az elvontakon keresztül látjuk" — mondta Zsilka, és a szerális vonatkozások felé tapogató affirmációnak a „filmnyelv" mai állapotában már az aktuális jelentések is nehezen állnak ellen. **A tenger Dover**-nél — az első filmfelvételek egyikét megtekintve ma már mindenki jelentés-vonatkozások után kutatna. Warholnak 48 órán át kellett vetítenie az Empire State Buildinget ahhoz, hogy nézői zavarodottan tudomásul vegyék, hogy csak „az ott és akkort" mutatja, semmi mást. Ennek igen fontos következménye napjainkra nézve, hogy ma már kevésbé szükséges az egyes szériák lefektetése a film szövetében, mint a 60/70-es években, amikor ez a nyelv még *demonstrációra* szorult. Helyére lép a nem jelentő vonatkozások *kihagyása,* egy olyan szűkszavúság, amely csak akkor enged teret az ismétlésnek, ha a „tudott" szériák között egy új rendet kíván felállítani, vagy kizárni minden félreértés lehetőségét. Ma már nem lehet „megmutatni, mi van", ma már *csak* „elbeszélni" lehet. S ez egy új narrativitás — J$_0$ — J$_1$ — J$_2$ — J$_3$, ezek a fokozatok az „elbeszélésben" nemcsak a jelentések szintjét írják le (szemantika), hanem a forma és az affirmáció tagolódásának szekvenciáit is (szintaxis). Hogy „mire" használjuk ezt a „nyelv-szerű" rendszert (pragmatika), és egyáltalán felismerésünket, hogy a nyelvek egy fajtájával állunk szemben, arról egy új fejezet szólhatna, amely gondolatmenetünket elölről kezdi.

Tehát: miután úgy éreztem, hogy hozzávetőleges választ találtam a „jelentés" kérdésére, nemcsak a „valóságra", hanem az abból „nyomokat" merítő filmfelvételekre is kezdtem úgy tekinteni, mint titokzatos, felderíthetetlen jel-tartományokra, amelyekbe a gondolkodás az artikuláció segítségével hatolhat be . . .

[Nyugat-Berlin–Budapest, 1983. Kézirat]

---

devices. Otherwise affirmation can be easily confused because it can be carried off to such motifs in the contingency of the story that cannot be supplied with a meaning in the relation to the series built up in the film.

Rhetorical connections can be also regarded as confined, binomial series and their impact in a serial texture is filled with immeasurable energy. The woman of **Elegy** compared to the pole-axed horses is a rhetorical phrase, but it is the condensation of affirmation in the relations of the series, when "every lamp lights up".

"Simple forms are seen through the abstract ones, too," Zsilka said, and in the present stage of the language of films even actual meanings can hardly resist the affirmation groping towards serial relations. **The Sea at Dover** — seeing one of the first recordings on film, everybody would look for relations of meaning today. Warhol had to project the picture of the Empire State Building for 48 hours so that the viewers would acknowledge confusedly that it only showed "that, there and then" and nothing else. It is a very important consequence with respect to our time that today it is less necessary to lay down the individual series in the texture of the films than it was in the 60's and 70's, when this language required *demonstration.* Its place is taken by the *omission* of non-meaningful relations, by a laconism which yields room for repetition only when a new order is to be set up among the "known" series, or the possibility of any kind of misunderstanding is to be excluded. Today it cannot be "shown what it is", today it can *only* be "narrated". And this is a new narration. The M$_0$—M$_1$—M$_2$—M$_3$ degrees in the "narrative" not only describe the levels of meaning (semantics) but also describe the sequences of the dissection of the form and affirmation (syntax). A new chapter, origination our chain of thought from the beginning could be written about exactly what we use this language-like system for (pragmatics).

Thus: since I felt that I had found the approximate answer to the question of meaning, I started to regard not only reality but the film recordings which took "traces" from it also, as mysterious, unexplored domains of signs, which thinking can penetrate into with the help of articulation. . .

[West Berlin — Budapest, 1983. Manuscript]

FÜGGELÉK/APPENDIX

1946   augusztus 30-án született Budapesten.

1960—64   Középiskolai tanulmányokat folytat a budapesti I. István gimnáziumban.

1964—71   Az ELTE filozófia—történelem szakán folytat tanulmányokat. Elsősorban Szabad György történész és Zsilka János nyelvész professzorok vannak rá nagy hatással. Szakdolgozata: **Egy film jelentés-struktúrájának vizsgálata. A filmi jelentés attribúciója** (1971); bíráló tanárok: Kelemen János, Zsilka János). Eközben forgatókönyvíróként vagy asszisztensként vesz részt a következő filmekben: **Három lányok** (főiskolai vizsgafilm, rendezte *Magyar Dezső*), **Schléger Ágnes** (BBS, rendezte *Pintér György*), **Vissza a városba** (BBS 1968, rendezte *Mihályfy László*; a film pomázi színhelyén él barátja, Jánossy Ferenc festőművész), **Agitátorok** (BBS 1969, rendezte *Magyar Dezső*). Ajtony Árpáddal, Dobai Péterrel és még hat társával együtt közzéteszi a „Szociológiai filmcsoportot!" című kiáltványt (1969). Filmelméleti munkát folytat (lásd Huszárik *Elégiá*-járól írott elemzését, Fotóművészet 1970), szépirodalmi kísérletekkel jelentkezik.

1971   A Balázs Béla Stúdió tagja lesz, melynek keretében elkészíti első önálló filmjét: **A harmadik** (kísérleti dokumentumfilm, ff., 35 mm 50').

1971—75   A budapesti Színház- és Filmművészeti Főiskola hallgatója film- és tévérendezői szakon, Máriássy Félix osztályában. Itt készített vizsgafilmjei és tévéjátékai az első évben: **Fogalmazvány a féltékenységről** (kisjátékfilm 1972, ff., 16 mm, 20'), *Jean Genet:* **Cselédek** (részletek a darabból, ff., ampex); a második évben: **Tradicionális kábítószerünk** (1973, dokumentumfilm, ff., 16 mm, 30'), *Mészöly Miklós:* **Az állatforgalminál** (adaptáció, ff., ampex); a harmadik évben: **Hogyan verekedett meg Jappe és de Escobar után a világ** (1974, kisjátékfilm *Thomas Mann* novellája nyomán, ff., 16 mm, 40'), *Csáth Géza:* **Apa és fiú** (adaptáció, ff., ampex).
Színházat is rendez: *Kisfaludy Károly:* **Betegek** (Ódry Színpad; nem mutatták be), *Genet:* **Cselédek** (Csili, 1973; Monori Lilivel és Ruttkai Évával).

1972   Előadásokat tart a filmnyelvről. Tételeinek illusztrálására „saját produkcióban" elkészíti a **Vadászat kis rókára (szintaktikai csoportok)** c. montázsfilmet (filmpélda, ff., 16 mm, 5'), mely az 1973-as Párizsi Biennálén elveszett. A biennálé katalógusában egy másik film is szerepel: „**Regards du passé vers l'avenir (lexique des gestes)**, 1971 (16 mm, noir, 6 mn)."

1972   **Ifivezetők** (dokumentumfilm, BBS, ff., 16 mm, 42').

1973   A BBS-ben megszervezi a **Filmnyelvi sorozat**-ot, a stúdió első kísérleti filmes projektjét, melybe képzőművészeket, zenészeket, írókat is meghív. Ennek keretében készíti el a **Négy bagatellt** (1972–75, kísérleti film, ff., 35 mm, 30'), valamint operatőri munkát végez *Vidovszky László* zeneszerző — később számos filmben munkatársa — filmjében, az **Aldrin**ban (kísérleti film, BBS 1976, ff., 35 mm, 14'). A soro-

---

1946   30th August, Born in Budapest.

1960-64   Attends and finishes his secondary school studies at István I Grammar School, Budapest.

1964-71   Studies philosophy and history at ELTE university. György Szabad (Professor of History) and János Zsilka (Professor of Linguistics) were his initial influences. His thesis: **The investigation into the meaning structures in film. The attribution of film meaning** (1971, referent professors: János Kelemen, János Zsilka). Becomes a screen-writer and an assistant. Takes part in the following films: **Three girls** (a college examination film by *Dezső Magyar*), **Schléger Ágnes** (BBS, by *György Pintér*), **Back to the city** (BBS 1968, by *László Mihályfy;* His friend, Ferenc Jánossy, (a painter) lives in the house in Pomáz where the film **Agitators** was shot (BBS, 1969 by *Dezső Magyar*). Together with Árpád Ajtony, Péter Dobai and six other companions he publishes a proclamation entitled "Towards a sociological film group!" (1969). He works upon film-theory (see his analysis on *Elegy* by Huszárik, Fotóművészet 1970). Writes fiction.

1971   Becomes a member of Béla Balázs Studio (BBS). Makes his début film: **The third** (experimental documentary film, black and white, 35 mm, 50').

1971-75   Student at the Academy of Theatre and Film Arts for film and stage directing, (Tutor Félix Máriássy). Makes examination films and TV plays: The first year: **Draft on jealousy** (short feature film, 1972, black and white, 16 mm, 20') *Jean Genet:***The Maids** (Highlights), black and white ampex); Second year: **Our traditional dope** (1973, documentary film, black and white, 16 mm, 21'), *Mészöly Miklós:* **Livestock transport** (an adaptation, black and white ampex); in the third year: **How Did The World Fight After Jappe And Do Escobar** (1974, short feature film adapted from *Thomas Mann*'s short story, black and white, 16 mm, 40') *Csáth Géza:* **Father and Son** (adaptation, black and white ampex). Directs for the stage: *Károly Kisfaludy:* **The ill people** (Ódry Szinpad, was not produced), *Genet:***The Maids** (Csili, 1973; which starred with Éva Ruttkai and Lili Monori).

1972   Gives lectures on film language. Privately to illustrate his theses he makes **Hunting for the little fox (Syntactic sequences)** a montagefilm (a film example, black and white 16 mm, 5'). This was lost at Paris Biennale (1973). There is another film in the catalogue of this biennale: "**Regards du passé vers l'avenir (lexique des gestes)**, 1971 (16 mm, noir, 6mn)."

1972   **Youth Organization Leaders** (documentary, BBS, black and white, 16 mm, 40').

1973   At BBS he organizes the **"Film Language Series"**. The first experimental film project of the studio, and artists, musicians, writers are invited, to join. Makes for this series the **Four bagatelles** (1972-75, experimental film, black and white, 35 mm, 30'), and is the cameraman in *László Vidovszky*'s **Aldrin** (ex-

zat filmjeit később bemutatják Amsterdamban (Works and Words fesztivál, De Appel Gallery, 1979; Bódytól szerepel: **Négy bagatell, Amerikai anzix, Pszichokozmoszok**); Genovában (Nuovi aspetti del cinema sperimentale europeo, 1980; **Négy bagatell**) s azóta számos más országban is.

1975 Elkészíti diplomafilmjét, az **Amerikai anzix**ot (kísérleti játékfilm, BBS, ff., 25 mm, 104'), mellyel elnyeri a mannheimi 25. Internationale Filmwoche legjobb elsőfilmes alkotónak járó nagydíját (1976) és a magyar kritikusok díját (1976, elsőfilmesnek), ugyancsak a legjobb elsőfilmesnek. További bemutatók: 1977: Párizs, Locarno, Figuera da Foz; 1978: Edinburgh; 1979: Amsterdam; 1980: Genova, Seattle, Berkeley, San Francisco, Chicago, Philadelphia, New York; 1981: Frankfurt/M. és más német városok; 1982: Hamburg; 1983: Zágráb, New York stb.

1975 A MAFILM állományába kerül mint „művészeti ügyintéző" (1980-ban lesz „filmrendező").

1976 Oktatófilmet készít az Iskolatelevízió számára: **Filmiskola** (három rész, ff., 16 mm, összesen 90').

1976 A BBS-ben megalakítja a K/3 (Közművelődési Komplex Kutatások) kísérleti filmcsoportot. Elkészíti a **Pszichokozmosz**okat (computerfilm, BBS, ff., 35 mm, 12').

1977 Megszületik lánya, Zita.

1977 Első tévéfilmje, a **Katonák**, J. M. R. Lenz darabja nyomán (tévédráma, MTV, színes ampex, 90'). Szerepel benne *Udo Kier,* akivel Mannheimben ismerkedett meg, s aki majd a **Nárcisz és Psyché** egyik főszereplője lesz. Reklámfilmet készít: **Ez a divat** (MAFILM Propaganda Stúdió, színes, 35 mm, 18'). A BBS-ben elkezdi forgatni kísérleti filmjét, a **Kozmikus szemet** („science-fiction, non-fiction, fiction"), mely befejezetlen marad. Tanulmányt ír **A fiatal magyar film útjai** címmel (Valóság 1977).

1978 Második tévéfilmje, a **Krétakör**, L. Hszing-Tao nyomán (tévédráma, MTV, színes ampex, 90'), elnyeri a magyar tévékritikusok díját. Timár Péterrel közösen készített filmje, a **Privát történelem** (dokumentum-analízis, Híradó- és Dokumentumfilm Stúdió, 1978, ff., 35 mm, 25') az 1979-es Miskolci Filmfesztiválon a filmkritikusok díját nyeri el, majd bemutatják Oberhausenben és Melbourne-ben. Az Edinburgh-i Filmfesztiválon előadást tart **Total expanded cinema** címmel (melynek alapgondolatát, a „végtelen kép és tükröződés"-t már az 1973-as tihanyi szemiotikai szimpozionon is felvetette).

1979 Januárban elkezdi forgatni a **Psychét**.

1980 **Nárcisz és Psyché** (játékfilm, Hunnia Stúdió, 35 mm, színes, Dolby sztereó, egyrészes külföldi verzió 140', kétrészes magyar verzió 210', háromrészes tévéverzió 270') *Weöres Sándor* **Psyché**je nyomán, *Patricia Adriani, Cserhalmi György* és *Udo Kier* főszereplésével. Bódy szinte összes barátját és példaképét megnyeri a közreműködésre. A forgatókönyvet *Csaplár Vilmos*sal és *Dobai Péter* segítségével írja, a lát-

---

perimental film, BBS, 1976, black and white, 35 mm, 14'). They are to work together many times. The films of this series are later shown in Amsterdam (Works and Words Festival, De Appel Gallery, 1979, where Bódy has theree works : **Four bagatelles, American postcard, Psychocosmoses**), in Genova (Nuovi aspetti del cinema sperimentale europeo, 1980; **Four bagatelles)** and in several other countries since then.

1974 Cameraman of László Najmányi's **Dubbing Rehearsal** (BBS, "Film Language Series").

1975 Makes his diploma film, **American Postcard** (experimental feature film, BBS, black and white, 35 mm, 104'). It wins the Grand Prize for the best new film-maker at the Mannheim 25th Internationale Filmwoche (1976) and the Hungarian critics prize (1976), also for the best first film. Further showings: 1977: Paris, Locarno, Figuera da Foz; 1978: Edinburgh; 1979: Amsterdam; 1980: Genova, Seattle, Berkeley, San Francisco, Chicago, Philadelphia, New York; 1981: Frankfurt/M. and other German cities; 1982: Hamburg; 1983: Zagreb, New York etc.

1975 Joins the staff of MAFILM, as "artistic administrator". (He becomes a "Film Director" in 1980.)

1976 Makes an educational film for School's Television: **Filmschool** (three parts, black and white, 16 mm, altogether 90').

1976 Within BBS he founds the K/3 experimental film group (Complex Researches in Public Education). He makes **Psychocosmoses** (a computerfilm, BBS black and white, 35 mm, 12').

1977 His daughter Zita is born.

1977 His first TV film, **Soldiers,** an adaptation of J.M.R. Lenz's play (TV drama, MTV, colour ampex, 90'). *Udo Kier* plays in it, (they met in Mannheim). Begins to shoot his experimental film **Cosmic Eye** ("science fiction, non-fiction, fiction") but this is left unfinished. Writes a paper entitled **The Directions of Young Hungarian Film** (Valóság, 1977).

1978 Second TV film, **Chalk circle**, adapted from L. Hsing-Tao (tv drama, MTV colour ampex, 90') wins the Hungarian TV critics Prize. Film, co-produced with Péter Timár, **Private history** (document analysis, Hiradó- és Dokumentumfilm Studió, 1978, black and white, 35 mm, 25') wins the filmcritics' prize at the 1979 Miskolc Film Festival and is projected in Oberhausen and Melbourne. Gives a lecture at the Edinburgh Film Festival entitled **Total Expanded Cinema** (the basic of "infinite image and reflection" had already been suggested at the 1973 Tihany Semiotic Symposium). He makes an advertising film: **This is the fashion** (Mafilm Propaganda Studio, colur, 35 mm, 13').

1979 Begins shooting **Psyche.** January.

1980 **Narcissus and Psyche** (feature film, Hunnia Studio, 35 mm, colour, Dolby stereo, one part foreign version 140', two-part Hungarian version 210', theree-part TV version 270') an adaptation of *Sándor*

ványtervező *Bachman Gábor,* a zeneszerző *Vidovszky László.* A filmben szerepel *Pilinszky János, Jánossy Ferenc, Erdély Miklós, Hajas Tibor, Csutoros Sándor* stb. stb. A **Psyché** az 1981-es Budapest Játékfilm-szemlén kiemelt díjat nyer, még ez évben bemutatják Cannes-ban (Quinzaine des Réalisateurs), Locarnó-ban (itt Bronz Leopárd díjat nyer), Figuera da Fozban (CIDALC-díj), Sevillában, Mannheimben, San Franciscóban. A háromrészes verziót a nyugat-berlini Internationales Forum des Jungen Films alkalmából mutatják be.

1980   Részt vesz Genovában *A kísérleti film új aspektusai* c. experimentális filmszemlén. Budapesten kezdemé-nyezésére megalakul az első nemzetközi videómagazin, az **INFERMENTAL.** Ugyancsak létrehozza a **MAFILM K★** (kísérleti) szekcióját, mely a következő évben nagyszabású ,,haj- és sminkfesztivált" rendez. Körutat tesz az Egyesült Államokban az **Amerikai anzix**szal, a **Négy bagatell**el és a **Psychokozmosz**okkal (Seattle, Berkeley, Chicago, Philadelphia, New York).

1980   decemberében feleségül veszi a Düsseldorfban élő történésznőt, későbbi munkatársát, Veronika Baksa-Soóst (Veruschka Bódy).

1980   **Mozgástanulmányok 1880—1980 — Homage to Eadweard Muybridge** (kísérleti filmtanulmány, Híradó- és Dokumentumfilm Stúdió, színes, 35 mm, 18'), amit többek között 1982-ben Oberhausenben és Ham-burgban is bemutat.

1981   Megszületik fia, Caspar-Maria Zoltán Leopárd (Jonathan). Előadásokat tart az ELTE Esztétika Tanszékén és a debreceni KLTE-en **A film mint nyelv megközelítése** címmel. Kísérleti filmjeivel körutat tesz az NSZK-ban (Dortmund, Osnabrück, Hamburg, Hannover, Frankfurt/M., ill. Nyugat-Berlin).

1981   *Szikora János*sal **Hamlet**et rendez a győri Kisfaludy Színházban. Címszereplő: *Cserhalmi György.* A követ-kező évben a tévéváltozat is elkészül (MTV, színes, 180').

1982   A DAAD Berliner Künstlerprogram ösztöndíjasa. Szervezőmunkája eredményeként megjelenik az **INFER-MENTAL** első kiadása, melynek szerkesztője is ő. Előadást tart a hamburgi Metropol moziban rendezett magyar kísérleti film bemutatón (bemutatott filmjei: **Négy bagatell, Pszichokozmoszok, Privát történelem, Mozgástanulmányok, Aldrin, Amerikai Anzix, Nárcisz és Psyché**). Két videót készít: **Die Geschwister** (Testvérek), videóterv egy játékfilmhez, DAAD és saját produkció, színes, 27') és **Der Dämon in Berlin** (A Démon Berlinben, *Lermontov A démon* c. költeménye alapján. DAAD és saját produkció, videó—S 8, színes, 28'). Utóbbit beválogatják a ,,The Second Link" c. nemzetközi összeállításba, mely 1982-től Banffben (Kanada), New Yorkban (Museum of Modern Art), Los Angelesben (Long Beach Museum) és Amsterdamban (Stedelijk Museum), 1984-ben pedig Japánban szerepel, ahol a katalógus japán verziója is megjelenik.

1982- 83   Docens a nyugat-berlini Film- és Televízió Akadémián (DFFB). Szemináriumának címei: 1982: Die kreative

---

Weöres's **Psyche,** starring: *Patricia Adriani, György Cserhalmi, Udo Kier.* Bódy convinces almost all of his friends and mentors to take part in it. He writes the script together with *Vilmos Csaplár* and *Péter Do-bai,* the art director is *Gábor Bachman,* the musician is *László Vidovszky. János Pilinszky, Ferenc Já-nossy, Miklós Erdély, Tibor Hajas, Sándor Csutoros* etc. appear in the film. **Psyche** wins prize in the 1981 Budapest Feature Film Festival, is shown in the same year in Cannes (Quinzaine des Réalisa-teurs), in Locarno (wins the Bronze Leopard), Figuera da Foz (CIDALC prize), in Sevilla, in Mannheim, in San Fransisco. The three-part version is projected during West-Berlins "Internationales Forum des Jungen Films".

1980   Lectures at Genoa's experimental film festival on *"New Aspects Of Experimental Film".* Using his own initiative he starts, in Budapest, the first international video-magazine **INFERMENTAL.** Also founds the K* (experimental) section of **MAFILM,** which organizes in the following, year a grand "hair- and make-up festival". Makes a round trip of the USA with **American Postcard, Four bagatelles** and **Psychocos-moses** (Seattle, Berkely, Chicago, Philadelphia, New York).

1980   December. Marries Veronika Baksa-Soós (Veruschka Bódy), a historian, who lives in Düsseldorf. (She also works with him later.)

1980   **Motion Studies 1880-1980 — Homage To Eadweard Muybridge** (experimental film study, Hiradó- and Dokumentumfilm Studio, colour 35 mm, 18') which was presented with others at Oberhausen and Hamburg (1982).

1981   Son Caspar-Maria Zoltán Leopárd (Jonathan) is born. Lectures at the aesthetic department of tho ELTE university and in the Debrecen KLTE university on **"Film as a Language".** He travels and shows his experimental films in West Germany (Dortmund, Osnabrück, Hamburg, Hannover, Frankfurt/M and West-Berlin).

1981   Directs **Hamlet** (co-producer *János Szikora*) in Kisfaludy Theatre in Győr. Starring: *György Cserhalmi.* It is followed the next year by a TV adaptation (MTV, colour, 180').

1982   Scholarship-holder of the DAAD Berliner Künstlerprogram. As a result of his organizing work the first is-sue of **INFERMENTAL** is published. He is the editor. Lectures in the Metropole cinema in Hamburg at a showing of Hungarian Experimental Films (his own films presented here: **Four bagatelles, Psycho-cosmoses, Private history, Motion studies, Aldrin, American Postcard, Narcissus and Psyche**). He makes two videos: **Die Geschwister** (Brothers and Sisters, video plan for a feature film, DAAD and his own production, coloured, 27') and **Der Dämon in Berlin** (The Demon In Berlin, an adaptation of *Lermontov's* poem entitled *"The Demon",* video, S-8, DAAD and private production, colour, 28'). The latter one was selected for "The Second Link" international collection which was shown from 1982 onw-

Sprache der Kinematographie, 1983: Das schöne Licht, 1985. február: „Special effect" 1985. szeptember/
október; Computergesteuerte Bild- und Tonkompositionen (ennek anyagából tanítványai *zeit-trans-
graphie* címen kiadványt állítanak össze az 1986-os berlini filmfesztiválra).

1983   Tanulmányt ír **Die kreative Sprache der Kinematographie** címmel. A nyugat-berlini DAAD-Galeria meg-
rendezi műveinek retrospektív kiállítását (rajzok, fotók, videók), egyidejűleg az Arsenalban filmjeit
vetítik. Jelentős átfogó katalógus jelenik meg ebből az alkalomból. Két újabb videót készít: **Die Geisel**
(A túsz, videódráma, DAAD és saját produkció, színes, 22') és **De occulta philosophia** „philo-clip" (*Egon
Bunné*val és *Volkmar Hein*nel közösen. DFFB, TU Berlin és saját produkció, színes, 7').

1983   Elkészül harmadik és utolsó nagyjátékfilmje, a **Kutya éji dala** (kísérleti játékfilm, Társulás Filmstúdió,
színes, 35 mm, videóról átírt és S 8-ról felnagyított részletekkel, 150'). Főszerepét Bódy maga játssza.
Operatőre az amerikai *Johanna Heer*. A filmet 1984-ben bemutatják a montreali és a taorminai film-
fesztiválokon, 1986-ban a nyugat-berlini televízióban (ZDF). Irányítja az **INFERMENTAL III** (BBS
Budapest) kiadását. **Rittersrüstung** címen — *Sophie von Plessen*nel — készít videót.

1984   Megírja a **Tüzes angyal** című forgatókönyvet, *Valerij Brjuszov* regénye nyomán. Egy hónapig a kanadai
Vancouverben dolgozik a Western Front, ill. a Vido Inn Satellit Video Exchange ösztöndíjával. Itt forgatja
A csábítás antológiája három részesre tervezett ciklusának második darabját (az első **A démon** volt). Két
változatban készül el: (**Either/or in Chinatown** — Vagy-vagy a Chinatownban), (Video Inn, Vancouver
és Tag/Traum Köln, 1985, színes videó, 37') és a rövidebb **Theory of Cosmetics** (Kozmetikaelmélet,
1985, az **INFERMENTAL** Extra, Nordrhein-Westfalen számára, színes videó, 12'). Videóit meghívják
a Rio de Janeiro-i 1. Film- és Videóbiennáléra.

1985   Az **Új videóműfajok** programtervezetén és a **Bauhaus**-film előkészítésén dolgozik. Targyal a budapesti
Műcsarnokkal és nagyszabású film- és videóbemutatóról és kiállításról (a mi rendezvényünk előzményéről
– a szerk.). A nyugat-berlini filmfesztiválon bemutatják **A csábítás antológiája** elkészült részeit. Az **Either/or**
a salsomaggiorei fesztiválon szerepel.

1985   Elkészül a **Dancing Eurynome** (Eurynomé tánca, „mytho-clip", Tag/Traum, Köln, színes videó, 3'), mely-
nek ősbemutatója az I. Tókiói Videó-Biennálén történik, valamint a **Walzer**, *Novalis* versére („lyric-clip",
a kölni WDR és V. Bódy produkciójában, színes videó, 3'), amit a WDR televízió mutat be október 24-i
„Lyrics"-adásában. Személyesen mutatja be a budapesti Kossuth Klubban az **E.M.A.N.**-t (European
Media Art Network), amelynek nyolc résztvevő városa (Amszterdam, London, Brüsszel, Barcelona, Berlin,
Róma, Lyon, Budapest) egyidejűleg mutatja be egymás 1–1 órás videóantológiát. A budapesti **K—Video**
csoport anyagát Bódy állította össze.
Szeptember 10-én befejezi filmregényét, a **Psychotechnikum**ot (Gulliver mindenekelőtti utazása Digitá-

---

ards in Banff (Canada), New York (Museum of Modern Art), in Los Angeles (Long Beach Museum) and
in Amsterdam (Stedelijk Museum) and in 1984 in Japan, where the Japanese version of the catalogue
is also published.

1982-83   Assistant professor at the Film- and Television Academy of West-Berlin (DFFB). The titles of his semi-
nars: 1982: Die kreative Sprache der Kinematographie; 1983: Das schöne Licht; February 1985: "Spe-
cial effects"; September/Oktober 1985: Computergesteuerte Bild- und Tonkompositionen (out of the
material of the latter his students compile a work entitled *"zeit-trans-graphie"* for the 1986 Berlin film
festival.)

1983   He writes a paper: **Die kreative Sprache der Kinematographie**. The West-Berlin DAAD Gallery
makes a retrospective exhibition of his works (drawings, photos; videos), simultaneously his films are
shown in the Arsenal. A comprehensive and significant catalogue is published. Makes two new videos:
Die Geisel (The Hostage, a videodrama, DAAD/private production, colour, 22') and **De occulta phi-
losophia** (a "philo-clip" together with *Egon Bunne* and *Volkmar Hein* (DFFB, TU Berlin, private produc-
tion, colour, 7'). Makes a videowork entitled **Rittersrüstung** as the co-author of *Sophie von Plessen*
(colour, 37').

1983   Third and last major feature is completed, **The Dog's Night Song** (experimental feature film, Társulás
Filmstudió, colour, 35 mm, with details duplicated from video and blown up from Super 8, 147'). He him-
self plays the protagonist. His cameraman is the American *Johanna Heer*. The film is presented in 1984
in the Montreal and Taormina Festivals, and in 1986 in West-Berlin ZDF TV. He directs the publishing of
INFERMENTAL III (BBS Budapest).

1984   He writes a script entitled **Fiery angel** as an adaptation from a novel by *Valery Brjusov*. As a scholarship
holder at the Canadian Western Front and the Video Inn Satellit Video Exchange he works in Vancou-
ver. Shoots here the second part of his cycle **The Anthology Of seduction** — he planned it to be a three
part piece of work, the first of which was **The Demon**. Two variations of it are completed: **Either/or in
Chinatown**(Video Inn, Vancouver and **Tag (Traum,** Köln, 1985, colour video, 37') and the shorter one:
Theory of Cosmetics (1985, for **INFERMENTAL** Extra, Nordrhein Westphalen, colour video, 12'). Re-
cieves an invite for his videos to be Shown at the First Film and Video Biennale in Rio de Janeiro.

1985   Works on the production timetable of **New Video Genres** and on the preparation of **Bauhaus** film. Talks
with Műcsarnok on a grand film- and video performance and exhibition (the predecessor of this exhibi-
tion — the editor's note). In West-Berlin film festival the completed details of **The Antology Of Seduc-
tion** are presented. **Either/Or** is presented in Salsomaggiore festival. **Dancing Eurynome** is complet-
ed ("mythoclip", Tag/Traum, Köln, colour video, 3'), (It's world-prémière is at the First Tokyo Video

1985 liába). Élete utolsó napjaiban az **Új videóműfajok**on és retrospektív bemutatójának tervén dolgozik. október 24-én meghal.

Az év folyamán a **Kutya éji dala** és a **Psyché** szerepel a berni Kunstmuseum „ALLES und noch viel mehr. Das poetische ABC" c. rendezvényén, az **Either/or** az Iowa Universityn és a hágai Kijkhuis Videófesztiválon, az **Eurynome** a ljubljanai Video C.D.-n, az amszterdami „Talking back to the mediá"-n (a **De occultá**val és a **Walzer**rel együtt, a müncheni Musik Video Festivalon, a genfi 1st International Video Weeken. **De occulta philosophia** a frankfurti Videonon, a **Theroy of Cosmetics** és az **Eurynome** az 1. Stockholmi Videófesztiválon.

Decemberben a nyugat-berlini ARSENAL retrospektív vetítést rendez emlékére.

1986 Egymást követik életműve előtt tisztelgő retrospektív vetítések: januárban Joachim Stargard rendezésében a kelet-berlini Haus der Ungarischen Kulturban (Az NDK-ban ezt megelőzően is — a 80-as években — több alkalommal voltak vetítései); Budapesten a Kosztolányi Művelődési Otthonban, februárban Nyugat-Berlinben a Berlinalén (itt életművéért FIPRESCI-díjjal tüntetik ki), áprilisban Oberhausenben és Kölnben, júniusban a melbourne-i filmfesztiválon, júliusban a sydney-i videófesztiválon, szeptemberben a kölni filmfesztiválon és a Fotokinán, a hágai Worldwide Videofestivalon, októberben Montrealban . . .

Magyarországon februárban vetítik először a **Nárcisz és Psyché** hosszú változatát és az **Agitátorok**at. Videói számtalan rendezvényen szerepelnek. Közülük a legfontosabb a Goethe Institut „Videokunst Deutschland bis 1986" c. összeállítása (az **Either/or**-ral), mely bejárta a világot, valamint a 2. Marler Videopreis, melyet 1986 májusában a **Theory of Cosmetics** nyer el.

Az első bécsi Videonale alkalmából három „clip"-jét **Walzer, De occulta** . . . és **Eurynome**) a világ legjobb videómunkái közé válogatták. Sugározta az ORF, az osztrák televízió is.

1986 áprilisban megjelenik az **Axis** c. videó/könyv Bódy Veruschka és Gábor szerkesztésében a kölni DuMont Verlagnál: egy kétórás nemzetközi videóművészeti kazetta-antológia, magyarázó könyv kíséretében. Ugyancsak a DuMont jelenteti meg a Bódy Vera és Bódy Gábor által összeállított **Video in Kunst und Alltag. Vom kommerziellen zum kulturellen Videoclip** c. könyvet is.

Biennale) and **Waltz**, an adaptation of poem by *Novalis* ("Lyric-clip", a production of Köln WDR and V. Bódy, colour video 3') which is presented in WDR TV in the "Lyrics" programme (24th of October). At Kossuth Klub Budapest **E.M.A.N.** (European Media Art Network) is presented, Eight cities taken part (Amsterdam, London, Brussels, Barcelona, Berlin, Rome, Lyon, Budapest). They simultaneously present each other's video anthologies which last about one hour each. The program, by the Budapest **K-VIDEO** Grup was compiled by Bódy. On the 10th September he finishes his film/novel **Psychotechnikum** (Gulliver's Initial Visit to Digitalia). In the last days of his life he works on **New video genres** and on the plan of his retrospective.

1985 Dies 24th of October.

This year **The Dog's Night Song** is presented in the Bern Kunstmuseum "ALLES und noch viel mehr. Das poetische ABC" program, **Either/or** is presented in Iowa University, and in Kijkhuis Festival in the Hague, **Eurynome** in Ljubljana Video C.D., in Amsterdam in "Talking back to the media" (together with **De occulta** and **Walzer**) on Musik Video Festival in Munich, on 1st International Video Week in Geneva. **De occulta philosophia** is shown at the Frankfurt Videon, **Theory of Cosmetics** and **Eurynome** in the 1st Stockholm Video Festival. In December the West Berlin ARSENAL gives a Commemorative retrospective.

1986 Retrospectives of his work follow one another: in January Joachim Stargard organizes one at the East-Berlin Haus der Ungarischer Kultur (there were several showings in East Germany previously), in Budapest in the Kosztolányi Cultural Home, in February in West-Berlin Berlinale (he is awarded the FIPRESCI prize here), in April in Oberhausen and Köln, in June in the Melbourne Film Festival, in July in the Sydney Video Festival, in September in Köln Film Festival, and in Fotokina, in Worldwide Videofestival in the Hague, in October in Montreal... In Hungary the full version of **Narcissus and Psyche** is first shown in February, and the **Agitators** is prémiered. His videos are used in numerous programmes. The most important showing is that in the Goethe Institute "Videokunst Deutschland bis 1986" (**Either/or**), which is intended to be presented throughout the world. He wins the 2nd Marler Videopreis with **Theory of Cosmetics** (May 1986). In the first Viennese Videonale three of his "clips" (**Walzer, De occulta**... and **Euronome)** are selected among the best video works of the world. ORF, the Austrian TV also presented them.

1986 in April **Axis** video/book is published by the DuMont Verlag in Köln, Editors: Veruschka and Gábor Bódy. It is a two hours cassette two hours which is an anthology of international video art accompanied by an explanatory book. The same publishers **Video in Kunst und Alltag. Vom kommerziellen zum kulturellen Videoclip**, a book compiled by Vera and Gábor Bódy.

Bódy Gábor megjelent írásai

— „Szociológiai filmcsoportot!" Filmkultúra 1986/3.
(Grunwalsky Ferenc, Magyar Dezső stb. — B.G. az aláírók között szerepel). Újraközlés: Balázs Béla Stúdió 1961—1981. Dokumentumok a 20 éves Balázs Béla Stúdió történetéből. Pécs, Ifjúsági Ház — BBS. 1982. 10—11. l.
— Elégia. Fotóművészet 1970/4.
Ujraközlés: Kortársunk a film. Filmesszék, filmtanulmányok. Szerk. Dániel Ferenc. Múzsák Közművelődési Kiadó, Budapest é.n. (1985) 159—163. l.
— Megjegyzések és javaslatok a Balázs Béla Stúdió munkájához. Szakszervezeti páholy, vagy a filmtudat megújulásának műhelye? 1973. febr. 8. l. (sokszorosítás)
— Bevezetés a „filmnyelvi sorozathoz". A Balázs Béla Stúdió kisfilm- és ötletpályázatára beérkezett művek. „Filmnyelvi sorozat". BBS 1973. 2—7. l. (sokszorosítás).
— A filmnyelvi sorozat vitájához (Budapest, 1974. május 2). BBS 1974. 4. l. (sokszorosítás).
— Bódy Gábor—Haraszty István: Flipper. A Balázs Béla Stúdió kisfilm- és ötletpályázatára beérkezett művek. „Filmnyelvi sorozat". BBS 1973. 29. l. (sokszorosítás).
— Bódy Gábor—Kende János—Kovács György—Vidovszky László: Eltűnési pont (Tagolások). u.o. 30—31. l.
— Egy politikai tárgy (vagy A VÖRÖS ZONGORA). u.o. 88. l.
— Kozmikus szem — science non-fiction — (fiction). BBS 1975. 15. l. (sokszorosítás).
— K/3 csoporttervezet. 1976. Aláírók: Bódy Gábor, Dubovitz Péter stb. BBS Közművelődési filmhét Pécs—Baranya 1977. 17—19. l. Újraközlés: Balázs Béla Stúdió 1961—1981. Dokumentumok . . . i.m. 19—22. l.
— Bevezetés a „K/3" csoport munkatervéhez. 1976. A K/3 munkacsoport filmtervei. Balázs Béla Stúdió 1976. I—IX. l. Újraközlés: BBS Közművelődési filmhét, i.m. 19—21. l.
— A Balázs Béla Stúdió vezetőségének felszólalása a Magyar Film- és TV-művészek Szövetségének V. közgyűlésén (1977. január 10.) (elmondta Bódy Gábor). BBS Közművelődési filmhét i.m. 41—42. l.
— A fiatal magyar film útjai. Valóság 1977/2. 73—78. l.
Németül: Wege des neuen ungarischen Films. Der ungarische Film. Filmwoche Mannheim 1977. 15—23. l. (a fesztivál kiadványa).
— Vörös kányafa. Új Tükör.
— Végtelen kép és tükröződés. Filmvilág 1978/22. 26—27. l.
Olaszul: Per un totale "expanded cinema": immagine infinita e riflesso. Il gergo inquieto. Nuovi aspetti del cinema sperimentale europeo. A cura di Ester de Miro, Cinema Ritz, Genova, 8—13 aprile 1980. 51—53. l.
— Kreatív gondolkozó szerszám. A „kísérleti film" Magyarországon. Filmvilág 1982/3. 11—13. l.
Olaszul: Il "Cinema Sperimentale" in Ungheria. Uno strumento di riflessione creativa. Cinema Magiaro. L'uomo e la storia. Pesaro No. 11. 1982. 229—234. l.
— A fantom elment — a fantom visszatér (Luis Buñuelről). Filmvilág 1983/10. 42. l.
— Gábor Bódy — Filme, Video, Video auf Film, Film auf Video. 1971—1983. Bev. René Block. (katalógus) DAAD Galeria, Berlin 4 bis 6. Juni 1983. sztl. l. [benne: Was ist Video? (Work in progress); Unendliches Bild und Spiegelung (1978-as edinburgh-i előadás nyomán); kommentárok az egyes művekhez; Infermental, életrajz, kronológia 1983-ig].
— Az amerikai független film (Összeállítás Bódy Gábor gyűjtése nyomán). 1985/7. 40—54. l.
— Elméleti kozmetika és érzékeléstan (humoresque). Tartóshullám. A Bölcsész Index Antológiája. Szerk. Beke László, Csanády Dániel, Szőke Annamária. Budapest 1985. 1973—175. l.
— Önéletrajz (1981). Filmkultúra 1986/2. 3—11. l.
— Videó-elképzelések. Filmkultúra 1986/2. 12—14. l. (részletek a Kossuth Klubban tartott szabadegyetemi előadásból, 1984. dec. 7.).
— Feljegyzés az Új videóműfajok állásáról. Próbafelvételek és előforgatás. Filmkultúra 1986/2. 14—15. l.
— Új videóműfajok. — K*videóprogram. Új videóműfajok. Működési vázlat. Filmvilág 1986/2. 17. l.
— Veruschka Bódy und Gábor Bódy (Hrsg.): Axis. Auf der elektronischen Bühne Europa. Eine Auswahl aus den 80er Jahren. DuMont Buchverlag, Köln 1986. (Begleitbuch zum Video/Buch: Axis), 214 l., sztl. kép. [benne: Einführung von V. und G. Bódy 9—11. l.; Was ist Video? (Auszug aus einer Rede G. Bódys anlässlich seiner Ausstellung in der DAAD-Galerie 1983) 89—90. l.; G. Bódy stellt Fragen an Dorine Mignot 177—180. l.; an Wulf Herzogenrath 181—186. l.]
— Veruschka und Gábor Bódy (Hrsg.): Video in Kunst und Alltag. Vom kommerziellen zum kulturellen Videoclip. DuMont Verlag, Köln, 1986. 130 l., 30 kép.
— Mutante Medien (1984); Projekt für ein Kinematographisches Periodikum (1980). in: INFERMENTAL 1980—1986 (Katalógus, 1986) 118. és 120—121. l.
— ~~Video és film~~

Interjúk, kerekasztal-beszélgetések

— Nádasy László: Kell-e kísérletezni? Filmvilág 1976/9. 18—22. l.
— Sor, ismétlés, jelentés (Bán András). Fotóművészet. 1977/4. 18—26. l.
— Filmrendezők felelnek. Válaszol: András Ferenc, Bódy Gábor stb. Mozgó Világ 1976. június, 10—11. l.
— Gespräch mít Bódy Gábor. 7. 3. 1978. in: (Riportfilm magyar filmrendezőkkel). Prod: Fernsehen der DDR. Rendező: U. Kesten, F. Gehler. Operatőr: R. Schulz.
— Daragó Ágnes: Az önképzés igénye. Beszélgetés Bódy Gáborral. Mafilm Híradó 10. sz. (1980) 2. l.
— Zsugán István: A filmnyelvi kísérletezéstől az új narrativitásig. Filmvilág 1980/6. 2—7. l.
— Körinterjú. Filmtudományi Szemle 1981/3. 141—191. l. (Filmtér, filmdíszlet).
— Antal István—Jeles András: Sorozatok évtizede. Film a Balázs Béla Stúdió történetéről II. Filmvilág 1981/12. 14. l.
— Bódy Gábor nyilatkozata: Dieci anni dello Studio Béla Balázs. Cinema Magiaro. L'uomo e la storia. Pesaro No. 11. 1982. 191. skk.
— Kovács A. Bálint: Ipari rituálé és nyelvi mitosz. Filmvilág, 1983/6. 10—13. l.
— Mihály Éva: Képmagnózgatásaink . . . (Kerekasztal-beszélgetés a videóról). Filmvilág 1983/11. 60. l.
— Bóna László—Hollós János: Interjú Bódy Gáborral. Cápa. Bölcsész Index, az ELTE BTK lapja. Szerk. Beke László, Sturcz János, Szőke Annamária. Budapest 1983. 137—150. l.

— „ . . . mehr innere Artikulation des Menschen." Ein Gespräch mit Gábor Bódy. Von Hans Köchel. Medium (Frankfurt/M.) Nr. 1 (1985). 40—43. l. — Újraközlés: In memoriam Gábor Bódy. 16. internationales forum des jungen films. berlin 1986. (melléklet) lapszám nélkül (részlet).
— Die anderen Bilder (Karl Sierek, Nicolas Eder). Film-Logbuch (Wien) 2/1985. 34—37. l.
— Milarepaverzió. Kerekasztal-beszélgetés. Filmvilág 1985/7. 18—26. l.
— Bonta Zoltán: Beszélgetés Bódy Gáborral. Videó, VHS 45 perc Balázs Béla Stúdió 1985. (Beszélgetőtárs: Walter Gramming).
— Joachim Stargard: Auf der Suche nach den "einfachen Wahrheiten". Gespräch mit Gábor Bódy. Dezember 1983. Retrospektive mit Filmen von Gábor Bódy. Haus der Ungarischen Kultur, Berlin. Januar 1986. (sokszorosítás).
— Csaplár Vilmos: „Amikor úgy érzik, hogy a feladat elvégezetlen". Magnóbeszélgetés a Hamlet tévéfelvételei közben. Győr, 1981. Részletek. Filmvilág 1986/2. 14—16. l.
— Építők. Bódy Gábor videó-tervezetének egyik fejezetéről. Beszélgetés Preisich Gáborral. 1985. szept. 12. (A kérdéseket Bódy Gábor teszi fel.) A szöveget gondozta: Peternák Miklós. Filmvilág 1986/7. 58—61. l.

Írások Bódy Gáborról

— Beke László: Fotó-látás az új magyar művészetben. Fotóművészet 1972/3. 18—24. l.
— Beke László: A Balázs Béla Stúdió kísérleti filmjei. BBS Közművelődési filmhét 1977. Pécs — Baranya 54—55. l. Horvátul: Madarski eksperimentalni film kao torzo. Miklós Erdély (katalógus). Studio GSU i centar za multimedijalna istrazivanja sc. Zagreb 17. 12. 1980 — 11. 1. 1981. lapszámozás nélkül; átdolgozva olaszul: Il film sperimentale ungherese come "torso". Il gergo inquieto. Nuovi aspetti del cinema sperimentale europeo. A cura di Ester de Miro. Cinema Ritz, Genova 8—13. Aprile 1980. 48—50. l. Lengyelül és angolul: Projekcja filmów eksperimentalnego kina wegierskiego 23/3/1981. — Hungarian Experimental Film. Studio News (Warszawa) 1981. március, 4—5. l. Horvátul: Madrarski eksperimentalni film kao torzo. Polet (Zagreb) 27. X. 1983. 14. l.
— Bódy Gábor (Katonák, Krétakör, Psyché). Esti Hírlap 1978. márc. 14.
— Bódy Gábor. Filmévkönyv 1980. A Magyar Filmtudományi Intézet és Filmarchívum, 1981. 120. l.
— (A sminkfesztiválról). Film Színház Muzsika 1981. máj. 30.
— J. Hoberman: Gábor Bódy, Bleecker Street Cinema; Betzy Bromberg, Collective for Living Cinema. Artforum (New York) February 1981/Vol. XIX, No.6. 77. l.
— Kovács András Bálint: Kísérlet egy filmtipológiára. Filmkultúra 1983/2. 69—76. l.
— Film/művészet (a magyar kísérleti film története). Katalógus (szerk. Peternák Miklós). Budapest Galéria 1983. 1. 22. l.
— Beke László: Infermental (Nemzetközi videokazetta-folyóirat.) Filmkultúra 1983/1. 94—96. l.
— [n.n.:] Gábor Bódy [életrajzi adatok] in: Les réalisateurs de cinéma hongrois 1948—1983. Éd. Lia Somogyi. Hungarofilm, Budapest é.n. [1983]. 18. l. (angol, német kiadás is)
— Veruschka Bódy: VIDEO — in Ungarn und anderen osteuropäischen Ländern. Kunstforum International Bd. 77/78. 9—10/85. Jan./Febr. 53—58. l.
— -bel-: Meghalt Bódy Gábor. Esti Hírlap 1985. okt. 28.
— V.P.: Meghalt Bódy Gábor. Magyar Nemzet 1985. okt. 29.
— Fábián László: Öt mondat a megrendülésről. Film Színház Muzsika 1985. XI. 2. 9. l.
— Kozma György: Egy fénygömbbel kevesebb. Élet és Irodalom 1985. nov. 8.
— Martin Mund: Für Gábor Bódy. Die Weltbühne (Berlin) 1985. Nov. 12. 1469. l.
— Kodolányi Gyula: Magyalcsokor Bódy Gábor sírjára. Élet és Irodalom 1985. nov. 29. 7. l.
— Dietrich Kuhlbrodt: Gábor Bódy. 1946 — 24. 10. 1985. epd Film 12/85. 9—10. l.
— Kovács András Bálint: Bódy Gábor halálára. MAFILM Híradó 1985. dec. 1. l.
— Dietrich Kuhlbrodt: Falscher, echter Priester. Szene Hamburg (1985 vége — 1986. eleje?) 62—63. l.
— (n.n.); Mort du cinéaste hongrois Gábor Bódy. El Moudjahid 1986. l. 10—11. l.
— Zalán Vince: Filmrendező távcsővel. Kritika 1986/1. 20. l.
— Joachim Stargard: Gábor Bódy. (30. 8. 1946 in Budapest — 24. 10. 1985 in Budapest). Retrospektive mit Filmen von Gábor Bódy. Haus der Ungarischen Kultur, Berlin, Januar 1986. (filmográfiával) (sokszorosítás)
— I.L.G.: in memoriam Gábor Bódy. Ekran (Ljubljana) 1986/1—3. 54. l.
— Dietrich Kuhlbrodt: Hommage. Letzte Nachricht und Erinnerung an Gábor Bódy. Frankfurter Rundschau 21. Febr. 1986.
— Achim Forst: In memoriam Gábor Bódy. FilmFest Journal (Berlin-West) 23. Febr. 1986. 3. l.
— Sarah Lloyd/Don Ranvaud: In memoriam Gábor Bódy. FilmFest Journal (Berlin-West) 23. Febr. 1986. 3. l.
— „Alszanak a statiszták". Egyetemi Lapok 1986. febr. 24. melléklet 4. l.
— In memoriam Gábor Bódy. 16. internationales forum des jungen films. berlin 1986 (melléklete). (ebben: Amerikai anzix, Nárcisz és Psyché, Kutya éji dala, Agitátorok adatai, kritikáinak válogatása; „Ich möchte traditionell sein und gleichzeitig innovativ, immer frisch." Ein Gespräch mit Gábor Bódy. Von Hans Köchel (átvéve: Medium Nr. 1., Frankfurt/M. 1985-ból); Biofilmografie, autorisiert Okt. 1985).
— HK [Henny Kamphuizen]: Gábor Bódy Philo-Mytho-Lyric Clips: De Occulta Philosophia nach Agrippa von Nettesheim; Dancing Eurynome; Novalis: Walzer. in: World Wide Video Festival 1986 Kijkhuis (Den Haag). catalogus. Ed. Erik Daams. 31—33. l.
— Zeittrangsraphie. Der Text-Sampler zum Videoband. Videoseminar von Gábor Bódy und Martin Potthoff. DFFB, Berlin 1986. 58. l. (sokszorosítás) (Thomas Schunke, Ike Schier és a „computergesteuerte Bild- und Tonkomposition" szeminárium többi hallgatóinak munkái Bódy Gábor emlékére).
— Greskovits Béla: A szétesettség enciklopédistája. Portré helyett. Filmvilág 1986/2. 8—13. l. Bio-filmográfia u.o. 22. l.
— Wolfgang Preikschat: In Memoriam Gábor Bódy. tip (Berlin-West) 2/86. 26—27. l.
— Carla Rhode: In memoriam Gábor Bódy. Der Tagesspiegel (Berlin-West). 2. März 1986.
— In memoriam Gábor Bódy. Neue Zürcher Zeitung 7. März 1986. 65. l.
— (n.n.): Spontan-sensationelles Ungarn-Avantgarde-Intermezzo: Gábor Bódy, +1985. Zürcher Student 16 Mai 1986.
— György Péter: A múlandóság építményei. Filmvilág 1986/5. 9—15. l. (Psyché, Kutya éji dala, Hamlet, Építők díszletei).
— Zalán Vince: Vége a misének? (Nyugat-Berlin). Filmvilág 1986/5. 20. l.
— Beke László: A kép csábításai avagy a csábítás képei. Bódy Gábor videóinak elemzése helyett. Filmvilág 1986/7 53—57. l. Németül: Anstelle einer Analyse des Videos von Gábor Bódy. NIKE — New Art in Europe (München) No. 14. 1986. 6—9. l.
— László Beke: Elektrizität und Kunst in Ungarn. Lichtjahre. 100 Jahre Strom in Österreich (katalógus). Künstlerhaus Wien 2. Juni — 31. August 1986. Kremayr and Scheriau, Wien 1986. 345—355. l.
— Zöldi László: Ex. Élet és Irodalom 1986. aug. 29. 13. l.
— INFERMENTAL. The First International Magazine on Videocassettes. 1980—1986. (Katalógus) ©INFERMENTAL, 1986.
— Kovács András Bálint: A történelmi mítosz változása. in: A történelmi film. Szerk. Pörös Géza. Múzsák (sajtó alatt).

INFERMENTAL

infermental

Ein info-magnetischer Lebensraum"
(G. Body). „Die Enzyklopädie des
Jahres 1982" (D. Diederichsen).

„Sisters and brothers should help each
other" (ABC). „Wenn ich mir zu diesem
Magazin auf Video Zugang verschaffe,
werde ich die Welt 900 bis 1200 mal
besser regieren als jeder Mensch"
(Rotron). „Ein international kursieren-
der Infospeicher" (O. Hirschbiegel).

INFERMENTAL

SPECIAL COMPILATION ISSUE
EDITED BY: GABOR BODY & EGON BUNNE. 1984

INFERMENTAL, the first international magazine on
videocassettes, is set up as a type of encyclopedia for
new artistic tendencies. INFERMENTAL moves to new
places continuously by an independent network, and is
produced by new editors for each edition. INFERMENTAL
does not compete with present media systems such as
cable, satellite TV, or independent networks. It is a
constructive extension of video media presenting inter-
disciplinary contributions such as film clips, video
experiments, local articles, music video, interviews,
personal statements and documentations.

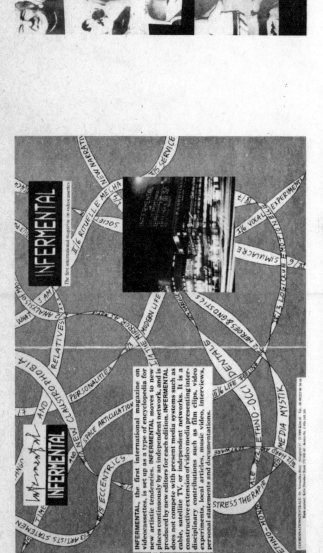

INFERMENTAL, the first international magazine on
videocassettes, is set up as a type of encyclopedia for
new artistic tendencies. INFERMENTAL moves to new
places continuously by an independent network, and is
produced by new editors for each edition. INFERMENTAL
does not compete with present media systems such as
cable, satellite TV, or independent networks. It is a
constructive extension of video media presenting inter-
disciplinary contributions such as film clips, video
experiments, local articles, music video, interviews,
personal statements and documentations.

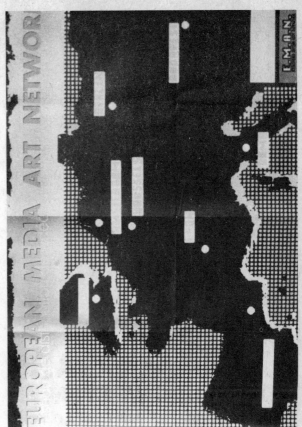

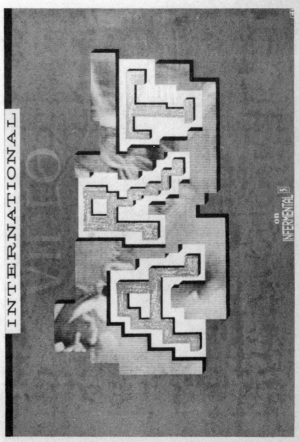

INFERMENTAL

EXTRAAUSGABE
NORDRHEIN-WESTFALEN
WINTER 1984–85   **MÜLHEIM A.D. RUHR**

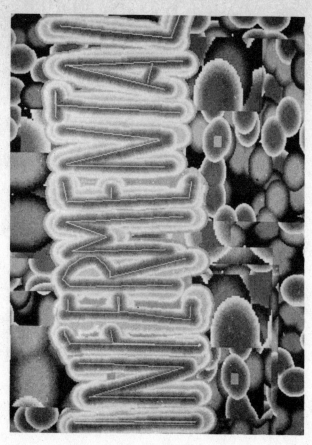

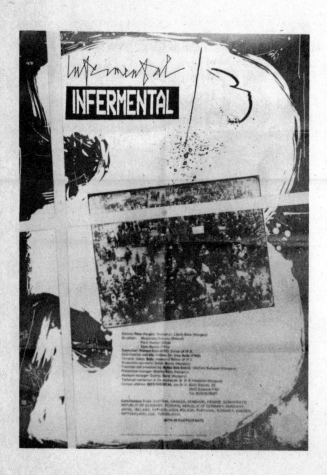

INFERMENTAL

**THE FIRST INTERNATIONAL MAGAZINE
ON VIDEOCASSETTES**

EDITION I • BERLIN • 1982
EDITION II • HAMBURG • 1982/83
EDITION III • BUDAPEST • 1984

INFERMENTAL

Mutante Medien
Video/Buch

— INFERMENTAL/LICHTBLICK —

La prima rivista internazionale di video cassette.

最初の国際的ビデオテープ マガジン

Das erste internationale Magazin auf Videokasseten.

La primera revista internacional de videocassettes.

أَوَّلُ مَجَلَّةٍ عَالَمِيَّةٍ عَلَى الفِيدِيوِ

Le premier magazine international en vidéocassette.

The first international magazine on videocassetes.

NEW WORLD EDITION

WESTERN FRONT 1987

Kápolnásnyéki Vörösmarty MGTSZ
Ipari Ágazat
Felelős vezető: Chilkó Ede
Msz.: 87.006

Eng. sz.: 51 763
ISBN 963 71 6270 4